D1930475

Operator	Was musst du tun?
sich informieren (I)	▸ *recherchieren*
skizzieren (I)	Wie ▸ *nennen*. Du beschränkst dich aber auf besonders wichtige Aussagen, ohne Details auszugestalten.
untersuchen (II)	▸ *auswerten*
verfassen (I/II/III)	▸ *erstellen*
vergleichen (III)	Wie ▸ *gegenüberstellen*. Allerdings ▸ *beurteilst* du das Ergebnis deiner Gegenüberstellung anschließend.
Vermutungen anstellen (II)	Du betrachtest einen Sachverhalt und erkennst eigenständig Probleme. Deshalb kannst du eigene Fragen an die Geschichte stellen oder Lösungen vorschlagen (*„Es wäre interessant, zu wissen, …“*).

Kommunikationskompetenz

Operator	Was musst du tun?
argumentieren (III)	Du vertrittst eine Meinung für oder gegen eine Sichtweise, legst deine Gründe sachlich dar und beweist diese (*„Ich bin der Meinung, dass …, weil …“*).
auflisten (I)	▸ *nennen*
aufzählen (I)	▸ *nennen*
beschreiben (I)	Wie ▸ *nennen*. Darüber hinaus ▸ *stellst* du einen Sachverhalt so *dar*, dass sich andere etwas gut vorstellen können.
charakterisieren (II)	Du ▸ *beschreibst* einen historischen Sachverhalt, indem du das Besondere deutlich ▸ *herausarbeitest*. Dazu ▸ *gliederst* und ▸ *erklärst* du das Thema oder Material.
darstellen (I-III)	Du ▸ *verfasst* einen Text über bestimmte historische Sachverhalte und Zusammenhänge, wobei du diese ▸ *beschreiben*, ▸ *erklären* und ▸ *beurteilen* musst.
diskutieren (III)	Du nimmst zu einer bestimmten Aussage eine Position ein und entwickelst hierfür Argumente.
erklären (II)	Du ▸ *stellst* einen Sachverhalt so *dar*, dass die Inhalte für andere verständlich sind (Verwende Konjunktionen: *weil – deshalb – dadurch – daher*).
erläutern (II)	Wie ▸ *erklären*. Zusätzlich führst du aber auch Beispiele oder Belege an (*„Das zeigt sich daran, dass …“, „Dies wird belegt durch …“*).
feststellen (I)	▸ *nennen*
Hypothesen entwickeln (III)	Du formulierst eine Behauptung, die du aber noch nicht beweisen kannst. Mit weiteren Informationen kannst du deine Annahme ▸ *prüfen*.
nennen (I)	Du zählst die gefragten Informationen oder Begriffe in einer sinnvollen Auswahl und Reihenfolge auf (*„Als Erstes ist … zu nennen.“, „Besonders wichtig ist …“*).
präsentieren (I-III)	Wie ▸ *erstellen*. Dein Produkt stellst du dann aber einem Publikum aktiv vor.

Operator	Was musst du tun?
sich auseinandersetzen (III)	▸ *diskutieren*
Vorschläge entwickeln (III)	▸ *Hypothesen entwickeln*
vorstellen (I - III)	▸ *präsentieren*
widerlegen (II)	Du weisst mithilfe von Argumenten nach, dass eine Behauptung falsch ist.
wiedergeben (I)	▸ *nennen*
zusammenfassen (I)	Du stellst in eigenen Worten die wichtigsten Inhalte aus Materialien knapp zusammen.
zusammenstellen (I)	▸ *zusammenfassen*

Urteilskompetenz

Operator	Was musst du tun?
begründen (II)	Du verwendest Gründe, um zu überzeugen. In der Aufgabenstellung findest du deshalb immer eine bestimmte Aussage (These).
beurteilen (III)	Du ▸ *nimmst Stellung* zu einem bestimmten historischen Sachverhalt. Dabei achtest du genau auf Fakten und Umstände (= Sachurteil).
bewerten (III)	▸ *Stellung nehmen*
erörtern (I - III)	Du entwickelst schriftlich und wie bei ▸ *diskutieren* eine Argumentation, indem du einzelne Gesichtspunkte sammelst und gegeneinander abwägst. Am Ende begründest du deine persönliche Stellungnahme.
nachweisen (II)	▸ *begründen*
prüfen (III)	Du ▸ *analysierst*, ob eine Aussage stimmig ist, und formulierst ein überzeugendes Ergebnis zu deinen Überlegungen.
Stellung nehmen (III)	Wie ▸ *beurteilen*. Du berücksichtigst aber auch deine eigenen Vorstellungen (= Werturteil) („*Ich persönlich halte das für richtig (bzw. falsch), weil …*", „*Ich halte die Behauptung für problematisch, weil …*").
überprüfen (III)	▸ *prüfen*
unterscheiden (II)	Du ▸ *vergleichst* zwei Sachverhalte im Hinblick auf bestimmte Merkmale und ▸ *erklärst* die Unterschiede.

Unter dem Mediencode 31101-00 kannst du dir die Tabelle noch einmal als Arbeitsblatt herunterladen. Eine zusätzliche Spalte bietet dir Platz, in eigenen Worten zu erklären, was die Operatoren bedeuten.

DAS WAREN ZEITEN 1

NEU

Von den Anfängen bis zum 19. Jahrhundert

herausgegeben von Daniel Bernsen,
Dieter Brückner und Rüdiger Gans

C.C.Buchner

Das waren Zeiten – Rheinland-Pfalz - neu

Unterrichtswerk für Geschichte in der Sekundarstufe I

Herausgegeben von Daniel Bernsen, Dieter Brückner und Rüdiger Gans

Band 1: Von den Anfängen bis zum 19. Jahrhundert

Für die Jahrgangsstufen 7 und 8

Bearbeitet von Rainer Bach, Nadja Braun, Daniel Bernsen, Dieter Brückner, Rüdiger Gans, Klaus Gast, Wolfgang Geiger, Matthias Geis, Christian Grieshaber, Laura Hammel, Klaus Dieter Hein-Mooren, Alexandra Hoffmann-Kuhnt, Ulrich Mayer, Stefan Mersch, Andreas Schindele, Sabrina Schmidt, Sebastian Schmidt, Jessica Schmitt, Miriam Sénécheau, Anne Thießen, Martina Tschirner, Kerstin Werner

Zu diesem Lehrwerk sind erhältlich:

- Digitales Lehrermaterial **click & teach** Einzellizenz, Bestell-Nr. **311031**
- Digitales Lehrermaterial **click & teach** Box (Karte mit Freischaltcode), ISBN 978-3-661-**31103**-6

Weitere Materialien finden Sie unter www.ccbuchner.de.

Dieser Titel ist auch als digitale Ausgabe **click & study** unter www.ccbuchner.de erhältlich.

1. Auflage, 1. Druck 2021
Alle Drucke dieser Auflage sind, weil untereinander unverändert, nebeneinander benutzbar.

Dieses Werk folgt der reformierten Rechtschreibung und Zeichensetzung. Ausnahmen bilden Texte, bei denen künstlerische, philologische oder lizenzrechtliche Gründe einer Änderung entgegenstehen.

Auf verschiedenen Seiten dieses Buches finden sich Mediencodes. Sie verweisen auf optionale Unterrichtsmaterialien und Internetadressen (Links). An keiner Stelle im Buch dürfen Eintragungen vorgenommen werden. Haftungshinweis: Trotz sorgfältiger inhaltlicher Kontrolle wird die Haftung für die Inhalte externer Seiten ausgeschlossen.

© 2021 C.C.Buchner Verlag, Bamberg
Das Werk und seine Teile sind urheberrechtlich geschützt. Jede Nutzung in anderen als den gesetzlich zugelassenen Fällen bedarf der vorherigen schriftlichen Einwilligung des Verlags. Das gilt insbesondere auch für Vervielfältigungen, Übersetzungen und Mikroverfilmungen. Hinweis zu § 52 a UrhG: Weder das Werk noch seine Teile dürfen ohne eine solche Einwilligung eingescannt und in ein Netzwerk eingestellt werden. Dies gilt auch für Intranets von Schulen und sonstigen Bildungseinrichtungen.

Redaktion: Alexandra Hoffmann-Kuhnt
Korrektorat: Kerstin Schulbert
Layout, Satz, Grafik und Karten: ARTBOX Grafik & Satz GmbH, Bremen
Umschlag: ARTBOX Grafik & Satz GmbH, Bremen
Illustrationen: PSST+PENG Illustration, Bömeke&Sprenger GbR, www.psstundpeng.de
Druck & Bindung: Mohn Media Mohndruck GmbH, Gütersloh

www.ccbuchner.de

ISBN: 978-3-661-**31101**-2

Inhalt

* mögliches Ergänzungsthema des Lehrplans

3 Alte Kulturen im Mittelmeerraum

Leben in der frühen Hochkultur Ägypten

Leben im antiken Griechenland

Leben im Römischen Reich

* mögliches Ergänzungsthema des Lehrplans

4 Die Grundlegung Europas im Mittelalter

5 Welt im Wandel: die Frühe Neuzeit

Neues Denken neue Welten

* mögliches Ergänzungsthema des Lehrplans

Neuer Glaube und neue Herrschaftsformen

6 Von den Revolutionen zu den Nationalstaaten

Aufklärung und Französische Revolution

* mögliches Ergänzungsthema des Lehrplans

OnLine Das Modul findest du auf unserer Homepage (www.ccbuchner.de) unter dem Mediencode 31101-100.

* mögliches Ergänzungsthema des Lehrplans

Längsschnitte

Service-Anhang

* mögliches Ergänzungsthema des Lehrplans

So findet ihr euch im Buch zurecht

Das waren Zeiten wird euch durch das Schuljahr begleiten. Es ist ein Lern-, Arbeits- und Lesebuch.
Wie ihr euch in den verschiedenen Teilen des Buches gut zurechtfindet, zeigen euch die folgenden Erklärungen.

1. Der Auftakt – wissen, worum es geht

Die Auftaktseiten stehen am Beginn eines jeden Großkapitels. Große Abbildungen zeigen euch, um **welches Thema** es sich handelt. Kurze Erläuterungen und Leitfragen zum Kapitel sollen euch zum Nachfragen und Nachdenken anregen. Die Arbeitsaufträge helfen euch, erste Fragen über das Thema und die Zeit zu stellen. Sie machen auch deutlich, was die Geschichte mit uns heute zu tun hat.

3 Alte Kulturen im Mittelmeerraum

Die abgebildeten Bauwerke zählen zu den berühmtesten Überresten der alten Kulturen im Mittelmeerraum. Jedes Jahr reisen Millionen Touristinnen und Touristen nach Ägypten, Griechenland und Italien, um die Überreste dieser Kulturen anzusehen. Auch wenn sie vor vielen tausend Jahren entstanden sind, faszinieren sie uns und lösen Bewunderung aus.

Alle drei Kulturen haben etwas gemeinsam: Sie existierten rund um das Mittelmeer im Zeitraum zwischen 3000 v. und 500 n. Chr., den wir Altertum oder Antike nennen. Dennoch entwickelten sich die drei Mittelmeerkulturen unterschiedlich, denn sie waren jeweils durch sehr verschiedene Landschaften geprägt. Mit der Ausdehnung ihrer Herrschaftsbereiche verbreiteten sich ihr Wissen, ihre Weltsicht und ihre Lebensweise über den Mittelmeerraum hinaus und prägten so das heutige Europa.

Leitfragen zum Kapitel

- Wann, wo und unter welchen Bedingungen entwickelten sich die Kulturen der Ägypter, Griechen und Römer?
- Wie lebten die Menschen zusammen, wer herrschte und wie wurde gewirtschaftet?
- Welche Gemeinsamkeiten und Unterschiede gab es zwischen den Kulturen?
- Welche Funktion besaß die Religion in den drei Kulturen?
- Wie wirken die Kulturen bis in unsere Gegenwart nach?

M1 Pyramiden in Gizeh (auch Giza: Ägypten)
Foto um 2000

M2 Parthenon-Tempel auf der Akropolis in Athen (Griechenland)
Foto von 2012

M3 Kolosseum in Rom (Italien)
Foto von 2010

1. *Informiert euch über die Funktion und den Zweck der abgebildeten Bauwerke.*
2. *Ordnet die Bauten den vier Bereichen Herrschaft, Gesellschaft, Weltdeutung/Religion und Wirtschaft zu und begründet eure Entscheidung.* (H)
3. *Stellt ausgehend von den Abbildungen Vermutungen an, was die Touristinnen und Touristen an den Bauwerken dieser Kulturen interessiert.*

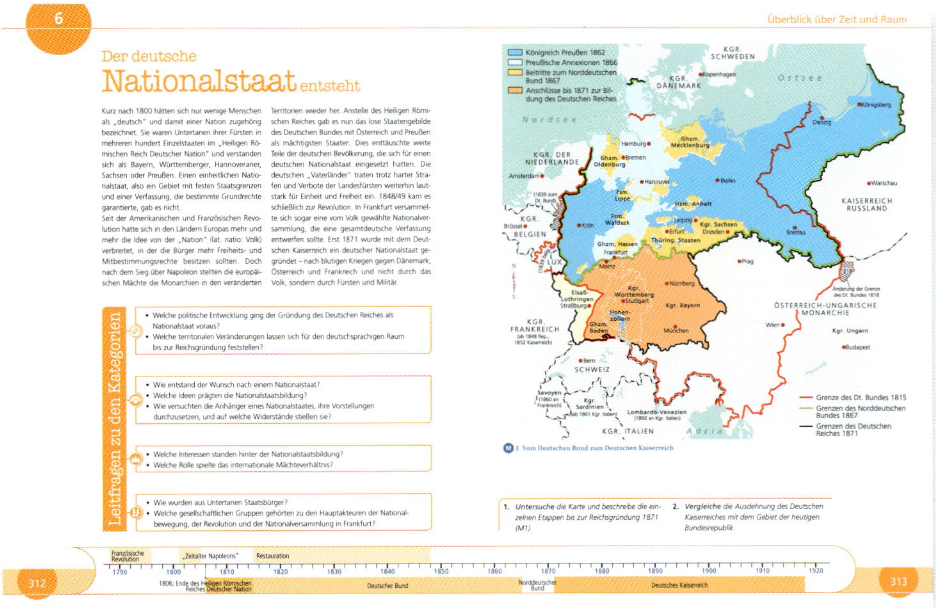

6 Überblick über Zeit und Raum

Der deutsche Nationalstaat entsteht

Kurz nach 1800 hätten sich nur wenige Menschen als „deutsch" und damit einer Nation zugehörig bezeichnet. Sie waren Untertanen ihrer Fürsten in mehreren hundert Einzelstaaten im „Heiligen Römischen Reich Deutscher Nation" und verstanden sich als Bayern, Württemberger, Hannoveraner, Sachsen oder Preußen. Einen einheitlichen Nationalstaat, also ein Gebiet mit festen Staatsgrenzen und einer Verfassung, die bestimmte Grundrechte garantierte, gab es nicht.
Seit der Amerikanischen und Französischen Revolution hatte sich in den Ländern Europas mehr und mehr die Idee von der „Nation" (lat. natio: Volk) verbreitet, in der die Bürger mehr Freiheits- und Mitbestimmungsrechte besitzen sollten. Doch nach dem Sieg über Napoleon stellten die europäischen Mächte die Monarchien in den veränderten Territorien wieder her. Anstelle des Heiligen Römischen Reiches gab es nun das lose Staatengebilde des Deutschen Bundes mit Österreich und Preußen als mächtigsten Staaten. Dies enttäuschte weite Teile der deutschen Bevölkerung, die sich für einen deutschen Nationalstaat eingesetzt hatten. Die deutschen „Vaterländer" traten trotz harter Strafen und Verbote der Landesfürsten weiterhin lautstark für Einheit und Freiheit ein. 1848/49 kam es schließlich zur Revolution. In Frankfurt versammelte sich sogar eine vom Volk gewählte Nationalversammlung, die eine gesamtdeutsche Verfassung entwerfen sollte. Erst 1871 wurde mit dem Deutschen Kaiserreich ein deutscher Nationalstaat gegründet – nach blutigen Kriegen gegen Dänemark, Österreich und Frankreich und nicht durch das Volk, sondern durch Fürsten und Militär.

Leitfragen zu den Kategorien

- Welche politische Entwicklung ging der Gründung des Deutschen Reiches als Nationalstaat voraus?
- Welche territorialen Veränderungen lassen sich für den deutschsprachigen Raum bis zur Reichsgründung feststellen?

- Wie entstand der Wunsch nach einem Nationalstaat?
- Welche Ideen prägten die Nationalstaatsbildung?
- Wie versuchten die Anhänger eines Nationalstaates, ihre Vorstellungen durchzusetzen, und auf welche Widerstände stießen sie?

- Welche Interessen standen hinter der Nationalstaatsbildung?
- Welche Rolle spielte das internationale Mächteverhältnis?

- Wie wurden aus Untertanen Staatsbürger?
- Welche gesellschaftlichen Gruppen gehörten zu den Hauptakteuren der Nationalbewegung, der Revolution und der Nationalversammlung in Frankfurt?

M1 Vom Deutschen Bund zum Deutschen Kaiserreich

1. *Untersuche die Karte und beschreibe die einzelnen Etappen bis zur Reichsgründung 1871 (M1).*
2. *Vergleiche die Ausdehnung des Deutschen Kaiserreiches mit dem Gebiet der heutigen Bundesrepublik.*

312 313

2. Überblick über Zeit und Raum

Texte, Karten und Zeitleisten geben euch einen Überblick: Um **welchen Zeitraum** und **welchen Teil der Welt** geht es? Was ist für den Einstieg in das Thema wichtig zu wissen? Dabei helfen euch die Leitfragen. Diese sind nach fünf wichtigen Bereichen (**Kategorien**) gegliedert und mit Zeichen (Symbol) gekennzeichnet: Orientierung, Gesellschaft, Herrschaft, Wirtschaft und Weltdeutungen. Die Arbeitsvorschläge zeigen euch, was ihr mithilfe der Karten über die Zeit erfahren könnt.

3. Teilkapitel – das Wichtige übersichtlich geordnet

In den **Darstellungen** (Verfassertexte = VT) haben die Verfasserinnen und Verfasser des Schulbuches aufgeschrieben, was sie für wichtig halten. Das Symbol oben zeigt, welcher Kategorie das Thema vor allem zugeordnet werden kann. Wichtige Begriffe – Grundbegriffe und weitere wichtige Lernbegriffe (mit * gekennzeichnet) – sind fett gedruckt und werden unten in der Fußleiste wiederholt. Du findest sie im Lexikon hinten im Buch noch einmal ausführlich erklärt.

Vertiefungsseiten beleuchten bestimmte Aspekte eines Themas näher oder werfen einen Blick in andere Teile der Welt.

Außerdem enthält das Buch viele **Materialien**. Diese Texte, Bilder oder Karten sind mit Ⓜ gekennzeichnet und nummeriert. Am Ende der Seiten stehen vielfältige **Arbeitsvorschläge**. Zu allen mit Ⓗ gekennzeichneten Aufgaben geben wir eine Hilfestellung im Anhang des Buches. Das Symbol Ⓖ ist Aufgaben zugeordnet, bei denen ihr Ereignisse oder Tatsachen der Geschichte mit unserer Gegenwart vergleichen sollt (Gegenwartsbezug). Bei ***Wähle aus*** könnt ihr euch den Weg, wie ihr das Ziel einer Aufgabe erreichen möchtet, aussuchen. ***Arbeite weiter***-Aufgaben bieten euch zudem die Möglichkeit, euch z. B. durch Recherche- oder Projektvorschläge intensiver mit einem Thema zu beschäftigen.

Steht dieses Ampel-Symbol neben einem Material, findet ihr hierzu im Hilfeanhang über Medien- und QR-Code ein Arbeitsblatt, das den Text in verschiedenen Schwierigkeitsstufen anbietet.

4. Mediencodes und QR-Codes

Oft haben wir am Seitenrand oder in den Arbeitsvorschlägen Internettipps mit Nummern angegeben: die **Mediencodes**. Dahinter verbergen sich spannende Inhalte: nützliche Homepages, animierte Karten und Hörtexte. Die Mediencodes helfen euch dabei, mehr über ein bestimmtes Thema zu erfahren und Arbeitsvorschläge leichter zu bearbeiten.

Wenn ihr die Tipps einsehen wollt, müsst ihr nur unsere Homepage **www.ccbuchner.de** aufrufen und in das Suchfeld oben rechts den Mediencode eingeben. Alle Inhalte der Mediencodes könnt ihr auch direkt über einen QR-Code abrufen.

5. Schritt für Schritt – Arbeitsmethoden lernen und anwenden

Wer Quellen und Materialien (z. B. Texte, Bilder, Karten) verstehen will, muss sie richtig untersuchen. Auf den Methodenseiten werden die Arbeitstechniken erklärt, die für das Fach Geschichte wichtig sind. Ein kurzer Einstiegstext vermittelt euch zunächst Hintergrundwissen zur Methode. Schritt für Schritt lernt ihr dann, wie ihr bei der Bearbeitung vorzugehen habt. An einem Beispiel könnt ihr mithilfe von Arbeitsvorschlägen und Hinweisen die Schritte gleich selbstständig üben. Im Anhang hinten im Buch findet ihr zusätzlich Hilfen, wie ihr am besten formulieren könnt.

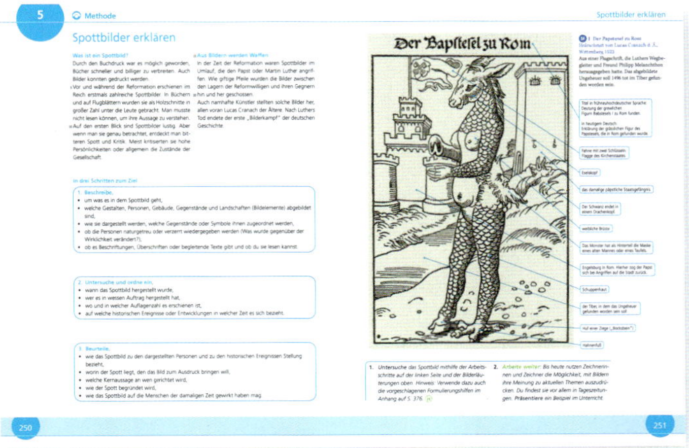

6. Gemeinsam aktiv – im Team arbeiten

Diese vierseitigen Kapitel ermöglichen euch, mit dem Buch ein ganzes Thema **im Team** zu erarbeiten. Dazu machen wie viele Vorschläge.

Unter dem Einstiegstext erklären wir Schritt für Schritt ganz genau, wie ihr die Materialien erforschen und mithilfe der INFO-Texte bestimmte Fragestellungen gemeinsam erarbeiten könnt.

Ihr könnt diese Seiten auch anders bearbeiten. Im Service-Anhang hinten im Buch findet ihr **Einzelarbeitsaufträge** zu den Themen, INFO-Texten und Materialien der Seiten.

7. Wiederholen und Kompetenzen überprüfen

Am Ende des Kapitels seid ihr Expertinnen und Experten für die behandelte Zeit. Die Abschlussseiten kommen auf die zu Beginn des Kapitels formulierten Leitfragen zu den Kategorien zurück.

Die linke Seite dient euch zur **Wiederholung**: Mit Lernkarten und dazugehörigen Aufgaben könnt ihr selbst überprüfen, was ihr im Kapitel gelernt habt. Auf der rechten Seite findet ihr neues Material und Lernaufgaben. Hier könnt ihr euer **Wissen und Können kompetent anwenden**, selbstständig arbeiten und eigene Lösungen finden.

1 Wir begegnen der Vergangenheit

M 1 **Ritterturnier bei den Historienfestspielen auf der Festung Ehrenbreitstein**
Foto aus Koblenz, 2014

Leitfragen zu den Kategorien

Orientierung: Wie können wir uns in der damaligen Zeit und in den früheren (Herrschafts-)Räumen zurechtfinden und welche Bedeutung hat diese Zeit für uns heute?

Herrschaft: Wer traf Entscheidungen oder durfte über andere bestimmen?

Gesellschaft: Wie haben die Menschen zusammengelebt, welche Unterschiede gab es zwischen den Menschen und wie wirkten sich diese auf ihr Leben aus?

Wirtschaft: Wir sorgten die Menschen für ihr Auskommen, was stellten sie her oder wie trieben sie Handel?

Weltdeutungen: Wie nahmen die Menschen ihre Umwelt wahr, wie erklärten sie sich ihre Welt und welche Bedeutung hatten Glaube und Religion in ihrem Alltag?

M 4 **BASF-Werk in Ludwigshafen**
Die 1865 in Mannheim gegründete Badische Anilin- und Soda-Fabrik ist heute einer der größten Chemiekonzerne der Welt.

In unserem Alltag begegnet uns die Vergangenheit auf ganz unterschiedliche Art und Weise. Vielleicht hast du dich beim Anblick einer Kirche, einer Burg oder einer Straße mit alten Häusern schon einmal gefragt, wie dieser Ort früher ausgesehen hat. Oder du hast dich beim Blättern in alten Fotoalben gefragt, wie die Menschen vor unserer Zeit gelebt haben. Wenn du Vergangenheit und Gegenwart vergleichst, kannst du in vielen Bereichen Gemeinsamkeiten, aber auch Unterschiede erkennen. Einige Bereiche – wir nennen sie auch Kategorien – betrachten wir im Geschichtsunterricht genauer, denn sie prägen das Leben der Menschen in der Geschichte bis heute besonders: Herrschaft, Gesellschaft, Wirtschaft und Weltdeutungen. Für einen Überblick über die verschiedenen Zeiten und Gegenden der Welt, die wir betrachten, sorgt ein zusätzlicher Bereich, den wir Orientierung nennen.

M 2 Rathaus in Landau in der Pfalz
Foto von 2011
Die Reiterstatue zeigt den Prinzregenten Luitpold. Er regierte Ende des 19. Jh. in Bayern, zu dem die Pfalz von 1816 bis 1946 gehörte.

M 5 Reste der mittelalterlichen Synagoge in Speyer
Foto von 2018

M 3 Wochenmarkt auf dem Domplatz in Mainz
Foto von 2015

1. *Ordne* die Spuren der Vergangenheit auf den Abbildungen den Bereichen Herrschaft, Gesellschaft, Wirtschaft und Weltdeutungen *zu* (M1-M5). Hinweis: Die Leitfragen zu den Bereichen helfen dir dabei. (H)
2. Was würdest du mehr über das Abgebildete auf den Fotos wissen wollen? **Entwickle** Fragen (M1-M5).
3. a) **Nenne** weitere Gebäude, Plätze, Einrichtungen und Ereignisse deines Wohn- oder Schulortes. b) **Ordne** diese nun den vier Kategorien Herrschaft, Gesellschaft, Wirtschaft und Weltdeutungen **zu**.
4. **Begründe**, warum es heute für dich wichtig sein kann, sich mit Geschichte zu beschäftigen.

Zeit und Geschichte

Stell dir vor, du könntest – wie Anne und Philipp in den Geschichten vom magischen Baumhaus – in der Zeit zurückreisen. Was würdest du dir ansehen? Wem würdest du gerne begegnen und wem lieber nicht? Den Menschen in der Steinzeit oder lieber denen im alten Ägypten? Würdest du eine Ritterburg erkunden oder beim Bau einer Pyramide zuschauen? Zeitmaschinen gibt es leider nicht und die Menschen von früher können uns nichts mehr über ihr Leben erzählen. Aber dafür berichten uns zahlreiche Spuren aus der Vergangenheit darüber.
Dieses Geschichtsbuch hilft dir dabei, Geschichte zu entdecken: Menschen und Gegenstände, Ereignisse und Entwicklungen aus der Vergangenheit kennenlernen, Spuren aus früheren Zeiten untersuchen lernen, ihre Geschichte erforschen und weitererzählen. Der Geschichtsunterricht wird deine „Zeitmaschine“ sein.

M 1 Das magische Baumhaus
Buchtitel, 2012
In den Romanen von Mary Pope Osborne reisen die Geschwister Anne und Philipp mit einem magischen Baumhaus durch die Zeit und zu allen Orten der Welt. Dabei lernen sie längst vergangene Zeiten und berühmte Persönlichkeiten der Geschichte kennen und erleben spannende Abenteuer.

Leitfragen zum Kapitel

- Wie und wo begegnet uns Vergangenheit?
- Was ist eigentlich Geschichte?
- Wie und wo erfahren wir etwas über die Vergangenheit?
- Wie teilen wir die Zeit ein und ordnen die Geschichte?
- Welches sind die Unterschiede zwischen lokaler, regionaler und globaler Geschichte?

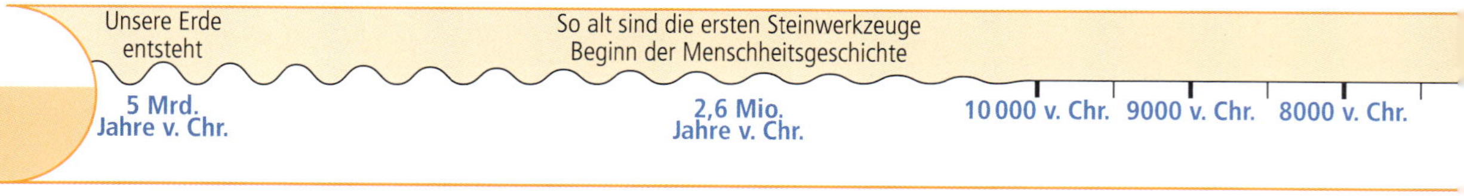

M 2 Karte von Rheinland-Pfalz

1. *a)* ***Beschreibe*** *die Karte M2. b)* ***Ordne*** *die von dir beschriebenen Elemente der Karte realen Spuren der Geschichte, Wahrzeichen und Sehenswürdigkeiten* ***zu****.*
2. ***Nenne*** *weitere dir bekannte historische Spuren oder andere geschichtliche Besonderheiten in Rheinland-Pfalz.*
3. ***Arbeite weiter*****:** ***Gestalte*** *eine vereinfachte Karte deines Schulortes und trage dort ähnlich wie in M2 Spuren aus der Vergangenheit, Wahrzeichen und Sehenswürdigkeiten ein.*

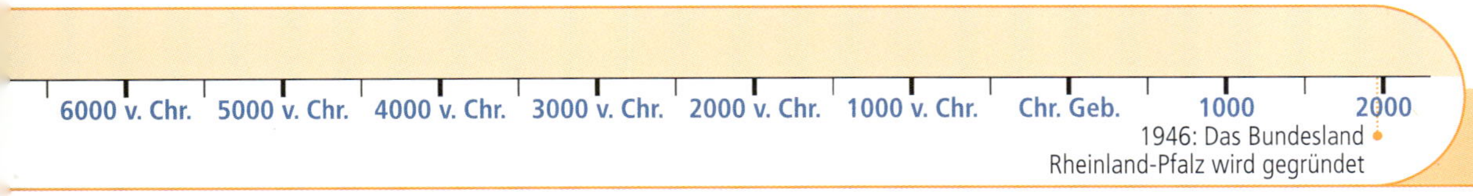

Alles hat Geschichte

M 1 Straßenschild
Foto von 2013

Geschichte um uns

Du hast vielleicht schon einmal im Kino oder im Fernsehen einen ägyptischen Pharao oder römische Soldaten gesehen, über den Widerstand gegen Adolf Hitler gelesen oder den Begriff „Kalter Krieg" gehört. Bestimmt hast du auch schon einmal interessiert zugehört, wenn ältere Menschen von „früher" erzählt haben.

Auch wo du lebst, erinnert mehr an die Vergangenheit, als dir sofort auffällt: Die Kirche, vielleicht das Rathaus, ein Denkmal, der Bahnhof sowie alte Fachwerkhäuser oder Fabriken – das alles sind Überreste aus der Vergangenheit. Auch Straßennamen erinnern an alte Zeiten oder besondere Menschen, manchmal auch an etwas, was früher dort war: die Goethe-Straße, der Mühlenweg oder die Straße der Einheit.

Das alles macht deutlich: **Geschichte** (lat. historia) ist überall. Auch du, deine Familie, deine Schule und das Land, in dem wir leben, sind Teil der Geschichte. Und in ein paar Jahren wird das, was um dich herum heute geschieht, Geschichte sein und vielleicht sogar in einem Geschichtsbuch nachzulesen sein.

Internettipp:
Was ist Geschichte? Mehr dazu erfährst du unter dem Mediencode 31101-01.

Geschichte erforschen

Du kannst die Geschichte deines Wohnortes, seiner Gebäude und Denkmäler sowie das Leben bekannter Bürgerinnen und Bürger erforschen. Informationen enthalten Veröffentlichungen zur Stadt- und Heimatgeschichte sowie Internetseiten. Hilfen bekommst du auch im Rathaus, im Stadtarchiv, im Museum oder beim Geschichtsverein.

Geschichtsbilder

Wie wir uns Geschichte vorstellen, hängt von all diesen uns umgebenden Dingen ab, aber auch davon, wie uns Geschichte vermittelt wird. Fantasy-Bücher und Comics oder Computerspiele und Spielfilme zeigen die Geschichte jedoch oft so, wie sie sich gut vermarkten lässt. Vieles wird spannender dargestellt, so manches hinzuerfunden. Ausstellungen in Museen, Lexika, Aufsätze und Bücher von Historikerinnen und Historikern stützen sich auf wissenschaftlich erforschte Sachverhalte. Doch auch sie äußern manchmal Meinungen. Ob das Dargestellte richtig wiedergegeben ist, kannst du nur feststellen, wenn du weißt, wo du die richtigen Informationen finden kannst. Das alles lernst du im Geschichtsunterricht.

M 2 Mainzer Hauptbahnhof
Postkarte, um 1910 (Ausschnitt)

1. *a)* ***Sammelt*** *in Partnerarbeit weitere Beispiele dafür, wo uns überall Geschichte begegnet.*
   b) ***Ordnet*** *eure Beispiele nach Lebensbereichen, z. B. auf der Straße, zu Hause, in der Schule, im Urlaub etc.*
2. *Bildet drei Gruppen und* ***recherchiert****, wann der Mainzer Bahnhof (M2), der Mainzer Dom und das BASF-Werk in Ludwigshafen (M3 und M4 auf S. 12 und 13) gebaut wurden.*
3. ***Informiert*** *euch über die Entstehung eures Wohnortes.* (H)
4. *Sucht euch ein Buch oder einen Film aus, der von einer historischen Person oder einem historischen Ereignis handelt.* ***Begründet****, ob die erzählte Geschichte eher erfunden oder historisch nachgewiesen ist.* (G)

M 3 Stadtansicht von Trier 1548
Kupferstich von Sebastian Münster

Internettipp:
Einen Panorama-Blick auf Trier kannst du unter Mediencode 31101-02 werfen.

M 4 Trier
Foto von 2019

1. *Schaue dir die beiden Bilder M3 und M4 genau an.* ***Erläutere****, woran du erkennen kannst, dass beide Ansichten Trier zeigen.* (G)
2. ***Beschreibe****, was die Bilder über die Veränderungen der Stadt aussagen (M3, M4).*
3. ***Arbeite weiter****:* ***Suche*** *auch für deinen Schul- oder Wohnort nach Ansichten von früher. Mache ein Foto aus möglichst gleicher Perspektive.* ***Vergleiche*** *dann die alte und neue Ansicht in einer Tabelle miteinander.* (G)

Was ist eigentlich Geschichte?

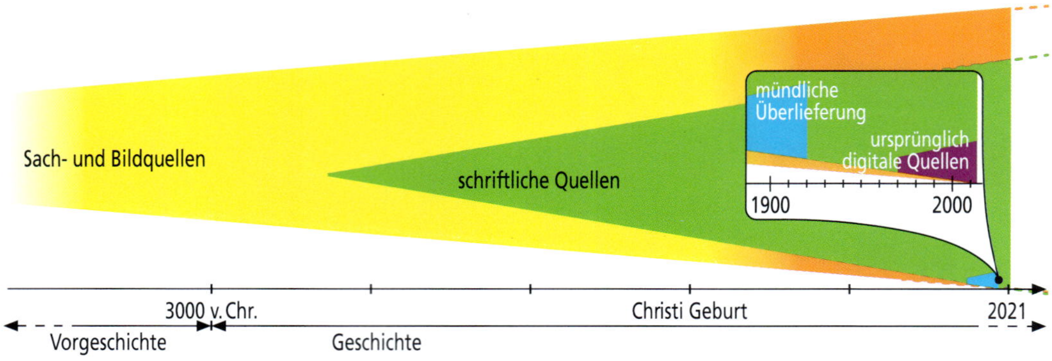

M 1 Quellen der Geschichte

Wie entsteht Geschichte?

Geschichte ist der Teil der Vergangenheit, an den wir uns erinnern oder erinnert werden.

Wir können uns zwar nicht einfach in vergangene Zeiten „zurückbeamen". Aber die Vergangenheit hat zahllose Spuren hinterlassen. Wir nennen sie **Quellen**. Sie sind die Grundlage für die Geschichtsschreibung. Wir unterscheiden

- gegenständliche Quellen (Sachquellen), die von der Vergangenheit übrig geblieben sind, wie Knochen, Schmuckstücke, Münzen, Werkzeuge, große Bauwerke oder kleine Scherben,
- Bildquellen wie Höhlen- und Wandmalereien, Gemälde und Fotos,
- schriftliche Zeugnisse oder Textquellen wie Inschriften in Ton und Stein, Zeitungen, Verträge, Gesetze, Tagebücher und Briefe,
- mündliche Überlieferung wie alte Sagen oder auch Berichte, die uns Eltern, Großeltern und andere Zeitzeugen von Ereignissen geben, die sie erlebt haben.
- Seit etwas mehr als 100 Jahren gibt es zudem Tonaufnahmen und Filme, die für uns wichtige Quellen über die jüngere Vergangenheit sind.

Quellen richtig lesen

Was erfahren wir über die Vormenschen durch ihre Höhlenmalereien? Kann ich den Erinnerungen eines Zeitzeugen glauben? Historikerinnen und Historiker haben Verfahren und Methoden entwickelt, die Quellen zu überprüfen und die Spuren der Vergangenheit zu entschlüsseln, um möglichst verlässliche Informationen zu erhalten.

Internettipp:
Unter dem Mediencode 31101-03 kannst du mehr über historische Quellen erfahren.

Eine Vergangenheit – viele Geschichten

Manchmal werdet ihr aber auch sehen, dass es auf viele Fragen keine oder widersprüchliche Antworten gibt. Denn alle Quellen geben uns nämlich nur ein unvollständiges Bild von der Vergangenheit. So sehen wir auf Fotos oder in Filmen nur das, was mit der Kamera eingefangen wurde.

Um ein möglichst genaues Bild über ein vergangenes Ereignis zu erhalten, benötigen wir also am besten mehrere Quellen aus unterschiedlichen Blickwinkeln. Jeder Mensch und jede Zeit stellt andere Fragen, hält andere Dinge für wichtig und erzählt diese immer anders.

Deshalb gibt es viele und immer wieder neue und oft sogar sich widersprechende Beschreibungen über das, was gewesen ist. Solche Beschreibungen geschichtlicher Ereignisse nennen wir **Darstellungen**. Dabei kann es sich um Aufsätze von Historikerinnen und Historikern, Schulbuchtexte wie diesen, aber auch Schaubilder, Karten oder Tabellen handeln – kurz alles, was über die Vergangenheit herausgefunden wurde und neu dargestellt wird.

1. ***Beschreibe** das Schaubild M1.*
2. ***Erläutere** die Begriffe „Sachquellen", „schriftliche Quellen" und „mündliche Überlieferung".*
3. ***Überlege**, welche Informationen den Menschen in der Zukunft über Herrschaft, Wirtschaft, Gesellschaft und Weltdeutung in unserer Zeit am wichtigsten sein könnten. Welche Quellen geben darüber Auskunft?* (H)

Quellen Darstellung

M2 Geschichte in der Plastiktüte

Der Künstler Thitz verschickt im Jahr 2000 durchsichtige Plastiktüten mit einer Postkarte an die Bevölkerung der Stadt Goch. In einem Begleitschreiben erklärt er seine Absichten:

Im Rahmen der Ausstellung „THITZ – Tüten“ bitten wir Sie, diese durchsichtige Tüte mit einem persönlichen Gegenstand zu füllen, sie zu bemalen oder wie auch immer zu gestalten. Bitte geben Sie dann die bearbeitete Tüte bis zum 3. 3. 2000 im Museum Goch […] ab.
Dort wird Ihre persönliche Tüte Teil einer Installation. Im Anschluss an die Ausstellung werden alle Tüten sorgfältig in einer Kiste verpackt. Die […] versiegelte Kiste wird dann erst wieder nach 50 Jahren geöffnet werden. Sie wird so im Jahr 2050 einen repräsentativen Einblick in das Gocher Zeitgeschehen des Jahres 2000 geben.

Text auf der Rückseite der Karte (Abb. rechts) „Indische Tüte“ des Künstlers Thitz, herausgegeben vom Museum Goch, 1999

M3 Tüten-Kunstwerk

Postkarte „Indische Tüte“ als Teil der Thitzer Kunstinstallation im Museum Goch, 2000

Von einem Netz an der Decke hingen in mehr als 2 000 Tüten Geld, Zeitungsausschnitte, Fotos, Alltagsgegenstände, Collagen und vieles mehr herab.

M4 Zeugnisse unserer Zeit

1. ***Diskutiert**, ob die Ergebnisse der Tütenaktion des Künstlers Thitz ausreichen würden, um eine Geschichte der Stadt Goch im Jahre 2000 zu verfassen (M2 und M3).*
2. *Ein Historiker aus dem Jahr 2090 findet die Gegenstände (M4). **Stelle Vermutungen an**, was er daraus über uns und unsere Zeit schließen könnte.*
3. ***Ordne** die Gegenstände aus M4 den in M1 auf S. 18 beschriebenen Quellenarten **zu**. **Begründe**, warum die Zuordnung manchmal nicht so einfach ist.*
4. *Die Arbeit einer Historikerin oder eines Historikers wird oft mit der eines Detektivs verglichen. **Nimm** dazu **Stellung**.* (G)
5. ***Arbeitet weiter**: Was ist Geschichte? a) **Listet** in kleinen Gruppen zunächst Stichwörter **auf**. b) Verwendet anschließend die Wörter dazu, einen kleinen Text zu **schreiben**, der das Wort „Geschichte“ erklärt. c) Bis zum Ende dieses Kapitels könnt ihr euren Text dann verändern, indem ihr Teile davon streicht oder Ergänzungen macht. d) **Vergleicht** eure Gruppenergebnisse dann ganz am Ende miteinander.*

Wie rechnen wir mit Zeit?

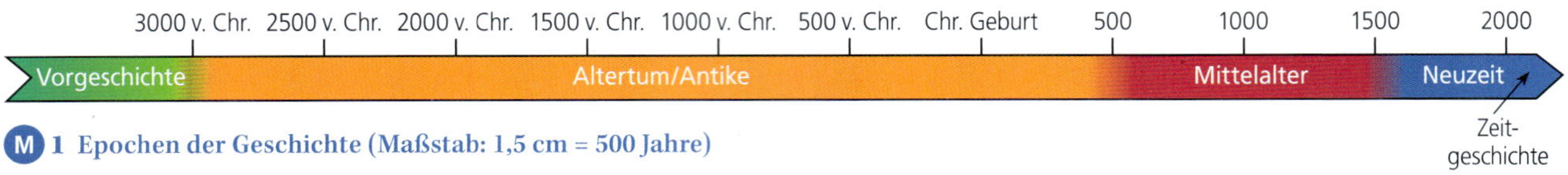

M 1 Epochen der Geschichte (Maßstab: 1,5 cm = 500 Jahre)

M 2 Nachbau einer Sonnenuhr, um 300 v. Chr.

Die Zeit messen

Wenn wir wissen wollen, wie spät es ist oder welchen Tag wir heute haben, sehen wir auf die Uhr und in den Kalender. Dabei könnten wir uns an dem Wechsel von Tag und Nacht, am Stand der Sonne, des Mondes oder an anderen regelmäßigen Erscheinungen der Natur wie den Jahreszeiten orientieren. Das machten die Menschen in Ägypten schon vor 5000 Jahren. Sie hatten festgestellt, dass der Nil immer dann Hochwasser brachte, wenn im Osten vor Sonnenaufgang der Stern Sirius hell am Himmel leuchtete. Mit diesem Tag begann für sie das neue Jahr. Die **Zeit** zwischen den Neujahrstagen teilten sie in drei Jahreszeiten zu vier Monaten. Damit hatten sie einen Kalender entwickelt.[1]

THE JERUSALEM POST
INTERNATIONAL EDITION
NO. 2044 JANUARY 7, 2000 • TEVET 29, 5760 • 29 SHAABAN 1420

M 3 Titelzeile einer Zeitung aus Israel

Welches Jahr?

Um Jahresangaben machen zu können, brauchen wir einen Ausgangspunkt. Für uns ist das die Geburt Christi. Wir teilen die Jahre in die Zeit vor und nach ihr (v. und n. Chr.) ein. Diese **Zeitrechnung** mit einer Abfolge von Ereignissen (**Chronologie**) setzte sich vor etwa 1400 Jahren in Europa durch. Davor zählte man beispielsweise nach Regierungszeiten von Herrschern.

Im heutigen Wirtschaftsleben wird weltweit die bei uns übliche Jahreszählung benutzt. Es gibt aber auch noch andere Zeitrechnungen: Für die Juden beginnt sie mit der Erschaffung der Welt. Nach der Bibel war das 3761 v. Chr. Für die Muslime setzt sie mit unserem Jahr 622 ein. In dem Jahr zog Mohammed aus Mekka nach Medina.[2]

Epochen der Geschichte

Größere Zeiträume fassen wir in Jahrhunderte oder Jahrtausende zusammenfassen. Das 19. Jahrhundert zum Beispiel umfasst den Zeitraum von 1801 bis 1900.

Für noch längere Zeitabschnitte gilt die Einteilung in Epochen: Die Ur- und Frühgeschichte – auch Vorgeschichte genannt – ist die erste Epoche. Sie umfasst die Zeit von den Anfängen des Menschen bis zu den ersten schriftlichen Zeugnissen um 3000 v. Chr. Darauf folgt das Altertum, zu dem auch die Antike gehört. Diese Epoche fasst die griechische und römische Geschichte zwischen etwa 1000 v. Chr. und 500 n. Chr. als eine Einheit zusammen. Dann kommt das Mittelalter, das – so sahen es frühere Gelehrte – mit den Entdeckungsreisen der großen Seefahrer und der Erfindung des Buchdrucks um 1500 in eine neue Zeit mündete: die Neuzeit. Die letzte Epoche ist die Zeitgeschichte, in der wir leben.

Die Einteilung der Geschichte in Epochen ist umstritten. Sie gilt auch nicht für die ganze Weltgeschichte. In Afrika und Asien gibt es beispielsweise andere Einteilungen. Trotzdem hilft sie uns, den langen Zeitraum unserer Vergangenheit zu ordnen.

Internettipp:
Zu Zeit und Zeitrechnung siehe Mediencode 31101-04.

1. ***Beschreibe**, wie die Sonnenuhr funktioniert, und **nenne** Nachteile aus heutiger Sicht (M2).* (H)
2. *Die Titelzeile der Zeitung aus Israel enthält drei verschiedene Veröffentlichungsdaten. **Erkläre** diese Besonderheit (M3).* (H)
3. ***Nenne** die Epoche, in der du lebst. In welchem Jahrhundert bist du geboren?*
4. ***Ordne** die auf S. 16 bis 20 abgedruckten Bild- und Textquellen bestimmten Epochen unserer Geschichte zu (M1).*

[1] Zum altägyptischen Kalender vgl. S. 58.
[2] Mehr zum Propheten Mohammed auf S. 190 f.

Einen Zeitstrahl lesen

Wozu dient ein Zeitstrahl?

Ein Zeitstrahl ist ein Hilfsmittel für die Orientierung in der Zeit. Er stellt Ereignisse und Zeiträume grafisch dar. Dabei stellt man sich die Zeit als Pfeil oder Gerade vor. Meist ist der Zeitstrahl waagerecht angeordnet, die ältesten Ereignisse sind links eingetragen. Je weiter wir uns in Richtung des Endpunktes bewegen, desto näher ist die Gegenwart. Der räumliche Abstand von Punkten auf dem Zeitstrahl zeigt den zeitlichen Abstand zwischen den Ereignissen. Je weiter die Punkte voneinander entfernt sind, desto mehr Zeit liegt dazwischen.

Mit einem Zeitstrahl (auch „Zeitleiste" genannt) erkennen wir auf einen Blick, in welcher Reihenfolge Ereignisse geschahen, ob Entwicklungen aufeinander folgten oder zwei Personen gleichzeitig gelebt haben. Außerdem können mehrere Zeitleisten parallel angeordnet werden. So können wir feststellen und vergleichen, was zur selben Zeit an verschiedenen Orten passiert ist.

In drei Schritten zum Ziel

1. Finde heraus,
- welchem Thema sich der Zeitstrahl widmet. Das sagt dir oft eine Über- oder Unterschrift.

2. Beschreibe und erkläre,
- welche Zeitspanne die Zeitleiste behandelt. Beachte dazu die Jahreszahlen an der Linie, besonders an Anfang und Ende.
- welche Zeitpunkte oder Zeiträume eingetragen sind.

3. Bestimme und formuliere
- die Dauer oder den Abstand von eingetragenen Ereignissen, die dir für die Fragestellung wichtig scheinen.
- deine Ergebnisse in ganzen Sätzen.

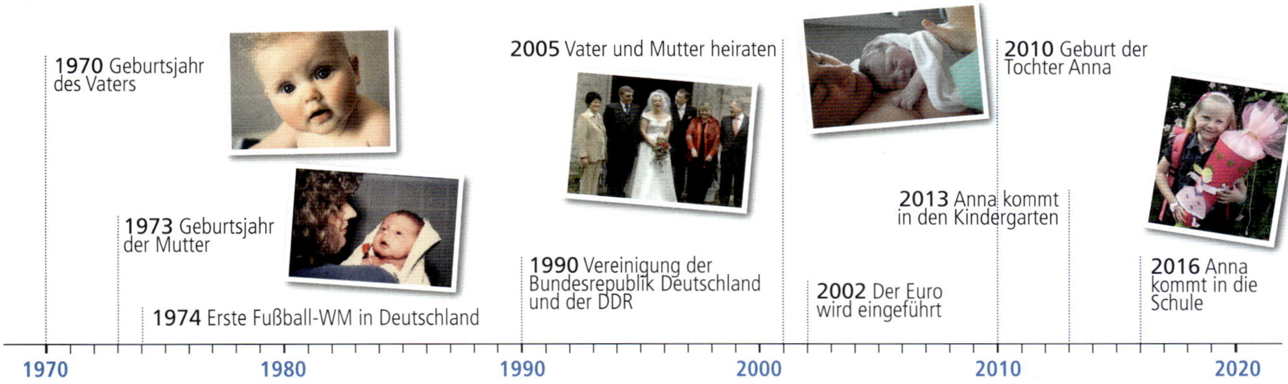

M 1 Zeitleiste von 1970 bis 2020 (Maßstab: 3 cm = 10 Jahre)

1. ***Vergleiche*** *den Maßstab des Zeitstrahls mit M1 auf S. 20.* Ⓗ
2. ***Erstelle*** *in deinem Heft eine Zeitleiste nach dem Muster von M1 für deine eigene Geschichte.*
3. ***Arbeitet weiter****: Ihr könnt an einer Wand in eurem Klassenzimmer eine Zeitleiste für die Zeit von 5000 v. Chr. bis 500 n. Chr. befestigen (ein Meter für 1 000 Jahre).* ***Tragt*** *im Laufe des Schuljahres wichtige Daten und Ereignisse der im Unterricht behandelten Geschichte* ***ein*** *und fügt Abbildungen hinzu.*

Deine Familie – gestern und heute

M 1 Patchwork-Familie
Foto von Enno Kapitza
Carl Mirwald und Petra Mirwald mit Kindern aus erster und zweiter Ehe und ihre Ex-Ehegatten. Eine Patchwork-Familie ist ein Verbund aus verschiedenen Beziehungen.

M 2 Familienbild zur Erinnerung an eine Taufe
Foto, um 1900
Fotografen fuhren früher über Land, um Familienbilder zu machen. Sie brachten bemalte Vorhänge für den Hintergrund und Teppiche für den Boden mit.

Familie und Geschichte

In deiner Familie wächst du auf, in ihr wirst du erzogen und auf das Leben vorbereitet. Meistens sind es leibliche Mutter und Vater, manchmal ist es auch nur einer von ihnen. Häufig leben auch Partner zusammen, die schon ein Kind aus einer früheren Beziehung haben.

Familien regen Historikerinnen und Historiker zu Fragen an: Wie lebten Väter und Mütter zu verschiedenen Zeiten als Arbeiter, Bauern, Bürger oder Adlige? Womit spielten Kinder? In welchem Alter wurde geheiratet? Wovon war die Zahl der Kinder einer Familie abhängig? Welchen Einfluss hatten das Land- oder Stadtleben, die Gesetze, der Glaube, die Erziehung, die Berufs- und Arbeitswelt oder die Technik auf das Familienleben? Und wie bewältigten Familien Kriegs- und Notzeiten?

Um familiäre Veränderungen verstehen und beurteilen zu können, wird auch danach gefragt, was früher von Vätern und Müttern erwartet wurde, wann und warum es zu Trennungen kam und was dann aus den Kindern wurde. Spannende Fragen, die bis heute aktuell sind und auf die es keine einfachen Antworten gibt.

Internettipp:
Schau dir zu familiären Formen des Zusammenlebens den Mediencode 31101-05 an.

1. *a)* ***Beschreibe*** *die beiden Familienbilder (M1 und M2).*
   b) ***Stelle*** *die beiden Familienporträts* ***gegenüber****.*
   c) ***Beurteile****, welche Informationen sie einem Geschichtsforschenden liefern können.* (H)
2. *a)* ***Schlage*** *den Begriff „Generation“* ***nach****.* (H)
   b) ***Arbeite heraus****, welche Personen auf den Bildern zu welchen Generationen gehören (M1 und M2).*
3. *a) Bitte deine Eltern und/oder Großeltern um drei Familienfotos, die für sie wichtige Punkte im Leben markieren, und lass dir die Geschichten zu den Bildern erzählen. (Die Fotos können abfotografiert, kopiert, eingescannt oder ausgedruckt werden.)*
   b) Bringe ein aktuelles Familienfoto mit. ***Gestalte*** *dann aus den vier Familienbildern eine kleine Fotogeschichte zum Thema „Meine Familie – gestern und heute“.*
4. ***Beurteile*** *die Bedeutung von Fotos für die Arbeit von Geschichtsforschenden.*

Die Geschichte deiner Schule

Schule hat Geschichte

Bis ins 19. Jh. hinein war Bildung ein Luxus. Viele Kinder mussten arbeiten und durften nicht zur Schule gehen. Allmählich entstanden immer mehr Schulen. 1880 wurde die allgemeine Schulpflicht durchgesetzt. Die meisten Kinder lernten aber nur Lesen, Schreiben, Rechnen und Religion. Höhere Bildung auf Gymnasien blieb noch lange Kindern aus reicheren Familien vorbehalten – und in der Regel auch nur den Jungen. Das änderte sich erst allmählich in den letzten 100 Jahren: Mädchen machten immer öfter das Abitur, andere Schulformen wie die Realschule entstanden, neue Fächer kamen hinzu. Wenn ihr euch die Geschichte eurer Schule oder die anderer Schulen in eurer Stadt anschaut, dann könnt ihr daran vieles über die Entwicklung des Bildungswesens und anderes mehr aus der Geschichte ablesen.

M 1 Kaiser-Wilhelm-Realgymnasium (heute Eichendorff-Gymnasium) in Koblenz
Foto von 1907

M 2 Eichendorff-Gymnasium in Koblenz
Foto von 2013

Die Geschichte der Schule recherchieren

Folgende Fragen können helfen:

1. Wann und von wem wurde die Schule gegründet?
2. Nach was oder wem wurde sie benannt?
3. Wie sah die Schule früher aus? Haben sich die Gebäude im Laufe der Zeit verändert und warum?
4. Wie gestaltete sich der Schulalltag?
5. Wie hat sich die Schule entwickelt (Größe bzw. Schüler- und Lehrerzahlen, Schulform, Fächer etc.)?

Dort gibt es Antworten: In fast jeder Schule gibt es ein Schularchiv, in dem Akten zur Schulverwaltung, Unterrichtsunterlagen, alte Bücher, Schülerzeitungen oder Festschriften, Einladungen zu Schulfesten oder Schulregeln, oft auch Fotos aufbewahrt werden. Je nachdem, durch wen die Schule gegründet und früher verwaltet wurde, finden sich Unterlagen zur Geschichte auch im Pfarr- oder Stadtarchiv.

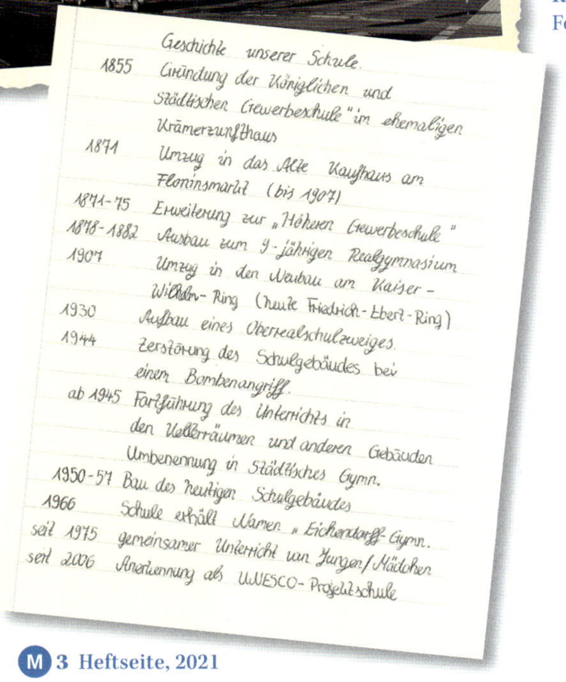

Geschichte unserer Schule.
1855 Gründung der Königlichen und Städtischen Gewerbeschule" im ehemaligen Krämerzunfthaus
1871 Umzug in das Alte Kaufhaus am Florinsmarkt (bis 1907)
1871–75 Erweiterung zur „Höheren Gewerbeschule"
1878–1882 Ausbau zum 9-jährigen Realgymnasium
1907 Umzug in den Neubau am Kaiser-Wilhelm-Ring (heute Friedrich-Ebert-Ring)
1930 Aufbau eines Oberrealschulzweiges.
1944 Zerstörung des Schulgebäudes bei einem Bombenangriff.
ab 1945 Fortführung des Unterrichts in den Kellerräumen und anderen Gebäuden
Umbenennung in Städtisches Gymn.
1950–57 Bau des heutigen Schulgebäudes
1966 Schule erhält Namen „Eichendorff-Gymn.
seit 1975 gemeinsamer Unterricht von Jungen/Mädchen
seit 2006 Anerkennung als UNESCO-Projektschule

M 3 Heftseite, 2021

1. *Bildet in der Klasse mehrere kleine Arbeitsgruppen.* ***Notiert*** *Fragen zur Geschichte eurer Schule. Beachtet dabei die Fragen 1 bis 5 links.*
2. ***Präsentiert*** *eure Ergebnisse.* ***Gestaltet*** *hierzu eine Zeitung, eine Chronik oder ein Wandposter. Überlegt euch, wie ihr vortragen wollt.*

Geschichte erleben

M 1 Gutenberg-Denkmal in Mainz
Das Denkmal wurde 1837 von dem dänischstämmigen Bildhauer Bertel Thorvaldsen geschaffen.

M 2 Werbebild für die Ausstellung im Landesmuseum Koblenz
„40 Jahre PLAYMOBIL. Eine Abenteuerreise durch die Zeit", 2015

Geschichte im Museum

Museen sammeln Gegenstände und Bilder aus der Vergangenheit, untersuchen sie, bringen sie teilweise in den ursprünglichen (restaurierten) Zustand und stellen sie aus.

Für die Erforschung unserer Geschichte sind die Heimat-, Kreis- und Stadtmuseen besonders interessant. In ihnen finden wir neben Urkunden, Bildern, Wappen und sonstigen Funden aus der überlieferten Geschichte einer Region oft auch Gegenstände wie Möbel, Werkzeuge und Trachten. Neben diesen allgemeinen Sammlungen gibt es besondere Museen für Vorgeschichte, Landwirtschaft, Bergbau, Mühlen, Verkehr, Spielsachen, Schule oder Feuerwehr.

Heute finden wir in einigen Museen, vor allem den Freilichtmuseen, nicht nur Ausstellungsstücke (Exponate), sondern wir dürfen dort ausprobieren, wie früher gekocht oder gearbeitet wurde.

M 3 Faustkeile schlagen
Foto von 2019
In vielen Museen können die Besucherinnen und Besucher ausprobieren, wie man vor über 10 000 Jahren Faustkeile schlug oder vor etwa 5 000 Jahren Feuer ohne Streichhölzer machte.

Sieh mal, denk mal – Denkmal

Überall finden wir Teile unserer Geschichte. Besonders auffällig sind Denkmäler. Das sind meist Kunstwerke, die geschaffen und errichtet wurden, um an Herrscher, Dichter, Denker und Erfinder, an Sieger und Opfer zu erinnern. Denkmäler fordern uns auf, die Erinnerung an bedeutende Menschen oder besondere Ereignisse wach zu halten. Sie sollen ein Bewusstsein für unsere Geschichte entwickeln.

1. ***Diskutiert** in der Klasse, was PLAYMOBIL mit Geschichte zu tun hat und warum es in einem Museum eine Ausstellung dazu gibt.*
2. ***Wähle aus**: **A** **Recherchiere** zu einem Museum in deinem Wohn- und Schulort.*
   ***B** **Recherchiere** zu einem Denkmal deines Schul- oder Wohnortes.*
3. ***Nenne** Themen der Vergangenheit, über die du dich gerne in einem Museum informieren würdest.*

Im Internet recherchieren

Geschichte vor Ort im Internet recherchieren

Ein Museum, Denkmäler oder Stätten, die etwas über die Geschichte eines Ortes erzählen, finden sich in jeder Stadt. „Man sieht nur, was man weiß. Eigentlich: Man erblickt nur, was man schon weiß und versteht", schrieb der berühmte deutsche Dichter Johann Wolfgang von Goethe schon 1819 und das gilt noch immer. Bevor man sich vor Ort also etwas anschaut, ist es gut, sich vorab darüber zu informieren. Eine Internetrecherche kann dabei helfen.

Dazu musst du zunächst überlegen, welche Begriffe du in das Suchfeld des Browsers eingeben möchtest. Das könnte in diesem Fall der *Name deines Schulortes* + *Museum* oder + *Denkmäler* sein. Schau in der Trefferliste, ob du dort Seiten findest, die z. B. vom Museum selbst oder von der Stadt erstellt sind. Auch andere Angebote, die du bereits kennst, wie z. B. die Wikipedia, können hilfreich sein.

Öffne die in der Trefferliste ausgewählten Seiten in einem neuen Tab und schaue, ob die Seiten die gesuchten Informationen enthalten. Wenn nicht, kannst du den Tab direkt schließen. Wenn ja, prüfe, ob die Seiten zuverlässig sind, indem du schaust, wer die Seite erstellt hat und wann sie zuletzt aktualisiert wurde. Findest du die Informationen auf mehreren Seiten, lohnt es sich, deren Angaben miteinander zu vergleichen.

Tipps & Tricks

- Lies vor einer Internetrecherche zu einem neuen Thema zuerst die Seiten in deinem Schulbuch oder den Eintrag in einem Lexikon[1]. Der Überblick hilft dir, z. B. Fachbegriffe oder Namen für die Eingabe in das Suchfeld zu finden, und die Informationen auf den Internetseiten einzuordnen und zu beurteilen.
- Wenn du Informationen zu einer Person oder einer Institution suchst, gibt den Namen in Anführungszeichen in das Suchfeld der Suchmaschine ein, also z. B. *„Gutenberg-Museum"*.[2] Dann werden alle Seiten angezeigt, in denen diese beiden zusammenhängenden Wörter genau in dieser Reihenfolge vorkommen. Damit schließt du automatisch die vielen Seiten aus, auf denen nur „Gutenberg" oder „Museum" steht und die für deine Suche unwichtig sind.

In drei Schritten zum Ziel

1. Suche,
indem du deine Suchbegriffe in das Suchfeld einer Suchmaschine eingibst.

2. Sichte
die Trefferliste und triff eine Vorauswahl, welche Seiten für deine Suche hilfreich sein können.

3. Prüfe,
a) ob die Seiten die gesuchten Informationen enthalten und
b) ob die sie dir zuverlässig erscheinen.

Internettipp:
Hilfestellungen zur Recherche in Archiven oder zur Vorbereitung eines Museumsbesuchs erhältst du unter dem Mediencode 31101-06.

[1] Vgl. dazu die Methode auf S. 220 f.
[2] Informationen zum Namensgeber des Museums – dem Erfinder des Buchdrucks – findest du auf S. 212.

1. *Wähle aus:* ***A*** ***Recherchiere*** *weitere Informationen zu einem Museum an deinem Schulort.* (H)
   B ***Recherchiere*** *weitere Informationen zu einem Denkmal deines Schul- oder Wohnortes.*
2. ***Organisiert*** *als Klasse einen Wandertag in ein interessantes Geschichtsmuseum in eurer Region.* (H)

In welcher Region lebst du?

M 1 Regionen in Rheinland-Pfalz

Unser Rheinland-Pfalz

In Rheinland-Pfalz leben heute etwa vier Millionen Menschen. Das sind etwas mehr als in Berlin. Fast jeder sechste Bewohner ist zugewandert. Das Bundesland Rheinland-Pfalz entstand erst 1946 aus verschiedenen älteren Regierungsgebieten: der bayerischen Pfalz, den südlichen Teilen des Rheinlandes mit Trier und Koblenz, der Provinz Rheinhessen, Teilen der Provinz Hessen-Nassau (Montabaur) und dem ehemals oldenburgischen Gebiet um Birkenfeld. Damit wurden Gebiete mit unterschiedlicher Geschichte, Landschaft und Bevölkerung zusammengefasst.

Früher sprachen die meisten Menschen nur in ihrer Mundart (Dialekt). Diese unterschied sich je nach Region. Das ist ein Gebiet, das meist einem Landkreis entspricht. Je weiter jemand von seiner Heimat entfernt war, desto fremder war ihm die Mundart der Einheimischen. So unterscheidet sich die rheinische Mundart im nördlichen Rheinland-Pfalz von der moselfränkischen in der Eifel und noch stärker von der alemannischen in der Südpfalz. Deutlich wird das noch, wenn Touristen aus Mainz oder dem Raum Koblenz Urlaub etwa auf dem Bauernhof in Landau machen: Auf hochdeutsch klappt die Verständigung mit den Gästen, doch wenn sich die Dorfbewohner untereinander unterhalten, verstehen die Besucher kaum ein Wort.

In anderen Regionen wird euch in den Dörfern auffallen, dass sich die alten Bauernhäuser von denen bei euch unterscheiden. In einigen Regionen gibt es noch typische Speisen. An Rhein und Mosel isst man im Herbst gerne Zwiwwelkuche, in der Pfalz sind Saumagen, Grumbeersupp und Quetschekuche beliebt. Viele Orte feiern Volksfeste, die an lange zurückliegende Ereignisse wie die Einweihung der Kirche erinnern oder auf eine neue Jahreszeit hinweisen. Auf diesen Festen geben uns Musik, Trachten, Lieder und Tänze Einblicke in frühere Gewohnheiten (Bräuche).

M 2 „Waschtag" im Volkskunde- und Freilichtmuseum Roscheider Hof
Foto von 2013
Das Museum zeigt alte regionale Wohn- und Lebenswelten, Handwerkstechniken und Bräuche. Die Häuser stammen aus dem 18. und 19. Jh. und aus verschiedenen pfälzischen Gegenden um Saar, Mosel und Hunsrück. Sie wurden seit Ende des 20. Jh. im Freilichtmuseum auf- oder nachgebaut.

Internettipp:
Internetseiten, die über die Geschichte von Rheinland-Pfalz informieren, findest du unter Mediencode 31101-07.

Exkursionstipps:
- Landschaftsmuseum Westerwald
- Freilichtmuseum Bad Sobernheim
- Freilichtmuseum Roscheider Hof in Konz

1. ***Zeige*** *mit der Karte M1* ***auf****, in welcher Region du lebst.*
2. ***Erforsche*** *alte Bräuche und Volksfeste deiner Heimatregion.* (H)
3. *a)* ***Arbeitet weiter****:* ***Informiert*** *euch in Partnerarbeit über ein Freilichtmuseum in eurer Region. Nutzt dazu die Exkursionstipps auf dieser Seite.*
   b) ***Erstellt*** *ein Programm für den Besuch dieses Freilichtmuseums.* (H)

Von der Regional- zur Weltgeschichte

Unser Alltag ist global

Sophia ist 13 Jahre alt und lebt in Rheinland-Pfalz. Morgens zieht sie ihre französische Jeans und ihr Oberteil aus der Produktion eines großen schwedischen Textilunternehmens an. Sie wird von ihrem Vater in einem japanischen Auto, das mit Benzin aus dem Nahen Osten fährt, zur Schule gebracht. Nach der Schule lädt sich Sophia auf ihrem neuen südkoreanischen Handy Songs herunter. Sie speichert sie in einer Cloud, deren Datenspeicher von weltweit vernetzten Computern zur Verfügung gestellt wird. Abends chattet sie mit einer Freundin, die im Ausland lebt. In den nächsten Ferien wird Sophia dorthin fliegen und sie besuchen.

Das alles hat mit Globalisierung zu tun. Wir leben zwar in einer bestimmten Region, vielleicht in einem ganz kleinen Dorf – doch die Welt kommt täglich zu uns nach Hause. Im Begriff „Globalisierung" steckt das Wort „Globus". Unter Globalisierung versteht man deshalb die Entwicklung, dass die Menschheit weltweit miteinander vernetzt ist, vor allem in den Bereichen Wirtschaft, Politik, Kultur, Kommunikation und dem Umweltschutz.

Auch Geschichte ist global

Du hast in diesem Kapitel gelernt, wie du die Geschichte deiner Stadt, deiner Schule, deiner Familie und deiner Region untersuchen kannst. Es gibt also nicht „die eine" Geschichte, sondern viele Geschichten, weil Geschichte immer für unterschiedliche Bereiche untersucht und geschrieben wird und Geschichte überall auf der Welt zu unterschiedlichen Zeiten passiert.

Durch die Globalisierung hat sich auch unser Blick auf die Geschichte verändert. Historikerinnen und Historiker versuchen, eine Welt- oder Globalgeschichte zu schreiben. Sie wollen vergleichen, was zu bestimmten Zeiten in verschiedenen Regionen der Welt geschah. Und sie wollen beschreiben, wie sich die Globalisierung entwickelte, also die verschiedenen Teile der Welt miteinander Kontakt hatten und sich gegenseitig beeinflussten. Denn Handel und kulturellen Austausch über große Entfernungen hinweg gab es auch schon zu früheren Zeiten.

M 1 Güterverkehr rund um den Globus

M 2 Europas Weltgeschichte?

Der Historiker Ewald Frie schreibt in seinem Buch zur Geschichte der Welt:

Die Geschichte der Welt wird bis heute von Europa aus erzählt. Höchste Zeit für einen frischen Blick: Australien wurde vom Homo sapiens[1] früher besiedelt als Europa. Menschen fuhren tausende Kilometer über den Pazifik, als die Römer noch ängstlich an der Küste entlangsegelten. Die Pyramiden und Städte Amerikas können es mit Babylon und Ägypten aufnehmen. Und während Westeuropa in der Neuzeit Glaubenskriege führte, erstreckte sich ein multikultureller Handelsraum von Ungarn bis Südindien.

Ewald Frie, Die Geschichte der Welt. Neu erzählt von Ewald Frie, München ²2021, S. 2

Internettipp:
Unter dem Mediencode 31101-08 wird Globalisierung einfach erklärt.

[1] Homo sapiens: in der Entwicklung des Menschen unser Vorfahr, mehr dazu erfährst du ab S. 34

1. ***Stelle fest*** *welche Gegenstände oder Bilder du im Klassenraum mit dem Begriff Globalisierung zusammenbringen kannst.*
2. ***Informiere dich*** *bei Angehörigen verschiedener Generationen, inwiefern sich ihr Leben im Vergleich zu früher durch die Globalisierung verändert hat (z. B. bei Ernährung, Kommunikation, Verkehr, Kultur).*
3. *a)* ***Arbeite heraus,*** *welche Forderung Ewald Frie erhebt (M2).*
   b) ***Erläutere*** *die Herausforderungen, vor denen eine Historikerin oder ein Historiker steht, der Weltgeschichte schreiben möchte (VT, M1).*
4. ***Projekt:*** ***Prüft,*** *wo und inwiefern ihr in den folgenden Kapiteln etwas zur Global- oder Weltgeschichte erfahrt. Tragt eure Stichpunkte jeweils am Ende der Kapitel zusammen und* ***diskutiert,*** *worüber ihr gerne mehr erfahren möchtet und warum.*

Wiederholen und Kompetenzen überprüfen

1. Wie und wo begegnet uns Vergangenheit?

Unter ① □□□□□□□□□□□□□ verstehen wir alles, was vor unserer Gegenwart geschehen und unwiederbringlich vorbei ist. Überall im Alltag begegnen wir Spuren der Vergangenheit: einer Kirche, einem Denkmal, einem Straßennamen oder einem Familienfoto. Orte, an denen wir ganz gezielt etwas über ② □□□□ □□□□□□ erfahren können, sind Museen und Archive. Hier werden zu bestimmten Themen, z. B. zu Spielsachen oder zu Schule, Gegenstände aus der Vergangenheit gesammelt und ausgestellt.

2. Was ist eigentlich Geschichte?

Wie wir uns die Vergangenheit vorstellen und sie beschreiben, bezeichnen wir als Geschichte. So gibt es die Geschichte großer Ereignisse wie Kriegen oder bedeutender Persönlichkeiten, etwa Königen. Es gibt aber auch die Geschichte eines Landes, einer Region, deines Wohnortes oder deiner Schule. Deine Familie und du selbst haben eine Geschichte. Die vielfältigen historischen Spuren, Überbleibsel aus der Vergangenheit, bezeichnen die Geschichtswissenschaftler (③ □□□□□□□□□□) als ④ □□□□□□□.

3. Wie erfahren wir etwas über die Vergangenheit?

Um verlässliche Informationen zu erhalten, müssen Quellen mit bestimmten ⑤ □□□□□□□□ untersucht und entschlüsselt werden. Es werden verschiedene Quellen unterschieden: Sach-, Bild-, Text- und mündliche Quellen. Wenn Historikerinnen und Historiker die Quellen untersucht und nach bestimmten Fragestellungen ausgewertet haben, dann schreiben sie darüber. Das nennen wir ⑥ □□□□□□□□□□□. Das Ergebnis kann dabei ganz unterschiedlich ausfallen, denn die Menschen stellen in unterschiedlichen Zeiten andere Fragen und halten andere Dinge für wichtig. Wie wir uns Geschichte vorstellen, hängt davon ab, wie uns Geschichte vermittelt wird. Ausstellungen in Museen, Lexikonartikel, Aufsätze und Bücher stützen sich auf die Ergebnisse der Wissenschaftlerinnen und Wissenschaftler. Computerspiele, Comics, Filme stellen aber manches spannender dar. Hier müssen wir die Geschichtsdarstellung besonders kritisch überprüfen.

4. Wie teilen wir die Zeit ein und ordnen die Geschichte?

Anhand von Beobachtungen wiederkehrender Erscheinungen am Himmel und in der Natur entwickelten Menschen schon vor 5000 Jahren einen ⑦ □□□□□ □□□, der die ⑧ □□□□ in Tage, Monate und Jahre gliederte.

Um vergangene Ereignisse zeitlich einordnen zu können, ist ein Bezugspunkt notwendig. Ausgangspunkt der christlichen ⑨ □□□□□□□□□□□□ ist die Geburt Jesu. Ereignisse, die in der zeitlichen Abfolge (⑩ □□□ □□□□□□□□) vor diesem Zeitpunkt liegen, kennzeichnen wir mit v. Chr. und Ereignisse danach erkennen wir an der Abkürzung n. Chr. Juden und Muslime haben andere Ereignisse als Bezugspunkte festgelegt. Für eine bessere Orientierung in der Geschichte werden längere Zeitabschnitte in ⑪ □□□□□□□ gegliedert. Die europäische Geschichte wird eingeteilt in Vorgeschichte, Altertum/Antike, Mittelalter, Neuzeit und Zeitgeschichte.

Wortspeicher:

Chronologie, Darstellung, Epochen, Geschichte, Historiker*, Kalender*, Methoden, Quellen, Vergangenheit*, Zeit, Zeitrechnung*

1. ***Ordne** die Begriffe aus dem Wortspeicher den Lücken in den Lernkarten zu. **Schreibe** die Begriffe in der richtigen Reihenfolge in dein Heft.*

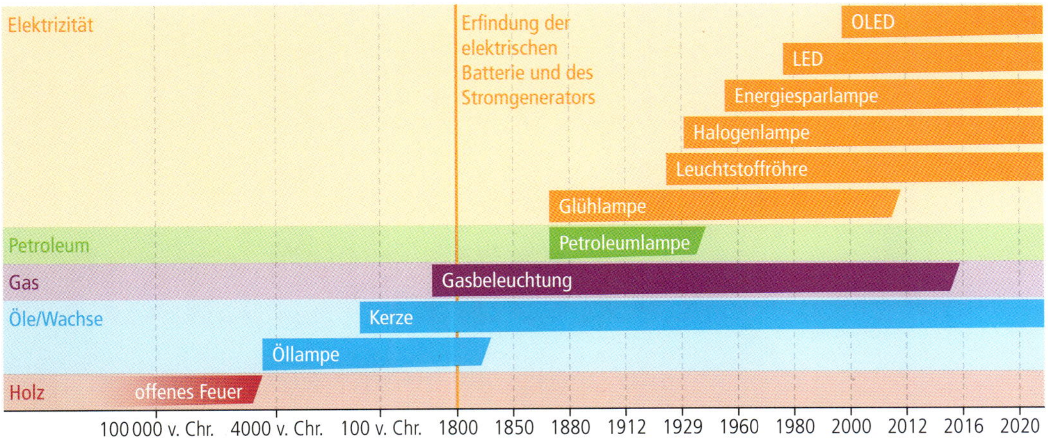

M1 Zeitleiste zur Geschichte der Leuchtmittel

M2 Schüler beim Besuch des Schulmuseums Katterbach im Bergischen Land, 2017
Hier können Besucherinnen und Besucher in einem historischen Klassenzimmer mit einer „historischen Lehrerin" erleben, wie der Schulunterricht vor über 100 Jahren in einer Volksschule aussah. Damals wurden Kinder mehrerer Jahrgänge von einer Lehrkraft in allen Fächern zusammen unterrichtet.

Internettipp:
Zu Schulmuseen in Rheinland-Pfalz siehe Mediencode 31101-09.

1. *__Arbeite__ die Informationen __heraus__, die der Zeitstrahl über die Entwicklung der Leuchtmittel enthält (M1).*
2. *a) __Vergleiche__ den Zeitstrahl mit M3 auf S. 20.*
   b) __Erkläre__, warum die beiden Zeichner unterschiedlich vorgegangen sind.
3. *Stelle dir vor, du bist ebenfalls Besucher des historischen Klassenzimmers (M2). __Schreibe__ einen Bericht darüber, was du dort mit welchen auf dem Bild erkennbaren Quellen über die Geschichte lernen kannst.*
4. *__Vergleiche__ deine Erkenntnisse zu M2 mit deinen Schulerfahrungen heute.* (H)
5. *__Arbeite weiter__: __Gestalte__ eine Präsentation, in der du in die Zukunft schaust: Wie könnten Schule und Unterricht in der Zukunft aussehen?*

2 Die Entwicklung des Menschen

M 1 Wohnlager von Frühmenschen vor etwa 400 000 Jahren
Rekonstruktionszeichnung (gezeichnete Nachbildung) von James Field, 2008
Der Zeichner fügt in seinem Bild zusammen, was Wissenschaftlerinnen und Wissenschaftler aus Funden im Boden über das Leben in der Altsteinzeit herausgefunden haben – dem langen Abschnitt der Geschichte, in dem die Menschen Werkzeuge und Waffen aus Stein herstellten.

Leitfragen zum Kapitel

- Wie **entwickelten** sich die **Menschen** über den langen Zeitraum, den wir **Ur- und Frühgeschichte** nennen?
- Wovon hing diese **Entwicklung** ab?
- Wie nutzten die **Menschen** die **Umwelt** für ihr **Überleben**?
- An welche natürlichen **Bedingungen** und **Veränderungen** mussten sie sich **anpassen**?

Die Ur- und Frühgeschichte ist der älteste und längste Abschnitt der Menschheitsgeschichte. Er umfasst einen Zeitraum von unglaublichen 2,6 Millionen Jahren! In diesem langen Zeitraum fanden große Veränderungen statt, die die weitere Geschichte der Menschen beeinflusst haben. Was wir über das Leben in der Ur- und Frühgeschichte wissen, wissen wir aus Funden im Boden wie Knochen oder Werkzeugen, die von den Menschen übriggeblieben sind. Forscherinnen und Forscher haben sie ausgegraben, gedeutet und die Spuren aus der Geschichte der Menschen wie ein riesiges Puzzle zusammengesetzt. Die Bilder auf dieser Seite sind Beispiele dafür, wie Forscher versuchen, mehr über das Leben der Menschen aus ältesten Zeiten herauszufinden und für uns heute anschaulich zu machen.

M2 Steinzeit-Experiment
Bild aus einer Fernsehdokumentation von 2007
Diese steinzeitliche Pfahlbausiedlung am Bodensee wurde für ein TV-Experiment nachgebaut: 13 Erwachsene und Kinder haben einen Sommer lang versucht, wie vor 5 000 Jahren zu leben.

M3 Szenenfoto aus der TV-Produktion „Der Neandertaler – Was wirklich geschah" von 2006
In Kalksteinhöhlen eines Naturschutzgebietes bei Prag (Tschechien) haben Schauspieler Alltagsszenen nachgespielt, die sich vor 42 000 Jahren ereignet haben könnten.

1. ***Beschreibt*** *die unterschiedlichen Mittel oder Medien, mit denen auf den Bildern versucht wird, die Vergangenheit anschaulich darzustellen (M1-M3).*
2. ***Vergleicht*** *die Bilder in Bezug auf*
   - *die dargestellte Zeit*
   - *das Aussehen und die Kleidung der Menschen*
   - *die Gegenstände, die sie bei sich haben*
   - *die Art der Behausung*
3. ***Wählt aus:*** ***A*** *Ihr wollt für die Homepage eurer Schule ein Interview mit dem Produzenten der Fernsehdokumentation „Der Neandertaler – Was wirklich geschah" führen.* ***Entwerft*** *vier bis fünf Fragen für euer Interview (M3).*
   B *Ihr wollt für die Homepage eurer Schule über das „Steinzeit-Experiment" berichten.* ***Entwerft*** *ein Interview mit vier bis fünf Fragen an die Teilnehmerinnen und Teilnehmer des Experiments (M2).*
4. ***Vergleicht*** *weitere Möglichkeiten, vergangene Zeiten lebendig werden zu lassen.* (H)

Die Entwicklung des Menschen

Es ist der 30. November 1974. Grübelnd stehen der amerikanische Forscher Donald Johanson und seine Kollegen um einen Campingtisch. Auf ihm sind Knochen eines Skeletts wie Puzzleteile aufgereiht, die sie im Sand der Steinwüste von Hadar gefunden haben. Die Knochen könnten von einer Schimpansin stammen. Aber die Becken- und Oberschenkelknochen deuten auf etwas anderes hin. „Das Lebewesen muss aufrecht gegangen sein – wie ein Mensch", ruft einer der Forscher. Das wäre ja eine Sensation! Im Hintergrund läuft gerade das Lied „Lucy in the sky with diamonds" von den Beatles. Da schlägt jemand aus dem Team übermütig vor: „Nennen wir sie doch einfach Lucy!"

Untersuchungen zeigten: Lucy ist 3,18 Millionen Jahre alt und eines der ältesten menschenartigen Lebewesen, die man bis dahin gefunden hat. Später wurden Knochen von aufrecht gehenden Vormenschen gefunden, die sogar schon etwa sechs bis sieben Millionen Jahre alt sind.

Bis zu unseren direkten Vorfahren, den Jetztmenschen, war es noch ein sehr weiter Weg. In diesem Kapitel lernst du die wichtigsten Etappen der Ur- und Frühgeschichte kennen. Dieser älteste und längste Abschnitt der Menschheitsgeschichte reicht vom Auftauchen der ersten von Menschen gemachten Steinwerkzeuge vor etwa 2,5 Millionen Jahren bis zu dem Zeitraum zwischen 3000 und 100 v. Chr., als in verschiedenen Regionen der Welt hoch entwickelte Kulturen entstanden.

Leitfragen zu den Kategorien

- In welche Zeitabschnitte wird die Ur- und Frühgeschichte eingeteilt und wodurch unterscheiden sie sich?
- An welchen Orten auf der Welt finden sich Spuren von früheren Menschen?

- Inwiefern lassen sich schon in der Frühgeschichte der Menschen Formen von Herrschaft und Macht nachweisen?

- Wie lebten die Menschen zusammen?
- Welche Folgen hatten die unterschiedlichen Lebensweisen für das Zusammenleben der Menschen und ihre weitere Entwicklung?

- Wie bestimmte die Natur die Lebensweise der Menschen?
- Welche Erfindungen und neuen Fertigkeiten gingen mit den veränderten Lebensweisen einher und welche Auswirkung hatten diese auf die Umwelt?

- Was dachten die Menschen über das Leben und den Tod?
- Welche Bedeutung hatten die verschiedenartigen Kunstwerke, die sie hinterließen?

Lucy — 3,18 Mio. Jahre v. Chr.

älteste Funde von Steinwerkzeugen — 2,6 Mio. Jahre v. Chr.

10 000 v. Chr. | 9000 v. Chr. | 8000 v. Chr.

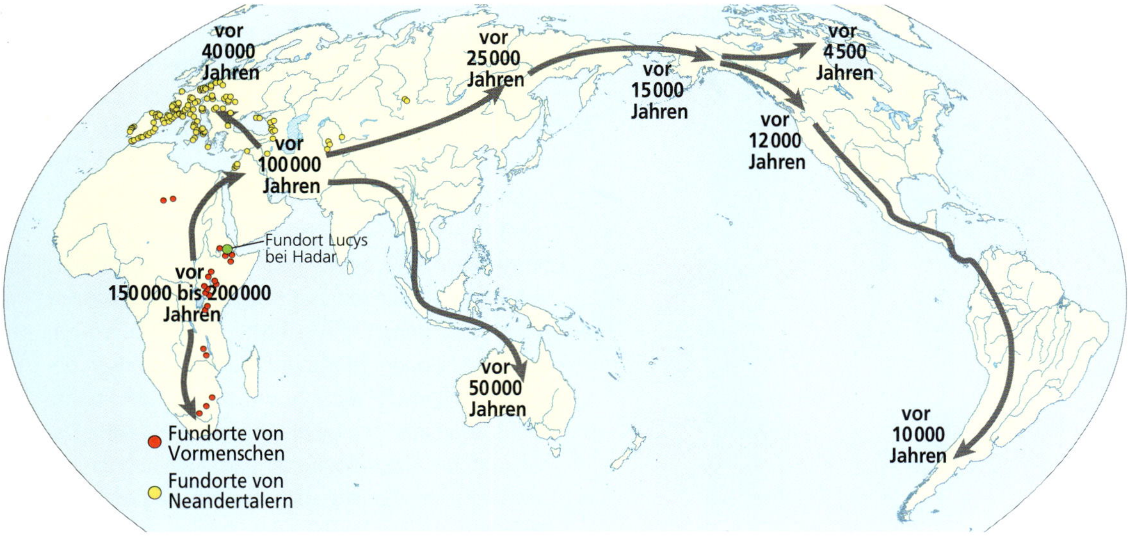

M1 Ausbreitung des Jetztmenschen über die Erde
Der Jetztmensch traf bei seiner Ausbreitung auf einen älteren Verwandten: den Neandertaler. Die Neandertaler starben aus, die Jetztmenschen setzten sich durch.

M2 Die bäuerliche Lebensweise breitet sich aus
Sie löste die zuvor über Millionen von Jahren bestehende Lebensweise ab.

Die Karten zeigen dir gleichzeitig Entwicklungen in Zeit und Raum.

1. ***Beschreibe**, wie sich die Menschen über die Erde ausgebreitet haben (M1).*
2. ***Zeige auf**, welche Informationen sich aus M2 entnehmen lassen.*
3. ***Stelle Vermutungen** darüber **an**, warum sich die bäuerliche Lebensweise ausbreitete.* (H)
4. ***Notiere Fragen** zu den dargestellten Vorgängen, über die dir die Karten keine Auskunft geben können.*

6000 v. Chr. | 5000 v. Chr. | 4000 v. Chr. | 3000 v. Chr. | 2000 v. Chr. | 1000 v. Chr. | Chr. Geb. | 1000 | 2000

1946: Das Bundesland Rheinland-Pfalz wird gegründet

Auf dem Weg zum Menschen

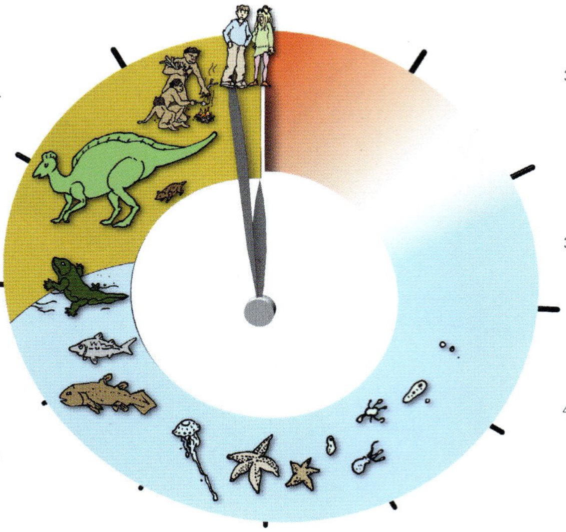

M 1 „Erdzeituhr“
Unsere Erde ist vor 5 Milliarden Jahren entstanden. Die ersten Menschenaffen lebten vor 30 Millionen Jahren. Da sind auf der „Erdzeituhr“ bereits 11 Stunden und 38 Minuten vergangen. Die Menschenart, die heute auf der Erde lebt – der moderne Mensch – entwickelte sich vor ungefähr 150 000 Jahren. In Europa lebt er „erst“ seit etwa 45 000 v. Chr.

Die Menschheitsgeschichte erforschen

Aus den ältesten Zeiten der Geschichte haben wir keine schriftlichen Aufzeichnungen – die Schrift wurde erst später erfunden. Unser Wissen stammt allein von Überresten der Menschen: von Knochenfunden oder Werkzeugen, Schmuck, Häusern und Gräbern. Sie liegen heute im Erdboden. Auf ihre Erforschung haben sich Archäologinnen und Archäologen spezialisiert.

Die Forschenden, die sich mit dem Ursprung des Menschen befassen, untersuchen versteinerte Knochen (Fossilien) und ordnen sie den Schritten auf dem Weg zum Menschen zu. Das gleicht einem Puzzle, bei dem die allermeisten Stücke fehlen – denn dass sich Millionen Jahre alte Knochen erhalten, ist sehr selten. Daher gibt es noch viele offene Fragen. Jeder neue Fund kann die Geschichte des Menschen, wie sie jetzt erzählt wird, verändern.

Was verbindet Affen und Menschen?

Aus Fossilfunden erarbeiten Forscherinnen und Forscher den Stammbaum des Menschen. Die ersten affenähnlichen Lebewesen gab es vor über 60 Millionen Jahren. Vor 18 Millionen Jahren entstand der Zweig der Menschenaffen (**Hominiden**). Vor etwa 7 Millionen Jahren teilte sich dieser nochmals auf: in die heutigen Menschenaffen und die Menschen. Bis dahin hatten Schimpanse und Mensch gemeinsame Vorfahren.

Auf dem Weg zum heutigen Menschen

Auf den Körperbau bezogen beginnt die Geschichte des Menschen vor etwa 6 Millionen Jahren mit dem aufrechten Gang (**Vormensch**). Die aufrechte Haltung brachte Vorteile: Der Vormensch konnte Gefahren schneller erkennen und hatte die Hände frei. Zu seiner Nahrung zählten gesammelte Pflanzen und vermutlich auch Aas.

Doch zum Menschsein gehört noch mehr. Vor etwa 2,5 Millionen Jahren entwickelte sich der „geschickte Mensch“ (lat. Homo habilis). Er konnte Werkzeuge aus Steinen und Kieseln herstellen. Daher nennen Archäologinnen und Archäologen die geschichtliche Epoche, die mit ihm beginnt, **Altsteinzeit**. In den etwa 2,6 Millionen Jahren, die diese älteste und längste Epoche der Menschheit dauerte, veränderte sich in kleinen Schritten nicht nur das Aussehen der Menschen. Zugleich vergrößerte sich nach und nach das Gehirn. Forschende erkennen dies an erhaltenen Schädeln und ordnen die Funde ab diesem Zeitpunkt der Gattung Homo zu (**Urmensch** oder Frühmensch). Dem „geschickten“ folgte der „aufgerichtete Mensch“ (lat. Homo erectus). Er nutzte und kontrollierte das Feuer und jagte in Gruppen Tiere. Der „Homo erectus“ konnte sprechen und damit Informationen an andere weitergeben. Mit dem Feuer konnte er wilde Tiere abhalten und durch Kochen, Backen und Rösten seinen Speiseplan erweitern.

Ebenfalls in Afrika entwickelte sich vor etwa 150 000 Jahren schließlich der „einsichtige, verständige Mensch“ (lat. **Homo sapiens**), der **Jetztmensch**. Er ist unser direkter Vorfahr und unterscheidet sich im Körperbau nicht von uns. Er breitete sich über die ganze Welt aus und kam vor etwa 45 000 Jahren auch nach Europa.

1. *a) **Untersuche** auf der „Erdzeituhr“, wie spät es war, als die ersten modernen Menschen die Erde bevölkerten (M1). b) **Vergleiche** die Lebensdauer der Menschheit mit jener der Erde.*
2. *__Diskutiert__ die Frage, was einen Menschen zum Menschen macht. Was erfahrt ihr dazu im Verfassertext? Fallen euch noch weitere Argumente ein?* (H)

M 2 Affe oder Mensch?

Die Forscherin Mary Leakey erforscht mit ihrem Gehilfen Peter Jones die Frühgeschichte des Menschen. Hier unterhalten sie sich über ein vier Millionen Jahre altes Schienbein, das sie in Kanapoi (Kenia) gefunden haben:

Leakey: Dass du dieses Schienbein gefunden hast, finde ich großartig. Es ist zwar nur das Bruchstück eines Skeletts, aber es ist ein wichtiger Knochen, der uns viel über unsere Vorfahren erzählen kann.

Jones: Ich weiß, du suchst ja immer gerade nach Knochen von Beinen, weil man daran sieht, wie unsere Vorfahren gelaufen sind. Was siehst du an diesem Knochen?

Leakey: Er sieht viel mehr wie das Schienbein eines Menschen als das eines Menschenaffen aus. Schon zu dieser frühen Zeit sind unsere Vorfahren wohl eher auf zwei Beinen so wie wir gegangen, als auf allen Vieren wie zum Beispiel die Schimpansen.

Jones: Aber warum sollten sie auf zwei Beinen gelaufen sein. Auf vieren ist man doch viel schneller. Ich könnte niemals so schnell laufen wie mein Hund. Und damals hat es doch so viele gefährliche Tiere gegeben, vor denen die Menschen weglaufen mussten.

Leakey: Nun, ich bin sicher, dass unsere Vorfahren gut klettern konnten. Sie werden die Nächte auf Bäumen verbracht haben, weil es viel zu gefährlich war, auf dem Boden zu schlafen. Und sie werden auf Bäume gestiegen sein, um Nahrung zu suchen. Da wird es viele gute essbare Dinge gegeben haben wie Früchte, Nüsse, Insekten und Honig. Vieles von dem essen wir noch heute, wenn wir im Busch sind und nichts kaufen können. Wenn sie in Gruppen lebten wie heute zum Beispiel die Paviane, hätten sie wilde Tiere sicher in die Flucht schlagen können.

Gunther Nogge (Bearb.), 4 Millionen Jahre Mensch. Begleitbuch für Kinder, o. O. (1996), S. 3f.

M 3 Vergleich zwischen Affe und Mensch

Rekonstruktionen der Skelette von einem Schimpansen, Lucy und einem modernen Menschen

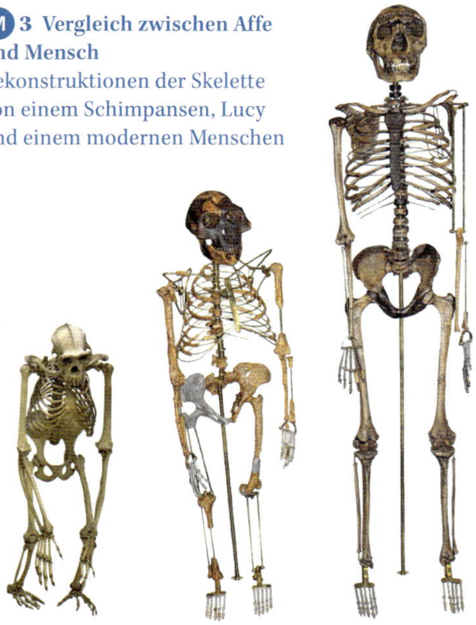

M 4 Archäologen untersuchen die Knochen des Neandertalers

Foto von 2000

140 Jahre nach der Entdeckung des allerersten Neandertaler-Skeletts finden Archäologen weitere Knochenteile. Sie überprüfen, ob die neuen Funde zum alten Skelett passen.

1. ***Beschreibe**, wie die Forschenden zu ihrem Wissen über die Vorfahren der Menschen und ihre Lebensweise gekommen sind (VT, M2-M4).*
2. ***Erkläre** in deinen eigenen Worten, woran die Forscher bei Lucy und dem Fund in Kenia gemerkt haben, dass die Knochenreste nicht die eines Affen sein konnten (VT auf S. 32, M2).*
3. ***Vergleiche** die drei Skelette von Schimpanse, Lucy und modernem Menschen miteinander. **Beschreibe** Kopfform, Arme und Hände sowie die Körperhaltung (M3).* (H)
4. ***Stelle** die Vor- und Nachteile des aufrechten Gangs **zusammen**. **Begründe**, was dabei für die weitere Entwicklung des Menschen entscheidend gewesen sein könnte.*
5. ***Arbeite weiter**: **Beurteile**, ob Lucy dem Schimpansen oder dem modernen Menschen ähnlicher war.*

Darstellungstexte verstehen

Die Darstellungstexte in deinem Geschichtsbuch sind Texte, die Autorinnen und Autoren für das Schulgeschichtsbuch geschrieben haben. Sie sind im Unterschied zu einer Quelle von einer Person unserer Gegenwart verfasst. Deshalb nennen wir sie hier auch Verfassertexte, abgekürzt VT. Dabei gibt es verschiedene Formen von Texten: solche, die sachlich erklären, und andere, die Geschehenes wie eine Geschichte erzählen, wie z. B. auf S. 32 in der linken Spalte.

Die Darstellungen in deinem Schulbuch sollen dich mit einem neuen Thema bekannt machen, Ereignisse zusammenfassen und deuten, Zusammenhänge aufzeigen und Begriffe möglichst einfach erklären. Um sie zu verstehen und gut damit lernen zu können, kannst du bei der Arbeit in drei Schritten vorgehen:

M 1 Schülerin wertet einen Text aus

In drei Schritten zum Ziel

1. Einen Überblick gewinnen

- Lies den Text ein erstes Mal zügig durch. Tipp: Beachte die Überschrift.
- Formuliere in einem Satz, worum es in dem Text geht.
- Notiere dir fünf bis sechs Schlüsselwörter. Im Beispiel rechts sind sie in Fettdruck hervorgehoben.
  Tipp: Einige wichtige neue (Lern-)Begriffe sind in den Verfassertexten deines Schulbuches schon hervorgehoben. Welche Begriffe könnten außerdem noch wichtig sein? Welche sind für dich neu, welche kennst du schon?

2. Den Text genau untersuchen

- Lies den Text gründlich.
- Schreibe alle Fachbegriffe und Fremdwörter, die du nicht kennst, in dein Heft. Versuche, die Bedeutung der Begriffe aus dem Zusammenhang herauszufinden.
- Untergliedere den Text in Sinnabschnitte. Finde für jeden Abschnitt eine Überschrift.
  Tipp: Achte auf Absätze im Text. Sie trennen den Text oft bereits in Sinnabschnitte.
- Notiere die wichtigsten Aussagen jedes Abschnitts in Stichworten oder kurzen Sätzen.

3. Den Inhalt des Textes zusammenfassen

Gib mithilfe der Zwischenüberschriften und der Schlüsselwörter den Inhalt des Textes in eigenen Worten wieder. Lasse dabei nebensächliche Informationen weg und beschränke dich auf das Wichtigste.

Tipp: Hilfreich kann es sein, die wichtigsten Aussagen der Sinnabschnitte zunächst in einer Tabelle, einem Schaubild/einer Skizze, einer Zeitleiste etc. zusammenzufassen.

M 2 Vom Affen zum Menschen

Den afrikanischen Kontinent nennen Forscherinnen und Forscher oft die „Wiege der Menschheit“. Dank des warmen Klimas und der üppigen Pflanzenwelt entwickelten sich dort die ersten Menschen. Affenähnliche Wesen lebten zunächst in den Bäumen des tropischen Regenwaldes.

Dann wurde es kühler, es entstanden immer mehr Ebenen mit nur wenigen Bäumen. Bis dahin hatten Menschenaffen (Hominiden) und Menschen dieselben Vorfahren.

Das änderte sich vor etwa 6 Millionen Jahren. Unsere Vorfahren passten sich der veränderten Umgebung an: Sie verließen die Bäume und lernten, aufrecht zu gehen. Zu diesen Vormenschen gehört auch Lucy. Der aufrechte Gang war entscheidend für die Entwicklung zum Menschen, denn er brachte Vorteile: Nahrung und Gefahren konnten besser erkannt werden, die Hände waren frei, um Gegenstände zu tragen.

Aus den Vormenschen entwickelten sich allmählich die Ur- oder Frühmenschen. Die ersten lebten vor rund 2,5 Millionen Jahren. Sie konnten bereits Werkzeuge und Waffen aus Stein herstellen. Deshalb nennen die Forschenden diese Zeit „Steinzeit“. Vor etwa 2 Millionen Jahren lernten die Menschen zudem, das Feuer zu beherrschen.

Eine Erklärung für den Fortschritt fanden Forscherinnen und Forscher an erhaltenen Schädeln heraus: Das Gehirn der Menschen wurde nach und nach größer. Deshalb ordnen sie die Funde ab diesem Zeitpunkt der weiter entwickelten Gattung Homo zu (lat. Mensch). Es gibt viele Arten dieser Gattung.

Erste Angehörige der Art Homo sapiens (wörtlich übersetzt: „der vernunftbegabte Mensch“) lebten etwa vor 100 000 Jahren. Sie sind unsere direkten Vorfahren und unterscheiden sich im Körperbau nicht von uns. Sie breiteten sich über die ganze Welt aus.

Verfassertext

Afrika als „Wiege der Menschheit“
- Vorfahren aus Afrika
- tropischer Regenwald -> warmes Klima
- affenähnliche Wesen
- Leben auf Bäumen

Ein entscheidender Schritt: der aufrechte Gang
- kühleres Klima -> es gibt weniger Bäume
- Vormenschen lernen zu laufen
- aufrechter Gang hat Vorteile -> entscheidend für Entwicklung

Ur- oder Frühmenschen und Steinzeit
- vom Vormenschen zum Frühmenschen
- Werkzeug, Feuer -> ab da Gattung Homo

Größere Gehirne – größere Entwicklung
- Fortschritt durch größere Gehirne
- Homo sapiens -> Vernunftbegabung
- unsere direkten Vorfahren

1. ***Werte*** *den Darstellungs- oder Verfassertext (VT) auf S. 34 „Auf dem Weg zum heutigen Menschen“* ***aus****, wie es hier am Beispiel vorgeführt wird. Wende die Arbeitsschritte in dieser Reihenfolge an. Nützliche Formulierungshilfen findest du auf S. 368/369.* (H)

2. *Der Text auf dieser Seite und der Text auf S. 34 behandeln das gleiche Thema, enthalten aber unterschiedliche Informationen.* ***Führe*** *alle wichtigen Informationen zur Entwicklung des Menschen in einem eigenen Verfassertext* ***zusammen****.*

Wie haben unsere Vorfahren gelebt?

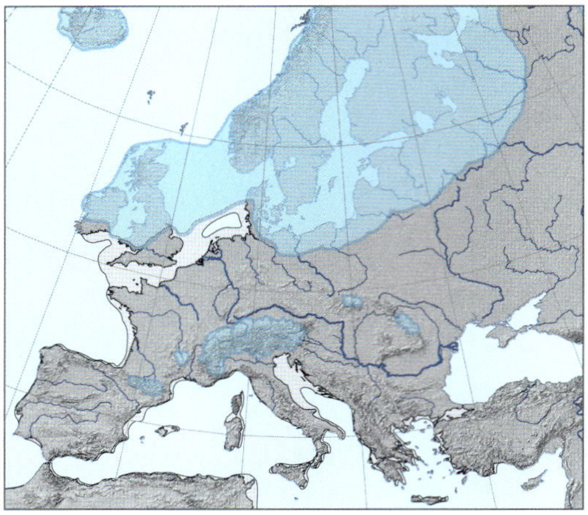

M 1 Ausdehnung des Eises während der letzten Eiszeit
Die letzte Kaltzeit (auch Eiszeit genannt) dauerte von 115 000 bis 10 000 Jahren vor heute. Wo heute Meer ist, gab es aufgrund des niedrigeren Meeresspiegels an vielen Stellen Festland.

Internettipp:
Warum starb der Neandertaler aus? Unter dem Mediencode 31101-10 findest du einen Film.

Warmzeiten, Kaltzeiten

Im Verlauf ihrer Geschichte war die Erde starken Klimaschwankungen ausgesetzt. Das letzte Eiszeitalter begann vor 2,6 Millionen Jahren. In ihm wechselten sich Warm- und Kaltzeiten ab. Mit den Klimaschwankungen veränderte sich nicht nur die Tier- und Pflanzenwelt. Forscherinnen und Forscher gehen davon aus, dass die Anpassung des Menschen an neue Lebensbedingungen mitverantwortlich ist für seine Entwicklung.

Vom Neandertaler …

Ein Menschentyp passte sich besonders gut an die Kaltzeit an: der **Neandertaler**. Er lebte vor etwa 100 000 bis 30 000 Jahren in Europa. Die Neandertaler waren im Vergleich zum heutigen Menschen kleiner und schwerer, ihre Kiefer waren kräftiger. Als Jäger, die sich überwiegend von Fleisch ernährten, trotzten die Neandertaler der Kälte und der Knappheit an nährstoffreicher pflanzlicher Nahrung. Sie verwendeten Werkzeuge, trugen Kleidung und Schmuck. Heute sind Archäologen aufgrund von Funden der Meinung, dass die Neandertaler sich mit einer gut entwickelten Sprache verständigten, für Alte, Kranke und Verletzte sorgten und vielleicht auch um ihre Toten trauerten.

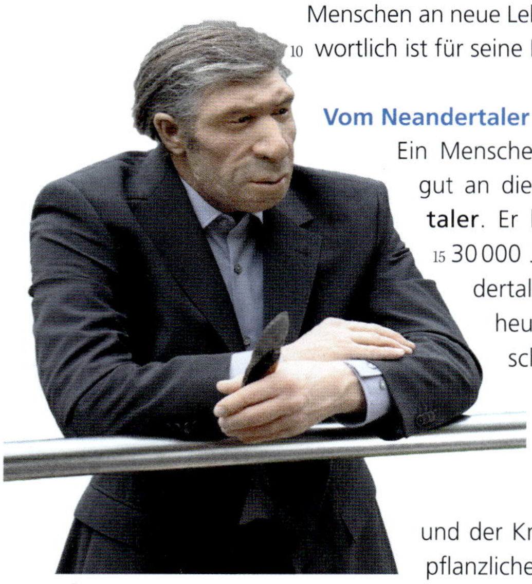

M 2 Neandertaler
Lebensgroße Rekonstruktion von Alfons und Adrie Kennis in modernem Anzug, 2012, im Neanderthal Museum Mettmann

… zum Jetztmenschen

Zeitgleich lebten in Afrika Menschen, die körperlich von uns nicht zu unterscheiden sind: die Jetztmenschen. Vor etwa 45 000 Jahren kamen sie nach Europa. Neandertaler und Jetztmenschen lebten über Jahrtausende nebeneinander und haben sich wohl teilweise auch vermischt. Während sich die Jetztmenschen über die ganze Erde ausbreiteten, starben die Neandertaler vor rund 30 000 Jahren aus. Die Gründe dafür sind noch immer ungeklärt.

Leben in der Eiszeit

Im letzten Abschnitt der Kaltzeit vor 40 000 bis 10 000 Jahren lagen die Durchschnittstemperaturen in Mitteleuropa etwa 10 °C niedriger als heute. Deshalb wuchsen nur Büsche, Birken und sumpfiges Grasland.

Die Jetztmenschen kamen in der eiszeitlichen Umwelt als **Jäger und Sammler** gut zurecht. Sie erfanden zahlreiche neue Werkzeuge, darunter Speerschleudern, Harpunen, Angelhaken und Nähnadeln aus Knochen. Sie jagten Wildrinder, Wildpferde, Mammute, Wollnashörner, Rentiere und Riesenhirsche, aber auch Kleintiere wie Schneehasen, Vögel und Fische. Dazu sammelten sie Beeren, Pilze, Wurzeln und Eier.

Die Menschen mussten ihr Leben nach der Jagd und den Jahreszeiten richten. Viele Monate im Jahr zogen sie in Gruppen umher und folgten den Wanderungen ihrer Beute. Die Menschen der Eiszeit waren **Nomaden**, lebten also nicht an einem festen Ort. Felsvorsprünge, Höhleneingänge und Zelte boten Schutz vor Kälte, Regen und wahrscheinlich auch Tieren.

1. ***Zähle*** *Kenntnisse und Fertigkeiten* ***auf****, die nötig waren, um in der Eiszeit zu überleben.*
2. *Die Umwelt und die Lebensbedingungen spielten eine wichtige Rolle bei der Entwicklung des Menschen.* ***Begründe*** *diese Aussage mithilfe deiner Ergebnisse aus Aufgabe 1.*
3. ***Nenne*** *die wesentlichen Unterschiede zwischen Neandertalern und Jetztmenschen. Lege dafür eine Tabelle an.*

M 3 Zelt aus Tierhäuten
Nachbau eines Zeltes, das Eiszeitjäger vor etwa 15 000 Jahren in Gönnersdorf am Rhein zwischen Bonn und Koblenz errichteten

M 4 Klingenwerkzeuge aus Stein
Fundort: Martinsberg bei Andernach, Alter: ca. 13 000 Jahre

M 6 Harpunenspitze aus Knochen
Fundort: Kesslerloch (Schweiz), Länge: 15 cm, Alter: ca. 12 000 Jahre
Eine Erfindung des Jetztmenschen.

M 5 Im Innern eines Zeltes

Der Archäologe Gerhard Bosinski schreibt über einen Fund in Gönnersdorf:

Im Innern einer Behausung in Gönnersdorf lag neben der Feuerstelle ein Mammutoberschenkel, der ursprünglich aufrecht gestanden hatte und die Stütze einer Grillvorrichtung war. Dicht neben der Feuerstelle war ein Rengeweih so eingegraben, dass die Zacken der Schaufel eine Gabel über dem Feuer bildeten.
Zur Beleuchtung dienten Steinlampen, in deren Höhlung sich Fett und ein Docht befanden. Der Docht bestand vermutlich aus einem Wacholderzweig. Platten aus Quarzitstein sind erhitzt worden; vielleicht um darauf Fleisch zu braten. Im Innenraum der Häuser hat man mehrere kleine Gruben ausfindig gemacht, die vermutlich mit Leder ausgekleidet waren. Sie dienten als Kochgruben.

Zit. nach: Internetseite der Universität Koblenz, 2003 www.fh-koblenz.de/koblenz/remstecken/rhine98/Rheinlandschaft/projectgruppen/5.umweltgeschichte/97sieferle/naturlandschaft.htm [Zugriff: 22. 03. 2003]

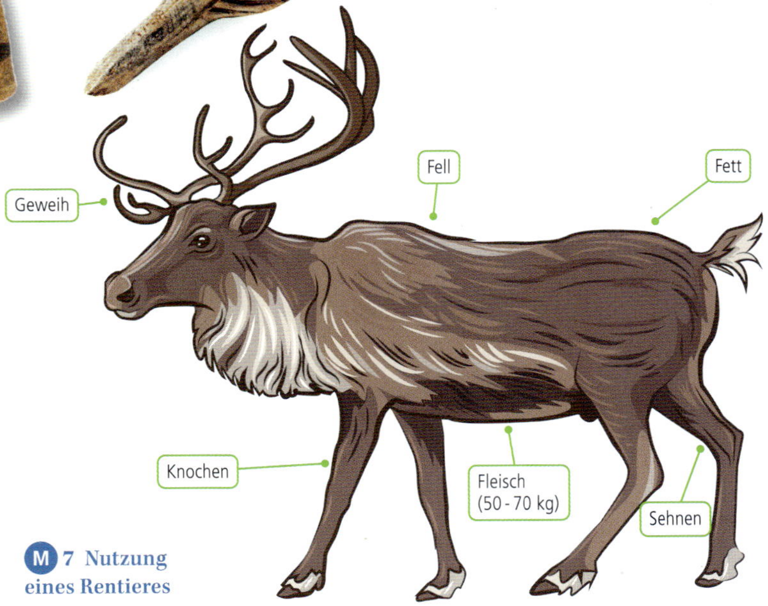

M 7 Nutzung eines Rentieres

1. ***Beschreibe*** *das Zelt eines Eiszeitjägers mithilfe des Archäologen-Berichts (M3 und M5).*
2. ***Begründe****, warum der Forscher in seinem Text die Wörter „wahrscheinlich", „vielleicht" und „vermutlich" benutzt (M5).*
3. ***Liste*** *in einer Tabelle die Verwendungsmöglichkeiten von Geweih, Fell, Fett, Knochen, Fleisch und Sehnen des Rentieres (M7)* ***auf****. Beachte den VT sowie M3 bis M6.*
4. *a)* ***Schreibe*** *eine Geschichte zum Leben der eiszeitlichen Jäger und Sammler (Verfassertext, M3 bis M7).*
   b) ***Ordne*** *in einer Tabelle* ***ein****, was an deiner Geschichte auf Forschungen beruht, was Vermutungen sind, die auf diese Forschungen zurückgehen, oder was du frei erfunden hast.* Ⓗ
   c) ***Stelle*** *dein Ergebnis in der Klasse* ***vor****.*

Kunst in Höhlen

M 1 **Höhle von Lascaux**
Foto von 2010
An den Wänden der Höhle von Lascaux in Südfrankreich haben Menschen vor etwa 17 000 Jahren mit Holzkohle und farbiger Erde mehr als 2 000 Tierzeichnungen gemalt oder in den Fels geritzt. 1994 wurden in der südfranzösischen Chauvet-Höhle Malereien entdeckt, die sogar bis zu 30 000 Jahre alt sind.

Geritzt, gemalt, geformt

Vor etwa 35 000 Jahren entstanden die ersten Kunstwerke der Menschheit: Tierbilder auf Höhlenwänden. Sie wurden eingeritzt oder mit Farbpulver aufgetragen, das aus Ocker (gelb), Rötel (rot), Mangan und Kohle (schwarz), Kalzit oder Kaolin (weiß) bestand. Mit roter Farbe gesprühte Handumrisse in Bilderhöhlen Südfrankreichs und Spaniens sind die ersten bekannten Zeugnisse, mit denen Menschen bewusst Abbilder von sich selbst hinterlassen haben.

M 2 **Bison-Figuren aus Lehm**
Männliches und weibliches Tier in der Höhle Tuc d'Audoubert in Frankreich, Alter: ca. 17 000 Jahre
Für die 63 und 61 cm langen Tierdarstellungen benötigten die Kunstschaffenden etwa 90 kg Lehm.

Viele Rätsel

Früher haben Forscherinnen und Forscher die Tierbilder in Höhlen als Ausdruck eines Jagdkultes gedeutet. Aber: Selten sind die gejagten Tierarten dargestellt. Auch gibt es auf Höhlenbildern dieser Zeit keine Jagdszenen. Wenn Menschen dargestellt sind, dann handelt es sich um Tier-Mensch-Mischwesen, die vielleicht als Tiere verkleidete Menschen zeigen. Sollen die Mischwesen Gottheiten darstellen oder Medizinmänner? Ganz genau werden wir das wohl nie wissen. Eines aber ist sicher: Die Höhlenbilder verraten uns, dass die Menschen die Tiere genau beobachteten und sie in lebendig wirkenden Bildern wiedergeben konnten. Die Mühe, die sie sich machten, zeigt, dass die Kunstwerke für sie von großer Bedeutung waren.

Spuren deuten

In manchen Höhlen haben sich im Lehmboden Fußabdrücke von Menschen erhalten. Aus ihnen haben Forschende schon geschlossen, dass Jugendliche mit Erwachsenen in die Höhlen kamen, um zu feiern, beispielsweise den Übergang in die Welt der Erwachsenen. Für die etwa 300 Fußspuren in der Höhle Tuc d'Audoubert in Südfrankreich vermuten sie neuerdings, dass ein Jugendlicher und ein Erwachsener sie hinterließen – als sie zwei Bisonfiguren aus Lehm schufen.

Gräberfunde wie Skelette und Grabbeigaben deuten darauf hin, dass vielleicht schon die Jetztmenschen der Altsteinzeit hofften, nach ihrem Leben auf der Erde in eine andere Welt überzuwechseln. Sie betteten ihre Toten sorgfältig und gaben ihnen Werkzeuge und Nahrung mit ins Grab.

1. ***Stelle Vermutungen an***, *warum die meisten Malereien tief in den Höhlen ohne Tageslicht liegen.*
2. *a)* ***Informiere dich*** *im Internet, was die Menschen in den Höhlenmalereien abbildeten.* (H)
   b) ***Erläutere***, *was wir daraus über ihren Alltag, ihre Kultur und ihr Weltbild erfahren.*
3. ***Begründe*** *die Ernennung der Höhlen von Lascaux und Chauvet zum Weltkulturerbe der UNESCO.* (H)

M3 Tanz mit dem Löwenmann

Die Kunst der Altsteinzeit weckt unsere Fantasie. Die Schriftstellerin Gabriele Beyerlein hat sich folgende Geschichte ausgedacht:

„Tanzt!", forderte der Löwenmann sie auf, nahm eine Trommel und begann zu singen. Hundertfach warfen die Tiergeister seine Stimme zurück. Der Rhythmus der Trommel erfüllte die Höhle, fuhr den Jungen in die Glieder. Sie tanzten. Und je länger sie tanzten, desto lebendiger wurden ihnen die Bilder an den Wänden, desto mehr erfüllte sie die Schönheit, die Kraft und die Weisheit der Tiere, desto vollständiger ergriff sie deren Geist.

Eins fühlten sie sich mit der gesamten Natur. Eins fühlten sie sich mit der unsichtbaren Welt der Geister. Eins fühlten sie sich mit sich selbst. Sie tanzten, bis sie in einen tiefen Schlaf fielen. Die Trommel verstummte. Der Stammesälteste nahm Löwenmaske und Löwenfell ab und bettete beides in eine Nische der Höhle, bis er sie wieder brauchen würde für eine Einweihungsfeier von anderen Jungen. Für diese hier war seine Aufgabe vollbracht. Sie würden Männer werden, die nie die Ehrfurcht verlören vor den Tieren, den Geistern und der Größe der Natur. So etwa könnte es gewesen sein.

Gabriele Beyerlein und James Field, Steinzeit. Die Welt unserer Vorfahren, Würzburg 2008, S. 41

M5 „Löwenmensch"

Figur aus der Höhle „Hohlenstein" bei Ulm, Mammutelfenbein, Höhe: 31,1 cm, Alter: 35 000 - 40 000 Jahre

Forscher streiten, ob hier ein Mann, eine Frau oder ein geschlechtsloses Wesen dargestellt ist.

Hörtipp:
Die Erzählung M3 kannst du dir unter Mediencode 31101-11 als Hörtext anhören.

M6 Venus von Willendorf

Kalksteinskulptur aus Willendorf, Österreich, Größe: 11 cm, Alter: ca. 27 000 Jahre

Frauendarstellungen wurden in zahlreichen altsteinzeitlichen Fundstätten Europas und Asiens gefunden. Einige weisen Bohrungen auf, sodass sie als Amulett getragen werden konnten.

M4 Flöte aus einem Vogelknochen

Aus dem Knochen eines Schwans, Länge: 12,6 cm

Diese Flöte aus der Geißenklösterle-Höhle bei Blaubeuren ist fast 40 000 Jahre alt. Sie zählt zu den ältesten entdeckten Musikinstrumenten der Welt. Welche Musik mag man wohl mit ihr gemacht haben?

1. ***Wähle aus****: Suche dir eines der Kunstwerke aus (M1, M2, M4-M6).*
   A ***Beschreibe*** *das von dir gewählte Kunstwerk.*
   B ***Untersuche*** *die vom Künstler benutzte Technik und die Materialien.*
2. ***Suche*** *dir ein weiteres der hier vorgestellten Kunstwerke* ***aus. Vermute****, ob es Forschenden leicht oder schwer fällt, die Bedeutung der ausgewählten Kunstwerke zu entschlüsseln.*
3. ***Begründe****, welche Bestandteile der Geschichte von Gabriele Beyerlein auf Forschungen beruhen und welche erfunden sind (M3).* (H)
4. ***Erläutere****, warum man die Aussage, die Menschen seien „Jäger und Sammler" gewesen, um weitere Begriffe erweitern muss.*

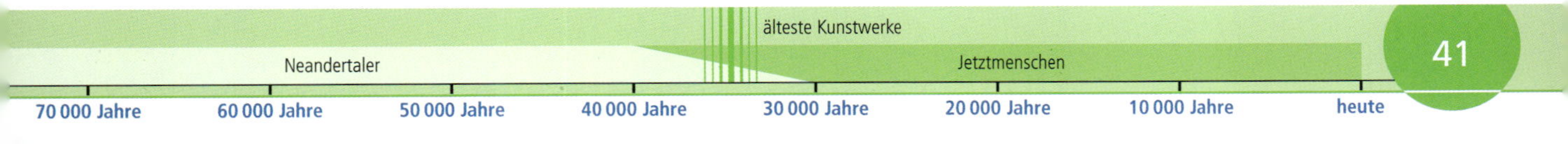

Historische Orte virtuell erkunden

M1 **Nachbildung der Höhle von Lascaux von 1983**
Foto aus dem Jahr 2016
Die Nachbildung (Replik) enthält eine exakte Rekonstruktion des „Saals der Stiere" mit vielen Tiermalereien und einen langen Seitengang. Sie ist direkt neben der Originalhöhle von Lascaux gelegen. Jedes Jahr besuchen 250 000 Menschen den Nachbau der Höhle.

Auf virtuelle Erkundungstour gehen

Du hast gelernt, dass wir vieles von unserem Wissen über die Menschen in der Ur- und Frühgeschichte Archäologinnen und Archäologen verdanken. Viele ihrer Ausgrabungen sind heute in Museen zu finden. Archäologische Stätten müssen hingegen besucht werden.
Einige Besichtigungsstätten stellen auf ihren Internetseiten Bilder, Informationen oder sogar digitale Museumsrundgänge zur Verfügung. So kannst du von zu Hause aus selbst auf Spurensuche gehen.

Die Höhlen von Lascaux besuchen

Ein Beispiel für ein Museum, das ein digitales Angebot zur Verfügung stellt, sind die Höhlen von Lascaux in Frankreich. Die Steinzeithöhle wurde nachgebaut und zusätzlich in einem virtuellen Rundgang erkundbar gemacht, um die Malereien zu schützen.
Sie wären im Lauf der Zeit zerstört worden, da sie durch die vielen Besucherinnen und Besucher zu hoher Feuchtigkeit ausgesetzt wären. In der originalen Höhle von Lascaux befinden sich verschiedene Räume mit Tierzeichnungen, die vermutlich zwischen 30 000 und 15 000 v. Chr. entstanden sind, eventuell um 17 000 v. Chr.
Klick im Internetbrowser die Webadresse an, die du unter dem Mediencode 31101-12 findest. Falls die Internetseite auf Französisch ist, kannst du in der Menüleiste oben rechts die Sprache von FR (Französisch) auf DE (Deutsch) ändern.

Tipps & Tricks

- Du wirst einmal durch die Höhle geführt, kannst aber jederzeit anhalten und unten links die Beschriftungen anwählen, wenn du dir die Höhlenmalereien genauer ansehen möchtest oder mehr erfahren willst.
- Wenn du dir ein Bild genauer anschaust, kannst du auf den Kreisen mit dem „i" für „Information" die Bezeichnungen der einzelnen Darstellungen erfahren.
- Bei manchen digitalen Museumsangeboten kannst du die Ansicht verändern oder mehr Informationen erhalten, indem du einzelne Punkte anklickst oder mit der Maus verschiebst.

Internettipp:
Unter dem Mediencode 31101-12 kannst du die Höhle von Lascaux virtuell besuchen.

In drei Schritten zum Ziel

1. Ein Museum im Internet besuchen

Gib die Internetseite eines Museums im Browser ein oder suche über eine der Plattformen, die du unter dem Mediencode 31101-13 findest, ein Museum.

2. Digitales Werkzeug: Auf virtuelle Erkundungstour gehen

a) Starte den virtuellen Rundgang oder das digitale Angebot.
b) Probiere aus, wie du mehr erfahren kannst.

3. Die digitale Anwendung zusammenfassen und beurteilen

a) Fasse in einem Word-Dokument oder in deinem Heft deinen Besuch im digitalen Museum in wenigen Sätzen zusammen.
b) Beurteile das digitale Angebot: Wie hilfreich war es für dich?

M 2 Den virtuellen Höhlenrundgang starten

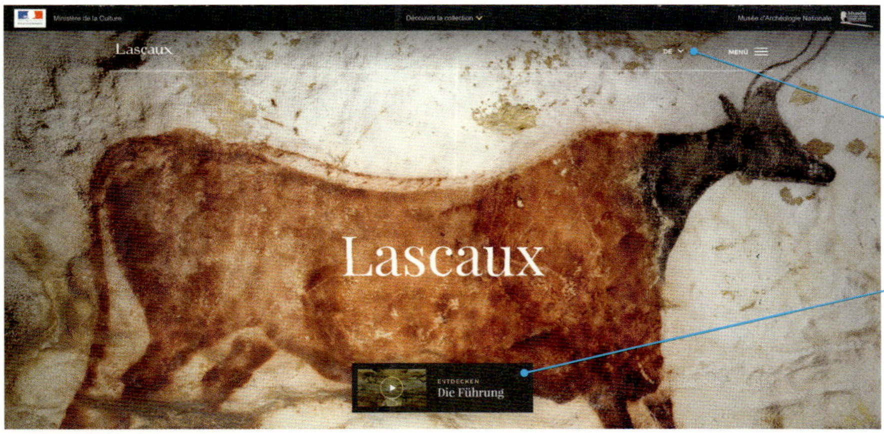

Hier kannst du die Sprache einstellen: DE steht für Deutsch.

Klicke auf Play, um die virtuelle Höhlentour zu starten.

M 3 Den virtuellen Rundgang steuern

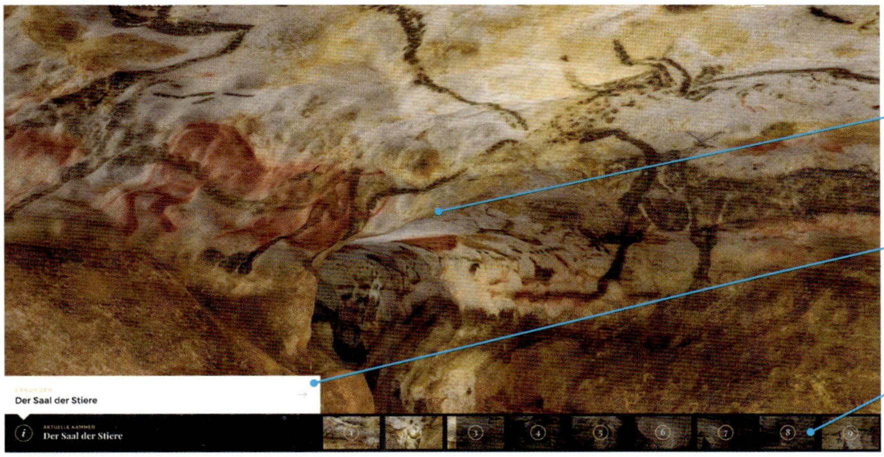

Klicke in die Mitte, um den Rundgang anzuhalten.

Klicke auf den Pfeil, wenn du mehr über die Höhlenmalerei z. B. im „Saal der Stiere" erfahren möchtest.

Hier kannst du im Rundgang vor- oder zurückspringen.

M 4 In der Höhle auf Spurensuche gehen

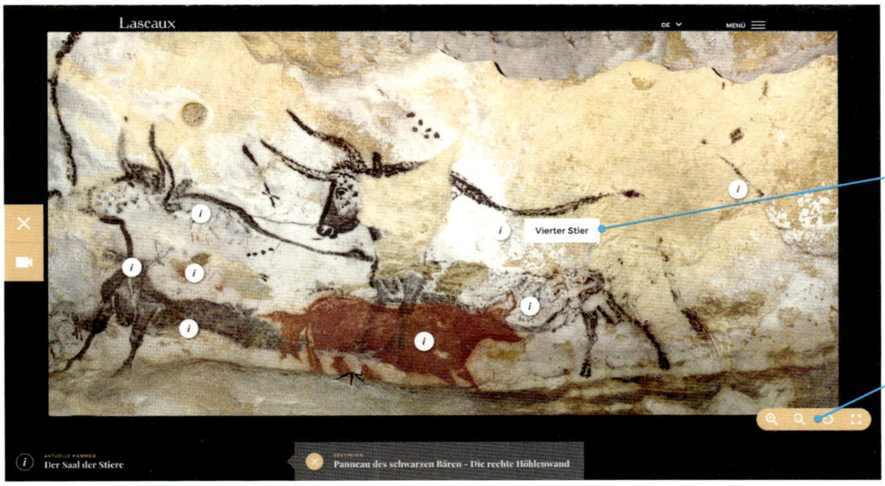

Fahre mit der Maus über das „i", um die Bezeichnung der Darstellung zu erfahren, und klicke darauf für weitere Informationen.

Hier kannst du die Ansicht vergrößern und verkleinern.

1. *a)* ***Finde heraus****, was sich auf dem virtuellen Rundgang über die Tiere auf den Höhlenmalereien herausfinden lässt. b)* ***Fasse zusammen****, was du auf der Höhlentour erfahren hast.*
2. ***Beschreibe*** *ein Tier deiner Wahl.*
3. ***Bewerte*** *den digitalen Höhlenrundgang.* (H)
4. ***Recherchiere*** *im Internet weitere Museen, die einen digitalen Rundgang durch ihre Ausstellung anbieten.*

Von der Alt- zur Jungsteinzeit

M1 Leben in der Jungsteinzeit
Rekonstruktionszeichnung von Oliver Wetterauer, 2021
In der Jungsteinzeit veränderte sich die Millionen Jahre alte Lebensweise der Menschen: Sie wurden sesshaft. Was alles dazugehörte, zeigt die Abbildung.

World Café

Arbeitet an „Café-Tischen" in Gruppen zentrale Fragen zum Vergleich von Alt- und Jungsteinzeit heraus.

1 Teilt euch in Vierer- bis Sechser-Gruppen auf und setzt euch an einen von vier „Café-Tischen". Auf jedem Tisch liegt eine beschreibbare „Tischdecke" (großes Plakat/Flip-Chart-Bogen), auf die ihr Fragen/Ideen/Lösungen schreiben oder zeichnen könnt. Wählt an jedem Tisch einen „Gastgeber"/eine „Gastgeberin" aus.

2 Gesprächsrunde 1 (ca. 15-20 Min.): Sammelt auf der Grundlage der Infotexte und Materialien an allen Tischen Stichpunkte zu der Frage: Was änderte sich von der Alt- zur Jungsteinzeit?

3 Wechselt nun den Tisch und findet euch in neuen Gruppen zusammen. Nur die „Gastgeber" bleiben am Tisch und fassen die wichtigsten Erkenntnisse der vorherigen Runde kurz zusammen.

4 Gesprächsrunde 2 (15-20 Min.): Entwickelt die Überlegungen weiter: War das Leben in der Jungsteinzeit im Vergleich zur Altsteinzeit ein Fortschritt oder ein Rückschritt? Untersucht die Frage unter zwei verschiedenen Aspekten:
Tisch 1 und 2: Zusammenleben und Arbeiten/„Berufe"
Tisch 3 und 4: Ernährung/Überleben und Umwelt

5 Die Gruppen 1 und 2 wechseln die Tische mit den Gruppen 3 und 4 und mischen sich untereinander neu. Die „Gastgeber" gehen vor wie in 3.

6 Gesprächsrunde 3 (15-20 Min.): Tisch 1 und 2 untersuchen nun die Frage aus Gesprächsrunde 2 zu den Themen Zusammenleben und Arbeiten/„Berufe"; Tisch 3 und 4 zu den Themen Ernährung/Überleben und Umwelt.

7 Besprecht eure Ergebnisse und begründet, ob die neue Lebensweise einen Fortschritt oder Rückschritt darstellte.

INFO 1 Veränderte Lebensbedingungen

Vor etwa 12 000 Jahren wurde es in Europa wieder wärmer. Die Eiszeit ging zu Ende. Tiere, die Kälte lieben, zogen fort. Es wuchsen nun Wälder und neue Pflanzen. Allmählich stellten sich die Menschen darauf ein und errichteten ihre Lagerplätze in besonders fruchtbaren Gegenden an Laubwäldern, Flüssen und Seen. Mehr als in der Altsteinzeit lebten die Menschen nun von Fischfang und gesammelten Früchten. Davon zeugen Pfeil und Bogen, geknüpfte Fischreusen, Werkzeuge mit bearbeiteten Feuersteinen, erste Boote aus ausgehöhlten Baumstämmen und die ersten Beile aus zugeschlagenem Stein. Archäologinnen und Archäologen nennen diesen Abschnitt der Geschichte **Mittelsteinzeit**.

INFO 2 Eine neue Lebensweise entsteht

Während in Mitteleuropa, wo heute auch Deutschland liegt, die meisten Menschen noch immer als Jäger und Sammler lebten, setzte sich in sehr fruchtbaren Regionen östlich des Mittelmeeres eine neue Lebensweise durch. Dort begannen die Menschen vor mehr als 11 000 Jahren, Wälder zu roden, Ackerbau zu betreiben und Dörfer mit festen Häusern zu bauen, in denen sie dauert wohnten und arbeiteten. Sie wurden sesshaft (**Sesshaftigkeit**). Durch Versuche fanden sie heraus, welche Pflanzen sich gut anbauen ließen und schnell wuchsen. Ein Beispiel dafür ist Getreide, aus dem Mehl zum Backen gewonnen wurde. Den Menschen gelang es, Wildtiere zu zähmen und zu halten, um Fleisch und Milch zu gewinnen: zunächst Schafe und Ziegen, später auch Rinder und Schweine. Die sesshafte Lebensweise breitete sich im Verlauf vieler Jahrhunderte dann in ganz Europa aus.

Eine Zeit lang lebten letzte Jäger und erste Bauern wohl nebeneinander, bis sich die neue Lebensform durchsetzte. Bei uns war dies vor rund 7 500 Jahren. Mit dieser Neolithischen Revolution begann ein neuer Abschnitt der Geschichte: die **Jungsteinzeit (Neolithikum)**.

M 2 Brunnen aus Eichenbohlen
Fund aus der jungsteinzeitlichen Siedlung von Erkelenz-Kückhoven (Rheinland), 5090 v. Chr.
Der Brunnen ist im Landesmuseum in Bonn ausgestellt.

M 3 Tongefäß aus Herxheim, um 5000 v. Chr.
Weil die Tonwaren der ersten Bauern in Mitteleuropa ähnlich aussahen, wird ihre Kultur einheitlich Bandkeramik genannt.

Internettipp:
Zur jungsteinzeitlichen Siedlung und Grubenanlage Herxheim bei Landau siehe Mediencode 31101-14.

M 4 Sichel für Getreideernte
Mit Sicheln schnitten die Menschen das Getreide auf dem Feld. Scharfkantige Feuersteine wurden mit Kleber aus Birkenrinde im Stiel befestigt.

M 5 Backofen, etwa 4 500 Jahre alt
Rekonstruktionszeichnung nach einem Fund aus dem Moordorf Taubried (Federseemoor)
Zuerst wurde das Korn zu Mehl zerrieben. Danach vermengte man es mit Wasser, Sauerteig (einer Art Hefe) und Salz zu einem Teig, der zum Fladen geformt auf einen Backteller gelegt wurde.

Info: Steinzeiten
Archäologinnen und Archäologen unterscheiden drei Abschnitte:
In der Altsteinzeit lebten die Menschen als Jäger und Sammler. Sie waren nicht sesshaft.
In der Jungsteinzeit betrieben sie Ackerbau und Viehhaltung. Sie wohnten in Dörfern.
Die Mittelsteinzeit ist die Zeit des Übergangs zwischen beiden Lebensweisen.

Mittelsteinzeit* Sesshaftigkeit Jungsteinzeit (Neolithische Revolution*)

M 6 Wagen mit Scheibenrädern aus Holz
Nachbau nach Moorfunden der Zeit um 3000 v. Chr. aus Niedersachsen (4 m lang, 1,5 m breit)

M 7 Nachgebauter Holzpflug
Foto von 2017 aus Kleinklein (Steiermark)
Zwei Archäologen bestellen hier ein Feld wie in der Jungsteinzeit.

M 8 Bergbauschacht der Jungsteinzeit am Lousberg bei Aachen
Foto der Rekonstruktion aus dem Rheinischen Landesmuseum Bonn
Bergleute gruben Schächte und weitverzweigte Stollen tief unter der Erde, die sie fachmännisch mit Pfeilern stützten. Der am Lousberg abgebaute Feuerstein wurde zu Beilklingen verarbeitet. Sie verbreiteten sich weit bis nach Westfalen. Bergbau wurde aber auch betrieben, um Felsgestein für Mühlen oder vermutlich sogar Salz zu gewinnen.

INFO 3 Neue Arbeiten in Haus und Dorf

Das neue Leben brachte aber nicht weniger Arbeit. Anhand von Knochen fanden Forschende heraus: Erwachsene und auch Kinder haben körperlich hart gearbeitet. Sie mussten Tiere hüten und melken, Getreide ernten, die Getreidekörner aus den Ähren trennen und dann mahlen, Brot backen, Wasser holen, Kleidung herstellen, Vorräte trocknen und einlagern, den Wald roden, Häuser bauen, Keramik brennen und vieles mehr.
Mit der Zeit machten die Menschen zahlreiche Erfindungen, die ihren Alltag erleichterten. Zu den wichtigsten gehörten das Rad und der Pflug. Aus Pflanzenfasern oder Wolle gewannen die Menschen Fäden, die sie am Webrahmen zu Stoffen verarbeiteten. In Gefäßen aus gebranntem oder getrocknetem Ton waren Vorräte länger haltbar.

INFO 4 Geteilte Arbeiten

Die neuen Tätigkeiten erforderten besondere Kenntnisse, mussten erlernt und geübt werden. Deshalb spezialisierten sich die Menschen auf bestimmte Arbeiten. So entstanden die ersten „Berufe“, wie zum Beispiel Weber, Werkzeugmacher, Hirte, Bauer. Eine **Arbeitsteilung** setzte sich durch. Wie schon in der Altsteinzeit betrieben die Menschen auch Handel untereinander, oft über weite Strecken. Dabei handelten sie mit kostbaren Rohstoffen, zum Beispiel mit Schnecken und Muscheln, die sie gerne zu Schmuck verarbeiteten, oder mit Feuerstein, den Menschen der Jungsteinzeit erstmals in Bergwerken abbauten.

INFO 5 Unterschiede entstehen

Wer mit begehrten Rohstoffen handelte, konnte sich vielleicht andere Dinge leichter leisten. Auch wurden Besitztümer nicht mehr geteilt, sondern in kleineren Hausgemeinschaften aus engeren Verwandten weitervererbt. Wer mehr besaß, hatte sicher auch oft mehr zu bestimmen als andere. So entwickelten sich Unterschiede: in Bezug auf Besitz, auf Macht und Anerkennung. Diese Unterschiede zeigen sich an Überresten von Gräbern. In der Jungsteinzeit übernahmen die Menschen völlig neue Bestattungssitten und bauten für ihre Toten mancherorts monumentale Großsteingräber, auch im heutigen Rheinland-Pfalz.

M 9 Jungsteinzeitliches Geschirr und Essensreste

Foto aus dem Historischen Museum Bern

① Mahlsteine; ② verkohltes Brot; ③ verkohlte Getreidekörner; ④ kleine Äpfel; ⑤ Kochtopf aus Ton mit Holzlöffel; ⑥ Trinkgefäße aus Hirschgeweih; ⑦ Trinkgefäße aus Holz

Hörtipp:
Einfacher satt in der Jungsteinzeit? Zu der Frage findest du einen Hörtext unter dem Mediencode 31101-15.

INFO 6 Neue Lebensweise – neue Ernährung

Mit der neuen Lebensweise veränderte sich auch die Ernährung. Die Nahrung bestand mit Brot und Getreidebrei nun überwiegend aus Kohlenhydraten. Das brachte neue Krankheiten mit sich, wie Karies.

Forschende streiten darüber, ob das Leben in der Jungsteinzeit für die Menschen tatsächlich einen Fortschritt bedeutete. Fest steht: In der Jungsteinzeit wuchs die Bevölkerung. Es konnten also mehr Menschen ernährt werden. Trotzdem wurden an Skeletten aus der Jungsteinzeit und auch späteren Epochen immer wieder Zeichen für Mangelernährung festgestellt, vor allem bei Kindern. Das Risiko von Missernten, ansteckenden Krankheiten und Feuer war groß. War die Ernte hingegen gut, konnten Vorräte für die Wintermonate und Hungerzeiten angelegt werden.

INFO 7 Mensch und Umwelt

Als Jäger und Sammler hatten die Menschen mit der Natur gelebt und genutzt, was diese ihnen bot. In der Jungsteinzeit fingen sie nun an, die Urlandschaft zu bearbeiten. Bäume wurden mit Äxten gefällt oder mit Feuer gerodet, um die Flächen als Siedlungsraum, Äcker und Viehweiden zu nutzen. Es entstand eine Kulturlandschaft, die den menschlichen Bedürfnissen angepasst war und die kurzfristig für gute Ernten sorgen konnte.

Langfristig schadeten die Eingriffe aber der Natur: Die Böden laugten durch die Brandrodung, das weidende Vieh und den landwirtschaftlichen Anbau regelrecht aus. Wissenschaftlerinnen und Wissenschaftler schätzen, dass die Menschen ihre Siedlungen nach etwa 20 Jahren aufgeben und zu neuen Plätzen weiterziehen mussten.

M 10 Härteres Leben?

Die Wissenschaftlerin Brigitte Röder zur Arbeitsbelastung von Frauen:

Frauen starben in der Jungsteinzeit im Schnitt ein Jahrzehnt früher als Männer. Als wichtiger Grund [...] wird die Belastung durch die sehr früh und dann in kurzen Abständen aufeinanderfolgenden Schwangerschaften vermutet.

Untersuchungen der Muskelansätze an den Knochen zeigen zweifelsfrei, dass jungsteinzeitliche Frauen extremen körperlichen Belastungen ausgesetzt waren, die mit denen der Männer nicht zu vergleichen waren. Insofern ist es durchaus möglich, dass sie im Arbeitsleben in der Jungsteinzeit eine zentrale Rolle spielten – eine Position, die ihnen offenbar weniger Ansehen, Macht und Einfluss als vielmehr Arbeit und eine niedrigere Lebenserwartung einbrachte.

Brigitte Röder, Jungsteinzeit: Frauenzeit? Frauen in den frühen bäuerlichen Gesellschaften Mitteleuropas, in: Frauen – Zeiten – Spuren, hrsg. von Bärbel Auffermann und Gerd-Christian Weniger, Mettmann 1998, passim und S. 260ff. (vereinfacht)

M 11 Leichteres Leben?

Der Wissenschaftler Hansjürgen Müller-Beck schätzt das Arbeitsleben so ein:

Feldbau und Tierhaltung verursachen zwar Arbeit. Aber diese neue Art von Arbeit ist besser zu planen und bietet größere Sicherheit. Damit werden vor allem die Frauen von ihrer Sammeltätigkeit entlastet, die mit zunehmender Entfernung vom Lager immer gefährlicher wurde und auch enorme Trageleistungen erzwang.

Dabei ist zu beachten, dass die Mütter ihre kleineren Kinder wegen des Stillens mit sich tragen müssen. [...]

Die Entwicklung zur Jungsteinzeit macht vor allem zunächst den Frauen das Leben leichter. Sie können sich jetzt stärker den Kindern widmen.

Hansjürgen Müller-Beck, Die Steinzeit. Der Weg der Menschen in die Geschichte, München [4]2008, S. 102 (vereinfacht)

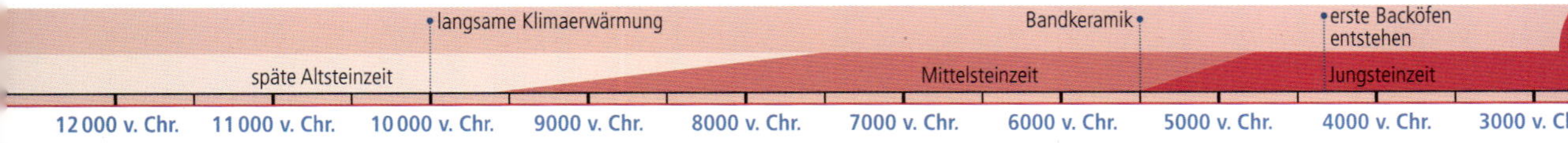

Metalle ersetzen Stein

M 1 Ötzis Leiche im Eis
Foto vom 21. September 1991
Das Foto zeigt die Leiche nach dem ersten Bergungsversuch.

M 2 Ötzis Beil
Beilklinge aus Kupfer, Schaft aus Ebenholz
Die 9,5 cm lange Klinge wurde mit Teer und Lederriemen befestigt.

Besondere Funde

Stell dir vor, du wanderst in den Bergen und findest im Eis die gut erhaltene Leiche eines Mannes, dazu Teile seiner Ausrüstung. Genau das ist 1991 Wanderern aus Nürnberg passiert: in 3 200 m Höhe in den Ötztaler Alpen. „Ötzi" – so wurde der Mann aus dem Eis genannt – besaß ein besonderes Beil: Es hatte eine Klinge aus Kupfer! Die Spitzen seiner Pfeile und die Klinge seines Dolches waren hingegen noch aus Feuerstein. Damit stand fest: Ötzi lebte am Übergang von den Stein- zu den Metallzeiten. Sein Todesjahr bestimmten Forschende auf die Zeit zwischen 3350 und 3120 v. Chr.

Kupfer – Bronze – Eisen

Bald wurden Waffen, Werkzeuge und Schmuck immer häufiger aus Metallen hergestellt. Die Metallzeiten begannen. Im Vorderen Orient setzten sie schon ab dem 7. Jahrtausend v. Chr. ein. Etwa 3 000 Jahre später entdeckte man dort auch, dass durch Verschmelzen von Kupfer und Zinn ein neues Metall hergestellt werden konnte: Bronze. Es ließ sich leicht formen, war aber härter als Kupfer und Gold. Schließlich lernten die Menschen, Eisenerze zu gewinnen und zu verarbeiten. Werkzeuge und Waffen aus Eisen waren noch härter und schärfer als die aus Bronze. Sie wurden nicht gegossen, sondern glühend mit dem Hammer geschmiedet. All diese Kenntnisse brachten Händler nach Mittel- und Nordeuropa. Hier wurde seit 2400 v. Chr. Bronze hergestellt (**Bronzezeit**) und ab etwa 1000 v. Chr. Eisen verarbeitet (**Eisenzeit**).

Arbeitsteilung und Handel werden wichtig

Weil die Verarbeitung von Metall besondere Kenntnisse erfordert, spezialisierten sich Handwerker auf diese Tätigkeiten: Berufe wie Bergarbeiter, Metallgießer und Schmied entstanden. Eine **Arbeitsteilung** setzte sich durch.

Nun spielte der Handel eine immer größere Rolle: Händler lieferten die Rohstoffe für Bronze, denn Kupfer und Zinn waren nicht am selben Ort zu finden. Sie tauschten sie gegen fertige Metallwaren, Felle, Bernstein, Salz und Nahrungsmittel.

Die Ungleichheit nimmt zu

Aus der Bronze- und Eisenzeit gibt es einige Gräber mit so kostbaren Grabbeigaben, dass Archäologinnen und Archäologen sie als „Fürstengräber" bezeichnen. Waren diese Menschen durch Handel reich geworden? Übten sie Herrschaft über die Dorfgemeinschaft oder in einer größeren Region aus? Hatten sie vielleicht besondere Aufgaben in Religion und Kult?

Aus der Bronze- und Eisenzeit sind auch die ersten mit aufwändigen Schutzmauern befestigten Siedlungen bekannt. Das Schwert als Waffe wurde erfunden. Erstmals scheinen Reichtum, Macht, Herrschaft und Ansehen archäologisch nachweisbar.

1. *Bildet Zweiergruppen und* ***recherchiert*** *im Internet über Ötzi.* ***Verfasst*** *gemeinsam einen Bericht zu den Themen: „Wer war der Mann aus dem Eis?" und „Warum ist der Fund eine Sensation?"*
2. ***Gib*** *mit eigenen Worten die Entwicklung in der Metallherstellung* ***wieder****.*
3. ***Erkläre*** *den Einfluss der Metalle auf das Zusammenleben in der Gesellschaft.*

Internettipp:
Informationen über Ötzi findest du unter dem Mediencode 31101-16.

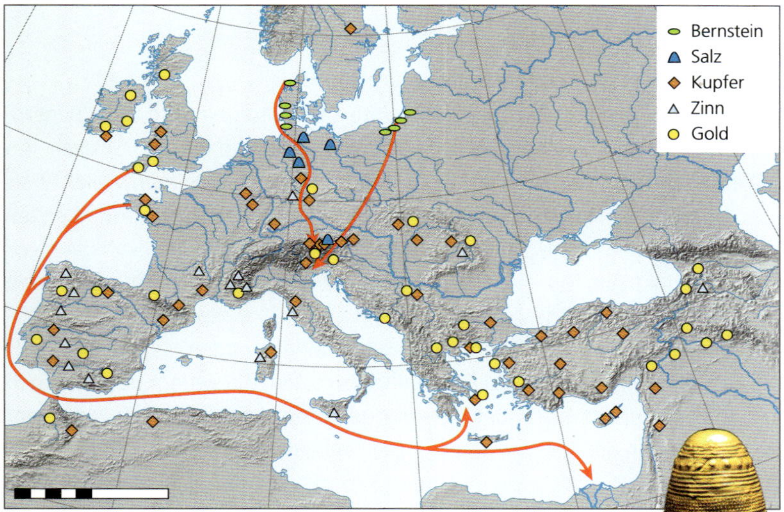

M 3 Rohstoffe und Handelswege in der Bronzezeit (2200 - 800 v. Chr.)

M 4 Symbol von Reichtum und Macht

Der Archäologe Knut Rassmann zieht folgende Schlüsse aus der Bedeutung des Goldes:

Bereits am Beginn der Bronzezeit sind Goldgegenstände vor allem aus außerordentlich reichen und aufwändig errichteten Grabdenkmalen bekannt. […] Das Gold besaß nicht allein aufgrund seiner Seltenheit einen hohen materiellen Wert. Die größere Bedeutung lag vielmehr in seiner ideellen, symbolischen Stärke, die in seiner Unvergänglichkeit und dem sonnengleichen gelbgoldenen Glanz begründet war.

[…] Obwohl es für die Herstellung von Arbeitsgeräten und Waffen nahezu keinen Wert besaß, war das Gold Auslöser zahlreicher Entdeckungsreisen und sogar Kriege. […] Sein Einfluss ging jedoch zuerst von der gewaltigen Potenz aus, Reichtum und Macht anzuhäufen und zur Schau zu stellen. Ähnlich muss man sich wohl für die Bronze vorstellen, dass sie über ihre technische Bedeutung als Werkstoff hinaus starken Einfluss auf die gesellschaftliche und geschichtliche Entwicklung hatte.

Knut Rassmann, Die Bronzezeit – Innovation und Beharrung, in: Spuren der Jahrtausende. Archäologie und Geschichte in Deutschland, herausgegeben von Uta von Freeden und Siegmar von Schnurbein, Stuttgart ²2003, S. 164

M 5 Mädchen von Molzbach

Rekonstruktion der Kleidung einer 17- bis 20-jährigen Frau aus der Bronzezeit nach einem Grabfund bei Molzbach (Kreis Fulda), ca. 1600 bis 1250 v. Chr.

Im Grab wurden kostbare Schmuckstücke gefunden, die beweisen: Das Mädchen muss sehr reich gewesen sein. Besonders selten sind der breite Gürtel aus verziertem Bronzeblech und die 43 Besatzstücke aus Weißmetall, die ihr Gewand verzierten.

M 6 Goldener Hut von Schifferstadt (Rheinland-Pfalz)

Höhe: 29,6 cm, Gewicht: 350 g, Fundort: Schifferstadt, Zeit: um 1400 v. Chr.

Wissenschaftlerinnen und Wissenschaftler vermuten, dass der Goldblech-Kegel eine Götterfigur geschmückt hat oder einem Priester als religiöses Zeichen eines Sonnenkultes diente. Darüber hinaus könnte er als astronomischer Kalender genutzt worden sein. Die Ornamente sind so angeordnet, dass damit Zeiträume in Mond- oder Sonneneinheiten abgelesen werden konnten.

1. *Bronze braucht Handel.* ***Erkläre*** *den Zusammenhang mit der Karte (M3).*
2. ***Beschreibe*** *die Funde.* ***Nenne*** *Material und Funktion (M1, M5, M6).*
3. ***Untersuche****, über welche Lebensbereiche (Herrschaft, Gesellschaft, Wirtschaft, Weltdeutung) uns die Funde Auskunft geben. Erstelle dazu eine Tabelle und ordne die Bilder den Bereichen zu (M1, M5, M6).*
4. *a)* ***Schreibe*** *die Aussagen zu Symbolen von Reichtum und Macht aus dem Text des Archäologen Knut Rassmann heraus (M4).*
   b) ***Ordne*** *die beiden Funde aus M5 und M6 jeweils einer Aussage zu.*
   c) ***Arbeite weiter****:* ***Recherchiere*** *im Internet weitere Fundbeispiele, die Aussagen des Textes belegen.*
5. ***Vergleiche****, womit die Menschen in der Bronze- und Eisenzeit zeigten, dass sie reich sind und eine besondere Stellung haben, und wie die Menschen dies heute tun.* Ⓖ

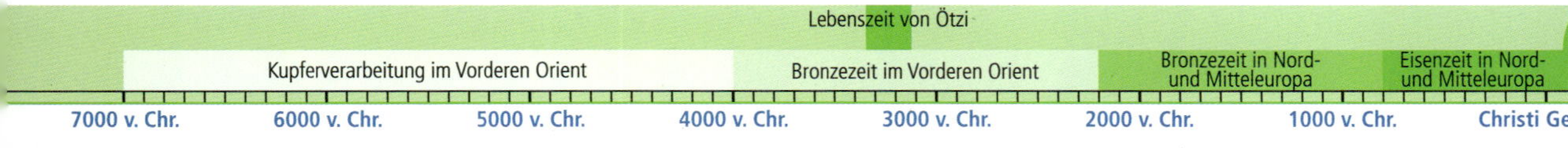

Über die Kelten

M 1 Keltische Goldmünze
Frankreich, um 110 v. Chr.
Etwa ab 300 v. Chr. stellten die Kelten Münzen her. Diese waren Vorbildern von Handelspartnern nachempfunden. Sie sind für uns ein Beleg für einen regen Handel mit Mittelmeerbewohnern.

Wer sind die Kelten?

Asterix und Obelix aus dem gleichnamigen Comic sind Kelten. Die Römer nannten sie „Galli" oder „Celtae" („die Tapferen"). Die Kelten lebten zwischen dem 5. und 1. Jh. v. Chr. nördlich der Alpen. Auf ihren Kriegszügen, Wanderungen und Handelsreisen fanden die Kelten den Kontakt zum Mittelmeerraum. Von den Griechen und Römern lernten sie, wie man befestigte Höhensiedlungen und Städte baut. Eine Reihe von Ortsnamen geht auf keltische Ursprünge zurück, z. B. der römische Name von Speyer „civitas nemetum", der an den keltischen Stamm der Nemeter erinnert.

Zu den besonderen Fähigkeiten der Kelten gehörte die Verarbeitung von Eisen. Ihre Eisenwaren waren überall begehrt. Keltische Schwerter galten als besonders scharf. Außerdem handelten die Kelten mit Salz und Fellen.

Schriftliche Informationen über die Kelten besitzen wir von antiken griechischen und römischen Geschichtsschreibern[1]. Die Kelten selbst hatten keine Schrift. Weil Forschende sich daher hauptsächlich aus Funden ein Bild von den Kelten machen, ordnen sie sie der Eisenzeit und damit immer noch der Ur- und Frühgeschichte zu.

M 2 Kelten zum Anfassen
Rekonstruierte keltische Siedlung „Altburg" bei Bundenbach
Einige befreundete Familien verbringen dort ihre Ferien und leben für einige Wochen im Jahr als Kelten wie vor über 2000 Jahren – „Living History" als Urlaubstrend.

Keltische Verhältnisse

Die Gesellschaft der Kelten bestand aus Kriegern, Bauern, Handwerkern, Händlern und Sklaven. An der Spitze standen Anführer, die man vielleicht als „Fürsten" bezeichnen könnte. Ihre besondere Stellung belegen reich ausgestattete Grabkammern unter aufgeschütteten Erdhügeln, wie sie etwa in Waldalgesheim (Rheinland-Pfalz) oder am Glauberg (Hessen) gefunden wurden.

Zu den einflussreichsten Mitgliedern der keltischen Bevölkerung gehörten die Druiden (dt. „die sehr Weisen"). Die Druiden spendeten den Göttern Opfer, sprachen Recht, erzogen die Jugend und befassten sich mit Heilkunst, Sternenkunde und Zukunftsdeutung.

In einer keltischen Stadt

Die Kelten errichteten im 3./2. Jh. v. Chr. in West- und Mitteleuropa erste stadtartige Siedlungen. Sie entstanden auf Bergrücken oder an wichtigen Verkehrswegen. Die Römer nannten eine solche Siedlung Oppidum (dt. „befestigter Ort"). In Rheinland-Pfalz gibt es noch Überreste auf dem Donnersberg bei Dannenfels oder dem Martberg bei Cochem-Zell.

Die keltische Siedlung auf dem Donnersberg, dem höchsten Berg der Pfalz, war eine der größten nördlich der Alpen. Wahrscheinlich war sie Zentrum eines Teilstammes der keltischen Treverer, deren Hauptort Trier war. Das Oppidum bot Platz für mehrere tausend Menschen. Überreste von Schlacken und Waren belegen, dass es Werkstätten gab. Vielleicht stellten die Handwerker dort Schmuck oder Glas her und verarbeiteten die um den Berg herum vorkommenden Erze. Vermutlich haben sie schon für den Export produziert. Die Siedlung wurde 50 v. Chr. verlassen. Warum, wissen wir nicht.

1. ***Erkläre**, was die Tatsache, dass Menschen Münzen herstellten, für den Handel zwischen verschiedenen Völkern bedeutet (M1, VT).*
2. *Viele sehen den Trend der „Living History" kritisch. **Finde heraus**, was darunter zu verstehen ist und **nimm** dazu **Stellung** (M2).* G

Internettipp:
Willst du mehr über die Kelten und ihre Siedlungen erfahren? Dann sehe dir den Mediencode 31101-17 an.

[1] Vgl. dazu S. 102 und S. 114 f.

M 3 Wo die Kelten lebten

M 5 Der „Keltenfürst vom Glauberg"
Statue aus Sandstein, 1,86 m hoch, 5. Jh. v. Chr.
Die dargestellte Person gehörte zur Oberschicht der Kelten und wird deshalb auch als „Fürst" bezeichnet. Vermutlich war es ein Herrscher. Er könnte auch Aufgaben im Götterkult erfüllt haben.

M 4 Keltensiedlung am Donnersberg in der Pfalz
3D-Rekonstruktion von Roland Seidel, 2011
Die stadtartige Siedlung hatte eine Fläche von 240 Hektar und war von einem monumentalen Befestigungsring mit fünf Toren, einem vier Meter hohen hölzernen Schanzwerk und einem breiten Erdwall umgeben. Die Mauern müssen weithin sichtbar gewesen sein und dienten vor allem der Machtdemonstration. Forscherinnen und Forscher schätzen, dass alleine 10 000 Bäume für den Bau des Walles nötig waren. Deshalb war der Donnersberg zu dieser Zeit unbewaldet.

1. ***Stelle*** *mithilfe einer aktuellen Karte* ***fest****, in welchen Bundesländern das Siedlungsgebiet der Kelten liegt (M3).*
2. ***Recherchiert*** *in Vierer- oder Fünfer-Gruppen zur Keltensiedlung auf dem Donnersberg.* ***Erstellt*** *eine Wandzeitung (M4).*
3. ***Beschreibe*** *die Figur (M5).* ***Stelle fest****, welche Schmuckstücke zu erkennen sind.*
4. ***Stelle*** *einen „Kelten-Steckbrief"* ***zusammen****: Woher stammten die Kelten und was wissen wir über ihre Gesellschaft, Wirtschaft und Kultur (VT, M1-M5)?*
5. ***Erläutere****, woher unsere Informationen über die Kelten stammen.*

Keltische stadtähnliche Siedlungen in West- und Mitteleuropa
Kelten in Mitteleuropa (Eisenzeit)
500 v. Chr. | 400 v. Chr. | 300 v. Chr. | 200 v. Chr. | 100 v. Chr. | Christi Geburt

Wiederholen und Kompetenzen überprüfen

1. Orientierung

Die Zeit, aus der uns noch keine schriftlichen Quellen überliefert sind, nennen wir Ur- und Frühgeschichte. Sie ist der längste und älteste Zeitabschnitt in der Geschichte. Unterschieden wird dabei zwischen Altsteinzeit, Mittelsteinzeit und Jungsteinzeit.
Die direkten Vorfahren der modernen Menschen, die Jetztmenschen, haben sich vor 160 000 Jahren in Südostafrika entwickelt. Von dort breiteten sie sich vor 45 000 Jahren über Europa aus und begegneten einem anderen Menschentypen, dem Neandertaler, der aus bislang unbekannten Gründen ausstarb.
Mit dem Übergang zur Jungsteinzeit verbreitete sich die Sesshaftigkeit durch Kontakt aus dem Vorderen Orient nach Mitteleuropa. Diese umfassende Veränderung der Lebensweise um 5500 v. Chr. wird als Neolithische Revolution bezeichnet. Ein neuer Abschnitt der Menschheitsgeschichte begann mit den Metallzeiten, in denen zunächst Bronze und später auch Eisen zu Werkzeugen, Schmuckstücken und Waffen verarbeitet wurden.

2. Gesellschaft

In der Altsteinzeit lebten die Menschen als Jäger und Sammler in kleinen Gruppen und zogen als Nomaden umher. Sie sorgten füreinander und gingen gemeinschaftlich auf die Jagd. In der Jungsteinzeit wurden die Menschen zu sesshaften Bauern und Viehzüchtern. Je schwieriger die Tätigkeiten wurden, desto mehr Spezialisten gab es. Dies zeigt sich besonders in den Metallzeiten, als sich Handwerker auf die Herstellung von Metallgegenständen und Händler auf deren Tausch gegen andere Waren spezialisierten. Gräberfunde deuten darauf hin, dass gleichzeitig die Unterschiede zwischen Arm und Reich wuchsen.

3. Wirtschaft

In der Altsteinzeit ernährten die Menschen sich als Jäger und Sammler von Tieren und Pflanzen aus ihrer Umwelt. Nach dem Ende der letzten Kaltzeit vor etwa 10 000 Jahren begannen sie, Ackerbau und Viehhaltung zu betreiben. Die Menschen wurden sesshaft. Die Bauern der Jungsteinzeit rodeten Wald für Äcker und Siedlungen. Dadurch griffen sie in die Natur ein. In den Metallzeiten bauten die Menschen Erze ab, um Bronze und Eisen zu gewinnen. Zu jeder Zeit haben sie mit Rohstoffen Handel getrieben.

4. Weltdeutung

Gräber, in denen Menschen bestattet wurden, gibt es seit der Altsteinzeit. Die Angehörigen haben den Verstorbenen oft Grabbeigaben mitgegeben, etwa Schmuck oder Kleidung. Wir schließen daraus, dass die Menschen um ihre Angehörigen trauerten und sie sich Gedanken über den Tod machten. Möglicherweise glaubten sie auch an ein Leben nach dem Tod.
Höhlenmalereien, Grabbauten (z. B. Grabhügel), Kunstwerke und Symbole auf Schmuck lassen uns erahnen, was ihnen in ihrem Leben wichtig war. Da diese Kunstwerke keinen direkten Nutzen für ihr Überleben hatten, liegt die Vermutung nahe, dass sie zu kultischen Zwecken angefertigt wurden.

5. Herrschaft

Wann es erste Formen von Herrschaft gab, wissen wir nicht. Aus Spuren können wir schließen, wann Menschen mit besonders hoher Macht auftraten: aufwändige Grabbauten seit Ende der Jungsteinzeit, befestigte Siedlungen auf Bergen und einzelne Gräber mit reichen Grabbeigaben seit der Bronzezeit, das Schwert als Symbol und Waffe seit der Bronzezeit und sogenannte „Fürstengräber" in den Metallzeiten.

1. ***Stelle fest***, *welche Begriffe in den Lernkarten jeweils für den Bereich zentral und wichtig sind.*
   Hinweis: Wähle jeweils maximal vier Schlüsselbegriffe je Karte aus, auf der Karte Orientierung maximal sechs.
2. ***Übertrage*** *die „Schlüsselbegriffe" der Karten in dein Heft und* ***begründe*** *die Entscheidung für deine Auswahl zu zwei der Lernkarten.*

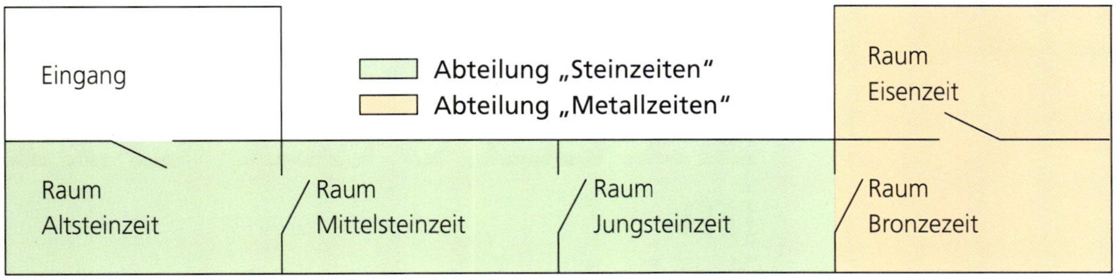

M1 Archäologie im Museum
Die Gliederung der Ur- und Frühgeschichte in Epochen findet sich in vielen größeren Museen auch im Aufbau der Sammlungen wieder.

M2 Funde
Solche Gegenstände wurden immer wieder im Boden gefunden.

Getreide ernten ①	*Vorräte anlegen und später verzehren* ②	*Werkzeug herstellen und verwenden* ③	*mit Netzen und Harpunen Fische fangen* ④
Musikinstrumente spielen ⑤	*ein Haus bauen* ⑥	*einen Verstorbenen beerdigen* ⑦	*Metall schmelzen und in Formen gießen* ⑧

M3 Leben heute
Alles, was auf den Zetteln links steht, können Menschen heute machen. Viele Tätigkeiten haben ihren Ursprung in der Ur und Frühgeschichte.

1. *In dem Museum für Ur- und Frühgeschichte fehlen für die Räume der jeweiligen Abteilungen die Schilder mit den Jahreszahlen (M1).* ***Schreibe*** *in dein Heft die entsprechenden Jahreszahlen für die Dauer der Epoche. Orientiere dich an den Zeitstrahlen im Kapitel.*
2. *Nach einem Museumseinbruch konnte die Polizei gestohlene Ausstellungsstücke sicherstellen (M2). Hilf den Beamten, sie wieder in die richtigen Räume (M1) zurückzubringen und* ***begründe*** *deine Zuordnung.*
3. ***Verfasse*** *für das Museum zu jedem Raum eine kurze Führung, die folgende Informationen enthält: Lebensweise – Verhältnis zur Natur – wichtige Erfindungen und Neuerungen (M1).*
4. ***Ordne*** *die Tätigkeiten in M3 der Epoche zu, in der sie erfunden wurden. Ergänze damit deinen Museumsführer aus Aufgabe 3.*
5. *Eine benachbarte Grundschule möchte im Sachkundeunterricht das Projekt „Kinder unterrichten Kinder" durchführen und plant eine spannende Aufführung zur „Geschichte des Menschen". Sie fragt an, ob ihr die wesentlichen Entwicklungsschritte der Steinzeit für die Grundschülerinnen und Grundschüler* ***präsentieren*** *und* ***erklären*** *könnt, ob diese Entwicklungen ein „großer Schritt für die Menschheit" waren. Könnt ihr helfen?* Ⓗ

3 Alte Kulturen im Mittelmeerraum

M 1 **Pyramiden in Gizeh (auch Giza; Ägypten)**
Foto um 2000

Leitfragen zum Kapitel

- **Wann, wo** und **unter welchen Bedingungen** entwickelten sich die Kulturen der Ägypter, Griechen und Römer?
- **Wie** lebten die Menschen zusammen, **wer** herrschte und **wie** wurde gewirtschaftet?
- **Welche Gemeinsamkeiten** und **Unterschiede** gab es zwischen den Kulturen?
- **Welche Funktion** besaß die Religion in den drei Kulturen?
- **Wie wirken** die Kulturen bis in unsere Gegenwart **nach**?

Die abgebildeten Bauwerke zählen zu den berühmtesten Überresten der alten Kulturen im Mittelmeerraum. Jedes Jahr reisen Millionen Touristinnen und Touristen nach Ägypten, Griechenland und Italien, um die Überreste dieser Kulturen anzusehen. Auch wenn sie vor vielen tausend Jahren entstanden sind, faszinieren sie uns und lösen Bewunderung aus.

Alle drei Kulturen haben etwas gemeinsam: Sie existierten rund um das Mittelmeer im Zeitraum zwischen 3000 v. und 500 n. Chr., den wir Altertum oder Antike nennen. Dennoch entwickelten sich die drei Mittelmeerkulturen unterschiedlich, denn sie waren jeweils durch sehr verschiedene Landschaften geprägt. Mit der Ausdehnung ihrer Herrschaftsbereiche verbreiteten sich ihr Wissen, ihre Weltsicht und ihre Lebensweise über den Mittelmeerraum hinaus und prägten so das heutige Europa.

M 2 Parthenon-Tempel auf der Akropolis in Athen (Griechenland)
Foto von 2012

M 3 Kolosseum in Rom (Italien)
Foto von 2010

1. *Informiert* euch über die Funktion und den Zweck der abgebildeten Bauwerke.
2. *Ordnet* die Bauten den vier Bereichen Herrschaft, Gesellschaft, Weltdeutung/Religion und Wirtschaft ***zu*** und ***begründet*** eure Entscheidung. (H)
3. *Stellt* ausgehend von den Abbildungen ***Vermutungen an***, was die Touristinnen und Touristen an den Bauwerken dieser Kulturen interessiert.

Leben in der frühen Hochkultur Ägypten

Das Leben im alten Ägypten unterschied sich stark von dem in anderen Teilen der Welt. Bereits ab 6000 v. Chr. betrieben die Menschen in Ägypten Viehzucht. Tausend Jahre später siedelten sie sich an den Ufern des großen Flusses Nil an und begannen nun auch Ackerbau zu betreiben. Etwa bis zum Jahr 3000 v. Chr. hatten sich Ober- und Unterägypten herausgebildet. Die beiden Landesteile wurden zu einem Großreich vereint, das von Königen regiert wurde – den Pharaonen.

Im Kapitel zur Ur- und Frühgeschichte hast du unter anderem gelernt, dass die Menschen zur gleichen Zeit – der sogenannten Metallzeit – Werkzeuge zunächst aus Kupfer, später aus Bronze herstellten. Es gab auch bereits politische Anführer. Doch diese Lebensformen sind mit dem Leben der Menschen im alten Ägypten nicht zu vergleichen: In einer hauptsächlich aus Wüste bestehenden Landschaft gelang es ihnen, eine Hochkultur zu schaffen, also eine Kultur, die für ihre Zeit sehr fortschrittlich war: Von ihr „erzählen" uns überwältigende Bauwerke, Götterfiguren, kostbar ausgestaltete Gräber, technische Errungenschaften und vor allem schriftliche Quellen. Sie zeugen bis heute von den besonderen Fähigkeiten der Ägypter, ihren besonderen Regeln und der weit entwickelten Religion.

Leitfragen zu den Kategorien

- Wo entstand und wie entwickelte sich das ägyptische Großreich?
- Welche Bedeutung hatten die landschaftlichen Bedingungen für die Entstehung der ägyptischen Hochkultur?

- Wie herrschte der Pharo und wie wurde seine Macht begründet?
- Welche Rechte und Pflichten waren mit der Stellung des Pharaos verbunden?

- Nach welchen Regeln organisierten die Ägypter das Zusammenleben?
- Welche Unterschiede gab es in der Bevölkerung und welche Möglichkeiten, das eigene Leben zu gestalten?
- Wie war das Verhältnis zwischen Frauen und Männern?

- Welche Kenntnisse und Fähigkeiten ermöglichten den Reichtum Ägyptens?
- Welche Rolle spielte dabei der Nil?

- Wie stellten sich die Menschen in Ägypten ihre Götter vor?
- Welche Vorstellungen verbanden sie mit dem Tod und wie wirkte sich dies auf ihr Leben aus?

5000 v. Chr. – 4000 v. Chr. – 3000 v. Chr.

Jungsteinzeit in Mitteleuropa

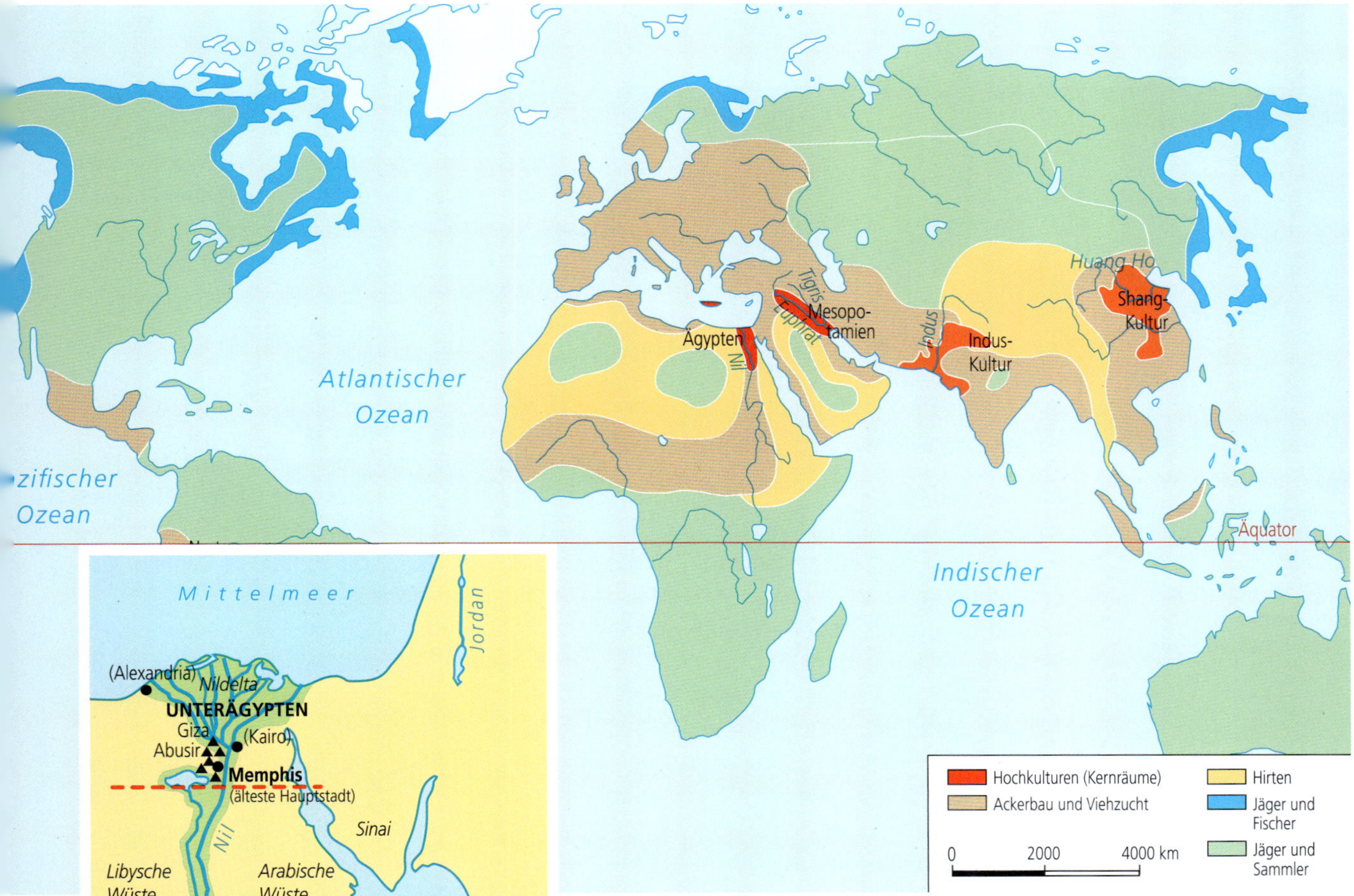

M 1 **Frühe Hochkulturen auf der Welt um 1800 v. Chr.**

M 2 **Ägypten**
Unterlauf des Nils
Mit fast 6 700 km ist der Nil der längste Fluss der Erde.

1. ***Stelle fest***, *worüber die Karte M1 informiert.* (H)
2. ***Stelle Vermutungen*** *über die möglichen Gründe für die unterschiedlichen Lebensweisen* ***an*** *(M1).*
3. *a)* ***Arbeitet*** *in Partnerarbeit aus M2 die landschaftlichen Besonderheiten Ägyptens* ***heraus****.*
   b) ***Entwickelt Fragen****, die sich daraus für das Zusammenleben der Menschen und die Wirtschaft ergeben.* (H)

Zeit der ägyptischen Hochkultur

2000 v. Chr. | 1000 v. Chr. | Chr. Geburt

Bronzezeit in Mitteleuropa | Eisenzeit in Mitteleuropa

Ein Fluss prägt das Land

M 1 Das Niltal
Bauern und Fischer auf dem Nil bei Assuan, 2007
Ähnlich wie auf dem Foto sah das Nildelta schon im Altertum aus.

Sesshaft am Nilufer

Auch in Nordafrika waren die Menschen am Ende der letzten Eiszeit sesshaft geworden. Es wurde wärmer und trockener. Wo es zuvor Grasland und Wald gegeben hatte, entstand die lebensfeindliche Wüste Sahara.

Nur am Nil waren die Verhältnisse besser: An seinen Ufern erstreckt sich ein fruchtbarer Streifen, auf den sich viele Menschen zurückzogen. Hier konnten sie jagen und fischen, Vieh weiden und Felder anlegen.

Die Bauern und Hirten lebten in Dörfern. Auf Feldern bauten sie Getreide an, in Gärten Gemüse und Obst. Rinder, Ziegen und Schafe gaben Milch und Fleisch. Esel und Ochsen wurden als Lasttiere gehalten. Aus den Fasern von Flachs machten sie Kleidung, Segel und Seile. Am Nilufer wuchs auch eine Pflanze, aus deren Stängeln man Matten, Boote und Schreibmaterial herstellen konnte: **Papyrus**.[1]

Eine „Lebensader"

Wenn im Frühjahr am Oberlauf des Nil die Regenzeit begann, wurden die Uferflächen am Unterlauf bis weit in das Landesinnere überschwemmt. Ging die Nilschwemme zurück, bedeckte fruchtbarer schwarzer Schlamm den feuchten Boden. Er düngte das Land und gab Ägypten seinen alten Namen: „Kemet", schwarzes Land. Fiel die Nilschwemme zu gering aus, führte das zu schlechten Ernten – und die Menschen mussten hungern.

Der Nil konnte auch zur Gefahr werden. Heftige Überschwemmungen konnten Felder, Gärten und Dörfer zerstören, außerdem lebten in ihm gefährliche Krokodile und Nilpferde.

Der Nil macht erfinderisch

Die Menschen in Ägypten lernten, mit dem Fluss zu leben. Sie errichteten ihre Dörfer auf kleinen Anhöhen und legten ein System zur künstlichen Bewässerung an. Dazu bauten sie Dämme, Gräben, Kanäle und Wasserbecken.

Nach den Überschwemmungen wurden die Flächen der Äcker regelmäßig neu vermessen, da die Grenzmarkierungen nicht mehr zu sehen waren. Dazu brauchten die alten Ägypter geometrische und mathematische Kenntnisse. Durch genaue Beobachtung stellten sie auch fest, dass die Nilflut regelmäßig nach dem Erscheinen des Sterns Sirius am Nachthimmel begann. Das war der Anfang der Astronomie, der Wissenschaft von den Sternen.

Als die Ägypter herausfanden, dass die Nilschwemme immer nach rund 365 Tagen wiederkehrte, entwickelten sie einen Kalender.

1. ***Fasse zusammen**, welche Bedingungen dazu beitrugen, dass die Ufer des Nil besiedelt wurden.*
2. ***Erkläre**, wie der Nil dem alten Ägypten zu seinem Namen verhalf.*
3. *a) Lege eine Tabelle an und **liste** Vor- und Nachteile des Lebens am Nil **auf**.*
   *b) **Beurteile**, ob der Nil zu Recht als Lebensader bezeichnet wird.*

Internettipp:
Wissenswertes zum Leben im alten Ägypten findest du unter Mediencode 31101-18.

[1] Zu Papyrus siehe S. 68.

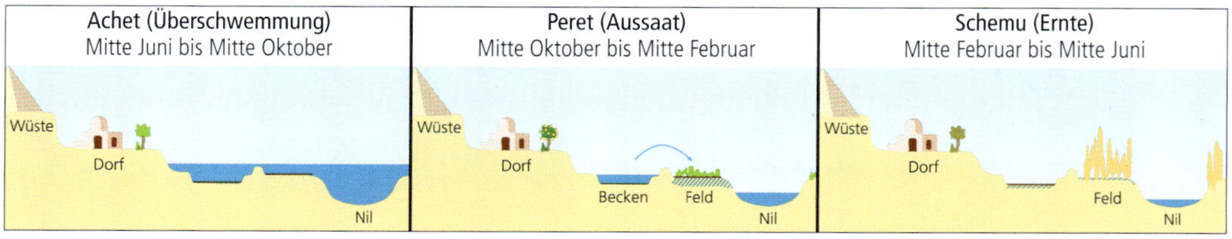

M 2 Nilkalender
Schaubild zur Abfolge der Jahreszeiten
Die Ägypter unterteilten das Jahr in drei Jahreszeiten zu je 120 Tagen und fügten am Jahresende noch fünf Tage hinzu.

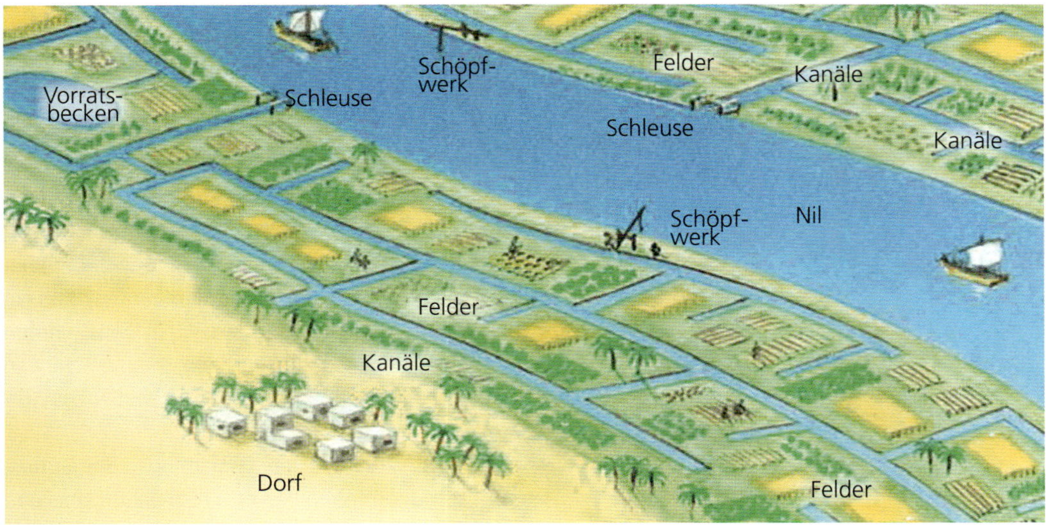

M3 Zwischen Wasser und Wüste
Schaubild zur künstlichen Bewässerung im alten Ägypten, 2015

M4 Über den Nil

Die alten Ägypter nennen den Nil „Hapi" und verehren ihn als Gottheit. Folgendes Loblied widmen sie ihm um 1300 v. Chr.:

Sei gegrüßt, o Hapi, der aus der Erde hervorgegangen ist, gekommen, um Ägypten wiederzubeleben. O Hapi, Herr der Fische, der die Zugvögel nach Süden führt, der die Gerste erschafft und Emmerweizen entstehen lässt, um die Tempel festlich auszustatten. Wenn es einen Ausfall der Überschwemmung gibt, dann verarmt jedermann. Wenn Hapi den Räuber spielt, leidet das ganze Land. Erscheint er jedoch, ist das Land in Jubel, dann ist jeder Bauch erfreut. Jedes Gebiss nimmt dann ein Lächeln an. Er ist in der Unterwelt, aber Himmel und Erde werden von ihm gestützt, ihm, der die beiden Länder [Ober- und Unterägypten] erobert, der die Magazine füllt, der die Scheunen vergrößert, der dem Armen Besitz gibt. O Hapi, der Holz und alles, was benötigt wird, wachsen lässt, sodass es keinen Mangel gibt. O Hapi, der die Menschen bekleidet mit Flachs, den er geschaffen hat. Fließe, o Hapi, damit man dir opfert! Komm nach Ägypten, o Hapi, der seinen Frieden entstehen und die beiden Ufer gedeihen lässt.

Übersetzung nach Peter Dils (gekürzt und vereinfacht); Thesaurus Linguae Aegyptiae http://aaew.bbaw.de/tla/servlet/S05?d=d001&h=h001 [12.09.2014]

M5 Vogeljagd am Nil
Wandgemälde aus dem Grab des Nebamun, um 1400/1390 v. Chr.
Der hohe Beamte Nebamun mit Frau und Kind bei der Vogeljagd. Die Vögel wurden mit Wurfhölzern erlegt. Die Jagd in den Sümpfen war ein beliebter Sport, aber auch eine Prüfung, die man bestehen musste, um ins Jenseits eingehen zu können (siehe dazu S. 71 und 74 f.).

1. ***Erkläre*** *die „drei Jahreszeiten". Welchen Nutzen hatten die Menschen in Ägypten von diesem Kalender (VT, M2)?*
2. ***Arbeite*** *mithilfe des Schaubildes M2* ***heraus****, welche Jahreszeit in M3 dargestellt ist.*
3. ***Beschreibe*** *das Bewässerungssystem am Nil.* ***Schildere*** *die Tätigkeiten, die die Menschen in Ägypten zu den unterschiedlichen Jahreszeiten erledigen mussten (M2, M3).* (H)
4. ***Erläutere****, warum die Menschen in Ägypten den Nil als Gott verehrten (VT, M4, M5).*
5. ***Recherchiere*** *im Internet, welche Rolle der Nil im modernen Ägypten spielt.* (H) (G)
6. ***Beurteile****, ob sich die Bedeutung des Flusses mit dem Bau des Assuanstaudammes verändert hat.* (G)

Die Herrschaft der Pharaonen

M1 Tutanchamun
Sarg aus Gold, Glas und Halbedelsteinen, um 1325 v. Chr.
Der kunstvolle Sarg enthielt die Mumie (siehe S. 72) des Pharaos Tutanchamun. Er regierte von 1347 bis 1338 v. Chr. und starb bereits mit 18 Jahren.
Die ägyptischen Herrscher trugen entweder eine Krone oder das königliche Nemes-Kopftuch. Zu besonderen Anlässen wurde der künstliche, geflochtene Bart angelegt. In den Händen hält der Pharao Wedel und Krummstab als typische Bestandteile seiner Amtstracht.

Internettipp:
Mehr über das Grab des Pharaos Tutanchamun und seine Schätze erfährst du unter 31101-19.

Pharao – „großes Haus"

Zwischen dem 4. und 3. Jahrtausend v. Chr. entwickelten sich im Norden Ägyptens (Unterägypten) und im Süden (Oberägypten) zwei große Stämme. Um 3000 v. Chr. schlossen sie sich unter einem König zu einem Volk zusammen. In Ägypten entstand damit ein einheitliches Reich mit einem König an der Spitze, nach seinem Palast **Pharao** („großes Haus") genannt. Die Griechen bezeichneten diese Form der erblichen Alleinherrschaft später als **Monarchie**. In den folgenden drei Jahrtausenden herrschten etwa 330 Pharaonen in Ägypten, darunter auch einige Königinnen wie Hatschepsut und Kleopatra VII.

Viel Macht – viele Aufgaben

Der Pharao bestimmte über alles. Er sorgte dafür, dass **Frieden** im Land herrschte, Recht gesprochen wurde und Abgaben gezahlt wurden. Er schickte Kaufleute in fremde Länder, um Handel zu treiben, organisierte die Bewässerung der Felder und die Vorratshaltung. In seinem Auftrag wurden Tempel, Paläste und Pyramiden[1] gebaut.

Der Pharao schützte das Land aber auch gegen Feinde und führte **Krieg** gegen andere Völker. In den zweieinhalbtausend Jahren nach der Reichsgründung wurde Ägypten nur selten von Feinden bedroht und nur ein einziges Mal erobert. Die Pharaonen wollten ihr Reich vergrößern. Thutmosis III. weitete in fast jährlichen Feldzügen sein Reich im 15. Jh. v. Chr. bis nach Vorderasien aus.

Ein übermenschlicher Herrscher?

Für die Ägypter war der Pharao weit mehr als ein normaler Mensch. Sie hielten ihn für den Sohn des Sonnengottes Re[2]. Wie Re im Himmel als König herrscht, so regiert der Pharao auf der Erde. Auch mit den anderen Göttern der Ägypter war der Pharao verwandt. Die alten Ägypter glaubten, dass ein Pharao nach seinem Tod selbst ein Gott werden würde. Deshalb galt er als rechtmäßig von den Göttern eingesetzter (legitimierter) Mittler zur Götterwelt.

Wichtigste Aufgabe des Pharaos war der Gottesdienst. Hunderte von Priestern halfen ihm dabei und brachten in seinem Auftrag Opfer für die Götter dar, denn der König konnte ja nicht mehrfach am Tag in jedem Tempel des Landes für jeden Gott sorgen. Eine weitere Aufgabe des Pharaos bestand darin, die Maat wiederherzustellen. Die Ägypter verstanden darunter einen Zustand von Gerechtigkeit und Ordnung, den der Sonnengott Re bei der Erschaffung der Welt hervorgebracht haben soll. Aber seither sei dieser Urzustand durch Lügen, Gewalt und Übeltaten der Menschen dauernd bedroht.

Die Ägypter waren außerdem davon überzeugt, dass ihr König die Nilflut beeinflussen und für gute Ernten sorgen könne. Deshalb war es wichtig, dass er immer gute Verbindung zu den Göttern hielt.

1. ***Gib wieder**, wie die Bezeichnung Pharao entstand und was sie bedeutet.*
2. ***Arbeite** aus dem Text **heraus**, warum die Menschen in Ägypten ihren Herrscher als gottähnlich ansahen.*
3. ***Erkläre** die Bedeutung der Maat.*
4. ***Arbeite weiter**: a) **Recherchiere**, ob in heutigen Religionen ähnliche Vorstellungen existieren. b) **Präsentiere** deine Ergebnisse in einem Kurzvortrag.* (H) (G)
5. ***Arbeite weiter**: Die Herrschaftszeichen Wedel und Krummstab (M1) haben ihren Ursprung in der Frühgeschichte Ägyptens. a) **Informiere dich** über ihre besondere Bedeutung und **beschreibe** diese. b) **Erkläre** die heutige Bedeutung des Krummstabs in der Kirche.* (H) (G)

[1] Zu den Pyramiden siehe S. 73.
[2] Zu den Göttern siehe S. 70.

Pharao* Monarchie Frieden Krieg

M 2 Lobgesang an den Sonnengott Re

Die älteste schriftliche Überlieferung dieses Lobgesangs (Hymnus) stammt aus dem 15. Jh. v. Chr. Er ist beim täglichen Gottesdienst für den Sonnengott Re vorgetragen worden:

Re hat den König an die Spitze des Landes der Lebenden gegeben bis in alle Ewigkeit, um dauerhaft die Menschen zu richten, die Götter zufriedenzustellen, die Maat [Weltordnung] zu verwirklichen und das Böse zu vernichten. Er gibt den Göttern Opferspeisen und den Verstorbenen Totenopfer. Der Name des Königs ist im Himmel wie Re […].

Es jubeln die Menschen, wenn sie ihn sehen, das Volk bereitet ihm Beifallsstürme.

Zit. nach: Nadja Braun, Der Pharao als Priester und Stellvertreter Gottes. Untersuchungen zu einem Text aus dem königlichen Sonnenkult, Leipzig 2001 (unveröffentlichte Magisterarbeit)

M 3 „Dieses Heer kehrte glücklich heim"

Die verschiedenen Feinde aus dem Osten heißen in den ägyptischen Quellen einfach „Asiaten" oder „Sandbewohner". Aus der Lebensbeschreibung des vornehmen Ägypters Uni (nach 2300 v. Chr.):

Seine Majestät bekriegte die asiatischen Sandbewohner, und seine Majestät sammelte ein Heer von vielen Zehntausenden aus ganz Oberägypten […].

Dieses Heer kehrte glücklich heim, nachdem es das Land der Sandbewohner zerstört hatte. […]

Dieses Heer kehrte glücklich heim, nachdem es ihre Feigenbäume und Weinstöcke abgeschnitten hatte.

Dieses Heer kehrte glücklich heim, nachdem es an den Häusern aller Menschen dort Feuer gelegt hatte.

Dieses Heer kehrte glücklich heim, nachdem es dort Truppen zu vielen Zehntausenden abgeschlachtet hatte.

Dieses Heer kehrte glücklich heim, nachdem es sehr viele Truppen von dort als Gefangene mitgebracht hatte.

Zit. nach: Adolf Ermann, Ägypten und ägyptisches Leben im Altertum. Neu bearb. von H. Ranke, Hildesheim [3]1984 (Neudruck der Ausgabe von 1923), S. 623 (gekürzt und vereinfacht)

M 4 Der Pharao beim Gottesdienst
Wandbemalung in der Hathor-Kapelle Thutmosis' III., um 1440 v. Chr.
Die Darstellung zeigt den Pharao Thutmosis III. (links) vor dem Gott Amun (siehe S. 70), der als König der Götter verherrlicht wurde. In der linken Hand hält der Pharao ein Gefäß mit Weihrauch, mit der rechten Hand spendet er Amun Wasser.

M 5 Der Pharao als Feldherr
Nachzeichnung eines ägyptischen Reliefs, 19. Jh.
Das Bild zeigt Ramses II. in der Schlacht gegen die Hethiter 1285 v. Chr. als Sieger, obwohl sie unentschieden ausging.

1. *a)* ***Beschreibe*** *die Abbildungen (M1, M4, M5). b)* ***Erkläre****, woran ein ägyptischer König zu erkennen ist.*
2. ***Erläutere****, welche Haltung gegen Feinde M3 und M5 erkennen lassen.*
3. ***Beurteile****: Welche Aufgabe hatte das Bild M5?*
4. *Wärst du gerne zum Pharao von Ägypten geboren worden? a)* ***Arbeite*** *zunächst die Rechte und Pflichten des Pharaos* ***heraus****. (H) b)* ***Stelle*** *dann Vor- und Nachteile dieser Stellung* ***gegenüber*** *(VT, M2-M5).*
5. ***Nenne*** *Beispiele für Menschen, die heute eine ähnlich mächtige Stellung einnehmen.* ***Vergleiche*** *mit dem alten Ägypten. (G)*

Das alte Ägypten – ein klar gegliederter Staat

M 1 Schreiber
Kalksteinfigur, um 2500 v. Chr.
Im Schneidersitz wird der gespannte Schurz zu einer Schreibunterlage.

Eine geordnete Gesellschaft

Alle Frauen, Männer und Kinder, die in einem bestimmten Gebiet (z. B. einem Reich) oder Staat ihr Zusammenleben organisieren und sich selbst als zusammengehörig betrachten, nennen wir eine Gesellschaft. Die Menschen in Ägypten fühlten sich zusammengehörig, weil sie zum großen Teil die gleiche Sprache sprachen, ähnlich lebten und dieselben Götter verehrten. All diese Merkmale machen die Gesellschaft eines Staates aus.

Beamte verwalten

Ägypten war ein früher Staat. Ein Merkmal, das einen Staat auszeichnet, ist eine Verwaltung. Darum kümmerten sich in Ägypten die Beamten. Die höchsten Beamten, die Wesire, standen mit ihren Familien im Rang direkt unter dem Pharao. Ebenso war es mit den Hohepriestern der Tempel. Oft kamen sie und die ranghohen Beamten aus der Pharaonenfamilie.
Das alte Ägypten war sehr gut organisiert. Die hohen Beamten gaben die Befehle des Pharaos weiter, kontrollierten die niedrigeren Beamten und verwalteten die vierzig Gaue (Bezirke, Provinzen) Ägyptens. Für das Heer gab es militärische Beamte, den Pyramidenbau überwachten Aufseher, die Priester kümmerten sich um die Tempel der Götter. Jeder war auf seine Aufgabe spezialisiert.
Die Beamten gehörten zu den wenigen Ägyptern, die rechnen, schreiben und lesen konnten. Sie wurden daher „Schreiber" genannt. Ihr Beruf brachte Macht, Ansehen und ein sicheres Einkommen. Die lange Ausbildung konnten sich nur wohlhabende Familien leisten. Oft wurde der Schreiberberuf vom Vater an den Sohn weitergegeben.

Die ägyptische Hierarchie

Die ägyptische Gesellschaft setzte sich aus unterschiedlichen Gruppen zusammen, die höheres oder niedrigeres Ansehen und Einfluss hatten. Es bestand eine von oben nach unten gegliederte Rangordnung, die Griechen nannten sie später **Hierarchie** (göttliche Ordnung). In sie wurde man in der Regel hineingeboren. Jeder hatte besondere Rechte, Pflichten und Aufgaben. Auch heute gibt es solche Gesellschaften noch in einigen Staaten.
Obwohl die ägyptische Gesellschaft klar gegliedert war, waren die Grenzen fließend. Das heißt, dass man durch besondere Verdienste oder Leistungen aufsteigen konnte. Außerdem konnte eine Person mehrere Ämter gleichzeitig ausüben. Ein Offizier konnte zugleich hoher Priester sein, ein Bauer zeitweise auch als niederer Priester oder Soldat tätig sein.

Die Unfreien

Zur untersten Schicht der Gesellschaft zählten auch die Unfreien. Sie wurden für ihre Dienste mit allem Lebensnotwendigen versorgt, durften sich jedoch nicht frei bewegen und ihren Herrn verlassen. Meist waren es Kriegsgefangene. Anders als später die Sklavinnen und Sklaven im antiken Griechenland und im alten Rom[1] wurden die Unfreien in Ägypten nicht als Sache behandelt. Sie besaßen Rechte und verfügten über Eigentum. Einige erlangten ihre Freiheit und stiegen sogar bis in die höchsten Beamtenränge auf.

1. *Gib den Aufbau der ägyptischen Gesellschaft in eigenen Worten* ***wieder****.*
2. ***Erkläre****, welche Rolle die Beamten im alten Ägypten einnahmen.*
3. *a)* ***Beschreibe*** *die Figur (M1). b)* ***Begründe****, woran man den Schreiber und seine besondere Stellung erkennt.*
4. ***Arbeite heraus****, was die Unfreien von den übrigen Menschen in Ägypten unterschied.*

[1] Zu den Sklaven in Griechenland und Rom siehe S. 101 und S. 128.

Schaubilder erklären

Informationen übersichtlich darstellen

Schaubilder stellen in übersichtlicher Weise komplizierte Zusammenhänge und Beziehungen dar. Sie bilden die Wirklichkeit also nicht eins zu eins ab, sondern vereinfachen sie. Was sie bildlich mitteilen, müssen wir aber erst verstehen und wieder in Worte fassen.

Du bist bereits gut informiert über den Aufbau der altägyptischen Gesellschaft. Auf dem Schaubild M1 wird die Gesellschaft in Pyramidenform abgebildet. Dabei kannst du vieles auf einen Blick erfahren: Wie lebten die Menschen zusammen? Wie funktionierte die Gesellschaft? Wer hatte welche Aufgaben?

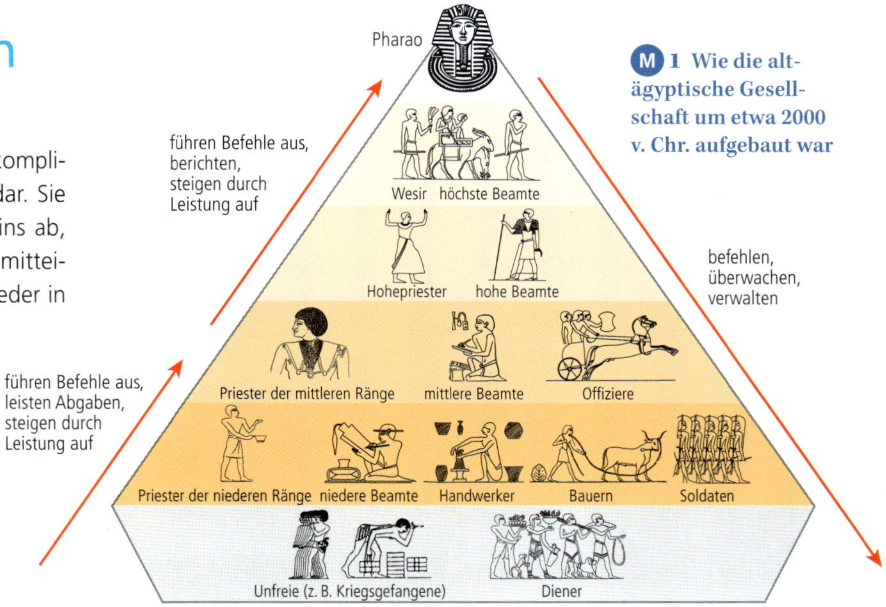

M 1 Wie die altägyptische Gesellschaft um etwa 2000 v. Chr. aufgebaut war

In drei Schritten zum Ziel

1. Beschreibe,
- welches Thema das Schaubild hat,
- für welche Zeit es Informationen liefert,
- welche Bestandteile es hat (Formen, Pfeile, Beschriftungen).

Für unser Schaubild heißt das u. a.:
- Welche Ämter und Berufe werden genannt?

2. Untersuche und ordne ein,
- wofür die Bestandteile des Schaubildes stehen,
- wie sie aufeinander bezogen sind (Was steht oben, unten? Von wo und wohin zeigen Pfeile?),
- welche Bedeutung Farben haben.

Für unser Schaubild heißt das u. a.:
- Wer hat welche Aufgaben, Rechte und Pflichten?
- Wer arbeitet mit wem zusammen?

3. Deute,
- die Zusammenhänge zwischen den einzelnen Teilen des Schaubildes,
- den Zusammenhang zwischen dem Thema des Schaubildes und seiner Form.

Für unser Schaubild heißt das u. a.:
- Wer hat wie viel Macht? Wer ist von der Macht ausgeschlossen?

Abschließend musst du entscheiden, an welcher Stelle des Schaubildes du mit der Zusammenfassung deiner Untersuchungsergebnisse beginnst und in welcher Reihenfolge du fortfährst.

1. ***Untersuche*** *das Schaubild mithilfe der Informationen auf S. 62, der Arbeitsschritte oben und der Formulierungshilfen auf S. 370.* (H)
2. ***Stellt*** *in kleinen Gruppen in einer Spielszene* ***nach****, wie Aufträge vom Pharao weitergegeben wurden.*
3. *Die Griechen nannten die gesellschaftliche Rangordnung später „Hierarchie" (= heilige Ordnung).* ***Erläutere****, was sie damit über die Gesellschaftsordnung im alten Ägypten aussagten.*
4. *a)* ***Stelle fest****, welche Besonderheiten die Grafik nicht wiedergibt.*
   b) ***Arbeite weiter****:* ***Zeige*** *eine andere Möglichkeit* ***auf****, den Aufbau der ägyptischen Gesellschaft grafisch umzusetzen.*
5. ***Vergleiche*** *die Gesellschaft des alten Ägypten mit unserer heutigen Gesellschaft.* (G)

Frauen, Männer, Kinder

M 1 Eine Familie
Wandmalerei aus dem Grab des hohen Beamten Inherchau in Theben, um 1150 v. Chr.
Sie zeigt Inherchau (Mitte) mit seiner Frau, seinem Sohn und seinen Enkeln.

M 2 Stadtleben
Die Menschen in den Städten lebten und arbeiteten in Häusern aus Lehmziegeln, die mehrstöckig und eng aneinandergebaut waren. Zwischen den Häusern hielten sie Tiere und kochten auf offenen Küchenhöfen.

Familie – Abbildung der großen Ordnung

Bilder und Figuren aus dem alten Ägypten zeigen Familien sehr harmonisch. Frauen waren geachtet und meist in gleicher Größe wie die Männer dargestellt. Wie kam es zu dieser außergewöhnlichen Anerkennung, über die sich andere Völker wunderten?

Für die Ägypter bildete die Familie einen Teil der großen, alles umfassenden Ordnung, der Maat. Von der Staatsordnung bis in den kleinsten Bereich des Alltagslebens sollte die göttliche Ordnung bestehen. Das galt auch für Ehe und Familie.

Frauen und Männer

Frauen und Männer hatten in der ägyptischen Gesellschaft eine vergleichbare Stellung. Ägyptische Frauen hatten weitestgehend dieselben Rechte wie die Männer. Sie durften vor Gericht als Zeugin aussagen und Verträge unterschreiben. Außerdem übten einige Frauen Berufe aus: Sie arbeiteten als Friseurin oder Weberin und konnten sogar hohe Priesterinnen oder Pharaoninnen werden. Die Hauptaufgabe einer Frau bestand jedoch in der Führung des Haushaltes und der Geburt und Erziehung der Kinder. Als „Herrinnen des Hauses" verwalteten sie den Besitz und konnten, wenn sie aus einer höheren Gesellschaftsschicht kamen, Dienerinnen einstellen. Die meisten Frauen aber erledigten Aufgaben im Haus selbst, zum Beispiel die Wäsche oder das Backen des Brotes.

Eltern und Kinder

Familie und Kinder waren den Menschen im alten Ägypten sehr wichtig. Die ägyptische Durchschnittsfamilie hatte nicht mehr als zwei Kinder, denn die meisten starben schon früh an Krankheiten. Von den Kindern wurde erwartet, dass sie ihren Eltern bei der Arbeit halfen. Mädchen gingen der Mutter im Haushalt zur Hand, während Jungen meist den Beruf des Vaters erlernten. In ihrer freien Zeit spielten die Kinder genauso gern wie heute: Sie tanzten, jonglierten, spielten Fangen oder übten sich im Fechten und Ringen.

Alle Kinder ab dem 5. Lebensjahr durften eine Schule besuchen, auch die Mädchen. Aber nur wenige Familien konnten sich dies leisten, denn die meisten waren arm und die Kinder mussten mitarbeiten. Verheiratet wurden die Kinder sehr früh – die Mädchen oft schon mit 14 Jahren!

1. *Die Ägypterinnen waren ihren Männern in vielen Dingen gleichgestellt.* ***Überprüfe*** *diese Behauptung anhand des Verfassertextes.*
2. ***Wähle aus: A Vergleiche*** *die Stellung der Frauen im alten Ägypten mit heute.*
   B Vergleiche *das Leben der Kinder im alten Ägypten mit dem der Kinder heute.* (G)

M 3 Ehepaar
Statue aus Kalkstein, um 2500 v. Chr.
Dargestellt sind der Hofbeamte Katepi und seine Frau Hetepheres. Die Statue wurde in Katepis Grab in Gizeh gefunden.

M 4 Berufe im alten Ägypten

Lehre des Cheti aus dem 13./12. Jh. v. Chr., die er für seinen Sohn Pepi verfasst hat:

Siehe, es gibt nichts Besseres als das Schreiben [...]. Keinem Schreiber auf irgendeinem Posten wird es erbärmlich gehen. [...]
Siehe, es gibt keinen Beruf, der wichtiger ist als dein Beruf [...]. Nützlicher ist für dich ein einziger Tag im Schulzimmer als eine Ewigkeit an Bergwerksarbeit. Es ist blitzschnell vorbei. [...] Siehe, es gibt keinen Schreiber, der kein Essen hat. [...] Bedanke dich bei deinem Vater und deiner Mutter, die dich auf den Weg des Lebens gesetzt haben!

Zit. nach: Stephan Jäger, Altägyptische Berufstypologien (Lingua Aegyptia. Studia monographica, Bd. 4), Göttingen 2004

M 5 Ein ägyptischer Ehevertrag

Der folgende Papyrustext stammt aus dem Jahr 219 v. Chr. Der Ägypter Heremheb bescheinigt darin seiner Frau Tais ihre Rechte in der Ehe:

Ich habe dich zur Ehefrau gemacht. Als deine Frauengabe habe ich dir zwei Silberlinge gegeben. Entlasse ich dich als Ehefrau, sei es, dass ich dich hasse, sei es, dass ich dir eine andere Frau vorziehe, so gebe ich dir zwei Silberlinge außer den zwei Silberlingen, die oben genannt sind und die ich dir als deine Frauengabe gegeben habe, also zusammen vier Silberlinge. Und ich gebe dir ein Drittel von allem und jedem, was wir von jetzt an gemeinsam besitzen. Die Kinder, die du mir geboren hast und die du mir noch gebären wirst, sind die Herren von allem und jedem, was mir gehört und was ich noch erwerben werde. Die Wertsumme deiner Sachen, die du mit dir in mein Haus gebracht hast, beträgt drei Silberlinge. Ich soll keinen Eid gegen dich wegen deiner Sachen geben können, die oben beschrieben sind, sagend: „Nein, du hast sie nicht mit dir in mein Haus gebracht." Deine Sachen, du hast sie mit dir in mein Haus gebracht, ich habe sie vollständig aus deiner Hand empfangen, ohne einen Rest. Mein Herz ist zufrieden mit ihnen. Wenn ich dich als Ehefrau entlassen werde oder wenn du zu gehen beliebst, so gebe ich dir die Sachen, die du mit dir in mein Haus gebracht hast, oder ihren Wert in Silber zurück. Mein ist ihre Verwahrung.

Zit. nach: Steffen Wenig, Die Frauen im Alten Ägypten, Wien/München 1969, S. 24 (gekürzt und vereinfacht)

1. ***Gib*** *die Bestimmungen des Vertrages mit eigenen Worten* ***wieder*** *(M5).*
2. ***Untersuche****, ob M3 als Illustration für M5 geeignet ist.*
3. ***Arbeite heraus****, was du aus M4 und M5 über das Verhältnis von Eltern und Kindern erfährst.*

Die ägyptische Wirtschaft

M1 Holzmodell aus dem Grab eines Bürgermeisters von Theben, um 1990 v. Chr.
Es zeigt Beamte und Schreiber in einem Haus und Bauern, die ihr Vieh vorbeitreiben.

Bauern erwirtschaften …

Ägyptens Reichtum beruhte vor allem auf der Landwirtschaft: Bauern hielten Rinder, Schafe, Schweine und Ziegen und bauten Getreide, Gemüse und Obst an. Wegen des warmen Klimas, der fruchtbaren Böden und der künstlichen Bewässerung erwirtschafteten sie mehr, als sie selbst zum Leben brauchten.

Der Boden gehörte aber nicht ihnen. Alles Land war Eigentum des Pharaos. Einzelne Höfe und ganze Dörfer vergab er an Verwandte, hohe Beamte oder Tempel. Diesen Landbesitzern mussten die Bauern große Teile ihrer Ernte als Abgaben abliefern. Das Getreide wurde in staatlichen Speichern eingelagert.

Der Pharao sorgte dafür, dass die Abgaben verteilt wurden. Die Bauern und alle, die selbst keine Nahrung erzeugten wie Beamte oder Handwerker, sollten das zum Leben Notwendige bekommen.

… Beamte verwalten

Ägypten war in etwa 40 Bezirke (Gaue) eingeteilt. Königliche Stellvertreter (Statthalter) verwalteten sie. Eine Vielzahl an Beamten unterstützte sie dabei. Sie sammelten die Ernteabgaben der Bauern ein, kontrollierten und notierten die Vorratshaltung. Die Beamten konnten die Menschen auch für Arbeiten etwa auf großen Baustellen heranziehen. Dort überwachten sie die Arbeiten sowie die Ausgabe der Werkzeuge und Materialien. Ihre Aufzeichnungen sind noch heute in großer Zahl erhalten.

Jeder, was er am besten kann

Die Überschüsse der Landwirtschaft und die zentrale Verteilung der Abgaben machten es möglich, dass nicht jeder Ägypter seine Nahrungsmittel selbst erwirtschaften musste. So konnten sich die Menschen spezialisieren und verschiedene Berufe ausüben. Diese Formen der Organisation und Arbeitsteilung sind Kennzeichen einer frühen **Hochkultur**.

Handwerker

In größeren Siedlungen, Tempelanlagen und in der Nähe der Königsgräber[1] lebten die Handwerker: Bäcker, Töpfer, Schreiner und Bildhauer, Zimmerleute, Weber, Schmiede und andere. Sie stellten für die wohlhabenden Ägypter Waren für den täglichen Gebrauch her. Manche produzierten auch Luxuswaren, wie prächtige Möbel oder Schmuck für die Häuser der Reichen und vor allem für ihre prunkvoll ausgestatteten Grabkammern.

Auf den Märkten handelten die Ägypter nicht mit Geld, sondern sie tauschten ihre Waren. Der Handel mit anderen Ländern unterstand allein dem Pharao. In seinem Auftrag reisten Beamte in fremde Länder, um Edelhölzer, Gold, Edelsteine und Gewürze für die Paläste und Tempel einzukaufen. Denn diese kostbaren Güter gab es in Ägypten nicht.

1. *a)* ***Verfasse*** *eine passende Beschriftung, die erklärt, was M1 zeigt. b)* ***Begründe*** *deine Entscheidung.* (H)
2. ***Nenne*** *die Grundlagen der Wirtschaft im alten Ägypten.*
3. ***Prüfe,*** *welche Vorteile das Zusammenleben im alten Ägypten brachte.*
4. *Nimm die Rolle eines Beamten namens Ramose ein und* ***erkläre*** *deinem Sohn Arbeit und Bedeutung der Beamten für den ägyptischen Staat.*
5. ***Beurteile*** *die Bedeutung von Geometrie, Kalender und Zeitmessung für Wirtschaft, Herrschaft und Alltagsleben in Ägypten.* (H)

[1] Zu den Königsgräbern vgl. S. 73.

M 2 Getreideernte
Malerei aus dem Grab des Feldvermessers Menna, um 1400 v. Chr. (Ausschnitt)

M 3 Die Lage des Bauern

Auf mehreren Papyri ist ein Text überliefert, der von den Lebensumständen der Bauern im alten Ägypten berichtet:

Erinnerst du dich an die Lage des Bauern während der Registrierung [Erfassung] der Ernte? Die Raupe nimmt eine Hälfte weg, das Nilpferd frisst den Rest. Die Mäuse sind zahlreich im Feld, die Heuschrecke kommt herab. Das Vieh frisst und die Spatzen nehmen weg: Wehe da dem Bauern! Den Rest auf dem Boden der Scheune, den erledigen vollends die Diebe. Das geliehene Vieh ist geschunden, das Gespann ist erschöpft vor lauter Dreschen und Pflügen. Dann landet der Schreiber am Uferdamm an, um die Ernte zu registrieren. Seine Begleiter haben einen Schlagstock dabei. Sie sagen: „Gib das Getreide her!" Er aber sagt: „Ich habe keines!" Da schlagen sie ihn mit krachenden Schlägen. Dann wird er gefesselt, in den Brunnen hinabgelassen und untergetaucht. Seine Frau und seine Kinder liegen in Fesseln. Seine Hilfsarbeiter gehen weg, sie fliehen und verlassen ihr Getreide.

Zit. nach: Stephan Jäger, Altägyptische Berufstypologien (Lingua Aegyptia. Studia monographica, Bd. 4), Göttingen 2004, S. 242 f. (vereinfacht)

M 4 Ein Pharao an seine Handwerker

Auf einer Steinsäule lässt Ramses II. (1303-1213 v. Chr.) diese Rede an seine Handwerker festhalten:

Ihr baut für mich Denkmäler in großer Zahl. Ihr seid begeistert über die Arbeit mit wertvollem Gestein und fleißig im Herstellen von Denkmälern. So kann ich alle Tempel, die ich erbaut habe, ausstatten. Oh, ihr Unermüdlichen, ihr seid unersetzlich! Ich, Ramses, bin es, der euch versorgt und aufzieht als meine Kinder. Eure Versorgung wird überfließen, es bleibt kein Wunsch offen. Zahlreich ist die Nahrung für euch. Ich habe eure Bedürfnisse erfüllt, damit ihr mit liebendem Herzen arbeitet. Ich kenne eure mühselige Arbeit. Die Speicher sind voll für euch mit Getreide, damit ihr nicht eine Nacht hungrig verbringt. Für euch habe ich die Speicher gefüllt mit Brot, Fleisch, Kuchen, Sandalen, Kleidung, Ölen zum Einreiben eurer Köpfe, um euch alle Jahre neu zu kleiden, und damit eure Füße immer heil bleiben mögen. Ich habe Fischer ausgewählt, um euch Fisch zu bringen, und Weinbauern, um Wein anzubauen. All dies habe ich getan, damit es euch gut geht.

Zit. nach: Gabriele Höber-Kamel, Die Rede an die Handwerker, in: Kemet 3/1999, S. 12-15 (gekürzt und vereinfacht)

M 5 Handwerker
Grabmalerei, um 1380 v. Chr.

1. ***Erkläre***, *woher man so viel über die ägyptische Wirtschaft und Verwaltung weiß (M1 bis M5).*
2. *a)* ***Arbeite*** *die Versprechungen und Erwartungen des Pharaos an die Handwerker* ***heraus*** *(M4).*
   b) ***Diskutiert***, *warum der Pharao die Handwerker so umwirbt (M4).*
3. ***Beurteile***, *ob die Darstellung in M3 der Realität entsprochen hat. Berücksichtige auch M2.* (H)

Schreiben will gelernt sein

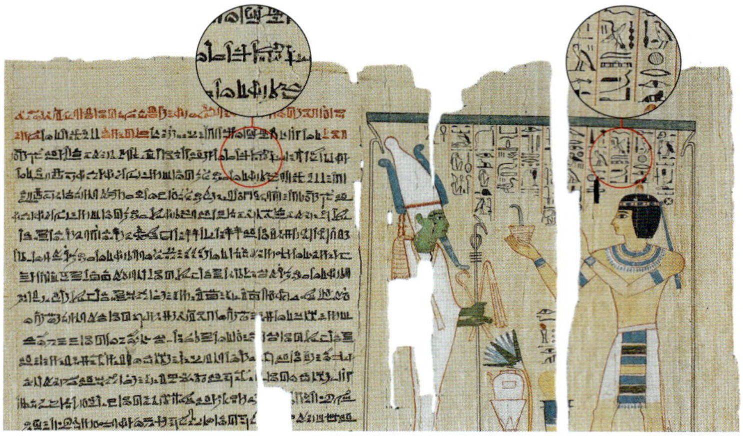

M 1 Wie die alten Ägypter schrieben
Ein Papyrus mit hieratischer Schrift (links) und Hieroglyphen (rechts), um 1500 v. Chr.

Die erste Schrift

Vor mehr als 5000 Jahren, als die ersten Könige über ganz Ägypten herrschten, entwickelten die Ägypter eine Schrift. Sie sahen sie als ein Geschenk der Götter an und nannten sie deshalb „Schrift der Gottesworte". Wir kennen dafür heute den griechischen Begriff **Hieroglyphen**, „heilige Zeichen". In Steinwände und Säulen wurden die Hieroglyphen mit Meißeln geschlagen und zum Teil ausgemalt. Sie sollten die Namen und Taten der Pharaonen festhalten oder Gesetze bekannt machen. Im Laufe der Zeit entstanden rund tausend Schriftzeichen. Neben den Hieroglyphen entwickelten die Schreiber eine einfachere Schreibschrift, das Hieratische und später das Demotische. Damit schrieben sie auch Lieder und Gedichte auf.

Längere Texte ritzten sie nicht in Stein. Sie schrieben mit Pinsel und Tusche (einer Art Tinte aus Ruß und Pflanzensaft) auf Papyrus, nach dem heute noch unser Papier benannt ist. Es wurde aus der Papyrus-Pflanze hergestellt, was jedoch aufwändig und teuer war. Deshalb wurden für Notizen, kurze Mitteilungen und Schreibübungen Scherben aus Ton oder Kalkstein (griech. Ostraka) benutzt. Sie gab es kostenlos und in großer Menge.

Die Schrift erleichtert die Organisation

Das alte Ägypten konnte sich zu einer Hochkultur entwickeln, weil es eine Schrift und Beamte gab, die schreiben konnten. Sie beschrifteten Vorratsgefäße, notierten Einnahmen und Ausgaben, vermerkten Ernteerträge und Hochwassertermine und verbreiteten die Taten, Befehle und Gesetze des Pharaos. Nur so war es den Ägyptern möglich, ihr großes Land zu organisieren und zu verwalten.

Schrift nutzt vielen

Die alten Ägypter waren nicht die einzigen, die Schrift nutzten. Um 1750 v. Chr. ließ der babylonische König Hammurabi in Keilschrift festhalten, was zu seiner Zeit als Recht galt.[1] Über Geschäfte wurden schriftliche Verträge verfasst. Händler schrieben Briefe, um an fernen Orten Waren zu bestellen oder anzubieten. Auch die Herrscher benachbarter Länder schrieben einander.

[1] Siehe dazu S. 77.

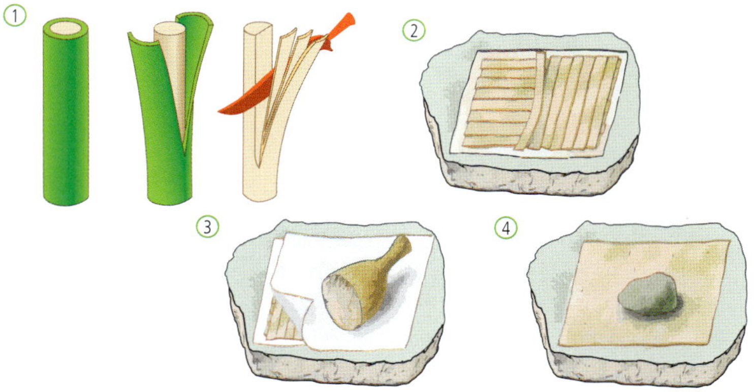

M 2 Die Herstellung von Papyrus
① Stängel der Papyrusstaude werden von der Rinde befreit. Das Mark wird in Streifen von ca. 30 cm Länge gespalten.
② Gewässerte Markstreifen werden auf ein Tuch gelegt. Darauf kommt rechtwinklig eine zweite Schicht.
③ Unter einem Tuch werden die Streifen mit einem Klopfer geschlagen, was sie fest miteinander verbindet.
④ Nach dem Trocknen wird das Blatt mit einem glatten Stein poliert.

1. ***Zähle** alle Zwecke **auf**, für die du als Pharao schriftliche Aufzeichnungen machen würdest. Beziehe hierzu auch S. 60 mit ein.*
2. ***Erkläre**, warum Papyrus bei Schreibern sehr beliebt war, er aber im Alltag nur selten verwendet wurde.*
3. *a) **Erkläre**, warum die Schrift als Kennzeichen einer Hochkultur gilt.* (H) *b) **Nimm Stellung** zu folgender Aussage: Die Schrift ist die wichtigste Erfindung der Menschheit.*

Die Entzifferung der Hieroglyphen

Das Wissen über die Hieroglyphen geriet nach dem Ende der Pharaonenzeit in Vergessenheit. Jahrhundertelang konnte niemand mehr die geheimnisvollen Zeichen lesen.

Erst mithilfe des Steins von Rosette gelang dem Franzosen Jean-François Champollion im Jahre 1822 der große Durchbruch bei der Entzifferung. Auf diesem großen dunkelgrauen Stein, der im Jahr 1799 nahe der Stadt Rosette im Nildelta gefunden wurde, ist nämlich der gleiche Text in drei verschiedenen Schriften eingraviert: in Hieroglyphen (oben), in Demotisch (Mitte) und in Griechisch (unten).

Da Champollion wusste, dass die Königsnamen von ovalen Umrandungen (Kartuschen) umschlossen sind, konnte er durch den Vergleich mit dem griechischen Text die Namen „Ptolemaios“ und „Kleopatra“ entziffern. So fand er den Schlüssel zum Geheimnis der Hieroglyphen.

M4 Stein von Rosette
Basaltstein, der 196 v. Chr. beschriftet wurde, Höhe 112 cm, Breite 76 cm, Gewicht ca. 800 kg
Der Stein befindet sich heute im Britischen Museum in London.

M5 Schriftproben
Der Text „15 Rinder“ in verschiedenen Schriften
① Hieroglyphen, Ägypten, um 1600 v. Chr.
② Keilschrift, Mesopotamien, um 2200 v. Chr.
③ Griechisch, 450 v. Chr.
④ Lateinisch, 150 n. Chr.
⑤ Mittelalterliche Handschrift, um 800 n. Chr.

	Greifvogel	a		Schilfblätter	i (j)		Mund	r
	Bein	b		Korb mit Henkel	k		gefalteter Stoff	s
	Brunnenschacht	ch		Löwe	l		Teich	sch
	Hand	d		Eule	m		Brotlaib	t
	Schilfblatt	e		Wasser	n		Wachtelküken	u, v, w
	Hornviper	f		Schlinge	o		Türriegel	z
	Krugständer	g		Hocker oder Matte	p		Seil	tsch
	Hof	h		Abhang	q		Schlange	dsch

M3 Einige ägyptische Schriftzeichen
Die ägyptischen Schriftzeichen können nicht einfach mit unserem Alphabet gleichgestellt werden. Es gibt zwar Hieroglyphen für einzelne Laute, aber viele stehen für ganze Silben oder sind einfache Darstellungen der Dinge, die sie bezeichnen. Von wenigen Ausnahmen abgesehen schrieben die alten Ägypter keine Vokale. Über die Aussprache wissen wir daher kaum etwas. Um sich dennoch über die Lesung der alten ägyptischen Texte zu verständigen, haben Wissenschaftler eine Umschrift (Transkription) entwickelt, in der die hieroglyphische Schreibung in die entsprechenden Laute umgesetzt wird.

1. ***Schildere***, *welche Rolle der Stein von Rosette bei der Entzifferung der Hieroglyphen spielte (M4).*
2. ***Schreibe*** *deinen Namen in Hieroglyphen. Achte darauf, ihn genauso zu schreiben, wie er gesprochen wird. Setze hinter einen Mädchennamen und hinter einen Jungennamen (M3).*
3. *Für uns ist Buchstabenschrift selbstverständlich. Doch auch wir verwenden Bildzeichen. Sammle Ideen, wo wir Bildzeichen verwenden.* ***Stelle*** *Vorzüge und Schwächen von Schrifttexten und Bildzeichen* ***gegenüber*** *(M5).* Ⓖ

Internettipp:
Mehr über die Hieroglyphen und ihre spannende Entzifferung erfährst du unter 31101-20.

Die religiösen Vorstellungen der Ägypter – Götter, Tempel und Mumien

M 1 Darstellung einiger ägyptischer Hauptgötter

Die Welt der Götter

Die Menschen in Ägypten glaubten, dass in Pflanzen, Luft, Wasser, Sonne und vor allem in Tieren göttliche Kräfte wohnen. Sie verehrten viele Gottheiten, die sie sich in Menschen- oder Tiergestalt oder als Mischwesen mit menschlichem Körper und Tierkopf vorstellten.

Zu den wichtigsten Göttern zählen der Sonnengott Re, der falkenköpfige Himmelsgott Horus, sein Vater Osiris (Herrscher der Unterwelt), der ibisköpfige Mond- und Schreibergott Thot, der Gott Anubis mit Schakalkopf und Amun, der Hauptgott der Ägypter. Eine solche Verehrung vieler Götter nennt man **Polytheismus** (von griech. poly: viel und theos: Gott).

Die Ägypter entwickelten eine Lehre von den Göttern (Theologie). Dies ist ebenfalls ein Kennzeichen für eine Hochkultur.

Wohnhäuser für die Götter

Die Ägypter bauten ihren Gottheiten Tempel. Sie galten als Wohnhäuser der Götter auf Erden. Die Bevölkerung durfte die Tempel nicht betreten. Die wichtigsten Gegenstände in den Tempeln waren die Götterstatuen. Die Ägypter glaubten, dass die Götter auf der Erde in diesen Kultbildern gegenwärtig sind. In den Tempeln wurden die Götterstatuen von Priesterinnen und Priestern so versorgt, als wären sie lebendig: Vor ihnen wurden Speisen und Getränke geopfert, Musik und Tänze aufgeführt. Oft wurden sie feierlich herumgeführt (Götterprozession).

Von der richtigen Anbetung und Verehrung der Gottheiten (**Götterkulte**) hing nach ägyptischer Vorstellung der Wohlstand des gesamten Landes ab. Nur wenn die Götter zufrieden waren, ließen sie es Ägypten gutgehen. Die Tempel wurden deshalb von Pharaonen und reichen Ägyptern großzügig beschenkt.

Die größeren Tempelanlagen waren wichtige Wirtschaftsbetriebe und wie abgeschlossene Städte angelegt. Es gab eigene Schulen, Vorratshäuser, Werkstätten, Bibliotheken und Wohnungen. Neben den vielen Priestern arbeiteten dort auch Bauern, Handwerker, Ärzte, Schreiber und einfache Arbeiter.

M 2 Ein Tempel für Amun
Illustration von Balage Balogh
Zu den größten Tempeln am Nil gehört der für den Gott Amun im antiken Theben (heute Luxor).

Was kommt nach dem Tod?

Die Menschen in Ägypten glaubten an ein Leben nach dem Tod. Das Reich der Toten nannten sie „Schöner Westen", weil sie es auf dem Westufer des Nil vermuteten. Reiche Ägypter ließen sich deshalb nach dem Tod mit Schiffen zum Westufer bringen und dort begraben.

Nach ägyptischer Vorstellung war ein Weiterleben nach dem Tod an zwei Bedingungen geknüpft: Der Körper musste erhalten bleiben und der Verstorbene hatte sich vor dem Totengericht zu behaupten.

Das Totengericht stellten sich die Ägypter in einer unterirdischen Halle vor. Bevor der Verstorbene dorthin gelangte, musste er allerlei Gefahren überwinden, etwa Krokodile, die seine Seele einfangen wollten. Am Ende des Weges musste sich jeder Ägypter vor Osiris, dem Gott der Unterwelt, für seine Taten verantworten.

Für die Ewigkeit

Um den Leichnam vor dem Verfall zu schützen, entwickelten die Ägypter die Mumifizierung[1]. Die ersten Mumien entstanden allerdings auf ganz natürliche Weise, indem man die Toten im heißen Wüstensand vergrub. Dort trockneten ihre Körper aus und blieben erhalten. Dies nutzten auch später noch die ärmeren Menschen. Wohlhabende Ägypter ließen ihre Verstorbenen aber durch Einbalsamierung mumifizieren. Sie setzten sie in reich ausgestatteten Grabanlagen bei, die wie unterirdische Wohnhäuser angelegt waren. Sie sind geschmückt mit bunten Bildern und Reliefs, die Szenen aus dem Alltagsleben und dem Begräbnisritual zeigen. Man ließ auch Texte an den Wänden anbringen, die von den Leistungen der Verstorbenen erzählen.

Die Ägypter stellten sich das Leben im „Schönen Westen" ähnlich wie ihr irdisches Leben vor, nur, dass es ewig dauerte. Deshalb bemühten sie sich um eine möglichst prunkvolle Grabausstattung. Zu den Grabbeigaben gehörten Kleidung, Möbel, Schmuck, Dienerfiguren und sogar mumifizierte Haustiere, aber auch Lebensmittel. Die Ägypter meinten nämlich, dass sie auch nach dem Tod auf Nahrung angewiesen wären, und malten nicht nur Bilder von Speisen und Getränken an die Wände ihrer Grabkammern, sondern legten sogar einbalsamierte Lebensmittel ins Grab.

M 3 Der Mund des Toten wird geöffnet
Ausschnitt aus dem Totenbuch des Schreibers Hunefer, Papyrus, um 1300 v. Chr.
Bevor die Mumie in den Sarg gelegt und das Grab verschlossen wurde, berührte ein Verwandter den Mund des Toten mit einem besonderen Gerät. Auf diese Weise sollte der Verstorbene wieder atmen, sehen, hören und Nahrung aufnehmen können, um im Jenseits weiterzuleben.

Internettipp:
Unter Mediencode 31101-21 kannst du mehr über die ägyptischen Götter erfahren.

[1] Zur Mumifizierung siehe S. 72.

1. *Stelle Vermutungen zur Funktion von Tempel und Gottesdienst an.*
2. *Erkläre, warum es für die Menschen in Ägypten so wichtig war, den Leichnam vor dem Verfall zu bewahren (VT, M3).*
3. *Stelle dir vor, du bist eine Forscherin oder ein Forscher und hast das Grab von Tutanchamun besucht. Schaue dir hierzu das Grab mit der virtuellen Ausstellung unter dem Mediencode 31101-19 an.*
   *Wähle aus: A **Schreibe** für deine Kolleginnen und Kollegen in der Heimat einen Bericht über das Grab. B **Verfasse** über das Grab einen Beitrag für die sozialen Medien. C **Gestalte** mit deinen Erkenntnissen einen Info-Flyer.*
4. *Arbeite weiter: **Recherchiere**, wo es in deiner Nähe Museen oder Ausstellungen mit Objekten aus dem alten Ägypten gibt. **Erstelle** eine kleine Präsentation zum Museum/zur Ausstellung.*

M 4 Mumie des Pharaos Ramses II.
Ramses II. starb 1213 v. Chr. Die Balsamierer entnahmen dem Toten Gehirn und Eingeweide, nicht aber das Herz. Die Organe bestatteten sie in besonderen Gefäßen (Kanopen). Anschließend wurde der Leichnam etwa 70 Tage in Natronsalz gelegt, um ihn auszutrocknen. Dann füllte man den Körper mit Papyrus und umwickelte ihn mit wohlduftenden Leinenbinden: Der Leichnam war nun eine Mumie. Er wurde in einen Sarg gelegt und bestattet.

M 5 Uschebti
Kalkstein, bemalt, 24 cm, um 1200 v. Chr.
Ab etwa 1700 v. Chr. gaben die Ägypter den Toten kleine Figuren aus Stein, Ton, Wachs oder Holz mit ins Grab. Diese Uschebtis, häufig in Gestalt einer Mumie, sollten dem Verstorbenen im Jenseits dienen und ihm so ein Leben ohne Mühe ermöglichen.

M 6 Arbeiten im Totenreich

Das ägyptische Totenbuch ist eine Sammlung von Sprüchen aus der Zeit um 2300 v. Chr. Sie sollen dem Verstorbenen beim Weiterleben im Jenseits helfen. Dazu gehört auch dieser Uschebti-Spruch:

O ihr Uschebti, wenn ich verpflichtet werde, irgendeine Arbeit zu leisten, die dort im Totenreich geleistet wird; wenn nämlich ein Mann dort zu seiner Arbeitsleistung verurteilt wird, dann verpflichtest du dich zu dem, was dort getan wird, um die Felder zu bestellen und die Ufer zu bewässern, um den Sand (Dünger) des Ostens und des Westens überzufahren. „Ich will es tun, hier bin ich", sollst du sagen.

Zit. nach: Erik Hornung, Das Totenbuch der Ägypter, Zürich u. a. 1979, S. 48

M 7 Herzskarabäus
Grün glasierter Stein mit Gold, um 1300 bis 1100 v. Chr.
Der Käfer „Heiliger Pillendreher" (Skarabäus) legt seine Eier in selbst gedrehte Mistkugeln. Brechen diese auf, kommen junge Käfer heraus. Die Ägypter glaubten deshalb, die Käfer könnten sich selbst neu erschaffen und somit ewig leben. Daher sahen sie sie als heilige Tiere und Symbol für die Neubelebung und Wiedergeburt an. Die Ägypter fertigten Amulette in Gestalt von Skarabäen an. Dazu gehören auch die großen Herzskarabäen, die der Mumie auf die Höhe des Herzens gelegt wurden.

1. ***Beschreibe*** *den Vorgang der Einbalsamierung und des Begräbnisses (M4).*
2. ***Erkläre*** *den Zusammenhang zwischen Jenseitsglauben und Mumifizierung (VT, M4).*
3. *a)* ***Erläutere****, warum die Ägypter ausgerechnet Mistkäfer verehrt haben (M7). b)* ***Prüfe****, ob es heute vergleichbare Vorstellungen gibt, und stelle Beispiele vor.* Ⓖ
4. ***Begründe*** *die Auswahl der Grabbeigaben mit der Vorstellung der Ägypter zum Leben nach dem Tod (VT, M4-M7).*

Pyramiden und Gräber

Gigantische Grabstätten

Die Pyramiden beeindrucken Menschen zutiefst. Pharaonen ließen sie sich für den Aufstieg in den Himmel zu den Göttern bauen. Sie dienten ihnen als Grabstätte und Denkmal ihrer Herrschaft.

Insgesamt wurden in Ägypten mehr als 80 Pyramiden entdeckt. Die ältesten sind mehr als 4 500 Jahre alt. Die größte Pyramide, die Pharao Cheops erbauen ließ, ist so hoch wie der Kölner Dom und größer als sieben Fußballfelder. Sie ist so riesig, dass man sie sogar aus dem Weltall sehen kann, und zählt zu den Sieben Weltwundern der Antike.

Jede Pyramide war Teil einer großen Anlage. Dazu gehörten Totentempel, Prozessionsstraßen vom Nilufer her, kleinere Pyramiden für Königinnen und Prinzessinnen sowie Gräber hoher Beamter. Alles diente dazu, das Weiterleben des Herrschers im Jenseits zu ermöglichen und den Wohlstand des Volkes zu sichern. Deshalb war es für die Menschen in Ägypten eine religiöse Pflicht und eine große Ehre, am Pyramidenbau mitwirken zu können.

Wie sind die Pyramiden gebaut worden?

Über 20 Jahre dauerte der Bau der Cheops-Pyramide. Etwa 4000 Menschen arbeiteten ständig daran. Während des jährlichen Nilhochwassers brachen tausende Arbeiter in den Steinbrüchen am Oberlauf des Nil zwei Millionen Steinblöcke und transportierten sie auf Schiffen zur Baustelle.

Jeder Steinblock wog durchschnittlich so viel wie zwei Autos. Doch die Ägypter hatten keine Kräne, Bagger oder Maschinen. Die ersten Räder wurden zwar bereits vor etwa 5 000 Jahren erfunden, aber am Nil noch nicht verwendet, da Schiffe das Haupttransportmittel waren. Wie die Ägypter also diese Meisterwerke vollbracht haben, ist bis heute nicht vollständig geklärt. Forscherinnen und Forscher vermuten, dass die alten Ägypter Seile um Holzstämme legten und so – wie mithilfe einer Seilwinde – große Transportschlitten mit Steinen die Rampe heraufzogen.

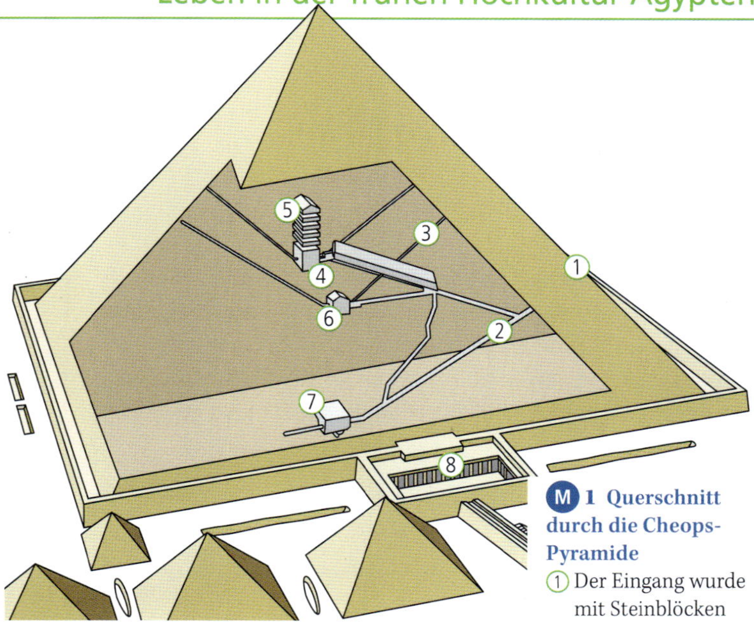

M 1 Querschnitt durch die Cheops-Pyramide

1. Der Eingang wurde mit Steinblöcken verschlossen
2. Die Gänge wurden mit Steinblöcken verschlossen
3. Luftschacht
4. Grabkammer des Königs
5. Decksteine aus Granit, 7 - 8 m lang, mit einem Gewicht von je ca. 50 Tonnen
6. Grabkammer der Königin
7. unterirdische Kammer
8. Tempel

Grabräuber

Die Pharaonen nahmen eine Menge kostbarer Schätze mit in ihre Grabkammern. Viele Vorsichtsmaßnahmen sollten den Raub der Kostbarkeiten verhindern: Die Eingänge wurden mit Steinblöcken verschlossen, sodass außer den Pyramidenbauern, hoch angesehenen Arbeitern, keiner wusste, wo der Zugang zum Grab war. Die Grabkammern waren nur durch verwinkelte Gänge erreichbar. Doch es half nichts. Keine Pyramide war vor den Grabräubern sicher – auch nicht die des Cheops.

Deshalb ließen sich die Pharaonen seit etwa 1500 v. Chr. unterirdische Grabanlagen als sichere Verstecke im Tal der Könige am Westufer des Nil bauen. Das berühmteste Grab gehört dem Pharao Tutanchamun[1]. Der britische Archäologe Howard Carter entdeckte 1922 sein versiegeltes Grab. Die Sensation bestand darin, dass alle Grabbeigaben und die Mumie des Königs erhalten waren. Denn auch hier waren die meisten anderen Königsgräber Grabräubern zum Opfer gefallen.

Internettipp:
Mehr zu den Pyramiden erfährst du unter Mediencode 31101-22.

[1] Blättere zurück zu S. 60.

1. ***Erläutere** die Bedeutung der Pyramiden für die alten Ägypter.*
2. ***Untersuche**, welche Vorsichtsmaßnahmen beim Pyramidenbau getroffen wurden, um zu verhindern, dass Räuber die Grabkammer plünderten (VT, M1).*
3. *Die Pyramiden von Gizeh zählen zu den Sieben Weltwundern der Antike. **Informiert** euch, was unter „Weltwunder" zu verstehen ist. **Diskutiert** in der Klasse, ob ihr sie auch heute noch als Weltwunder bezeichnen würdet.* (H) (G)

Bilder zum Sprechen bringen

Bilder als historische Quellen

Bilder können uns Geschichten erzählen und uns etwas über die Zeiten mitteilen, in denen sie entstanden sind. Du kannst sie zum Sprechen bringen, indem du Fragen an sie stellst. Nicht alle Fragen lassen sich bei jedem Bild beantworten. Oft musst du weitere Informationen einholen.

In drei Schritten zum Ziel

1. Beschreibe
- die Personen, die du erkennen kannst, wie sie aussehen und was sie tun,
- in welcher Beziehung sie zueinander stehen,
- andere Bildelemente (Tiere, Gegenstände …), sofern vorhanden oder erkennbar,
- den Vorder- und/oder Hintergrund des Bildes und wie die Personen oder Gegenstände darauf verteilt sind,
- die Wirkung des Bildes auf dich.

2. Untersuche und ordne ein,
- welches Thema das Bild hat,
- auf welchem Material es gemalt wurde und ob es ein besonderes Format hat,
- wie die Personen dargestellt sind,
- ob es wirkliche Personen sind oder ob sie für etwas stehen,
- welche Ereignisse und Vorstellungen für die Darstellung eine Bedeutung haben,
- ob du alle Bildelemente deuten kannst,
- welche zusätzlichen Informationen dir bei der Deutung helfen könnten.

3. Deute,
- zu welchem Zweck das Bild hergestellt wurde,
- wann und wo es hergestellt und veröffentlicht wurde,
- was es dem Betrachtenden sagen sollte,
- ob es uns heute leicht fällt, die Aussage des Bildes zu erkennen.

M 1 Die „große Prüfung“: das Totengericht
Ausschnitt aus dem „Totenbuch“ des Schreibers Hunefer, Papyrus, um 1300 v. Chr.

Die Menschen in Ägypten schmückten die Wände ihrer Grabkammern mit Bildern und Inschriften. Außerdem stellten sie „Totenbücher“ her: Papyrusrollen, die sie den Mumien in den Sarg legten. Sie enthielten die Antworten, die der Verstorbene auf die Fragen des Totengerichts geben sollte.
Die ägyptischen Künstler zeichneten und malten über dreitausend Jahre nach den gleichen strengen Regeln. Derjenige galt als Meister, der den alten Vorbildern am meisten entsprach.

M2 „Ich bin rein ..."

In einem Totenbuch, das um 1500 v. Chr. entstanden ist, legt ein Verstorbener folgendes Bekenntnis ab:

Ich habe kein Unrecht gegen Menschen begangen, und ich habe keine Tiere misshandelt.
Ich habe nichts „Krummes" anstelle von Recht getan. [...]
Ich habe keinen Gott beleidigt. [...]
Ich habe kein Waisenkind an seinem Eigentum geschädigt.
Ich habe nichts getan, was die Götter verabscheuen.
Ich habe keinen Diener bei seinem Vorgesetzten verleumdet.
Ich habe nicht Schmerz zugefügt und niemanden hungern lassen, ich habe keine Tränen verursacht.
Ich habe nicht getötet, und ich habe auch nicht zu töten befohlen; niemandem habe ich ein Leid angetan.
Ich habe am Hohlmaß nichts hinzugefügt und nichts vermindert, ich habe das Flächenmaß nicht geschmälert und am Ackerland nichts verändert.
Ich habe zu den Gewichten der Handwaage nichts hinzugefügt und das Lot der Standwaage nicht verschoben.
Ich habe die Milch nicht vom Mund des Säuglings fortgenommen, ich habe das Vieh nicht von seiner Weide verdrängt. [...]
Ich bin rein, ich bin rein, ich bin rein, ich bin rein!

Zit. nach: Altägyptische Dichtung, ausgew., übers. und erl. von Erik Hornung, Stuttgart 1996, S. 121ff.

1. ***Erzähle nach**, wie das Totengericht ablief. Nimm dazu die Arbeitsschritte auf der linken Seite und die Erläuterungen in M1 zu Hilfe.* (H)
2. *Beim Totengericht mussten sich die Verstorbenen vor den Göttern für ihr Leben rechtfertigen. Diese Rechtfertigung wurde in einem „Totenbuch" (M2) aufgeschrieben. Der Verstorbene wollte damit den Göttern beweisen, dass er sich an ihre Gebote gehalten hatte.* **Arbeite** *aus dem „Totenbuch" die Gebote* **heraus***, an die sich die Ägypter halten mussten.*

Eine weitere Hochkultur: Mesopotamien

M 1 Die Stadt Ur im 3. Jahrtausend v. Chr.
Ausschnitt aus einer Rekonstruktionszeichnung, um 1987
In Ur lebten zeitweise mehr als 30 000 Sumerer.

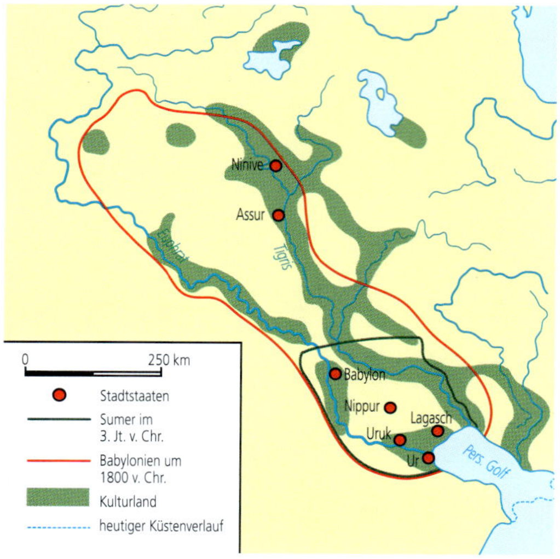

M 2 Mesopotamien
An den Flüssen Euphrat und Tigris im heutigen Irak schufen die Menschen etwa zur selben Zeit wie am Nil eine Hochkultur. Die Griechen nannten das Gebiet später Mesopotamien, d. h. „Land zwischen zwei Flüssen“ oder „Zweistromland“. Von den verschiedenen Staaten im Zweistromland wissen wir aus archäologischen Funden und schriftlichen Quellen. Auch das Alte Testament der Bibel berichtet von ihnen.

Ägypten war kein Einzelfall!

In der Jungsteinzeit haben sich in verschiedenen Gegenden der Welt Bauerngesellschaften zu Hochkulturen entwickelt. Vieles in ihnen war ähnlich wie in der ägyptischen Kultur, einige Merkmale waren anders als dort. Voraussetzung war immer ein besonders günstiger Raum an Flussufern. Er ermöglichte die Ernte von Überschüssen und eine Arbeitsteilung.

All diesen Hochkulturen ist gemeinsam, dass die Menschen an großen Aufgaben wie Städtebau, Bewässerung, Tempeln oder Gräbern arbeiteten. Dies setzt eine Verwaltung voraus, die (außer in Südamerika) zur Entwicklung einer Schrift führte.

Die Kennzeichen Ägyptens hast du kennengelernt. Unten findest du einen „Steckbrief“ der Hochkultur von Sumerern und Babyloniern in Mesopotamien.

Kultursteckbrief

Mesopotamien

Landwirtschaft: Ackerbau und Viehzucht an den fruchtbaren Ufern von Euphrat und Tigris. Die Wassermenge dieser Ströme war unberechenbar. Dies machte Be- und Entwässerungsanlagen und ihre dauernde Instandhaltung notwendig.

Siedlung: Etwa 90 % der Menschen lebten in Städten, die bis zu 20 000 Einwohner hatten. In allen gab es einen zentralen Tempelbezirk. Städte waren mit Mauern aus Lehmziegeln befestigt.

Herrschaft: kein einzelner Staat, sondern bis zu 40 selbstständige Stadtstaaten. Jeder stand unter der Herrschaft eines Königs. Er führte sich auf die Götter zurück und war Priester des Stadtgottes.

Grundbesitz: Alles Land war Besitz der Götter und wurde von den Königen und Priestern verwaltet. Es wurde zur Bewirtschaftung vergeben. Auf alle Erträge wurden Abgaben erhoben.

Schrift: Für die Verwaltung der Abgaben wurde um 3300 v. Chr. die Keilschrift entwickelt.

Religion: polytheistische Religion. Jede Stadt verehrte einen Hauptgott. Priester pflegten den Tempelkult.

Recht: Manche Könige verfassten Gesetze und veröffentlichten sie schriftlich im ganzen Land.

Handel: Das Land war arm an Bodenschätzen. Notwendige Materialien (Kupfer, Zinn, Holz, Stein) und Luxusgüter (Gold, Elfenbein) wurden von Kaufleuten aus Nachbarländern eingeführt.

M3 „Auge um Auge, Zahn um Zahn!“

Zu den wichtigsten Zeugnissen der altorientalischen Geschichte gehören die Gesetze des Königs Hammurabi aus Babylon (vgl. M4). Eine Auswahl:

Wenn jemand als Belastungszeuge in einem Prozess, der ums Leben geht, auftritt und das, was er aussagt, nicht beweisen kann, dann soll er getötet werden. […] Wenn jemand den Tempel oder den König bestiehlt, so soll er getötet werden; auch wer das Gestohlene von ihm angenommen hat, soll getötet werden. […] Wenn jemand Raub begeht und ergriffen wird, so wird er getötet. […]
Wenn jemand zu faul ist, seinen Damm instandzuhalten, und dadurch ein Feld überschwemmt wird, so soll er den Schaden ersetzen. […]
Wenn ein Sohn seinen Vater schlägt, soll man ihm die Hände abhauen.
Wenn jemand einem andern das Auge zerstört, so soll man ihm sein Auge zerstören. Wenn er einem andern einen Knochen zerbricht, so soll man ihm einen Knochen zerbrechen. […]

Zit. nach: Gottfried Guggenbühl, Quellen zur Geschichte des Altertums, neu bearb. von Hans C. Huber, Zürich 1964, S. 10ff.

M4 Stele des Königs Hammurabi

Diorit (schwarzes Gestein), Höhe 2,25 m, Museum Louvre, Paris

Die Reliefsäule in Form eines Zeigefingers enthält in Keilschrift den Text der Gesetze des Königs Hammurabi. Oberhalb der Inschrift befindet sich ein Bildfeld: Der König steht vor einem Gott, der auf einem Thron sitzt. Der Gott überreicht dem König einen Ring und einen Stab, vielleicht einen Schreibgriffel.

M5 Zwei frühe Hochkulturen im Vergleich

Ägypten	Merkmal	Mesopotamien
Der Nil ist der einzige Strom; er hat keine Nebenflüsse		
		Der Wasserstand von Euphrat und Tigris ist unberechenbar
bessere Ernten durch künstliche Bewässerung		
Das Land ist von allen Seiten von Wüsten und Meeren umgeben	fremde Einflüsse	
ein einziger Staat, vereinigt aus Ober- und Unterägypten	Staat und Herrschaft	
		Es gibt im Land bis zu 40 Kleinkönige
Hieroglyphenschrift	Schrift	
	Bauweise wichtiger Gebäude	Das Land ist arm an Steinen; Tempel und Paläste werden aus luftgetrockneten Lehmziegeln gebaut
polytheistische Religion		
Priester verantwortlich für den Kult in Tempeln		

1. *a) **Liste** die Straftaten und die dazugehörigen Strafen in einer Tabelle **auf**, die dir besonders streng oder grausam vorkommen (M3).*
   *b) **Erkläre**, warum solche Strafen angedroht wurden.*
2. *Arbeite weiter: **Recherchiere**, welche Strafen für die einzelnen Vergehen heute im Irak und bei uns verhängt werden (M3).* (G)
3. ***Begründe**, warum Hammurabi sich vor einem Gott abbilden lässt (M4).* (H)
4. *a) Die Tabelle M5 ist unvollständig. **Schreibe** sie in dein Heft und **notiere** die fehlenden Angaben. b) **Beurteile**, ob es mehr Gemeinsamkeiten oder mehr Unterschiede gegeben hat.*

Entstehung der Keilschrift
Babylonisches Reich unter König Hammurabi
4000 v. Chr. | 3000 v. Chr. | 2000 v. Chr. | 1000 v. Chr. | Chr. Geb.

Wiederholen und Kompetenzen überprüfen

1.
Die Bevölkerung in Ägypten war nach einer gesellschaftlichen Rangordnung (Hierarchie) gegliedert. An ihrer Spitze stand der Pharao. Je größer Ansehen und Vermögen eines Ägypters waren, desto höher war seine Stellung in der Gesellschaft. Die Beamten befahlen, überwachten oder verwalteten. Die Mehrheit der Bevölkerung wie vor allem die Bauern und Handwerker mussten die Befehle ausführen und Abgaben leisten. Durch Leistung und gute Ausbildung war aber ein Aufstieg möglich, selbst für die Unfreien. Männer und Frauen waren rechtlich gleichgestellt.

2.
Ägypten war eine Monarchie. Herrscher über die Menschen und das Land war der König, der Pharao. Er galt als der Sohn des Sonnengottes Re und damit als rechtmäßiger Mittler zur Götterwelt. Der Pharao ließ sich wie ein Gott verehren. Zu seinen wichtigsten Herrscherpflichten gehörten die Verwaltung seines Staates und die Sorge für Frieden, Ordnung und Gerechtigkeit. Dabei halfen ihm zahlreiche hohe Beamte. Vor allem war es Aufgabe des Pharaos, eine gute Beziehung zu den Göttern zu pflegen, um damit die Nilflut für eine reiche Ernte zu beeinflussen.

3.
Heute glauben viele an einen einzigen Gott (Monotheismus). Die Ägypter dagegen glaubten an viele Götter (Polytheismus). Nach ihrer Vorstellung bestimmten die Götter das Leben auf der Erde und im Jenseits. Demnach hing der Wohlstand des Landes von der richtigen Ausübung religiöser Handlungen (Götterkulte) ab. Zu Ehren der Götter wurden monumentale Tempelanlagen errichtet und reich ausgestattet, großzügige Opfer dargebracht und Prozessionen abgehalten. Die Bedeutung der Religion zeigt sich auch im Totenkult mit Mumifizierung und Grabbeigaben. Die Ägypter glaubten, dass ein ewiges Leben nach dem Tod nur demjenigen zuteil wurde, der durch eine richtige Lebensführung vor dem Totengericht bestehen konnte.

4.
Der Nil war und ist die „Lebensader" der Ägypter in der Wüste. Sein fruchtbarer Schlamm ermöglichte Landwirtschaft in dem ansonsten aus Sand und Felsen bestehenden Land. Ägypten verdankte seinen Wohlstand aber nicht nur dem Nil, sondern auch der gut organisierten Landwirtschaft und der künstlichen Bewässerung. Mithilfe der Astronomie konnte sogar das Datum für die Nilschwemme vorausberechnet werden. Durch reiche Ernten wuchs die Bevölkerung, und die Bauern konnten hohe Abgaben leisten. Damit ernährte der Pharao die Beamten und Spezialisten, die selbst keine Nahrung erzeugten. Denn die Überproduktion ließ eine Arbeitsteilung entstehen: Im Tauschhandel erwarben Händler Edelhölzer, Gold und Edelsteine für die reiche Ausstattung von Tempeln und Palästen. Mit der Verwendung von Papyrus und Schriftzeichen, den Hieroglyphen, verwalteten Beamte die Abgaben, die Vorräte und die Verteilung.

5.
Vor über 5 000 Jahren siedelten sich immer mehr Menschen im Mündungsgebiet und an den Ufern des Nils an. Die günstige Lage in der fruchtbaren Flussebene ermöglichte die Ernte von Überschüssen und eine Arbeitsteilung. Dies war die Voraussetzung dafür, dass wie in Mesopotamien, Indien, China und Mittelamerika eine frühe Hochkultur entstehen konnte. Weitere Kennzeichen der Hochkultur waren die Herrschaftsorganisation und die Verwaltung, eine Schrift, Gesetze, Religion, Wissenschaft und Kunst.

1. ***Ordne*** *die fünf Lernkarten den passenden Kategorien (Orientierung, Herrschaft, Gesellschaft, Wirtschaft, Weltdeutung) mit den dazugehörigen Symbolen* ***zu****. Welche Symbole für welche Kategorie stehen, kannst du der Seite 10 entnehmen.*
2. ***Erklärt*** *euch in Partnerarbeit die markierten Begriffe der Lernkarten und wechselt euch dabei ab.*

M 1 Schiffsmodell
Grabbeigabe aus Holz, um 2000 v. Chr.

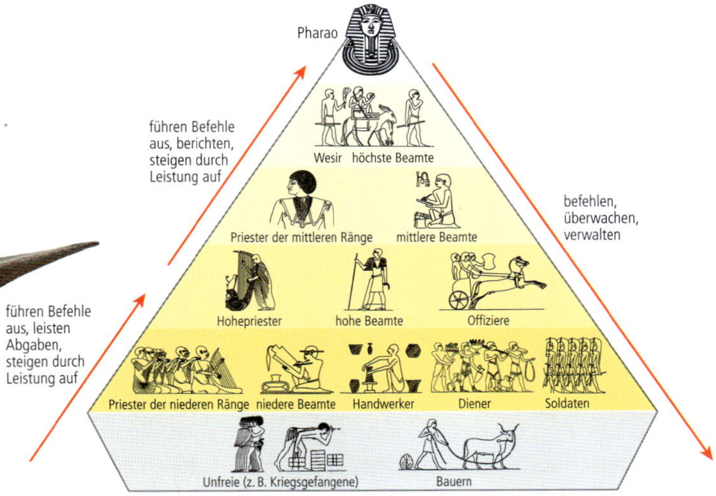

M 2 Sah so die ägyptische Gesellschaft aus?

M 3 Soll Nofretete zurück?

1912 entdeckte ein deutscher Archäologe bei Ausgrabungen in Ägypten die Büste der ägyptischen Königin Nofretete, der Frau des Pharaos Amenophis IV. (Echnaton), der von 1364 bis 1347 v. Chr. herrschte. Mit Genehmigung der Regierung wurde der sensationelle Fund 1913 nach Deutschland gebracht. Anfang 2011 forderte Ägyptens Chefarchäologe die Rückgabe der Büste. Schon Anfang 2002 hatte der ägyptische Kulturminister verlangt, die Figur „im Interesse der Menschheit" den Ägyptern zurückzugeben. Die deutschen Behörden lehnten die Rückgabeforderungen mit dem Hinweis ab, die Büste befinde sich aufgrund eines Vertrages rechtmäßig seit 1913 in Berlin.

Dieter Brückner

1. ***Erstelle** einen Zeitstrahl zur Geschichte Ägyptens und trage Daten und Ereignisse ein, die dir wichtig erscheinen. Begründe deine Auswahl.*
2. *a) **Prüfe** das Schaubild der ägyptischen Gesellschaft auf seine sachliche Richtigkeit (M2). Fertige eine korrigierte Version in deinem Heft an. **Vergleiche** dein Ergebnis mit der Lösung auf der Seite 63.*
   *b) **Arbeite weiter**: **Überprüfe** kritisch Möglichkeiten und Grenzen dieser Darstellung. Welcher Aspekt der ägyptischen Gesellschaft wird nicht abgebildet?*
3. ***Erläutere** die Funktion des Modells als Grabbeigabe (M1).*
4. ***Nimm** begründet **Stellung** zu der Frage: „Soll Nofretete zurück?" (M3)*

Leben im antiken Griechenland

Anders als die Ägypter lebten die Menschen im antiken Griechenland nicht in einem gemeinsamen Staat zusammen, sondern in kleinen Stadtstaaten, den Poleis. Sie besiedelten dabei nicht nur die Küsten des Mittelmeeres, sondern auch die des Schwarzen Meeres. Dennoch fühlten sich die Griechen zusammengehörig. Sie sprachen dieselbe Sprache und glaubten an dieselben Götter. Sänger wanderten von Stadt zu Stadt und trugen Geschichten von Göttern und Helden vor.

Wenn wir heute von der Antike sprechen, meinen wir den Zeitraum zwischen etwa 1200 v. Chr. und 500 n. Chr. In dieser Zeit entwickelten sich neben den frühen Hochkulturen rund ums Mittelmeer auch die griechische und die römische.

Obwohl die griechische Antike lange her ist, wird unsere Lebensweise von vielen Ideen beeinflusst, die in dieser Zeit entstanden sind: In der Polis Athen regierten keine Könige, sondern erstmals traf das Volk wichtige politische Entscheidungen. Darin kann trotz aller Unterschiede eine frühe Form unserer Demokratie gesehen werden.

Die Griechen haben aber nicht nur über Politik nachgedacht, sondern auch über Mathematik, Technik, Physik und Geografie. Sie haben das Theaterspielen erfunden. Und nicht zuletzt gäbe es ohne die Griechen auch das Schulfach Geschichte nicht. Sie waren es nämlich, die erstmals Geschichte aufschrieben und damit die Geschichtsschreibung (Historiografie) erfanden. Einigen der hier benutzten Begriffe begegnet ihr tagtäglich. Sie stammen aus dem Griechischen und erinnern an die Leistungen der Griechen.

Leitfragen zu den Kategorien

- Wann, wo und unter welchen Bedingungen entwickelte sich die griechische Kultur?
- Durch welche Merkmale zeichnet sich das Siedlungsgebiet der Griechen aus?

- Welche Herrschaftsformen gab es im antiken Griechenland und wie entwickelten sie sich?
- Unter welchen Umständen entstand in Athen die Demokratie und wodurch unterschied sie sich von unserer heutigen?

- Wie gestaltete sich das gesellschaftliche Zusammenleben der Griechen?
- Welche gesellschaftlichen Gruppen gab es und welche Rechte und Pflichten hatten sie?
- Wie gingen die Griechen mit gesellschaftlichen Unterschieden um?

- Worauf stützten sich Wirtschaft und Handel im antiken Griechenland?
- Welchen Einfluss hatte der Handel auf die Ausbreitung der griechischen Kultur?

- Woran glaubten die alten Griechen?
- Welche Bedeutung hatte die Religion für die Gemeinschaft der Griechen?
- Welche Ideen aus dem antiken Griechenland prägen das europäische Denken bis heute?

Blütezeit der griechischen Antike

1000 v. Chr. | 900 v. Chr. | 800 v. Chr. | 700 v. Chr. | 600 v. Chr. | 500 v. Chr. | 400 v. Chr. | 300 v. Chr.

Späte Pharaonenzeit in Ägypten

M 2 Griechenland um 750 v. Chr.

M 1 Orte und Landschaften Griechenlands um 750 v. Chr.

1. a) ***Beschreibe*** *möglichst genau das Siedlungsgebiet der Griechen (M1). Verwende dabei die geografischen Angaben auf der Karte.*
   b) ***Arbeite*** *mithilfe der Legende aus der Karte weitere Informationen über die Welt der Griechen* ***heraus****.* (H)
2. ***Vergleiche*** *die Landschaft Griechenlands mit der Ägyptens (S. 57, M2).*
3. ***Stelle Vermutungen an****, warum die Landschaft zur Gründung von Stadtstaaten durch die Griechen führte.*

Aus Dörfern werden Stadtstaaten

M 1 Typische griechische Polis
Illustration von Fernando Vergara Pina, 2013

M 2 Eine nützliche Erfindung
Münze aus Athen, um 500 v. Chr., und 1-Euro-Münze aus Griechenland, 2002
Fast jeder Stadtstaat hatte eigene Münzen. Münzen aus der Polis Athen erkannte man an der Eule und der Göttin Athene, der Schutzgöttin der Stadt.

Ein anderes Land – andere Lebensweisen

Das Land, in dem vor über 3000 Jahren die Kultur der griechischen **Antike** entstand, unterscheidet sich vom alten Ägypten:

- Griechenland ist vom Meer umgeben. In Buchten und auf den vielen Inseln lebten die Menschen von Landwirtschaft und Fischerei. Mit Schiffen können Waren und Ideen schnell ausgetauscht werden.
- Griechenland ist gebirgig. Im Bergland ist Landwirtschaft schwierig. Hohe Berge trennen die Lebensräume der Menschen voneinander.

Stadtstaaten und Hausgemeinschaft

Dies führte dazu, dass in Griechenland kein großer, zusammenhängender Staat, sondern viele kleine **Stadtstaaten** entstanden, die **Poleis**. Eine Polis bestand aus einem Hauptort und dem zu ihm gehörenden Umland. Der Hauptort entstand um eine Anhöhe, um die herum sich Bauern, Fischer, Handwerker und Händler ansiedelten. Auf der Anhöhe gab es eine Burg, in die sie sich bei Gefahr zurückzogen. Auf einem Platz im Zentrum des Hauptortes, der Agora, trafen sich die Bürger, um über wichtige Angelegenheiten zu diskutieren und zu entscheiden. Für ihre Gottheiten errichteten sie Tempel und Heiligtümer. Die meisten Poleis hatten allerdings weniger als 5000 Einwohnerinnen und Einwohner; sie glichen großen Dörfern.

Jede Polis strebte nach der Freiheit, alle wichtigen Entscheidungen ohne Einfluss oder gar Druck einer anderen Polis oder eines fremden Herrschers fällen zu können (Autonomie). Als Voraussetzung dafür galt, dass die Polis in der Lage war, ihre Bürgerinnen und Bürger mit allem zum Leben Notwendigen selbst versorgen zu können (Autarkie).

Das Leben der Menschen fand im oikos statt, der Hausgemeinschaft. Zu ihr gehörten die Verwandten einer Familie und die Bauern, die für sie arbeiteten, sowie alle Äcker, Gebäude, Sklaven, Geräte und Vieh. Im Oikos erledigten die Menschen ihre tägliche Arbeit, um für alles zu sorgen, was sie zum Leben benötigten.

1. *Überprüfe, welche Aussagen der Darstellung über Land und Lebensweise der Griechen du auch der Karte auf S. 81 entnehmen kannst.*
2. *Überlege, wofür die Stadtstaaten (Poleis) und ihre Bürger das Geld ausgaben (M1, M2).* H

Geschichtskarten lesen

M 1 Die Polis Athen im 5. Jh. v. Chr.

Die Überschrift nennt das Thema und gibt Auskunft, ob nur ein bestimmter Zeitpunkt oder auch eine Entwicklung angezeigt wird.

Die Legende gibt an, welche Informationen die Karte enthält und was die Symbole, Beschriftungen und Farben bedeuten.

Die farbige Höhenskala zeigt, wo das Land flach oder wo es gebirgig ist, und vermittelt so einen Eindruck von der Beschaffenheit des Geländes.

Die Maßstabsleiste hilft dir, Entfernungen zu ermitteln.

Was können Geschichtskarten?

Geschichtskarten zeigen, welche Gegebenheiten ein bestimmtes Gebiet auszeichneten oder welche Ereignisse und Entwicklungen dort stattfanden. Sie enthalten immer nur ausgewählte Informationen und können nie die ganze Wirklichkeit darstellen.

Geschichtskarten geben Antworten

Geschichtskarten antworten auf Fragen wie: Wo siedelten die Menschen? Wie war ihr Lebensraum beschaffen? Was produzierten sie und wovon lebten sie? Mithilfe einer Geschichtskarte kannst du auch überprüfen, ob die Polis Athen autark war.

In drei Schritten zum Ziel

1. Beschreibe,
- welches Thema die Karte hat,
- welches Gebiet sie darstellt (Welt, Kontinent, Land, Region …; achte auch auf den Maßstab),
- welche Symbole, Farben und Abkürzungen sie enthält (beachte die Legende) und
- welche Landschaften (Ebenen, Gebirge, Küstenverläufe, Wüsten …) sie zeigt.

2. Erkläre und ordne ein,
- wie bestimmte Symbole verteilt sind,
- in welchen geschichtlichen Zusammenhang die Karte gehört und
- was du über diesen Zeitraum schon weißt.

3. Bewerte und fasse zusammen,
- welche Informationen der Karte zu deinen Fragen oder zu deinen Aufgaben passen und
- ob dir vielleicht noch Informationen fehlen.

1. ***Untersuche** die Karte M1 mithilfe der Arbeitsschritte oben und der Formulierungshilfen auf S. 370.* (H)
2. ***Beurteile** nun mithilfe der Karte oben, ob die Polis Athen autark war.*

Die Griechen besiedeln den Mittelmeerraum

M 1 **Griechischer Tempel auf Sizilien**
Foto von 2018
Bereits seit dem 8. Jh. gründeten griechische Siedler ihre Städte auch in Italien. Dort stehen die am besten erhaltenen griechischen Tempel, wie der abgebildete Concordia-Tempel von Agrigent auf Sizilien. Er wurde um 440 v. Chr. erbaut.

Auf der Suche nach einer neuen Heimat

Seit dem 8. Jh. v. Chr. verließen zahlreiche Griechen auf Schiffen ihre Heimat und siedelten an den Küsten des Mittelmeeres und des Schwarzen Meeres. Dabei nahmen die Auswandernden Land in Besitz und gründeten griechische Tochterstädte (**Kolonien**). Deshalb wird diese Entwicklung **Kolonisation** (lat. colere: Land bebauen) genannt.

Ursachen und Folgen

Die Gründe für diese Auswanderung (Migration) waren: Naturkatastrophen, Bevölkerungswachstum, Kriege, Streit zwischen führenden Familien sowie Armut und Hunger. Auch die Aussicht auf Landbesitz, Handelsgewinne und Abenteuer lockte manche Griechen in die Fremde.

Die Kolonisation trug zum inneren Frieden in vielen Poleis bei, denn die Unzufriedenen sahen eine Chance, ihre Lage durch die Auswanderung zu verbessern. Sie förderte Seefahrt, Schiffbau und Handel: Bald bekam man rund ums Mittelmeer griechische Töpferwaren im Tausch gegen Getreide und andere nützliche Rohstoffe.

Wie gründet man eine Kolonie?

Die Gründung neuer Siedlungen lief meist so ab:

- Die Gründer versammeln Menschen aus ihrer Polis oder anderen Stadtstaaten, die zu einer Auswanderung bereit sind.
- Das Siedlungsgebiet wird ausgewählt. Meist leben in der Gegend schon einige Griechen.
- Ein Orakel wird befragt: Sind die Gottheiten dem Plan wohlgesonnen? Wichtig ist, dass der Hauptgott der Mutterstadt die Neugründung beschützt.
- Die Siedler behalten ihre Lebensart. Als Zeichen tragen sie das ewige Feuer aus dem Tempel der Hestia ihrer Heimatstadt mit in die Fremde.
- Die Schiffe haben auch die Grundausstattung für die Siedlungen an Bord: Samen, Vieh, Geräte und Waffen.
- Die neue Stadt ist unabhängig von ihrer Mutterstadt. Die Siedelnden können ihr Leben ohne fremde Einflussnahme frei gestalten.
- Mit der Mutterstadt wird aber Kontakt gehalten: Siedlerinnen und Siedler reisen oft in die Gründungsstadt und betreiben Handel.

Durch die Gründung von Tochterstädten verbreiteten die Menschen aus Griechenland ihre Lebensart und Kultur in der gesamten Mittelmeerwelt.

M 2 **Befragung der Pythia in Delphi**
Malerei auf einer Schale, um 430 v. Chr.
Viele Poleis bemühten sich um einen Rat des Orakels von Delphi. Dort verehrten die Griechen den Gott Apollon. Er konnte das Dunkel der Zukunft durchdringen. Dabei half ihm die Priesterin Pythia. Die anwesenden Priester deuteten ihre Sprüche für die Ratsuchenden.

1. ***Stelle*** *Ursachen, Folgen und Ablauf der Kolonisation in einer Tabelle* ***zusammen*** *(VT, M1, M2). Siehe dazu auch die Karte auf S. 85.* (H)
2. *Noch heute verlassen viele Menschen ihre Heimat.* ***Vergleiche*** *die Ursachen damals und heute.* (H) (G)

M 3 Wo Griechen Städte gründeten

M 4 Warum auswandern?

Der Historiker Plutarch meint um 120 n. Chr.:

Damals gab es große Ungleichheit zwischen Arm und Reich. […] Alle Leute waren bei den Reichen verschuldet. Sie bearbeiteten deren Land und mussten den sechsten Teil der Ernte abliefern. Oder sie dienten als Sklaven. Oder sie wurden in die Fremde verkauft. Viele waren gezwungen, ihre eigenen Kinder zu verkaufen, denn es gab kein Gesetz dagegen! Andere gingen in fremde Länder, um der Grausamkeit der Geldverleiher zu entkommen.

Nach: Plutarch, Parallelbiographien: Solon. – Große Griechen und Römer (übers. v. Konrat Ziegler), Bd. 1, Düsseldorf ³2010, S. 224

M 5 Griechen ziehen nach Afrika

Die Bürger von Thera gründen um 630 v. Chr. eine Kolonie in Nordafrika. Der Grieche Herodot schreibt zwei Jahrhunderte danach:

Grinnos war König auf der Insel Thera. Er reiste nach Delphi und brachte eine großes Opfer. Als er das Orakel fragte, was er tun sollte, bekam er die Anweisung, eine Stadt in Libyen zu gründen. Die Bürger aber taten nichts, denn niemand wusste, wo Libyen liegt. […] Auf Kreta trafen sie einen Mann namens Korobios. Er berichtete, dass er einmal auf hoher See vom Kurs abgetrieben wurde. Dadurch sei er zur Insel Platea vor der Küste Libyens gekommen. Mit Korobios erkundeten einige Männer nun Libyen und die Insel. Danach fuhren die Leute aus Thera zurück in ihre Polis. Sie erzählten, dass sie eine Insel in Libyen besetzt hätten. Die Bürger beschlossen, auszulosen, wer dorthin geschickt werden soll. So sandten sie zwei Schiffe mit je fünfzig Ruderern nach Platea.

Josef Feix (Hrsg.), Herodot. Historien griechisch-deutsch, Bd. 1, München ²1977, S. 613 f. (vereinfacht nacherzählt von M. Sanke)

Internettipp:
Eine animierte Karte zur griechischen Kolonisation kannst du unter Mediencode 31101-23 ansehen.

Hörtipp:
Eine Hörspielszene zur Auswanderung gibt es unter dem Mediencode 31101-24.

1. ***Untersuche*** *die Karte M3 mithilfe der Arbeitsschritte auf S. 83.*
2. ***Arbeite heraus****, in welchen modernen Staaten wir Überreste aus der Zeit der griechischen Auswanderung finden können (M3). Nimm dazu die Karte hinten im Buch zu Hilfe.* Ⓖ
3. *Ein Grieche soll um 400 v. Chr. gesagt haben, seine Landsleute säßen „wie Ameisen oder Frösche um einen Teich". **Begründe** mithilfe der Karte M3, was er damit meinte und ob er Recht hatte.*

Das Meer verbindet Menschen

M 1 Nachbau eines griechischen Handelsschiffes aus dem 4. Jh. v. Chr.
Foto von 2016
Taucher entdecken immer wieder Wracks gesunkener Schiffe vor den Küsten Griechenlands. Diese werden von Archäologen untersucht, so dass genaue Nachbauten wie diese angefertigt werden können.

Schiffe – die wichtigsten Verkehrsmittel

Jahr für Jahr strömen Touristinnen und Touristen nach Griechenland. Sie wollen die Kunst und Kultur der alten Griechen kennenlernen oder Sonne, Meer und Ruhe auf einer der vielen Inseln in der Ägäis genießen. Bis Athen kommen die Reisenden meist mit dem Flugzeug, aber auf die Inseln gelangen sie oft nur mit Fähren.

Griechenlands lange Küsten und die vielen Inseln machten das Schiff schon im Altertum zu einem unentbehrlichen Verkehrsmittel für Menschen und Waren. Es ermöglichte den Griechen kulturelle und geschäftliche Kontakte zu ihren Nachbarn und die Gründung von Tochterstädten.

Ideen kommen über das Meer

Ein- und Auswanderung sowie Handel förderten die Begegnung der Hellenen mit anderen Kulturen. Schon in der Mitte des 2. Jahrtausends v. Chr. wurden Metalle und Luxusgegenstände aus Ägypten, Syrien und Kleinasien nach Griechenland eingeführt. Durch den Handel lernten die Griechen die Schrift der Phönizier kennen, die an den südlichen und westlichen Küsten des Mittelmeeres lebten. Aus ihr entwickelten sie im 9. Jh. v. Chr. das Alphabet. Auch die Münzen, die die Griechen seit dem 7. Jh. v. Chr. prägten, haben sie nicht selbst erfunden: Sie übernahmen sie vom Volk der Lyder in Kleinasien. Die Geldwirtschaft löste den Tauschhandel ab.

Fremde Kulturen – neue Einflüsse

Von Kretern, Phöniziern, Babyloniern, Persern und Ägyptern erhielten die Griechen wichtige Anregungen für ihre Religion, Kunst und Wissenschaft. Dieser Kulturaustausch hinderte die Griechen nicht daran, alle Menschen mit einer für sie fremden Sprache, Religion und Lebensweise „Barbaren" zu nennen. Sie verwendeten diesen Begriff, weil die Sprache der Fremden in ihren Ohren so unverständlich wie „barbar" klang. Anfangs war das nicht böse gemeint, später aber sahen sie die Kultur der „Barbaren" als minderwertig an. So machten sie im Krieg besiegte Fremde ganz selbstverständlich zu Sklavinnen und Sklaven.

Warenaustausch und Personenverkehr

Mit Schiffen kamen begehrte Waren nach Griechenland. Im Gegenzug wurden wertvolle Produkte ausgeführt. Griechische Ärzte und Baumeister, die in Persien oder Ägypten arbeiten wollten, bestiegen in Athens Hafen ein Schiff. Andererseits lockten berühmte Philosophen und Redelehrer viele Interessierte aus den Ländern am Mittelmeer zu Studien nach Athen. Außer zu den großen Spielen und Heiligtümern reisten die Griechen nur in dringenden geschäftlichen Angelegenheiten. Dabei waren Schiffsreisen schneller und trotz der Piraten meist sicherer als der Landweg. Die Griechen benötigten viele Schiffe, deren Bau sie von den Phöniziern gelernt hatten. Auf den Werften war der Bedarf an Bauholz so enorm, dass ganze Wälder verschwanden.

M 2 Antike griechische Amphore
Amphoren (dt. Doppelträger) waren die wichtigsten Transport- und Aufbewahrungsgefäße der Antike. In ihnen wurden Öl, Wein, Oliven, Datteln, Getreide, Honig und vieles mehr verschifft.
Amphoren fassten zwischen 5 und 50 Liter. Einfache Amphoren waren „Einwegbehälter": am Bestimmungsort wurden sie oft weggeworfen.

Phönizisches Alphabet ca. 1000 v. Chr.	Bedeutung	Griechisches Alphabet ca. 800 v. Chr.	Bedeutung	Lateinisches Alphabet ca. 500 v. Chr.
𐤀	'	Α	A(lpha)	A
𐤁	b	Β	B(eta)	B
𐤃	d	Δ	D(elta)	D
𐤄	h	Ε	E(psilon)	E
𐤊	k	Κ	K(appa)	K
𐤌	m	Μ	M(y)	M
𐤍	n	Ν	N(y)	N
𐤓	r	Ρ	R(ho)	R
𐤔	š	Σ	S(igma)	S
𐤅	u	Υ	Y(psilon)	Y
–	–	Ω	O(mega)	O

M 3 Die Entwicklung des Alphabets

M 4 Handeln und herrschen

In einer Schrift aus dem 5. Jh. v. Chr. wird festgestellt:

Die Athener allein sind imstande, über die Schätze Griechenlands und die der Barbarenländer zu verfügen. Denn, wenn irgendeine Stadt Überschuss an Schiffsholz, Eisen, Kupfer oder Flachs hat, wohin soll sie es exportieren ohne die Einwilligung Athens, des meerbeherrschenden Volkes? [...]

Dem meerbeherrschenden Staat gewährt der Verkehr auch die Mittel zu allerlei Genüssen. Was es in Sizilien, Italien, auf Zypern, in Ägypten, in Libyen, in Pontusländern[1] oder in der Peloponnes oder sonst wo an Delikatessen gibt, das ist alles in Athen vereinigt.

Zit. nach: Michel Austin und Pierre Vidal-Naquet, Gesellschaft und Wirtschaft im alten Griechenland, München 1984, S. 259 (Übersetzer: Andreas Wittenburg)

[1] Pontusländer: Länder am Schwarzen Meer

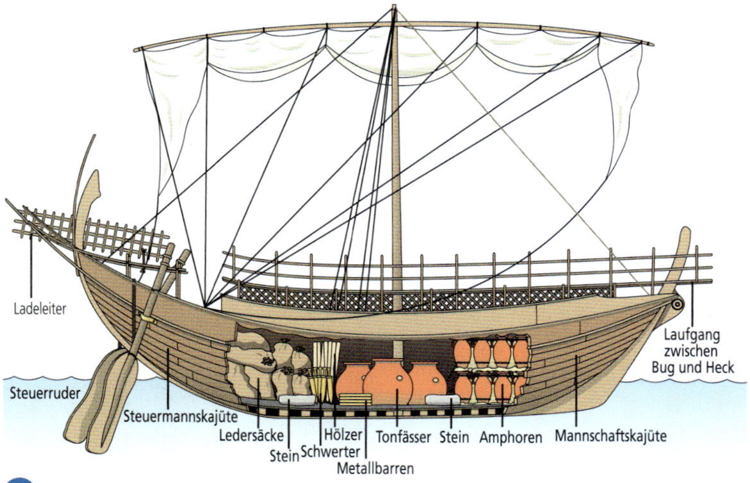

M 5 Griechisches Frachtschiff
Rekonstruktionszeichnung
Die Handelsschiffe waren selten über 20 m lang. Sie konnten zwischen 70 und 150 Tonnen laden.

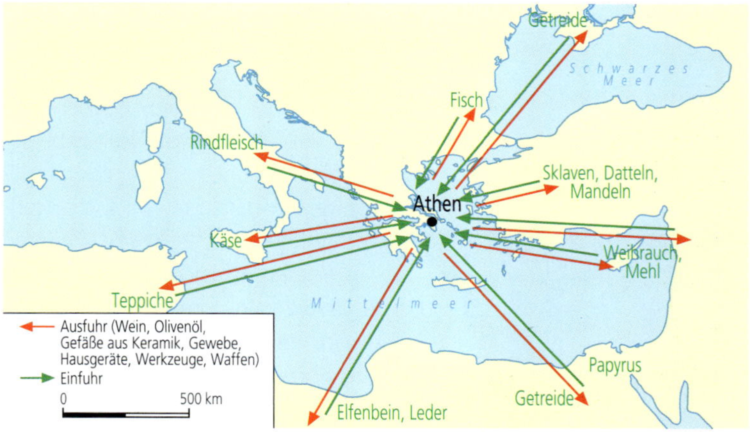

M 6 Athen – Zentrum des Handels

1. ***Liste auf**, welche Waren nach Athen eingeführt wurden und woher sie kamen (M4 und M6).*
2. *Ein Schiff schaffte normalerweise 5 bis 6 Kilometer pro Stunde. **Stelle fest**, wie lange damals eine Fahrt von Athen nach Kyrene dauerte. Nutze dazu die Karte M3 auf S. 85.*
3. ***Erkläre**, woher wir einige unserer Kenntnisse über die Schifffahrt und den Handel der Griechen haben.* (H)

Luxusgegenstände aus dem Vorderen Orient werden nach Griechenland eingeführt
Entwicklung des griechischen Alphabets
Münzen und Geldwirtschaft in Griechenland

2000 v. Chr. | 1500 v. Chr. | 1000 v. Chr. | 500 v. Chr. | Chr. Geb.

Griechen gegen Perser

M 1 **Perserkönige**
Relief aus Persepolis (Ausschnitt), Hauptstadt des Perserreiches, 500 v. Chr.
Auf dem Thron sitzt König Dareios I. (521 - 485 v. Chr.). Vor Dareios wird Weihrauch abgebrannt. Ein Bote berichtet dem König.

Gefahr aus Asien?

Um 540 v. Chr hatten mächtige Könige ein persisches Großreich gegründet. Ihre Bogenschützen eroberten ein Gebiet nach dem anderen. Die Herrschaft reichte von Kleinasien bis Indien.

Die persischen Großkönige sahen sich als „Herrscher der Welt". Die Bewohnerinnen und Bewohner der eroberten Länder mussten Abgaben zahlen, durften aber ihre Religion und Kultur behalten. Um 500 v. Chr. erhoben sich einige Städte Kleinasiens gegen die persische Herrschaft. Sie stürzten die Stadtherren und riefen Athen zu Hilfe. 498 setzten sie die persische Stadt Sardes in Brand. Um den Aufstand niederzuschlagen, zerstörten die Perser Milet.

M 2 **Ein Zweikampf**
Weingefäß, Mitte 5. Jh.
Die Szene zeigt rechts einen persischen Krieger. Er hat alle Pfeile verschossen. Nun bleibt ihm nur noch sein Schwert gegen Schild und Lanze des Kriegers aus Sparta.

Gemeinsam gegen die Perser

Um 490 v. Chr. erschienen in den Städten Griechenlands Boten des Perserkönigs Dareios I. Sie forderten ihre Unterwerfung. Als diese sich weigerten, setzte Dareios I. seine Armee in Marsch.

Im Jahr 490 v. Chr. siegten die Athener bei Marathon. Zehn Jahre später kehrten die Perser unter ihrem König Xerxes zurück, um ihre Niederlage zu rächen. Inzwischen hatten die Athener eine starke Kriegsflotte aufgebaut und ein Bündnis mit Sparta und anderen Stadtstaaten geschlossen. In der Seeschlacht bei Salamis unterlagen 480 v. Chr. die Perser. Ein Jahr später wurden sie bei Plataiai auch von einem griechischen Heer geschlagen.

Ein Volk von Barbaren?

Die Griechen wussten auch nach den Kriegen nicht viel über die Perser. Doch die Erinnerung an die Bedrohung, an den Krieg und den eigenen Sieg blieb lebendig. So kam es, dass die Griechen die Perser schon bald als „Barbaren" ansahen und auf ihre Lebensweise herabblickten. Ihre Religionen wurden als Aberglaube belächelt. Die Macht der Großkönige deuteten sie als Gewaltherrschaft, der sich die Untertanen mit verachtungswürdiger „Unterwürfigkeit" beugten.

Vom Bündnis zum Krieg

Um künftig gerüstet zu sein, gründete Athen 477 v. Chr. den Attischen Seebund. Die meisten Städte der Ägäis traten ihm bei. Athen nahm darin großen Einfluss auf die Politik seiner Partner. Sein schneller Aufstieg zur Seemacht und seine Macht in Hellas machten Sparta Sorgen. Es fürchtete um seine Unabhängigkeit. 431 v. Chr. brach der Krieg zwischen Athen und Sparta und ihren Bündnispartnern aus. Dieser Peloponnesische Krieg dauerte 27 Jahre.

Schwere Zeiten für Athen

Die Athener hatten schon 460 v. Chr. begonnen, Athen und den Hafen Piräus zu befestigen und mit „Langen Mauern" zu verbinden. Als die Spartaner anrückten, holten die Athener die Bewohner Attikas in die Stadt, führten die lebenswichtigen Güter mit Schiffen ein und griffen ihre Feinde von See aus an. Doch etwa ein Drittel der Menschen hinter den Schutzmauern starb an einer Seuche.

Trotzdem hielten die Athener stand. Die Entscheidung fiel erst, als der persische Großkönig eingriff – mit Geld. Er half Sparta beim Bau einer Flotte. Dafür ließ Sparta es zu, dass die Perser die griechischen Städte Kleinasiens eroberten. Schließlich ergaben sich die Athener. Der Attische Seebund wurde aufgelöst.

Athen wurde nie wieder so mächtig wie vor dem Krieg. Sparta aber blieb zu schwach, um auf Dauer ganz Griechenland zu beherrschen.

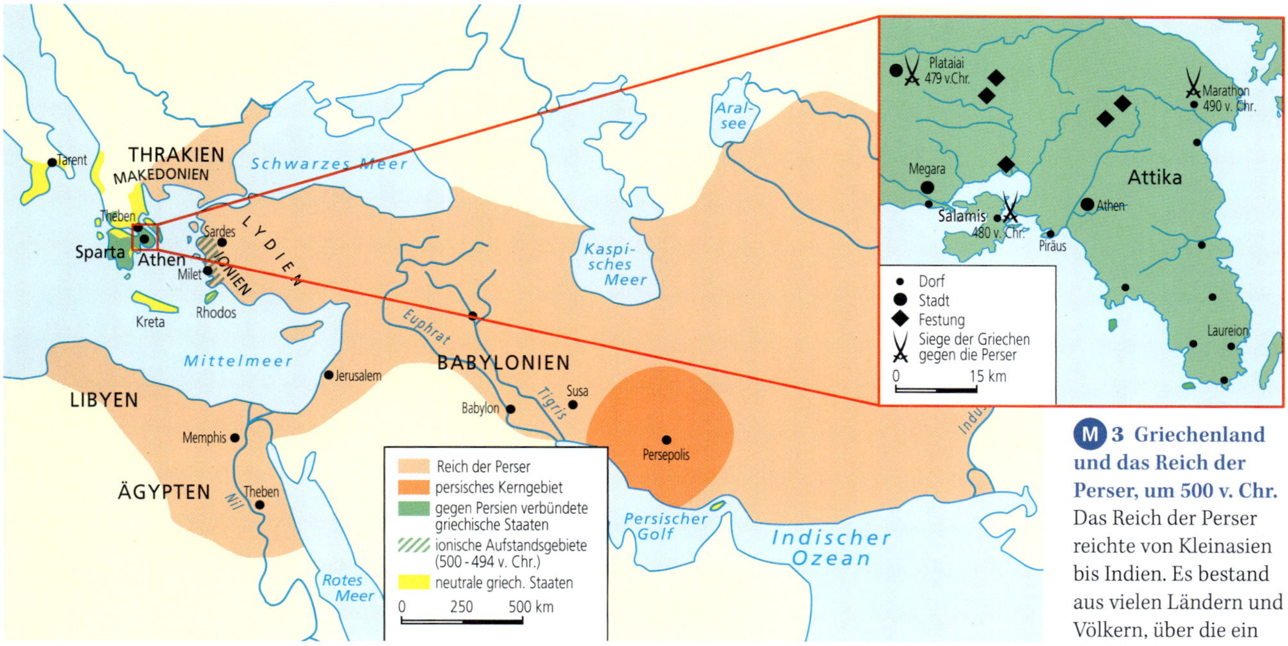

M 3 Griechenland und das Reich der Perser, um 500 v. Chr.
Das Reich der Perser reichte von Kleinasien bis Indien. Es bestand aus vielen Ländern und Völkern, über die ein Großkönig herrschte, der wie ein Gott verehrt wurde.

M 4 Wofür die Hellenen kämpfen

Über die Perserkriege informiert uns der griechische Historiker Herodot (490/480 - ca. 424 v. Chr.). Er berichtet von folgendem Gespräch zwischen dem persischen Heerführer Hydarnes und zwei Boten aus Sparta:

Ihr seht ja nicht nur an meiner Stellung, wie mein persischer Herr tüchtige Männer fördert. Jeder von euch könnte ein mächtiger Herr werden, wenn ihr euch meinem Großkönig ergebt.

Die Antwort der Spartaner:

Dein Rat, Hydarnes, ist bei uns nicht angebracht. Aus eigener Erfahrung kennst du nur das eine, nicht aber das andere. Du kennst nur die Unterordnung, die Freiheit aber hast du noch nicht schätzen gelernt. Sonst würdest du uns raten, nicht nur mit dem Speer, sondern auch mit der Axt für sie zu kämpfen.

Herodot, Historien VII, 130; zit. nach: Das Geschichtswerk des Herodot von Halikarnassos, übersetzt von Theodor Braun, Frankfurt am Main 2001 (stark vereinfacht)

M 5 Athener Reaktion

Melos verhält sich im Peloponnesischen Krieg neutral und bleibt dem Seebund fern. Athen will es 416 v. Chr. zum Beitritt zwingen. Die Melier:

Unser Vorschlag ist, dass wir eure Freunde sind, keiner Partei feind, dass ihr unser Land verlasst und wir einen Vertrag schließen, wie er zweckmäßig scheinen mag uns beiden.

Darauf lassen sich die Athener nicht ein. Sie belagern die Stadt viele Monate. Thukydides schreibt:

Im folgenden Winter [...] ergab sich Melos auf Gnade oder Ungnade. Die Athener richteten alle erwachsenen Melier hin, soweit sie in ihre Hand fielen. Die Frauen und Kinder verkauften sie in die Sklaverei. Den Ort gründeten sie selber neu, indem sie später 500 attische Bürger dort ansiedelten.

Thukydides, Geschichte des Peloponnesischen Krieges V.112 und 116, übers. v. Georg Peter Landmann, München / Zürich 1993, Bd. 2, S. 807 - 811 (gekürzt und vereinfacht)

1. *Schaue dir die Abbildung M1 und die Abbildungen M4 auf S. 61 und M4 auf S. 77 an.* ***Stelle Vermutungen an****: Was besagt die Ähnlichkeit über die Königsherrschaft der Perser?*
2. *a)* ***Stelle*** *dem Reich der Perser das Gebiet der Griechen* ***gegenüber*** *(M3). b)* ***Beurteile*** *die Siegeschancen der Griechen.*
3. *a)* ***Untersuche****, ob Herodot Zeitzeuge des Gesprächs war (M4, VT).*
   b) ***Erläutere****, welchen Eindruck Herodot von den Persern vermitteln will, welchen von den Griechen (M4).*
   c) ***Stelle Vermutungen an****, welche Motive Herodot für seine Darstellung haben könnte (M4).*
4. ***Bewerte*** *die Handlungen der Athener gegen Melos (M5).* (H)

Feste für die Götter

M 1 Die zwölf griechischen Hauptgötter
Im Stil einer griechischen Vasenmalerei nachgestaltet

① **Zeus**
Göttervater, Himmels- und Donnergott
② **Hera**
Königin der Götter, Göttin der Ehe und Geburt
③ **Hestia**
Göttin der Familie und des Herdfeuers
④ **Ares**
Gott des Krieges
⑤ **Apollon**
Gott des Lichts, der Musik und der Dichtkunst
⑥ **Athene**
Göttin der Weisheit, der Kunst und des Krieges
⑦ **Poseidon**
Gott des Meeres und der Erdbeben
⑧ **Hermes**
Bote der Götter, Beschützer der Reisenden
⑨ **Aphrodite**
Göttin der Liebe und der Schönheit
⑩ **Artemis**
Göttin der Jagd
⑪ **Hephaistos**
Gott der Handwerker und des Schmiedefeuers
⑫ **Demeter**
Göttin des Ackerbaus

Internettipp:
Zu den Göttern und Olympia siehe Mediencode 31021-25.

Götter – für alles verantwortlich

Was war am Anfang der Welt? Weshalb blitzt und donnert es? Warum gibt es Glück und Schmerz? Solche Fragen stellten sich die Griechen. Ihre Antwort: Für alles sind Götter verantwortlich.

Die Griechen stellten sich ihre Gottheiten, anders als die Ägypter, als Menschen vor. Götter hatten menschliche Schwächen, waren launisch oder eitel. Aber sie hatten übermenschliche Kräfte und waren unsterblich.

Alle Griechen verehrten gemeinsame Götter, jede Polis hatte jedoch eine Stadtgottheit. In Athen war dies die Göttin Athene.

Alles, was Griechen unternahmen, begannen sie mit Gebet und Opfer. Sie dankten den Göttern für ihre Hilfe oder versuchten, sie günstig zu stimmen. Die Menschen opferten ihnen Früchte des Feldes oder Tiere und bauten ihnen prächtige Tempel.

Um den Willen der Gottheiten zu erkunden, zogen die Griechen zu Orakeln[1] und befragten Priesterinnen und Priester. Diese gaben ihnen Auskunft in rätselhafter Form.

Sagenhafte Helden

Unter den Göttern standen die Heroen. Diese Helden hatten göttliche und menschliche Vorfahren. Sie besaßen übermenschliche Kräfte. Die Griechen erzählten sich viele Geschichten von Göttern und Heroen. Eine solche Sage nennen wir Mythos (dt.: Erzählung). Die berühmtesten stammen aus dem 8. Jh. v. Chr. von dem Sänger **Homer** aus Kleinasien: die „Ilias" über den Trojanischen Krieg und die „Odyssee" über die Irrfahrten des Helden Odysseus.

Olympia: Kult oder Spiele?

Regelmäßig veranstalteten die Griechen feierliche Umzüge, Tänze und Wettkämpfe. Diese Feiern boten den Stadtstaaten und ihren Bürgerinnen und Bürgern Gelegenheit, Macht und Wohlstand zu zeigen. So stärkten sie ihr Zusammengehörigkeitsgefühl und den Stolz auf ihre Stadt.

In Olympia befanden sich Heiligtümer für den Gott Zeus und seine Frau Hera. Ab 776 v. Chr. sollen alle vier Jahre Sportwettkämpfe veranstaltet worden sein, an denen bald die meisten griechischen Stadtstaaten teilnahmen. Im Laufe ihrer tausendjährigen Geschichte änderten sich die Feiern. Aus einem Festtag wurden fünf. Immer mehr Sportarten kamen hinzu.

Zu den **Olympischen Spielen** sollten die Waffen ruhen. Zwar wurde dies nicht immer eingehalten, der „olympische Friede" schützte aber die an- und abreisenden Teilnehmer vor Überfällen.

Bei den Spielen in Olympia durften nur griechische Männer mit Bürgerrecht einer Polis mitmachen. Für die Frauen gab es eigene Wettkämpfe.

Traum vom Olympiasieg

Wer in Olympia gewann, den erwartete in seiner Heimat eine hohe Belohnung. Sieger aus Athen erhielten lebenslang im Rathaus kostenlos Essen. Olympiasieger waren so berühmt, dass Standbilder von ihnen aufgestellt wurden.

1. ***Vergleiche** die griechischen Götter (M1, VT) mit den Göttern des alten Ägypten (S. 70).*

[1] Vgl. dazu auch S. 84.

M2 Olympische Schattenseiten

Ein Journalist schildert den Ablauf der Spiele:

30 Tage vor den Spielen trafen die Sportler ein, um gemeinsam zu trainieren. Vor Publikum. Das war Vorschrift. In dieser Zeit machten sich die Kampfrichter ein Bild von den Bewerbern, stellten fest, wer olympiatauglich war und wer nicht. Weil sich nur wenige 30 Tage Verdienstausfall leisten konnten, hielt sich die Zahl der Teilnehmer in Grenzen, erst recht die Zahl der untauglichen. Wer nach Olympia kam, war meist ein Spitzenathlet. [...]

Es kam vor, dass Städte Siegeskandidaten bei der Konkurrenz abwarben. Ein Top-Athlet namens Astylos siegte zuerst für Kroton. Vier Jahre später trat er für das offenbar reichere Syrakus an – und gewann. In Kroton beschlagnahmten sie daraufhin sein Haus und zerstörten seine Statuen. Dass Gegner bestochen waren, kam ebenfalls vor: Der Boxer Eupolos flog auf, nachdem er drei Widersacher fürs Verlieren bezahlt hatte.

Harald Martenstein, Im Namen des Zeus. GEO Epoche 13, 2004, S. 106

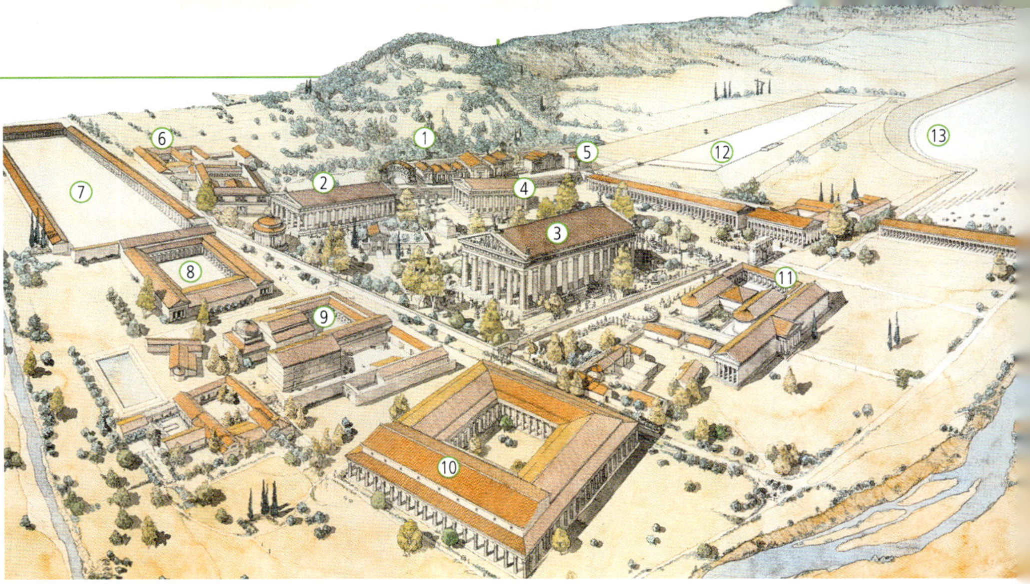

M4 Olympia

Die Zeichnung von Jean-Claude Golvin (2003) zeigt das Heiligtum im 4. Jh. v. Chr.

(1) Heiliger Hain
(2) Tempel der Hera
(3) Tempel des Zeus
(4) Tempel der Kybele, der Mutter aller Götter
(5) „Schatzhäuser", griechische Städte stellten hier kostbare Geschenke an die Götter aus
(6) Prytaneion, Tagungsort der Verwalter, Ort der Festmähler für die Wettkampfsieger
(7) Gymnasion, Übungsplatz der Läufer
(8) Palästra, Übungsplatz der Ringer, Boxer und Weitspringer
(9) Sitz der Priester
(10) Gasthof für vornehme Gäste
(11) Buleuterion mit Zeus-Altar, hier leisteten die Athleten den olympischen Eid
(12) Stadion mit Platz für 45 000 Zuschauer
(13) Hippodrom für Pferde- und Wagenrennen

M3 Die Bedeutung der Spiele

Der Redner und Schriftsteller Isokrates aus Athen verfasst für die Olympischen Spiele von 380 v. Chr. eine „Festschrift". Darin schreibt er:

Mit Recht lobt man diejenigen, welche die Festversammlungen eingeführt haben, denn sie überlieferten die Sitte, dass wir uns nach Verkündung des Gottesfriedens und nach Beilegung der schwebenden Feindschaften an einem Ort zusammenfinden, um den Göttern gemeinschaftlich Gebete und Opfer darzubringen. Dabei erinnern wir uns der bestehenden Verwandtschaft, verbessern für die Zukunft das gegenseitige Verständnis, erneuern alte und schließen neue Freundschaften.

Zit. nach: Isokrates, Panegyrikos 43 f. – Sämtliche Werke, übers. v. Christine Ley-Hutton, Bd. 1, Stuttgart 1993, S. 44-82, hier S. 51 f.

1. ***Stelle fest***, *welche Anlagen in Olympia dem Götterkult, welche dem Sport und welche dem Betrieb des Heiligtums dienten (M4).*
2. *a)* ***Begründe*** *das Abwerben von Athleten und die Bestechung von Schiedsrichtern (M2).*
   b) ***Arbeite weiter: Informiere*** *dich im Internet, was heute gegen einen solchen Missbrauch getan wird.* (G)
3. *a)* ***Gib*** *den Text von Isokrates in heutiger Sprache wieder (M3).* (H)
   b) ***Arbeite heraus***, *welche Bedeutung die Olympischen Spiele 380 v. Chr. aus Sicht des Atheners Isokrates für die Griechen hatten.*
   c) ***Diskutiert***, *ob seine Meinung zur Aufgabe von Sportveranstaltungen auch heute noch gilt.* (G)
4. *Die Olympischen Spiele stärkten die Gemeinschaft der Griechen.*
   a) ***Begründe*** *zunächst, warum. b)* ***Beurteile*** *dann, inwieweit der Grundgedanke der Völkerverständigung auch für die modernen Olympischen Spiele gilt.* (H) (G)
5. ***Wähle aus: Präsentiere*** *das Thema „Olympische Spiele"*
   A *mithilfe digitaler Medien oder* ***B*** *mithilfe eines Plakates.*

776 v. Chr.: angeblich erste Olympische Spiele
Alle vier Jahre finden in Olympia Sportwettkämpfe statt
393 v. Chr.: Die Olympischen Spiele werden vom christlichen Kaiser verboten
1896: Wiederbegründung als „Olympische Spiele der Neuzeit", die ersten Wettkämpfe finden in Athen statt

800 v. Chr. | 400 v. Chr. | Chr. Geb. | 400 | 800 | 1200 | 1600 | 2000

Herrscht in Athen das Volk?

M 1 Perikles
Marmorbüste nach einem Original von 440 v. Chr.
Der Staatsmann Perikles lebte von etwa 490 v. Chr. bis 429 v. Chr. in Athen. Er stammte aus einer Adelsfamilie. Perikles hatte großen Einfluss auf die Politik. In Reden verteidigte und festigte er die Stellung der Volksversammlung. 15 Jahre wurde er immer wieder zum Befehlshaber der Truppen gewählt.

Von der Monarchie zur Aristokratie

Der Stadtstaat Athen umfasste die Halbinsel Attika. Hier herrschten zunächst Könige (Monarchie[1]). Sie wurden im 8. Jh. v. Chr. von Adligen (**Adel**) entmachtet.

Das waren Angehörige alter und reicher Familien, die von den Einkünften ihrer großen Landgüter lebten. Sie nannten sich selbst aristoi, was so viel wie „die Besten" bedeutet. Deshalb bezeichnet man die Form ihrer Herrschaft als **Aristokratie**.

Es kam vor, dass einer der Adligen die alleinige Herrschaft ohne die Zustimmung der anderen an sich riss. Das nannten die Griechen dann **Tyrannis**.

Streit um die Herrschaft

Die Bürger Athens empfanden die Herrschaft weniger Adliger zunehmend als ungerecht. Die Bauern litten unter der Last hoher Schulden bei den adligen Großgrundbesitzern. Wer seine Schulden nicht zurückzahlen konnte, verlor sein Land und seine Freiheit: Er geriet in die Schuldknechtschaft und musste für den Großgrundbesitzer arbeiten. Aber auch die Stadtbevölkerung, Handwerker und Kaufleute wollten die Bevormundung durch den Adel nicht mehr länger dulden, denn im Krieg mussten alle Athener die Polis verteidigen. Deshalb verlangten sie, an der Regierung beteiligt zu werden. Nach heftigen Aufständen bestellten die Athener im 6. Jh. v. Chr. einen Schlichter: den angesehenen, aber verarmten Adligen **Solon**. Er führte erste **Reformen** durch, strich die Schulden der Bauern und machte alle Bürger für das Wohl Athens verantwortlich. Dazu teilte er die Athener nach ihrem Einkommen in vier „Klassen" ein, die jeweils ganz bestimmte Rechte und Pflichten hatten. Gemeinsam durften alle männlichen Bürger in der Volksversammlung mitreden.

Nach Solons Reformen war Athen keine Aristokratie mehr, denn nicht mehr die Herkunft, sondern das Vermögen entschied über die Rechte der Bürger in der Polis. Seine Idee: Wer reich ist und nicht arbeiten muss, hat Zeit für die Politik, kann viel für den Staat leisten und hat damit Anspruch auf mehr Rechte.

M 2 Ostrakismos (Scherbengericht)
Abstimmungsscherbe mit dem falsch geschriebenen Namen Aristeides, um 480 v. Chr.
Die Athener Bürger ritzten den Namen eines Mannes auf eine Tonscherbe, wenn sie ihn für machtgierig hielten und seine Verbannung wollten. Kamen mehr als 6 000 Tonscherben mit seinem Namen zusammen, musste der Politiker Athen für zehn Jahre verlassen.

Auf dem Weg zur Demokratie

Durch den Ausbau seiner Flotte und den Sieg über die Perser stieg Athen zur Großmacht auf. Damit gewannen auch die Männer aus der Unterschicht – immerhin rund 80 Prozent aller Bürger – an Bedeutung. Sie wussten, dass ihr Einsatz als Ruderer der athenischen Flotte unentbehrlich geworden war.

Dieses Selbstvertrauen der Unterschichten nutzten die adligen Volksführer Ephialtes und **Perikles**, um 462 v. Chr. die Volksherrschaft durchzusetzen. Sie schlossen damit eine Entwicklung ab, die im 6. Jh. v. Chr. mit Solon begonnen hatte.

Damit war die Entwicklung von der Königsherrschaft (Monarchie) über die Adelsherrschaft (Aristokratie) zu einer Staatsform abgeschlossen, die wir **Demokratie** nennen. Ihr Ziel war nach Aussage griechischer Geschichtsschreiber die „Herrschaft des Volkes über sich selbst". Die Athener nannten ihre Staatsform übrigens Isonomia, d.h. frei übersetzt: gleiche Rechte für alle.

[1] Siehe dazu auch noch einmal S. 60.

Wie funktioniert die Volksherrschaft?

Von nun an teilten sich drei Einrichtungen die politische Macht:

- Der Rat der Fünfhundert übte die Regierungsgeschäfte aus. Hier wurden Anträge beraten, die in der Volksversammlung besprochen wurden. Die Mitglieder des Rates wurden aus Bürgern, die sich bewerben konnten, ausgelost. Sie trafen sich täglich und waren für ein Jahr im Amt.
- Streitfälle wurden von Volksgerichten entschieden. Um alle Bürger auch vor Gericht gleich zu behandeln, wurden jährlich 6 000 Athener als Laienrichter (Geschworene) ausgelost. Kläger und Beklagte durften ihre Standpunkte vor dem Gericht öffentlich vortragen. Am Ende entschied dann eine geheime Abstimmung der Geschworenen über Schuld oder Unschuld des Beklagten.
- In der Volksversammlung konnten die Bürger gemeinsam über Fragen des öffentlichen Lebens entscheiden: über Gesetze, Krieg und Frieden, Einnahmen und Ausgaben. Jeder Teilnehmer konnte sich zu Wort melden und für seine Anträge werben. Alle hatten das gleiche Stimmrecht. Was zählte, war allein die Mehrheit der abgegebenen Stimmen. An den Volksversammlungen konnten Männer ab 18 Jahren teilnehmen. Sie mussten aber aus Athener Familien stammen. Seit etwa 480 v. Chr. erhielten alle Teilnehmer der Volksversammlungen und Geschworenengerichte eine Entschädigung in Höhe eines Tageslohns.

Angst vor zu großer Macht

Die Athener wollten verhindern, dass ein Einzelner oder der Adel die Macht wieder an sich reißen konnte. Hierfür entwickelten sie Maßnahmen: So durfte etwa jeder Bürger nur zweimal im Leben Ratsherr sein. Die meisten Beamten wurden gelost und nicht gewählt. Zudem war ihre Amtszeit in der Regel auf ein Jahr befristet. Die Sitzungen des Rates fanden öffentlich statt, die Geschworenengerichte setzten sich aus ausgelosten Bürgern zusammen. Jährlich entschied ein „Scherbengericht" darüber, ob ein Politiker – aber eben nur einer – für zehn Jahre aus der Stadt verwiesen wurde.

M 3 Volksversammlung auf dem Pnyx-Hügel
Rekonstruktionszeichnung
Seit dem 5. Jh. v. Chr. trafen sich die Bürger der Polis Athen auf dem Hügel Pnyx, um über Entscheidungen zu diskutieren und abzustimmen. Zwischen 5 000 und 7 000 Athener kamen dort zusammen.

Herrscht die Mehrheit?

Allerdings hatten in Athen nur die männlichen Bürger die Möglichkeit, sich an der Politik zu beteiligen. Alle anderen blieben ausgeschlossen: Frauen und Kinder, fremde Bewohner der Stadt (Metöken) und Sklaven[1] durften nicht an der Volksversammlung teilnehmen. Aber auch viele Bürger kamen nicht zur Volksversammlung. Sie hatten keine Zeit für die Sitzungen. Sie mussten für ihren Lebensunterhalt hart arbeiten und konnten sich nicht leisten, Pflug oder Werkzeug wegzulegen, um zur Volksversammlung zu gehen. Seit ca. 400 v. Chr. half man ihnen ein wenig dadurch, dass jeder Teilnehmer an der Volksversammlung einen Geldbetrag ausgezahlt bekam. Dennoch hatten die reichen Bürger auch in der Demokratie die größte Macht. Sie hatten großes Ansehen, weil sie oft wichtige Gemeinschaftsaufgaben wie den Unterhalt eines Kriegsschiffes aus eigener Tasche bezahlten. Außerdem konnten sie die anderen durch ihre Bildung und Redekunst besser überzeugen.

[1] Zu den Sklavinnen und Sklaven ausführlicher auf S. 98 ff.

1. ***Gib*** *mit eigenen Worten die politische Entwicklung des Stadtstaates Athen bis zum 4. Jh.* ***wieder****.*
2. ***Erkläre****, wie das Scherbengericht funktionierte (VT, M2).*
3. *a)* ***Spielt ein Rollenspiel****, in dem die Athener Volksversammlung einen Politiker mithilfe des Scherbengerichts stürzen möchte (VT, M2).*
   b) ***Diskutiert*** *in der Klasse, ob ihr das Scherbengericht für sinnvoll und gerecht haltet.*
4. ***Überprüfe****, was die Größe des Platzes über die Beteiligung der Athener an der Volksversammlung aussagt (M3). Hinweis: Beachte auch M6 auf S. 94.*
5. ***Arbeite weiter****: Unser Wort „Politik" stammt vom griechischen Wort „polis".* ***Erläutere*** *diesen Zusammenhang.* (G)

Die Polis Athen ist völlig zerstritten
Solon führt neue Gesetze ein
Perserkriege
Perikles vollendet die attische Demokratie
Die demokratischen Einrichtungen in Athen bleiben bis etwa 320 v. Chr. erhalten

650 v. Chr. | 600 v. Chr. | 550 v. Chr. | 500 v. Chr. | 450 v. Chr. | 400 v. Chr. | 350 v. Chr.

M 4 Athen in der 2. Hälfte des 5. Jh. v. Chr.
Rekonstruktionszeichnung, um 1990
① Akropolis
② Pnyx, Ort der Volksversammlungen
③ Münzanstalt
④ Brunnenhaus
⑤ Säulengang
⑥ Gerichtshof
⑦ Sitz der Feldherren
⑧ Sitz des Rates der 500
⑨ Agora (Fest-, Versammlungs- und Marktplatz)
⑩ Heilige Straße

M 5 Für und gegen die Demokratie

In einem Schauspiel des Euripides von 424 v. Chr. sagt der Athener Theseus:

Niemanden hasst das Volk mehr als einen Alleinherrscher. Denn er sieht nicht die für alle geltenden Gesetze als höchstes Gut an, sondern er allein macht Gesetze, wie es ihm passt. Gleichheit gibt es nicht mehr. Wenn die Gesetze aber aufgeschrieben werden, gelten sie gleichermaßen für Arm und Reich. Der Arme kann sich genauso zu Wort melden wie der Reiche, wenn ihm Unrecht geschieht. Hat er Recht, siegt auch der kleine Mann über den großen. Der Leitspruch der Freiheit lautet so: Wer eine gute Idee hat, die dem Staat nützt, der trage sie in der Volksversammlung vor. Wer es wünscht, erntet Ruhm; wer nicht, kann auch schweigen. In welchem Staat gibt es also größere Gleichheit?

Euripides lässt einen Boten aus Theben sagen:

In der Stadt, aus der ich komme, herrscht ein Mann allein, nicht das einfache, ungebildete Volk. Es gibt niemanden, der das Volk durch Reden in seinem eigenen Interesse mal so, mal so beeinflusst. Wie kann überhaupt das Volk den Staat lenken, wenn es nicht mal gute Reden halten kann? Ein armer Bauer mag zwar auch denken können, doch wegen seiner vielen Arbeit kann er sich nicht um das Wohl des Volkes kümmern.

Zit. nach: Henning Ottmann, Geschichte des politischen Denkens. Die Griechen, Bd. 1/1: Von Homer bis Sokrates, Stuttgart/Weimar 2001, S. 203 f. (vereinfacht)

Internettipp:
Willst du mehr über die Demokratie in Athen erfahren? Dann schau dir die animierte Karte unter dem Mediencode 31101-26 an.

1. ***Beschreibe*** *die Lage der Orte, die für politische Entscheidungen wichtig waren (M4).*
2. ***Erkläre****, was Theseus für das Wichtigste im Staat hält (M5).*
3. *a)* ***Fasse zusammen****, was der Bote aus Theben bemängelt (M5). b)* ***Begründe****, in welcher Herrschaftsform er leben möchte. Beziehe hierzu auch die vorherige Doppelseite sowie die folgende Vertiefungsseite mit ein.*
4. *Berechne, wie viel Prozent der Bevölkerung Athens vollberechtigte Bürger waren.* ***Findest*** *du mithilfe des Internets* ***heraus****, wie viele es bei uns sind (VT, M6)?* Ⓖ
5. ***Prüfe****, ob in Athen das Volk herrschte.* Ⓗ

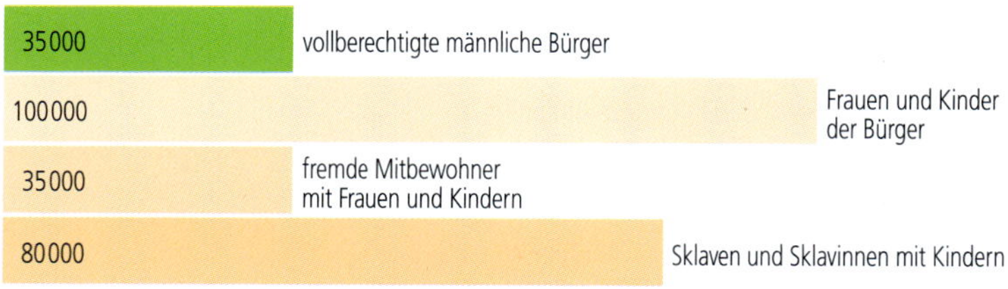

M 6 Die Bevölkerung Athens
Um die Mitte des 5. Jh. v. Chr. lebten in der Polis Athen nach Schätzungen etwa 250 000 Menschen.

Athenische Demokratie – moderne Demokratie

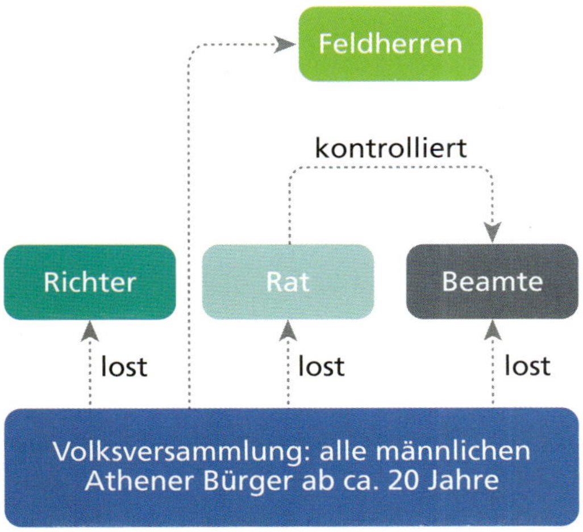

M1 Verfassung der Demokratie in Athen
Vereinfachtes Schaubild

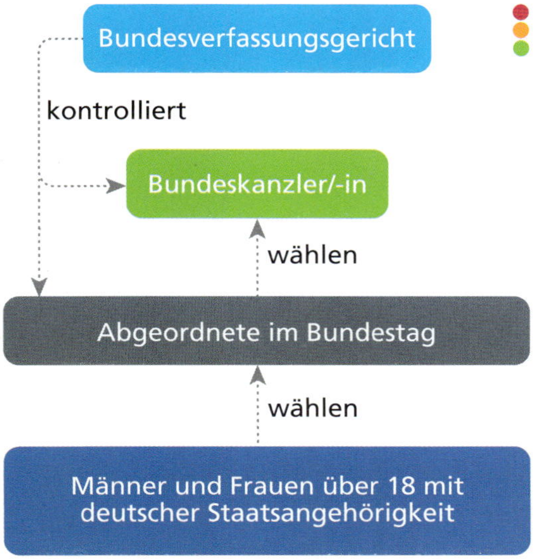

M2 Verfassung der Bundesrepublik Deutschland
Vereinfachtes Schaubild

Internettipp:
Wie funktioniert unsere Demokratie in Deutschland? Das erklären dir die Links unter dem Mediencode 31101-27.

M3 Demokratie bei uns heute

In der Bundesrepublik Deutschland dürfen Frauen und Männer, die über 18 Jahre und deutsche Staatsbürger sind, alle vier Jahre Vertreter in den Bundestag (gesamtdeutsches Parlament) wählen. Diese Abgeordneten gehören bestimmten Parteien an, die unterschiedliche politische Vorstellungen haben. Die Partei, aus der die meisten Abgeordneten gewählt wurden, bestimmt den Bundeskanzler oder die Bundeskanzlerin. Er oder sie sucht die Minister für die Regierung aus und teilt jedem einen Aufgabenbereich zu, etwa Umwelt, Arbeit oder Bildung. Die Minister entwerfen Gesetze. Der Bundestag entscheidet darüber und kontrolliert die Regierung. Weil Deutschland in 16 Bundesländer mit eigenen Parlamenten aufgeteilt ist, spricht man auch von der Bundesrepublik Deutschland.

Vereinfacht und frei zusammengestellt nach www.bpb.de/nachschlagen/gesetze/grundgesetz/ [15.04.2019]

M4 Sitzung des Deutschen Bundestages
Foto aus dem Berliner Reichstagsgebäude von 2017
Im neu gewählten Bundestag saßen im Oktober 2017 insgesamt 709 Abgeordnete, davon 490 Männer und 219 Frauen. Die Abgeordneten kommen 20 bis 22 Wochen im Jahr zu Sitzungen zusammen. Die meiste Zeit arbeiten sie in Arbeitsgruppen zu speziellen Fragen wie Umwelt, Sicherheit oder Außenpolitik.

1. ***Arbeite*** *zwischen der antiken und unserer Demokratie Gemeinsamkeiten und Unterschiede* ***heraus*** *(M1-M4, VT, M3-M6 S. 92-94).* (H)
2. ***Diskutiert*** *in der Klasse Vor- und Nachteile beider Demokratieformen.* ***Begründet****, welche euch besser erscheint (M1-M4, VT, M3-M6 S. 92-94).*
3. ***Übertragt*** *das Prinzip der direkten Demokratie auf die Schule.* ***Präsentiert*** *einen eigenen Vorschlag, wie die demokratische Mitsprache in eurer Klasse/Schule verbessert werden könnte.*

Spartaner machen vieles anders

M 1 Durch Kampf zur Macht
Umzeichnung einer griechischen Vasenmalerei, ca. 640 v. Chr.
Im 10. bis 8. Jh. fochten die Griechen Zweikämpfe „Mann gegen Mann". Im 7. Jh. erfanden sie die geschlossene Schlachtreihe, die Phalanx („Walze"). Die Soldaten aus Sparta waren für diese Kampfweise berühmt.

Eroberer auf dem Peloponnes

Nach 1000 v. Chr. gründeten Einwanderer aus dem Norden Griechenlands im fruchtbaren Süden des Peloponnes Dörfer. Aus ihnen entwickelte sich der Staat Sparta. Als ihre Bevölkerung wuchs, eroberten die Spartaner die umliegenden Gebiete. Deren Bevölkerung machten sie zu Staatssklaven (Heloten). Diese hatten keine Rechte, mussten das Land bewirtschaften und Abgaben leisten.

Wer regiert in Sparta?

Was wir über Sparta wissen, ist vor allem das, was die Athener und später die Römer über Sparta geschrieben haben. Es gab eine Volksversammlung, einen Rat der Ältesten (Gerusia), und fünf Oberbeamte (Ephoren). Sehr merkwürdig erschien den Athenern, dass es in Sparta zwei Könige gab. Im Krieg führten sie das Heer, im Frieden hatten sie aber nur religiöse Aufgaben. Die Könige wurden auch nicht gewählt wie die Feldherren Athens, sondern erbten das Amt auf Lebenszeit. Andererseits wurden sie von den Ephoren kontrolliert und konnten abgesetzt werden.

Kindheit und Jugend in Sparta

Am erstaunlichsten erscheinen die Berichte über die Kindererziehung in Sparta. Angeblich mussten die Jungen im Alter von sieben Jahren ihr Elternhaus verlassen und erhielten auf einer Art Militärschule eine strenge Erziehung. Die Tage waren mit Kampfübungen und Sport ausgefüllt. Ferien gab es nicht. Die Kinder und Jugendlichen sollten tapfere Soldaten werden. Sie mussten nicht nur lernen, mit Waffen umzugehen, sondern vor allem Hunger, Kälte und Not auszuhalten. Auch die spartanischen Mädchen trieben viel Sport. Denn die Spartaner glaubten, dass nur starke und gesunde Frauen gesunde Kinder gebären könnten.

M 2 Spartanischer Krieger
Bronzefigur, Höhe: ca. 13 cm, um 530 v. Chr.
Auf dem Schlachtfeld sollen die Spartiaten rote Hemden getragen haben, damit das Blut nicht zu sehen war.

Sparta braucht Soldaten

Die spartanischen Bürger (Spartiaten) kannten nur einen Beruf: Soldat. Die jungen Männer lebten als Kampfgenossen in Zeltgemeinschaften außerhalb der Familie, damit das spartanische Heer ständig einsatzbereit war. Die älteren Männer verwalteten die Polis und leisteten ebenfalls Kriegsdienst. Deshalb kümmerten sich die Frauen um alles andere. Sie verwalteten die Bauernhöfe oder die Handwerksbetriebe, trieben Handel mit anderen Städten und mussten dafür viel reisen. Das Leben der Frauen war also in Sparta viel selbstständiger als in Athen oder anderen griechischen Städten.
Da die Spartiaten als Arbeitskräfte ausfielen, benötigten sie zahlreiche Arbeiter: die unfreien Heloten. Sie mussten auf den Feldern arbeiten und Abgaben leisten. Es gab viel mehr Heloten als Spartiaten. Die Spartaner mussten deshalb ständig mit dem Widerstand der Heloten rechnen. Sie taten daher alles, um die Heloten zu kontrollieren und als Soldatenpolis unbesiegbar zu bleiben.

1. ***Arbeite** aus M1 **heraus**, wie eine Phalanx funktionierte und welche Vorteile sie bot.*
2. *Wenn etwas besonders einfach, anspruchslos oder karg ist, nennen wir es „spartanisch". **Erkläre** diese Redewendung.* G

M3 Spartanische Erziehung

Der Grieche Plutarch verfasst um 100 n. Chr. eine Lebensbeschreibung des spartanischen Gesetzgebers Lykurg. Der soll im 7. Jh. v. Chr. geherrscht haben. Zur spartanischen Erziehung heißt es darin:

Die Erziehung hielt er [Lykurg] für die größte und wichtigste Aufgabe des Gesetzgebers. Er ließ die Körper der Mädchen durch Laufen, Ringen, Diskus- und Speerwerfen kräftigen, damit sie gesunde Kinder zur Welt bringen. Weichlichkeit, Verzärtelung und alles weibische Wesen verbannte er. [...] Die Jungen der Spartaner aber gab Lykurg nicht in die Hände von Pädagogen, noch durfte jeder seinen Sohn aufziehen, wie er wollte. Vielmehr nahm er selbst alle, sobald sie sieben Jahre alt waren, zu sich und teilte sie in „Horden", in denen sie miteinander aufwuchsen, erzogen und gewöhnt wurden, immer beisammen zu sein.

Als Führer der „Horde" wählten sie denjenigen, der sich durch Klugheit und Kampfesmut auszeichnete. Sie hörten auf seine Befehle und unterwarfen sich seinen Strafen. So bestand die Erziehung wesentlich in der Übung im Gehorsam. Lesen und Schreiben lernten sie nur so viel, wie sie brauchten; die ganze übrige Erziehung war darauf gerichtet, dass sie pünktlich gehorchen, Strapazen ertragen und im Kampfe siegen lernten.

Zit. nach: Walter Arend (Bearb.), Altertum. Geschichte in Quellen, München ^{3}1978, S. 143 f. (gekürzt und sprachlich vereinfacht)

M4 Spartanisches Mädchen
Bronzefigur, Höhe: 12 cm, um 530 v. Chr.
Laufen, Ringen, Diskus- und Speerwerfen gehörten zu den von Mädchen ausgeübten Sportarten.

M5 Sparta und Athen – ein Vergleich

Der Athener Geschichtsschreiber Thukydides urteilt um 420 v. Chr. über Sparta:

Wenn Sparta verwüstet würde und nur die Tempel und Grundmauern der Gebäude blieben, würde man später sicher [...] voller Unglauben seine Macht [...] bezweifeln. Und doch besitzen die Spartaner zwei Fünftel vom Peloponnes und stehen an der Spitze des Landes und vieler Verbündeter. Aber da sie nicht in einer Stadt beisammen wohnen und keine kostbaren Tempel und Bauten haben, sondern nach altgriechischer Art in Dörfern siedeln, könnte Sparta eher armselig wirken. Wenn es aber Athen ebenso ginge, so würde seine Macht nach der sichtbaren Erscheinung der Stadt doppelt so hoch geschätzt werden, als sie wirklich ist.

Thukydides, Geschichte des Peloponnesischen Krieges, Buch 1.10, übersetzt von Georg Peter Landmann, München/Zürich 1993, Bd. 2, S. 17-19 (frei übertragen)

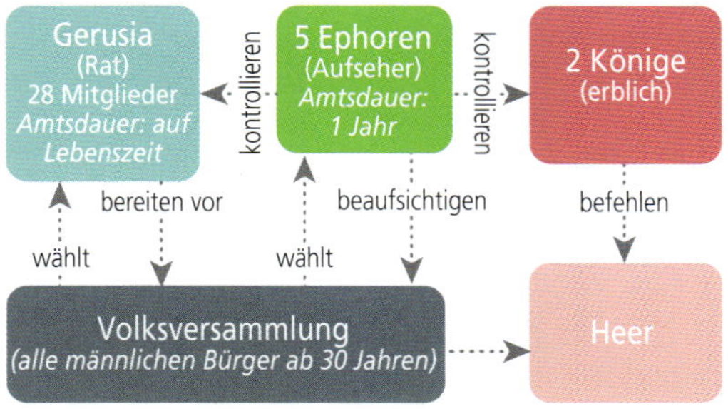

M6 Politische Ordnung Spartas um 500 v. Chr.

1. a) **Wähle aus**: **Arbeite** aus Plutarchs Beschreibung **heraus**, welche Ziele die Erziehung in Sparta **A** der Mädchen **B** der Jungen hatte (M3).
   b) Wie wir heute wissen, wollte Plutarch mit seiner Darstellung vor allem den Unterschied zwischen Sparta und Athen hervorheben. **Untersuche** seine Haltung zur spartanischen Erziehung (M3).
2. **Vergleiche** die Politik, das Alltagsleben und die Erziehung in Sparta mit der in Athen (VT, M3-M6). (H)
3. **Arbeite weiter**: Der Schreiber eines Leserbriefs fordert: „Die heutigen Schulen sollten sich ein Beispiel an den Spartanern nehmen und ihre Erziehung daran ausrichten." **Schreibe** eine Entgegnung (VT, M3).
4. **Erkläre** Thukydides' Urteil mit der Lebensweise der Spartaner (M5).
5. Sparta hatte bei den Olympischen Spielen jahrhundertelang die meisten Sieger. **Begründe** dies (VT, M3).

Gesellschaft und Alltag in der Polis Athen

M 1 Haus eines reichen Kaufmanns
Rekonstruktion, nach Ausgrabungen in der Stadt Olynth
① Eingangshalle; ② offener Innenhof; ③ Hausaltar; ④ Lagerraum; ⑤ Vorraum und ⑥ Männergemach, beide mit Mosaikfußboden; ⑦ Küche; ⑧ Rauchabzug, zugleich Räucherkammer; ⑨ Treppe; ⑩ offene Galerie; ⑪ oben Frauengemach, im Erdgeschoss Speiseraum der Familie; ⑫ im Erdgeschoss Empfangsräume

INFO 1 Leben in Gemeinschaften

Die Menschen lebten in Hausgemeinschaften zusammen, dem oikos. Für das, was wir heute Familie nennen, hatten die alten Griechen kein eigenes Wort. Der oikos bestand aus Vater, Mutter, Kindern und weiteren Verwandten sowie den Angestellten und den **Sklaven**. Aber auch der gesamte Besitz gehörte dazu mit Land und Gebäuden, Arbeitsgeräten, Vieh und Waffen. Die Hausgemeinschaften waren soziale, wirtschaftliche und religiöse Gemeinschaften, die miteinander lebten, arbeiteten und gemeinsam die Götter verehrten.
Genauso wie auch in unserer heutigen Zeit waren die Lebensumstände für die Menschen nicht alle gleich. Das Leben im oikos eines reichen Kaufmanns in der städtischen Polis war anders als das Leben eines Kleinbauern auf dem Land. Dennoch gab es im Alltag auch viele Gemeinsamkeiten, die das Leben aller Menschen in der Hausgemeinschaft und in der Gesellschaft Athens prägten.

Gruppenpuzzle

Führt ein Gruppenpuzzle zum Alltagsleben in der Polis Athen durch. Die Leitfrage lautet: Welche typischen Tätigkeiten verrichteten die einzelnen Mitglieder der Hausgemeinschaft und wie gestaltete sich das Zusammenleben?

1 Bildet Stammgruppen und teilt euch jeweils in Expertengruppen zu folgenden Themen ein:
Alltag, Rechte und Pflichten
a) des Mannes (M1-M4, INFO 1 und 2)
b) der Frau (M1-M7, INFO 1, 3 und 5)
c) von Kindern (M1, M6, M8, INFO 1, 4 und 5)
d) von Sklaven (M1-M3, M9-M11, INFO 1 und 6)

2 Erschließt in den Expertengruppen die Materialien zur jeweiligen Personengruppe. Macht euch Stichpunkte zu
- den typischen Tätigkeiten und Pflichten
- Einschränkungen und Vorrechten
- der Stellung innerhalb der Hausgemeinschaft und der Gesellschaft (siehe auch S. 82)
- Aussagen, wie diese Stellung begründet wurde

3 Diskutiert in den Expertengruppen, welche Vor- und Nachteile das Leben im oikos für die jeweilige Personengruppe hatte. Überprüft, ob diese für alle Personen innerhalb der Gruppe galten oder ob es Unterschiede zwischen den Hausgemeinschaften gab.

4 Setzt euch wieder in den Stammgruppen zusammen. Präsentiert die Ergebnisse aus den jeweiligen Expertengruppen. Beantwortet gemeinsam die Leitfrage.

5 Diskutiert abschließend in der Klasse:
- Welche Vor- und Nachteile hatte das Leben in der Hausgemeinschaft für die Menschen damals?
- Findet sich die „typische" Rollenverteilung zwischen Mann, Frau und Kindern auch in der heutigen Familie wieder?

INFO 2 Die Stellung der Männer

In einer Polis wie Athen bestimmten die Männer das Zusammenleben. Nur ein Mann konnte Oberhaupt des oikos sein. Er bestimmte über die Frau und die Kinder und entschied auch über deren Ausbildung und Eheschließung.

Die meisten Männer waren Bauern. Berufe wie die des Handwerkers oder des Markthändlers waren seltener.

Die meisten Männer hatten nur wenig freie Zeit. Nur die reichen Athener luden oft Freunde, Gelehrte und Künstler zu besonderen Gastmählern ein. Dabei traf man sich ohne Ehefrauen. Die Treffen begannen mit einem Opfer für die Gottheiten, dann aßen, tranken, sangen oder diskutierten die männlichen Gäste.

M 3 Betrunkener nach einem Gastmahl

Vasenmalerei, um 480 v. Chr.

Ein betrunkener Herr wird (vermutlich) von einer Sklavin nach einem Trinkgelage nach Hause begleitet.

M 2 Über Frauen und Männer

Der Schriftsteller Xenophon schreibt zwischen 390 und 355 v. Chr. in einem Buch über Hauswirtschaft:

Denn die Aufbereitung des Ackers, das Säen, das Pflanzen [...] sind Beschäftigungen im Freien. Aus ihnen gewinnen wir den Lebensunterhalt. Wenn das nun unter Dach ist, dann ist wiederum jemand erforderlich, der es verwahrt und der solche Arbeiten verrichtet, die innerhalb des Hauses anfallen. Da beide Arbeiten notwendig sind, die draußen und drinnen, hat Gott [...] von vornherein die Natur danach ausgestattet, die der Frau für die Arbeiten und Besorgungen im Hause, die des Mannes dagegen für das, was draußen getan werden muss. Denn um Kälte und Hitze, ebenso lange Märsche und Feldzüge besser ertragen zu können, dazu richtete Gott Körper und Seele des Mannes ein. Der Frau gab Gott dazu einen weniger geeigneten Körper. [...] In dem Bewusstsein aber, der Frau das Aufziehen der neugeborenen Kinder in ihrer Natur zugewiesen zu haben, hat er ihr auch mehr Liebe zu den Säuglingen zugeteilt als dem Mann. Dem Manne wurde mehr Mut gegeben, da er schützend eingreifen muss, wenn jemand ein Unrecht begeht.

Xenophon, Über die Leitung eines Hauses 7, 3-43, zit. nach: Hans-Joachim Gehrke und Helmuth Schneider (Hrsg.), Geschichte der Antike. Quellenband, Stuttgart 2007, S. 121 (übersetzt von Peter Funke, hier vereinfacht)

M 4 Über das Verhältnis der Menschen zueinander

Der Athener Philosoph Aristoteles schreibt im 4. Jh. v. Chr. zu der Gesellschaft:

Es steht dem Manne zu, über Frau und die Kinder zu herrschen. Über die Frau nach der Art eines Staatsmannes, über die Kinder aber nach der [Art] eines Königs. Denn das Männliche ist von Natur zur Führung mehr geeignet als das Weibliche, und das Ältere und Reife mehr als das Jüngere und Unreife. [...]

Wo immer eines aus mehreren zusammengesetzt ist und ein Gemeinsames entsteht [...], da zeigt sich ein Herrschendes und ein Beherrschtes. [...] Es ist also klar, dass es von Natur Freie und Sklaven gibt und dass das Dienen für diese zuträglich und gerecht ist.

Aristoteles, Politik I 259 a, übersetzt von Franz Schwarz, Stuttgart 1989 (gekürzt und vereinfacht) und Aristoteles, Politik 1253 b, zit. nach: Walter Arend (Bearb.), Geschichte in Quellen, Bd. 1, München 1975, S. 310f. (übersetzt von Olof Gigon)

Hörtipp:

Wie ein Athener den Unterschied zwischen Mann und Frau erklärt, kannst du unter dem Mediencode 31101-28 anhören.

M 5 Frauen bei der Hausarbeit
Die Vasenmalerei zeigt um 550 v. Chr. griechische Frauen und Mädchen bei ihrer Arbeit im Haus. Dort arbeiteten sie in eigenen Frauenräumen.

INFO 3 Frauenrechte – Frauenpflichten

Während ihres ganzen Lebens unterstand eine Frau in Athen der Herrschaft eines Mannes. Vater, Bruder oder Ehemann bestimmten über sie und vertraten sie vor Gericht. Sie hatte keine politischen Rechte, konnte keinen Grundbesitz erwerben und durfte kein eigenes Vermögen besitzen. Nur bei bestimmten Anlässen verließ die Frau das Haus: bei religiösen Festen und Beerdigungen, für Besuche bei der Nachbarin, den Gang zum Brunnen und für gelegentliche Einkäufe. Wenn der Ehemann abends Gäste hatte, zog sie sich in ihr Zimmer zurück. In ärmeren Familien mussten die Frauen auf dem Feld oder im Handwerksbetrieb mithelfen. Einige arbeiteten auch eigenständig als Wollweberin, Schneiderin oder Marktfrau, um etwas Geld zu verdienen.

INFO 4 Kinderleben

Wie die Kinder in Athen lebten, hing vor allem vom Status und Einkommen ihrer Eltern ab. In den wohlhabenden Familien konnten die Kinder viel spielen. Es gab schon Spielzeug wie Rasseln und Glöckchen für die Kleinen und Tierfiguren, Puppen und Jo-Jo für die Größeren. Sklavenkinder aber mussten wie ihre Eltern die Befehle ihrer Besitzer ausführen. Spielen durften sie nur selten. Auch Kinder von freien Eltern arbeiteten oft den ganzen Tag. In ärmeren Familien mussten Kinder helfen und Geld verdienen.

M 6 Frau und Kind
Figurengruppe aus gebranntem Ton, Höhe: ca. 11 cm, gefunden in Attika, 5. Jh. v. Chr.
Solche Tonfiguren könnten als Kinderspielzeug gedient haben, wurden aber auch in Tempeln geopfert.

M 7 Die Aufgaben einer Frau

Der Schriftsteller Xenophon gibt in einer Schrift wieder, wie der Gutsbesitzer Ischomachos seiner sehr jungen Frau ihre künftigen Aufgaben erklärt:

Du wirst […] im Hause bleiben und zugleich diejenigen Angestellten, deren Arbeit draußen ist, hinausschicken müssen; über diejenigen aber, die ihre Arbeit im Innern des Hauses verrichtet haben, musst du die Aufsicht führen, ferner das in Empfang nehmen, was ins Haus gebracht wird, und das, was dann sofort verbraucht werden soll, verteilen, was übrig bleiben muss, hast du vorher zu bedenken und anschließend darüber zu wachen, dass nicht der für das ganze Jahr eingelagerte Vorrat innerhalb eines Monats verbraucht wird. Auch musst du dafür sorgen, dass dann, wenn Wolle eingebracht wird, all diejenigen Kleidung erhalten, die sie nötig haben. […] Wer auch immer von den Angestellten erkrankt ist, du musst dafür Sorge tragen, damit sie behandelt werden.

Xenophon, Über die Leitung eines Hauses 7, 3-43, zit. nach: Hans-Joachim Gehrke und Helmuth Schneider (Hrsg.), Geschichte der Antike. Quellenband, Stuttgart 2007, S. 121

M 8 Mädchenerziehung

Xenophon überliefert, wie der Philosoph Sokrates von der Kindheit seiner Frau erzählt:

Die Zeit vorher [vor der Hochzeit, als sie noch ein Kind war] hatte man fürsorglich auf sie aufgepasst, damit sie möglichst wenig sah, hörte und fragte. Sie verstand mit Wolle umzugehen und ein Gewand anzufertigen, [da] sie auch schon bei der Spinnarbeit der Sklavinnen zugesehen hatte. Außerdem wusste sie schon gut Bescheid, was Ernährungsfragen angeht.

Xenophon, Über die Leitung eines Hauses 7, 3-43, zit. nach: Hans-Joachim Gehrke und Helmuth Schneider (Hrsg.), Geschichte der Antike. Quellenband, Stuttgart 2007, S. 119 (übersetzt von Peter Funke)

INFO 5 Erziehung und Schule

Um die Erziehung der kleinen Kinder kümmerte sich vor allem die Mutter. Da die Schulbildung nicht kostenlos war, lernten viele Kinder weder Lesen noch Schreiben. Wenn die Familie es sich leisten konnte, gingen die Jungen ab dem 7. Lebensjahr zu einem Lehrer. Reiche Eltern stellten Erzieher an. Das waren oft gebildete Sklaven, die die Söhne zum Lehrer begleiteten und die Hausaufgaben der Kinder überwachten. Neben dem Unterricht im Lesen, Schreiben, Rechnen und Sport mussten die Jungen Verse berühmter Dichter auswendig lernen. Nur Mädchen aus reichem Hause lernten Lesen, Schreiben, Musizieren und Tanzen.

Die Schulzeit der Jungen dauerte bis zum 18. Lebensjahr. Dann mussten sie Soldat werden. Viele heirateten erst zwischen 20 und 35. Die Mädchen wurden meist schon mit 14 Jahren verheiratet.

INFO 6 Das Leben der Sklaven

Im 5. Jh. v. Chr. war etwa jeder dritte Bewohner Athens ein Sklave. Die meisten waren als Kriegsgefangene nach Athen gebracht worden. Ihre Zahl wuchs ständig, weil auch ihre Nachkommen Sklaven blieben.

Die Sklavinnen und Sklaven waren grundsätzlich unfrei und im Besitz ihrer Herren. Sie galten nicht als Personen, sondern als Sachen. Die Sklavenhalter bestimmten über sie. Sklaven hatten keine Rechte. Ihre Tötung galt höchstens als Totschlag. Vom politischen Leben waren sie ausgeschlossen. Besuchte ein Sklave eine Volksversammlung, drohten ihm schwere Strafen.

Grundsätzlich unterschied sich das Leben der Sklaven kaum von dem Leben armer Bürger. Ein erträgliches Leben wartete auf sie, wenn sie gebildet waren und als Haussklave arbeiteten. Sie unterstützten dann bei der Tätigkeit im Haushalt oder bei der Erziehung. In der Landwirtschaft mussten sie auf dem Feld hart arbeiten.

Am schlimmsten erging es den Sklaven in den Bergwerken. In den dunklen, engen Stollen arbeiteten sie unter fürchterlichen Bedingungen bis zur Erschöpfung und sie hatten nur ein kurzes Leben.

M 9 Unterricht
Vasenmalerei, um 480 v. Chr.
Auf dem Bild sind ein Lehrer, ein Schüler und ein Sklave als Aufpasser zu sehen.

M 10 Über den Umgang mit Sklaven

Platon äußert sich um 350 v. Chr.:

Sklaven sind ein Besitz, der sehr schwer zu handhaben ist. Das zeigt sich in ihren häufigen Aufständen, Diebstählen und Räubereien […]. Freilich muss man aber die Sklaven, wenn sie es verdienen, bestrafen. Man darf sie nicht verwöhnen, indem man sie wie freie Leute nur mit Worten ermahnt. Die Anrede an einen Sklaven muss fast immer ein Befehl sein. Man darf keineswegs mit ihnen scherzen. […] Das macht den Sklaven das Leben schwerer zum Gehorchen, ihnen selbst aber zum Befehlen.

Platon, Nomoi 6, 777f. Werke in acht Bänden, hrsg. von Günter Eigler, Bd. 8.1, Darmstadt 1990, S. 353f. (vereinfacht)

M 11 Eine Sklavenhaltergesellschaft?

Ein Historiker zur Rolle der Sklaven in Athen:

Sklaven waren im Athen des 5. Jh. v. Chr. allgegenwärtig. Der wirtschaftliche Aufschwung ermöglichte vielen Bürgern und Metöken den Sklavenkauf. […]
Dennoch war Athen keine „Sklavenhaltergesellschaft", da die athenische Wirtschaft nicht ausschließlich auf der Arbeit von Sklaven basierte. Ein Bauer mit einem kleineren Anwesen hatte höchstens 1 - 2 Sklaven. Auf größeren Gütern gab es mehr, teilweise auch einen Gutsverwalter, der unfrei war. Besitzer großer Handwerksbetriebe hatten in seltenen Fällen bis zu 120 Arbeitssklaven. Es gab keinen Wirtschaftszweig, in dem nur Sklaven arbeiteten. Auf den Baustellen der Akropolis, in Steinbrüchen und Bergwerken waren immer auch freie Bürger und Metöken beschäftigt.

Zit. nach: Stefan Rebenich, Die 101 wichtigsten Fragen – Antike, München [2]2008, S. 53f. (gekürzt und vereinfacht)

Künstler und Philosophen

M 1 Sokrates
Marmorfigur, Höhe 27,5 cm, 2. Jh. v. Chr.
Sokrates philosophierte in der Öffentlichkeit und verfasste keine Schriften. Seine Lehre kennen wir v. a. aus den Büchern seines Schülers Platon. Im Jahr 399 v. Chr. wurde Sokrates vorgeworfen, die Götter nicht anzuerkennen und die Jugend zu verderben. Das Volksgericht verurteilte ihn zum Tode: Er musste einen Becher mit Gift trinken.

Internettipp:
Mehr über griechische Philosophen und ihre Art, über Probleme nachzudenken, erfährst du unter dem Mediencode 31101-29.

Monumentalbauten für Kult und Kunst

Griechen liebten das Schöne, die Dichtung und die Kunst. Fast jede Polis hatte ein Theater, denn Schauspiele gehörten zu den öffentlichen Festen zu Ehren der Götter. Reiche Stadtbewohner ließen ihre Häuser von Künstlern ausmalen und mit Mosaiken verschönern.

Den größten Aufwand betrieben die Griechen bei den Tempeln. Sie waren ihre bedeutendsten Monumentalbauten. Als Haus der Gottheiten sollten sie besonders groß, harmonisch und schön sein. Die ersten Tempel im 8. Jh. v. Chr. waren noch aus Holz. Später wurden sie vor allem aus Marmor gebaut.

Ein griechischer Tempel hatte einen großen, fensterlosen Raum, in dem das Götterbild stand. Er war von Säulen umgeben. Diesen Kultraum durften nur Tempeldiener betreten. Außen waren die Tempel reich mit Schmuck versehen. Länge und Breite, Zahl und Abstand der Säulen und die Maße aller Bauteile sollten perfekt zueinander passen – die Griechen strebten nach Harmonie. Griechische Kunstwerke dieser Zeit gelten noch heute als harmonisch und vollendet. Wir bezeichnen sie als „klassisch".

Wie bei den Ägyptern und anders als in unseren Kirchen waren im antiken Griechenland die Tempel keine Versammlungsräume für die Gläubigen. Gottesdienst und Opfer fanden am Altar unter freiem Himmel statt.

Philosophen fragen

Wie entstand die Welt? Warum geht die Sonne auf? Seit jeher stellten sich die Menschen solche Fragen. Was sich nicht einfach erklären ließ, führten sie in den Mythen auf Götter zurück.

Seit etwa 600 v. Chr. gab es in Griechenland Männer, die die Natur mit anderen Augen ansahen: Sie waren neugierig, beobachteten genau und schrieben auf, was sie sahen. Und sie stellten noch schwierigere Fragen: Wie entstand das Leben? Was war am Anfang von allem? Diese fragenden Männer nannte man **Philosophen** (griech. philos: Freund; sophia: Weisheit).

Durch Fragen zur Wissenschaft

Einer von ihnen war Thales von Milet. Er und andere Denker stellten fest, dass man in der Natur immer wieder auf dieselben Zahlen und einfachen Figuren stößt, etwa, dass der Durchmesser jeden Kreis in zwei gleich große Hälften teilt. Mathematik und Geometrie wurden Wissenschaften, mit denen allgemeine Lehrsätze aufgestellt und schwierige Beweise erbracht werden konnten. Herodot aus Halikarnass erforschte die Perserkriege, indem er Zeitzeugen befragte, Akten und Urkunden studierte wie moderne Historiker. An die Stelle der Mythen trat die Logik (griech. logos: Sprache, Vernunft). Das „logische" Denken wurde Grundlage der Wissenschaften.

Vom Mythos zur Logik

Die Philosophen des 5. und 4. Jh. v. Chr. fragten: Was können wir überhaupt wissen? Wie sollen wir leben? Welches ist die beste Staatsform? Bei ihren Antworten nahmen sie immer weniger Rücksicht auf die Götter. Oft stritten sich die Anhänger des alten Glaubens und die Befürworter der „logischen" Sichtweise. Ein Opfer dieser Auseinandersetzungen wurde **Sokrates**. Sein Ziel war es, ohne Götter und durch ständiges Fragen das Gute und Gerechte herauszufinden. Die Athener verurteilten ihn zum Tode. Er nahm das Urteil an und lehnte es ab zu fliehen.

Kein Wunder, dass die Philosophen vorsichtiger wurden. Sie zogen sich von den öffentlichen Plätzen zurück und gründeten Schulen, um dort genauer über alle Bereiche des Lebens nachzudenken. Die bedeutendste Schule gründete **Platon** um 385 v. Chr. in Athen: die Akademie. Aus ihr ging **Aristoteles** hervor, einer der größten Denker aller Zeiten. Er war Platons Schüler, erforschte alle Wissensgebiete und schrieb über Physik, Biologie und Politik.

1. ***Stelle*** *die Errichtung von Monumentalbauten in Ägypten und Griechenland* ***gegenüber***. (H)
2. ***Beurteile***, *welche Bedeutung die Denker der griechischen Antike für unser heutiges Leben haben.* (G)

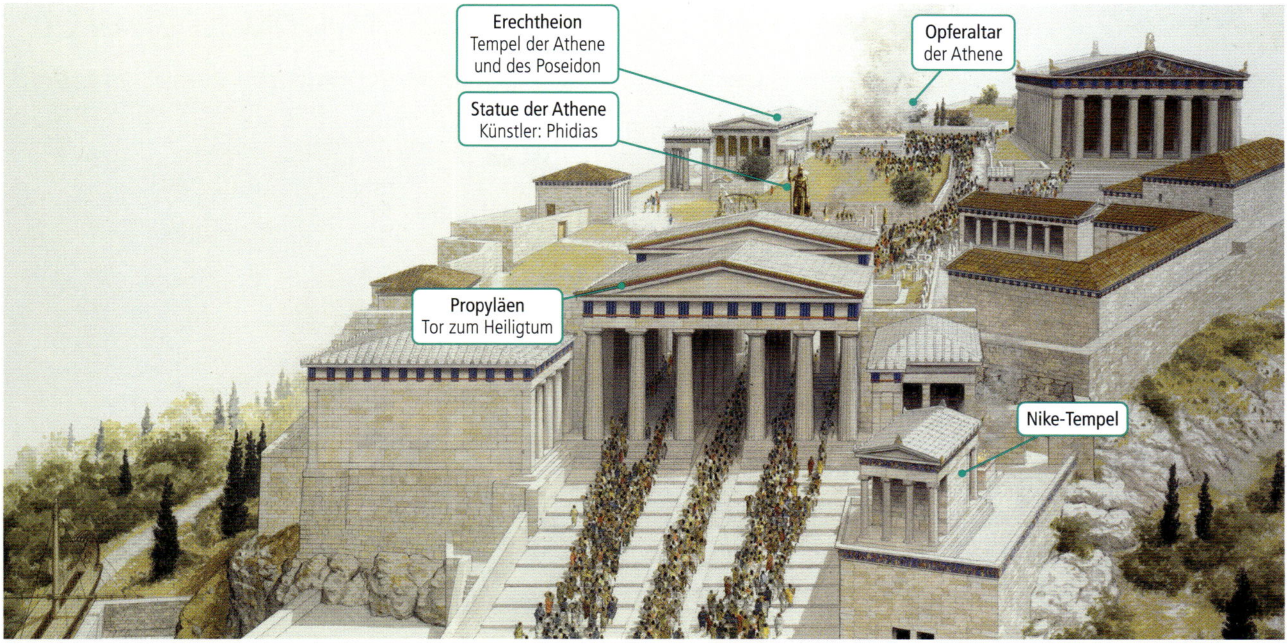

M 2 Sokrates und der Soldat Trasybulos

Sokrates will die Menschen zur Selbsterkenntnis führen und so zu einem sinnvollen Leben anregen. Deshalb verwickelt er die Leute gern in Gespräche:

Trasybulos: Guten Morgen, Sokrates!

Sokrates: Guten Morgen, Trasybulos! Gut siehst du aus in deiner Rüstung. Du bist wohl ein tüchtiger Soldat?

T(rasybulos): Klar! Ich habe im Kampf schon zehn Thebaner totgeschlagen.

S(okrates): Brav, Trasybulos; denn die Thebaner sind alle Lumpen.

T: Das hat unser General auch gesagt, Sokrates.

S: Und der General der Thebaner hat seinen Soldaten gesagt, alle Athener sind Lumpen.

T: Aber das stimmt doch nicht, Sokrates! Wir Athener sind keine Lumpen.

S: Sind denn die Thebaner Lumpen?

T: Meinst du etwa, unser General habe nicht Recht?

S: Ich weiß nicht, Trasybulos. Wir wollen das nächste Mal darüber weitersprechen.

Zit. nach: Gustav A. Süß, Sokrates – der Archetypus des Wahrheitssuchers, in: Praxis Geschichte 3/2003, S. 28

M 3 Die Akropolis von Athen Ende des 5. Jh. v. Chr.

Rekonstruktion von Peter Connolly, 1998

Auf dem Berg befand sich im 8. Jh. v. Chr. die Burg der Polis (siehe S. 82). Als Athen wuchs, verlor die Akropolis (griech. Oberstadt) ihre Verteidigungsfunktion und wurde in ein Heiligtum verwandelt. Ein Tempel für die Stadtgöttin Athene, der Parthenon, wurde gebaut. 480 v. Chr. zerstörten die Perser alle Bauten. Der Politiker Perikles (siehe S. 92) setzte einen Neubau durch: Die Akropolis sollte alle anderen griechischen Heiligtümer übertreffen. Der neue Parthenon wurde 447 - 433 v. Chr. gebaut. Darin stand ein Kultbild der Athene aus Gold und Elfenbein. Die Giebel trugen bunt bemalte Götterfiguren. Im Erechtheion (Erechtheus: angeblicher König der Frühzeit) waren die ältesten Kulte angesiedelt. Im Freien stand eine 9 m hohe Athene-Statue. Den Glanz ihrer vergoldeten Lanzenspitze konnten Seeleute von Ferne sehen.

1. *a) Das Gespräch M2 zeigt, wie Sokrates Fragen stellte, um die Menschen zum Nachdenken zu bringen.* ***Stellt die Szene*** *in Zweiergruppen* ***nach****. b) Welche Fragen könnte Sokrates noch stellen?* ***Stellt*** *eine mögliche Fortsetzung des Gespräches* ***nach****.*
2. ***Erkläre*** *mit M2, warum manche Athener Sokrates für gefährlich hielten und vor Gericht stellten.*
3. *Stell dir vor, wie beeindruckt die Athener waren, wenn sie den Burgberg hinaufgestiegen waren und vor dem Parthenon standen. Die verzierten Giebel und Friese unter dem Dach konnten sie aber nicht genau erkennen.* ***Erläutere****, wem sie gefallen sollten (M3).*
4. *Um 450 v. Chr. will Perikles die Akropolis neu gestalten. Dies wird die Bürger Athens viel Geld kosten.* ***Verfasse*** *eine Rede aus der Sicht des Perikles, mit der er die Volksversammlung von seinem Plan überzeugen will.* (H)
5. ***Recherchiere*** *Bauwerke in Deutschland, die den griechischen Tempeln auf der Akropolis ähnlich sind.* (G)

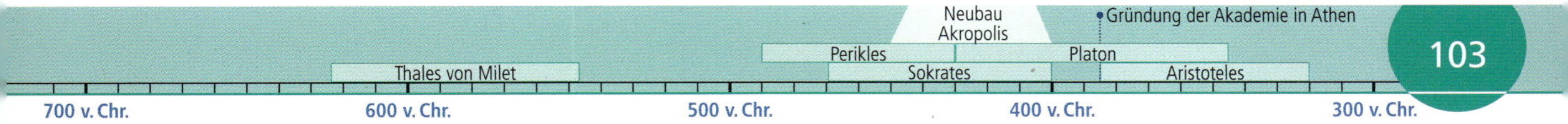

Alexander der Große – Feldherr und Eroberer

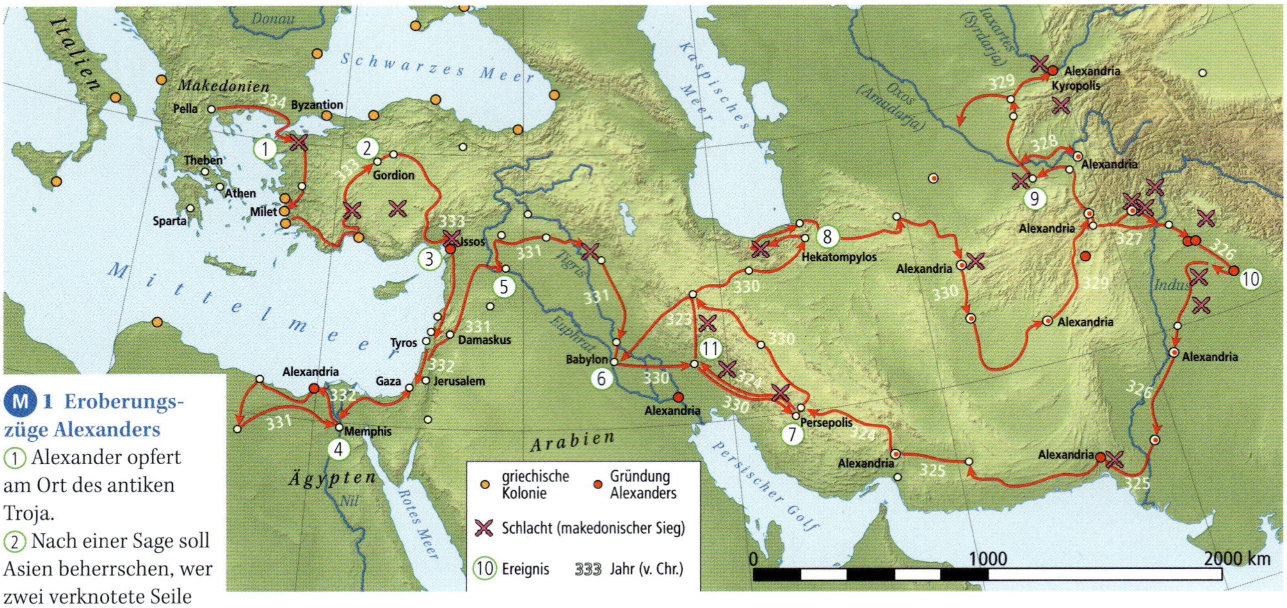

M1 Eroberungszüge Alexanders
① Alexander opfert am Ort des antiken Troja.
② Nach einer Sage soll Asien beherrschen, wer zwei verknotete Seile löst. Alexander trennt den Gordischen Knoten – mit seinem Schwert.
③ Alexander nimmt Dareios' Familie gefangen.
④ Alexander lässt sich zum Pharao krönen.
⑤ Das Heer überquert den Euphrat und betritt persisches Kernland.
⑥ Alexander lässt sich in Babylon zum König von Asien ausrufen.
⑦ Das Heer erobert die persische Hauptstadt.
⑧ König Dareios stirbt.
⑨ Diener planen einen Mordanschlag auf Alexander. Er schlägt fehl.
⑩ Alexander will auch Indien erobern, aber seine Soldaten wollen in die Heimat zurück.
⑪ 10 000 Soldaten werden mit persischen Frauen verheiratet.

Alexander erobert ein Weltreich

Im Norden Griechenlands dehnte im 4. Jh. v. Chr. der makedonische König Philipp II. sein Reich über Griechenland aus. Als er 336 v. Chr. ermordet wurde, setzte sich sein 20-jähriger Sohn als Nachfolger durch. **Alexander** – später **„der Große"** genannt – war von griechischen Lehrern erzogen worden und hatte große Pläne: Er wollte den Überfall der Perser auf Griechenland 150 Jahre zuvor rächen und das Perserreich erobern. Mit einer Armee aus etwa 40 000 Makedonen und Griechen gelang es ihm, die gewaltige Streitmacht des persischen Großkönigs Dareios III. zu besiegen. Alexander führte seine Truppen aber noch weiter bis nach Nordindien und kehrte erst 326 v. Chr. um.

Alexander übernahm die Herrschaft in allen eroberten Gebieten. In Ägypten verehrte man ihn als Pharao und in Persien als gottgleichen Großkönig. Um seine Herrschaft zu stärken, ließ er viele Gewohnheiten und Rechte in den eroberten Gebieten bestehen und setzte einheimische Männer als Stellvertreter ein. 323 v. Chr. erkrankte Alexander und starb mit nur 32 Jahren in Babylon. Seine obersten Feldherren kämpften um die Nachfolge. Drei Herrschaften konnten sich behaupten: Griechische Königsfamilien herrschten seither in Ägypten, in Vorderasien sowie in Makedonien und Griechenland.

Die griechische Kultur wird verbreitet

Alexander der Große hatte in den eroberten Gebieten zahlreiche Städte nach griechischem Vorbild gründen lassen, etwa die 332 v. Chr. gegründete Megastadt Alexandria mit der damals größten Bibliothek der Welt. Griechen und Makedonen ließen sich als Siedler, Beamte oder Händler nieder. Ihre Sprache und Religion behielten sie bei. Griechisch wurde zur wichtigsten Sprache im östlichen Mittelmeerraum; griechische Tempel und Theater prägten bald das Bild der Städte. Viele Einheimische in Ägypten oder Persien passten ihre Lebensweise an; umgekehrt übernahmen die Griechen vieles von der orientalischen Kultur. Durch den regen Austausch blühten Handel, Kunst und Wissenschaften. So entstand nach Alexanders Tod auf dem Gebiet seines ehemaligen Reiches eine eigene Epoche, die wegen des griechischen Einflusses **Hellenismus** genannt wird.

1. *Nenne die heutigen Länder, durch die Alexander zog (M1). Nutze dazu die Karte hinten im Buch.*
2. ***Schreibe** einen anschaulichen Bericht über den Feldzug Alexanders (VT, M1).*

M 2 Alexanderschlacht
Fußbodenmosaik, 5,82 x 3,13 m, Pompeji, um 100 v. Chr.
Das Mosaik könnte die Kopie eines griechischen Gemäldes aus dem 3. Jh. v. Chr. sein. Dargestellt ist, wie Alexander (links) auf den persischen König Dareios III. trifft.

M 3 Anerkennung und Kritik

a) Der griechische Geschichtsschreiber Diodor stellt im 1. Jh. n. Chr., rund 200 Jahre nach Alexander, fest:

In kurzer Zeit hat dieser König große Taten vollbracht. Dank seiner eigenen Klugheit und Tapferkeit übertraf er an Größe der Leistungen alle Könige, von denen die Erinnerung weiß. In nur zwölf Jahren hatte er nämlich nicht wenig von Europa und fast ganz Asien unterworfen und damit zu Recht weitreichenden Ruhm erworben, der ihn den alten Heroen und Halbgöttern gleichstellte.

b) Im 1. Jh. n. Chr. schreibt der römische Politiker und Philosoph Seneca:

Den unglücklichen Alexander trieb seine Zerstörungswut sogar ins Unerhörte. Oder hältst du jemanden für geistig gesund, der mit der Unterwerfung Griechenlands beginnt, wo er doch seine Erziehung erhalten hat? […] Nicht zufrieden mit der Katastrophe so vieler Staaten, die sein Vater Philipp besiegt oder gekauft hatte, wirft er die einen hier, die anderen dort nieder und trägt seine Waffen durch die ganze Welt. Und nirgends macht seine Grausamkeit erschöpft halt, nach Art wilder Tiere, die mehr reißen als ihr Hunger verlangt.

Zit. nach: Hans-Joachim Gehrke, Alexander der Große, München [5]2008, S. 100f.

Internettipp:
Ein Bild vom vollständigen Alexander-Mosaik mit weiteren Bildinformationen findest du unter dem Mediencode 31101-30.

1. ***Beschreibe*** *die möglichen Probleme, die Alexanders Heer während der Eroberungszüge in Asien lösen musste.* (H)
2. *Jahrhunderte nach Alexanders Tod wurde das Mosaik gelegt (M2).* *a)* ***Beschreibe*** *die Gesichtsausdrücke. Welcher Moment der Schlacht ist zu sehen? b) Kannst du erkennen, auf wessen Seite der Künstler steht?* ***Begründe*** *deine Aussage.*
3. *a)* ***Stelle*** *Diodors und Senecas Ansichten* ***gegenüber*** *(M3). b)* ***Nimm Stellung****, welches der beiden Urteile dich mehr überzeugt.*
4. *Bildet Zweierteams und* ***begründet*** *gemeinsam, inwiefern Alexander und der Hellenismus zusammenhängen.* (H)
5. ***Diskutiert****, ob Alexander den Beinamen „der Große“ verdient hat.*

Wiederholen und Kompetenzen überprüfen

Herrschaft

In den Poleis regierten anfangs Könige. Reiche Familien setzten sie ab und bildeten Adelsherrschaften (□□□□□□□□□□□□ oder □□□□□□□□). In Athen war die Volksherrschaft (□□□□□□□□□□) ab dem 6. Jh. v. Chr. mit den Reformen von □□□□□ entstanden und von □□□□□□□□ im 5. Jh. durchgesetzt worden. Alle erwachsenen männlichen Bürger konnten in Volksversammlungen mitbestimmen. Davon ausgeschlossen waren aber die vielen Frauen, □□□□□□□ und Sklaven. In der Polis Sparta unterdrückten wenige Spartiaten die Bewohner eroberter Gebiete (Heloten). □□□□□□□□□ □□□ □□□□□ schuf später ein riesiges griechisches Weltreich und die Voraussetzungen für den □□□□□□□□□□□, durch den sich die griechische Kunst und Kultur im Mittelmeerraum ausbreitete.

Gesellschaft

Die □□□□□□□□ fühlten sich durch die gemeinsame Sprache, Religion und Kultur als zusammengehörig. Die kleinste Einheit der Gesellschaft in einer Polis war der Oikos. Die Männer standen dem Oikos vor und übten Berufe aus. Die Frauen standen unter der Vormundschaft der Männer und wurden schon früh auf ihre Rolle als Mutter und Hausfrau vorbereitet. In Sparta hingegen verwalteten die Frauen die Landgüter, während die Männer sich als Soldaten für den Krieg vorbereiteten. Ein Großteil der griechischen Einwohner waren □□□□□□□. Sie waren persönlicher Besitz des Hausherrn und mussten meist härteste Arbeit tun.

Wortspeicher

Alexander der Große*, Antike, Aristokratie*, Aristoteles*, Demokratie, Hellenen/Hellenismus*, Homer*, Kolonien, Metöken*, Olympische Spiele, Perikles*, Platon*, Poleis*, Sklaven, Sokrates*, Solon*, Tyrannis*

Orientierung

Die Siedlungsgebiete der Griechen sind durch Inseln, Berge und zerklüftete Küsten voneinander getrennt. Deshalb entstanden im 8. Jh. viele kleine, selbstständige Stadtstaaten, die □□□□□□. Viele Griechen wanderten aus und gründeten an den Küsten des Mittelmeeres und des Schwarzen Meeres zahlreiche Kolonien. Trotzdem entwickelten die Griechen in der □□□□□□ ein Zusammengehörigkeitsgefühl und eine einheitliche Kultur. Die griechischen Poleis feierten gemeinsam große Feste und schlossen sich zu Bündnissen zusammen, etwa gegen die Perser.

Wirtschaft

Die fruchtbaren Gebiete in Griechenland waren durch Berge und Buchten voneinander getrennt. Das wichtigste Verkehrsmittel der Griechen war daher das Schiff. Das Meer lieferte ihnen Nahrung und war Handels- und Verkehrsraum. Die Polis Athen entwickelte sich dabei zu einem Zentrum des Handels. Mit Schiffen wanderten Griechen aus und gründeten □□□□□□□□. Durch Handel und Migration verbreiteten sie ihre Lebensweise im ganzen Mittelmeerraum.

Weltdeutung

Die Griechen glaubten an viele Götter (Polytheismus). Von ihnen und den Heroen erzählen viele Mythen. Die berühmtesten wurden vom Dichter □□□□□ überliefert. Bei religiösen Festen und Feiern, wie den □□□□□□□□□□ □□□□□□ zu Ehren der Götter kamen Griechen aus allen Poleis zusammen. Philosophen wie □□□□□□□□, □□□□□□ und dessen Schüler □□□□□□□□□□□ fragten nach den Ursachen aller Dinge. Das logische Denken trat an die Stelle der Mythen. Damit legten die Griechen den Grundstein für viele Wissenschaften wie Mathematik und Geometrie.

1. *Ergänze die fehlenden Begriffe der Lernkarten mithilfe des Wortspeichers und* ***schreibe*** *sie in dein Heft.*

2. ***Wähle*** *aus jeder Kategorie je einen der gesuchten Begriffe* ***aus*** *und* ***verfasse*** *dazu mit deinen eigenen Worten einen kurzen Lexikoneintrag.*

M1 Was Schiffswracks erzählen

① Wrack eines griechischen Handelsschiffs, gesunken vor Kyrenia (Zypern), 300 v. Chr.; ② Griechische Münze, 2. Jh. v. Chr.; ③ Hand einer weiblichen Bronzestatue, 3. bis 1. Jh. v. Chr.; ④ Wein-Amphore, um 250 v. Chr.; ⑤ Amphore mit Olympia-Wettkämpfern; ⑥ Bronzestatue eines Gottes (Zeus oder Poseidon), 460 v. Chr.; ⑦ Brustpanzer und Helm, 6. Jh. v. Chr.; ⑧ Ladung von Säulenteilen, um 400 v. Chr.

④

①

②

③

⑤

⑥

⑦

⑧

M2 Athen nach Perikles

Der Philosoph Aristoteles (384 - 322 v. Chr.) beschreibt in einem Buch über Politik die Verhältnisse in Athen:

Solange Perikles Vertreter des einfachen Volkes war, stand es ganz gut um den Staat. Nach Perikles' Tod ging es viel schlechter. Da wählte das Volk nämlich erstmals einen Vorsitzenden, der bei den Angesehenen einen schlechten Ruf hatte. Vorher hatten immer die Tüchtigen ihre Führung behaupten können. Nach Perikles' Tod führte Nikias die Vornehmen, Kleon das Volk. Dieser trug durch seine wilden Ausbrüche sehr dazu bei, das Volk zu verderben: Als Erster schrie und schimpfte er auf der Rednertribüne und hielt seine Volksreden in schlampiger Kleidung. Die anderen redeten immer anständig. Danach führte das Volk Kleophon, ein Leiermacher. Er ließ als Erster zwei Obolen[1] an die Theaterbesucher auszahlen. Eine Zeitlang fand die Zahlung so statt. Dann hob Kallikrates diese Regel auf: Er versprach, zu den zwei Obolen noch einen weiteren hinzuzufügen. Von Kleophon an übernahmen die Volksführung ohne Unterbrechung nur noch die, die sich am unverschämtesten aufführten und dem Volk nach dem Munde redeten. Dabei dachten sie aber nur an den Augenblick.

Zitiert nach: Aristoteles, Der Staat der Athener 28. – Werke in deutscher Übersetzung, Bd. 10.I, übers. v. Mortimer Chambers, Darmstadt 1990, S. 35

[1] Silbermünzen

1. ***Wählt aus**: Versetzt euch in einen Archäologen, der die Funde untersucht hat und einen Vortrag halten soll. Wählt in Partnerarbeit vier Gegenstände aus (M1).* ***A Zeigt auf**, was die Fundstücke über das Leben der Griechen erzählen.* ***B Präsentiert** eure Ergebnisse mithilfe von Texten, Bildern oder Grafiken in einer digitalen Präsentation.*
2. *a)* ***Arbeite heraus**, wie Aristoteles die Politik seiner Zeit beschreibt (M2). b) Du hast die Demokratie in Athen während ihrer Blütezeit im 5. Jh. v. Chr. kennengelernt.* ***Vergleiche** sie mit der Form, die Aristoteles im 4. Jh. beschreibt. c)* ***Beurteile** die Meinung von Aristoteles.*

Leben im Römischen Reich

Rom ist heute die Hauptstadt Italiens. Die Einwohner können auf eine jahrtausendealte und wechselvolle Geschichte zurückblicken. Rom war das Zentrum des Römischen Reiches. Es entstand aus einem kleinen Dorf am Fluss Tiber und entwickelte sich in wenigen Jahrhunderten zu einem Riesenreich. Zur Zeit seiner größten Ausdehnung im 1. Jh. n. Chr. umfasste es die ganze damals bekannte Welt. Auch Ägypten und Griechenland wurden ein Teil des Römischen Reiches und seiner Kultur.
Die Römer dachten, dass ihr Reich „ewig" halten würde. Heute wissen wir, dass das Reich der Römer nach circa 1 000 Jahren unterging. Vieles aber überdauerte bis heute. Die Sprache der Römer wird bis heute in Schulen unterrichtet – Latein. Überall, wo sie herrschten, hinterließen die Römer Spuren ihrer Sprache: Italienisch, Spanisch, Französisch, Rumänisch – all diese Sprachen gehen auf das Lateinische zurück. Auch viele deutsche Worte haben dort ihren Ursprung: „Straße" kommt von „via strata", „Frucht" von „fructus". Die Römer gründeten Städte, die es heute noch gibt, zum Beispiel Mainz, das sie Mogontiacum nannten, oder Trier, dessen lateinischer Name Augusta Treverorum lautet. Die Römer hinterließen uns neben ihrer Sprache auch berühmte Bauwerke und technische Erfindungen wie zum Beispiel Wasserleitungen. Auch politische Ordnungen (Staatsformen) wie die Republik und das Kaisertum überlebten den Untergang Roms.

Leitfragen zu den Kategorien

- Wie gelang Rom der Aufstieg von einem Dorf am Tiber zu einem Weltreich?
- Welche Zusammenhänge gibt es zwischen den naturräumlichen Gegebenheiten, den politischen und gesellschaftlichen Entwicklungen und der Ausdehnung Roms?

- Wie haben die Römer ihr riesiges Reich organisiert und verwaltet?
- Wie rechtfertigten sie ihre Kriege und ihre Herrschaft über andere Völker?
- Welche Staatsformen gab es im Römischen Reich und was kennzeichnete sie?

- Wie sah die gesellschaftliche Ordnung im alten Rom aus?
- Wie gelang es den Römern, verschiedene Kulturen im Römischen Reich zu integrieren?

- Welche Rolle spielten Handel und Handwerk für die Wirtschaft und die Ausweitung des Römischen Reiches?
- Welche Bedeutung kam den Verkehrswegen und neuem technischen Wissen zu?

- Welche Bedeutung hatte die Religion der Römer für ihre Herrschaft und das Zusammenleben?
- Wie gingen sie mit fremden Religionen, insbesondere dem Christentum, um?

Aufstieg Roms zur Großmacht
Blütezeit der griechischen Antike
1000 v. Chr. | 900 v. Chr. | 800 v. Chr. | 700 v. Chr. | 600 v. Chr. | 500 v. Chr. | 400 v. Chr. | 300 v. C
Späte Pharaonenzeit in Ägypten

M 2 Der Hadrianswall im Norden Englands aus dem 2. Jh. n. Chr.
Foto von 2012

M 3 „Porta Nigra“ (dt. „Schwarzes Tor“) in Trier, Ende des 2. Jh. n. Chr.
Foto um 2016

M 4 Römischer Mercuriustempel in Tawern
Teilweise rekonstruierte Tempelanlage aus dem 1. Jh. n. Chr.

M 5 Römisches Theater in Aspendos (Türkei)
Das gut erhaltene Theater aus dem 2. Jh. nach Chr. wird auch heute noch für Aufführungen genutzt.

M 1 Das Römische Reich zur Zeit seiner größten Ausdehnung um 117 n. Chr.

M 6 Pont du Gard über den Fluss Gardon in Südfrankreich
Römisches Aquädukt (Wasserkanal) aus dem 1. Jh. n. Chr., Foto von 2008

1. ***Nenne*** *die heutigen Staaten, die auf ehemals römischem Gebiet liegen. Hinweis: Vgl. die Karte hinten im Buch.* Ⓖ
2. *a)* ***Informiere dich****, wie lange jeweils das alte Ägypten, das Reich Alexanders des Großen und Rom als Großreiche existierten. b)* ***Stellt*** *in Partnerarbeit* ***Hypothesen auf****, wie es den Römern gelang, ihr Reich so zu vergrößern und aufrechtzuerhalten.* Ⓗ
3. ***Wähle aus: Prüfe*** *am Beispiel eines weiteren „Weltreiches“ der Antike, inwieweit sich Gemeinsamkeiten im Hinblick auf Lage und Ausdehnung feststellen lassen:*
   A *Ägypten (vgl. S. 56 ff.)*
   B *das Reich Alexanders des Großen (vgl. S. 104 f.).*

Internettipp:
Eine animierte Karte zur Entwicklung Roms von der Gründung bis zum Untergang des Römischen Reiches“ findest du unter 31101-31.

Bildung eines Weltreiches (Imperium) | Untergang des Römischen Reiches

0 v. Chr. | 100 v. Chr. | Chr. Geburt | 100 n. Chr. | 200 n. Chr. | 300 n. Chr. | 400 n. Chr. | 500 n. Chr.

Ein Dorf wird zum Weltreich

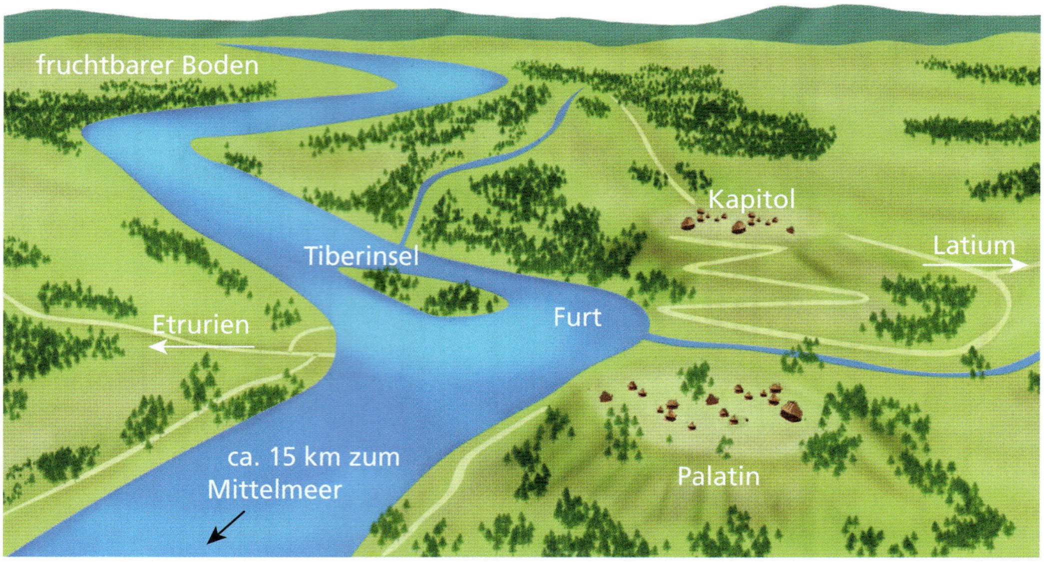

M 1 Bescheidene Anfänge
Roms Hügel und Siedlungsspuren um 900 v. Chr.
Der Fluss Tiber bildete die Grenze zwischen den Latinern, zu denen die Römer gehörten, und den Etruskern.

Internettipp:
Die alten Römer erklärten sich die Geschichte ihrer Stadt gern durch Legenden. Lies die Gründungssage unter dem Mediencode 31101-32 nach.

Rom wird besiedelt

Wer um 900 v. Chr. in die kleine Siedlung an der Stelle des späteren Rom kam, konnte nicht ahnen, dass dies die künftige Hauptstadt eines Weltreiches war. Auf den Hügeln Palatin und Kapitol standen ein paar Hütten und im feuchten Tal lag ein Friedhof.

Etwa ein bis zwei Jahrhunderte zuvor waren Völkergruppen nicht nur nach Griechenland, sondern auch in das heutige Italien gezogen. Dort, wo Handelsstraßen den Fluss Tiber an einer seichten Stelle (Furt) leicht überqueren konnten und der Boden fruchtbar war, hatten sich Hirten und Bauern angesiedelt. Die Stelle war strategisch günstig, weil sie sich durch ihre Hügellage leicht verteidigen ließ und mit dem Tiber eine direkte Verbindung zum Meer besaß. Um 700 v. Chr. schützte schon eine Mauer aus Lehmziegeln die kleine Stadt. Tempel, Häuser aus Stein und die erste Kanalisation wurden errichtet. Rom wuchs zu einem Stadtstaat nach griechischem Vorbild heran.

„Unser Meer!"

Die Römer waren ihren Nachbarn militärisch überlegen. Bis zum Jahr 270 v. Chr. konnte Rom ganz Italien unterwerfen. Durch die Eroberungen gerieten die Römer in Konflikt mit neuen Gegnern: Makedonien, Sizilien und Karthago. Das Ringen mit ihnen zog sich von 264 bis etwa 133 v. Chr. hin.[1] Auch weite Teile des heutigen Spanien und Griechenlands kamen unter römische Herrschaft. Das Mittelmeer wurde zu Roms „mare nostrum" (dt. unser Meer). Aus der Sicht der Zeitgenossen war Rom damit zur Weltmacht aufgestiegen.

Römer überall

In den folgenden Jahrhunderten eroberten römische Legionen, Heereseinheiten aus tausenden von Soldaten, die noch „fehlenden" Küstenregionen des Mittelmeeres sowie Gebiete bis zu Rhein, Donau und Nordseeküste. Weit und breit gab es für Jahrhunderte keinen Staat, der Roms Vorherrschaft bedrohen konnte. Schon bald bürgerte sich die Bezeichnung Imperium Romanum (dt. Römisches Reich) ein. Heute spricht man auch bei anderen Großreichen von einem **Imperium**.

1. ***Beschreibe** die Karte (M1).*
2. ***Begründe** mithilfe der Karte, warum die Gründung Roms genau an dieser Stelle besonders günstig war (M1).*

[1] Mehr zu Roms Kampf gegen Karthago auf S. 112 f.

Historische Verläufe nachvollziehen

M 1 Das Römische Reich dehnt sich aus
Die Vergrößerung des Machtbereiches nennen wir Expansion.

Manche Geschichtskarten zeigen keine Zustände, sondern Verläufe und Entwicklungen.

In drei Schritten zum Ziel

Beschreibe,
- welchen Zeitraum und welches Gebiet die Karte darstellt,
- wie sich Grenzlinien verändert haben,
- was mit derselben Farbe gekennzeichnete Flächen bedeuten.

Erkläre und ordne ein,
- wie groß die dargestellten Veränderungen sind,
- in welchem Zeitraum sie eingetreten sind,
- welche regionalen Schwerpunkte festzustellen sind,
- auf welche Weise sie herbeigeführt wurden.

Bewerte und fasse zusammen,
- welche Folgen und welche Bedeutung die nachvollzogene Entwicklung hat.

1. ***Stelle*** *den Aufstieg Roms vom Stadtstaat zum Weltreich in M1* ***dar****. Lege dazu eine Tabelle an, in der du die wichtigsten Stationen in zeitlicher Reihenfolge und die von Rom jeweils eroberten Gebiete einträgst.* (H)
2. *a)* ***Arbeite*** *die Gründe für den Aufstieg Roms aus dem Verfassertext* ***heraus*** *und ergänze sie in deiner Tabelle.*
   b) ***Vergleiche*** *den Verfassertext auf S. 110 mit der Karte M1.*
3. ***Erläutere****, warum es sinnvoll ist, zum Verständnis eines historischen Verlaufs Verfassertexte und Karte heranziehen zu können.* (H)
4. ***Erstelle*** *eine veränderte Version der Karte M1, die die weitere Entwicklung des Imperium Romanum zeigt. Kopiere hierzu M1 und trage in die Kopie ein, wie sich die Grenzen bis zum Jahr 117 verändert haben (vgl. M1 auf S. 109).*

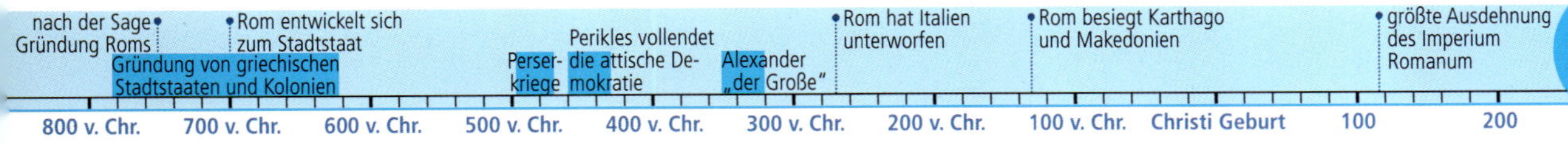

Herrschaft über ein Imperium

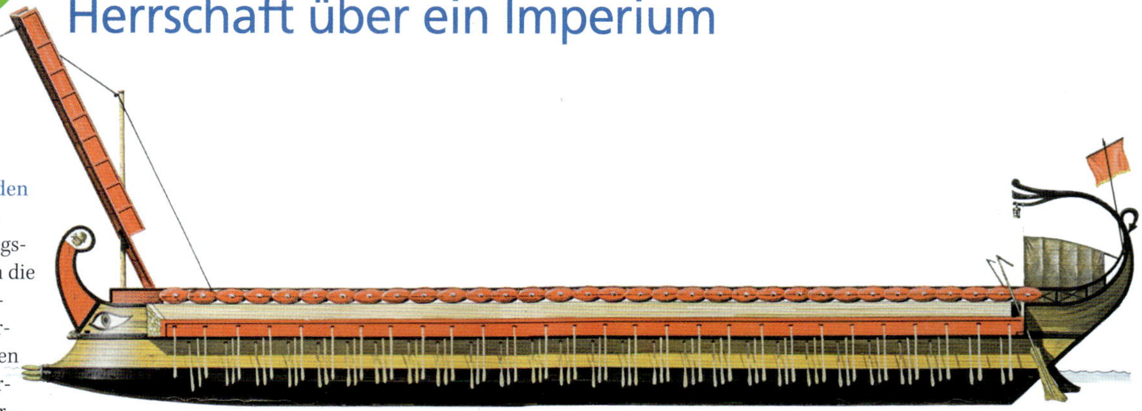

M 1 Vom Feind lernen
Modellzeichnung eines römischen Kriegsschiffes aus den Punischen Kriegen
Beim Bau ihrer Kriegsschiffe nahmen sich die Römer die karthagische Flotte zum Vorbild und entwickelten sie weiter. Die Enterbäume am Bug bohrten sich mit einem langen Dorn in das gegnerische Schiff.

Kriege um jeden Preis?

Innerhalb weniger Jahrhunderte erkämpfte sich Rom die Herrschaft über Gebiete auf drei Kontinenten rund um das Mittelmeer. Mehrfach erlitten die Römer dabei schwere Niederlagen, doch am Ende setzten sie sich immer durch.

Das zeigen beispielhaft die drei Kriege gegen Karthago. Mit seiner Kriegsflotte beherrschte die nordafrikanische Seemacht das westliche Mittelmeer. Lange Zeit waren die Beziehungen zwischen Rom und den Puniern – so nannten die Römer die Karthager[1] – friedlich gewesen. Das änderte sich, nachdem Rom um 275 v. Chr. die griechischen Städte in Süditalien erobert hatte.

264 v. Chr. kam es zum Ersten Punischen Krieg zwischen Rom und Karthago, weil beide Großmächte die reiche Insel Sizilien kontrollieren wollten. Die römische Landmacht entschloss sich, erstmals eine große Kriegsflotte zu bauen. Sie brauchte 23 Jahre, dann hatte sie genügend Erfahrung in der Seekriegsführung gewonnen. 241 v. Chr. musste sich Karthago geschlagen geben; Sizilien kam unter römische Herrschaft.

Im Zweiten Punischen Krieg (218-201 v. Chr.) nahm der karthagische Feldherr **Hannibal** Rache. Er zog mit seinen Truppen von Spanien über die Alpen, fiel überraschend von Norden ein und beherrschte nach 15 Jahren fast ganz Italien. Die Römer wehrten sich, indem sie das karthagische Spanien eroberten und Karthago selbst bedrohten. Hannibal musste zurückkehren und wurde 202 v. Chr. geschlagen.

Trotz seiner Niederlage blieb Karthago eine erfolgreiche Handelsmacht. Das wollten die Römer nicht dulden: Sie sorgten für einen Kriegsanlass und machten Karthago im Dritten Punischen Krieg (149-146 v. Chr.) dem Erdboden gleich. Seine Einwohnerinnen und Einwohner wurden versklavt, das Land dem Römischen Reich einverleibt.

Erfolg mit vielen Ursachen

Hauptursache für den militärischen Erfolg Roms war die Schlagkraft seiner Armeen. Diese bestanden bis ins 2. Jh. v. Chr. aus römischen Bürgern, die im Kriegsfall Kriegsdienst leisten mussten. Doch die häufigen und langen Kriege machten sie zu geübten Soldaten. Harte Strafen bei mangelnder Disziplin oder Feigheit, aber auch großzügige Belohnungen und Ehrungen für Tapferkeit und besondere Opferbereitschaft steigerten die Kampfkraft der Armeen zusätzlich. Weil die eroberten oder mit Rom verbündeten Gebiete Soldaten stellen mussten, konnte die Armee immer weiter vergrößert werden. Seit dem späten 2. Jh. v. Chr. bestanden die Legionen aus gut ausgebildeten Berufssoldaten.

Der Erste Punische Krieg konnte nur gewonnen werden, weil die Römer über viele Jahre ihr Ziel verfolgten, Seekriegserfahrung zu sammeln. Reiche Römer bezahlten aus ihrem Privatvermögen eine neue Flotte, als alle Schiffe durch die Punier vernichtet worden waren. Im Laufe der Zeit wurden die Römer Meister der Kriegsführung. Ihre Soldaten, aber auch ihre weit reichenden Wurfgeschosse mit hoher Durchschlagskraft, ihre Rammböcke und ihre Belagerungstechnik machten sie zu gefürchteten Gegnern.

Internettipp:
Unter dem Mediencode 31101-33 kannst du dich über die Punischen Kriege informieren.

[1] Karthago war um 800 v. Chr. von dem Volk der Phönizier gegründet worden. Deshalb nannten die Römer die Karthager Punier (von lat. poeni für Phönizier).

M 2 Das Heer verschanzt sich
Rekonstruktionszeichnung
Das römische Heer bestand zunächst aus vier Legionen von je etwa 6 000 Fußsoldaten. Die Soldaten mussten für ihre Ausrüstung selbst aufkommen. Sie trugen auf den Feldzügen neben den Waffen noch Werkzeuge zum Bau von Schutzwällen und Lagern, Töpfe und Pfannen sowie Proviant für mehrere Tage. Alles zusammen wog etwa 40 kg.

„Gerechte Kriege"?

Ihrer Meinung nach führten die Römer nur „gerechte" Kriege. Immer sahen sie im Gegner den Angreifer und beanspruchten das Recht, ihr Vaterland zu schützen – durch Verteidigung oder Angriff. Die römische Führung verbreitete die Vorstellung, Rom sei von den Göttern dazu bestimmt, die Welt zu regieren. Aber es gab auch ganz handfeste Gründe, Kriege zu führen:

- Die wachsende Bevölkerung brauchte mehr Nahrung und damit mehr Ackerland und neue Siedlungsgebiete.
- Kriege boten ehrgeizigen Feldherren die Möglichkeit, Ruhm und Reichtum zu erwerben.
- Ihre Soldaten erhofften sich reiche Beute.
- Die Abgaben und Soldaten aus den eroberten Gebieten vermehrten den Reichtum und die militärische Kraft des Imperiums.

Eine Herrschaft – viele Methoden

Die Römer entwickelten verschiedene Strategien, um ihre Eroberungen abzusichern. Die meisten Städte und Stämme Italiens band Rom – freiwillig oder durch militärischen Zwang – mit Bündnisverträgen an sich. Die Bundesgenossen (lat. = socii) verpflichteten sich, Rom künftig in jedem Krieg mit Soldaten (Hilfstruppen) zu unterstützen. Als Gegenleistung gewährten die Römer ihnen Schutz und einen Teil der Kriegsbeute.
Ein weiteres Mittel, die römische Vorherrschaft zu sichern, war die Gründung von Kolonien. Sie dienten anders als bei den Griechen vor allem militärischen Zielen. Hier wurden römische Bürger in neu gegründeten Städten angesiedelt, um das Gebiet zu sichern. Ostia, Roms späterer Hafen an der Tibermündung, war eine der ersten römischen Kolonien.
Die außerhalb Italiens eroberten Gebiete besetzten die Römer auch mit Soldaten und erklärten die Gebiete zu **Provinzen**: zu römischen Amtsbereichen, die den Weisungen eines römischen Statthalters unterworfen waren. Die Menschen dort mussten Dienste leisten und Steuern zahlen. Die erste römische Provinz wurde 241 v. Chr. Sizilien. In späterer Zeit sicherten zudem Grenzbefestigungen das Reich vor feindlichen Angriffen.[2]

Aus Besiegten werden Römer

Um das Riesenreich mit wenig Verwaltungsaufwand regieren zu können, überließen die Römer in der Regel die meisten Entscheidungen den Einheimischen und tolerierten ihre Sitten und Bräuche. Dadurch empfanden viele die römische Herrschaft nicht als Fremdherrschaft.
Bündnisse, Kolonien und Provinzen trugen dazu bei, dass die besiegten Völker die römische Lebensweise annahmen oder sich die Kulturen vermischten. Denn so verbreitete sich während der Eroberung des hellenistischen Ostens ab dem 2. Jh. v. Chr. umgekehrt die griechische Lebensart in Rom.[3]
Aus ehemaligen Feinden wurden Verbündete und aus vormals Unterworfenen wurden Römer.

[2] Vgl. zum Limes S. 133.
[3] Vgl. zum Hellenismus S. 104.

1. *Arbeite* ***die Gründe für die drei Punischen Kriege*** ***heraus.***
2. ***Fasse zusammen****, wie es den Römern gelang, ein Weltreich zu erobern und zu verwalten.*
3. *Führt eine Podiumsdiskussion zu folgender Fragestellung: Der Aufstieg Roms zur Weltmacht – ein Gewinn für alle? Bildet in der Klasse zwei Gruppen: Eine Gruppe übernimmt die Rolle der Römer, die andere die der besiegten Völker.* ***Sammelt*** *jeweils* ***Argumente*** *und* ***bezieht*** *in einer Podiumsdiskussion* ***Stellung****. Hinweis: Anregungen liefern die Materialien auf den folgenden Seiten.* (H)

Rom unterwirft Italien: Koloniegründungen und Bündnisverträge
Sizilien wird römische Provinz
1. Punischer Krieg
Hannibal überquert die Alpen
2. Punischer Krieg
3. Punischer Krieg
Rom beherrscht den Mittelmeerraum
350 v. Chr. | 300 v. Chr. | 250 v. Chr. | 200 v. Chr. | 150 v. Chr. | 100 v. Chr. | 50 v. Chr.

M3 Römische Disziplin

Der Geschichtsschreiber Polybios (um 200-120 v. Chr.) berichtet:

Bei Wachvergehen tritt sogleich das Standgericht der Offiziere zusammen, und wenn der Betroffene verurteilt wird, ist die Strafe das Schlagen mit Stöcken […]. Die meisten Verurteilten finden dabei schon im Lager den Tod […].

Das Folgende rechnen die Römer als Verletzung der soldatischen Pflicht und Ehre und als Feigheit: wenn jemand aus Furcht seinen Platz verlässt; wenn jemand während des Kampfes aus Furcht eine Waffe fortwirft. Deshalb gehen viele in den Tod und wagen trotz vielfacher Übermacht des Feindes nicht, ihren Posten zu verlassen, aus Furcht vor der Strafe, die sie im eigenen Lager erwartet […]. […]

Wer bei der Einnahme einer Stadt als Erster die Mauer erstiegen hat, erhält einen goldenen Kranz. Ebenso, wer einem Kameraden, Bürger oder Bundesgenossen das Leben gerettet hat, indem er ihn mit seinem Schilde deckte.

Polybios, Historien 6, 37ff. nach: Walter Arend (Bearb.), Altertum. Geschichte in Quellen, München ³1978, S. 420f. (vereinfacht)

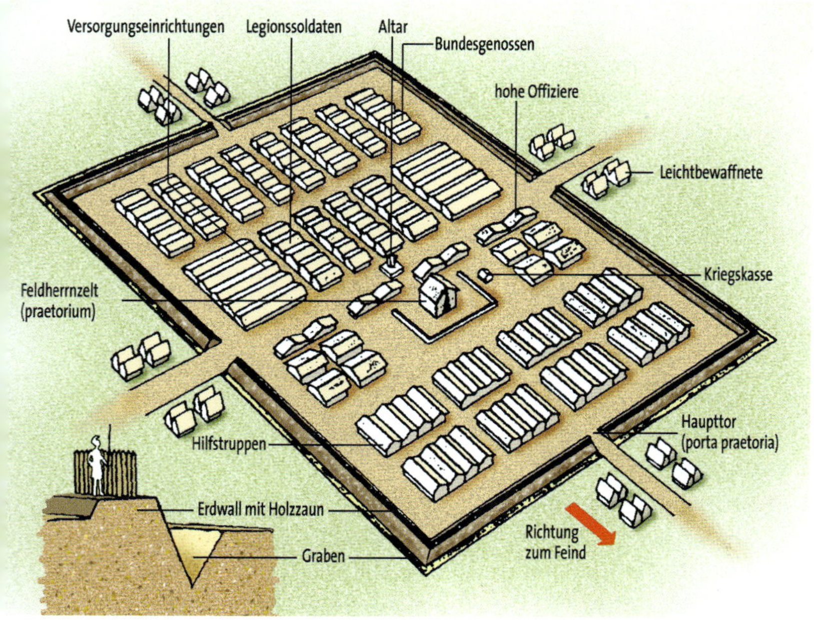

M4 Ein römisches Lager

Vereinfachter Grundriss

M5 Die Stärke Roms

Polybios beschreibt das militärische Potenzial der Römer und ihrer Verbündeten:

Die Summe der zur Verteidigung Roms im Felde stehenden Truppen belief sich also auf über 150 000 Mann zu Fuß und an 6 000 Reiter, die ganze Masse der waffenfähigen Mannschaft aber der Römer und ihrer Bundesgenossen auf über 700 000 Mann zu Fuß und gegen 70 000 Reiter. Gegen diese unternahm Hannibal seinen Einfall in Italien mit weniger als 20 000 Mann.

Polybios, Historien 2, 24 nach: Hans-Joachim Gehrke und Helmuth Schneider (Hrsg.), Geschichte der Antike. Quellenband, Stuttgart 2007, S. 222 (übersetzt nach H. Drexler)

M6 Verwaltung einer Provinz

Im Jahr 69 v. Chr. schreibt der römische Politiker, Redner und Philosoph Cicero (106 - 43 v. Chr.) über die Verwaltung der römischen Provinz Gallia Transalpina im heutigen Südfrankreich:

M. Fonteius war Statthalter der Provinz Gallia[1], die aber aus Stämmen und Völkerschaften folgender Art besteht: Teils führten sie […] erbitterte und langjährige Kriege mit dem römischen Volk, teils wurden sie bald […] unterworfen […], bald durch unsere Triumphzüge und Siegesdenkmäler gedemütigt, bald vom Senat durch die Einziehung von Ackerland und Städten bestraft […].

In eben dieser Provinz liegt Narbo Martius [heute Narbonne], eine Ansiedlung (colonia) unserer Bürger, ein Vorposten des römischen Volkes und ein Bollwerk, das man vor eben diese Völker geschoben und ihnen entgegengestellt hat […].

An der Spitze dieser Provinz […] stand, wie bemerkt, M. Fonteius; die noch Feinde waren, unterwarf er; die es in allerjüngster Zeit zuvor gewesen waren, zwang er, das strafweise eingezogene Ackerland zu verlassen; den Übrigen, die oft in schweren Kriegen überwunden worden waren […], befahl er, große Kontingente an Reitertruppen für die Kriege zu stellen, die das römische Volk damals im ganzen Erdkreis geführt hat, sowie hohe Geldbeträge zu deren Besoldung und eine sehr beträchtliche Menge Getreides zum Unterhalt (der Legionen) für den spanischen Krieg zu beschaffen.

Cicero, Rede für Fonteius 11-15, zit. nach: Hans-Joachim Gehrke und Helmuth Schneider (Hrsg.), a. a. O., S. 246 (übersetzt nach M. Fuhrmann)

[1] Zur Eroberung Galliens siehe S. 122.

M7 Gerechte Kriege

Cicero äußert sich dazu im 1. Jh. v. Chr.:

Ungerechte Kriege sind diejenigen, die ohne Grund unternommen werden. Denn ohne den Grund, sich zu rächen oder aber die Feinde zurückzuschlagen, kann kein gerechter Krieg (bellum iustum) geführt werden. Kein Krieg kann als gerecht gelten, wenn er nicht angesagt und erklärt worden ist und wenn nicht die Forderung auf Rückgabe des Eigentums erhoben worden ist.

An anderer Stelle schreibt er:

Allen, die das Vaterland bewahrt, ihm geholfen, es vergrößert haben, ist ein fester Platz im Himmel [...] bestimmt [...]. Nichts ist nämlich jenem höchsten Gott, der die ganze Welt lenkt, von dem, was auf Erden geschieht, willkommener als die Versammlung von Menschen, die durch Recht geeint sind, und die Gemeinschaften, die man Gemeinwesen (civitas) nennt [...].

Cicero, Über den Staat, 3, 35 nach: Hans-Joachim Gehrke und Helmuth Schneider (Hrsg.), a. a. O., S. 262 (übersetzt nach K. Büchner)

M8 Über die Herrschaft Roms

Im Jahr 69 v. Chr. soll nach dem Geschichtsschreiber und Politiker Sallust (86 - 35 v. Chr.) ein von den Römern vertriebener Fürst aus Kleinasien folgenden Brief an seinen Nachbarfürsten in Armenien geschrieben haben:

Denn für die Römer gibt es seit eh und je diesen einzigen Anlass, mit allen Stämmen, Völkern und Königen Krieg zu führen: ihre unermessliche Begierde nach Herrschaft und Reichtum [...]. [...] Mit diesem Verhalten werden sie alles vernichten oder selbst zugrunde gehen.

Der römische Dichter Vergil (70 - 19 v. Chr.) schreibt um 20 v. Chr. über die Aufgabe der Römer:

Du, Römer, lenke durch deine Herrschaft die Völker! Bedenke, das kannst du am besten: gesitteten Frieden stiften, die Unterworfenen schonen und die Hochmütigen bezwingen.

Der griechische Geschichtsschreiber Diodor (um 80 - 29 v. Chr.) schreibt:

Die Römer errichteten ihre Weltherrschaft durch die Tapferkeit ihrer Heere und brachten sie zur größten Ausdehnung durch die überaus anständige Behandlung der Unterworfenen. [...] Den einen gaben sie Anteil am Bürgerrecht, anderen gestanden sie das gegenseitige Recht, nach eigenen Gesetzen zu leben, keinem trugen sie das frühere Unrecht härter nach als nötig. Wahrscheinlich, dies Übermaß an Milde war der Grund, dass Könige und freie Städte und schließlich ganze Völker aus freiem Willen sich der römischen Hegemonie eilends unterstellten. Als die Römer aber nahezu die ganze bewohnte Erde beherrschten, da begannen sie, ihre Herrschaft durch Terror und die Vernichtung der ansehnlichsten Städte zu sichern [...].

Erster Text: Sallust, Historiae/Zeitgeschichte VI, 5 und 21, übers. u. hrsg. v. Otto Leggewie, Stuttgart 1975
Zweiter Text: Vergil, Aeneis 6, 847 ff. (übersetzt von Klaus Gast)
Dritter Text: Diodor, Bibliotheca historica 32, 4,4 nach: Walter Arend (Bearb.), a. a. O., S. 456

M9 Beute aus dem griechischen Osten

Der römische Geschichtsschreiber Livius berichtet über das Jahr 186 v. Chr.:

Das zurückkehrende Heer führte den Luxus fremder Länder in Rom ein. Es waren [...] Soldaten, die zuerst Ruhebetten mit eisernen Füßen, kostbare Decken, Gewebe und Prunktische [...] nach Rom brachten. Zu den Speisen kamen jetzt Darbietungen von Zither- und Harfenspielerinnen und andere Vorführungen zur Erheiterung der Gäste; auch auf die Zubereitung der Speisen begann man mehr Sorgfalt und Geld zu verwenden. Der Koch, bei den Alten der wertloseste Sklave, stieg jetzt im Preis. Was eine bloße Dienstleistung gewesen war, galt jetzt als Kunst.

Livius, XXXIX, 6, 7 ff., übers. u. gestrafft von Klaus Gast

1. ***Erläutere*** *den Grundriss des Lagers (M4).*
2. *a)* ***Erläutere****, warum Polybios bestimmte Verhaltensweisen der Römer hervorhebt (M3). b)* ***Prüfe****, ob sie die römischen Erfolge erklären (M3, M5).*
3. ***Arbeite heraus****, nach welchen Grundsätzen der Statthalter in M6 die Provinz verwaltet hat.*
4. *a)* ***Arbeite heraus****, wie Cicero die Kriege Roms rechtfertigt. b)* ***Beurteile*** *die römischen Grundsätze des gerechten Krieges (M7).*
5. ***Vergleiche*** *die Urteile über die Herrschaft Roms (M8).*
6. ***Untersuche****, in welchen Lebensbereichen sich der griechische Einfluss zeigt (M9).*
7. ***Prüfe****: Handelt es sich bei den Materialien M3 bis M9 um Darstellungen oder Quellen?*

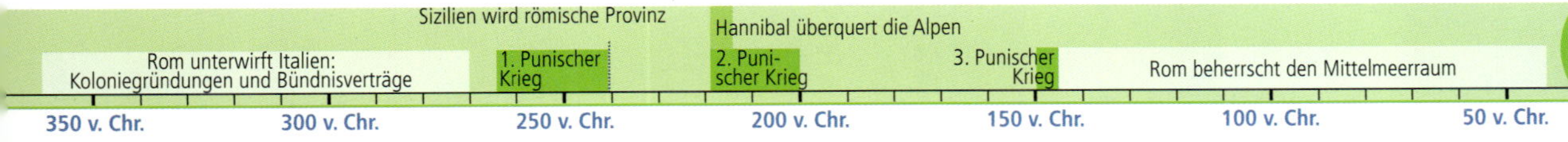

Wer regiert in Rom?

Rom wird Republik

Ursprünglich wurde der Stadtstaat Rom von einem König regiert (Monarchie). Um das Jahr 500 v. Chr. vertrieben die vornehmen und reichen Römer den letzten König. Sie übernahmen selbst die „öffentlichen Angelegenheiten" (lat. res publicae) und verwandelten damit die Monarchie in eine **Republik**.

Alle wehrfähigen Männer Roms durften Regierungsbeamte wählen, Gesetze beschließen oder über Krieg und Frieden abstimmen. Dazu wurden unterschiedliche Volksversammlungen einberufen.

Zahlreiche Ämter

An der Spitze des Stadtstaates standen zwei gewählte Konsuln. Im Krieg hatten sie den Oberbefehl über das Heer. Ihnen standen rund 30 weitere Beamte (Magistrate) zur Seite.

Um jede Rückkehr zu einer Königsherrschaft zu verhindern, wurde die Amtszeit aller Regierungsämter auf ein Jahr beschränkt und jedes Amt mit mindestens zwei Männern besetzt, von denen jeder gegen die Entscheidungen seines Kollegen Einspruch erheben konnte. Darüber hinaus durfte keiner dasselbe Amt zweimal, zwei Ämter gleichzeitig oder unmittelbar hintereinander bekleiden.

Wenn die Amtszeit eines Beamten abgelaufen war, kam er in den angesehenen „Rat der Alten", den **Senat**. Dem Senat gehörten 300 ehemalige Magistrate auf Lebenszeit an. Die Senatoren überwachten die Einnahmen und Ausgaben des Staates, empfingen auswärtige Politiker und schlossen Verträge mit anderen Staaten. Sie bereiteten Gesetze und Wahlvorschläge vor und gaben den Magistraten verbindliche „Ratschläge" für ihre Amtsführung. Daher waren die Senatoren die einflussreichsten Männer im Staat.

M 1 Stimmabgabe in einer Volksversammlung
Diese Silbermünze wurde unter der Aufsicht des Münzmeisters Publius Nerva um 113 v. Chr. geprägt.

M 2 „Der Volksredner"
Etruskische Bronzefigur, ca. 1,80 m, um 100 v. Chr.

Eine Sache des Volkes?

Anders als bei den Athenern entstand in Rom aber keine Demokratie. Denn die Stimmen der reichen Bürger zählten viel mehr als die der armen. Man diskutierte auf den Versammlungen auch nicht, sondern stimmte nur mit Ja oder Nein ab.

Alle politischen Ämter waren Ehrenämter. Gehälter gab es für die Arbeit nicht. Daher konnten es sich die meisten Römer auch gar nicht leisten, öffentliche Ämter zu übernehmen.

Die Macht im Staat übernahmen die **Patrizier**. Sie legitimierten (lat. legitimare: rechtfertigen) ihre Herrschaft damit, Nachfahren der „Väter" (lat. patres) zu sein, die angeblich die Stadt gegründet hatten. Sie wurden Feldherren, Beamte, Richter oder Priester. Um ihre besondere Stellung zu sichern, durfte ein Patrizier keine Frau aus dem Kreis der übrigen Bürger heiraten. Für sie waren Bauern, Handwerker, Händler und Tagelöhner – der größte Teil des Volkes (lat. plebs) – **Plebejer**.

M 3 Senatssitzung
Szenenfoto aus der TV-Serie „Rom“, 2005
Gezeigt wird hier eine Senatssitzung um das Jahr 60 v. Chr. in der Kurie. Äußeres Kennzeichen der Senatoren waren Tuniken mit einem breiten Purpurstreifen und ein goldener Siegelring. Den Vorsitz führte jeweils der Beamte, der den Senat einberufen hatte. Er saß den übrigen Senatoren gegenüber.

Die Plebejer setzen Rechte durch

Die Plebejer wussten, dass die Patrizier sie als Arbeitskräfte und Soldaten benötigten. Im Frieden sorgten sie für den Wohlstand Roms und im Krieg waren die vielen plebejischen Fußsoldaten wichtiger als die wenigen patrizischen Reiter. Sie forderten, mehr an der Politik beteiligt zu werden, und erstritten sich im Verlauf von 200 Jahren immer mehr Zugeständnisse, um ihre Rechte, ihr Leben und Eigentum gegen die mögliche Willkür der Patrizier zu schützen.

- Jährlich durften sie aus ihren Reihen Volkstribune wählen, die gegen Entscheidungen der Patrizier ein Veto (lat. veto: ich verbiete) einlegen konnten.
- Die mündlich überlieferten Gesetze wurden erstmals auf Bronzetafeln veröffentlicht und die Plebejer konnten sich darauf berufen (Zwölf-Tafel-Gesetz, um 450 v. Chr.).
- Patrizier und Plebejer durften heiraten.
- Plebejer konnten in höchste Staatsämter gewählt werden (367 v. Chr.).
- Kein Römer durfte mehr wegen Überschuldung versklavt werden (Aufhebung der Schuldknechtschaft 326 v. Chr.).
- Beschlüsse der Plebsversammlung (Plebiszite) waren für alle verbindliche Gesetze; sie mussten auch von den Patriziern befolgt werden, obwohl sie an diesen Versammlungen nicht teilnehmen durften.

Eine neue Führungsschicht

Trotzdem entstand in Rom auch jetzt keine Demokratie. Die Patrizier konnten verhindern, dass die Plebejer mächtig wurden. Zum einen ließen sie keine Ehen ihrer Kinder mit Plebejern zu, zum anderen war es üblich, dass ärmere Bürger sich einem einflussreichen Mitbürger unterstellten: Sie wurden so zu Klienten eines Patrons (dt. Schutzherr). Die Klienten kamen regelmäßig in das Haus des Patrons und boten ihm ihre Dienste an. Er gewährte ihnen Schutz, vertrat sie vor Gericht und half in Notfällen. Strebte der Patron ein politisches Amt an, stimmten seine Klienten bei Wahlen für ihn. Klienten und Patron gelobten sich gegenseitige Treue. Sie galt lebenslang und wurde sogar auf die Kinder übertragen. Im Laufe der Zeit entstand auf diese Weise eine aristokratische Führungsschicht von etwa 30 Patrizier- und reichen Plebejerfamilien: die Nobilität (dt. „die Namhaften“). Sie allein bestimmte über Jahrhunderte die Politik Roms.

1. ***Beschreibe*** *die Szene auf der Münze und erkläre, warum es den Römern wichtig war, das Geschehen hier abzubilden (M1).* (H)
2. ***Zeige*** *die Gründe für die Streitigkeiten zwischen Plebejern und Patriziern* ***auf*** *und* ***stelle*** *ihre Positionen in einer Tabelle* ***gegenüber****.* (H)
3. ***Arbeite*** *aus den erkämpften Zugeständnissen die Nachteile* ***heraus****, unter denen die Plebejer gelitten hatten.*
4. ***Stelle Vermutungen an****, wieso die Plebejer langfristig erfolgreich waren.*
5. ***Begründe****, warum das Klientelwesen eine neue Führungsschicht hervorbrachte.*

M4 Der Magen und die Glieder

Wie es an dem Tag des Jahres 494 v. Chr., dem ersten Höhepunkt im Streit zwischen den Plebejern und Patriziern, im alten Rom genau zugegangen ist, wissen wir nicht. Aber so, wie es unsere Hauptfigur Lucius Cornelius erlebt hat, könnte es schon gewesen sein …

M5 Menenius Agrippa erzählt den Plebejern die Fabel vom Magen und den Gliedern
Wandgemälde von August Eisenmenger, um 1885

Es schien ein Morgen wie viele andere zu sein. Der vornehme Lucius Cornelius ging zum Forum. Das Gedränge war so groß wie immer um diese Zeit. Aber plötzlich fiel Lucius Cornelius auf, dass die Leute heute nicht in die Stadt zum Marktplatz gingen. Nein, ganze Familien zogen mit all ihren Habseligkeiten aus der Stadt.

Da erkannte Lucius Cornelius in der Menge den Plebejer Quintus. „Was ist hier los?“, wollte er wissen. Ohne den sonst üblichen Respekt gegenüber dem vornehmen Patrizier raunzte Quintus zurück: „Was soll schon los sein? Es reicht uns. Wir gehen.“ Lucius Cornelius war so verblüfft, dass er ganz vergaß, Quintus wegen seines groben Tons zu tadeln. „Was reicht euch? Wohin geht ihr?“ Quintus baute sich breitbeinig vor ihm auf: „Wir haben es satt, dass ihr Patrizier, mit euren angeblich so vornehmen Vorfahren, hier in der Stadt schaltet und waltet, wie es euch in den Kram passt. Ihr plündert uns aus, ihr biegt euch die Gesetze so zurecht, wie ihr sie braucht. Wir arbeiten, und ihr schiebt euch die hohen Ämter gegenseitig zu. Ihr befehlt, wir buckeln! Jetzt hat es sich ausgebuckelt. Wir haben beschlossen, Rom zu verlassen und einen eigenen Staat zu gründen.“ Quintus blickte Lucius Cornelius triumphierend an, dem bei diesen Worten beinahe die Luft weggeblieben wäre. „Und eure hübschen Töchter könnt ihr für euch behalten. Ihr gebt sie uns ja sowieso nicht als Bräute.“

Auf dem Forum hatten sich unterdessen die Oberhäupter der Patrizierfamilien in heller Aufregung versammelt. Gerade rief einer mit sich überschlagender Stimme: „Sie erklären uns den Krieg. Wir müssen sie züchtigen. Das bedeutet Krieg! Bürgerkrieg!“ „Und ich kann dir sagen, wer ihn verlieren wird: Wir!“, lautete die knappe Antwort eines anderen. „Sie sind viel mehr als wir. Und den Zeitpunkt ihres Auszugs haben sie gut gewählt. Unsere Neider in der Nachbarschaft werden sich die Gelegenheit nicht entgehen lassen und uns angreifen. Wie sollen wir uns ohne Hilfe der Plebejer verteidigen?“ „Er hat Recht“, meinte ein Dritter. „Wir müssen versuchen, sie zurückzuholen.“ „Das kannst du gerne tun“, spottete der erste Patrizier. „Ich bin gespannt, wie lange sie dich reden lassen.“ Nach langem Hin und Her ergriff Menenius Agrippa das Wort: „Ich werde gehen.“

Im Lager der Plebejer wurde er mit einer Mischung aus Überraschung und Misstrauen empfangen. Als sich die Menge um ihn versammelt hatte, begann er: „Stellt euch einen Körper vor mit Kopf, Armen, Beinen, Rumpf und Magen. Eines Tages empörten sich die Glieder dieses Körpers. Denn sie mussten ja schließlich alle für den Magen arbeiten, der selbst nichts anderes tat, als faul … –“ Wütende Zwischenrufe unterbrachen ihn: „Wir wollen keine Märchen hören! Wir wollen endlich mitbestimmen, was im Staat geschieht, und wir wollen gerecht behandelt werden!“ Nur mühsam beruhigten einige der Umstehenden die aufgebrachte Menge. Menenius Agrippa konnte fortfahren: „Die empörten Glieder sprachen sich untereinander ab. Die Hände wollten keine Speisen mehr zum Mund führen, der Mund weigerte sich, Essen aufzunehmen, die Zähne hörten auf, Nahrung zu zerkleinern. Bald mussten sie aber erkennen, dass der ganze Körper verfiel. Sie selbst wurden immer schwächer, nur weil sie geglaubt hatten, sie könnten den Magen durch Hunger bestrafen und auf ihn verzichten.“ An dieser Stelle hörte Menenius Agrippa einfach auf zu sprechen. Wortlos ging er durch die Menge der schweigenden Plebejer zurück nach Rom.

Livius, Römische Geschichte II, 32 (nacherzählt von Dieter Brückner)

Grundlage der Erzählung ist die „Fabel vom Magen und den Gliedern“, die der Geschichtsschreiber Livius (siehe M9, S. 115) in seiner „Römischen Geschichte“ wiedergibt.

Hörtipp:
Unter dem Mediencode 31101-34 kannst du dir den Text „Der Magen und die Glieder“ als Hörfassung anhören.

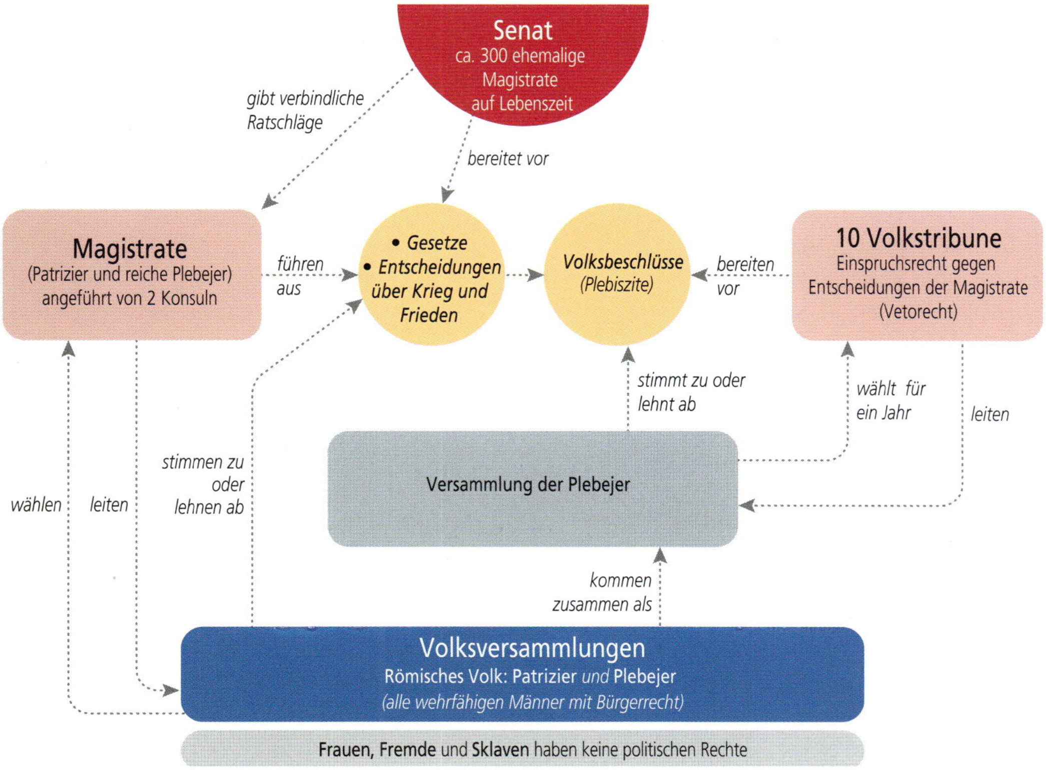

M 6 Die Verfassung der Römischen Republik

Da es bei den Römern keine geschriebene Verfassung wie unser Grundgesetz gab, kann diese Grafik nur einen ungefähren Einblick in die Herrschaftsform geben. Wichtige Entscheidungen wurden häufig auf anderen Wegen getroffen als in der Verfassung vorgesehen. Darüber hinaus änderte sich im Laufe der Zeit die Anzahl der Senatsmitglieder. Sie stieg von 300 auf 600 und zuletzt auf 900 Senatoren.

M 7 SPQR
Foto, um 2014
Die Abkürzung der Formel „Senat und Volk von Rom“ (lat. Senatus Populusque Romanus) finden wir unter anderem auf Münzen und öffentlichen Gebäuden. Noch heute dient die Abkürzung in Rom – wie auf diesem Kanaldeckel – zur Bezeichnung öffentlichen Eigentums.

1. *a) **Erkläre**, was Menenius Agrippa den Plebejern mit der Fabel sagen wollte (M4). b) **Beurteile**, ob der Verfasser der Fabel eher auf der Seite der Patrizier oder der Plebejer steht.*
   *c) **Erstelle** aus der Erzählung (M4) einen Comic mit dem Schluss, den du für wahrscheinlich hältst.*
2. ***Erkläre**, wer in der Römischen Republik herrschte. Wie war die Macht verteilt? (M6, VT auf S. 116-117).*
3. *Die Römer achteten darauf, dass alle Staatsämter (Magistrate) mit mindestens zwei Beamten besetzt waren. Außerdem blieben die Magistrate höchstens ein Jahr im Amt. **Diskutiert** die Vor- und Nachteile dieser Regelung.* (H)
4. ***Arbeite weiter**: Durch das Kürzel SPQR gaben die Römer zu erkennen, wie sie die Machtverteilung in ihrem Staat sahen. **Prüfe**, ob die Annahme stimmt (M7).*

Textquellen auswerten

Warum sind Textquellen so wichtig?

Textquellen sind Schriften, die uns von Ereignissen oder Personen aus der Geschichte berichten. Sie sind in der Vergangenheit entstanden, manchmal auch erst Jahrzehnte nach dem Ereignis selbst. Texte sind als Quellen deshalb so wichtig, weil sie uns oft nicht nur über Ereignisse informieren, sondern auch einen Einblick in die Gedanken, Gefühle und Meinungen der Menschen ermöglichen.
Diese Quellen zu erschließen, ist nicht immer einfach: Die Sprache erscheint uns oft fremd. Außerdem wurden die Texte von Menschen geschrieben, die eine ganz eigene Sicht auf die Dinge hatten. Wir müssen uns also fragen, ob wir der Verfasserin oder dem Verfasser trauen können und ob er auch das aufgeschrieben hat, was wirklich „gewesen ist".

Tipps & Tricks

- Lies den Text sorgfältig. Oft erschließt sich sein Sinn beim zweiten Lesen schon besser.
- Notiere oder markiere dir unbekannte Begriffe und Namen und kläre sie mithilfe eines Lexikons oder des Internets.

In drei Schritten zum Ziel

1. Beschreibe,

- um welche Art von schriftlicher Quelle (Rede, Gedicht, Gesetz usw.) es sich handelt,
- wie der Text aufgebaut ist und in welche Sinnabschnitte er sich gliedern lässt,
- wie der Gedankengang entwickelt wird, ob Behauptungen aufgestellt und ob diese belegt werden und ob Fragen gestellt und beantwortet werden,
- welche Satzarten verwendet werden,
- ob bestimmte Wörter oder Begriffe mehrfach vorkommen,
- welche Textstellen du ohne weitere Hilfen nicht verstehst und warum.

2. Erkläre und ordne ein,

- wer die Autorin oder der Autor des Textes ist, wie ihr oder sein Leben verlief, welchen Beruf oder welche Aufgabe sie oder er hatte, ob du von ihr oder ihm schon andere Texte gelesen hast,
- über welche Zeit und über welches Thema sie oder er schreibt,
- was du über diese Zeit und dieses Thema bereits weißt,
- ob sie oder er selbst erlebt hat, worüber geschrieben wird,
- ob sie oder er den Text aus eigenem Antrieb verfasst hat oder im Auftrag.

3. Deute und bewerte,

- wie der Text „überliefert" wurde, also in unsere Zeit kam,
- ob der Text aus einer anderen Sprache ins Deutsche übersetzt oder nacherzählt wurde
- und ob er dir vollständig oder gekürzt bzw. mit Auslassungen vorliegt,
- welche wichtigen Aussagen der Quellentext enthält,
- ob die Autorin oder der Autor eine Meinung vertritt und ob du zum Thema des Textes bereits andere Meinungen kennst,
- was die Autorin oder der Autor in der eigenen Zeit mit dem Text bewirken wollte und warum,
- und ob sie oder er die beabsichtigte Wirkung erzielt hat.

M 1 Die beste Verfassung

Der in Griechenland geborene Polybios (um 200-120 v. Chr.; vgl. M3 und M5 auf S. 114) ist Politiker, als er nach der Eroberung seiner Heimat durch die Römer 167 v. Chr. als vornehme Geisel nach Rom gebracht wird. Als Berater des kommandierenden Konsuls nimmt er am Dritten Punischen Krieg teil und erlebt den Untergang Karthagos im Jahre 146 v. Chr. mit. Viele Jahre seines Lebens widmet sich Polybios der Schriftstellerei. Sein Hauptwerk sind die „Historien“, eine umfangreiche Geschichte Roms und dessen Aufstiegs zur Vormacht im Mittelmeerraum während der Punischen Kriege. Darin schreibt er auch über die römische Verfassung:

Es gab drei Teile, die im Staat Gewalt hatten […]. So gerecht und angemessen aber war alles geordnet, waren die Rollen verteilt und wurden in diesem Zusammenspiel die Aufgaben gelöst, dass auch von den Einheimischen niemand mit Bestimmtheit hätte sagen können, ob die ganze Verfassung aristokratisch, demokratisch oder monarchisch war. Und so musste es jedem Betrachter ergehen!

Denn wenn man seinen Blick auf die Machtfülle der Konsuln richtete, erschien die Staatsform vollkommen monarchisch und königlich, wenn man auf die Macht des Senats sah, jedoch aristokratisch, und wenn man auf die Befugnisse des Volkes blickte, schien sie unzweifelhaft demokratisch […].

Obwohl jeder der drei Teile eine solche Macht hat, einander zu schaden oder zu helfen, so wirken sie doch in allen kritischen Situationen so einträchtig zusammen, dass man unmöglich ein besseres Verfassungssystem finden kann […]. Daher ist dieser Staat aufgrund seiner eigentümlichen Verfassung unüberwindlich und erreicht alles, was er sich vorgenommen hat.

Walter Arend (Bearb.), Altertum, a. a. O., S. 418 (stark vereinfacht)

- Informationen zum Autor Polybios
- Dritter punischer Krieg s. S. 112
- Hinweis auf zeitgenössische Entstehungszeit des Textes
- Thema des Werkes, aus dem der Text stammt
- Römische Verfassung s. S. 119
- drei Teile der römischen Verfassung
- Behauptung des Autors
- knappe Begründung der Behauptung
- Deutung des Autors: römische Verfassung als Ursache des außenpolitischen Erfolgs der Römer
- Bewertung der römischen Verfassung durch Polybios
- Behauptung des Autors (Blick in die Zukunft)

1. *Erste Schritte zur Auswertung der Textquelle wurden bereits vorgenommen.* ***Erläutere*** *die Vorgehensweise (M1).*
2. *Polybios bezeichnet die römische Ordnung als gemischte Verfassung.* ***Arbeite*** *aus dem Text* ***heraus****, was damit gemeint ist.*
3. ***Untersuche*** *mithilfe der Schritte auf S. 120 und der Hilfen oben, wie Polybios die römische Verfassung bewertet.* (H)

Kampf um die Republik

M 1 Julius Caesar
Diese 33 cm hohe Marmorbüste wurde wohl kurz nach Caesars Tod angefertigt.

[1] Zu Galliern und Germanen erfährst du auf S. 126 bis 131 mehr.

M 2 Münze von 43/42 v. Chr.
Die Münze ließ der Caesarmörder Brutus nach seiner Flucht prägen. Die Aufschrift EID[ibus] MAR[tiis] ist die abgekürzte Datumsangabe (an den Iden des März). In der Mitte ist eine Kappe (lat. pileus) zu sehen, wie sie freigelassene Sklaven trugen.

Caesars Aufstieg

Einer der bekanntesten Römer ist bis heute Gaius **Julius Caesar**. Er wurde 100 v. Chr. als Angehöriger einer verarmten Patrizierfamilie in Rom geboren. In wenigen Jahren durchlief er eine mustergültige römische Karriere vom einfachen Beamten bis zum Konsul, dem höchsten Amt der Republik. Große Erfolge als Feldherr machten ihn noch mächtiger. In den Jahren 58 - 51 v. Chr. eroberte er mit seinen Truppen ganz Gallien bis zum Rhein – etwa das Gebiet des heutigen Frankreich. Dies schuf die Grundlage für seinen weiteren politischen Aufstieg: Caesar stand in Rom in höchsten Ehren, die Kriegsbeute hatte ihn reich gemacht und seine schlagkräftige Armee war ihm treu ergeben. Er hatte ihr Ansehen verschafft und versorgte die Soldaten gut, auch nach ihrer Dienstzeit.

„Ich kam, ich sah, ich siegte"

Doch Caesar hatte auch politische Gegner in Rom. Sie erreichten, dass der Senat ihm das militärische Kommando, Teil seines Amtes als Konsul, entzog und ihn aufforderte, die Legionen zu entlassen. Caesar wusste, dass er ohne Amt und Truppen machtlos wäre, und ließ seine Soldaten nach Rom marschieren – ein Rechtsbruch! Ein Bürgerkrieg brach aus. Caesars Gegner flohen übers Meer zu den Truppen in den Provinzen, die dem Senat unterstanden. Caesar folgte ihnen rund ums Mittelmeer und gewann eine Schlacht nach der anderen. Aus dieser Zeit stammen Caesars stolze Worte: „Ich kam, ich sah, ich siegte" (lat. veni, vidi, vici).

Diktator in Rom

In Rom ließ sich Caesar von seinen Anhängern im Senat immer wieder auf Zeit das Amt des Diktators (**Diktatur**) übertragen. Diese Alleinherrschaft konnte jemand anstelle der Konsuln ausüben – allerdings nur für maximal sechs Monate und auch nur, wenn Gefahr für das Gemeinwesen drohte. Den Anweisungen des Diktators hatten sich alle unterzuordnen. Er durfte aber weder die Verfassung der Republik verändern, noch eigenmächtig Kriege erklären und neue Steuern erheben. Im Jahr 45 v. Chr. erhielt Caesar diese Stellung auf Lebenszeit. Die meisten Senatoren durften im Amt bleiben, aber Macht hatten sie keine mehr.

Sein Amt nutzte Caesar für Reformen: Er führte unter anderem den verbesserten Julianischen Kalender ein, gab Land in den Provinzen an römische Bürger oder Veteranen und plante große Bauten in Rom.

Der Senat überhäufte Caesar mit Ehrungen. Er durfte das Purpurgewand des siegreichen Feldherrn (Triumphator) mit goldenem Lorbeerkranz tragen und sein Geburtsmonat bekam den Namen Julius.

Caesar regierte seitdem wie ein König. Dies war für die republiktreue Minderheit im Senat unerträglich. Eine Gruppe Senatoren, darunter auch Caesars Freund Brutus, vereinbarte, den Diktator gemeinsam zu ermorden. An den Iden des März (15. März) 44 v. Chr. kamen sie mit versteckten Dolchen in die Senatssitzung und töteten Caesar.

1. ***Gib** auf einem Zeitstrahl die wichtigsten Ereignisse in Caesars politischer Laufbahn **wieder**.*
2. ***Erläutere**, welchen Eindruck die Büste machen sollte (M1).*
3. ***Überlege**, warum Brutus die Münze prägen ließ (M2).*
4. ***Diskutiert**, welche Gefahren es bringt, einen Menschen zum Diktator zu ernennen.*
5. ***Arbeite weiter**: Caesars Leben wurde oft verfilmt, nicht nur bei Asterix und Obelix. Suche dir einen Film aus. a) **Arbeite heraus**, wie Caesar darin dargestellt wird. b) **Vergleiche** die Darstellung mit dem, was wir über Caesars Leben wissen. c) **Präsentiere** deine Ergebnisse mithilfe digitaler Medien.* G

Jugendbücher und historische Erzählungen überprüfen

Historische Quelle oder frei erfunden?

Historische Personen wie Caesar und deren Taten kommen auch in vielen Jugendbüchern vor. Aber oft werden dort Geschichte und Erfindung bunt gemischt. Die Autorinnen und Autoren wollen vielleicht Interesse für die Geschichte wecken, aber kein historisches Sachbuch schreiben. Manchmal folgen sie den historischen Quellen, manchmal lassen sie etwas weg, was ihnen langweilig erscheint, oder sie fügen etwas hinzu. Die meisten wörtlichen Reden und die Schilderungen von Gefühlen sind so gut wie immer erfunden.

Beim Lesen fällt aber nicht immer auf, was von den Autorinnen und Autoren frei erfunden wurde und was tatsächlich ein Vorbild in der Geschichte hat. Die folgenden Hinweise helfen dir, historische Erzählungen zu überprüfen.

In drei Schritten zum Ziel

1. Beschreibe,
- welche Handlung erzählt wird,
- welche Personen auftreten und wie sie beschrieben und charakterisiert werden.

2. Erkläre und ordne ein,
- was historisch nachweisbar ist und was erfunden wurde
- und mit welchen historischen Quellen oder anderen Hilfsmitteln du das nachweisen kannst.

3. Deute und bewerte,
- welche Absicht die Autoren verfolgen,
- welches Bild du von einem historischen Ereignis oder einer Person der Geschichte hättest, wenn die Erzählung die einzige „Quelle" dafür wäre,
- wie sich dieses Bild von den Erkenntnissen unterscheidet, die du aus Quellen und anderen Informationsmöglichkeiten gewonnen hast.

M1 Wie sah Caesar aus?

In dem Roman „Caesar und der Gallier" von Hans Dieter Stöver (1937 - 2020) wird Caesar von dem 17-jährigen Römer Sextus, der Hauptfigur der Erzählung, so beschrieben:

So dunkel hatte er sich Caesars Augen nicht vorgestellt. Er spürte, welche Kraft von ihnen ausging, doch er sah auch, dass die Strapazen und Anstrengungen der vergangenen Wochen Spuren in seinem Gesicht hinterlassen hatten. Scharf zeichneten sich die Falten an den Seiten des Mundes ab. Noch mehr fiel ihm auf: die helle, weiche Haut, die feinen, sehr gepflegten Hände, die scharfen Backenknochen, die hagere und doch kraftvolle Gestalt. Caesars Bewegungen waren geschmeidig, schnell, gezielt, besonders die der Augen. Ihnen schien nichts zu entgehen.

Der griechische Schriftsteller Plutarch schreibt:

Er war von hagerer Gestalt und hatte eine zarte weiße Haut [...].

Der römische Schriftsteller Sueton berichtet:

Er soll von stattlicher Figur gewesen sein, weiße Haut, schlanke Gliedmaßen, ein etwas zu volles Gesicht, schwarze, lebhafte Augen [...]. Um sein Aussehen war er allzu besorgt. [...] Über seine Glatze war er sehr ärgerlich, da sie seinen Gegnern oft Anlass zu Witzen bot. Deshalb pflegte er seine Haare vom Scheitel nach vorn zu bürsten [...].

Erster Text: Hans Dieter Stöver, Caesar und der Gallier, München [2]2001, S. 268 f.; zweiter Text: Plutarch, Von großen Griechen und Römern, Caesar 17.2; dritter Text: Sueton, Leben der Caesaren, Caesar 45

M2 „Caesar und der Gallier"
Umschlagbild von Tilman Michalski, um 2000

M3 Gaius Iulius Caesar
26 cm hohe Marmorbüste, um 20 v. Chr.

1. ***Prüfe***, *welche Aussagen der Jugendbuchautor Stöver frei erfunden und welche er aus schriftlichen und bildlichen Quellen übernommen hat (M1, M2 und M1 auf S. 122).*
2. ***Begründe***, *welcher Caesar dir sympathischer ist: der historische oder der im Jugendbuch dargestellte.*
3. ***Vergleiche*** *das Bild von Caesar auf dem Jugendbuchumschlag mit M3 und M1 auf S. 122.*

Rettet Augustus die Republik?

M 1 Triumphzug auf dem Forum Romanum zur Kaiserzeit
Rekonstruierte Ansicht von Johannes Bühlmann und Friedrich von Thiersch, 1900/02
Auf dem Forum Romanum fanden Versammlungen, Gerichtsverhandlungen, religiöse Umzüge (Prozessionen) und Siegesfeiern (Triumphzüge) statt. So durfte beispielsweise ein Feldherr nach einer siegreichen Schlacht an der Spitze seiner Soldaten mit der Kriegsbeute und gefangenen Gegnern, die sie danach versklavten oder töteten, über das Forum ziehen.

① Tempel der Vesta, ② Dioskuren-Tempel, ③ Basilica Julia, ④ Tempel des Jupiter, ⑤ Tempel des Saturn, ⑥ Bogen des Kaisers Tiberius, ⑦ Tempel des Kaisers Vespasian, ⑧ Staatsarchiv, ⑨ Tempel der Concordia, ⑩ Triumphbogen des Kaisers Septimius Severus, ⑪ Basilica Aemilia, ⑫ Rednertribüne, ⑬ Goldener Meilenstein

Gaius Octavius setzt sich durch

Nach Caesars Tod entbrannte ein neuer Bürgerkrieg um die Zukunft der res publica. In ihm begann der Aufstieg des **Octavian** (Gaius Octavius). Sein Großonkel Caesar hatte ihn adoptiert und zum Erben bestimmt. Von nun an nannte sich der 18-Jährige Gaius Julius Caesar Octavianus. Gegen die Caesar-Mörder verbündete Octavian sich mit Antonius, einem Anhänger seines Adoptivvaters.

Nach dem Sieg wollte Octavian sein Erbe nicht mit Antonius teilen. Er warf ihm vor, eine unerlaubte und für Rom gefährliche Verbindung mit der ägyptischen Königin Kleopatra eingegangen zu sein. Rom erklärte Kleopatra und Antonius daraufhin den Krieg. Die Entscheidung fiel 31 v. Chr. in der Seeschlacht bei Actium an der Küste Griechenlands. Octavians Flotte siegte. Kleopatra und Antonius begingen Selbstmord.

Aus Octavian wird Augustus

Nach seinem Sieg über Antonius ließ Octavian mehr als 2 000 politische Gegner umbringen, darunter 300 Senatoren. Er war nun der unumstrittene Herr des Römischen Reiches. Im Jahre 27 v. Chr. veranstaltete er einen Triumphzug und inszenierte vor dem Senat den Rücktritt von allen Ämtern. Die Senatoren protestierten und baten ihn, wenigstens in den von Feinden bedrohten Provinzen den Oberbefehl zu behalten. Als er zustimmte, wurde er vom Senat mit Ehrungen und Vollmachten überhäuft. Er erhielt den Oberbefehl über die Provinzen, in denen der größte Teil der Armee stand. Dazu verlieh man ihm den Ehrennamen **Augustus** (dt. „der Erhabene"; daraus wurde später die Formel Imperator Augustus, dt. Kaiserliche Majestät).

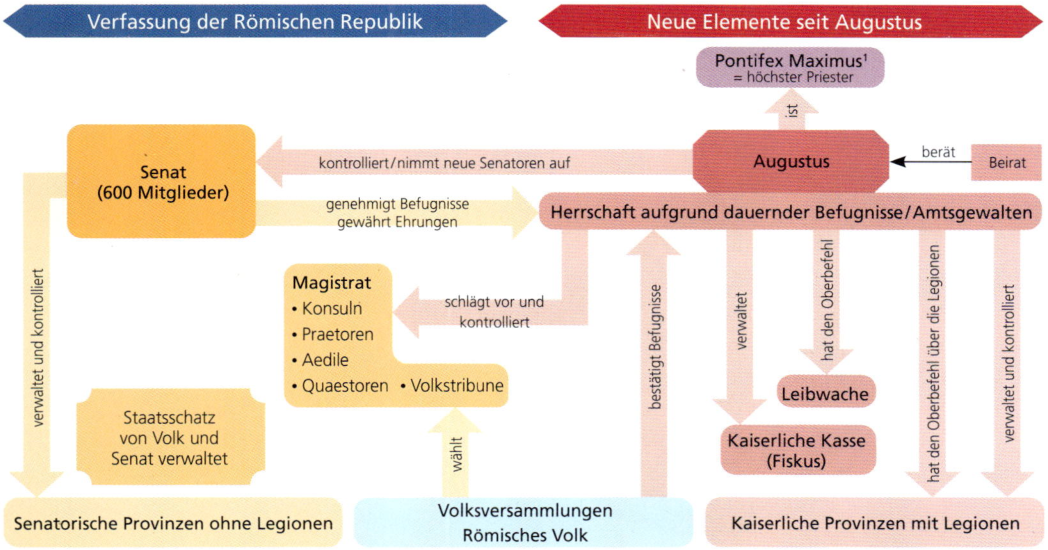

M2 Die römische Verfassung unter Augustus
Weil es in der Republik verboten war, mehrere Ämter gleichzeitig innezuhaben (siehe S. 116 f.), ließ sich Augustus nicht die Ämter, aber die Amtsgewalt (= Rechte) der Ämter übertragen. Er war also z. B. nicht Volkstribun, hatte aber dessen Amtsgewalten. Mit dieser Regelung verstieß er offiziell nicht gegen die Verfassung der Römischen Republik, hatte aber trotzdem mehr Macht als jeder andere.

[1] Pontifex Maximus: Er bestimmte über die Priesterinnen und Priester und beaufsichtigte alle Staatskulte. Seit Augustus hatten alle römischen Kaiser diese Funktion inne.

Ein mächtiger Mann

Augustus hatte bald alle wichtigen Machtpositionen inne:

- Augustus erhielt auf Dauer die Rechte eines Volkstribun; sie schützten ihn vor gerichtlicher Verfolgung und gaben ihm die Möglichkeit, Gesetze vor die Volksversammlung zu bringen.
- Er bestimmte die Senatoren.
- Er übernahm das Amt des Ersten Priesters, des obersten Wächters über Religion und Sitten.
- Augustus behielt lebenslang den Oberbefehl über alle römischen Truppen.

„Erster Bürger"

Hinter einer republikanischen Fassade entstand eine Monarchie, ein Kaiserreich. Augustus aber behauptete, die Republik wiederhergestellt zu haben. Er übertreffe die vom Volk gewählten Magistrate nicht an Macht, sondern nur durch das Maß der Verantwortung und sein persönliches Ansehen. In der Öffentlichkeit trug er wie die übrigen Senatoren die purpurgesäumte Toga. Er sah sich als **Princeps**, als „ersten Bürger" (lat. princeps civium) des Staates. Nach dieser Bezeichnung erhielt die Herrschaftsform ihren Namen: der **Prinzipat**.

Die Kaiserzeit beginnt

Für weite Teile der Bevölkerung war es Augustus, der die über 100 Jahre andauernden Bürgerkriege beendet und eine Zeit des Friedens und Wohlstandes eingeleitet hatte: die Pax Augusta. Augustus setzte den Ausbau Roms zur prunkvollen Hauptstadt fort. Kunstwerke, Inschriften und Münzen verbreiteten seine Taten.

Augustus hatte selbst keine leiblichen Söhne. Deshalb machte er seinen Stiefsohn Tiberius durch Adoption zu seinem Nachfolger. Ihm vererbte er mit Zustimmung des Senats seine außerordentliche Macht. Tiberius' Beinamen Julius Caesar Augustus zeigen, in wessen Tradition er sich stellte. Damit begann die eigentliche Kaiserzeit. Sie dauerte beinahe fünf Jahrhunderte. Der Name Caesar wurde zum Beinamen, später zum Titelbestandteil der römischen Kaiser, der „Caesaren". Er lebt in den Herrschertiteln „Zar" und „Kaiser" fort.

1. ***Arbeite** aus dem Schaubild **heraus**, was gegenüber der Republik gleich geblieben ist und was sich verändert hat (M1). Siehe dazu nochmals S. 119, M6.*
2. ***Arbeite heraus**, welche Rechte für die Erhaltung der kaiserlichen Macht besonders wichtig waren (VT, M1).* Ⓗ
3. ***Begründe**, weshalb Augustus nicht von den Senatoren ermordet wurde.*
4. ***Prüfe**, ob es sich beim Prinzipat um eine Monarchie handelt.*

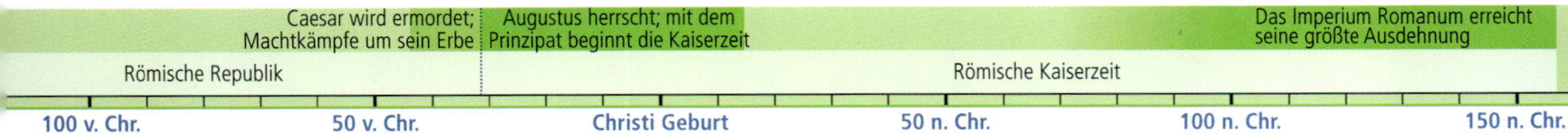

M 3 Denar (Silbermünze) des Kaisers Augustus, 19 v. Chr.
Die Inschrift auf der Rückseite „ob civis servatos" bedeutet „wegen der Errettung der Bürger". Im Jahre 27 v. Chr. erhielt Augustus vom Senat „für die Rettung aller Bürger" die „corona civica", den Eichenkranz. Er wurde seit Langem für die Rettung eines Mitbürgers in der Schlacht verliehen (vgl. M3, S. 114).

Internettipp:
Unter dem Mediencode 31101-35 kannst du dir anhören, was Augustus noch in seinem „Tatenbericht" erzählt.

M 4 Augustus legt Rechenschaft ab

Augustus fasst in seinem 76. Lebensjahr sein gesamtes politisches Handeln in einem „Tatenbericht" zusammen. Dieser wird nach seinem Tode im Senat verlesen und seinem Wunsch gemäß dann in Bronzetafeln eingraviert und vor seinem Grabmal in Rom aufgestellt. In Ankara (Türkei) hat man eine Kopie des Textes an der Wand des dortigen Augustus-Tempels gefunden.

Im Alter von 19 Jahren stellte ich aus eigenem Entschluss und aus eigenen Mitteln ein Heer auf, mit dem ich die Gewaltherrschaft einer Partei in Rom beendete und die Republik in die Freiheit zurückführte [...].

Die meinen Vater getötet haben, habe ich in die Fremde getrieben und sie für ihre Tat in rechtmäßigen fünf Prozessen bestraft [...].

Ich habe zu Wasser und zu Land [...] Kriege auf dem ganzen Erdkreis geführt und als Sieger allen Bürgern Schonung gewährt, wenn sie um Verzeihung baten [...].

Die Diktatur, die mir in Abwesenheit und Anwesenheit vom Volk und Senat einstimmig angeboten wurde, habe ich nicht angenommen.

Princeps des Senats war ich bis zu dem Tag, an dem ich dies schrieb, 40 Jahre lang.

Die Senatsliste habe ich dreimal erneuert und drei Volkszählungen[1] durchgeführt [...].

Die Tür des Janus-Tempels, den unsere Vorfahren geschlossen haben wollten, wenn im ganzen Reich durch Siege gewonnener Friede eingetreten sei, was vor meiner Geburt seit der Gründung der Stadt zweimal geschehen war, ist unter meiner Führung durch Senatsbeschluss dreimal geschlossen worden.

Viermal habe ich mit meinem Geld die Staatskasse unterstützt [...]. Aus meinem Erbe habe ich in die Kriegskasse bezahlt, damit die Soldaten, die 20 Jahre und mehr gedient hatten, Prämien bekamen.[2]

Augustus, Res gestae, ausgewählt und übersetzt von Klaus Gast

M 5 Wie die kaiserliche Macht entsteht

Der wohl bedeutendste römische Historiker, der Senator Cornelius Tacitus (um 56 - 117 n. Chr.), schreibt:

Sobald Augustus das Militär mit Geschenken, das Volk durch Getreidespenden, alle miteinander durch die Annehmlichkeit einer Friedenszeit für sich gewonnen hatte, erhob er allmählich höher sein Haupt und zog die Befugnisse des Senats, der Staatsverwaltung und der Gesetzgebung an sich. Dabei fand er keinen Widersacher, da die tatkräftigsten Männer auf den Schlachtfeldern geblieben oder den öffentlichen Verfolgungen zum Opfer gefallen waren, während die übriggebliebenen Angehörigen der Nobilität bereitwillig das Joch der Knechtschaft auf sich nahmen und dafür umso höher an Reichtum und Ehren stiegen [...].
So hatte sich denn die Staatsform gewandelt [...]. Die Gleichheit der Staatsbürger war beseitigt, und alle schauten nur noch auf die Befehle des Princeps [...].

Tacitus, Annalen I.2, übers. von Walther Sontheimer, Stuttgart 2005, S. 15 f. (vereinfacht)

1. *M4 und M5 stellen unterschiedlich dar, wie die Macht ausgebaut und gesichert wurde.* ***Stelle*** *beide Sichtweisen* ***gegenüber****.*
2. ***Erkläre****, wie es zu den verschiedenen Darstellungen kommen konnte (M4 und M5).*
3. *Seit Augustus trugen alle Herrscher die „corona civica", den Kranz aus Eichenblättern (M3).* ***Erkläre****, warum.* (H)
4. ***Beurteile****, ob Augustus, wie er selbst behauptete, die Republik gerettet hat.*

[1] „Es begab sich aber zu der Zeit, dass ein Gebot von dem Kaiser Augustus ausging, dass alle Welt geschätzt würde …" Kennst du diesen Text?

[2] Augustus nennt einen Milliardenbetrag und zählt seine Bauten auf, darunter elf neu erbaute und 82 renovierte Tempel.

Statuen untersuchen

Auf die Wirkung kommt es an

Herrscherstandbilder sollen auf die Betrachtenden wirken. Um sie beurteilen zu können, müssen wir sie zunächst als Ganzes und dann in ihren Einzelheiten anschauen. Größe, Haltung und andere Besonderheiten sind nicht zufällig gewählt, sondern sollen etwas Bestimmtes aussagen. Aus ihnen können wir erschließen, wie sich der Herrscher sah und wie er vom Volk gesehen werden wollte.

In drei Schritten zum Ziel

1. Beschreibe,
- die Größe des Standbildes,
- Haltung, Fußstellung, Gesichtsausdruck, Kleidung des Herrschers sowie
- welche Gegenstände ihm beigegeben sind.

2. Erkläre und ordne ein,
- in welcher Funktion und in welcher Situation der Herrscher dargestellt ist,
- zu welchem Zeitpunkt und von wem das Standbild aufgestellt wurde.

3. Deute und bewerte,
- welches Bild vom Herrscher die Statue vermitteln soll,
- welche Absicht der oder die Auftraggeber damit verfolgen.

M1 Augustus
Kopie einer Statue aus Primaporta bei Rom, nach 20 v. Chr.
Die Bemalung wurde nach Farbspuren der Originalstatue rekonstruiert.

M2 Was man wissen sollte
- Augustus ist als Feldherr mit rotem Feldherrenmantel, Brustpanzer und Lanze (hinzugefügt) dargestellt.
- Einen Hinweis auf das, was er gerade tut, liefert die Statue M2 auf S. 116.
- Die Römer stellten nur ihre Götter barfuß dar.
- Die kleine Figur am rechten Bein soll der Liebesgott Amor sein, ein Kind der Venus, der Göttin der Liebe und Schönheit und der angeblichen Stammesmutter der Familie von Caesar und Augustus.
- Auf dem Brustpanzer ist dargestellt, wie der König der Parther dem Kriegsgott Mars die römischen Feldzeichen übergibt. Augustus hatte die Rückgabe der Feldzeichen 20 v. Chr. erreicht, nachdem die Römer sie in einer Schlacht 53 v. Chr. verloren hatten.
- Augustus war etwa 1,70 m groß. Die Höhe der Statue beträgt aber 2,04 m.
- Die Statue wurde vermutlich im Auftrag des Senats aufgestellt.

1. ***Untersuche** mithilfe der Hinweise in M2 und der Arbeitsschritte, welches Bild von Augustus die Statue den Bürgerinnen und Bürgern vermitteln sollte. Hinweis: Beachte, was die Statue bereits aus der Ferne und was sie bei näherer Betrachtung aussagen sollte.*

2. *Arbeite weiter: **Informiere dich**, wie Staatsoberhäupter heute öffentlich dargestellt werden. **Präsentiere** Beispiele.*

Römische Gesellschaft – römische Familie

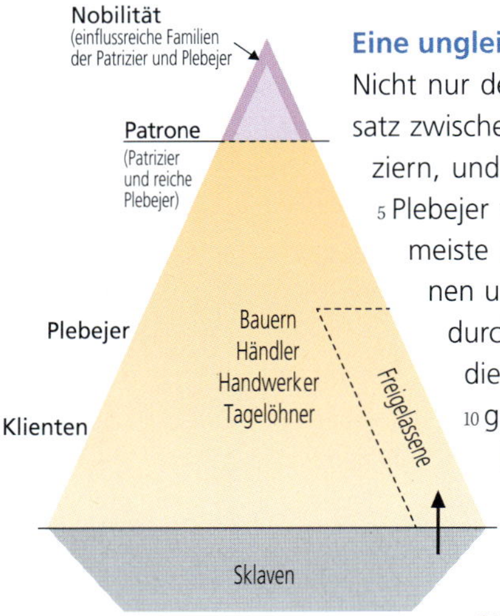

M 1 **Die sozialen Verhältnisse in der Republik**

Eine ungleiche Gesellschaft?

Nicht nur der politische, auch der soziale Gegensatz zwischen der aristokratischen Elite, den Patriziern, und der wesentlich größeren Gruppe der Plebejer war groß. Den Patriziern gehörte das meiste Land, das sie von zahlreichen Sklavinnen und Sklaven bewirtschaften ließen. Dadurch verfügten sie über genügend Zeit für die Politik, konnten Ansehen und Einfluss gewinnen.

Nur wenige Plebejer waren als Kaufleute, Gutsbesitzer oder Unternehmer reich geworden. Noch weniger von ihnen gelang es, in die Nobilität aufgenommen zu werden. Alle Plebejer waren persönlich frei und besaßen das Bürgerrecht. Dennoch waren die meisten bei den Patriziern gering angesehen, weil sie ihren Lebensunterhalt durch einfache Arbeit als Bauern, Handwerker, Händler oder Tagelöhner[1] verdienten.

Viele Plebejer konnten nur mit Mühe ihre Familie ernähren. Viele verschuldeten sich bei den Großgrundbesitzern, um ihren Hof nicht zu verlieren.

Immer mehr arme Familien zogen vom Land in die Stadt, vor allem nach Rom. Arbeit suchten sie dort meist vergeblich, weil Sklaven billiger waren und alle Arbeiten erledigten. Der einzige Reichtum dieser verarmten Bürger waren ihre Kinder. Deshalb nannte man sie **Proletarier** (lat. proles: Nachkommen).

[1] Tagelöhner: jemand, der meist keinen Beruf hat und nur tageweise für Lohn arbeitet

[2] Siehe dazu S. 129.

M 2 **Rekonstruktion einer römischen Luxusvilla auf Sizilien aus dem 4. Jh. v. Chr.**

M 3 **Haus römischer Landarbeiter im 1. Jh. v. Chr.**
Rekonstruktion von 2011

Sklaverei

Sklavinnen und Sklaven galten rechtlich nicht als Personen, sondern als Sache. Sie unterstanden der Gewalt des pater familias[2] und hatten keine Rechte. Der Herr durfte sie zu härtesten Arbeiten zwingen und sogar töten, ohne dass ihm das ein Gesetz verbot. Sehr viele Sklaven waren Kriegsgefangene. Seeräuber gingen regelrecht auf Menschenjagd und sorgten dafür, dass der Sklavenhandel auch in Friedenszeiten blühte. Die Zahl der Sklaven allein in Italien betrug im 1. Jh. n. Chr. etwa 2,5 Millionen – das war ein Drittel der Bevölkerung.

Überall wurden Sklavinnen und Sklaven als billige Arbeitskräfte eingesetzt. Ohne die Sklaverei hätte die römische Wirtschaft nicht funktioniert. Auch die Eroberungen Roms waren von Sklaven abhängig: Sie durften keinen Wehrdienst leisten und mussten während der Kriege Nahrungsmittel anbauen und Güter herstellen. Vor allem Großgrundbesitzer brauchten Sklaven für ihre immer größer werdenden Landgüter. Die römische Nobilität beschäftigte sie als Diener, Sekretäre, Köche oder Handwerker, manchmal auch als Lehrer oder Ärzte. Viel schlechter erging es den Sklaven, die auf den Feldern, in Bergwerken und Steinbrüchen arbeiten oder auf Kriegsschiffen (Galeeren) rudern mussten.

Anders als in Athen wurden die Sklaven in Rom häufig freigelassen, etwa als Lohn für besondere Leistungen oder treue Dienste. Die Freigelassenen standen dann allerdings immer noch auf der niedrigsten sozialen Stufe und hatten ihren Herren weiter Gehorsam zu leisten.

Proletarier*

Der Vater und die „familia“

Grundlage der römischen Gesellschaft war die „familia“. Dazu gehörten nicht nur Eltern und Kinder, sondern alle Generationen einer Familie und auch die Sklaven, Freigelassenen und anderen Bediensteten. An der Spitze des Familienverbandes stand das älteste männliche Mitglied – der „pater familias“ (dt. Vater der Familie).

Der „pater familias“ besaß die Entscheidungsgewalt über alle Angehörigen der „familia“ und das Vermögen. Nur er konnte wählen, öffentliche Ämter übernehmen und sich und seine „familia“ vor Gericht vertreten. Der „pater familias“ durfte die Familienmitglieder bestrafen. Er war auch das religiöse Oberhaupt der Familie. Sich seinem Willen zu widersetzen, stellte einen Verstoß gegen die „Sitten der Vorfahren“ dar (lat. mos maiorum) und konnte zum Ausschluss aus der Familie führen. Diese starke Stellung des römischen Familienoberhauptes, das Patriarchat, kennzeichnete die römische Gesellschaft.

Die römische Gesellschaft wurde von Männern beherrscht. Nur sie durften wählen, vor Gericht aussagen und öffentliche Ämter übernehmen.

Die Stellung der Frau

Für die Frauen gab es eine fest vorgegebene Rolle: die der Ehefrau und Mutter. Durch die Heirat eines römischen Bürgers erwarb eine Frau Ansehen; die Mutterschaft (vor allem von Söhnen) erhöhte es. Als „mater familias“ erzog sie die Kinder und verwaltete Haus und Hof.

Seit dem Ende des 3. Jh. v. Chr. konnten Paare einen Ehevertrag abschließen, bei dem die Frau im Besitz ihres Vermögens blieb. Diese Form der Ehe, die bald üblich wurde, konnte geschieden werden. Auch wenn die Römer erwarteten, dass die Frau im Haus arbeitete, gab es viele berufstätige Frauen: Hebammen, Näherinnen, Friseurinnen, Gastwirtinnen und seltener Ärztinnen oder selbstständige Geschäftsfrauen. Einige Frauen aus vornehmen Familien konnten sogar Priesterinnen werden. Anders als in Athen lebten die Frauen also weniger zurückgezogen. Sie nahmen an den Mahlzeiten mit Gästen teil, gingen allein in die Öffentlichkeit und besuchten nicht nur Läden, sondern auch Theater und öffentliche Veranstaltungen.

Die Erziehung der Kinder

Der „pater familias“ bestimmte über Ausbildung, Beruf und oft die Ehepartner der Kinder. Mädchen waren mit zwölf Jahren volljährig, die Jungen mit 14. Meist wurden Mädchen zwischen dem 13. und 17. Lebensjahr verheiratet.

Die Mutter kümmerte sich um die kleinen Kinder. Wenn sie sieben Jahre alt waren, konnten sie auf eine Grundschule gehen. Diese kostete allerdings Schulgeld, sodass nur Kinder aus wohlhabenderen Familien in der Schule Lesen und Schreiben sowie etwas Griechisch lernten. Reiche ließen ihre Kinder auch von Hauslehrern unterrichten. Nur die Söhne und Töchter aus den vornehmsten Familien gingen auf eine höhere Schule. Danach konnte für die Jungen noch eine Ausbildung in Redekunst und Rechtswesen folgen. All das wurde aber privat organisiert und bezahlt.

M 4 Patrizier mit Ahnenbildnissen
1,65 m hohe Marmorstatue aus dem 1. Jh. v. Chr.

1. ***Beschreibe*** *die römische Gesellschaft (M1).*
2. *Nur freie römische Bürger durften eine Toga (M4) tragen, Ausländer und Sklaven nicht.* ***Diskutiert*** *Vor- und Nachteile einer solchen „Kleiderordnung“ für a) die damalige Zeit und b) die heutige Zeit.* (H) (G)
3. *a)* ***Beschreibe*** *die Stellung der Sklavinnen und Sklaven in der antiken römischen Gesellschaft (VT).*
   b) ***Vergleiche*** *die gesellschaftliche Stellung der Sklaven / Unfreien in Rom mit der in Ägypten und Griechenland (S. 62 f., S. 101).*
4. ***Erläutere*** *den Begriff „Patriarchat“ an einem Beispiel.*
5. *Stelle dir vor, du machst eine Zeitreise und triffst auf andere Kinder in deinem Alter.* ***Erstelle*** *einen Dialog, in dem ihr euch über euer Familienleben austauscht.*
   Wähle aus: ***A*** *Du triffst Gaius aus dem antiken Rom und Antheia aus dem alten Griechenland.*
   B *Du triffst Gaius aus dem antiken Rom und Salama aus dem alten Ägypten.* (G)

M 5 Reiche und Arme

Der Geschichtsschreiber Appian (2. Jh. n. Chr.) berichtet:

Die Reichen eigneten sich die umliegenden Höfe von Armen an, indem sie diese zum Verkauf überredeten oder sogar mit Gewalt vertrieben. So besaßen sie schließlich große Ländereien und nicht nur einzelne Höfe. Auf ihrem Land arbeiteten Sklaven als Landarbeiter und Hirten […]. Auf diese Weise wurden die Mächtigen sehr reich und es gab immer mehr Sklaven im Land; die Bevölkerung Italiens dagegen schrumpfte, aufgerieben von Armut, Abgaben und Kriegsdienst.

Appian, Bürgerkriege 1,7 (übers. von Björn Onken)

M 6 Schmutzige und ehrenhafte Berufe

Cicero (siehe M8) über das Ansehen der Berufe:

Zuerst finden die Gewerbezweige Missbilligung, die sich den Hass der Menschen zuziehen, wie das Gewerbe der Zöllner oder das der Geldverleiher. Eines Freien aber nicht würdig und schmutzig ist der Erwerb aller Tagelöhner, deren Arbeitsleistung, nicht deren handwerkliche Fertigkeiten gekauft werden. In ihrem Fall ist der Lohn der Preis für die Sklavenarbeit. […] Und alle Handwerker betätigen sich in einer schmutzigen Kunst, denn eine Werkstatt kann nichts Freies haben. Am wenigsten sind die Künste zu billigen, die Dienerinnen der leiblichen Begierden sind, Fischhändler, Fleischer, Köche, Geflügelhändler, Fischer […]. Der Handel […] hat, wenn er klein ist, als schmutzig zu gelten. Wenn er aber groß ist und Mittel hat, vieles von allen Seiten herbeischafft und ohne Lügen zuteilt, ist er wohl nicht zu tadeln. […] Von allen Dingen aber, aus denen irgendein Erwerb gezogen wird, ist nichts besser als der Landbau, nichts ergiebiger, nichts angenehmer, nichts eines Menschen, nichts eines Freien würdiger.

Cicero, Über die Pflichten, 1,150 - 151, zit. nach: Hans-Joachim Gehrke und Helmuth Schneider, a. a. O., S. 229 (übers. von K. Büchner)

Hörtipp
„Jetzt brauche ich kein Seeräuber zu werden", siehe Mediencode 31101-36.

M 7 Sklavenmarke aus Rom oder der Umgebung, 4. Jh. n. Chr.

Manche Sklaven trugen Marken am Halsband. Die abgebildete Aufschrift lautet sinngemäß: „Hindere mich an der Flucht und bringe mich zu meinem Meister, Viventius, der im Hof des Callistus wohnt, zurück."

M 8 Sklavenschicksale

Im Jahre 54 v. Chr. schreibt der Politiker und Philosoph Cicero (106 - 43 v. Chr.) seinem Schreibsklaven Tiro:

Ich bin tief beunruhigt wegen deiner Gesundheit […]. So richte deinen Geist, den ich sehr hoch schätze, darauf, dass du ihn für mich und für dich bewahrst […].

Ich habe nun deinen Brief in der Hand, geschrieben mit zittrigen Buchstaben; kein Wunder, bei einer so schweren Krankheit! Ich schicke dir Ägypta – weil er ein feinfühliger Mensch ist und dich zu lieben scheint – damit er dich umsorgt; und mit ihm einen Koch. Lebewohl!

Der jüdische Geschichtsschreiber Josephus, der an einem Aufstand der Juden gegen das Römische Reich teilgenommen hat (66 - 70 n. Chr.), berichtet:

Als die Soldaten vom Töten bereits ermüdeten, […] befahl der spätere Kaiser Titus, nur die Bewaffneten und die aktiv Widerstand Leistenden zu töten, die übrige Menge aber lebend gefangen zu nehmen […]. Von den jungen Leuten sonderte man die körperlich größten und ansehnlichsten aus und sparte sie auf für den Triumphzug. Von der übrigen Menge schickte man die Gefangenen, die älter waren als 17 Jahre, in die ägyptischen Bergwerke und Steinbrüche, die meisten aber verteilte Titus als Geschenke auf die Provinzen, wo sie in den Amphitheatern durch Schwert und wilde Tiere umkommen sollten. Gefangene unter 17 Jahren verkaufte er.

Erster Text: Werner Eck und Johannes Heinrichs (Hrsg.), Sklaven und Freigelassene in der Gesellschaft der römischen Kaiserzeit, Darmstadt 1993, S. 6 (vereinfacht)
Zweiter Text: Cicero, ad fam. 16,15 (übers. von Klaus Gast)

M 9 Ein Mann trauert

Aus der Grabrede eines Römers für seine Ehefrau (1. Jh. v. Chr.):

Ehen von so langer Dauer, die durch den Tod beendet, nicht durch Scheidung getrennt werden, sind selten. Ward es uns doch beschieden, dass unsere Ehe ohne eine Trübung bis zum 41. Jahre fortdauerte […].

Was soll ich deine häuslichen Tugenden preisen, deine Keuschheit, deine Folgsamkeit, dein freundliches und umgängliches Wesen, deine Beständigkeit in häuslichen Arbeiten, deine Frömmigkeit, frei von allem Aberglauben, deine Bescheidenheit im Schmuck, die Einfachheit im Auftreten? Wozu soll ich reden von der Zuneigung zu den Deinen, deiner liebevollen Gesinnung gegenüber der ganzen Familie? […]

Wir haben uns so die Pflichten geteilt, dass ich die Betreuung deines Vermögens übernahm und du über dem meinen wachtest […]. Als ich vor politischer Verfolgung fliehen musste, warst du es, die mir mithilfe deines Schmuckes die meisten Mittel dazu verschaffte […].

Jochen Martin, Das alte Rom. Geschichte und Kultur des Imperium Romanum, München 1994, S. 188, übersetzt von Hans-Jürgen Hillen (vereinfacht)

M 11 Römisches Ehepaar
Grabstele, 2. Jh. n. Chr.

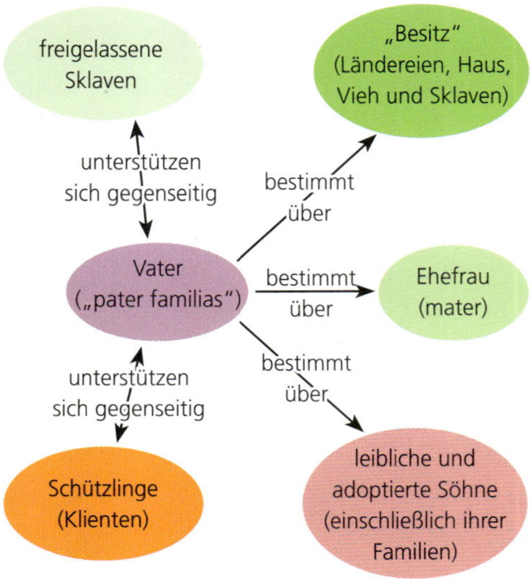

M 10 Die Macht des „pater familias"

1. ***Nenne*** *die Gründe für die Armut vieler Römer (M5, VT S. 128).*
2. *a)* ***Erkläre****, welche Berufe nach Cicero schmutzig, welche ehrenhaft sind? b)* ***Untersuche****, wessen Sicht Cicero wiedergibt (M6).*
3. *Zwei Freunde kamen als Sklaven ins Römische Reich. Nach Jahren treffen sie sich wieder.* ***Erstellt*** *für die Begegnung ein* ***Rollenspiel****. Orientiert euch am Schicksal der Sklaven in M8.*
4. ***Arbeite*** *aus der Grabrede* ***heraus****, was der Mann an seiner Frau schätzte (M9).*
5. ***Erläutere*** *die Macht des „pater familias" (M10).*
6. ***Nimm Stellung****, ob es bei uns noch patriarchalische Verhältnisse gibt.* G
7. ***Beurteile****, welchen Eindruck die Darstellung des römischen Ehepaares vermitteln soll (M11).*

Römer und Barbaren

M 1 **Keltischer Streitwagen**
Rekonstruktion im Keltenmuseum Hallein (Salzburg) aus dem 1. Jh. v. Chr., Foto von 2009

Barbaren aus römischer Sicht

Das Wort Barbar („Stammler") hatten die Griechen für die Völker erfunden, die ihnen fremd waren.[1] Die Römer übernahmen den Barbaren-Begriff. Anders als bei den Griechen, die damit auch heldenhafte Kämpfer bezeichneten, war er bei den Römern grundsätzlich abwertend gemeint. Nach römischer Vorstellung stand dem Römischen Reich außerhalb seiner Grenzen eine Welt aus unzivilisierten, rohen und gewaltbereiten Menschen gegenüber. Barbaren – das waren für die Römer vor allem die Menschen im Norden Europas, die Kelten[2] und Germanen. Sie verkörperten im römischen Fremdbild das völlige Gegenteil der griechisch-römischen Zivilisation, die allen anderen Kulturen überlegen zu sein schien.

[1] Vgl. S. 86 und 88.
[2] Vgl. S. 50 f.

M 2 **Der Limes**
Rekonstruktionszeichnung
Über 900 Wachtürme standen am Limes. Der Limes war eine bewachte Grenze, die das Römische Reich als Schutzwall von den Germanen trennte. Trotzdem fand Handel zwischen Römern und Germanen statt.

Erfundene Völker

Kelten und Germanen kannten noch keine Schrift. Unsere Informationen stammen allein von archäologischen Funden und Beschreibungen durch Griechen und Römer. Sicher ist, dass weder Kelten noch Germanen einheitliche Völker waren. Die Kelten verteilten sich auf viele verschiedene Stämme über ganz Mitteleuropa. Die Stämme, die im heutigen Frankreich, Belgien, der Westschweiz und den größten Teilen des linksrheinischen Deutschland lebten, fasste Caesar als Gallier zusammen. Als er Mitte des 1. Jh. v. Chr. das Gebiet eroberte, wurde der Rhein zur Grenzlinie zwischen den linksrheinischen keltischen Galliern und den rechtsrheinischen germanischen Stämmen erklärt.

Die Sammelbezeichnung Germanen übernahmen die Römer wohl von den Galliern. Die Germanen selbst sahen sich als Angehörige ihrer verschiedenen Stämme, die oft Kriege gegeneinander führten. Dennoch hatten sie in ihrer Lebensweise viel gemeinsam. Sie wohnten in kleinen dorfartigen Siedlungen, betrieben Landwirtschaft überwiegend für den eigenen Bedarf und übten eine Vielzahl von Handwerkstechniken aus.

Angst vor der „teutonischen Raserei"

Die Römer hatten erstmals Ende des 2. Jh. v. Chr. mit germanischen Stämmen Kontakt. Die Kimbern, Teutonen und andere waren über die Alpen gekommen und hatten ihnen einige Niederlagen zugefügt. Der Schrecken vor der „teutonischen Raserei" blieb in Erinnerung.

Caesar stellte die Germanen in seinem Bericht über den Gallischen Krieg barbarischer und kriegerischer als die Gallier dar. Damit übernahm er die Ansicht antiker Geografen: Je weiter aus dem Norden, umso größer und wilder würden die Menschen.

Rund sechzig Jahre nach Caesar versuchte Augustus, die germanischen Völker bis zur Elbe zu unterwerfen. Die römischen Legionen scheiterten jedoch 9 n. Chr. in der Varusschlacht. Es folgen zwar noch ein paar römische Rachefeldzüge, doch bald darauf gab sich das Imperium mit dem Rhein als Grenze zufrieden.

M 3 Verlauf des Limes um 200 n. Chr.

Internettipp:
Mehr über den Limes verrät der Mediencode 31101-37.

Ein langer Schutzwall

Seit dem Ende des 1. Jh. n. Chr. richteten sich die Römer darauf ein, die Grenze nach Germanien zu sichern. Sie errichteten Wälle, Mauern und Wachtürme, hinter denen sich militärische Befestigungsanlagen (Kastelle) befanden. Der **Limes** zog sich auch durch das Gebiet des heutigen Rheinland-Pfalz. An zahlreichen Stellen gibt es Überreste des Obergermanisch-Raetischen Limes, der nach den angrenzenden römischen Provinzen benannt ist.
Der Limes erfüllte seinen Zweck bis ins 3. Jh. und war rund 550 km lang. Er trennte das gut verwaltete und wirtschaftlich erschlossene Römische Reich von dem weniger erschlossenen Siedlungsraum kleinerer Völker.

Nicht nur Feinde

Militärisch war der Limes kein uneinnehmbares Bollwerk, eher eine bewachte Grenzlinie. Über ihn hinweg gab es einen lebhaften Handel. Die Germanen lieferten den Römern Rohstoffe wie Holz und Blei, aus dem Imperium kamen im Gegenzug Waffen, Schmuck, Geschirr und Wein. Die Grenzposten kontrollierten also vor allem den Waren- und Personenverkehr.
Über die Grenze hinweg knüpften die Römer auch diplomatische Kontakte, um Unruhen und Aufstände zu verhindern. Zahlreiche germanische Anführer begaben sich mit ihren Leuten in römische Dienste. Sie wurden dafür bezahlt und konnten so am wirtschaftlichen Reichtum der Römer teilhaben.

1. *a)* ***Arbeite*** *das Bild der Römer über fremde Stämme* ***heraus****. b)* ***Prüfe****, wie es zu diesem Fremdbild kam. c) Gibt es heute Vergleichbares?* (H)
2. ***Stelle*** *mithilfe einer aktuellen Deutschlandkarte z. B. im Internet* ***fest****, in welchen Bundesländern heute Spuren vom Limes zu finden sein müssten (M3).*
3. ***Recherchiert*** *in der Klasse mithilfe der Internettipps zum Limes in Rheinland-Pfalz.* ***Erstellt*** *eine kleine Ausstellung zu einzelnen Stationen (z. B. Reste oder Rekonstruktionen von Wällen, Wachtürmen, Kastellen etc.).*
4. *Die römischen Grenzkastelle waren häufig Ausgangspunkt späterer Städte.* ***Stelle Vermutungen an****, warum dies so war.*

Germanische Völkerstämme ziehen nach Süden
Römischer Sieg über Kimbern und Teutonen
Caesar erobert Gallien
Römische Germanenfeldzüge
Varusschlacht
Aufbau einer römischen Provinzverwaltung in Germanien
Eroberung Britanniens
Eroberung rechtsrheinischer Gebiete
Römische Provinzen Nieder- und Obergermanien
Baubeginn am Limes zwischen Rhein und Donau
Bau des Hadrianwalls in Britannien
Fertigstellung des Limes
100 v. Chr. | 50 v. Chr. | Christi Geburt | 50 n. Chr. | 100 n. Chr. | 150 n. Chr. | 200 n. Chr.

M4 Handel zwischen Germanen und Römern
Rekonstruktionszeichnung von Ute Thönissen, 2002

M5 Was weiß Caesar von den Germanen?

Caesar berichtet in seinem um 52 bis 50 v. Chr. verfassten Werk über den „Gallischen Krieg“:

Der Stamm der Sueben[1] ist der weitaus größte und kriegerischste unter allen Germanen. […] Es gibt bei ihnen kein Land, das in gesondertem Privatbesitz wäre […]. Sie ernähren sich auch weniger von Getreide als überwiegend von Milch und Fleisch und sind viel auf der Jagd. Dieser Umstand, verbunden mit der Art der Ernährung, der täglichen Übung und der Freiheit der Lebensführung, die darin besteht, dass sie von Kind an nicht zu irgendwelchen Verpflichtungen oder zu Disziplin erzogen werden und nichts gegen ihren eigenen Willen tun, stärkt die Kräfte und bringt Menschen von ungeheurer Körpergröße hervor. Obwohl die Gegend dort überaus kalt ist, haben sie sich angewöhnt, in den Flüssen zu baden und nichts außer Fellen als Kleidung zu tragen.[2] Da diese sehr kurz sind, bleibt der größte Teil des Körpers nackt. Die Verbindung zu Handelsleuten wird vorwiegend zu dem Zweck aufrechterhalten, dass sie das, was sie im Krieg erbeutet haben, verkaufen können, weniger mit dem Wunsch, irgendetwas einzuhandeln.

Gaius Julius Caesar, De bello Gallico 4, 1-2; zit. nach: De bello Gallico/Der Gallische Krieg, übersetzt und herausgegeben von Marieluise Deißmann, Stuttgart 1980

M6 Was fällt Tacitus auf?

Der römische Geschichtsschreiber Tacitus fasst um 98 n. Chr. das Wissen über die Germanen zusammen. Er selbst hat das Land nie gesehen.

Besitz und Verwendung von Gold und Silber reizt sie nicht sonderlich. Man kann beobachten, dass bei ihnen Gefäße aus Silber, Geschenke, die ihre Gesandten und Fürsten erhalten haben, ebenso gering geachtet werden wie Tonkrüge. […]
Dass die Völkerschaften der Germanen keine Städte bewohnen, ist hinreichend bekannt, ja dass sie nicht einmal zusammenhängende Siedlungen dulden. Sie hausen einzeln und gesondert, gerade wie ein Quell, eine Fläche, ein Gehölz ihnen zusagt. Ihre Dörfer legen sie nicht in unserer Weise an, dass die Gebäude verbunden sind und aneinanderstoßen. Jeder umgibt sein Haus mit freiem Raum, sei es zum Schutz gegen Feuersgefahr, sei es aus Unkenntnis im Bauen. Nicht einmal Bruchsteine oder Ziegel sind bei ihnen im Gebrauch; zu allem verwenden sie unbehauenes Holz, ohne auf ein gefälliges oder freundliches Aussehen zu achten.

Tacitus, Germania 5 und 11; zit. nach: P. Cornelius Tacitus, Germania, Lateinisch/Deutsch. Übers., erl. und hrsg. von Manfred Fuhrmann, Stuttgart 1972 (leicht vereinfacht)

1. ***Beschreibe*** *das Geschehen auf dem Bild (M4). Was erfährst du über den Handel?*
2. *a)* ***Untersuche****, ob die Aussagen von Caesar und Tacitus Vorurteile enthalten (M5, M6).*
   b) ***Vergleiche*** *mit M4.* (H)
3. ***Prüfe****, inwiefern die Beschreibungen der Germanen uns Auskunft darüber geben, wie sich die Römer selbst sahen (M5, M6).*
4. ***Überlege****, welche Quellen du bräuchtest, um die Aussagen von Caesar und Tacitus zu überprüfen (M5, M6).*
5. ***Arbeite weiter****:* ***Bewerte****, ob und in welcher Weise antike Vorstellungen über die „Germanen“ bis in unsere Zeit überdauert haben.* (G)

[1] Sueben: Sammelbezeichnung für verschiedene germanische Völkergruppen; der Stammesname überdauerte in der Bezeichnung „Schwaben“.

[2] Die Aussage ist nicht richtig. Archäologische Funde belegen gewebte Kleidung in Nordeuropa seit dem 6. Jh. v. Chr.

Die Römer bei uns und anderswo

M1 Die Römerbrücke in Trier
Aktuelles Foto, undatiert
Aus einer keltischen Siedlung entwickelte sich das römische Augusta Treverorum im 3. Jh. zu einer der Hauptstädte im Römischen Reich. Die Brückenpfeiler der Römerbrücke aus dem 1. Jh. halten bis heute und sind die ältesten nördlich der Alpen.

Die Römische Lebensart breitet sich aus

Mit ihren Soldaten brachten die Römer auch die römische Lebensweise in die eroberten Gebiete. Die Einheimischen nahmen die fremden Einflüsse meist bereitwillig auf. Diese Entwicklung, die das Leben in den Provinzen nachhaltig veränderte, nennen wir heute **Romanisierung**. Wie ging sie vor sich?

In den eroberten Gebieten warben die Römer Hilfstruppen zur Unterstützung der eigenen Armee an. Am Ende ihrer meist 20-jährigen Dienstzeit erhielten die ehemaligen Soldaten (Veteranen) das römische Bürgerrecht und ein Stück Ackerland in den eroberten Gebieten. Viele Veteranen ließen sich in den Provinzen nieder und führten neue landwirtschaftliche Anbaumethoden, Handwerkstechniken und Werkzeuge, Tiere und Pflanzen ein.

Von Anfang an beteiligten die Römer einflussreiche einheimische Familien an ihrer Herrschaft. Diese passten sich oft besonders schnell an, um die Unterschiede zu den neuen Herren auszugleichen.

Mit der römischen Verwaltung kam das Römische Recht in die eroberten Gebiete. Die lateinische Sprache vermischte sich mit den einheimischen Dialekten. Daraus gingen die heutigen „romanischen" Sprachen Italienisch, Französisch, Spanisch, Portugiesisch und Rumänisch hervor. Sogar die römische Religion mit ihren Tempeln und Tempelformen wurde übernommen; einheimische Kulte gingen zurück oder wurden zerstört.

Im Jahr 212 n. Chr. verlieh Kaiser Caracalla allen freien Bewohnern des Reiches das römische Bürgerrecht. Das verstärkte die Romanisierung. Die Provinzbewohner konnten nun auch öffentliche Ämter bekleiden und sogar in den Senat aufsteigen.

Immer mehr Städte

An den Küsten des Mittelmeeres fanden die Römer bereits befestigte Städte aus der Zeit der griechischen Kolonisation oder des Hellenismus vor. Das war in Mitteleuropa anders.

Erst unter römischer Herrschaft entstanden hier mehr Städte. Oftmals bildeten sich in der Nähe von Kastellen und an wichtigen Verkehrswegen kleine Dörfer. Dort hatten sich Händler und Handwerker niedergelassen, die mit den Soldaten, aber auch den Einheimischen Geschäfte machten. Manche Siedlungen entwickelten sich zu wichtigen Mittelpunkten von Verwaltung, Handel und Kultur. Hier lernte die einheimische Bevölkerung die bürgerliche römische Lebensart kennen. Die Städte Mainz, Koblenz, Andernach, Speyer, Trier und Worms sind ebenso aus römischen Kolonien oder befestigten Militärlagern entstanden wie Augsburg, Xanten, Neuss, Köln oder Bonn. Im 5. Jh. gab es in allen Provinzen über 1 500 Städte. Viele hatten mehr als 10 000 Einwohnerinnen und Einwohner.

Die Römer in Germanien

Ein kleiner Teil Germaniens war in das Römische Reich eingegliedert worden. Die Römer erschlossen das Gebiet durch Straßen und organisierten es in Provinzen. Zur Sicherung der Provinzen dienten die zahlreichen Kastelle, die entlang der Flüsse und am Limes erbaut wurden.

In den neuen Provinzen wollten die Römer genauso gut leben wie zu Hause. Deshalb holten sie Handwerker und Architekten aus ihrer Heimat, bauten beheizbare Häuser aus Stein, Wasserleitungen, gepflasterte Straßen und Brücken. Olivenöl und andere Waren, die es nördlich der Alpen nicht gab, brachten Händler aus dem Süden.

M 2 Überreste der römischen Kaiserthermen in Trier aus dem 4. Jh.
Aktuelles Foto, undatiert
Die Thermen wurden nie vollendet.

Internettipp:
Informationen über das antike Trier und weitere Spuren der Römer in Rheinland-Pfalz findest du unter Mediencode 31101-38.

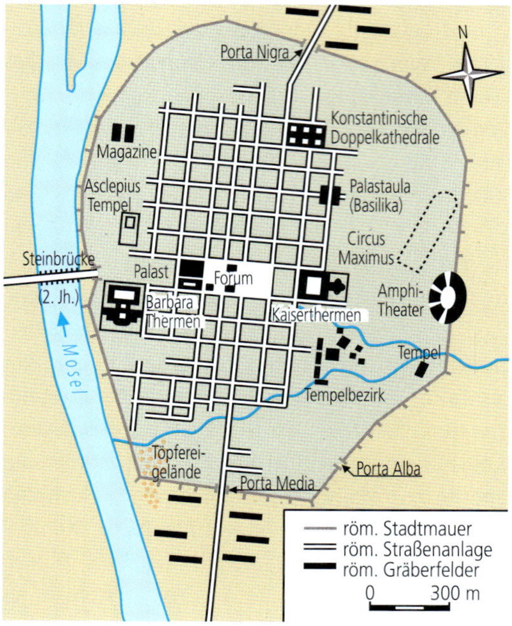

M 3 Stadtplan von Trier im 4. Jh.
Zu dieser Zeit lebten in der Stadt etwa 80 000 Menschen.

Römisches in Rheinland-Pfalz

Der Großteil des heutigen Rheinland-Pfalz gehörte zur römischen Provinz Germania superior („Obergermanien")[1]. Die Römer machten Mogontiacum (Mainz) zur Hauptstadt. Die ehemalige keltische Siedlung war ab 50 v. Chr. Legionslager. Wegen der strategisch günstigen Lage am Main und an einem Knotenpunkt mehrerer großer römischer Fernstraßen wuchs Mainz schnell. Die Bewohner errichteten alle Bauten, die für eine römische Stadt typisch waren: Tempel, Foren, mehrstöckige Wohnhäuser und prächtige Stadtvillen, Denkmäler für die Gottheiten, Thermen und Theater.

In Trier zeugen die Palastaula und die Kaiserthermen von der Bedeutung der Stadt in der Römerzeit. Die einstige Siedlung der Treverer entwickelte sich unter römischer Herrschaft seit etwa 15 v. Chr. zum Mittelpunkt des Moselgebietes. 293 wurde Augusta Treverorum (Trier) eine der vier Hauptstädte des Reiches.

Wie sehr Rheinland-Pfalz über Jahrhunderte römisch geprägt war, davon zeugen zahllose Funde überall in der Region: seien es Überreste von römischen Straßen in Bacharach oder Germersheim, von Wasserleitungen in Mainz, von römischer Keramikproduktion in Rheinzabern, Trier und Sinzig, von Siedlungen, Villen und Weingütern in Mayen, Ungstein, Mehring oder Bollendorf, von Gräbern in Weißenau, Nehren und Bad Kreuznach, oder Tempelbezirken und Heiligtümern in Heckenmünster oder Wederath.

Nicht alles geht jedoch allein auf römischen Einfluss zurück. Als die römischen Truppen an den Rhein kamen, fanden sie bereits eine wirtschaftlich gut entwickelte Region vor mit weiten Handelsbeziehungen bis in den Mittelmeerraum.[2] Die Römer bauten darauf auf.

1. ***Erstelle*** *einen Lexikonartikel zum Begriff Romanisierung (VT S. 135 f., M1-M3).* (H)
2. ***Untersuche*** *den Stadtplan. Welche Informationen enthält er über Politik, Religion, Wirtschaft und Freizeit (M3)?*
3. ***Vergleiche*** *den Stadtplan von Trier aus dem 4. Jh. mit einem aktuellen Stadtplan.* ***Arbeite weiter****:* ***Finde*** *mithilfe der Abbildungen und Internettipps* ***heraus****, wo in der Stadt noch heute antike Spuren zu finden sind.* (G)

[1] Vgl. die Karte auf S. 133.
[2] Vgl. S. 50 f.

M 4 Relief der Igeler Säule
Grabmonument (Rekonstruktion) einer Tuchhändlerfamilie von etwa 250 n. Chr. in Igel bei Trier, Foto von 2014
Das 23 Meter hohe Grab wurde an einer Straße errichtet und sollte Wohlstand und Erfolg der Familie zeigen. In Igel ist künftig nur das nicht farbige Original der Säule zu sehen.

M 5 Britannien wird römisch

Der römische Geschichtsschreiber Tacitus (siehe M5, S. 126) berichtet in der Lebensbeschreibung seines Schwiegervaters Agricola, der 77 Statthalter der Provinz Britannien geworden ist, wie dieser die Romanisierung fördert:

Denn um die verstreut und primitiv lebenden Menschen, die infolgedessen leicht zum Krieg geneigt waren, durch Annehmlichkeiten an Ruhe und friedliches Verhalten zu gewöhnen, ermunterte Agricola sie persönlich und unterstützte sie mit staatlichen Mitteln, Tempel, öffentliche Plätze und Häuser in der Stadt zu bauen. Er lobte die Eifrigen und tadelte die Säumigen. So trat Anerkennung und wetteiferndes Bemühen an die Stelle des Zwanges. Ferner ließ er die Söhne der Vornehmen ausbilden, wobei er der natürlichen Begabung der Britannier gegenüber dem Lerneifer der Gallier den Vorrang gab.

So kam es, dass die Menschen, die eben noch die römische Sprache ablehnten, nun die römische Redekunst zu erlernen begehrten. Von da an fand auch unser Äußeres Beifall, und die Toga wurde häufig getragen; und allmählich gab man sich dem verweichlichenden Einfluss des Lasters hin: Säulenhallen, Bädern und erlesenen Gelagen. Und so etwas hieß bei den Ahnungslosen Lebenskultur, während es doch nur ein Bestandteil der Knechtschaft war.

Tacitus, Das Leben des Iulius Agricola 21, übers. von Rudolf Till, Berlin ²1976

M 6 Familiengrabstein
Grabstein aus Mainz-Weisenau, um 50 n. Chr.
Die vollständige Inschrift auf der Rückseite des Steines lautet: „Blussus, Sohn des Atusirus, Schiffer, 75 Jahre alt, liegt hier begraben. Menimane, seine Ehefrau, ließ den Stein zu Lebzeiten machen. Primus, ihr Sohn, hat den Stein aus Fürsorge setzen lassen."
Blussus, in römischem Gewand, trägt einen Geldbeutel. Seine Frau Menimane, in keltischer Tracht gekleidet, hält ein Wollknäuel, Spinnwerkzeug und ein Hündchen im Schoß. Im Hintergrund ist wahrscheinlich der Haussklave Satto abgebildet.

1. ***Erläutere**, inwiefern die Igeler Säule und der Grabstein des Blussus Zeugnisse der Romanisierung sind (M4, M6).* (H)
2. ***Beschreibe** das Verhalten der Römer gegenüber der einheimischen Bevölkerung (M5).*
3. ***Beurteile** die Vor- und Nachteile der römischen Herrschaft in den eroberten Gebieten (vgl. mit S. 113-115).*
4. *Gehe auf Spurensuche nach römischen Überresten in deiner Umgebung. **Stelle** sie deiner Klasse in einer geeigneten Präsentationsart **vor**. Folgende Aspekte deines Fundes solltest du beachten: seine damalige Funktion, seine Geschichte, seine historische Aufarbeitung und heutige Bedeutung.*

Landwirtschaft und Handel

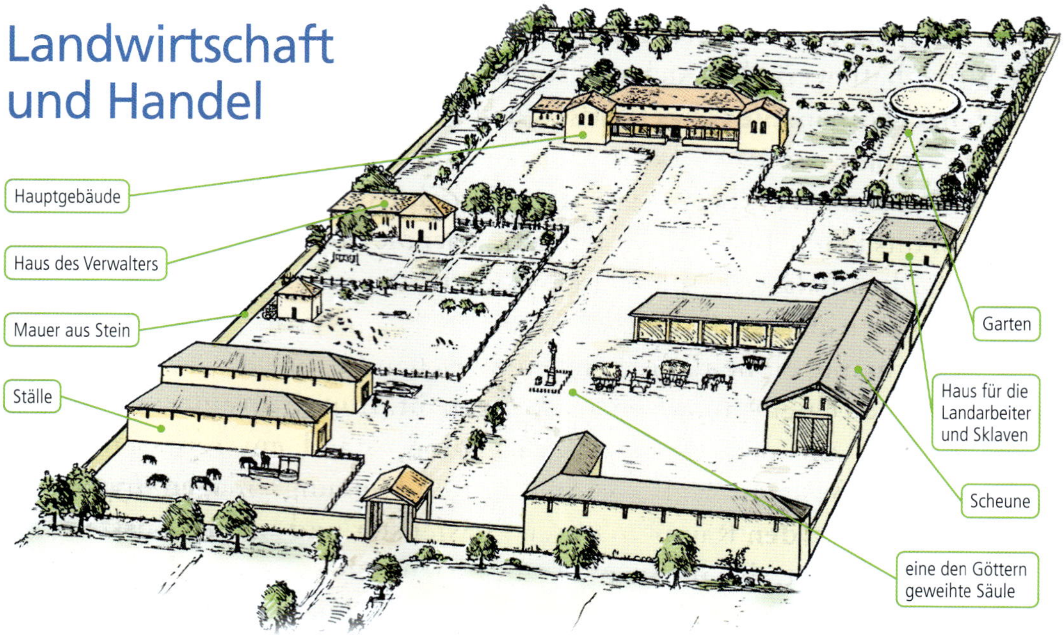

M1 Römischer Gutshof (villa rustica) in Südwestdeutschland
Rekonstruktionszeichnung

Das Landleben ändert sich

Um den Handel auszuweiten und die Soldaten zu versorgen, bauten die Römer die Landwirtschaft in den Provinzen aus. Dabei nahmen sie den Einheimischen fruchtbares Land weg und ließen Wälder roden. Die Ernteerträge steigerten die Römer durch Dünger und den eisernen Wendepflug. Sie legten Gärten an und führten Apfel- und Birnensorten, Edelkirschen, Pfirsiche, viele Gemüse-, Salat- und Gewürzpflanzen wie Fenchel, Gurke und Petersilie aus dem Mittelmeerraum ein. Auch der Weinanbau nördlich der Alpen geht auf die Römer zurück. Größere und kräftigere Rinder und Pferde aus Italien ersetzten die einheimischen Tiere. Katzen und kleine Hunde wurden als Haustiere gehalten.

Städte und Soldaten brauchen viele Waren

Die Millionenstadt Rom, aber auch viele andere Städte im Reich konnten nicht nur aus der näheren Umgebung versorgt werden. Aus Sizilien, Nordafrika und Ägypten wurde Getreide geliefert, aus Südspanien kamen riesige Mengen Olivenöl. Für die reichen Römer brachten die Händler Luxuswaren in die Städte: Gold und Silber, Edelsteine, kunstvolle Metallarbeiten, Spitzenweine, orientalische Datteln, sogar Pfeffer aus Indien und Seide aus China[1]. Und auch das Militär an den Grenzen musste mit Nahrungsmitteln versorgt werden.

Freie Fahrt für Händler

Während die Menschen nördlich der Alpen meist nur für den Eigenbedarf arbeiteten, trieben die Römer längst einen ausgedehnten Handel.

Die Schifffahrt war das Rückgrat der römischen Wirtschaft. Handelsschiffe fuhren über das gesamte Mittelmeer und über den Rhein und die Rhone. Zahlreiche Häfen entstanden. Die römische Flotte sorgte dafür, dass die Seewege frei von Piraten waren.

Außerdem gab es im Römischen Reich bessere Straßen und Brücken als je zuvor. Sie waren in der Regel befestigt und geschottert, wichtige Straßen sogar gepflastert. Damit sollten Soldaten schnell an die Einsatzorte gelangen, doch auch die Händler durften sie nutzen.

Für den Handel war es zudem vorteilhaft, dass überall im Reich mit den gleichen römischen Münzen bezahlt werden konnte. Zölle mussten in nennenswerter Höhe nur an den Außengrenzen des Reiches entrichtet werden.

1. ***Beschreibe** M1 und zähle auf, was zu einer typischen villa rustica dazugehörte.*
2. ***Überlege**, wie sich die neue Wirtschaftsweise auf das Leben in den Provinzen auswirkte.*

Internettipp:
Spuren der römischen Landwirtschaft und des Handels in Rheinland-Pfalz kannst du unter Mediencode 31101-39 verfolgen.

Exkursionstipps:
In Rheinland-Pfalz sind einige römische Gutshöfe rekonstruiert und für Besucherinnen und Besucher geöffnet worden:
- Römische Villa Otrang
- Archäologiepark Römische Villa Borg

[1] Vgl. zu China S. 146 f.

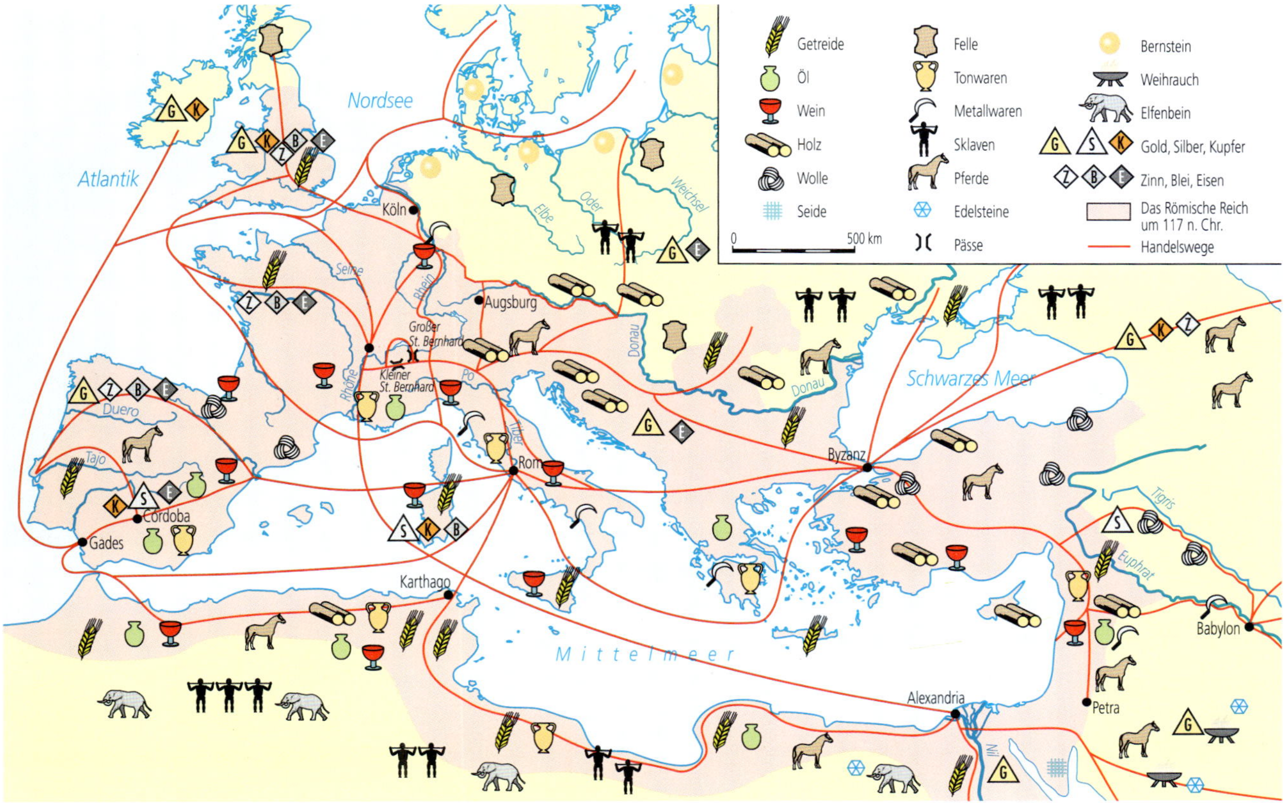

M 2 Fernhandel im Römischen Weltreich (1. bis 3. Jh.)
Auf den Römerstraßen legte ein Warentransport bis zu 60 km pro Tag zurück.

Internettipp:
Zu den römischen Straßen siehe auch Mediencode 31101-40.

M 3 Römischer Straßenbau
Rekonstruktionszeichnung
Die römischen Straßen wurden systematisch vermessen und dokumentiert. Es gab sogar Straßenkarten ähnlich heutigen Netzplänen für U-Bahnen oder Busse. Eine mittelalterliche Kopie einer solchen Karte ist die Tabula Peutingeriana.

1. *__Schreibe__ einen fiktiven Reisebericht eines römischen Kaufmanns, der von Köln nach Alexandria und wieder zurück reist. __Beschreibe__ seine Reiseroute, seine Transportmittel und Handelswaren. Nutze dazu die Karte M2.*
2. *__Beschreibe__ die Arbeiten in M3.*
3. *__Erkläre__ den Zweck*
   a) der mehrfachen Schichtung der Straße
   b) der Wölbung der Straßendecke und der Straßengräben (M3).
4. *__Erstellt__ in Gruppenarbeit eine Präsentation zum Thema „Die Bedeutung des römischen Verkehrsnetzes". (H)*

Vom Götterkult zum Christentum

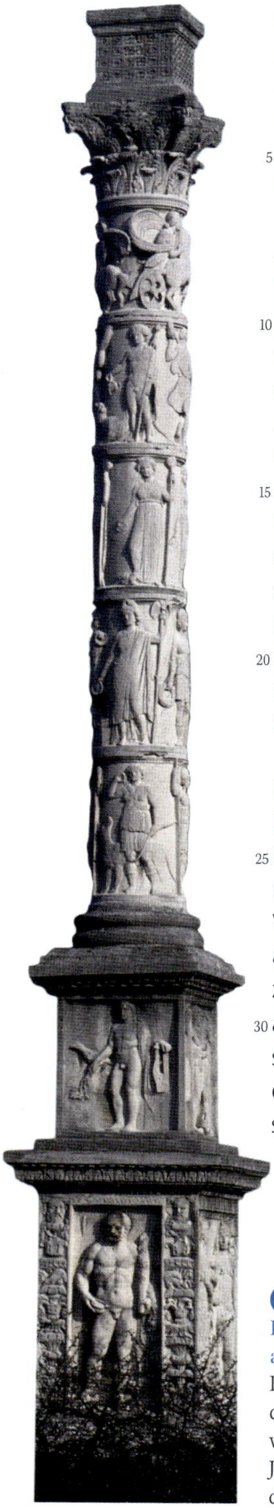

Viele Götter, viele Kulte

Die Römer glaubten an viele Götter. Durch Opfer, Götterfeste und Gebete (Götterkult) hofften sie, diese wohlgesinnt zu stimmen und damit Gefahren abwehren und Fehler wiedergutmachen zu können. Die Natur war die Sprache der Götter. Ihren Willen glaubte man aus dem Lauf der Sterne oder dem Flug der Vögel herauslesen zu können. Naturkatastrophen galten als göttliche Strafen.

Der mächtigste Gott der Römer war Jupiter. Er hatte ganz ähnliche Eigenschaften wie der griechische Göttervater Zeus. Neben Jupiter thronte seine Frau Juno. Neptun war der Gott des Meeres, Mars der Gott des Krieges und Venus die Göttin der Liebe.

Auf dem Kapitol war dem Staatsgott Jupiter ein Tempel geweiht. Für die Siegesgöttin Victoria stand ein Altar im Senat, um Rom ihre Unterstützung zu sichern. Besonders wichtig war die Göttin des (Herd-)Feuers und der Familie, Vesta. Sie sorgte für den Fortbestand des Reiches. In ihrem Tempel auf dem Forum hüteten sechs Jungfrauen eine „ewig" brennende Flamme.

Der Kaiser – ein Gott?

Der Kaiser besaß für die Römer eine besondere Nähe zu den Göttern. Augustus ließ seinen verstorbenen Adoptivvater Caesar zum Gott erklären. Diese Vergöttlichung eines verstorbenen Vorgängers ahmten nachfolgende Kaiser nach. In der Kaiserzeit wurden die Herrscher oft schon zu Lebzeiten als „Divus" (dt. „Vergöttlichter") verehrt. Der Kaiserkult galt als Ausdruck der Loyalität gegenüber dem römischen Staat. Wer ihn verweigerte, schloss sich damit aus der Gesellschaft aus.

M 1 Jupitersäule in Mainz
Kopie (9,25 m) der etwa 12 m hohen Originalsäule aus dem 1. Jh., Foto von 2014
Die Mainzer weihten die kostspielige Säule Jupiter für das Heil des Kaisers Nero (54 - 68 n. Chr.). Das Original wurde zerstört, nur wenige Teile sind erhalten. Außer Jupiter sind 27 weitere Gottheiten dargestellt, unter anderem Herkules auf dem Sockel.

M 2 Mithras
Rekonstruktion eines Kultbildes aus einem Mithrasheiligtum des 2. Jh., das in Frankfurt-Heddernheim gefunden wurde
Auf dem Bogen sind die zwölf Sternbilder des Jahres zu sehen. Der Mithraskult aus Persien verbreitete sich im ganzen Reich, auch im heutigen Rheinland-Pfalz.

Ein Reich mit vielen Religionen

Die Römer waren in religiösen Dingen tolerant. In den Provinzen wurde zwar der offizielle römische Götter- und Kaiserkult gepflegt. Viele eroberte Völker behielten aber trotzdem den Glauben an ihre alten Götter bei. Zum Teil vermischten sich die Religionen mit griechisch-römischen Elementen.

Durch den Kontakt mit anderen Kulturen veränderten sich auch die römischen Glaubensvorstellungen. Schon während der Republik übernahmen die Römer die griechischen Gottheiten und vereinten sie mit ihren. Seit der Kaiserzeit verehrten sie auch die ägyptische Göttin Isis. Aus dem Orient kam der Kult des Mithras, eines Gottes des Lichtes und der Wahrheit. Isis- und Mithrasverehrung gehören zu den Mysterienreligionen (Mysterien: geheime religiöse Feiern), religiösen Geheimkulten mit nur wenigen eingeweihten Anhängerinnen und Anhängern. Diese und weitere Mysterienkulte verbreiteten sich im ganzen Römischen Reich. Sie boten etwas, das den alten römischen Kulten fehlte: Gefühl, Spiritualität und vor allem die Aussicht auf ein besseres Leben im Jenseits.

Das Christentum entsteht

Gleichzeitig gewann auch eine andere Religion immer mehr an Bedeutung: das **Christentum**. Es ging von dem Juden **Jesus** aus Palästina aus. Seine Anhänger nannten ihn „Christus" (dt. „Gesalbter"), da sie in ihm den von Gott gesandten Erlöser sahen. Jesus wurde um das Jahr 4 vor Beginn unserer Zeitrechnung geboren. Um das Jahr 30 verurteilte ein römischer Statthalter ihn zum Tod am Kreuz.

Nach seinem Tod verkündeten seine Anhänger die Botschaft von der Liebe des einen Gottes, der seinen Sohn Jesus Christus geopfert habe, um die Menschen von ihren Sünden zu erlösen und ihnen nach dem Tod ein ewiges Leben im Paradies zu gewähren. Die ersten Christengemeinden entstanden in Städten. Unter ihren Mitgliedern waren viele Frauen, Angehörige der Unterschichten und Sklaven.

Christen werden verfolgt

Die Christen glaubten nur an einen Gott (**Monotheismus**). Sie lehnten die römischen Gottheiten und den Kaiserkult ab, hielten sich von Festen fern und feierten ihre Gottesdienste in Privathäusern. Dies machte sie zu Außenseitern, in den Augen mancher Römer sogar zu Staatsfeinden. Daher wurden die Christen immer wieder verfolgt.

Im 3. Jh. gab es schwere Probleme im Reich. Damals wurden die Grenzprovinzen von umherziehenden Völkern verwüstet.[1] Im ganzen Reich litten die Menschen unter Teuerungen und Not. Man suchte Schuldige und fand sie in der christlichen Minderheit. Ihre Gottesdienste wurden unter Androhung der Todesstrafe verboten, kirchliche Bauten und Kultgeräte zerstört und christliche Schriften verbrannt. Viele Christen gaben nach, zahlreiche waren jedoch bereit, für den Glauben ihr Leben zu opfern, und starben als Märtyrerin oder Märtyrer.

Das Christentum setzt sich durch

Im Jahr 313 erlaubte Kaiser **Konstantin I.** den Christen im ganzen Reich ausdrücklich, ihre Religion auszuüben (Toleranzedikt). Er räumte ihnen sogar Vorrechte ein: Kirchlicher Grundbesitz wurde steuerfrei und der Sonntag allgemeiner Feiertag. Der Überlieferung nach war dies Konstantins Dank für den Sieg gegen seinen Rivalen Maxentius im Jahre 312. Ihm sei vor der entscheidenden Schlacht ein Christuszeichen und die Inschrift „IN HOC SIGNO VINCES" („In diesem Zeichen wirst du siegen!") erschienen. Daraufhin habe er das Zeichen der Christen angenommen und gewonnen.

Die Nachfolger Konstantins haben die Heiden, also alle, die nicht an den christlichen Gott glaubten, immer mehr benachteiligt. Kaiser Theodosius (379-395) schließlich verbot 391 alle heidnischen Kulte. Das Christentum wurde Staatsreligion; die Christianisierung der Römer begann.

Glaube und Kirche überdauern

Der Siegeszug des Christentums hing auch mit dem raschen Aufbau einer straffen Organisation zusammen. Bereits Ende des 1. Jh. leitete ein Vorsteher die Gemeinden und den Gottesdienst. Im 2. Jh. erhielt er die Bezeichnung „Bischof" (griech. episcopos: Aufseher). Er überwachte die Glaubenslehre und galt als alleiniger Vermittler zwischen Gott und den Menschen.

Das Römische Reich brach im 5. Jh. zusammen[2], nicht aber die christliche Kirche. Die Eroberer wurden selbst Christen,[3] der Bischof in Rom zum religiösen Oberhaupt im Westen. Seit dem 5. Jh. nennt er sich **Papst**. Bis heute ist Rom damit die Hauptstadt der katholischen Kirche.

M 3 Geheimzeichen der Christen in der Zeit der Christenverfolgung
Grabinschrift aus einer Katakombe (unterirdischer Friedhof)
Der Fisch war das Zeichen für die Zugehörigkeit zur christlichen Glaubensgemeinschaft. Das griechische Wort für Fisch ist ICHTHYS. Dahinter verbergen sich die Anfangsbuchstaben: Iesous Christos Theou (Gottes) Yios (Sohn) Soter (Retter).

[1] Vgl. das Kapitel zur „Völkerwanderung" auf S. 144 f.
[2] Siehe ebda.
[3] Lies dazu ausführlich ab S. 154.

1. ***Ordne** zu möglichst vielen im Verfassertext genannten römischen Göttern verwandte griechische Gottheiten **zu**.*
2. ***Beschreibe** den Umgang der Römer mit Religion.*
3. ***Stelle** in einer Tabelle Merkmale der alten römischen Religion und des Christentums **gegenüber**. Wo gibt es Unterschiede, wo Gemeinsamkeiten?*

Jesus Christus lebt in Palästina und begründet den christlichen Glauben | Jesus wird gekreuzigt; seine Anhänger verkünden die christliche Lehre, erste Christengemeinden entstehen | Erste große Christenverfolgung | Das Christentum breitet sich im Römischen Reich aus | Schlimmste und letzte Christenverfolgung unter Kaiser Diokletian | Konstantin I. gewährt Christen Religionsfreiheit | Das Christentum wird alleinige Staatsreligion

Christi Geburt — 100 — 200 — 300 — 400

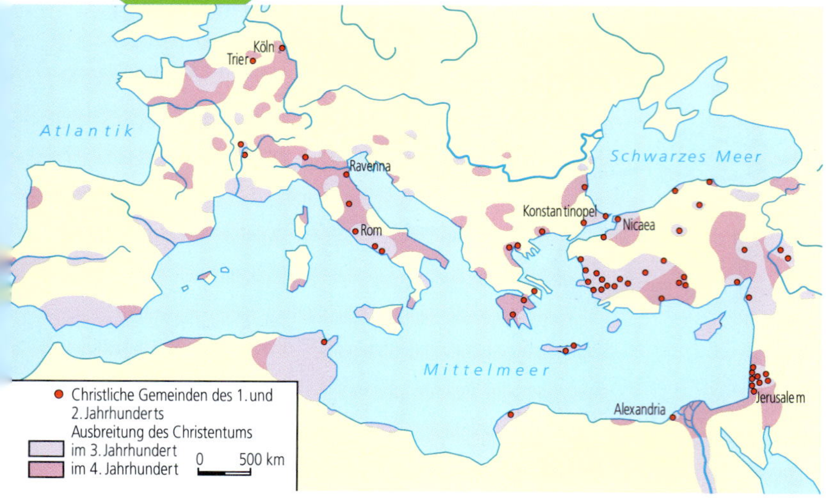

M 4 Ausbreitung des Christentums bis ins 4. Jh.

Internettipp:
Eine animierte Karte zur Ausbreitung des Christentums siehe Mediencode 31101-41.

Hörtipp:
Den Erlass des Kaisers Theodosius, in dem das Christentum zur Staatsreligion erklärt wurde, kannst du dir unter dem Mediencode 31101-42 anhören.

M 5 Matronenstein
Kopie eines Weihesteins aus dem 2./3. Jh. aus Mechernich-Weyer, Foto von 2010
Die Matronen (Muttergöttinnen) wurden von der germanisch-keltischen Bevölkerung verehrt. Die Römer tolerierten den Kult und übernahmen ihn später sogar.

M 6 Erste Christengemeinden

In der Apostelgeschichte, einem Abschnitt in der Bibel (ca. 80 - 90 n. Chr. verfasst), schreibt der Verfasser:

All die vielen Menschen, die zum Glauben an Jesus gefunden hatten, waren ein Herz und eine Seele. Niemand von ihnen betrachtete etwas von seinem Besitz als persönliches Eigentum; alles, was sie besaßen, gehörte ihnen gemeinsam. [...] Es gab unter ihnen niemand, der Not leiden musste. Denn die in der Gemeinde, die Grundstücke oder Häuser besaßen, verkauften sie, wenn es an etwas fehlte, brachten den Erlös herbei und legten ihn vor den Füßen der Apostel nieder. Das wurde dann unter die Bedürftigen verteilt.

Apostelgeschichte 4, 32 - 35. Übersetzung: Gute Nachricht Bibel, durchgesehene Neuausgabe, © 2018 Deutsche Bibelgesellschaft, Stuttgart

M 7 Das christliche Bekenntnis wird Gesetz

Theodosius (379 - 392 Kaiser im Osten, 388 - 395 im Gesamtreich) regelt im Jahr 380 mit dem weströmischen Kaiser das christliche Bekenntnis:

Alle unter Unserer milden Herrschaft stehenden Völker sollen nach Unserem Willen demjenigen Glauben angehören, den der heilige Apostel Petrus [...] den Römern mitgeteilt hat [...]. Wir glauben nämlich nach der Vorschrift der Apostel [...] an die Göttlichkeit des Vaters, des Sohnes und des Heiligen Geistes [...]. Diejenigen, die diesem Gesetze folgen, sollen den Namen katholische[1] Christen führen, die übrigen aber, die Wir als töricht und wahnwitzig erklären, sollen als Abtrünnige vom Glauben mit Ehrlosigkeit bestraft und mit dem Zorne Gottes und dann nach Unserer Entscheidung [...] mit einer Strafe belegt werden.

Gottfried Härtel und Frank-Michael Kaufmann (Hrsg.), Codex Justinianus, Leipzig 1991, S. 29 (vereinfacht)

1. ***Untersuche*** *die Karte M4.*
2. ***Begründe*** *die Attraktivität des Christentums für viele Menschen (M6).*
3. ***Vergleiche*** *M7 mit unserem heute geltenden Grundgesetz.* (H) (G)
4. ***Arbeite weiter:*** ***Informiere*** *dich über Zeugnisse regionaler Kulte der Römerzeit im heutigen Rheinland-Pfalz (M6).* (H)

[1] katholisch (griech. katholikos): allgemein; für alle

Und was kommt nach dem Tod?

Was Juden, Christen und Muslime glauben

Die Römer aus angesehenen Familien ließen ihren Verstorbenen prunkvolle Grabmäler errichten, in die sie Geschirr, Schmuck, Öllampen, Spiegel oder Münzen legten. Eines stand für die Römer fest: Die Seele ist unsterblich. Sie stellten sich vor, dass sie wie ein Vogel im menschlichen Körper gefangen ist und nach dem Tod davonfliegt. Um in den Himmel zu gelangen, war es notwendig, sich im Leben tadellos zu verhalten. Sonst musste die Seele auf der Erde ziellos umherirren.

Die Christen glauben – wie die Juden und die Muslime – nur noch an einen einzigen Gott (Monotheismus). Ihr religiöses Handeln richten sie auf das Leben nach dem Tod aus. Gemeinsam ist den drei Religionen die Vorstellung von der Unsterblichkeit der Seele, die nach dem Tod aufersteht. Der oder die Verstorbene wird beim Jüngsten Gericht von Gott entweder belohnt oder bestraft.

M 2 Christus kommt in den Himmel
Elfenbeinschnitzerei, um 400 n. Chr. (Ausschnitt)

M 3 Die Himmelfahrt des Propheten Mohammed
Buchillustration von 1436

M 1 Über die Auferstehung der Toten

In einem alten jüdischen Gebet heißt es:

Mächtig bist Du, Gott, für Zeit und Ewigkeit, Du wiederbelebst die Toten, groß ist Deine erlösende Kraft. Du ernährst die Lebenden in Barmherzigkeit, in großem Erbarmen wiederbelebst Du die Toten.

Im christlichen Glaubensbekenntnis heißt es:

Er [Jesus Christus] ist am dritten Tage auferstanden von den Toten, aufgefahren in den Himmel; er sitzt zur Rechten Gottes, des allmächtigen Vaters; von dort wird er kommen, zu richten die Lebenden und die Toten. Ich glaube an [... die] Auferstehung der Toten und das ewige Leben.

Über den Tag der Auferstehung steht im Koran:

Unser Herr, du wirst alle Menschen an einem Tag versammeln, an dem es keinen Zweifel gibt. [...] Jede Seele wird den Tod einmal schmecken. Euren Lohn bekommt ihr am Tag der Auferstehung. Wer dann dem Feuer entgeht und ins Paradies eingeht, der hat gewonnen.

Erster Text: Leo Trepp, Die Juden. Volk, Geschichte, Religion, Reinbek bei Hamburg 1998, S. 273; zweiter Text: Die Feier der Heiligen Messe. Messlektionar. Freiburg et al. 1981 etc.; dritter Text: Der Koran für Kinder und Erwachsene. Übersetzt und erläutert von Lamya Kaddor und Rabeya Müller, München 2008, S. 209

1. ***Vergleicht*** *die Aussagen der Juden, Christen und Muslime über die Auferstehung der Toten (M1).*
2. *a)* ***Informiere dich*** *im Internet über die Himmelfahrt von Jesus Christus und über die von Mohammed, den Begründer des Islam (vgl. dazu auch S. 190 f.). b)* ***Beschreibe*** *anschließend die Abbildungen M2 und M3. c)* ***Erläutere*** *die Unterschiede.*
3. *Die Vorstellungen der Menschen davon, wie das Weiterleben im Jenseits aussehen könnte, sind vielfältig und änderten sich im Laufe der Zeit.* ***Gestaltet*** *in der Klasse ein Lernplakat oder eine PowerPoint-Präsentation zu den Jenseitsvorstellungen a) der Ur- und Frühmenschen, b) der Kelten, c) der Ägypter, d) der Griechen, e) der Römer und f) der Anhänger der drei Weltreligionen – Juden, Christen und Muslime. Bildet dazu Gruppen und teilt die Themen untereinander auf.* ***Arbeitet*** *anschließend zusammen Gemeinsamkeiten und Unterschiede der Jenseitsvorstellungen* ***heraus*** *und* ***stellt*** *diese anschaulich* ***dar****.* (H)

Das Römische Reich zerfällt

M1 **Wie germanische Gruppen vielleicht durch Europa zogen**
Szenenbild aus der ZDF-Dokumentation „Sturm über Europa", Teil 4: Die Erben des Imperiums. Film von Christian Feyerabend und Uwe Kersken, Erstausstrahlung 2002

Das überforderte Imperium

Die letzten beiden Jahrhunderte des Römischen Reiches werden Spätantike genannt. Ende des 3. Jh. n. Chr. wurde das Römische Reich im Norden und im Osten immer wieder angegriffen – manchmal sogar von beiden Seiten gleichzeitig. So konnten die römischen Truppen die rund 15 000 km lange Grenze des Imperiums nicht mehr erfolgreich verteidigen. In dieser Lage kamen immer häufiger militärische Befehlshaber an die Macht (Soldatenkaiser), regierten aber meist nicht lange. Oft bekämpften sie sich sogar gegenseitig, und es kam zu Bürgerkriegen.

Die häufigen Herrscherwechsel schwächten das Reich. Allein im Laufe des 3. Jh. gab es über 40 Kaiser. Um das Reich überhaupt regierbar zu halten, wurde es 395 in ein Westreich und in ein Ostreich (**Byzantinisches Reich**) mit je einem eigenen Kaiser geteilt.

Völker machen sich auf den Weg

Diese Probleme im Innern waren aber nicht das Einzige, was den Römern zu schaffen machte: Wenige Jahrzehnte zuvor (375) hatten die Hunnen, Reiterkrieger aus Zentralasien, Siedlungen im Osten Europas überfallen, in denen die Goten lebten. Auf der Suche nach Schutz zogen die Goten ins Römische Reich. Die Soldaten dort konnten sie nicht aufhalten. Schließlich durften die Goten sich dauerhaft ansiedeln und unterstützten die Römer dafür mit Soldaten.

Wie die Goten verließen zwischen dem 4. und 6. Jh. n. Chr. zahlreiche andere germanische Gruppen von Menschen ihre Heimat und wanderten in das Reich ein. Historikerinnen und Historiker bezeichneten diese großen Wanderungsbewegungen später als „Völkerwanderung". Heute geht man davon aus, dass mehrere Hunderttausend Migrierende kamen. Nicht alle flohen vor Kriegen. Viele kamen auch, weil sie Land für die wachsende Bevölkerung suchten und die Römer Bauern und Soldaten aus nichtrömischen Gebieten ansiedelten. Hinzu kamen Einwandernde, die am römischen Wohlstand teilhaben oder Beute machten wollten. Viele Migranten betrachteten sich bald schon als Römer, manche machten sogar Karriere im Heer. Waren sie mit den Verhältnissen unzufrieden, sammelten sie Anhänger um sich und gingen mit Gewalt gegen die herrschenden Römer vor.

Ende des Römischen Reiches

Das Weströmische Reich konnte sich immer weniger gegen die Ausdehnung der Germanenstämme wehren. 476 n. Chr. setzte schließlich der germanische Heerführer Odoaker in Rom den letzten Kaiser Romulus Augustulus ab. Rom, einst Hauptstadt eines Weltreiches, hatte keinen Kaiser mehr.

Die oströmischen Kaiser verhinderten hingegen, dass sich Germanen in ihrem Gebiet ansiedelten. So konnte das Oströmische Reich unter dem Namen Byzantinisches Reich noch viel länger bestehen als das Weströmische Reich – bis 1453.

1. *Stelle die Ursachen und Folgen des Zerfalls des Römischen Reiches in einem Schaubild dar.* (H)

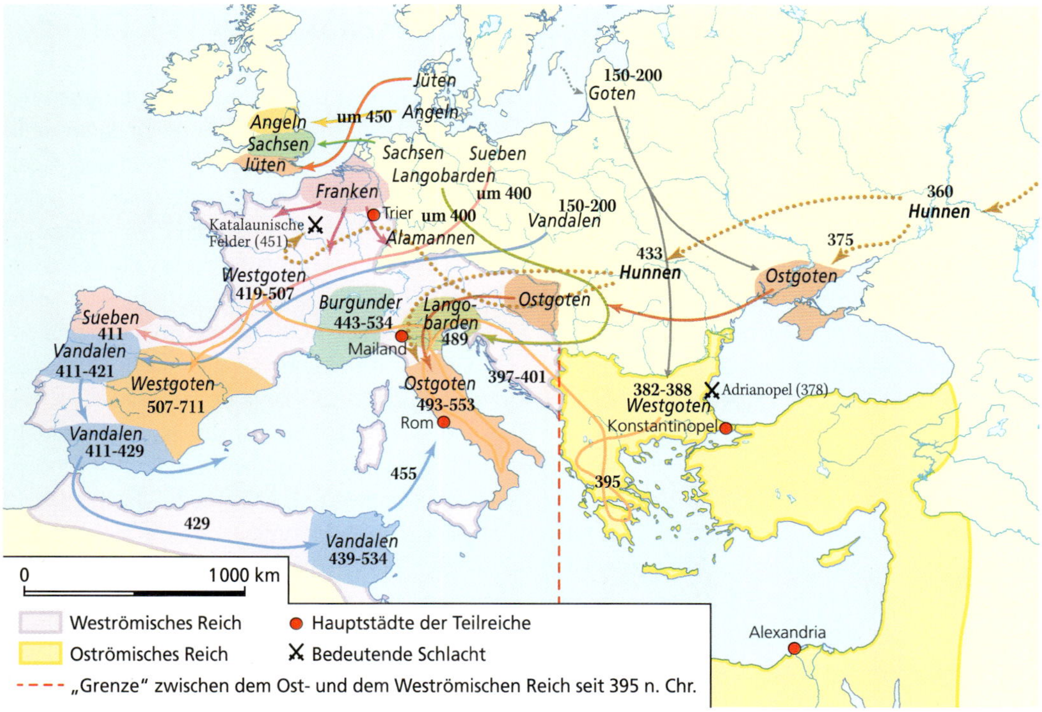

Internettipp:
Eine dynamische Karte zu den Wanderungsbewegungen findest du unter dem Mediencode 31101-43.

M2 Schreckensnachricht

Der römische Geschichtsschreiber Ammianus Marcellinus (4. Jh.) schreibt:

Es verbreiteten sich schreckliche Nachrichten von Völkern im Norden, die neue Bewegungen in Gang gesetzt hatten, welche größer als gewöhnlich waren: In das gesamte Gebiet, das sich [...] bis zum Schwarzen Meer erstreckt, ergieße sich eine Masse von Barbaren unbekannter Herkunft, die von ihren Wohnsitzen durch plötzliche Gewalt vertrieben worden seien und zusammen mit ihren Angehörigen die Donau entlang hin- und herstreifen. Unsere Leute nahmen das zunächst aus dem Grund auf die leichte Schulter, weil sie gewohnt waren, aus jenen fernen Gegenden von Kriegen nur zu hören, wenn sie schon wieder beendet oder eingeschlafen waren. Doch dann kamen immer zuverlässigere Nachrichten von den Ereignissen, deren Bestätigung die Ankunft von Stammesgesandten lieferte, die flehentlich und beschwörend darum baten, dass ihr heimatlos gewordenes Volk diesseits des Flusses Aufnahme finde.

Zit. nach: Klaus Rosen, Die Völkerwanderung, München [4]2009, S. 16 (gekürzt)

M3 „Völkerwanderung" und „germanische" Reichsgründungen, 4. bis 6. Jh.

Der Name „Germanen" bezeichnet kein einheitliches Volk, das eine gemeinsame Herkunft, Sprache und Kultur unter einem Herrscher hatte, sondern viele kleine Gruppen oder Stämme wie die Angeln, Goten, Franken, Sueben usw.
Das Wort „Völkerwanderung" steht in Anführungszeichen, zum einen, weil nicht ganze Völker „wanderten", sondern nur kleinere und größere Gruppen, und zum anderen, weil sich die Zusammensetzung dieser Gruppen immer wieder änderte. Meist zogen Krieger mit ihren Angehörigen los, denen sich nach und nach ganz verschiedene Menschen anschlossen – Angehörige anderer Stämme, römische Abenteurer und Sklaven. Ein Zusammengehörigkeitsgefühl entwickelten sie erst, nachdem sie sich niedergelassen und eigene Reiche gegründet hatten.

1. ***Beschreibe** die Wanderungsbewegungen auf der Karte (M3) mithilfe der Methoden auf S. 83 und 111.*
2. ***Erläutere**, welche Aussagen über Ursachen und Folgen der Migration die Karte nicht enthält (M3).* (H)
3. ***Prüfe**, ob Ammianus alle Ursachen für die Wanderungsbewegungen nennt (M2).*
4. *Manche sprechen von „Völkerwanderung", wenn viele Menschen in ein Land kommen, um dort zu leben. **Beurteile**, ob dieser Ausdruck zutreffend ist – damals und heute.* (H) (G)

Seit 166 n.Chr.: erste germ. Einfälle an den Grenzen des Römischen Reiches
Der Limes wird aufgegeben
Die „Völkerwanderungszeit" beginnt
Befestigung des Donau-Rhein-Limes als neue Nordgrenze
Germanen siedeln dauerhaft links des Rheins
Römische Niederlage bei Adrianopel
Westgoten plündern Rom
Das römische Imperium wird in ein Ost- und Weströmisches Reich geteilt
Angeln und Sachsen erobern England
Sieg gegen die Hunnen auf den Katalaunischen Feldern
Ende des Weströmischen Reiches
250 300 350 400 450

Eine weitere Hochkultur: das Kaiserreich China

M1 „Erster erhabener Gottkaiser“
Buchmalerei, 18. Jh.
Mit Qin Shihuangdi (Ying Zheng, 259 - 210 v. Chr.) begann die geschichtlich dokumentierte Kaiserzeit Chinas. Er vereinte die kleineren Königtümer Chinas erstmals in einem größeren Kaiserreich.

Internettipp:
Wenn du mehr zum Kaiserreich China wissen möchtest, schau dir die Links unter dem Mediencode 31101-44 an.

Herrschaft

Als Kaiser Augustus den Thron bestieg, hatte auf der anderen Seite des Globus gerade ein anderes Reich eine mit Rom vergleichbare Größe und Macht erreicht: das Kaiserreich China. An der Spitze stand der Kaiser als Alleinherrscher. Bei der Regierung halfen ihm viele Beamte. Sie waren sehr angesehen, weil sie die schwierige chinesische Schrift lesen und schreiben konnten. Ihre vielen Briefe und Dokumente verfassten sie auf Papier.

Bevölkerung und Wirtschaft

Die meisten Chinesen waren Bauern. Sie sorgten für die Ernährung des Landes, zahlten Steuern und zogen als Soldaten in den Krieg. Die wenigsten Bauern besaßen eigenes Land. Der größte Teil musste den Boden der Großgrundbesitzer bewirtschaften. Die Menschen im alten China wussten viel über Heilkunde und vollbrachten große technische Leistungen (z. B. Bau von Brücken und Mühlen). Kaufleute konnten im Fernhandel sehr reich werden. Frauen mussten ihren Ehemännern gehorchen. Sie betreuten den Haushalt und zogen die Kinder groß.

Religion

Die Chinesen verehrten ihre verstorbenen Vorfahren. Denn sie glaubten, dass diese großen Einfluss auf die Lebenden haben und später wiedergeboren werden. Naturerscheinungen wie Erde und Himmel waren für die Chinesen Gottheiten.

Wussten Römer und Chinesen voneinander?

Schon in der Zeit des Augustus erkundeten römische Händler den Seeweg nach Osten und segelten mit Schiffen von Ägypten nach Indien. Einzelne Händler reisten von dort bis nach China weiter.

Die wichtigste Handelsverbindung zwischen Europa und China war seit dem Altertum die Seidenstraße.[1] Über den 7000 Kilometer langen und gefährlichen Handelsweg wurden nicht nur Seide und Gewürze aus China und Gold, Edelsteine, Pelze und Keramik aus Europa ausgetauscht, sondern auch Wissen: über andere Länder, Religionen, Speisen, Handwerkstechniken und Modetrends.

Im Römischen Reich sammelten Gelehrte alle Informationen über ferne Länder, die sie bekommen konnten. Diese bestanden aber zum Teil aus fantasiereichen Vermutungen. Auch die Chinesen wussten von einem großen Reich im Westen, aber kein Chinese hat das Römische Reich selbst besucht. Wissen darüber erhielten sie durch Völker in Vorderasien und stellten sich vor, dass das Römische Reich ihrem Kaiserreich sehr ähnlich sei.

1. ***Stelle*** *Herrschaft, Wirtschaft, Gesellschaft und Weltdeutung im alten China mit Ägypten, Griechenland und Rom in einer Tabelle* ***gegenüber****.*
2. ***Beschreibe*** *die Weltkarte des Ptolemaios (M2).*

[1] Vgl. dazu die Karte auf S. 207.

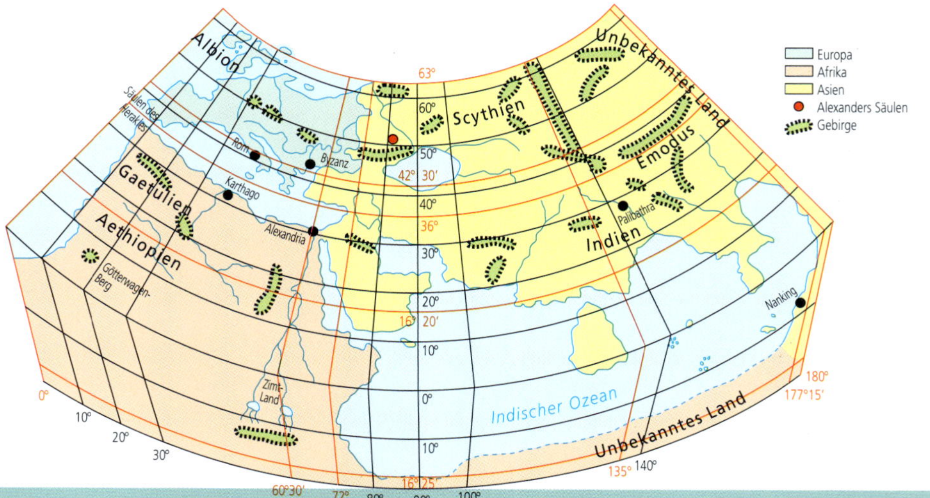

M2 Weltkarte nach Ptolemaios
Ptolemaios von Alexandria fasste im 2. Jh. das geografische Wissen seiner Zeit in einem Buch zusammen. Nach seiner Beschreibung wurden Weltkarten gezeichnet. Auf ihnen waren auch Gebiete enthalten, die Ptolemaios nicht bekannt waren, die es aber nach seinen Berechnungen geben musste.

M3 Der Weg nach China

Der Gelehrte Ptolemaios, der im 2. Jh. n. Chr. in Alexandria lebt, berichtet über den Landweg nach China. Ptolemaios hat viele seiner Informationen aus dem heute verlorenen Werk des Marinos von Tyros, der am Anfang des 2. Jh. im östlichen Mittelmeerraum gelebt hat:

Die Route zu den Serern [Chinesen] ist durch den Handelsverkehr bekannt geworden. Marinos berichtet nämlich, dass der Makedonier und Kaufmann Maes aufgeschrieben habe, wie lang die Strecke sei; er sei zwar nicht selbst nach China gegangen, habe aber einige Leute zu den Serern gesandt.

Es scheint, dass Marinos den Berichten von Handelsreisenden misstraut hat. Marinos sagt, dass sie sich nicht darum bemühten, Kenntnisse zu erwerben, da sie nur an den Handelsgeschäften interessiert seien, und zudem übertrieben sie die Länge der Wege, weil sie Angeber seien.

Nach: Ptolemaios, Geographia 1,11,6 - 8, Übersetzung: Klaudios Ptolemaios, Handbuch der Geographie, hrsg. von Alfred Stückelberger, Basel 2006, S. 85 (bearbeitet von Björn Onken)

M4 Ein Chinese beschreibt das Römische Reich

Die chinesische Chronik Hou Han shu wird in der ersten Hälfte des 5. Jh. von dem hohen Beamten Fan Yeh verfasst. Er berichtet darin auch über das Römische Reich im 1. bis 3. Jh. n. Chr.:

Sein Gebiet umfasst über 400 mit Mauern geschützte Städte. Die äußere Mauer der Städte ist aus Stein. Im Land wachsen neben Pinien und Zypressen auch alle anderen Arten von Bäumen und Pflanzen. Ihre Lebensgewohnheiten sind die folgenden: Sie widmen sich der Landwirtschaft und ziehen eine große Zahl von Maulbeerbäumen für den Seidenwurm. Sie alle rasieren ihre Köpfe, aber tragen mit Stickereien verzierte Kleidung. Ihr König fährt in einem kleinen Wagen überdacht von einem Baldachin. In allen Räumen seines Palastes sind die Säulen aus Glas, genau wie das Essgeschirr. Sie machen Münzen aus Gold und Silber.

Aus: Hou Han shu 88, zitiert nach: Donald D. Leslie und Kenneth H. J. Gardiner, The Roman Empire in Chinese Sources (Universitá di Roma „La Sapienzia", Studi Orientali XV), Rom 1996, S. 47 - 49 (übers. von Björn Onken)

M5 Überreste eines Grenzwalls aus dem 2. Jh.
Foto um 1990
Zum Schutz vor Angriffen nomadischer Reitervölker sicherten die chinesischen Herrscher die Grenze im Norden etwa seit dem 5. Jh. v. Chr. durch Grenzwälle aus Lehm, Reis und Stroh. Diese verliefen an anderer Stelle als die berühmten Abschnitte der Großen Mauer, die aus jüngerer Zeit (14. - 17. Jh.) stammen.

M6 Chinesisches Speicherhaus für Getreide
Modell aus bemaltem Ton, 2. Jh. v. Chr.
In der Han-Dynastie (2. Jh. v. - 2. Jh. n. Chr.) wurde die chinesische Landwirtschaft durch die Entwicklung effektiverer Werkzeuge, Anbau- und Lagermethoden verbessert. Der Speicherturm gehörte möglicherweise zu einem großen Gutshof.

1. ***Erkläre*** *die Rolle der Händler bei der Ausweitung des geografischen Wissens in römischer Zeit (M3).*
2. ***Vergleiche*** *den chinesischen Bericht über das Römische Reich mit deinem Wissen über Rom (M4).*
3. *a)* ***Überlege****, wie die konkreten Vorstellungen des chinesischen Beamten (M4) entstanden sein könnten. b)* ***Beurteile*** *seinen Bericht als Quelle.*
4. *Stellt euch vor, chinesische Beamte möchten Rom besuchen.* ***Erstellt*** *in Gruppenarbeit einen Reiseführer über das Römische Reich.* ***Stellt*** *dann jeweils euren Reiseführer den anderen Gruppen* ***vor****.* (H)

Zeit der chinesischen Königreiche/Frühe Dynastien
Beginn der chinesischen Kaiserzeit unter Qin Shihuangdi
Augustus herrscht; mit dem Prinzipat beginnt die Kaiserzeit
Das Imperium Romanum erreicht seine größte Ausdehnung
Römische Republik
Römische Kaiserzeit (bis 284 n. Chr.)
300 v. Chr. | 250 v. Chr. | 200 v. Chr. | 150 v. Chr. | 100 v. Chr. | 50 v. Chr. | Christi Geburt | 50 n. Chr. | 100 n. Chr. | 150 n. Chr.

Wiederholen und Kompetenzen überprüfen

Orientierung

Aufgrund der strategisch günstigen Lage Roms und ihrer wirkungsvollen Kriegsführung breiteten sich die Römer erst in Italien und später im gesamten Mittelmeerraum aus. Als das □□□□□□□□ □□□□□ Anfang des 2. Jh. n. Chr. seine größte Ausdehnung erreichte, war es nach damaligem Verständnis ein □□□□□□□□.

Herrschaft

Nach dem Sturz der Könige wurde der Stadtstaat Rom eine □□□□□□□□. Die Macht im Staat übernahmen anfangs die □□□□□□□□□. Bis zum 2. Jh. v. Chr. erkämpften sich auch die □□□□□□□□ Rechte und durften ebenfalls Magistrate übernehmen, deren oberstes Gremium der □□□□□ war. Nach der Ermordung □□□□□□□ gelang es □□□□□□□□, eine Alleinherrschaft zu errichten (□□□□□□□□□). Damit begann die römische Kaiserzeit. Als das Imperium sich ausdehnte, gliederten die Römer die unterworfenen Gebiete in □□□□□□□□□ und setzten dort Statthalter ein. Weite Strecken der Reichsgrenzen waren durch einen □□□□□ gesichert. Während der „□□□□□□□□□□□□□□□“ drangen zahlreiche Gruppen von Menschen aus Nord- und Osteuropa in das Römische Reich ein. 395 n. Chr. wurde der Staat in ein Ost- und ein Weströmisches Reich geteilt. Ostrom bestand als □□□□□□□□□□□□□□ □□□□□ weiter; das Weströmische Reich endete 476 n. Chr.

Wortspeicher:

Augustus, Byzantinisches Reich*, Caesar*, familia, Götter, Handel, Imperium, Limes*, pater familias, Patrizier*, Plebejer*, Polytheismus*, Prinzipat*, Provinzen, Republik, Römisches Reich, Senat*, Steuern, Völkerwanderung*

Gesellschaft

Ausgangspunkt der römischen Gesellschaft war die □□□□□□□, über die der □□□□□ □□□□□□□□, beinahe unbeschränkte Macht ausübte ..... Schreibe den Text weiter.

Wortspeicher:

Ungleichheit, Proletarier, Frauen, Ehe, Kinder, Sklaven, Romanisierung*

Wirtschaft

Roms Lage in der fruchtbaren Flussebene nah am Meer war günstig für den □□□□□□ über Land und See. Als Rom wuchs, konnte es sich große fruchtbare Landschaften und reiche Bodenschätze in Europa, Afrika und Asien aneignen. In den Provinzen nahmen die Römer □□□□□□□ und Kriegsschulden ein. Viele tausend Kilometer lange Straßen verbanden die Reichsteile untereinander und mit der Hauptstadt Rom. Einheitliches Recht und Münzwesen beförderten zusätzlich regen Handel, der weit über die Grenze des Imperiums hinausging.

Weltdeutung

Die Römer glaubten wie die Ägypter und Griechen an viele □□□□□□ (□□□□□□□□□□□□) ..... Schreibe den Text weiter.

Wortspeicher:

Jupiter, Kaiserkult, religiöse Toleranz, Christentum, Jesus, Konstantin I.*, Staatsreligion, Monotheismus*, Papst**

1. ***Ergänze** die fehlenden Begriffe und Namen der Lernkarten mithilfe des Wortspeichers bzw. vervollständige die Texte der Lernkarten zu den Kategorien Gesellschaft und Weltdeutung mit dem dortigen zusätzlichen Wortspeicher.* (H)
2. ***Entwickelt** in Partnerarbeit zu jeder Lernkarte mindestens eine Frage, die ihr gegenseitig beantwortet.*
3. ***Vergleiche** die drei Hochkulturen – das alte Ägypten, das antike Griechenland und das Römische Reich – im Hinblick auf die Kategorien miteinander. Nimm die jeweiligen Lernkarten zu Hilfe.*

M 1 Die Wohltaten Roms

Der griechische Redner und Schriftsteller Aelius Aristides (117 - 181 n. Chr.) über die Leistungen und Wohltaten der Römer:

Städte strahlen nun in Glanz und Anmut, und die ganze Erde ist wie ein paradiesischer Garten geschmückt. Rauchwolken aus den Ebenen und Feuersignale von Freund und Feind sind verschwunden, als hätte sie ein Wind davongetragen, jenseits von Land und Meer. An ihre Stelle sind anmutige Schauspiele aller Art und Wettkämpfe in unbegrenzter Zahl getreten. Daher verdienen allein diejenigen Mitleid, die außerhalb eures Reiches wohnen, wenn es irgendwo noch welche gibt, weil sie von solchen Wohltaten ausgeschlossen sind. Ja, das von jedem gebrauchte Wort, dass die Erde die Mutter aller und das für alle gemeinsame Vaterland sei, wurde durch euch aufs Beste bewiesen. Jetzt ist es sowohl dem Griechen wie dem Barbaren möglich, mit oder ohne Habe ohne Schwierigkeit zu reisen, wohin er will, gerade als ob er von einer Heimatstadt in eine andere zöge. Ihr habt den ganzen Erdkreis vermessen, Flüsse überspannt mit Brücken verschiedener Art, Berge durchstochen, um Fahrwege anzulegen, in menschenleeren Gegenden Poststationen eingerichtet und überall eine kultivierte und geordnete Lebensweise eingeführt.

Überall kehrte Ordnung ein und helles Licht im Leben und im Staat, Gesetze kamen auf und den Altären der Götter vertraute man sich an.

Romrede des Aelius Aristides, 99 - 103, herausgegeben, übersetzt und mit Erläuterungen versehen von Richard Klein, Darmstadt 1983

M 2 Europa und das Erbe der Römer
Die Karte zeigt die heutigen Staaten in Europa. Die schraffierte Fläche zeigt das Gebiet des Römischen Reiches zur Zeit seiner größten Ausdehnung.

1 *a)* ***Beurteile*** *das Bild, das Aelius Aristides vom Römischen Reich hat (M1).*
b) ***Erkläre*** *anhand von M1, was bei einer kritischen Quellenarbeit zu beachten ist.*

2. ***Finde*** *mithilfe einer Übersetzungs-Website* ***heraus****, wie die Wörter auf der Europakarte in den Sprachen ihrer Länder heißen.* ***Vergleiche****, wie ähnlich die Wörter dem lateinischen Begriff sind.* ***Arbeite heraus****, welche Sprachen wir „romanische Sprachen" nennen.* (H)

3. ***Beurteile*** *anhand von M1 und weiteren Beispielen in den vorigen Kapiteln, welchen Einfluss technische Neuerungen sowie Handels- und Transportmöglichkeiten auf die Entwicklung und Expansion der drei Kulturen Ägypten, Griechenland und Rom hatten.*

4. *Bildet Zweitergruppen und übertragt die Tabelle in euer Heft.* ***Diskutiert*** *mithilfe der Informationen auf S. 110-115, 122 und 140 darüber, was die Römer über die Themen dachten und wie ihr heute darüber denkt, und tragt eure Ergebnisse in die Tabelle ein.* (G)

	Das dachten die Römer darüber	Das denke ich / das denken wir heute
Diktator		
Kriege und Expansion		
Religionsfreiheit		

4 Die Grundlegung Europas im Mittelalter

M 1 **Mittelalterliche Weltkarte**
Londoner Psalterkarte, um 1265
Im Zentrum der Weltkarte befindet sich Jerusalem.

Leitfragen zum Kapitel

Wie **lebten** die **Menschen** im **Mittelalter**?

Was **prägte** die **Zeit** des **Mittelalters**?

Was **wandelte** sich in den rund 1 000 Jahren, die wir **Mittelalter** nennen, was blieb **bestehen**?

Kaum eine Epoche ist heute so „in" wie das europäische Mittelalter. Viele Menschen haben dabei eine bestimmte Vorstellung von der Epoche. „Mittelalter" – das ist für die einen eine „dunkle" und „grausame" Zeit, geprägt von Unfreiheit, Gewalt und Seuchen. Würdet ihr eine Umfrage machen, würden wahrscheinlich Begriffe wie „die Pest" oder „die Kreuzzüge" genannt. Andere wiederum sind vom Mittelalter fasziniert, probieren mittelalterliche Kleidung, Instrumente, Spiele und Speisen aus. Auch Romane, Filme und Computerspiele über das Mittelalter sind beliebt. Mittelaltermärkte, Gauklerfeste und Ritterspiele locken immer mehr Publikum an. Wahrscheinlich denken heute deshalb die meisten Menschen, wenn sie „Mittelalter" hören, sofort an Ritter und Burgen. Dabei wohnten nur wenige Menschen auf Burgen, noch weniger waren Ritter. Der größte Teil der Bevölkerung lebte und arbeitete in Dörfern auf dem Land oder in den Städten, von denen im Mittelalter immer mehr gegründet wurden. Was also stimmt von unserem Bild des Mittelalters?

M 2 Die Unterwerfung der Bürger von Gent
Miniatur aus dem 15. Jh.

M 3 Monatsbild August
Ausschnitt aus dem Fresko des Adlerturms in Trient (Italien), 1400

1. ***Beschreibe***, *was du auf den Bildern siehst. Welche Gruppen von Menschen, welche Lebensräume und welche Tätigkeiten kannst du erkennen?*
2. ***Ordne*** *die Bildelemente den Bereichen Herrschaft, Wirtschaft, Gesellschaft und Religion* ***zu. Begründe*** *deine Zuordnung.*
3. ***Stelle*** *erste* ***Vermutungen an***, *welche Bedeutung die Religion für die Menschen im Mittelalter gehabt haben könnte.* ***Begründe*** *deine Meinung mithilfe der Bilder.*

Die Grundlegung Europas im Mittelalter

Die Menschen vor etwa 1 000 Jahren hätten nie von sich behauptet, im „Mittelalter" zu leben, denn zu dieser Zeit gab es die Bezeichnung noch gar nicht. Der Begriff „Mittelalter" entstand erst im 15. und 16. Jh., als die Menschen die Antike als großes Vorbild sahen. Für sie lagen tausend Jahre „in der Mitte" zwischen ihnen selbst und der Antike. Sie behaupteten, in dieser langen Zeit sei der Fortschritt der Antike verloren gegangen und es habe danach nur Rückschritte gegeben. Bis heute gibt es diese Vorstellung vom „finsteren Mittelalter".

„Mittelalter" nennen Historikerinnen und Historiker die Zeit in Europa von 500 bis 1500 n. Chr. Natürlich nicht auf den Tag genau: Die Antike endete nicht am 31.12.499 n. Chr. und am 01.01.500 begann nicht das Mittelalter. Herrschaft, Wirtschaft, Gesellschaft und Religion wandelten sich in der 1 000 Jahre langen Epoche oft nur ganz allmählich, manchmal aber auch ganz abrupt und gewaltsam. Um die Orientierung zu erleichtern, gliedert die Wissenschaft die Epoche in das Frühmittelalter, Hochmittelalter und Spätmittelalter.

Anders als die Zeit können die Gebiete auf den Karten des Mittelalters nur schwer festgelegt werden. Die Herrschaftsgebiete, die nach dem Ende des Römischen Reiches in Europa entstanden, hatten keine festen Grenzen. Deshalb war und ist es unmöglich, für das Mittelalter genaue Landkarten zu zeichnen.

Das Reich im J
Emirat (arab.): Fürster
Hzm. Herzogtum

Leitfragen zu den Kategorien

- Wie entwickelten sich im Raum des ehemaligen Römischen Reiches neue Herrschaftsgebiete?
- Wie veränderten sie sich im Laufe des Mittelalters?

- Wer darf im Mittelalter über andere Menschen herrschen und mit welchem Recht?
- Wie regierten Kaiser, Könige und Päpste und was bedeuteten weltliche und geistliche Macht?

- Wer stand oben und wer unten, wer war angesehen und wer ausgegrenzt in der Gesellschaft des Mittelalters? Wie wurde das begründet?
- Wie lebten die Menschen auf dem Land und in der Stadt und welche Möglichkeiten hatten sie dort?

- Wie sorgten die Menschen im Mittelalter für ihren Lebensunterhalt?
- Wie unterschied und veränderte sich die Arbeit auf dem Land und in der Stadt?

- Welche Bedeutung besaß der Glaube für die Menschen des Mittelalters?
- Welche Religionen und Kulturen trafen im mittelalterlichen Europa aufeinander und wie war ihr Verhältnis zueinander?

Frühmittelalter | Ho

500 | 750 | 1000

Fränkische Reiche

M 1 Das Reich der Karolinger im Jahr 751

M 2 Europa um 1500

M 3 Europa um 1000

1. a) ***Untersuche*** *die Karten M1 bis M3 mithilfe der Schritte auf den S. 83 und 111. Hinweis: Benutze die Karte ganz hinten im Buch als zusätzliche Orientierungshilfe.*
   b) ***Erläutere****, was die Karten über Herrscher und Herrschaftsgebiete verraten.*
   c) ***Arbeite*** *die auffälligsten Veränderungen bei den Herrschaftsbereichen und Grenzen auf den Karten* ***heraus****.*
   d) ***Notiere*** *dir alle Fragen (Was? Warum? Wann? Wie?), die dir beim Betrachten der Karten einfallen und sich nicht beantworten lassen.*
2. ***Prüfe****, inwiefern der Titel des Kapitels „Die Grundlegung Europas im Mittelalter" zutreffend erscheint.* (H)

er | Spätmittelalter | Neuzeit

1250 | 1500 | 1750

„Deutsches Reich" | Heiliges Römisches Reich Deutscher Nation

Von der Antike zum Mittelalter: Das Reich der Franken entsteht

M 1 **Frankenkönig Childerich**
Rekonstruktionszeichnung

Fremde Gruppen – neue Machthaber

Was kam, nachdem das Römische Reich im Westen zerfallen war? Auf dem Gebiet der heutigen Staaten Frankreich, Niederlande und Belgien entstanden viele kleinere Königreiche von Germanenstämmen. Seit dem 3. Jh. waren sie in Gruppen ins Römische Reich eingewandert. Wo sie sich dauerhaft niederließen, übernahmen sie die Macht. Manche ihrer Häuptlinge nannten sich **Könige**. Sie kannten keine Schrift und keine Städte und brachten ihre Sprachen und ihre eigene Lebensweise mit. Viele römische Einrichtungen, Kenntnisse und Fähigkeiten wurden vergessen und verschwanden. Im 5. und 6. Jh. vermischten sich römische Tradition und Kultur, Christentum und germanische Lebensformen. Daraus entstanden im **Mittelalter** die Völker Europas.

Der Ursprung der Franken

Wie auf dem Gebiet des Römischen Reiches aus „Altem" „Neues" entstand, zeigt das Beispiel der Franken. Die Franken waren anfangs ein Zusammenschluss von verschiedenen Stammesgruppen aus dem Rheingebiet, die sich gelegentlich zur Verteidigung gegen Feinde oder für eigene Überfälle zusammentaten. Die „franci" (lat. die Mutigen, die Freien), wie sie in römischen Quellen genannt werden, ließen sich zunächst am Mittel- und Niederrhein nieder und trieben mit den Römern Handel, kämpften als Verbündete gegen andere Germanen oder dienten selbst in der römischen Armee, auch als Offiziere. Der Militärdienst sorgte einerseits für eine Romanisierung der Franken, andererseits passierte seit dem 4. Jh. aber auch das Gegenteil: Einige römische Geschichtsschreiber beklagten, dass umgekehrt nun Römer „wie Barbaren" lange Haare und sogar Hosen trugen, wie es bei den Franken Mode war.

Fränkische Könige

Seit dem 5. Jh. siedelten die Franken immer tiefer in römischem Gebiet, vor allem im heutigen Nordfrankreich (Gallien), und wurden unter König Childerich aus der Familie der **Merowinger** einflussreicher. Childerich kämpfte noch im Jahr 463 für die Römer gegen die Westgoten.

Sein Sohn Chlodwig, der um 481/482 König wurde, einigte die verschiedenen Gruppen der Franken und besiegte den letzten römischen Statthalter in Gallien. So entstand aus einem kleinen Königtum ein neues großes Reich: das Frankenreich.

Ein christliches Königreich entsteht

Die Franken waren Heiden. Als sich Chlodwig mit weiteren 3000 Männern aus seinem Gefolge taufen ließ, machte er das Frankenreich zum christlichen Königtum auf ehemalig römischem Boden. Den christlichen Glauben hatte Chlodwig durch seine Frau Chrodechilde kennengelernt. Wann und warum sich Chlodwig taufen ließ, wissen wir heute nicht genau. Forschende nehmen an, dass er es nicht allein aus Frömmigkeit tat, sondern weil ihm die Christianisierung half, die vielen Christen auf dem ehemals römischen Gebiet unter sich zu einen und mächtiger zu werden. Nachdem 476 das Weströmische Reich aufhörte zu existieren, wählte sich die christliche Kirche den fränkischen König und seine Nachfolger zu ihren neuen Schutzherren. Der Papst erklärte die Franken zu „Gottes eigenem Volk". Vor allem aber halfen dem König die Bischöfe, die in der Regel adlig waren, das neue Großreich zu regieren und zu verwalten. Wahrscheinlich ist das der Grund, warum ausgerechnet das Reich der Franken zum bedeutendsten Reich des frühen Mittelalters wurde.

1. ***Beschreibe*** *Aussehen und Ausrüstung des Frankenkönigs auf der Rekonstruktionszeichnung. Was daran ist römisch, was ist fränkisch (M1, VT)?*

M2 König Chlodwig empfängt die Taufe

Der Bischof und Geschichtsschreiber Gregor von Tours berichtet um 575 in seiner „Frankengeschichte", wie es zur Taufe Chlodwigs gekommen sein soll:

Die Königin aber ließ nicht ab, in ihn zu dringen, dass er den wahren Gott erkenne und ablasse von den Götzen[1]. Aber auf keine Weise konnte er zum Glauben bekehrt werden, bis er endlich einst mit den Alamannen in Krieg geriet. Als die beiden Heere zusammenstießen, kam es zu einem gewaltigen Blutbad, und Chlodwigs Heer war nahe daran, völlig vernichtet zu werden. Als er das sah, erhob er seine Augen zum Himmel und sprach: „Jesus Christ, Chrodechilde[2] verkündet, du seiest der Sohn des lebendigen Gottes. Hilfe, sagt man, sollst du den Bedrängten geben, Sieg denen, die auf dich hoffen – ich flehe dich demütig an um deinen mächtigen Beistand: Gewährst du mir jetzt den Sieg über diese meine Feinde, so will ich an dich glauben und mich taufen lassen auf deinen Namen. Denn ich habe meine Götter angerufen, aber sie sind weit davon entfernt, mir zu helfen." Und da er solches gesprochen hatte, wandten die Alamannen sich um und begannen zu fliehen. Der König verlangte getauft zu werden. Er ging zum Taufbade hin, sich rein zu waschen von dem alten Aussatz (des Unglaubens).

Zit. nach: Gregor von Tours, Historiarum libri decem 2, 30-31, hrsg. von Rudolf Buchner (Ausgewählte Quellen zur deutschen Geschichte des Mittelalters 1), Darmstadt 1959, S. 117-119 (Übersetzer: Wilhelm Giesebrecht)

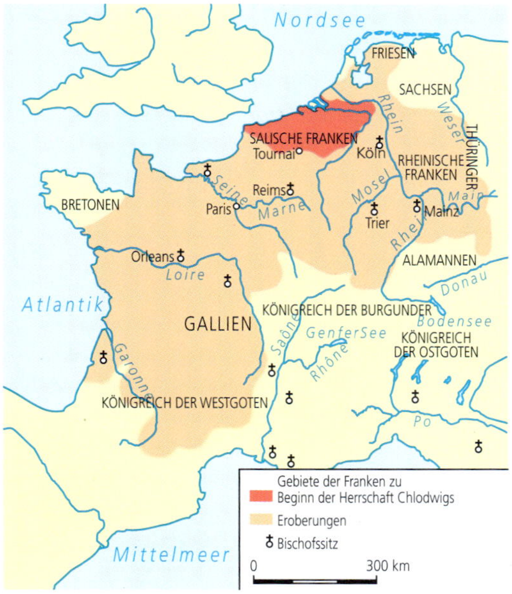

M4 Die Eroberungen Chlodwigs

M3 Über die Franken

Agathias, ein Rechtsgelehrter aus dem Oströmischen Reich, beschreibt im 6. Jh. das Merowingerreich:

Die Franken sind keine Nomaden, wie das bei den Barbaren so häufig der Fall ist. Sie machen Gebrauch von römischer Verwaltung und römischem Recht. Mit den Römern gemeinsam haben sie Handelsrecht, Eherecht und die Verehrung Gottes. Sie haben Beamte und Priester. Wie es scheint, sind sie für ein Barbarenvolk recht zivilisiert und kultiviert: Von den Römern unterscheiden sie sich tatsächlich nur durch Sprache und Tracht. Was ich am meisten an ihnen bewundere, ist ihre Rechtschaffenheit und Eintracht. [...] Natürlich drohen die Könige einander und ihre Heere ziehen ins Feld. Wenn sich die Franken dann aber wirklich gegenüberstehen, ziehen sie die Verständigung vor und setzen ihre Könige in diesem Sinn unter Druck: Es ist bei ihnen weder Recht noch Gewohnheit, dass wegen Streitigkeiten unter den Königen der Staat in eine Krise gerät. Eben deswegen besitzen die Franken starke Macht und feste Gesetze. Sie haben nichts von ihren Gebieten verloren, sondern noch viel dazugewonnen.

Zit. nach: Karl Ferdinand Werner, Die Ursprünge Frankreichs bis zum Jahr 1000, Stuttgart 1989, S. 332f.

[1] Götze: abfälliger Ausdruck für heidnische Gottheiten
[2] Chrodechilde: Ehefrau von Chlodwig

1. ***Beschreibe*** *die Ausdehnung des Frankenreiches unter Chlodwig mithilfe der Namen der heutigen Staaten (M4). Hinweis: Nutze zur Orientierung die Karte hinten im Bucheinband.*
2. *a)* ***Nenne*** *die Gründe, die Chlodwig laut dem Geschichtsschreiber Gregor von Tours zu seiner Taufe veranlasst haben sollen (M2).*
   b) ***Untersuche*** *die Funktion der „Taufgeschichte". Hinweis: Achte auf die Darstellung Chlodwigs durch Gregor von Tours (M2).*
3. ***Stelle dar,*** *welche Sichtweise Agathias auf die Franken hat (M3).* (H)
4. ***Begründe*** *die Bezeichnung „fränkisch-römisches Reich" für das Merowingerreich.*

Die Karolinger – Erben Roms?

M 1 Kopf Karls des Großen
Vorderseite einer Silbermünze (Dinar), zwischen 804 und 814 in Mainz geprägt

Der Aufstieg der Karolinger

Ungefähr drei Jahrhunderte lang kamen die fränkischen Könige aus der Familie der Merowinger. Sie waren am Ende aber nur noch dem Namen nach Könige; die tatsächliche Macht im Frankenreich hatten andere fränkische Fürsten, vor allem aus der Familie der **Karolinger**.

Um selbst Könige zu sein, fehlte ihnen jedoch das königliche Blut, also die Verwandtschaft mit den Merowingern. Diesen Mangel glich der Karolinger Pippin 751 aus: Er sicherte sich kurzerhand die Zustimmung des Papstes. Dann ließ er sich von den Mächtigen des Reiches zum König wählen und von den fränkischen Bischöfen mit heiligem Öl salben. Damit begründete Pippin eine neue Herrscherfamilie: die Dynastie der Karolinger.

Als Gegenleistung für die päpstliche Unterstützung verteidigte Pippin den Papst erfolgreich gegen Angriffe der Langobarden, die in Italien ein Königreich errichtet hatten. Diese mussten daraufhin Gebiete abtreten, die Pippin dem „heiligen Petrus" schenkte. Aus dieser Schenkung entstand der spätere Kirchenstaat.

Eroberer mit Kreuz und Schwert

Als Pippin 768 starb, teilten seine Söhne das Reich unter sich auf, wie es bei den Franken üblich war. Der jüngere Sohn, Karlmann, starb schon 771, sodass sein Bruder Karl König des gesamten Frankenreiches wurde. Später nannte man **Karl „den Großen"** (lat. Carolus Magnus, daraus franz. Charlemagne), auch wegen seiner militärischen Erfolge.

Er eroberte das Langobardenreich und machte sich dort selbst zum König. Wenige Jahre später rückten seine Soldaten über die Pyrenäen in Spanien ein, wo die muslimischen Mauren herrschten. Über 30 Jahre kämpften fränkische Heere gegen die Sachsen, um sie zu unterwerfen und zur Not mit Waffengewalt zum christlichen Glauben zu bekehren. 804 war ihr Gebiet in das Frankenreich eingegliedert.

Kaiser der Römer und „Vater Europas"

Das Herrschaftsgebiet der Franken wurde durch die Eroberungen der Karolinger zum größten Reich im westlichen Europa. Schon manche Zeitgenossen nannten Karl deshalb „Vater Europas". Im Osten war der byzantinische Kaiser der mächtigste Herrscher.[1] Karl der Große wollte nicht hinter ihm zurückstehen.

Als Papst Leo III. von römischen Adligen überfallen und vertrieben wurde, zog Karl mit seinem Heer nach Rom dem Papst zu Hilfe. Zum Dank krönte Leo ihn am Weihnachtstag 800 in der Peterskirche zum römischen **Kaiser**. Seit dem Ende des Römischen Reiches gab es erstmals wieder einen Kaiser in Rom. Karls Krönung ist Ausdruck der sogenannten **Reichsidee**: Er wollte als Nachfolger der römischen Kaiser das antike Reich wiederherstellen.

Die antike Kultur lebt wieder auf

Karls Lieblingsort war Aachen. Hierher holte er viele Gelehrte. Diese Männer – in der Regel Geistliche – beschäftigten sich mit der Antike. Am Hof sprachen die Menschen aus den verschiedenen Regionen Latein als gemeinsame Sprache. Römische und byzantinische Bauten dienten als Vorbilder. Diese Wiederbelebung der Antike wurde später „Karolingische Renaissance" genannt. Karl bemühte sich aber auch um die Erhaltung der germanischen Heldenlieder aus der Völkerwanderungszeit und regte eine germanische Grammatik an.

1. *In jedem Jahr wird in Aachen der Karlspreis verliehen. Ihn erhalten Politikerinnen und Politiker, die sich besonders für ein friedliches Europa einsetzen. Findest du es richtig, dass dieser wichtige Europa-Preis nach Karl dem Großen benannt ist?* ***Begründe*** *deine Meinung.* (G)
2. ***Untersuche****, ob der Autor des Verfassertextes Karl den Großen positiv oder negativ darstellt.*
3. ***Erkläre****, welche Botschaft Karl mit der Münze (M1) vermitteln wollte. Berücksichtige dabei auch das Münzbild auf S. 126 und die Informationen aus dem Verfassertext.*

Internettipp:
Mehr Informationen zu Karl dem Großen erhältst du unter dem Mediencode 31101-45.

[1] Siehe S. 144.

M2 Karl wird Kaiser

Einhard, der Sohn einer vornehmen Familie aus der Maingegend, kommt 790 als Lehrer an den Hof Karls des Großen. Er hat eine Vita Karls, eine Beschreibung seiner Lebensgeschichte, verfasst. Darin schreibt er:

Karls letzte Reise nach Rom hatte mehrere Gründe. Die Römer hatten Papst Leo schwer misshandelt, ihm die Augen ausgestochen und die Zunge ausgerissen, sodass er sich gezwungen sah, den König um Schutz zu bitten. Daher begab sich Karl nach Rom, um die verworrenen Zustände der Kirche zu ordnen. Das dauerte den ganzen Winter. Bei dieser Gelegenheit erhielt er den Kaisertitel, der ihm anfangs so zuwider war, dass er erklärte, er würde die Kirche selbst an jenem hohen Feiertag nicht freiwillig betreten haben, wenn er die Absicht des Papstes geahnt hätte. Die Eifersucht der oströmischen Kaiser, die ihm die Annahme der Titel schwer verübelten, ertrug er dann allerdings mit erstaunlicher Gelassenheit.

Einhard, Das Leben Karls des Großen, übers. v. Evelyn Firchow, Stuttgart 1968, S. 59 (vereinfacht)

M3 Byzantinische Sicht

Der oströmisch-byzantinische Geschichtsschreiber Theophanes (um 760-817) berichtet in seiner Chronik:

Im selben Jahre erhoben sich in Rom die Verwandten des seligen Papstes Hadrian, die das Volk auf ihre Seite gebracht hatten, gegen Papst Leo, und nachdem sie ihn gefangengenommen hatten, ließen sie ihn blenden. Sie vermochten aber nicht sein Augenlicht zum Erlöschen zu bringen, da die Leute, die ihn blenden sollten, menschlich mit ihm verfuhren und ihn schonten. Er floh zum Frankenkönig Karl, der grausame Rache an den Feinden des Papstes nahm und ihn wieder auf seinem Thron einsetzte. Seit jener Zeit steht Rom unter der Macht der Franken. Als Belohnung dafür krönte der Papst ihn am 25. Dezember [...] zum römischen Kaiser in der Kirche des heiligen Apostels Petrus, nachdem er ihn vom Kopf bis zu den Füßen gesalbt und ihm das kaiserliche Gewand angelegt und die Krone aufgesetzt hatte.

Zit. nach: Wolfgang Lautemann (Bearb.), Mittelalter. Geschichte in Quellen, Bd. 2, München 1975, S. 71

M4 Das Reich der Karolinger im 8./9. Jh.

M5 Karl der Große wird von Papst Leo III. zum Kaiser geweiht
Mittelalterliche Buchmalerei, undatiert

1. ***Stelle Vermutungen an***, warum Karl der Kaisertitel „zuwider" gewesen sein könnte und was Einhard damit andeuten wollte (M2).
2. ***Vergleiche*** Einhards Bericht (M2) mit dem des oströmischen Geschichtsschreibers (M3). **Wähle aus: A *Erstelle*** dazu eine Tabelle. **B *Verfasse*** einen Fließtext.
3. ***Überprüfe*** deine Vermutungen aus Aufgabe 1. Schaue dir hierzu die Ergebnisse der Aufgabe 3 auf S. 156 und 2 auf S. 157 an. Stützen oder widerlegen die Ergebnisse deine Vermutungen?

Der Karolinger Pippin wird König der Franken
Karl wird König
Karl wird Kaiser
750 — 800 — 850

Wie regiert ein König?

Der König auf Durchreise

Die Herrscher zur Zeit Karls des Großen hatten viele Aufgaben: Sie mussten das Reich vergrößern, die Grenzen sichern und im Innern für Recht und Frieden sorgen. Im Auftrag des Papstes schützten sie die Kirche und halfen den christlichen Glauben zu verbreiten.

Eigentlich hätte der König überall gleichzeitig sein müssen, um seine Macht zu zeigen und seine Befehle durchzusetzen. Eine Hauptstadt oder eine Verwaltung wie im Römischen Reich gab es nicht. Deshalb reiste der König fast ohne Pause durch sein Reich, in jedem Jahr mehrere tausend Kilometer. Er regierte „vom Sattel aus" (**Reisekönigtum**). Das Reisen war beschwerlich, denn feste Straßen gab es nur wenige. Am angenehmsten war die Reise mit dem Schiff stromabwärts auf den großen Flüssen, dem Rhein oder dem Main. In Klöstern wie Lorsch und Fulda, in Bischofsstädten wie Mainz und Köln oder in seinen besonders ausgebauten Königshöfen, den Pfalzen wie Frankfurt und Aachen, machte der König Station.

Begleitet wurde er stets von mehreren hundert bis tausend Mann und doppelt so vielen Pferden. Das vornehme Gefolge aus Bischöfen, Äbten und weltlichen Fürsten machte die Würde des Königs weithin sichtbar.

Der reisende Königshof musste an jedem Ort versorgt werden. Für die Klöster und Pfalzen bedeutete deshalb ein längerer Aufenthalt des Königs eine große Belastung.

Kein König regiert allein

Das viele Personal war aber auch nötig, um den König bei seinen vielen Aufgaben zu beraten und die Reichsgeschäfte zu erledigen. Männer im Gefolge des Königs planten seine Reisen und kümmerten sich um den königlichen Grundbesitz. Die wichtigsten vier Hofämter waren: der Marschall für die Ausrüstung des Heeres, der Kämmerer für die Kasse, der Mundschenk für die Getränke und der Truchsess für das Essen.

Besonders wichtig für die Verwaltung des Reiches war die Hofkapelle. Mitglieder waren schriftkundige Geistliche. Sie stellten unter Aufsicht eines Kanzlers Urkunden aus und berieten den Herrscher.

Auf Hof- und **Reichstagen** traf er sich mit den Fürsten zur Beratung. Hier wurden wichtige Entscheidungen des Reiches getroffen, Streitfälle entschieden, Recht gesprochen, Boten aus fernen Teilen des Reiches und Gesandte aus fremden Ländern empfangen.

Der König durfte jeden Rechtsfall entscheiden, er konnte aber nicht überall persönlich für Ordnung sorgen. Deshalb ließ er sich durch einflussreiche Adlige, Bischöfe und Äbte vertreten. Darüber hinaus war das Land in Grafschaften eingeteilt; der König ernannte Adlige zu Grafen, die dort in seinem Auftrag herrschten. Sie sprachen Recht, verfolgten Straftäter, zogen Abgaben ein und führten die beschlossenen Maßnahmen durch. Königsboten beaufsichtigten die Grafen. Für die Verwaltung und Sicherung der Grenzgebiete (Marken) sorgten Markgrafen.

M 1 Die Pfalz in Aachen
Rekonstruktionszeichnung
Die typische Anlage mit Königshalle, Kirche und einem Verbindungsbau dazwischen gab es auch in anderen Pfalzen (wie in Frankfurt und Ingelheim). In der Aachener Pfalzkapelle wurden fast alle deutschen Könige im Mittelalter gekrönt; nach der Krönung nahmen sie auf dem Thron Karls des Großen Platz, der in der achteckigen Kirche auf einer Empore steht. Die Pfalzkapelle ist noch heute erhalten. Zur Pfalz gehörten auch noch andere Gebäude (Wirtschaftsgebäude, Ställe usw.). Weil sie aber aus Holz gebaut waren, ist von ihnen nichts mehr erhalten.

M 2 Wo war Karl der Große?

Schriftliche Quellen nennen uns für 775 und 776 folgende Aufenthaltsorte:

775

Januar: Reichstag in Quierzy
26. März: Karl feiert das Osterfest in Quierzy
nach dem 20. April: Aufbruch nach Diedenhofen; spätestens ab 3. Mai in Diedenhofen
24. Mai bis 26. Juni: Aufenthalt in Quierzy
28. Juli bis 3. August: Aufenthalt in Düren
nach dem 3. August: Sachsenfeldzug
Stationen: Hohensyburg – Eresburg – Brunsburg – Aufenthalt im Raum Minden/Lübbecke (Sieg über die Westfalen)
spätestens ab 25. Oktober: Aufenhalt in Düren
November: Aufenthalt in Diedenhofen
spätestens ab Anfang Dezember: Aufenthalt in Schlettstadt, wo Karl das Weihnachtsfest feiert und von einem Aufstand in Italien erfährt; er beschließt, nach Italien zu ziehen

776

April: Aufenthalt in Treviso
spätestens ab 9. Juni: Aufenthalt in Vicenza
ab 17. Juni: Aufenthalt in Ivrea
Juli: Reichsversammlung in Worms (danach Niederwerfung der Sachsen, die die Eresburg zerstört haben)
Weihnachten: Aufenthalt in Herstal

Nach: Elmar Wagener, Ein Reisender in Sachen Politik, in: Praxis Geschichte 2/88, S. 33

M 4 Das Reich Karls des Großen mit den wichtigsten Aufenthaltsorten des Königs

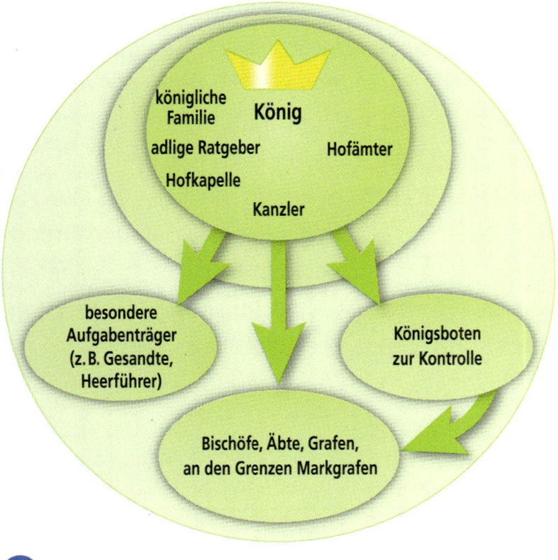

M 3 Der König und seine Helfer

1. ***Erkläre***, *wie Karl der Große sein Reich regierte (VT).* (H)
2. *a)* ***Stelle*** *auf der Karte M4* ***fest***, *wo besonders viele Pfalzen lagen und welche Pfalzen der König besonders oft besuchte. b)* ***Erkläre***, *warum die Pfalzen so unterschiedlich verteilt waren.*
3. ***Arbeite weiter***: *Wähle zwei Städte aus, die Karl der Große nacheinander besucht hat (M2).* ***Recherchiere*** *mithilfe einer digitalen Karte im Internet, wie weit die Städte auseinanderliegen und wie lange der König für die Reise brauchte. Hinweis: Der König legte mit seinem Gefolge durchschnittlich 25 km an einem Tag zurück.*

Lehnswesen und Grundherrschaft

Land bringt Macht

Die Grundlage jeder Herrschaft im Mittelalter war Grundbesitz. Der größte Grundbesitzer war der König. Land besaß auch der Adel. Aus ihm stammten Könige und Herzöge (die höchsten Fürsten), Grafen, Bischöfe und Äbte. Aber auch freie Bauern besaßen Grund und Boden.

Wer viel Land und mehrere Höfe besaß, ließ diese von Dienstmannen (Ministerialen) verwalten. Mit Unterstützung von sogenannten „Meiern" (von lat. maior: Vorsteher) zogen die Ministerialen die grundherrlichen Abgaben ein, beaufsichtigten die Dienste und sorgten für Schutz und Ordnung der Höfe.

Wer über Land und Leute verfügt

Nur wer Land besaß, war wirklich frei. Aber immer wieder reichten die Einkünfte vieler Bauern nicht mehr aus, um ihre Familien zu ernähren und für den König in den Krieg zu ziehen. Viele gaben deshalb ihre Freiheit auf; sie unterstellten sich und ihre Nachkommen als **Hörige** dem Schutz eines Grundherrn. Der Hof gehörte nun dem Grundherrn; ihm musste der unfreie Bauer Dienste und Abgaben leisten (Frondienste), aber keinen Kriegsdienst mehr für den König.

M 1 Wie funktionierte die Grundherrschaft?
Die adlige Grundherrschaft bestand meist aus einem Haupthof, mehreren Nebenhöfen sowie den Höfen der Hörigen. Mächtige Grundherren wie Kaiser, Könige, Fürsten und die Kirche besaßen mehrere tausend Höfe.

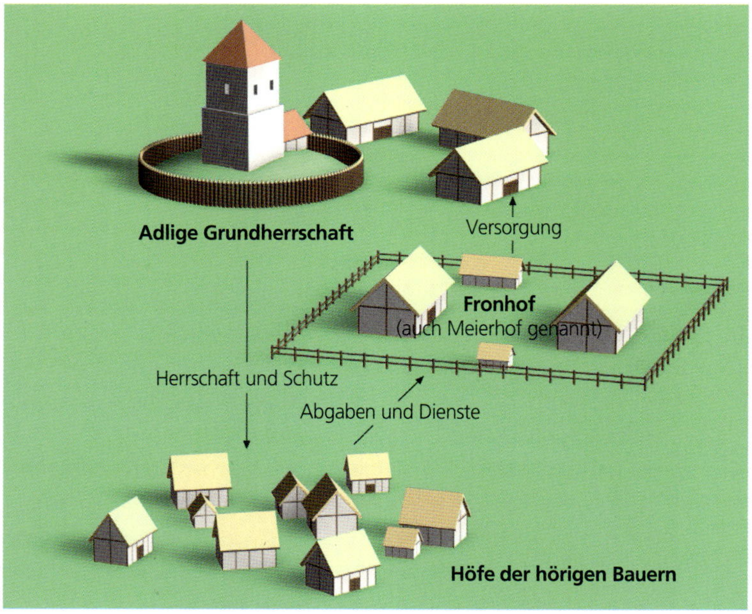

Bauern, die das Land des Herrn als dessen Diener bearbeiteten, galten als **Leibeigene**. Ohne Zustimmung des Grundherrn durften sie das Land nicht verlassen. Der Grundherr war auch Richter über sie und durfte sie bestrafen. Wenn der Grundherr das Land vererbte, verkaufte oder verlor, gehörten auch die unfreien Bauern mit ihren Familien dem neuen Herrn. Die Macht der Grundherren über Land und Leute nennen wir **Grundherrschaft**.

Herrscher brauchen Helfer

Mittelalterliche Herrschaft war nicht nur von Grundbesitz, sondern vor allem von persönlichen Beziehungen abhängig. Könige und Fürsten besaßen zwar das meiste Land. Um ihre Macht auch durchsetzen zu können, brauchten sie aber treue Gefolgsleute. Dauerhafte Unterstützung sicherten sie sich, indem sie ihren Helfern Land „liehen". So entstand das **Lehnswesen**: Unfreie Dienstmannen (Ministeriale) oder Adlige erhielten für ihre Dienste Land mit den darauf lebenden Menschen und Tieren. Der „verliehene" Grundbesitz hieß Lehen, die Empfänger **Vasallen**. Beide Seiten versprachen sich gegenseitig Treue und Schutz. Ein Lehen durfte noch an weitere Lehnsnehmer (Untervasallen) weitergegeben werden. Das Lehnsverhältnis endete anfangs nach dem Tod des Lehnsherrn oder Vasallen. Später betrachteten die Lehnsnehmer das Lehen als ihren Besitz und vererbten es.

Durch die Erblichkeit der Lehen entstand damit bis zum 10. Jh. eine abgeschlossene Gruppe von ungefähr 200 Personen: Die Großen des Reiches wählten den König[1] und hatten besonderen Einfluss. Der König musste auf ihren Rat und ihre Wünsche Rücksicht nehmen. Mit ihnen teilte er die Herrschaft. Die Zeit, in der Lehnswesen und Grundherrschaft die Grundlagen der Macht bildeten, wird als Epoche des **Feudalismus** (lat. feudum: Lehen) bezeichnet. Sie dauerte in Europa bis ins 19. Jh. hinein.

1. *Nenne die Grundlagen, auf denen die mittelalterliche Herrschaft beruhte (VT).*

[1] Siehe dazu S. 166 f.

M2 Der König belehnt Fürsten

Bild aus der Heidelberger Handschrift des Sachsenspiegels, um 1330
Zwei Fürsten bieten einem Vasallen die Belehnung an. Der Vasall legt seine Hände zwischen die seines Lehnsherrn. Dabei wird er etwa folgenden Schwur geleistet haben: „Deine Feinde sind meine Feinde, deine Freunde sind meine Freunde. Ich will dir immer treu und gegenwärtig sein, wenn du mich brauchst." Nebenbei: Der Vasall nimmt hier das Lehen von dem Lehnsherrn entgegen, der selber ein Lehen hat (die Fahne lässt darauf schließen).

M3 Befehl an die Vasallen

In einem Brief, der nach 804 geschrieben worden ist, fordert Karl der Große den Abt des Klosters von Altaich (Bayern) auf, seinen Vasallenpflichten nachzukommen:

Im Namen des Vaters und des Sohnes und des Heiligen Geistes [...]. Wir teilen dir mit, dass wir in diesem Jahre den großen Reichstag nach Ostsachsen zusammengerufen haben [...]. Deshalb befehlen wir dir, am 17. Juni mit allen deinen wohlbewaffneten und -ausgerüsteten Leuten an dem genannten Platze dich einzustellen, also sieben Tage vor der Messe des heiligen Johannes des Täufers. Du wirst also wohlvorbereitet mit deinen Leuten an dem genannten Platze erscheinen, um von hier aus [...] eine militärische Expedition durchzuführen; das heißt mit Waffen und Gerät und aller anderen kriegerischen Ausrüstung, mit Proviant und Bekleidung. Jeder Berittene soll Schild, Lanze, Schwert und Hirschfänger haben, dazu Bogen, Köcher mit Pfeilen, und eure Packwagen sollen Vorräte aller Art mitführen, Spitzhacken und Äxte, Bohrer, Beile, Spaten, eiserne Grabscheite und alle anderen Werkzeuge, die man bei einem Feldzug braucht. Die Lebensmittel müssen vom Reichstag an gerechnet drei Monate reichen, Waffen und Bekleidung ein halbes Jahr [...].

Die Geschenke, die du uns auf unserem Reichstag abzuliefern hast, übersende Mitte Mai dahin, wo wir uns dann aufhalten werden [...]. Lasse dir dabei keinerlei Nachlässigkeit zuschulden kommen, wenn dir an unserer Gnade gelegen ist.

Zit. nach: Wolfgang Lautemann (Bearb.), Mittelalter. Reich und Kirche. Geschichte in Quellen, München ²1978, S. 76 f.

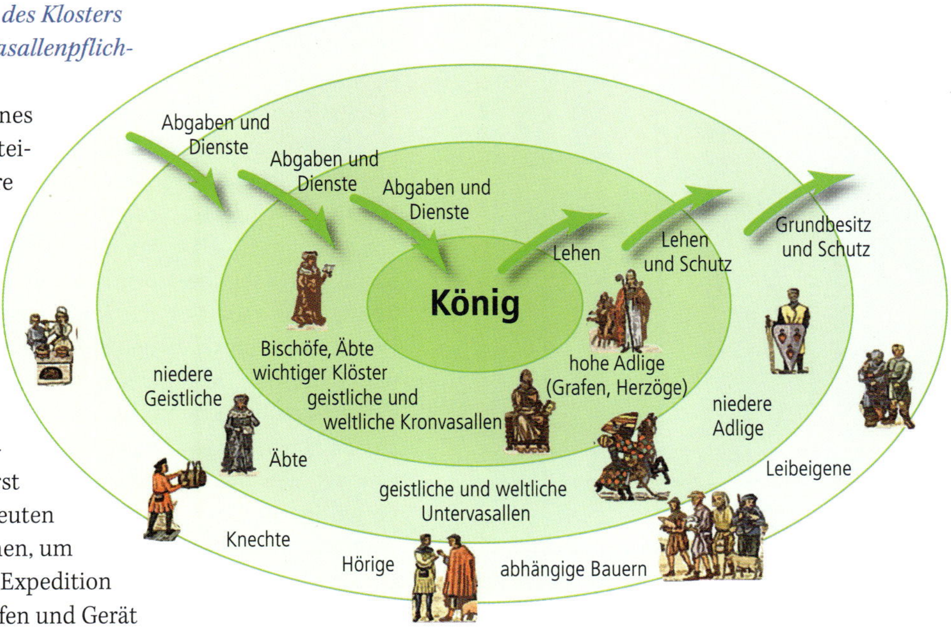

M4 Lehnswesen und Grundherrschaft

Lehen wurden nicht nur von oben nach unten, also von König zu Kronvasall und von Kronvasall zu Untervasall vergeben, sondern auch auf derselben Ebene von Kronvasall zu Kronvasall oder in seltenen Fällen von Untervasallen zu Kronvasallen. Grundsätzlich waren Lehnsbeziehungen nur unter Freien (Adligen) möglich.

1. *a)* ***Beschreibe*** *M2. b)* ***Begründe****, wer Lehnsherr und wer Vasall ist. c)* ***Stellt*** *die Szene in M2 in der Klasse* ***nach****.* ***Diskutiert*** *die Eindrücke, die Geste und Haltung der Personen bei euch hinterlassen, aus der Sicht des Vasallen und des Lehnsherrn.*
2. ***Schreibe*** *aus der Sicht des Abtes einen Antwortbrief (M3). Bedenke: Woher nahm er die Geräte, die Ausrüstung und den Proviant?*
3. *a)* ***Beschreibe*** *das Lehnswesen nach der Darstellung in M4. b)* ***Erkläre*** *den Zusammenhang von Lehnswesen und Grundherrschaft.*
4. ***Arbeite weiter****: a)* ***Gestalte*** *ein Schaubild zum Lehnswesen in Pyramidenform. b)* ***Begründe****, welche Vor- und Nachteile die Darstellung im Vergleich zu M4 bietet. Achte dabei besonders auf das Verhältnis von König und Kronvasallen (siehe VT auf S. 158 und 160).*

Herrschaft im Namen Gottes

M 1 Krönungsbild Heinrichs II.
Buchmalerei, um 1002
Kaiser Heinrich II., Urenkel des ersten Ottonenherrschers Heinrich I., wurde 1002 in Mainz zum König und 1014 in Rom zum Kaiser gekrönt.

Internettipp:
Zu Heinrich II., Otto I. und der Entstehung des „deutschen Reiches" informieren die Links unter Mediencode 31101-46.

Von der fränkischen zur deutschen Geschichte

Im Januar 814 starb Karl der Große. Sein Reich blieb nicht lange bestehen. Unter seinen Nachfolgern zerfiel es in kleinere Teilreiche. Daraus entstanden später Frankreich, Italien und Deutschland.

Aus dem Ostteil des fränkischen Reiches entstand im 10. Jh. das ostfränkische Reich, das später Deutsches Reich genannt wurde. Dort musste sich der König die Macht vor allem mit den mächtigsten Kronvasallen, den Herzögen von Sachsen, Franken, Schwaben und Bayern teilen. Kein König konnte seine Macht behaupten, wenn er nicht aus einer Herzogsfamilie stammte und sich mit anderen mächtigen Familien verbündete.

919 wählten die Fürsten den Herzog von Sachsen Heinrich I. zum König. Damit war ein neues Reich entstanden. Über hundert Jahre regierten die Nachkommen Heinrichs, die Ottonen, als Könige (919-1024). Nach Heinrichs Tod 936 folgte ihm sein Sohn **Otto I**. Dieser ließ sich in Aachen zum König krönen. Er zeigte damit, dass er sich als Nachfolger der fränkischen Herrscher verstand. Als Otto – wie einst Karl der Große – dem Papst militärisch gegen seine Gegner half, erhielt er dafür 962 den Kaisertitel durch den Papst in Rom. Seither hatte der ostfränkische oder deutsche König Anspruch auf die Kaiserkrone des **Heiligen Römischen Reiches**.

„Deutscher König"?

Otto selbst nannte sich „König der Franken", meist aber nur „König". Einen „deutschen König" oder ein „deutsches Reich" kannte man im Mittelalter nicht. Das deutsche Volk ist im Mittelalter aus verschiedenen Völkern und Herrschaften erst allmählich zusammengewachsen.

Könige und Kirche

Da sie die Lehen nun vererbten, waren die Herzöge den Ottonen zu mächtig. Sie wollten ein Gegengewicht schaffen. Daher gründeten sie wie schon die Karolinger Reichsbistümer und -klöster. Ihnen schenkten die Könige weltliche Macht in Form von Land und Leuten und überließen ihnen andere Einkünfte und Rechte. Dafür verlangten sie, dass die Bischöfe und Äbte sie mit ihrem Gefolge versorgten, ihnen bei der Verwaltung des Reiches halfen und bewaffnete Krieger für das Heer stellten.

Um die Kontrolle über die verschenkte Macht zu erhalten, ernannten sie enge Vertraute und Verwandte zu Bischöfen und Äbten und kontrollierten deren Einsetzung (**Investitur**).

Das war nur möglich, weil der König als direkt von Gott eingesetzter Herrscher galt. Der König, und nicht der Papst galt als Vertreter Christi auf Erden. Nach damaligem Verständnis war er damit ein Geistlicher und kein Laie (Nichtgeistlicher). Deshalb nahm er für sich auch das Recht in Anspruch, die Wahl und Absetzung von Päpsten zu beeinflussen. Aber schon im 10. Jh. regte sich dagegen Widerstand. Die Kirche fürchtete eine Abhängigkeit von den weltlichen Herrschern und forderte ihre Freiheit und Unabhängigkeit.

1. ***Begründe***, *warum man das Reich der ottonischen Könige nicht „deutsches Reich" nennen sollte.*
2. ***Erkläre*** *das Vorgehen der Ottonen, ihre Herrschaft auf Bischöfe und Äbte zu stützen.*
3. ***Arbeite heraus***, *welches Verständnis vom Königtum in der Buchmalerei zum Ausdruck kommt (M1).* Ⓗ

Otto I.* Heiliges Römisches Reich Investitur*

M2 Heil dem neuen König!

Der sächsische Geschichtsschreiber Widukind berichtet in seiner „Sachsengeschichte" über die Krönung Ottos I. 936 in Aachen. Der Erzbischof von Mainz empfängt den neuen König in der Pfalzkapelle und spricht zu den versammelten Fürsten:

„Sehet, ich bringe euch den von Gott erwählten und von dem mächtigen Herrn Heinrich bestimmten, nun aber von allen Fürsten zum König gemachten Otto. Wenn euch diese Wahl gefällt, so hebt die rechte Hand zum Himmel empor." Darauf hoben alle die Rechte in die Höhe und wünschten mit lautem Zuruf dem neuen Herrscher Heil. Dann schritt der Erzbischof mit dem König, der nach fränkischer Art in eng anliegender Tracht gekleidet war, hinter den Altar, auf dem die königlichen Herrschaftszeichen lagen. Er trat an den Altar, nahm das Schwert und sprach zum König: „Empfange dieses Schwert und vertreibe mit ihm alle Feinde Christi, die Heiden und schlechten Christen. Denn durch Gottes Willen ist alle Macht im ganzen Frankenreich dir übertragen, zum dauernden Frieden aller Christen." Sodann nahm er die Spangen und den Mantel und bekleidete ihn damit. Danach nahm er Zepter und Stab und sprach: „Diese Zeichen sollen dich ermahnen, mit väterlicher Strenge deine Untertanen zu leiten." Darauf wurde er mit dem heiligen Öl gesalbt und mit dem goldenen Diadem gekrönt und zum Thron geleitet.

Zit. nach: Albert Bauer und Reinhold Rau (Hrsg.), Quellen zur Geschichte der sächsischen Kaiserzeit, Darmstadt [2]1977, S. 85-89

M4 Das Reich zur Zeit der Ottonen

Die Herzöge von Franken, Sachsen, Bayern, Schwaben und Lothringen waren die mächtigsten Fürsten im Reich. Sie wählten den König. Marken (oder Markgrafschaften) waren Grenzgebiete im Osten. Die Markgrafen sollten die Reichsgrenze sichern.

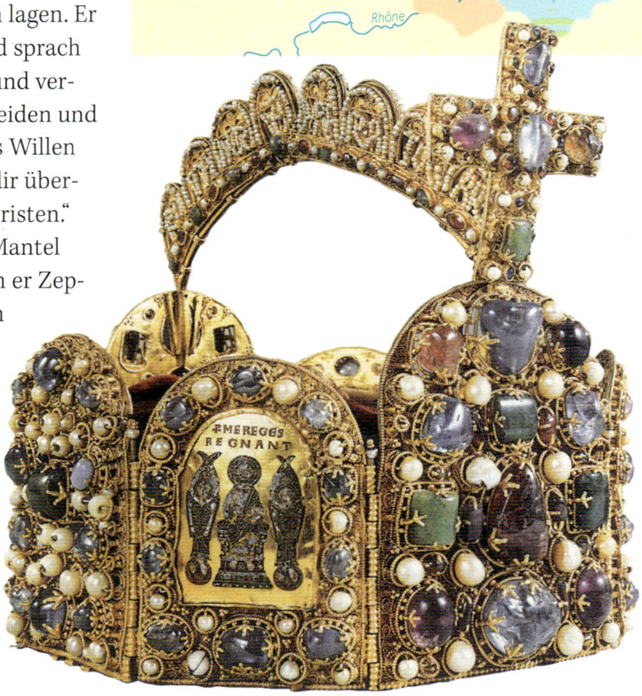

Hörtipp:
Hör dir die Quelle zur Krönung Ottos unter Mediencode 31101-47 an.

M3 „Gekrönt mit dem goldenen Diadem" – die Reichskrone

Die Reichskrone wurde im 10. Jh., vielleicht schon zur Kaiserkrönung Ottos I. angefertigt. Sie besteht aus acht bogenförmigen Platten mit Perlen und Edelsteinen und einem Kreuz auf der Stirnplatte. Das Kreuz und die Inschrift PER ME REGES REGNANT („Durch mich herrschen die Könige") deuten auf Christus hin: In seinem Auftrag herrscht der König. Die Krone und die anderen Reichsinsignien (Reichsschwert, Reichskreuz und Reichsapfel) befinden sich heute in der Wiener Hofburg. Sie waren bis zum Ende des Reiches 1806 in Gebrauch.

1. ***Vergleiche*** *das Reich der Ottonen (M4) mit dem Reich Karls des Großen (S. 157 und 159, M4).*
2. *Otto I. sah sich selbst als Nachfolger Karls des Großen.* ***Prüfe****, wo dies in Widukinds Bericht zu erkennen ist (M2).*
3. ***Arbeite*** *die Stellung des Kaisers* ***heraus****, die aus den Bildern und Bildunterschriften hervorgeht (M1, M3).*
4. ***Vergleiche****, wie der Kaiser laut Widukinds Bericht und laut der Bilder seine Macht erhält (M1-M3).*

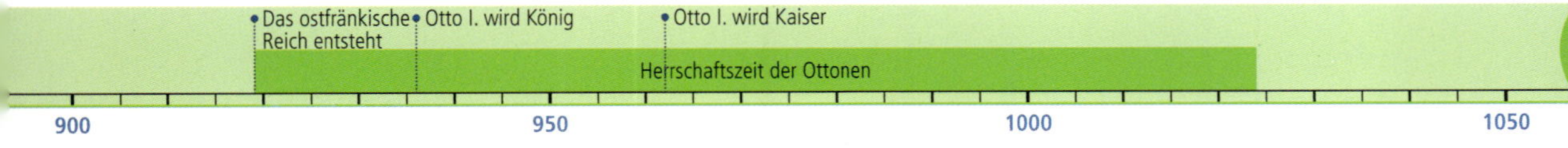

König oder Papst – wer hat die Macht?

M1 Die Zeichen des Bischofs: Stab und Ring, 11. Jh.
Die Herrschaftszeichen erhielt der Bischof vom König bei der Investitur, der Einsetzung in sein Amt.

Der Papst fordert die Freiheit der Kirche

Im 11. Jh. störten sich immer mehr Menschen daran, dass die Kirche so viele weltliche Aufgaben hatte. Konnten Bischöfe, die wie Fürsten lebten und herrschten, noch richtig für das Seelenheil der Menschen da sein? Besonders Papst **Gregor VII.** setzte sich leidenschaftlich für eine neue Kirche ein: Die Bischöfe sollten keinen Dienst mehr für die Könige leisten. Von nun an sollten nur noch die Kardinäle, die nach dem Papst höchsten Geistlichen in der Kirche, einen neuen Papst wählen. Kein Geistlicher sollte mehr durch einen Laien in sein Amt eingesetzt werden. Überhaupt sollte die Kirche nur noch Gott dienen.

Der Streit um die Investitur …

Die Forderungen des Papstes fielen in eine Zeit, als das Königtum in der Dynastie der Salier (1024-1125) in eine Krise geraten war. Nach dem Tod seines Vaters war 1056 der erst sechsjährige **Heinrich IV.** König geworden. Für den König war das Investiturverbot des Papstes gefährlich, da die von ihm eingesetzten Bischöfe seine Macht stützten. Aber auch viele Bischöfe wollten sich vom Papst keine Vorschriften machen lassen. Für sie war der Papst als Bischof von Rom nur ein Kollege und kein Vorgesetzter. Außerdem wollten sie nicht auf ihre fürstlichen Rechte verzichten, die ihnen der König gab.

M2 Szene an der Bronzetür des Domes in Gnesen (Polen)
Bronzerelief von 1175
Dargestellt ist ein Ereignis aus dem 10. Jh.

… wird zum Machtkampf …

Als 1075 Heinrich IV. trotzdem einen neuen Erzbischof einsetzte, kritisierte Papst Gregor VII. ihn. Der König forderte den Papst daraufhin auf, er solle sein Amt niederlegen. Das konnte der Papst nicht hinnehmen. Er verhängte über Heinrich IV. den Kirchenbann: Er schloss ihn aus der Gemeinschaft der Gläubigen aus, sprach ihm die Herrschaft über das Reich ab und verbot allen Christen, ihm zu dienen.

Für den König bedeutete das Verbot der Investitur, dass er die Kontrolle über die der Kirche geschenkte Macht verlor. König und Papst stritten darum, ob der König sich in kirchliche Angelegenheiten einmischen durfte und wer über dem anderen stand. Die Fürsten sahen eine Gelegenheit, den König unter Druck zu setzen und ihre Macht zu stärken: Sie verweigerten ihm die Gefolgschaft und wählten mehrfach Gegenkönige.

Was folgte, ging als „Gang nach Canossa" in die Geschichtsbücher ein: Heinrich zog im Winter 1077 über die Alpen nach Canossa in Italien und bat Papst Gregor VII. barfuß und im Büßergewand, den Bann aufzuheben. Der Papst musste den Kaiser wieder in die Kirche aufnehmen.

… mit langfristigen Folgen

Aber erst 1122, mehrere Jahrzehnte nach dem Tod von Heinrich und Gregor, fanden ihre Nachfolger eine Lösung für den „**Investiturstreit**". Sie beendeten den Machtkampf mit einem in Worms beschlossenen Vertrag zwischen Kirche und Reich (Konkordat): Der König verzichtete darauf, die Bischofswahlen zu beeinflussen. Die Bischöfe blieben aber Vasallen des Königs und waren ihm zu Treue und Gefolgschaft verpflichtet. Mit dem Investiturstreit und dem Wormser Konkordat begann die Entwicklung, geistliche und weltliche Herrschaft in Europa zu trennen.

1. ***Stelle gegenüber**, was aus Sicht von König/Kaiser und Papst jeweils für bzw. gegen die Einsetzung von Bischöfen und Äbten durch den Kaiser/König sprach (VT, M1).*
2. ***Beschreibe** M2 und finde einen Titel.*

M3 Der „Gang nach Canossa“

Ein Historiker beurteilt den Bericht des Chronisten Lampert von Hersfeld von 1078/79:

Im Oktober 1076 versammelten sich die Fürsten des Reiches in Tribur. […] Lampert von Hersfeld schildert, dass man drauf und dran gewesen sei, einen neuen König zu wählen. Man fand sich dann aber doch zu einem Kompromiss bereit: Papst Gregor VII. sollte auf einer Fürstenversammlung, die für den 2. Februar 1077 nach Augsburg einberufen wurde, über Heinrich, seine Lebens- und Amtsführung entscheiden. Voraussetzung für den Fortbestand des Königtums war die Lösung vom Bann. […] Heinrich […] machte sich auf den Weg nach Italien, um Gregor VII. abzufangen, bevor dieser mit den Reichsfürsten zusammenkommen konnte. […] Der Übergang in Schnee und Eis muss sehr schwierig gewesen sein. Lampert von Hersfeld schildert die Strapazen für Mensch und Tier sehr plastisch […]. Heinrich erreichte Italien, bevor Gregor VII. seinerseits die Alpen überquert hatte. Heinrich nahm Verhandlungen mit dem Papst auf. […] Um seiner Forderung nach einer Lösung des Bannes Nachdruck zu verleihen, vollzog Heinrich ein Buß- und Unterwerfungsritual: An drei aufeinanderfolgenden Tagen zog er barfuß vor das Tor der Burg Canossa und harrte in der Kälte aus. Diese öffentliche Geste der Demut sollte Gregor dazu bewegen, Heinrich wieder in die Kirche aufzunehmen. Ob dies Teil der Verhandlungen oder Heinrichs eigene Initiative war, ist nicht mehr zu entscheiden. Am 28. Januar 1077 löste Gregor Heinrich vom Kirchenbann […]. Am gleichen Tag verpflichtete sich Heinrich eidlich, sich dem Urteil des Papstes zu unterwerfen […].

Jenseits aller Wertungen wird in der Rückschau deutlich, dass Canossa eine historische Zäsur darstellte. […] Die Einheit von kirchlicher und weltlicher Macht war zerbrochen. […] Nun richtete der Papst über den König. Das Papsttum hatte sich als Institution von überregionaler Bedeutung – neben und in Konkurrenz zum deutschen Königtum – etabliert. Das salische Königtum wurde von Gregor VII. konsequent als „deutsch“ bezeichnet: regnum Teutonicum oder rex Teutonicus.

Martin Clauss, Die Salier, Darmstadt 2011, S. 54-56 und 59

M4 Die „Zweischwerterlehre“
Illustration im Rechtsbuch des Sachsenspiegels, 1442
Christus überreicht Papst und Kaiser die Schwerter der geistlichen und weltlichen Macht.

1. ***Erkläre***, *warum für die Herrschaft Heinrichs IV. die Wiederaufnahme in die Kirche notwendig war.*
2. ***Arbeite heraus***, *wie Martin Clauss das Ereignis bewertet (M3).*
3. *a)* ***Erläutere*** *anhand des Bildes M4 die sogenannte „Zweischwerterlehre“. b)* ***Vergleiche*** *mit der Abbildung M1 auf S. 162.*
4. ***Schreibe*** *Sprechblasen für Kaiser und Papst: Was könnten die beide über die Vereinbarungen des Wormser Konkordats denken (M4, VT)?*
5. *Über den Mediencode 31101-48 gelangst du zu verschiedenen bildlichen Darstellungen des „Gangs nach Canossa“.*
   Wähle aus*:* ***A*** *Suche dir zwei Bilder aus und* ***stelle*** *sie* ***gegenüber****.*
   B ***Beurteile****, welche Darstellung des „Gangs nach Canossa“ dem historischen Geschehen deiner Meinung nach näher kommen könnte.*
6. ***Arbeite weiter****:* ***Informiere dich****, wie das Verhältnis von Staat und Kirche heute in Deutschland und Frankreich geregelt ist.* (H) (G)

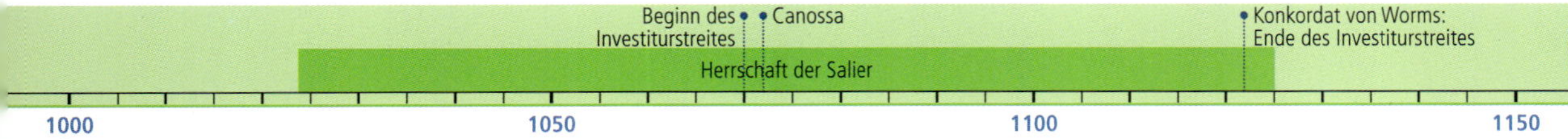

Die Fürsten: ungekrönte Könige?

M 1 Die sieben Kurfürsten
Aus der Bilderhandschrift des Kurfürsten Balduin von Trier, um 1340
Die sieben Kurfürsten wählen Heinrich VII. aus der Familie der Luxemburger zum König. Über den Kurfürsten befinden sich ihre Wappen. Kurfürst Balduin gab das Bild in Auftrag. Er war der Bruder Kaiser Heinrichs VII. und einer der einflussreichsten Reichsfürsten des Mittelalters.

Könige und Vasallen streiten um die Macht

Nicht immer konnte ein König sich darauf verlassen, dass die Fürsten ihn als ihren obersten Lehnsherrn tatsächlich unterstützten, wie es ihre Pflicht als seine Lehnsnehmer und Vasallen war. Die Reichsfürsten wollten keinen starken Herrscher über sich. Daher betonten sie ihr Recht „seit alters her", dass jeder König von den Fürsten gewählt werden musste. Mehrfach erklärten einige Fürsten einen König für abgesetzt, wenn sie mit dessen Herrschaft unzufrieden waren. Dann wählten sie einen Gegenkönig und es kam häufig zum Krieg. Starb ein König ohne männlichen Nachfolger und erlosch damit das Herrscherhaus, wählten sie oft schwache Nachfolger, die ihnen ihre Macht nicht streitig machten.

Eine Wahl als Tauschgeschäft?

Die Nachfolge der Könige im Reich war lange nicht eindeutig geregelt. Oft wurde der älteste Sohn schon als Kind zum Nachfolger bestimmt und gekrönt. Dies setzte aber die Zustimmung der Reichsfürsten voraus. Der Sohn erbte das Königsamt daher nicht, sondern musste gewählt werden.
Gerade wenn ein König schwach war oder sich mehrere Bewerber um die Krone stritten, konnten die Kronvasallen ihre Macht ausdehnen. Dann ließen sie sich für die Wahl und Unterstützung von den Bewerbern Rechte übertragen oder bezahlen. Kaiser Friedrich II. aus der Dynastie der Staufer[1] verzichtete zum Beispiel gegenüber den Fürsten auf Zoll- und Münzrechte sowie auf das Recht, Festungen zu errichten, um die Wahl seines Sohnes zum deutschen König zu erreichen.
Spätere Könige versuchten vergeblich, ein Erbkönigtum durchzusetzen und einmal aufgegebene Vorrechte wiederzubekommen. Manche verkauften sogar weitere Rechte an die Fürsten, wenn sie Geld brauchten.
Dadurch konnten die Fürsten ihre Herrschaftsgebiete und damit ihre Macht immer weiter ausbauen. Im späten Mittelalter und zu Beginn der Neuzeit regierten viele Fürsten in ihren Gebieten wie ungekrönte Könige. Sie wurden zu mächtigen **Landesherren**, die gegenüber dem König und Kaiser immer selbstbewusster auftraten.[2]

Wer darf den König wählen?

Erst im Laufe der Zeit wurde der Kreis der wahlberechtigten Fürsten kleiner. 1273 wählten erstmals sieben **Kurfürsten** (von kur: Wahl) den König und zukünftigen Kaiser. 1338 legten sechs der Fürsten in einer Vereinbarung ihr ausschließliches Recht fest, den König zu wählen.
Kaiser Karl IV. bestätigte die sieben Königswähler 1356 in einem Reichsgesetz, der „**Goldenen Bulle**": die Erzbischöfe von Mainz, Köln und Trier, der König von Böhmen, der Pfalzgraf bei Rhein, der Herzog von Sachsen und der Markgraf von Brandenburg. Damit sich die Zahl der Königswähler nicht beliebig vermehrte, durften die Kurfürstentümer nicht geteilt werden.
Die „Goldene Bulle" machte die Kurfürsten zu den höchsten Würdenträgern nach dem König.
Ab 1438 stellt die Familie der Habsburger mit nur einer Ausnahme die Könige und Kaiser des Reiches bis zu dessen Ende 1806. Die letzte Wahl und Krönung fand 1792 in Frankfurt am Main statt.

1. ***Fasse zusammen**, wie sich das Verhältnis von König und Reichsfürsten veränderte (VT).*
2. ***Recherchiere** die Wappen der sieben Kurfürsten, um herauszufinden, wo Erzbischof Balduin von Trier abgebildet ist (M1).*

[1] Die deutschen Könige und Kaiser stammten von 1138 bis 1254 aus der Familie der Staufer.
[2] Siehe dazu ausführlich S. 256 f.

M 2 Rechte für die Fürsten

Aus dem „Gesetz zugunsten der Fürsten“ (lat. Statutum in favorem principum) Kaiser Friedrichs II. vom Mai 1232:

1. Keine neue Stadt oder Burg darf auf geistlichem Gebiet weder von Uns noch von sonst jemandem unter irgendeinem Vorwande errichtet werden.
2. Neue Märkte dürfen die alten nicht beeinträchtigen.
3. Niemand darf zum Besuch eines Marktes gezwungen werden.
4. Alte Straßen dürfen nur mit der Einwilligung der auf sie Angewiesenen verlegt werden. […]
6. Jeder Fürst soll seine Freiheiten, Gerichtsbarkeiten, Grafschaften und Centen[1] […], ob sie nun frei in seiner Hand oder zu Lehen gegeben sind, nach der bewährten Gewohnheit seines Landes unangefochten genießen.
7. Die Centgrafen[2] haben ihre Gerichtsbarkeit vom Landesherrn oder dem von ihm Belehnten zu empfangen. […]
17. Wir werden in keinem Lande eines Fürsten Geld schlagen lassen, wodurch die Münze dieses Fürsten an Wert verliert. […]
19. In Unseren Städten hat der Ankläger dem Angeklagten an dessen Gericht zu folgen, außer der Angeklagte, der fürstlicher Untertan ist, wird in der Stadt aufgegriffen; in diesem Falle muss er sich in ihr verantworten.

Zit. nach: Wilfried Hartmann (Hrsg.), Frühes und hohes Mittelalter 750-1250. Deutsche Geschichte in Quellen und Darstellung, Bd. 1, Stuttgart 1995, S. 405f. (vereinfacht)

M 3 Ein König kommt ins Amt

Die in der „Goldenen Bulle“[3] von 1356 festgelegte Form der Wahl bleibt bis 1806 in Kraft:

Nachdem die Kurfürsten in die Stadt Frankfurt eingezogen sind, sollen sie sogleich bei Anbruch des folgenden Tages in vollzähliger Anwesenheit die Messe „de Sancto Spiritu“ (dt. „vom Heiligen Geist“) singen lassen, damit der Heilige Geist ihre Herzen erleuchte […].

Wenn nun diese Messe zu Ende ist, sollen alle Kurfürsten an den Altar herantreten, um folgenden Eid in der Landessprache zu leisten: „Ich schwöre auf diese hier gegenwärtig vor mir liegenden heiligen Evangelien Gottes, dass ich gemäß der Treue, zu der ich gegen Gott und das Heilige Römische Reich verpflichtet bin, nach all meinem Verstand und meiner Einsicht mit Gottes Beistand der Christenheit ein weltliches Oberhaupt wählen will, das heißt einen römischen König und künftigen Kaiser, der dazu geeignet ist, und dass ich meine Wahlentscheidung ablegen werde ohne alle Verabredung, Belohnung, Entgelt oder Versprechen – so wahr mir Gott helfe und alle Heiligen.“ Wenn nun die Kurfürsten oder ihre Gesandten diesen Eid geleistet haben, sollen sie zur Wahl schreiten […].

Wer so zum römischen König gewählt worden ist, soll sogleich nach vollzogener Wahl, bevor er in irgendwelchen anderen Angelegenheiten oder Geschäften aus Vollmacht des Heiligen Reiches seine Tätigkeit beginnt, den geistlichen und weltlichen Kurfürsten alle ihre Privilegien, Rechte, Freiheiten und Vergünstigungen, alten Gewohnheiten und auch Würden und alles, was sie vom Reich bis zum Tag seiner Wahl empfangen und besessen haben, ohne Verzug und Widerspruch durch seine Siegel bestätigen und bekräftigen.

Zit. nach: Die Goldene Bulle, nach König Wenzels Prachthandschrift, mit der dt. Übersetzung von Konrad Müller und einem Nachwort von Ferdinand Seibt, Dortmund ^{3}1989, S. 108ff. (vereinfacht)

M 4 Die Kurfürsten ziehen zur Wahl
Holzschnitt aus einer Sammlung von Reichsgesetzen von 1485
Die Kurfürsten trafen sich seit 1257 zur Königswahl in der Freien Reichsstadt Frankfurt am Main.

[1] Cent: niederes Gericht
[2] Centgraf: Vorsitzender der Centen
[3] Dieses Reichsgesetz erhielt seinen Namen nach der goldenen Kapsel (lat. bulla), an der sich das Siegel befand.

1. ***Arbeite heraus**, inwiefern das Gesetz die Macht des Kaisers schwächte und die der Fürsten stärkte (M2).* (H)
2. *a) **Zähle** die Verpflichtungen **auf**, die der Eid der Kurfürsten enthält (M3). b) **Erläutere** ihre Bedeutung.*
3. *a) **Fasse** die Verpflichtungen für Wähler und Gewählte unmittelbar nach der Wahl **zusammen** (M3). b) **Überlege**, welchen Zweck die Bestätigung des Königs direkt nach der Wahl hatte.*
4. ***Erkläre**, warum die Kurfürsten auch als „Säulen des Reiches“ bezeichnet wurden.*

Erstmals im ostfränkischen Reich Königswahl durch die Fürsten
Königswahl durch Kurfürsten
„Goldene Bulle“: Reichswahlgesetz bis 1806
900 1000 1100 1200 1300 1400

Die Ständegesellschaft: eine göttliche Ordnung?

M 1 Die drei Stände
Malerei aus einer französischen Handschrift, 14. Jh.

Drei Stände

Nach mittelalterlichem Denken war es für das Zusammenleben vor allem wichtig, dass es jemanden gab, der für das Seelenheil der Menschen betete, jemanden, der sie schützte, und jemanden, der sie mit seiner Arbeit ernährte. Deshalb teilte man die Menschen in drei Gruppen: in Geistliche (Priester, Mönche und Bischöfe), Adlige (Kaiser bzw. Könige und Fürsten) und Bauern, Handwerker und Kaufleute. Man stellte sich vor, dass Gott jeden Menschen durch seine Geburt in eine dieser Gruppen stellte, und nannte diese Gruppen Stände. Damit galt die **Ständeordnung** als grundsätzlich unveränderlich. Eltern vererbten ihren Stand an ihre Kinder.

Nicht alle Menschen sind gleich

Für uns ist es selbstverständlich, dass die Menschen grundsätzlich gleich sind, obwohl sie sich nach ihrem Vermögen, nach ihren Berufen und Fähigkeiten unterscheiden.

Im Mittelalter war das anders. Da galt es als ganz natürlich, dass die Menschen ungleich waren. Beten und Kämpfen erschien wichtiger und daher vornehmer als die mühsame und oft schmutzige Handarbeit.

Daher hatten Geistliche und Adlige Vorrechte vor dem Dritten Stand der einfachen Leute: Adlige durften Burgen bauen, Waffen tragen oder zur Jagd gehen. Geistliche waren von den meisten Steuern befreit. Adlige und Geistliche mussten sich nur vor Richtern aus ihrem eigenen Stand verantworten. Die Vornehmsten unter ihnen hatten das Recht, den König zu wählen und zu beraten.

Erster und Zweiter Stand bildeten eine kleine Minderheit in der mittelalterlichen Gesellschaft. Sie grenzten sich von der Masse des Dritten Standes sorgfältig ab. Heiraten zwischen Angehörigen des Adels und des einfachen Volkes waren so gut wie undenkbar, oft sogar verboten.

Die Herkunft bestimmt das Leben

Adlige lebten meist mit ihrem Gefolge auf dem Herrenhof ihrer Grundherrschaft oder auf einer Burg. Die meisten Geistlichen waren Mönche und lebten in einem Kloster. Lebensraum der Angehörigen des Dritten Standes waren die Stadt oder der Bauernhof und das Dorf.

In diesem Lebensraum gingen die Menschen festen Tätigkeiten nach: Die Adligen übten sich im Kampf, verwalteten ihre Güter oder gingen zur Jagd, die Geistlichen widmeten sich dem Studium heiliger Schriften und dem Gottesdienst. Die einfachen Leute arbeiteten als Bauern, Handwerker oder Kaufleute bzw. als deren Knechte oder Gehilfen.

Diese klare Aufteilung der Gesellschaft nach der Ständeordnung war eine religiöse Idealvorstellung. Die Realität sah oft anders aus, denn der Stand entsprach nicht unbedingt der sozialen Stellung. Gerade in den Städten war die soziale Gliederung viel dynamischer und vielfältiger. So konnten Bürger sehr reich werden und einen adligen Lebensstil pflegen; umgekehrt gab es viele arme Adlige, die wie Bauern lebten.

Ungleiche Bedingungen

Viel einschneidender waren die Unterschiede in der Lebenserwartung. Die Kost der einfachen Leute war eintönig und oft nicht ausreichend: Sie bestand überwiegend aus Hülsenfrüchten, Getreidebrei, Brot und Eiern, etwas Gemüse und Obst aus dem Garten oder Pilzen und Beeren aus dem Wald. Fleisch oder Fisch lagen selten auf dem Teller. Schlechte und eintönige Ernährung und harte Arbeit von Tagesanbruch bis Sonnenuntergang führten dazu, dass einfache Leute eine geringere Lebenserwartung hatten als Adlige und Geistliche. Sie wurden selten älter als dreißig Jahre. Vor allem die Kindersterblichkeit war hoch. Mehr als die Hälfte der Kinder wurde keine 14 Jahre alt.

1. ***Erkläre*** *die Ständeordnung des Mittelalters (VT).*
2. ***Arbeite*** *die Vorrechte der Stände* ***heraus*** *(VT).*

M2 „Gottes Haus ist dreigeteilt ...“

Bischof Adalbert von Laon schreibt um 1030 dem französischen König:

Im Glauben ist die Christenheit einheitlich, doch gliedert sie sich in drei Stände. Das weltliche Recht zeigt hingegen eine Teilung in zwei Standesgruppen: Der Freie und der Knecht haben ja nicht dasselbe Recht. An der Spitze stehen zwei, der eine ist der König, der andere der Kaiser; durch deren Gebot soll der Staat gesichert dastehen. [...]

So gliedert sich also das Haus des Herrn, obschon einheitlich dem Glauben nach, in drei Teile: Die einen beten, die anderen kämpfen, die dritten arbeiten. Diese drei existieren zugleich und sind untrennbar verbunden. Vom Dienst des einen hängt die Tätigkeit der beiden anderen ab, so unterstützen sie sich alle wechselseitig. So ist also dieser Verband einheitlich und gleichzeitig dreigeteilt.

Zit. nach: Siegfried Epperlein, Bäuerliches Leben im Mittelalter, Köln 2003, S. 245 (leicht verändert)

M3 Eine göttliche Ordnung

Die einflussreiche Kirchenlehrerin Hildegard von Bingen erklärt Mitte des 12. Jh.:

Gott achtet bei den Menschen darauf, dass sich der niedere Stand nicht über den höheren erhebe, wie es einst Satan und der erste Mensch getan. Wer steckt all sein Viehzeug zusammen in einen Stall: Rinder, Esel, Schafe, Böcke? Da käme alles übel durcheinander! So ist auch darauf zu achten, dass nicht alles Volk in eine Herde zusammengeworfen werde. Es würde sonst eine böse Sittenverwilderung einreißen, wenn der höhere Stand zum niedrigen herabgewürdigt und dieser zum höheren aufsteigen würde. Gott teilt sein Volk auf Erden in verschiedene Stände, wie die Engel im Himmel in verschiedene Gruppen geordnet sind [...].

Zit. nach: Hiram Kümper und Michaela Pastors, Mittelalter, Schwalbach/Ts. 2008, S. 72

M4 Christus teilt den drei Ständen ihre Aufgaben zu
Holzschnitt, Heidelberg 1488
Das Bild zeigt den auf einem Regenbogen – dem Symbol der Verbindung zwischen Himmel und Erde – thronenden Weltenrichter Christus. Links von ihm der Papst mit einem weiteren Geistlichen, rechts der Kaiser und ein Fürst und in der unteren Mitte zwei Bauern. Die Beschriftungen lauten übertragen: „Du bete demütig!“ „Du schütze!“ „Und du arbeite!“

1. *Wähle aus: Entscheide dich entweder für M1 oder für M4.*
   A ***Beschreibe*** *die Darstellung.*
   B ***Erkläre****, woran sich die Stände jeweils erkennen lassen.*
2. ***Überlege****, welche Funktion die Abbildung von Christus in M4 erfüllt.*
3. ***Arbeite*** *die Begründung von Adalbert und Hildegard für die Dreiständelehre* ***heraus*** *(M2, M3).*
4. ***Vergleiche****, worin sich die Ständeordnung von unserer heutigen Gesellschaft unterscheidet.* (G)
5. ***Diskutiert*** *in der Klasse die Vor- und Nachteile der Ständegesellschaft.*

Männer und Frauen: klare Rollen?

M 1 Tätigkeiten von Frauen
Illustrationen aus dem Hausbuch der italienischen Familie Cerruti, 14. Jh.

Hausgemeinschaft und Ehe

Adlige und Bauern hatten eine Gemeinsamkeit: Sie lebten in einer Hausgemeinschaft. Dazu gehörten neben dem Ehepaar und den noch unverheirateten Kindern auch das Gesinde und zum Teil auch unverheiratete Verwandte. Die Familie gewährte ihren Mitgliedern Hilfe und Schutz. Die Vorstellungen von der Ehe bestimmte die Kirche. Sie erklärte die Ehe für unauflöslich und forderte, dass die „Frau dem Manne untertan" sein solle.

Die Ehe hatte im Mittelalter vor allem einen Zweck: Aus ihr sollten Nachkommen hervorgehen, an die der Besitz vererbt werden konnte und die im Alter für ihre Eltern sorgten. Heiraten durfte nur, wer ein sicheres Einkommen hatte. Adlige konnten sehr jung verheiratet werden, oft zwischen 12 und 14 Jahren. Gehilfen im Handwerk benötigten die Zustimmung ihres Meisters und das Gesinde auf dem Land die des Herrn. Deshalb heirateten sie oft erst mit Ende 20 oder Anfang 30, zum Teil aber auch gar nicht.

Liebe stellte in der Regel nicht die Grundlage für eine Ehe dar. Normalerweise vereinbarten die Eltern die Ehen ihrer Kinder, und ihnen ging es vor allem darum, was die künftigen Eheleute in die Ehe mitbrachten, aus welcher Familie sie stammten und von welchem Stand sie waren. Auch beim Adel dürften Liebesheiraten selten gewesen sein. Adlige Familien schlossen mit einer Ehe nämlich auch zugleich ein Friedens- und Bündnisversprechen.

Männer und Frauen

Die Frau stand im Mittelalter unter der Herrschaft ihres Mannes. Dieses Rollenverständnis blieb auch später noch lange bestehen. Aber Frauen waren nicht rechtlos und nicht ohne Macht. So gab es Herrscherinnen, die gleichberechtigt mit ihrem Mann oder stellvertretend für ihren minderjährigen Sohn regierten. Deshalb war es so wichtig, „standesgemäß" zu heiraten. Denn die Königin oder die Herzogin erteilte die Befehle, nicht die Frau.

Land, Haus und Hof wurden nur an Söhne vererbt. Daher mussten die Töchter entweder ohne Lohn im Familienbetrieb oder als Mägde auf umliegenden Gehöften arbeiten. In den Häusern der Händler, Handwerker und Bauern besorgten die Frauen den Haushalt, erzogen die Kinder und arbeiteten im Betrieb mit. In den Städten erhielten Frauen mit der Zeit mehr Rechte und Freiheiten. So gab es in Köln z. B. eigene Zünfte von Handwerkerinnen. Im späten Mittelalter bildeten sich mit den sogenannten Beginen religiöse Gemeinschaften von Frauen, die fromm und ehelos lebten. Auch das Leben als Nonne bot den Frauen Freiheiten: Sie konnten sich Bildung aneignen und mussten keinen Mann heiraten, den sie nicht liebten. Männliche Bevormundung gab es im Kloster generell nicht.

„Geschichtslose" Frauen?

Nur wenige Frauen haben im Mittelalter selbst Texte geschrieben. Ein großer Teil der Quellen, die über Frauen berichten, wurden von Männern verfasst, meist Geistlichen oder Medizinern. Wenn sie über Frauen schrieben, verrät das viel über ihre Ansichten, aber wenig über das Leben der Frauen. Von ihrem Alltag „erzählen" fast nur archäologische Quellen. Daher spricht man von einer Art „Geschichtslosigkeit" der Frauen im Mittelalter.

1. *Wähle aus: A* ***Stelle*** *das Leben einer mittelalterlichen Adligen und einer Bäuerin in einem Sachtext* ***gegenüber****.*
   B ***Schreibe*** *einen Dialog zwischen den beiden, in dem sie sich über ihr Leben unterhalten.*

M 2 Ehegemeinschaft

Burkard Zink steigt vom armen Kaufmannsgehilfen zum reichen Kaufmann auf. Mitte des 15. Jh. verfasst er eine Chronik der Stadt Augsburg, in die er auch seine Lebensgeschichte einfügt. Über seine ersten Ehejahre schreibt er:

Sie war eine ehrbare arme Frau und brachte mir (als Mitgift) nicht mehr als ein kleines Bettlein und ein Kühchen und sonst bescheidenen ärmlichen Hausrat zu wie Pfannen etc. [...] Freilich hatte ich sicherlich auch nicht viel: Ich besaß zwar ein gutes Gewand, aber nicht viel angesparte Pfennige. [...]

Nachdem wir Hochzeit miteinander gehalten hatten, da wusste ich freilich nicht, was ich tun sollte, denn ich hatte nichts. [...] Da beriet ich mich mit meiner Hausfrau. Die war mir auch hold, tröstete mich und sprach: „Mein Burkard, halte Dich gerade und verzage nicht, lass uns einander helfen, so wollen wir wohl auskommen. Ich will an dem Rad spinnen und kann jede Woche wohl 4 Pfund Wolle ausspinnen, das bringt 32 Pfennige." Und da die Frau so voller Trost war, da fasste ich Mut und dachte: Nun – ich kann doch ein wenig schreiben. [...] Es war ein Kleriker an der Kirche „Unserer lieben Frau" [...]. Der war mir wohlgesonnen [...]. Meine Frau und ich saßen zusammen, ich schrieb und sie spann [...]. Doch wir sind oft beieinander gesessen die ganze Nacht. Es ging uns ganz gut, und wir verdienten, was wir brauchten.

Zit. nach: Gerhard Fouquet und Ulrich Mayer (Hrsg.), Lebenswelten 2. Quellen zur Geschichte der Menschen in ihrer Zeit. Alteuropa 800 bis 1800, Stuttgart 2001, S. 93f. (übertragen von Gerhard Fouquet)

M 3 „Das boshafte Weib"
Holzschnitt von Erhard Schoen, um 1540

M 4 Männer klüger als Frauen?

Die französische Schriftstellerin und Philosophin Christine de Pizan schreibt um 1400 als erste für Frauen über Frauen. In ihrem „Buch von der Stadt der Frauen" über eine erfundene, von Frauen erbaute Stadt heißt es:

Noch einmal sage ich dir mit allem Nachdruck: Wenn es üblich wäre, die kleinen Mädchen eine Schule besuchen und sie im Anschluss daran, genau wie die Söhne, die Wissenschaften erlernen zu lassen, dann würden sie genauso gut lernen und die letzten Feinheiten aller Künste und Wissenschaften ebenso mühelos begreifen wie jene. Zudem gibt es ja solche Frauen. [...]

Und so schließt man vom bloßen Augenschein, von der Beobachtung darauf, Frauen wüssten generell weniger als Männer und verfügten über eine geringere Intelligenz. In verschiedenen [...] Gegenden wirst du ebenfalls Wesen antreffen, die in ihrer Einfalt Tieren gleichen. Und dennoch kann es nicht den geringsten Zweifel geben: Die Natur hat sie mit ebenso vielen körperlichen und geistigen Gaben ausgestattet, wie die weisesten und erfahrensten Männer, die in den Städten und Kommunen leben. Dies alles ist jedoch mit mangelnder Bildung zu erklären, auch wenn ich dir gesagt habe, unter den Männern und den Frauen seien manche eben klüger als andere.

Christine de Pizan, Das Buch von der Stadt der Frauen, München 1990, S. 94f.

M 5 Minnesänger und seine „Angebetete"
Buchmalerei (Ausschnitt), 14. Jh.
Höfische Dichter, die Troubadoure, verehrten adlige Damen in Minneliedern (Minne = mittelhochdeutsch für Liebe) als unerreichbar, schön und vollkommen. Mit Ausnahme höfischer Feste sah der Alltag adliger Frauen aber anders aus: Sie waren meist allein für die Verwaltung und Hofhaltung der Burg zuständig.

Internettipp:
Zum Leben der Frauen im Mittelalter siehe Mediencode 31101-49.

1. ***Arbeite*** *aus M2 bis M5 die Ansichten zum Verhältnis von Männern und Frauen* ***heraus****.* (H)
2. ***Gestalte*** *ein Poster, auf dem du Tätigkeiten und Stellung von Männern und Frauen im Mittelalter darstellst. Ziehe auch andere Abbildungen aus diesem Kapitel hinzu.*
3. ***Arbeite weiter****: a)* ***Stelle*** *Informationen zum Verhältnis von Frauen und Männern in Deutschland heute* ***zusammen****. b)* ***Vergleiche*** *die mittelalterlichen Rollenbilder von Männern und Frauen mit den heutigen.* (G)

Wie lebt der Adel?

M 1 **Spiel auf Leben und Tod**
Buchmalerei aus der Manessischen Liederhandschrift, Anfang 14. Jh.
Ritterliches Verhalten zeigte sich am ehesten im Turnier: Fairness im Kampf, Schonung des Gegners, Einsatz für die Ehre. Das Turnier war Unterhaltung und sportliches Training für den Kampf. Beim Zweikampf ritten zwei Ritter gegeneinander an und versuchten, den Gegner mit der Lanze aus dem Sattel zu stoßen.

Wer gehört dazu?

Könige, Herzöge, Grafen, Bischöfe und Äbte stammten aus adligen Familien. Höchste Adelspflicht war es, ein gerechter Herr zu sein, die Untertanen zu schützen und für sie zu sorgen. Im Notfall führte der Herr Fehde, um sein Recht mit Waffengewalt zu verteidigen. Genau wie der König war der hochadlige Herr ständig unterwegs, denn seine Besitzungen lagen weit verstreut. Außerdem musste er dem König folgen, wenn dieser zu Hoftagen und Kriegszügen rief.

Ein neuer Adel entsteht

Auch die Ritter gehörten zum Adel. Das Wort bedeutete zunächst „bewaffneter Reiter". Dazu zählten alle, die mit Pferd und Rüstung in den Krieg zogen, vor allem einfache Adlige oder Ministeriale. Letztere waren ursprünglich unfreie Dienstmannen, die für ihre Herren – Könige und Fürsten – kämpften und deren Güter, Burgen und Städte verwalteten oder andere Dienste leisteten. Die Ministerialen leisteten ihren Herren einen Treueid wie fürstliche Vasallen. Mit der Zeit nannten sich die Ministerialen nach den Burgen, die sie verwalteten und auf denen sie lebten, z. B. die Herren „von Katzenelnbogen" oder „von Eltz", und verhielten sich wie Fürsten. Im Laufe der Zeit wurden Ritterlehen erblich, der Ritter konnte den Familienbesitz an seine Söhne vererben. So entstand ein neuer Adel.

Ein Ideal anstreben

Im 12. Jh. erhielt „Ritter" eine zusätzliche Bedeutung, die in den Wörtern „ritterlich", „höflich" und „Kavalier" (franz. chevalier: Ritter) bis heute fortlebt. Ritterlich war ein Mann, der ein christliches Leben führte, sich gut kleidete und benahm, das heißt Vernunft und Mäßigung im Kampf, in der Liebe oder beim Essen und Trinken zeigte. Ein Ritter wurde man erst nach langer Ausbildung und einer feierlichen Ritterweihe. Der Alltag war hingegen oft wenig „ritterlich": Die meisten Ritter mussten Haus bzw. Burg, Hof und Felder bestellen. Kam es zum Krieg, waren diese selten heldenmütig: Die Ritter zündeten die Dörfer und Felder des Gegners an.

Auch Damen leben ritterlich

Ein junges Mädchen aus dem niederen Adel musste sich mit Hauswirtschaft und Spinnrad beschäftigen. An den großen Höfen lernten die Mädchen lesen und erhielten Einblicke in die lateinische oder französische Literatur. Einige Töchter aus vornehmen Häusern wurden im Reiten sowie in der Falkenzucht und -jagd unterrichtet. Manche dieser Frauen waren gebildeter als ihre männlichen Altersgenossen und erreichten als Dichterinnen und Hofdamen hohes Ansehen, wie die französische Schriftstellerin Christine de Pizan[1].

Als Kämpfer nicht mehr zeitgemäß

Im späten Mittelalter bot selbst die stärkste Ritterrüstung gegen die Geschosse der Armbrüste und Handfeuerwaffen keinen Schutz mehr. Im 14. und 15. Jh. verarmten viele einfache Ritter. Ihre Einnahmen aus dem Grundbesitz sanken, während gleichzeitig die Kosten für eine standesgemäße Lebenshaltung stiegen. Manche Ritter versuchten als „Raubritter" und mit Gewalt, diese Entwicklung aufzuhalten.

1. ***Sammelt*** *in der Klasse eure Vorstellungen vom Leben als Ritter, z. B. in einer Mindmap.*
2. *a) Die Redensart „jemandem mit offenem Visier begegnen" stammt aus der Welt der Ritter.* ***Erkläre*** *ihre Bedeutung.*
   b) ***Arbeitet weiter****:* ***Recherchiert*** *gemeinsam weitere Redensarten,* ***verfasst*** *kurze Erklärungen und Skizzen und* ***gestaltet*** *daraus ein Plakat.* (G)
3. ***Erkläre****, wie es dazu kam, dass ein neuer Adel entstand.*

[1] Vgl. S. 171.

M 2 Glanzvolle Feste feiern und die Armen nicht vergessen

Die „Geschichte der Welfen", eine Familienchronik der Herzogsfamilie der Welfen, berichtet um 1190 über Herzog Welf VI.:

Sein ganzes Bestreben war, in großem Prunk zu leben, der Jagd zu frönen, sich Festgelagen und Vergnügungen hinzugeben und in Festlichkeiten und verschiedenen Schenkungen sich großzügig zu erweisen. Einen nicht geringen Teil des Geldes verteilte er an verschiedene Klöster für das Heil seiner Seele. Besonders aber stiftete er der Kirche von Steingaden, die er gegründet hatte. Den Rittern und Genossen seines Hofes gab er zu angemessenen Zeiten glänzende Waffen und kostbare Kleider. Verfolgte und alle, die bei ihm Zuflucht suchten, nahm er überaus gnädig auf; ebenso eifrig kümmerte er sich um Almosen und die Sorge um Arme, Blinde und Aussätzige. Kurzum: So sehr er sich anstrengte, noch mehr auszugeben, umso mehr gefiel es Gott, ihm noch mehr zu geben.

Zit. nach: Schwäbische Chroniken der Stauferzeit 1, hrsg. von E. König, Stuttgart 1938, S. 68-72 (übersetzt, gekürzt und vereinfacht von A. Bühler)

M 3 Ritterliche Pflichten

In dem um 1200 entstandenen Versroman „Tristan" von Gottfried von Straßburg wird der zum Ritter geschlagene Tristan von seinem königlichen Onkel belehrt:

„Sieh, Tristan, mein Neffe", sagte er, „jetzt, da dein Schwert gesegnet ist und du Ritter geworden bist, denke nach über ritterliche Werte und über dich und wer du bist. Deine Abkunft und Würde halte dir vor Augen. Sei bescheiden und aufrichtig, wahrhaftig und wohlerzogen. Sei gütig zu den Elenden und stolz zu den Mächtigen. Pflege und verbessere deine äußere Erscheinung. Ehre und liebe alle Frauen. Sei freigebig und verlässlich, und arbeite immer daran."

Gottfried von Straßburg, Tristan, nach dem Text von Friedrich Ranke neu herausgegeben und übersetzt von Rüdiger Krohn, Stuttgart ^{2}1981, S. 307f.

M 4 Lärm, Enge und Gestank

Der fränkische Reichsritter Ulrich von Hutten beschreibt 1518 einem Freund seinen Alltag auf der Burg Steckelberg bei Fulda:

Die Burg, ob sie auf dem Berg oder in der Ebene liegt, ist nicht als angenehme Wohnung, sondern als Festung gebaut. [...] Innen ist sie eng und durch die Stallungen für Vieh und Pferde zusammengedrängt. Überall stinkt es nach Schießpulver, und dann die Hunde und ihr Dreck [...]. Reiter kommen und gehen, darunter Räuber, Diebe und Wegelagerer. Man hört die Schafe blöken, die Rinder brüllen, die Hunde bellen, die Arbeiter auf den Feldern schreien, die Fuhrwerke und Karren knarren und rattern [...]. Der ganze Tag bringt vom Morgen an Sorge und Plage, ohne Pause Unruhe und Betrieb. Äcker müssen gepflügt und umgegraben werden, Weinberge müssen bestellt, Bäume gepflanzt, Wiesen bewässert werden. [...] Wenn aber ein schlechtes Erntejahr kommt, wie in dieser mageren Gegend meistens, dann haben wir fürchterliche Not und Armut.

Zit. nach: Arno Borst, Lebensformen im Mittelalter, Frankfurt am Main ^{14}1995, S. 174f.

M 5 Burg Eltz
Foto von 2014
Die Höhenburg in der Eifel wurde im 12. Jh. an einem Handelsweg zwischen der Mosel und dem fruchtbaren Mittelrheinbecken erbaut. Sie konnte nie erobert werden.

1. *a) **Nenne** die Aufgaben des Adels. b) **Erkläre**, warum auch prächtige Feste und die Hilfe für die Armen zu den Aufgaben eines Adligen gehörten (M2).*
2. *__Stelle__ Pflichten und Tugenden der Ritter in einer Tabelle __gegenüber__ (M3, VT).*
3. *a) **Zähle** die Aufgaben des Ritters **auf**, die in dem Bericht Ulrichs von Hutten fehlen (M4). b) **Schreibe** einen Antwortbrief an Ulrich. Berücksichtige dabei die Informationen zum Leben des Adels (VT, M2).* (H)
4. *a) **Vergleicht** eure Vorstellungen vom Rittertum (S. 172, Aufgabe 1) mit dem, was ihr in M2, M3 und dem Verfassertext erfahren habt. b) **Überlegt**, woher unsere heutigen Vorstellungen stammen.*

Die Welt der Klöster

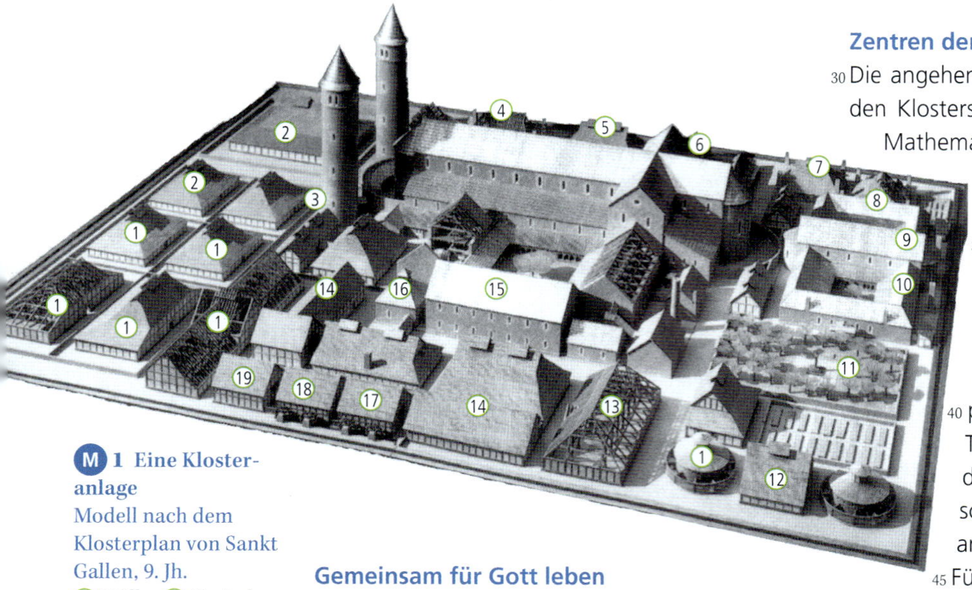

M 1 Eine Klosteranlage
Modell nach dem Klosterplan von Sankt Gallen, 9. Jh.
① Ställe ② Gesinde ③ Gästehaus ④ Brauerei und Bäckerei ⑤ Schule ⑥ Haus des Abtes ⑦ Haus für Aderlässe ⑧ Arzt ⑨ Hospital ⑩ Gebäude für Novizen (angehende Mönche, die ausgebildet und geprüft werden) ⑪ Friedhof ⑫ Wärter ⑬ Speicher für Getreide und Früchte ⑭ Werkstätten ⑮ Speisesaal, Kleiderkammer ⑯ Küche ⑰ Mühle ⑱ Stampfe ⑲ Raum zum Trocknen (von Lebensmitteln)

Gemeinsam für Gott leben

Schon im frühen Mittelalter gab es fromme Männer und Frauen, die ihr Leben ganz Gott widmen wollten. Sie gingen „aus der Welt" und lebten als Nonnen und Mönche im **Kloster** (lat. claustrum: abgeschlossener Bereich) unter der Leitung eines Abtes (lat. abbas: Vater) oder einer Äbtissin. Ihnen mussten sie gehorchen. Dabei verzichteten sie auf jeden persönlichen Besitz und blieben unverheiratet.
Schon sehr früh, teils schon mit sieben Jahren, traten Jungen und Mädchen ins Kloster ein. Weil in der Regel nur der älteste Sohn erbte, war die Versorgung im Kloster oft die einzige Alternative.

Feste Regeln

Anfangs hatte jedes Kloster eine eigene Ordnung. Seit dem 9. Jh. übernahmen die Klöster die Regel des heiligen **Benedikt von Nursia**, der um 530 in Italien einen Orden (lat. ordo: Ordnung) gegründet hatte. Später entstanden weitere Orden, die sich am Vorbild der Benediktinerregel orientierten.
„Bete und arbeite!" lautet der wichtigste Grundsatz. Mönche und Nonnen waren also nicht rund um die Uhr mit Gebet und Gottesdienst beschäftigt, sondern bewirtschafteten den klösterlichen Grundbesitz, arbeiteten auf den Feldern, in den Weinbergen oder Werkstätten für ihren Lebensunterhalt. In vielen Klöstern wurden auch Kranke gepflegt oder Schulen eingerichtet.

Zentren der Bildung und Wissenschaft

Die angehenden Nonnen und Mönche lernten in den Klosterschulen Schreiben und Lesen, Latein, Mathematik, Astronomie und Musik. Gesammeltes medizinisches Wissen über Kräuter und Heilmethoden setzten die Nonnen und Mönche als Ärzte und Apotheker innerhalb und außerhalb der Klostermauern ein.
In den Schreibstuben (Skriptorien) fertigten Schreiber und Buchmaler prächtige Handschriften: die Bibel und Texte für den Gottesdienst, aber auch die Bücher der griechischen und römischen Gelehrten. Nur so konnten die antiken Texte für uns bewahrt werden. Für die meisten Menschen, die nicht lesen konnten, vermittelten Gemälde, bunte Fenster und Figuren die Lehre der Bibel und die Geschichten der Heiligen.

Reich für die Armen

Für den Dienst an den Armen – Fürsorge oder Krankenpflege – schenkten reiche Herren, Adlige und Könige den Klöstern Land, Geld oder kostbare Gaben. Dies geschah jedoch nicht immer aus Mitleid, sondern die Adligen hatte Sorge um ihr „Seelenheil": Sie glaubten, nach dem Tod als Belohnung für gute Taten in den Himmel zu kommen. Sie beauftragten so die Mönche, für sie in besonderer Weise zu beten und an ihrer Stelle gute Werke zu tun. Es gab Klöster, die sehr arm waren oder alles an die Armen gaben. Daneben existierten aber auch sehr reiche Klöster, die aus der Sorge um das Seelenheil der Adligen Nutzen zogen.

Internettipp:
Eine Dokumentation und Internettipps über Klöster findest du unter 31101-50.

1. *a)* ***Erstellt*** *in der Klasse gemeinsam ein Schaubild zum Thema: „Was leisteten Klöster im Mittelalter?" b)* ***Überlegt****, wer heute bei uns diese Aufgaben übernimmt.* (G)
2. *a)* ***Beschreibe*** *den Aufbau einer Klosteranlage. b)* ***Erkläre****, welchen Zwecken die Gebäude dienten (M1).*

M 2 Vorschriften

Auszüge aus der von Benedikt von Nursia nach 529 verfassten Klosterregel:

Arme erquicken, Nackte bekleiden, Kranke besuchen, Tote begraben, in der Trübsal zu Hilfe eilen, Trauernde trösten. Mit dem Treiben der Welt brechen [...]. Böses nicht mit Bösem vergelten. Kein Unrecht tun, das zugefügte Unrecht aber mit Geduld ertragen. Die Feinde lieben [...]. Nicht stolz sein, nicht der Trunksucht ergeben sein, nicht ein Vielfresser sein, nicht schlafsüchtig sein, nicht träge sein [...]. Vor dem Tage des Gerichtes in Furcht sein. Vor der Hölle zittern. [...] Seinen Mund vor böser und verderblicher Rede bewahren. Vieles Reden nicht lieben [...]. Den Eigenwillen hassen. Den Befehlen des Abtes in allem gehorchen [...]. Gehorsam ohne Zögern ist der vorzüglichste Grad der Demut.

Müßiggang ist ein Feind der Seele. Deshalb müssen sich die Brüder zu bestimmten Zeiten der Handarbeit und zu bestimmten Zeiten wiederum der Lesung göttlicher Dinge widmen.

Zit. nach: Hans Urs von Balthasar, Die großen Ordensregeln, Einsiedeln [7]1994, S. 197ff.

M 3 Kritik aus den eigenen Reihen

Der Mönch Lampert von Hersfeld (siehe auch S. 165) schreibt im 11. Jh.:

Einige Mönche hatten keinen Eifer für göttliche Dinge und lebten nur für Geld und Erwerb. Um Abteien und Bistümer zu erhalten, lagen sie in unverschämtester Weise den Fürsten in den Ohren, und zu kirchlichen Ehrenstellen suchten sie nicht wie unsere Väter auf dem Wege der Tugenden, sondern auf dem abschüssigen Pfad der Schmeichelei [...] zu gelangen. Für ein armseliges Ämtlein versprachen sie täglich ganze Goldberge [...]. Die Welt wunderte sich über die Quellen solcher Geldströme und konnte es nicht fassen, wie sich die Schätze [...] bei einfachen Leuten anhäufen konnten, die [...] der Menschheit vorlogen, dass sie außer einer bescheidenen Verpflegung und Kleidung nichts besäßen.

Zit. nach: Johannes Bühler, Klosterleben im Mittelalter, Frankfurt a. M. 1989, S. 179f.

M 4 Lorscher Evangeliar, um 810
Das prachtvolle Evangelienbuch wurde in der Bibliothek des Benediktinerklosters Lorsch aufbewahrt, im Mittelalter ein Zentrum von Macht, Kunst und Bildung. Wahrscheinlich war es ein Geschenk Karls des Großen für das Kloster.

M 5 Vorarbeiten für eine Handschrift
Initiale (Anfangsbuchstabe) aus einer Bibel, um 1255
Ein Mönch markiert hier die Aufteilung einer Seite mit Lineal und Messer. Geschrieben und gemalt wurde auf Pergament: enthaarte und geglättete Tierhäute. Für eine Bibel wurden beispielsweise die Häute von etwa 200 Schafen benötigt. Das war ein Vermögen.

1. ***Erläutere*** *den Leitsatz der Benediktiner „Bete und arbeite" (lat. ora et labora) mithilfe von M2.*
2. ***Arbeite*** *die Kritik von Lampert von Hersfeld* ***heraus*** *(M3).*
3. ***Begründe****, warum Könige und Fürsten einem Kloster auch wertvolle Bücher schenkten (M4, M5).*
4. ***Arbeite weiter****:* ***Informiere dich*** *über das Klosterleben heute und* ***vergleiche*** *mit dem Mittelalter.* Ⓗ Ⓖ

Leben und Arbeiten auf dem Land

M 1 **Monatsbild Januar**
Flämische Buchmalerei, um 1530

M 2 **Monatsbild März**
Flämische Buchmalerei, 1473

„Nichts ohne Mühsal"

In Mitteleuropa lebten im frühen Mittelalter nur wenige Menschen. Es gab riesige Laubwälder, ausgedehnte Sümpfe und Moore. In dieser Wildnis lagen einzelne Bauernhöfe, Gutshöfe, Klöster, Dörfer und wenige Städte.

Die Qualität des Bodens, der Wechsel der Jahreszeiten, das Klima und das Wetter bestimmten das Leben der Menschen auf dem Land. Die Arbeit war hart.

Mit dem Hakenpflug, von Ochsen gezogen, wurde die Erde oberflächlich aufgerissen. In jedem Jahr wurde die eine Hälfte des Ackerbodens gepflügt und eingesät; die andere Hälfte blieb unbearbeitet (brach) liegen, damit sich der Boden erholen konnte. Trotz aller Mühe war die Ernte nicht ergiebig: Vorräte gab es keine. Jede Missernte in zu trockenen oder zu nassen Sommern bedeutete Hunger. Dürre, Getreidefäule und Viehseuchen bedrohten nicht nur die einfachen Bauern. Ein schlechtes Erntejahr spürten alle, die Bauern und ihre Herren.

Mehr Äcker – mehr Menschen

Neun von zehn Menschen lebten von der Landwirtschaft. Macht und Einfluss hatten die, die mehr Land besaßen als die anderen: die adligen Grundherren.

Diese versuchten ständig, fruchtbares Ackerland neu zu gewinnen. Seit dem 10. Jh. ließen sie Wälder roden, Sümpfe trockenlegen und Marschen, d. h. fruchtbares Schwemmland, an der Küste eindeichen. In ihrem Auftrag wurden neue Dörfer planmäßig angelegt.

Um genügend Menschen für diesen Landesausbau zu gewinnen, versprachen die Grundherren den abhängigen Bauern (Hörigen) niedrigere Abgaben und weniger Frondienste als üblich und genehmigten mehr Ehen. Als Folgen des Landesausbaus wurden mehr Familien gegründet; die Bevölkerung nahm seit dem 11. Jh. stark zu.

M 3 Bockwindmühle
Flämische Buchmalerei, Mitte des 14. Jh.
Der Mühlenbau geht auf römische und arabische Vorbilder zurück. In Mitteleuropa nutzt man die Windkraft seit dem 12. Jh. Zur Funktion: Der kastenförmige Aufbau saß auf einem dicken Eichenstamm (Bock) und konnte in den Wind gedreht werden.

Bessere Anbaumethoden …

Eine weitere Ursache für das Bevölkerungswachstum war eine Klimaerwärmung. Sie ließ die Ernteerträge steigen, sodass mehr Menschen ernährt werden konnten. Außerdem hatten die Bauern gelernt, den Boden besser zu bearbeiten. Der Feldanbau wurde auf die **Dreifelderwirtschaft** umgestellt: Das Sommergetreide wurde im Frühjahr gesät und im Spätsommer geerntet, das Wintergetreide wurde im Herbst gesät und war im nächsten Frühsommer reif. Es gab jetzt also zwei Ernten im Jahr und dadurch deutlich höhere Erträge. Außerdem wurde der Boden mit Mist, Laub oder Mergel (ein kalkhaltiges Gestein) gedüngt.

… und bessere Geräte

Dazu kamen technische Neuerungen:

- Den hölzernen Hakenpflug ersetzte jetzt der Räderpflug mit eiserner Pflugschar und Streichbrett. Der Boden wurde nicht mehr nur aufgerissen, sondern gewendet. Die Saat konnte besser wachsen.
- Dank des Kummets, ein gepolsterter Kragen, konnten anstelle von Kühen und Ochsen nun Pferde vor Pflug und Wagen gespannt werden. Das Kummet verteilte die Zuglast besser; sie wurde dadurch auf mehr als das Drei- bis Vierfache erhöht.
- Hufeisen schützten die Pferde vor Verletzungen und machten sie trittsicherer.
- Eggen, Sensen und Dreschflegel kamen ab dem 12. Jh. zum Einsatz.
- Es wurden immer mehr Wind- und Wassermühlen gebaut.

Die Ernteerträge konnten dadurch um das Doppelte, teilweise sogar das Dreifache gesteigert werden.

Wandel mit Folgen

Der Alltag der Landbevölkerung blieb mühsam und arbeitsreich. Dennoch wandelte sich ihr Leben:

- Bei gutem Wetter konnten sie mehr erwirtschaften, als sie verbrauchten und an den Grundherrn abliefern mussten. Die Überschüsse verkauften sie auf Märkten. So konnte auch die wachsende Bevölkerung in den Städten ernährt werden.
- Mit den Einnahmen gewöhnte sich die ländliche Bevölkerung an Münzgeld. Von den Erträgen kauften sie bei Handwerkern Geräte, Kleidung und Haushaltswaren.
- In größeren Dörfern ließen sich Handwerker nieder. Damit begann auch auf dem Land die Arbeitsteilung Einzug zu halten.

M 4 Steprather Mühle aus dem 15. Jh.
Foto von 2009
Turmwindmühlen wie diese am Niederrhein verbreiteten sich ab dem 13. Jh. in Europa. Die Turmkappen waren meist von innen drehbar und konnten leichter zum Wind ausgerichtet werden.

1. *a)* ***Beschreibe*** *die dargestellten Tätigkeiten (M1, M2). b)* ***Erkläre****, welche Hilfsmittel und Werkzeuge verwendet werden (VT, M1, M2).*
2. *a)* ***Vergleiche*** *die beiden Mühlenarten M3 und M4.*
   b) ***Begründe****, wo man welchen Mühlentyp errichtet hat.*
3. ***Erläutere****, welche Bedeutung die Veränderungen in der Landwirtschaft für die Menschen hatte.*
4. ***Untersuche*** *das Verhältnis von Mensch und Natur auf dem Land (M1, M2, VT).* (H)
5. *a)* ***Informiert euch****, wie viele Menschen heute in der Landwirtschaft arbeiten. b)* ***Beurteilt*** *die Rolle der Landwirtschaft und ihrer Produkte für unser heutiges Leben.* (G)

M 5 Blick in ein Bauernhaus

Die Rekonstruktionszeichnung zeigt, wie ein Bauernhaus um 1300 von innen ausgesehen haben kann. Die Familie sitzt um die Feuerstelle und isst Getreidebrei. Innen waren die Häuser sehr dunkel; sie hatten nur wenige Fenster (ohne Glas) und keinen Rauchabzug über der offenen Feuerstelle. Der Boden der Bauernhäuser bestand aus gestampftem Lehm, die Wände aus Holz und lehmverputztem Flechtwerk. Solche Wände teilten auch die Unterstände für die Tiere ab. Mensch und Tier unter einem Dach boten einander Schutz und Wärme.

M 6 Bevölkerungsentwicklung in Europa

Die Zahlen beruhen auf Schätzungen.

im Jahre 300:	16,8 Mio.
im Jahre 600:	11,9 Mio.
im Jahre 1000:	23,7 Mio.
im Jahre 1340:	53,9 Mio.

Josiah C. Russel, Artikel „Bevölkerung", in: Lexikon des Mittelalters, Bd. 2, München/Zürich 1983, Sp. 14

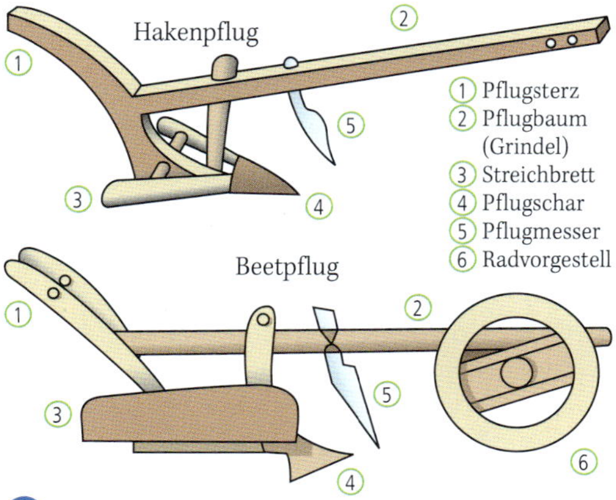

M 8 Fortschritte in der Pflugtechnik

Im 11. Jh. löste der Beetpflug (Räderpflug) den Hakenpflug ab. Die entscheidende Neuerung ist die geschwungene Pflugschar aus Eisen.

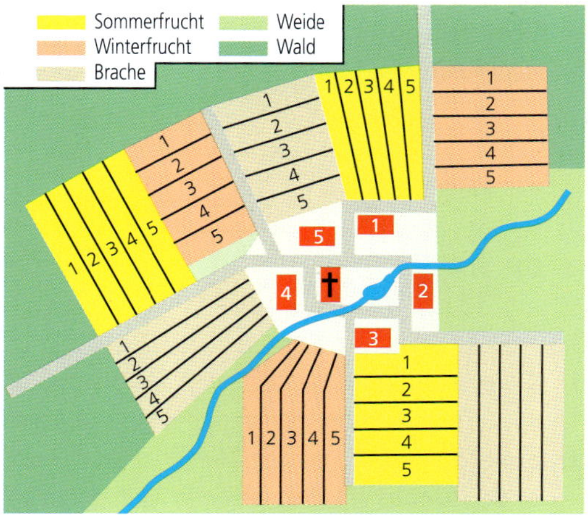

M 7 Die Dreifelderwirtschaft

Das Feld war in Feldstücke für Sommergetreide, Wintergetreide und Brache eingeteilt. Darin besaß jeder Bauer einen oder mehrere Flurstreifen. Sie grenzten unmittelbar aneinander und konnten nur in Zusammenarbeit mit dem Nachbarn bebaut werden. So ergab sich der Flurzwang: Alle Bauern eines Feldstücks mussten die gleiche Frucht anbauen.

1. ***Beschreibe**, wie die Menschen in dem Bauernhaus leben (M5).*
2. ***Erarbeitet** zu zweit ein Rollenspiel zu Bauer Kunigge und seiner Familie: a) Ein Nachbar **schildert** die Vorteile der Dreifelderwirtschaft und plant die Bewirtschaftung der Felder des Bauern Kunigge (M7).*
   *b) Knecht Bertram testet den neuen Pflug. Bauer Kunigge **erklärt** die veränderte Arbeitsweise (VT, M8).*
3. ***Stelle** die Lebensverhältnisse auf dem Lande in einer Mindmap **dar** (VT, M1, M2, M5).* (H)
4. ***Beurteile** die Veränderung des bäuerlichen Lebens zwischen dem 8. und dem 13. Jahrhundert (M5-M8).*

Internettipp:
Einen Film über das bäuerliche Leben im Mittelalter findest du unter 31101-51.

Freiheit im Schutz der Stadtmauern

M 1 Das „goldene Mainz“
Kolorierter Kupferstich von Franz Behem, 1565
Mainz hatte am Ende des Spätmittelalters etwa 10 000 Einwohnerinnen und Einwohner. Zum Vergleich: In Köln, der damals größten deutschen Stadt, lebten zu der Zeit etwa 40 000 Menschen, in Venedig und Florenz bereits jeweils etwa 150 000.

Alte und neue Städte

Während der Völkerwanderungszeit waren hunderte alter römischer Städte verfallen und verlassen worden. Als Folge des Bevölkerungswachstums seit dem 11. Jh. entstanden in den deutschen Gebieten neue **Städte**, zunächst

- in ehemaligen römischen Siedlungen wie Köln, Mainz, Trier, Augsburg und Regensburg, die Bischofssitze waren oder wurden;
- in Marktorten oder an Messeplätzen, die an alten römischen Heer- und Handelsstraßen lagen;
- in Kaufmannssiedlungen an Fernstraßen, Flüssen und Küsten wie zum Beispiel in Haithabu bei Schleswig.
- Die meisten Städte gingen aber aus befestigten Plätzen, Pfalzen und Burgen, Kirchen und Klöstern hervor.

Zu Beginn des 12. Jh. gab es im Deutschen Reich etwa 50, Ende des 15. Jh. über 3 000 Städte. Rund 90 Prozent davon hatten aber weniger als 2 000 Einwohnerinnen und Einwohner.

Vom Markt zur Stadt

Könige, Fürsten, Grafen und Bischöfe förderten die Entwicklung von Städten in ihrem Herrschaftsgebiet. Als Stadtherren richteten sie Märkte ein, schützten die Kaufleute bei der An- und Abreise, ließen Maße und Gewichte überprüfen sowie Münzen prägen. Dafür erhoben sie Zölle, Marktgebühren und andere Abgaben. Um die Städte zu stärken, gewährten sie den Kaufleuten Sonderrechte (Privilegien) und befreiten sie von Diensten und teilweise auch von Abgaben.

„Stadtluft macht frei!“

Die Redensart stammt zwar nicht aus dem Mittelalter, aber sie nennt ein wichtiges Merkmal der mittelalterlichen Stadt: Wer in der Stadt lebte, war frei von den Pflichten der Grundherrschaft. Und wenn ein Unfreier ein Jahr lang in der Stadt gelebt hatte, ohne dass sein Herr ihn zurückholte, dann war er ein freier Mann.
Stadt und Land entwickelten sich zu zwei unterschiedlichen Rechtsbereichen. Sichtbare Trennungslinien waren die Stadtmauern. Wer in ihrem Schutz wohnte, nannte sich stolz **Bürger**.

Internettipp:
Mehr zum Leben in den mittelalterlichen Städten erfährst du unter Mediencode 31101-52.

M 2 Ansicht einer Stadt des 13. Jh.
Rekonstruktionszeichnung, um 1985
In der Stadt waren die Gassen eng, düster und voller Unrat. Erst im 13. Jh. begann man mit dem Bau von Wasserrinnen, später wurden einzelne Straßen mit Steinen gepflastert.

Wer hat in der Stadt das Sagen?

Die Städte wurden zunächst von Vertretern der Stadtherren verwaltet. Sie erhoben die Zölle, prägten Münzen, überwachten die Märkte, Maße und Gewichte. Auch sorgten sie dafür, dass die Stadt im Kriegsfall genug Soldaten stellte.

Dies führte zu Konflikten mit den reichen und selbstbewussten Kaufmannsfamilien, den Patriziern. Das waren wenige Familien, die sich als älteste und vornehmste Familien der Stadt ansahen und eine Art Adel in der Stadt bildeten. Diese Patrizier forderten nun mehr Freiheiten und Rechte. So setzten sie zum Beispiel im Laufe des 12. und 13. Jh. durch, dass sie selbst Recht sprechen und die Geschicke der Stadt lenken durften. Oft kauften sie den Stadtherren gemeinsam diese Privilegien ab.

Kämpfe hinter Stadtmauern

Manchmal erkämpften sich die Patrizier die Selbstverwaltung aber auch mit Gewalt. Wo dies gelang, wurden aus ehemaligen Königsstädten **Reichsstädte** und aus Bischofsstädten sogenannte „Freie Städte", wie etwa Köln, Frankfurt am Main, Mainz und Speyer. Sobald die Patrizier ihre Städte selbst verwalten durften, legen sie in einer Ratsverfassung die Regeln für das Zusammenleben fest.

Doch damit trat in vielen Städten noch keine Ruhe ein: Die Handwerker forderten, ebenfalls mitreden und -entscheiden zu dürfen. Da die Patrizier das Stadtregiment nicht teilen wollten, kam es vielerorts zu Handwerkeraufständen. Sie waren aber nicht überall erfolgreich. Überhaupt ging es bei diesen Aufständen nie um gleiche Rechte für alle, sondern um mehr Rechte für die eigene Gruppe.

Frei, aber nicht gleich

Die Einwohner einer mittelalterlichen Stadt waren zwar alle frei, aber nicht gleich. Nur wer ein eigenes Haus in der Stadt oder ein bestimmtes Vermögen besaß, war Bürger der Stadt. Und nur wer aus einer Patrizierfamilie oder einer besonders vermögenden und angesehenen Kaufmanns- und Handwerkerfamilie stammte, konnte in der Stadt mitbestimmen. Wer nichts hatte, wie Lehrlinge, Gesellen, Tagelöhner, Gehilfen und Dienstboten – und das war meist mehr als die Hälfte der Einwohner –, genoss zwar den Schutz der Stadt, war aber kein Bürger und hatte nichts zu sagen.

Randgruppen und Aufsteiger

Noch schlechter ging es den untersten Gruppen: Bettlern, Gauklern, Schaustellern, Hausierern, Dirnen, Henkern, Totengräbern und Juden. Sie konnten jederzeit aus der Stadt gewiesen werden.

Auch in der Stadt gab es also eine strenge Hierarchie. Es gab aber einen wichtigen Unterschied zur Ständegesellschaft außerhalb der Stadt: Wer wirtschaftlich erfolgreich war und Besitz erwarb, konnte hier leichter aufsteigen.

1. ***Erkläre** die in vielen Städten entstehenden Handwerkeraufstände (VT).*
2. ***Stelle** in einer Tabelle Stadt und Land **gegenüber** (VT und VT S. 176 f.).* (H)

M3 Konrad gründet einen Markt

Herzog Konrad von Zähringen gewährt Kaufleuten 1120 ohne Absprache mit dem König folgende Rechte:

Aller Nachwelt und Mitwelt sei kundgemacht, dass ich, Konrad, an dem Platz, der mir als Eigengut gehört, nämlich Freiburg, einen Marktort gegründet habe, im Jahr des Herrn 1120. [...] Daher habe ich jedem Kaufmann für den Hausbau ein Grundstück zugeteilt und angeordnet, dass mir und meinen Nachkommen von jedem Grundstück ein Schilling gängiger Währung als Zins jährlich am Fest des heiligen Martin zu zahlen ist. [...]

Ich verspreche also allen, die meinen Marktort aufsuchen, im Bereich meiner Macht und Herrschaft Frieden und sichere Reise. Wenn einer von ihnen in diesem Raum ausgeplündert wird und mir den Räuber namhaft macht, werde ich das Entwendete zurückgeben lassen oder den Schaden selbst bezahlen. [...]

Alle, die Besitz am Marktort haben, sollen ohne Verbot Wiesen, Flüsse, Weiden und Wälder nutzen dürfen. – Allen Geschäftsleuten erlasse ich den Marktzoll. – Ich werde meinen Bürgern niemals ohne Wahl einen anderen Vertreter des Stadtherrn und einen anderen Priester vorsetzen, sondern wen immer sie dazu wählen, werden sie von mir bestätigt bekommen. [...]

[...] Jede Frau soll dem Mann in der Erbfolge gleichgestellt sein und umgekehrt. – Auch darf jeder, der an diesen Ort kommt, hier frei wohnen, wenn er nicht jemandes Knecht ist und den Namen seines Herrn zugibt. Dann kann der Herr den Knecht in der Stadt belassen oder nach Wunsch wegführen. Wenn aber der Knecht den Herrn verleugnet, soll der Herr mit sieben Nächstverwandten vor dem Herzog beschwören, dass es sein Knecht ist; dann kann er ihn haben. Wenn einer aber über Jahr und Tag ohne solche Hemmung geblieben ist, soll er sich fortan sicherer Freiheit erfreuen.

Zit. nach: Arno Borst, Lebensformen im Mittelalter, Frankfurt a. M./Berlin/Wien 1979, S. 396 f. (vereinfacht)

M4 Der Kölner Verbundbrief

Der Rat und die Bürger von Köln legen 1396 ihre erste eigene Verfassung fest:

Wir [d. h. die Zünfte und alle Bürger] haben geschworen und bestimmen mit dieser Urkunde, dass wir den Rat der Stadt Köln unterstützen und ihm treu sind in allen Dingen. Ausgenommen sind die Dinge, die er auf keinen Fall erlauben oder ausführen darf, wenn nicht die ganze Gemeinde zugestimmt hat: Er darf keinen Kriegszug unternehmen, keine Bündnisse oder Verträge mit irgendwelchen Herren oder Städten schließen und im Jahr nicht mehr als 1 000 Gulden auf einmal ausgeben.

Nach einem halben Jahr soll jeweils die Hälfte des Rates ersetzt werden. Das heißt, dass zur nächsten Kirchweihe eine Hälfte des Rates ausscheidet und eine andere Hälfte dafür nachrückt. So sitzt jeder, der in den Rat gewählt wird, ein ganzes Jahr im Rat.

Zit. nach: Joachim Deeters und Johannes Helmrath (Hrsg.), Quellen zur Geschichte der Stadt Köln 2, Köln 1996, S. 16-24

Hörtipp:
Unter dem Mediencode 31101-53 kannst du dir den Text der Gründungsurkunde anhören.

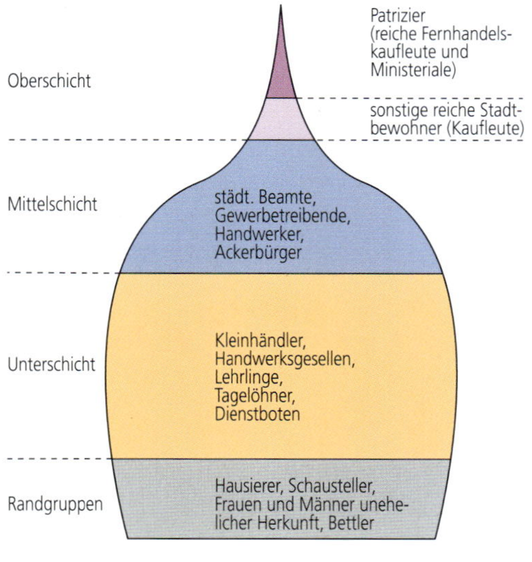

M5 Stadtbewohner

Das Schaubild informiert darüber, welche Anteile die jeweiligen Gruppen/Schichten an der Bevölkerung insgesamt hatten. Aber es ist nicht ganz genau. So fehlen in dieser Grafik Juden, Geistliche und Mitglieder der Orden. In einigen Städten war aber im 15. Jh. etwa jeder zehnte Bewohner Geistlicher.

1. *a)* ***Nenne*** *die Vorteile, die Konrad von Zähringen den Kaufleuten bot (M3). b)* ***Erkläre*** *dieses Vorgehen Konrads.*
2. *a)* ***Begründe*** *die Beschränkungen in der „Verfassung" für den Kölner Rat (M4). b)* ***Diskutiert*** *die Regel, dass nach einem halben Jahr die Hälfte der Kölner Ratsherren ausgetauscht werden musste.*
3. *a)* ***Arbeite*** *aus M5 Informationen zur städtischen Bevölkerung* ***heraus****. Hinweis: Schaue dir noch einmal S. 63 an. b)* ***Überprüfe*** *am Beispiel M5 Möglichkeiten und Probleme solcher Schaubilder.*

Gemeinsam sind wir stark!

M 1 **Hamburger Hafen mit Kran**
Miniatur aus dem Hamburger Stadtrecht, um 1500
Boote und kleine Schiffe bringen Fracht zu den draußen vor Anker liegenden Seeschiffen. Rechts stehen Reeder, Seeleute und Kaufleute. Im Haus tagt wahrscheinlich ein Gericht, vor dem ein Streit verhandelt wird.

Markt, Handwerk, Handel

Neben der Freiheit von Grundherrschaft hatte die Stadt zwei weitere Hauptkennzeichen, die sie vom Land unterschieden: Ihre Einwohnerinnen und Einwohner lebten in der Regel nicht von der Landwirtschaft, sondern waren Handwerker und Händler. Und in jeder Stadt gab es einen Markt. Auf ihm boten die Bauern aus der Umgebung regelmäßig Nahrungsmittel zum Kauf an. Händler brachten Güter und Rohstoffe aus anderen Regionen oder sogar fremden Ländern hierher. Mit Handwerksprodukten und noch mehr durch den Handel mit Luxusgütern aus fremden Ländern konnten große Vermögen erwirtschaftet werden. Auf den Märkten erfuhr man auch Neues aus Nah und Fern.

Interessen der Handwerker und Kaufleute

Die städtischen Kaufleute schlossen sich in Gilden, die Handwerker in **Zünften** zusammen. So konnten sie ihre Interessen gegenüber der Konkurrenz fremder Städte, aber auch gegenüber dem Rat der eigenen Stadt besser vertreten.

Die Gilden und Zünfte versorgten die Stadtbewohnerinnen und Stadtbewohner mit Nahrung und Waren, sie sorgten aber auch für ihre Verteidigung und stellten die Feuerwehr. Wie die Gilden achteten die Zünfte auf die Preise für die Waren und kontrollierten deren Qualität. Wer schlecht arbeitete, dem wurde „das Handwerk gelegt": Er musste seinen Betrieb schließen. Nur wer eine vier- bis zwölfjährige Ausbildung hinter sich brachte, konnte Geselle werden und später vielleicht Meister. Nur Zunftmitglieder durften Handwerksmeister sein. Durch diesen Zunftzwang begrenzten die Zünfte die Anzahl der Betriebe in der Stadt. So konnten alle Handwerker von ihrer Arbeit leben. Ebenso konnte man verhindern, dass ortsfremde Handwerker in der Stadt den einheimischen Betrieben Konkurrenz machten. Auf der anderen Seite nahm er aber auch vielen ausgebildeten Handwerkern die Möglichkeit, sich selbstständig zu machen und so in die Bürgerschaft aufzusteigen.

Koggen und Kontore – die Hanse

Da weder der Kaiser noch die Fürsten den Fernhändlern sichere Straßen und Meere garantieren konnten, halfen die Kaufleute sich selbst, beispielsweise gegen Seeräuber. Sie schlossen sich zu Handelsgesellschaften zusammen und versprachen sich gegenseitig Schutz und Hilfe.

Der bedeutendste Zusammenschluss von Fernkaufleuten war die **Hanse**. Aus dem Bund der Kaufleute wurde ein Bund ihrer etwa 200 Heimatstädte. Mit ihren typischen Schiffen, den Koggen, segelten Kaufleute bis nach Bergen, Stockholm, Riga und Nowgorod. Aus kleinen Kaufmannssiedlungen entwickelten sich bedeutende Handels- und Hafenstädte. Vor allem im Nord- und Ostseeraum richtete die Hanse Kräne und Speicher sowie Niederlassungen, sogenannte Kontore, ein.

Die Vertreter der Hansestädte versammelten sich zum Hansetag. Hier entschieden sie über Zölle, Handelsfreiheiten und Durchfahrtsrechte. Sie legten fest, welche Städte in die Hanse aufgenommen oder aus dem Bund ausgeschlossen wurden. Die Macht der Hanse machte die Meere sicherer und schaltete Konkurrenten aus. Die Hanse führte sogar Kriege, um ihre Handelsinteressen durchzusetzen, wie 1370 gegen Dänemark.

Hamburg, Bremen, Lübeck und weitere Städte nennen sich noch heute stolz „Hansestadt". Sie erinnern damit an die Zeit, als sie in der Hanse eine bedeutende Rolle spielten.

1. *Gib den Zweck und die Aufgaben von a) Zünften und b) der Hanse **wieder** (VT).*
2. ***Arbeite weiter**: Noch heute kannst du in alten Städten Hinweise auf die Bedeutung der Handwerkszünfte finden. Erkunde solche Spuren in deiner Region. Natürlich kannst du auch im Internet recherchieren. Stelle deine Ergebnisse deiner Klasse vor.* (H)

Internettipp:
Zur Hanse vgl. Mediencode 31101-54.

M 2 Handelsraum der Hanse im späten Mittelalter

M 3 Die Zünfte haben feste Regeln

Im Jahr 1412 legen die Beutel- und Gürtelmacher in Danzig die Regeln für ihre Zunft fest:

Begehrt ein Beutler oder Gürtler, unser Genosse zu werden, so soll er das Bürgerrecht und die Aufnahme in unsere Zunft erwerben. Er soll uns gute Briefe aus seinem Geburtsort bringen, dass er ehelich geboren sei, so wie es die heilige Kirche fordert. […] Auch soll er Briefe bringen von seinem Handwerk, von dem Meister, bei dem er seine Lehrjahre gedient hat und wo er zuletzt gearbeitet hat. Ein jeder Bruder, der das Handwerk der Beutler gewinnen will, der soll in der Werkstatt des Zunftmeisters ein Paar Lederhosen und ein Paar gefütterter und mit Seide verzierter Handschuhe machen. Dieses Werk soll er dem Zunftmeister vorlegen, und vollbringt er es nicht, so soll er weiterwandern und lernen bis zum nächsten Jahr. Macht ein Bruder eine falsche Arbeit, so sollen sie ihm die Zunftmeister fortnehmen und sie auf dem Rathaus abliefern, die Arbeit soll vernichtet werden, und derjenige, der sie gemacht hat, dem Rat so viel Strafe zahlen wie die Arbeit wert war.

Zit. nach: Dieter Starke (Hrsg.), Herrschaft und Genossenschaft im Mittelalter, Stuttgart ²1971, S. 100f.

Hörtipp:
Die Zunftordnung der Gürtel- und Beutelmacher kannst du dir unter Mediencode 31101-55 anhören.

1. ***Beschreibe*** *die Karte M2. Bestimme dabei den Wirtschaftsraum, die Handels- und Warenwege der Hanse.*
2. ***Erstelle*** *ein Werbeplakat für die Beutel- und Gürtelmacher, auf dem die Qualität ihrer Arbeit beworben wird (M3).*
3. ***Begründe****, inwiefern man die Zünfte und die Hanse als Motoren für Produktion, Handel und Konsum bezeichnen kann.*
4. ***Stelle*** *zusammenfassend in einem Text* ***dar****, wodurch sich das Arbeiten und Wirtschaften in der mittelalterlichen Stadt vom Leben auf dem Land unterschied.* (H)

Ausbreitung der Städte durch ein starkes Bevölkerungswachstum
Im Heiligen Römischen Reich gibt es ca. 50 Städte
Gründung des 1. Städtebundes im Rheinland
Der Städtebund der Hanse ist auf dem Höhepunkt seiner Macht
Bürgerkämpfe um Macht und Verfassung
Immer mehr Städte werden gegründet
Im Heiligen Römischen Reich gibt es ca. 3 000 Städte
900 1000 1100 1200 1300 1400 1500 1600

Handel als Wegbereiter von politischen und kulturellen Kontakten?

M 1 Sonderbares China: Geld aus Papier!
Illustration aus einer französischen Handschrift von Marco Polos Reisebericht, um 1400
Europäische Reisende tauschen ihr Münzgeld in chinesisches Papiergeld um. Unter einem Baldachin thront der mongolische „Kaiser“; er ist (abgesehen von der Krone) wie ein europäischer Herrscher dargestellt.

Austausch und Kulturkontakte

Tourismus wie heute gab es im Mittelalter nicht. Aber es gab Händler, vor allem Fernhändler, die auf dem Landweg oder auf dem Meer weite Strecken zurücklegten. Es gab Pilger, die zu heiligen Orten reisten. Viele Christen pilgerten nach Jerusalem, Rom, Santiago de Compostela und Köln; Muslime vor allem nach Mekka[1]. Außerdem zogen Menschen in andere Länder, um Kriege zu führen. Bei all diesen Reisen kamen sie mit fremden Lebensweisen, Sprachen und auch Religionen in Kontakt.

Händler in fernen Ländern

Schon vor dem 11. Jh. waren Händler aus Venedig, Genua und anderen italienischen Seestädten in das östliche Mittelmeer gefahren, um Gewürze, Weihrauch, Elfenbein oder Baumwolle zu kaufen und Rohstoffe wie Felle, Holz, Getreide, Pferde und Waffen zu verkaufen.

Einige reisten sogar bis ins ferne Asien. Der Bekannteste von ihnen war Marco Polo. Gemeinsam mit seinem Vater und seinem Onkel, Kaufleuten aus Venedig, brach der 17-jährige Marco 1271 oder 1275 zum Großkhan der Mongolen nach Khanbaliq (Peking/Beijing) auf.[2] Dort lebte er als Berater am Hof des Großkhans und kehrte erst nach zwanzig Jahren nach Venedig zurück. Sein Reisebericht klingt noch heute abenteuerlich.

Von den Arabern lernen

Mit den Kreuzzügen[3] nahm die Zahl der Christen zu, die die Lebensweise der Muslime kennenlernten und Nahrungsmittel und Rezepte übernahmen. Auch in der Metall-, Textil-, Keramik- und Lederverarbeitung, der Papierherstellung sowie bei der Errichtung von Krankenhäusern (Hospitälern) machte sich arabischer Einfluss bemerkbar. Im Gegenzug übernahmen Muslime Anregungen zum Bau von Festungen, zur Belagerungstechnik und Ausrüstung der Reiter.

Die Araber hatten bereits im 9./10. Jh. – oft mit jüdischer Unterstützung – begonnen, altgriechische, persische und indische Texte in die eigene Sprache zu übertragen. Sie sicherten damit der Nachwelt viele antike Werke. Seit dem Ende des 10. Jh. zogen christliche Gelehrte in das muslimische Spanien, um Studien zu betreiben und arabische Werke ins Lateinische zu übersetzen. Sie übernahmen von den Arabern das Rechnen mit Buchstaben (Algebra), das heutige Zahlensystem, erfuhren mehr über die Sterne und Planeten, lernten viel über den Kreislauf des Blutes und über Heilpflanzen.

Alles hat seine Grenzen

Mit fremden Kulturen kamen nur wenige Reiche und Gebildete in Kontakt. Und auch wer weit gereist war, baute deswegen noch lange nicht seine Vorurteile und seine Überheblichkeit ab. Die meisten Christen und Muslime sahen in den jeweils Anderen nach wie vor meist „Ungläubige“ und Feinde. Asiaten zog es überdies selten nach Europa. Vor allem China sah sich als Zentrum der Welt („Reich der Mitte“), das nur von Barbarenvölkern umgeben schien. Doch all das verhinderte letztlich nicht, dass Handelsstraßen entstanden und ein vielfältiger Kulturaustausch möglich wurde.

1. ***Nenne*** *Gründe für Reisen im Mittelalter.*
2. ***Arbeite*** *die Bereiche* ***heraus****, in denen die Kulturen voneinander lernten.*
3. ***Prüfe*** *die Frage der Überschrift mithilfe des Verfassertextes.*

[1] In Mekka verehren die Muslime die Kaaba, einen heiligen Stein; siehe S. 191.

[2] Vgl. die Karte auf S. 207.

[3] Vgl. dazu S. 196 ff.

M2 Arabisches im deutschen Wortschatz

Viele Wörter in unserer Sprache stammen aus dem Arabischen oder – durch die Araber vermittelt – aus dem Persischen und Indischen, z. B.:

Algebra, Alkali, Alkohol, Aprikose, Azur, Baldachin, Benzin, Chemie, Damast, Diwan, Droge, Drogerie, Gamasche, Gaze, Ingwer, Jacke, Kaffee, Kandis, Karaffe, Kattun, Kümmel, Lack, Laute, Limonade, Magazin, Marzipan, Matratze, Muskat, Musselin, Orange, Rose, Safran, Sandale, Satin, Schal, Sirup, Sofa, Spinat, Tabak, Taft, Zenit, Ziffer, Zimt, Zucker.

Nabil Osman, Kleines Lexikon deutscher Wörter arabischer Herkunft, München [8]2010

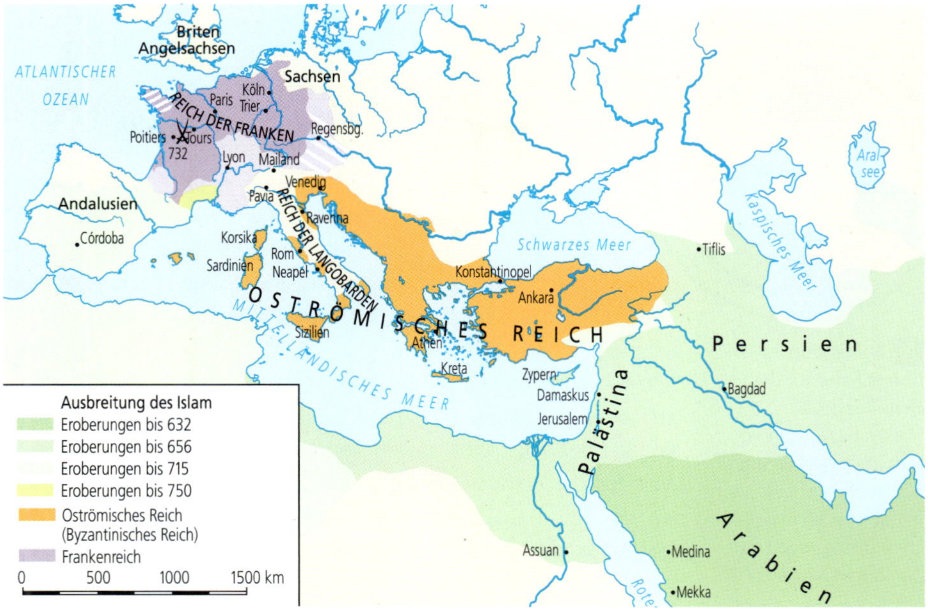

M4 Ausdehnung von Herrschaftsräumen im 7. und 8. Jh.

M3 Arabisch oder Latein?

Zur Zeit, als Andalusien unter der Herrschaft der arabischen Mauren steht, sind die dort lebenden Juden und Christen dem Staatsvolk der Muslime untergeordnet. Sie dürfen aber ihre Religion frei ausüben. Der christliche Theologe und Dichter Álvaro von Córdoba schreibt um 850:

Meine Glaubensgenossen lesen gerne die Gedichte und die Geschichten der Araber. [...] Weh uns, alle jungen Christen, die sich durch ihre Begabung auszeichnen, kennen nur noch die arabische Sprache und Literatur! [...] Welch ein Schmerz! Die Christen haben sogar ihre eigene Sprache vergessen! Kaum einer unter tausend von uns versteht es noch, einen korrekten lateinischen Brief an einen Freund zu schreiben. Wenn es aber darum geht, arabisch zu schreiben, wirst du zahlreiche Personen finden, die sich mit größter Eleganz in jener Sprache ausdrücken und die Gedichte verfassen, welche vom künstlerischen Standpunkt aus besser sind als jene der Araber selbst.

Zit. nach: Arnold Hottinger, Die Mauren. Arabische Kultur in Spanien, Zürich [3]1997, S. 63 f.

M5 Ratschläge für die Reise nach China

Ein Praxishandbuch für Handelsreisende nach Asien empfiehlt um 1340:

Mit neun bis elf Monaten musste der Kaufmann rechnen, bis er in Khanbaliq eintraf. Unterwegs brauchte er Dolmetscher für die Turksprachen und das Kumanische. Daran sollte er nicht sparen. Auch eine Frau war nützlich, wenn sie kumanisch sprach. Der Kaufmann sollte sich einen Bart wachsen lassen, um nicht aufzufallen. Die Waren konnten auf Ochsen-, Kamel- oder Pferdekarren transportiert werden. Das Silbergeld musste man dreißig Tagesreisen vor dem eigentlichen Ziel in chinesisches Papiergeld umtauschen. Dann konnte man in Khanbaliq die begehrte Seide aus China erwerben.

Zit. nach: Folker Reichert, Erfahrung der Welt. Reisen und Kulturbegegnung im späten Mittelalter, Stuttgart 2001, S. 188 f.

1. ***Ordne*** *die Lehnwörter nach Sachgebieten. Schlage diejenigen nach, die du nicht kennst (M2).* (H)
2. *a)* ***Stelle fest****, worüber sich Álvaro von Córdoba beschwert (M3).*
   b) ***Erläutere****, was die Quelle über das Verhältnis zwischen Muslimen und Christen aussagt.*
3. *Stelle dir vor, du bist ein europäischer Handelsreisender, der im fernen Ostasien ankommt.* ***Verfasse*** *einen Reisebericht mit all deinen Erfahrungen, die du gesammelt hast (VT, M1, M5).*
4. ***Diskutiert****, was wir heute von anderen Kulturen lernen können.* (G)

Historische Karten lesen

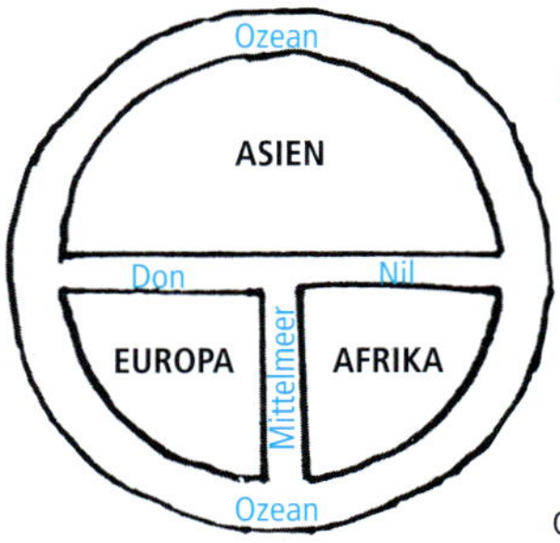

M1 Mittelalterliches Schema der Erdoberfläche
Dieses Kartenschema tauchte erstmals um 600 in einer Schrift von Isidor von Sevilla auf. Die Eintragungen wurden hinzugefügt.

Karten erklären Weltbilder

Wir unterscheiden historische Karten von den Geschichtskarten. Geschichtskarten zeigen die Verhältnisse früherer Zeiten in einem bestimmten Raum nach heutigem Wissensstand. Demgegenüber stammen historische Karten aus früheren Zeiten und zeigen die Verhältnisse nach dem damaligen Verständnis und Wissensstand.

Solche historischen Karten sind also keine „neutralen" oder „objektiven" Quellen. Ganz im Gegenteil: Seit es Karten gibt, stellen sie Deutungen der Welt dar, das heißt sie spiegeln nicht nur das Wissen, sondern auch das Denken der Menschen in der Zeit wieder, in der die Karten entstanden sind. Welche Informationen von dem Kartografen aufgenommen wurden, hing davon ab, ob er einen Ort oder eine Information für wichtig hielt. Und sogar wo er einen Ort auf der Karte einzeichnete, hing nicht allein von dessen wirklicher geografischer Lage ab, sondern von seiner Bedeutung. So rückten z. B. mittelalterliche Weltkarten des Abendlandes ganz selbstverständlich Jerusalem in den Mittelpunkt. Historische Karten geben also das Weltbild der Zeit wieder, in der sie erstellt wurden.

M2 Eine arabische Karte
Kopie der Weltkarte des arabischen Gelehrten al-Idrisi von 1456, Durchmesser ca. 23 cm
Vorlage dieser Karte war eine 350 x 150 cm große, auf einer Silberplatte gravierte Weltkarte, die al-Idrisi im Jahre 1154 für den König von Sizilien in Palermo angefertigt hatte und die verloren ging. Die Karte ist gesüdet und durch Breitengrade in Zonen geteilt. Der heiße Süden und der kalte Norden sind entsprechend antiker Überlieferungen unbewohnt.

In drei Schritten zum Ziel

1. Beschreibe,
- auf welchen Raum, auf welche Zeit oder auf welches Thema sich die Karte bezieht,
- ob die geografischen Verhältnisse wirklichkeitsgetreu wiedergegeben werden,
- ob die Karte besondere, vielleicht sogar ungewöhnliche Bildelemente enthält,
- welche Bedeutung Farben und Symbole haben,
- ob die Karte eine Legende, einen Begleittext oder sonstige Beschriftungen enthält und ob du sie lesen kannst.

2. Erkläre und ordne ein,
- wann und wo die Karte entstanden ist,
- wer sie in Auftrag gegeben hat,
- an wen die Karte sich richtet,
- in welchen historischen/politischen Zusammenhang sie gehört.

3. Beurteile,
- welche Absicht die Karte verfolgt,
- welches Weltbild, welche politischen, religiösen oder sonstigen Vorstellungen ihr zugrunde liegen,
- welche Fragen sie beantworten kann und welche nicht.

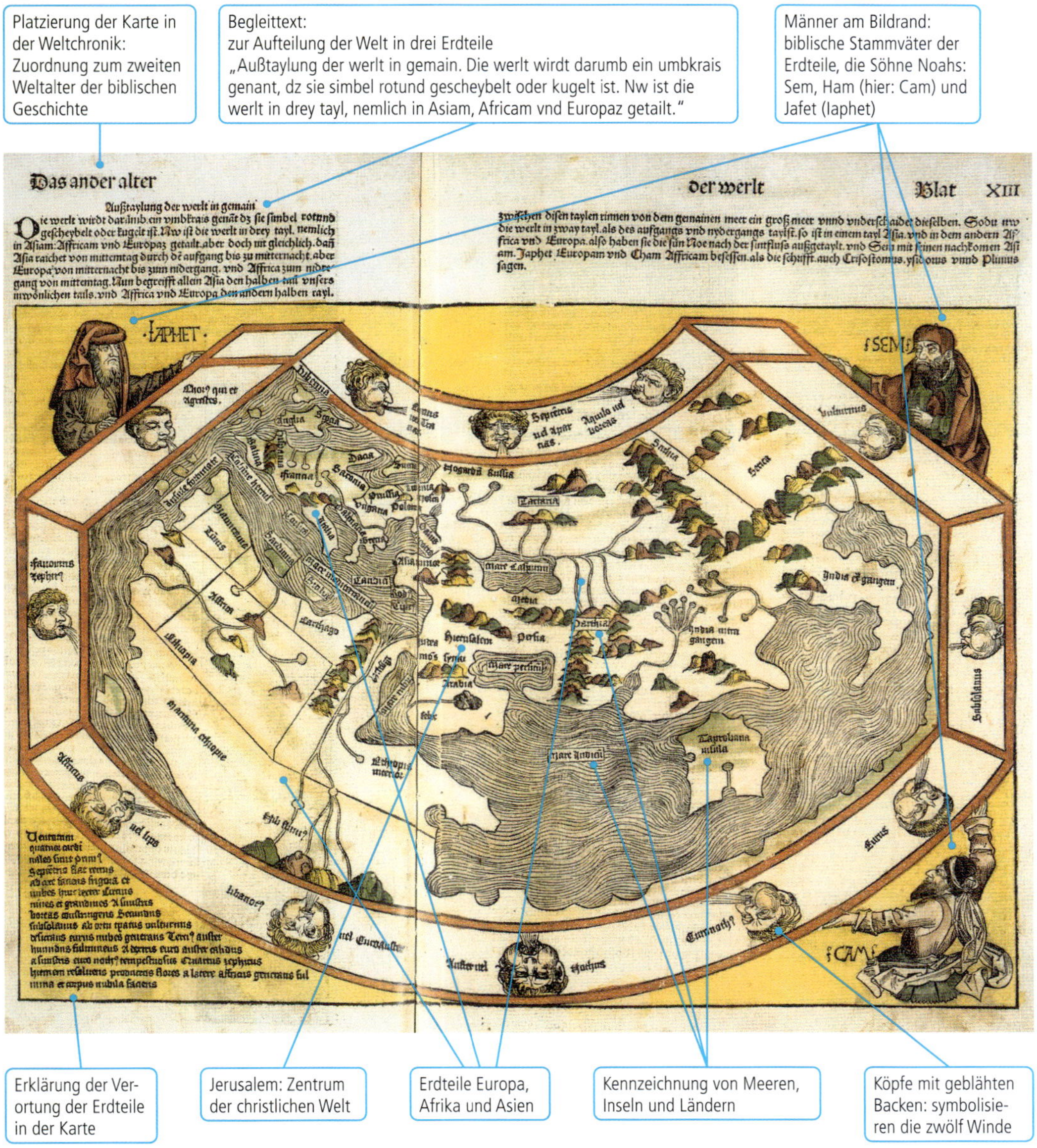

Internettipp:
Mehr zur Schedel'schen Weltchronik und mittelalterlichen Weltkarten kannst du unter 31101-56 erfahren.

M 3 Weltkarte von Hartmann Schedel, 1493
Die Weltkarte des Humanisten Hartmann Schedel (1440 - 1515) ist in seiner 1493 erschienenen „Weltchronik" abgedruckt. Diese erzählt die Geschichte der Welt – gegliedert in „Weltbilder" – von ihrer Erschaffung bis in Schedels Gegenwart. Diese Weltkarte bildet nicht nur das geografische Wissen seiner Zeit ab. Sie enthält auch eine Fülle biblischer, geschichtlicher und naturkundlicher Eintragungen.

1. ***Untersuche*** *die Weltkarte Schedels (M3) mithilfe der Arbeitsschritte auf der vorigen Seite.*
2. ***Vergleiche*** *die Weltkarte (M3) mit den Karten M1 und M2.*
3. ***Finde heraus****, wie die Karte M3 ausgerichtet ist, d. h. welche Himmelsrichtung oben ist.* (H)
4. ***Prüfe****: Sieht der Kartograf die Erde als Scheibe oder als Kugel? Lässt sich dies anhand der Karte feststellen?*
5. *Schedels Absicht war, die Erde geografisch möglichst genau nachzubilden. Auf der anderen Seite wollte er aber die Welt weiterhin als göttliche Schöpfung ins Bild setzen.* ***Erläutere****, woran das zu erkennen ist.*

Drei Religionen prägen das Mittelalter

Internettipp:
Viele Informationen zu den drei Religionen findest du unter Mediencode 31101-57.

Die drei Religionen des Buches

So unterschiedlich die drei großen Weltreligionen **Islam**, **Judentum** und Christentum auf den ersten Blick erscheinen, haben sie doch Wesentliches gemeinsam: Alle drei glauben an einen einzigen Gott (Monotheismus). Und alle drei Religionen besitzen eine Heilige Schrift, an der sich die Gläubigen orientieren: die Thora, die Heilige Schrift der Juden, die christliche Bibel und der Koran, die wörtliche Offenbarung Gottes im Islam. Sie werden deshalb auch „Religionen des Buches" genannt.

Die Juden und das Römische Reich

Nach langer Fremdherrschaft hatten die Juden um 160 v. Chr. wieder eine eigene Herrschaft mit der Hauptstadt Jerusalem errichten können. Dies feiern sie heute noch im Chanukka-Fest. Doch 63 v. Chr. geriet das Land unter römische Herrschaft und wurde zur Provinz Judäa, auch Palästina genannt. Gegen die römische Besatzungsmacht unternahmen die Juden mehrere große Aufstände. Die Römer zerstörten den Tempel in Jerusalem, das Heiligste des Judentums, und vertrieben die jüdische Bevölkerung schließlich 134 n. Chr. aus Jerusalem.

Fortan lebten die Juden in der Diaspora (griech. „Verstreuung"), also verstreut in fremden Ländern. Dennoch blieb für sie Jerusalem der Mittelpunkt ihres Glaubens und ihrer Hoffnungen.

Juden und Christen

Im Laufe des 4. Jh. wurde das Christentum im Römischen Reich Staatsreligion. Die Juden waren die größte nichtchristliche Glaubensgemeinschaft. Auch wenn das Christentum aus dem Judentum entstanden war, achtete der byzantinische Kaiser[1], der bis ins 7. Jh. Palästina beherrschte, streng darauf, dass die Juden nicht nach Jerusalem zurückkehrten. Er schränkte ihre Freiheiten stärker ein als die Herrscher im Westen.

Eine neue Religion: der Islam

In Arabien entstand im 7. Jh. eine dritte „Religion des Buches": der Islam. Als Gründer gilt der Prophet **Mohammed**, der auch weite Teile Arabiens beherrschte. Die Verbindung von Religion und Staat kennzeichnet den Islam bis heute.

Die Araber hatten vorher an verschiedene Götter geglaubt. Von den Christen und Juden lernten sie den Glauben an einen einzigen Gott kennen. So gelten ihnen z. B. auch Moses und Jesus als Propheten. Jerusalem ist auch für den Islam eine heilige Stadt, da sich dort mit dem Felsendom und der al-Aqsa-Moschee wichtige muslimische Heiligtümer befinden.

Über die Frage der Nachfolge des Propheten spalteten sich die Muslime in Schiiten und Sunniten. Die Sunniten bilden heute die Mehrheit der Muslime. Für sie ist neben dem Koran die Sunna, eine im 8. Jh. aufgezeichnete Sammlung aller von Mohammed überlieferten Sprüche und Verhaltensanweisungen, Maßstab ihres Handelns.

M 1 **Altstadt von Jerusalem heute**

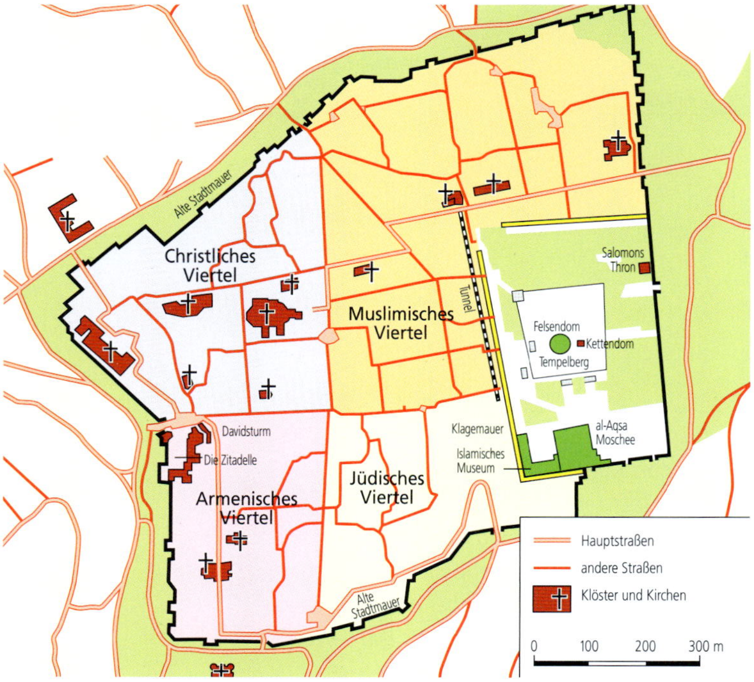

1. *Fasse die Gründe dafür **zusammen**, dass Juden an so vielen verschiedenen Orten als Minderheit gelebt haben (VT).*
2. ***Arbeite** die Kennzeichen der drei „Religionen des Buches" **heraus** (VT).*
3. ***Erkläre** mithilfe von M1 die Bedeutung Jerusalems für die drei Weltreligionen.*

[1] Lies dazu noch einmal S. 144 und 156.

Islam Judentum Mohammed*

M2 Der Islam und sein Verhältnis zu Judentum und Christentum

Auszüge aus dem Koran:

2, 62: Wer immer an Allah glaubt und an den Jüngsten Tag[1] und das Rechte tut, die haben ihren Lohn bei ihrem Herrn, und Furcht kommt nicht über sie, und nicht werden sie traurig sein.
2, 111-113: Und sie sprechen: „Nimmer gehen ein ins Paradies andere als Juden oder Nazarener[2].“ Solches sind ihre Wünsche. Und es sprechen die Juden: „Die Nazarener (fußen) auf nichts.“[3] Und es sprechen die Nazarener: „Die Juden (fußen) auf nichts.“ Und doch lesen sie die Schrift.[4] Allah aber wird richten unter ihnen am Tag der Auferstehung über das, worin sie uneins sind.
3, 67: Abraham war weder Jude noch Christ; vielmehr war er reinen Glaubens, ein Muslim[5], und keiner von denen, die Gott Gefährten geben.[6]

Nach: Der Koran, übersetzt von Max Henning, Stuttgart 1960

M3 Synagoge und Ecclesia

Figuren am Westportal der Liebfrauenkirche in Trier, nach 1230

Die rechte Figur verkörpert die Kirche (Ecclesia) des Neuen Testaments. Daneben steht die Synagoge sinnbildlich für das Judentum des Alten Testaments. Die Figuren am Kirchenportal sind Kopien; die Originale befinden sich im Museum am Dom in Trier.

M4 Christen und Muslime

Ein moderner Wissenschaftler schreibt über die beiden Religionen:

Der Islam steht dem Christentum sehr nahe und zugleich sehr fern. Trotz vieler Gemeinsamkeiten widersprechen sich die Lehren des Christentums und die Aussagen des Islam in zentralen Punkten. So weist der Islam den christlichen Glauben an die Dreifaltigkeit[7], an die Gottheit Jesu Christi und an die Erlösung durch Christus zurück. Das Christentum hingegen erkennt die verbindliche göttliche Sendung Mohammeds und die Autorität des Koran nicht an. Diese grundsätzlichen Unterschiede haben bis jetzt jedes religiöse Gespräch zwischen Christen und Muslimen zum Scheitern verurteilt.

Adel Theodor Khoury (Hrsg.), Lexikon religiöser Grundbegriffe. Judentum, Christentum, Islam, Wiesbaden 2007, S. XXXVI f. (Autor: Ludwig Hagemann)

M5 Mohammed und Jesus auf dem Weg zu Jesaja

Persische Malerei, 15. Jh.

Für die Muslime gilt Mohammed (arab. „der Gepriesene“, um 570 - 632) als Prophet Gottes (Allahs), der den Islam begründet hat. Die Muslime halten auch Jesus für einen Propheten, aber nicht für den Sohn Gottes wie die Christen. Mohammed ist ohne Gesicht abgebildet, da er vielen als zu heilig für ein Bildnis gilt.

1. *Abraham lebte im 2. Jahrtausend v. Chr. Alle drei Religionen sehen in Abraham ein großes Glaubensvorbild und verehren ihn bis heute. a)* ***Recherchiere*** *in einem Lexikon oder im Internet nach Gründen dafür. b)* ***Nimm*** *dann* ***Stellung*** *zum Auszug 3, 67 des Koran (M2).*
2. ***Liste*** *die von Ludwig Hagemann dargestellten Unterschiede zwischen Christentum und Islam stichwortartig* ***auf*** *(M4).*
3. ***Untersuche*** *die Aussagen der Figuren in M3. Hinweis: Der Mediencode auf der linken Seite kann dir dabei helfen.* (H)
4. ***Beurteile****, was überwiegt: die Unterschiede oder die Ähnlichkeiten zwischen den drei Religionen?*

[1] An ihm richtet Gott über alle Menschen.
[2] Christen (nach Jesus von Nazareth)
[3] d. h.: Sie haben Unrecht in ihrem Glauben.
[4] das Alte Testament der Bibel
[5] Muslim heißt übersetzt „der sich Gott Unterwerfende“.
[6] d. h. die noch andere Götter verehren
[7] die drei Gestalten Gottes: Gottvater, Gottsohn (= Jesus Christus) und Heiliger Geist

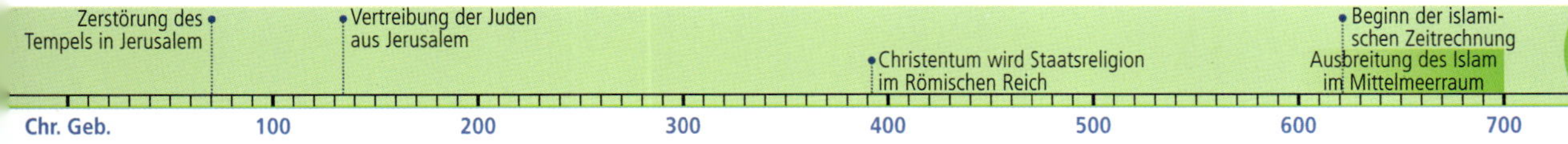

Essen, beten, reisen: die Religion bestimmt den Alltag

M1 Kirchenschiff des Doms zu Speyer
Foto, um 1990
Der romanische Kirchenbau aus dem 11. Jh. ist der größte in Deutschland. Die bis ins 13. Jh. gebauten romanischen Kirchen mit ihren wuchtigen Mauern sollten die „Burg des Himmelskaisers", und die noch höheren, Licht durchfluteten Räume der späteren gotischen Kirchen das „himmlische Jerusalem" darstellen.

Kirche und Glaube im Zentrum

Ganz gleich, welcher Religion die Menschen angehörten – sie bestimmte ihren Alltag. Alle Christen glaubten an Gott, an seinen Sohn Jesus und den Heiligen Geist. Ihre Sorgen und Wünsche vertrauten sie Gott und den Heiligen an. Und nur wer sündenfrei lebte, konnte hoffen, nach dem Tod in den Himmel zu kommen. Die Kirche stand im Zentrum jeden Dorfes und jeder Stadt. Sie war nicht nur religiöser Mittelpunkt, sondern oft auch Kulisse für Feste und Märkte. Wenn Herrscher im Mittelalter Kirchen und Kathedralen bauten, dann wollten sie ihre gottesfürchtige Haltung zum Ausdruck bringen – je höher und prächtiger der Bau, desto größer galt die Nähe zu Gott.

Der Jahresablauf gliederte sich nach den großen Festen der Kirche. Zudem wurde an jedem Tag ein Heiliger verehrt. Der Sonntag galt als heiliger Tag der Ruhe. In den 40 Tagen von Aschermittwoch bis Ostern – der Fastenzeit – wurde in der Regel nur abends eine Mahlzeit gegessen und auf Fleisch, Milch, Alkohol und Eier verzichtet.

Im Laufe des Mittelalters nahm die Verehrung der Heiligen zu. Gläubige unternahmen Wallfahrten und pilgerten zu berühmten Reliquien, den sterblichen Überresten oder Gegenständen von Heiligen.

Synagoge, Thora und Rabbiner

Mittelpunkt einer jeden jüdischen Gemeinde ist die Synagoge (Versammlungshaus). Jeder Raum kann zur Synagoge werden, wenn in ihm die Thora – eine handgeschriebene Rolle mit dem hebräischen Text der fünf Bücher Mose – aufbewahrt wird.

Die Grundlage des jüdischen Zusammenlebens in Familie und Gemeinde ist der Talmud. Dieses um 500 n. Chr. abgeschlossene Hauptwerk des Judentums legt die Thora aus und kommentiert sie. Es enthält auch Speisegesetze wie das Verbot, Schweinefleisch zu essen, und das Gebot der Beschneidung der Jungen am achten Lebenstag. Zur Synagoge durften es höchstens tausend Schritte sein. Daher lebten die Jüdinnen und Juden in der Regel in der Nähe der örtlichen Synagoge.

Am Schabbat – nach jüdischer Zeitrechnung der siebte Tag, der am Freitagabend beginnt – darf nicht gearbeitet werden. Gemeinsam begeht die Gemeinde die Feste des jüdischen Kalenders: zum Beispiel den Jom Kippur, den Versöhnungstag, oder das Pessach, das Fest der Erinnerung an den Auszug der Israeliten aus Ägypten.

Sich Gott unterwerfen – der Islam

Nach der Lehre des Islam ist Allah Schöpfer des Himmels und der Erde. Er ist Richter der Gläubigen und verlangt nach ihrem Tod Rechenschaft über ihre Taten. Die Frommen kommen in die Gärten des Paradieses, die Sünder in die Hölle.

Jeder Muslim beweist Allah seinen Gehorsam, indem er die Regeln des Zusammenlebens erfüllt, die der Koran vorgibt. Der Koran besteht aus den Offenbarungen, die der Prophet Mohammed empfangen und verkündet hat. Die wichtigsten Regeln für einen Muslim sind die „Fünf Säulen des Koran": das öffentliche Glaubensbekenntnis, das tägliche rituelle Gebet, die Spende für die Armen, das Fasten während des Ramadan und die Wallfahrt nach Mekka.

Die Moschee ist Gebets- und Versammlungsort der Gläubigen. Ursprünglich rief der Muezzin (dt. Künder, Ausrufer) vom Minarett, dem Turm der Moschee, fünfmal am Tage zum Gebet.

1. ***Untersuche** die Merkmale einer Kirche an deinem Wohn- oder Schulort. **Erläutere**, wie der Bau religiöse Vorstellungen widerspiegelt (M1).*
2. ***Wähle aus**: **Zeige auf**, wie der Alltag **A** eines Christen, **B** eines Juden, **C** eines Muslims durch die Religion geprägt wird (VT).*
3. ***Arbeite weiter**: **Erstelle** eine Präsentation, in der du die Pilgerfahrt der Muslime nach Mekka dem christlichen Jakobsweg gegenüberstellst.* (H)

Internettipp:
Unter Mediencode 31101-58 findest du Informationen zu mittelalterlichen Kirchenbauten.

M 2 Volksfrömmigkeit und Aberglaube

Der Mittelalterhistoriker Arnulf Krause zur christlichen Religion im Mittelalter:

Die Dorfkirche bildete den Mittelpunkt der Gemeinschaft – nicht nur, weil sie der Friedhof umgab, sondern auch, weil der Platz vor dem Gotteshaus als Versammlungsort diente. Insofern die Kirche schon über Glocken verfügte, markierten diese den festen Tagesablauf: Sie riefen zum Gottesdienst, zeigten die Stunden des Tages an und wurden in der Not zum Alarm geläutet.

Die Welt des Mittelalters füllte sich damals mit Kapellen und Wegkreuzen, mit Kirchen und Kathedralen […]. Die Schar der christlichen Heiligen wuchs; oftmals verehrte man sie an Quellen oder in Hainen, wo früher heidnische Gottheiten angebetet worden waren. […] Obwohl die Kirche die Wirkung von Wundern genauer fasste und sogar einschränkte, blieb das gemeine Volk dem Wunderglauben zutiefst verbunden […]. Dabei mischten sich christliche und abergläubische Vorstellungen […]. Dieser Aberglaube respektierte Gott, Dreifaltigkeit und Heilige und fürchtete sich vor Teufel und Dämonen. Aber zumeist glaubte man eben auch an kleinere Wesen und Geister, denen man Opfer darbrachte: Feen, Nixen, Wassermänner und dergleichen mehr.

Arnulf Krause, Europa im Mittelalter, Frankfurt a. M. 2008, S. 192 f.

M 3 Die fünf Säulen des Islam

Der Koran schreibt jedem Muslim folgende fünf Pflichten vor:

- Das Glaubensbekenntnis: „Ich bezeuge, dass es keine Gottheit außer Gott gibt und dass Mohammed der Gesandte Gottes ist."
- Die Pflichtgebete: Die täglichen Gebetszeiten sind die Stunde vor Sonnenaufgang, der Mittag, Nachmittag, nach Sonnenuntergang und bei Einbruch der Nacht.
- Das Almosengeben: eine genau geregelte Steuer, deren Erträge zu verwenden sind für Arme, Bedürftige, die steuereinziehenden Beamten und anderes mehr.
- Das Fasten: Während des ganzen Ramadan (der 9. Monat des islamischen Kalenders) darf von Morgengrauen bis Sonnenuntergang nicht gegessen, getrunken, geraucht und kein Geschlechtsverkehr gepflegt werden. Ausnahmen für Reisende, Schwangere, Kranke sind möglich.
- Eine Pilgerfahrt nach Mekka.

M 4 Muslimische Pilger vor der Kaaba in der Großen Moschee in Mekka
Türkische Miniatur, 16. Jh.
Für die Araber war die Kaaba (dt. Würfel) schon vor dem Islam eine heilige Stätte gewesen. Mohammed machte sie zum Hauptheiligtum der Muslime. Noch heute betet jeder Muslim in Richtung der Kaaba nach Mekka.

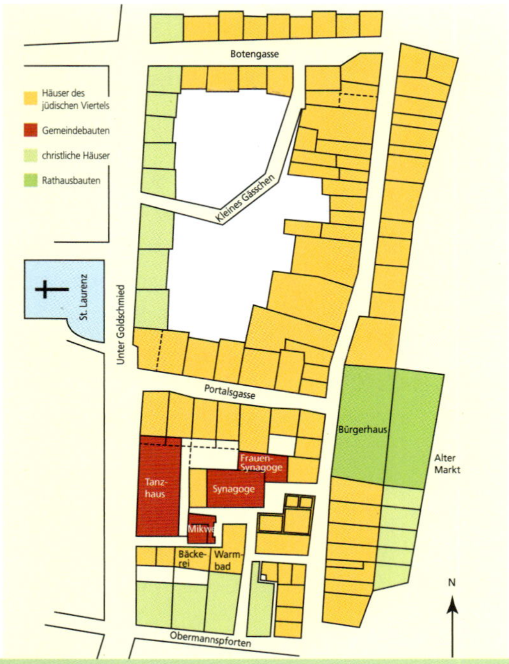

M 5 Das Judenviertel in Köln bis 1349
Die jüdischen Häuser sind orange eingefärbt. Das jüdische Tanzhaus diente als Gebäude für Festveranstaltungen. Die Mikwe ist ein rituelles Bad.

1. *a) **Notiere** in einer Tabelle die Funktionen, die Kirche und Glocke in einer Dorf- oder Stadtgemeinschaft erfüllen (M2). b) **Notiere**, wer oder was diese Funktionen heute übernimmt.*
2. *Weise im Text M2 nach, dass nicht alle Christen dasselbe glaubten.*
3. ***Begründe** die enge Ansiedlung jüdischer Gebäude in Städten wie Köln (M5, VT).*
4. ***Wähle aus**: **Vergleiche** die fünf Säulen des Islam entweder mit Geboten und Regeln **A** des Christentums oder **B** des Judentums (M3).*
5. ***Stelle Vermutungen an**, warum im Mittelalter die Religion für die Menschen und ihr Zusammenleben so wichtig war. (H)*
6. ***Erstellt** ein Rollenspiel, in dem sich ein Christ, ein Jude und ein Muslim des Mittelalters über ihre Vorschriften und Lebensweisen austauschen (VT, M1-M5).*

Zusammenleben, ausgrenzen oder unterwerfen?

M 1 Ein Araber (Maure) und ein Mönch spielen Schach in einem Zelt
Spanische Buchmalerei, 1283

Christen, Juden und Muslime in Spanien

Im Jahre 711 setzte ein muslimisches Heer von Marokko in Nordafrika nach Spanien über. Die Mauren, wie die Araber von den Spaniern genannt wurden, eroberten in kurzer Zeit den größten Teil des Landes.[1] Nur das nördliche Bergland blieb unter christlicher Herrschaft. Dort entstanden mehrere christliche Königreiche. Von ihnen ging die sogenannte „Rückeroberung" (Reconquista) aus. Ab dem 11. Jh. konnten die christlichen Könige die muslimischen Herrscher immer mehr zurückdrängen.

Córdoba war die Hauptstadt der arabischen Herrschaft von al-Andalus. So nannten die Mauren ihr spanisches Reich. Mit ihrem großen Wissen und ihrer Lebensweise wurden die Mauren zu Vorbildern für ganz Europa.[2] Die muslimischen Eroberer zwangen niemanden zum Islam. Christen und Juden lebten in relativ großer Freiheit zusammen unter islamischer Herrschaft, waren aber den Muslimen nicht gleichgestellt und mussten eine Sondersteuer zahlen.

Reconquista und Ende der Toleranz

Durch die Reconquista wurden die Christen nach und nach Herren des Landes. Anfangs gewährten sie Juden und Muslimen ähnliche Freiheiten wie zuvor die muslimischen Herrscher. Erst ab dem späten 13. Jh. wurden die Christen in Spanien immer intoleranter gegenüber den anderen Religionen. Als sie 1492 ganz Spanien beherrschten, wurden Juden und Muslime vor die Wahl gestellt: Entweder sie wurden Christen oder sie mussten das Land verlassen. Viele Muslime gingen nach Nordafrika, Tausende von Juden fanden Aufnahme am östlichen Mittelmeer. Dort war ein neues muslimisches Reich entstanden: das Osmanische Reich der Türken.

Juden – die „Fremden" nebenan

Schon in der Römerzeit gab es jüdische Gemeinden in Köln, Mainz und Trier. Ob sie nach dem Untergang des Römischen Reiches weiter bestanden, ist nicht bekannt. Vom Mittelmeergebiet aus kamen jüdische Händler in das Frankenreich. Am Rhein entstanden neue Gemeinden, z. B. in Worms und Speyer, aber auch an der Donau sowie vereinzelt in Städten im Osten, z. B. in Magdeburg. Bischöfe riefen jüdische Fernhändler in ihre Städte und statteten sie mit Privilegien aus. Die jüdischen Gemeinden durften ihre religiösen und sozialen Angelegenheiten selbst entscheiden. Die jüdischen Händler trieben Handel mit den Ländern am Mittelmeer und im Orient.

Trotz religiöser Unterschiede lebten Juden und Christen über Jahrhunderte meist friedlich auf engem Raum zusammen. Der Wohnbereich der jüdischen Gemeinde – oft die „Judengasse" – war kein abgeschlossener Bezirk; in den Bischofsstädten befand er sich meistens in der Nähe des Domes.

Im 11. Jh. änderte sich die Lage der Juden durch die **Kreuzzüge**[3]. Sie wurden immer öfter als „Feinde Christi" dargestellt. Religiöse Fanatiker plünderten und zerstörten ihre Häuser, vertrieben und töteten sie. Die jüdischen Gemeinden etwa von Worms, Mainz, Trier und Metz fielen solchen religiösen Ausschreitungen – **Pogromen** – zum Opfer. Lediglich in Speyer konnten sich die Juden unter dem Schutz des Bischofs retten.

Die Juden wurden in den christlichen Reichen zunehmend ausgegrenzt. Die Päpste verurteilten zwar die Gewalt gegenüber der jüdischen Bevölkerung, doch sie verlangten seit der Mitte des 12. Jh.

Internettipp:
Zum Zusammenleben von Juden, Muslimen und Christen siehe Mediencode 31101-59.

[1] Vgl. die Karte auf S. 185.
[2] Vgl. S. 184 f.
[3] Vgl. dazu S. 196 ff.

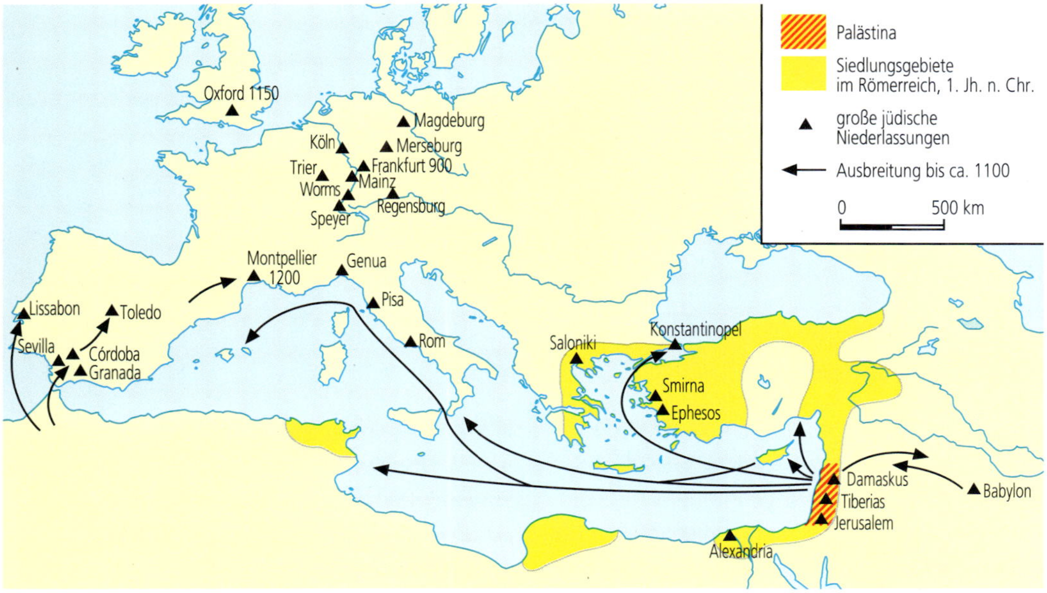

M 2 Jüdische Gemeinden und Siedlungsgebiete vom 1. bis zum 11. Jh.
Für das jüdische Volk begann das Leben in der Verbannung (Diaspora) mit der Zerstörung des Tempels in Jerusalem durch die Römer 70 n. Chr. Bis zu den Judenverfolgungen im 14. Jh. erhöhte sich die Zahl der jüdischen Gemeinden in Deutschland auf etwa 1 000.

eine stärkere Abgrenzung zwischen Christen und Juden. Die Kirche beschloss 1215 zunächst für Spanien, Sizilien und die Kreuzfahrerstaaten in Palästina, wo Christen, Muslime und Juden zusammenlebten, dass Nichtchristen äußerlich leichter erkennbar sein müssten. Im 13. Jh. entstanden Wahnvorstellungen, dass die Juden den Christen schaden wollten. Aus England wurden die Juden 1290 ausgewiesen, aus Frankreich 1309. Die Macht des Königs reichte jedoch nicht nach Südfrankreich, so blieben dort jüdische Gemeinden bestehen.

Sündenböcke gesucht

Eine erneute Welle von Pogromen wurde von der Pest ausgelöst. Die Seuche – auch „Schwarzer Tod" genannt – wütete besonders zwischen 1347 und 1351. Die Krankheitserreger wurden entweder wie Schnupfen und Grippe durch eine Tröpfcheninfektion oder durch den Biss des Rattenflohs verbreitet. Rund ein Drittel der europäischen Bevölkerung starb daran. Die Menschen hatten keine Erklärung für die Seuche. So beschuldigten viele die Juden, sie hätten die Brunnen vergiftet. 1348/49 gab es in zahlreichen Städten Pogrome, denen Tausende von Juden zum Opfer fielen. In keiner Stadt blieb eine jüdische Gemeinde bestehen.

Dennoch siedelten Juden immer wieder neu in den Städten. In der Neuzeit wurden ihnen von Mauern umgebene Wohnbezirke zugewiesen, die abends und an christlichen Feiertagen verschlossen wurden. Dafür entstand später die Bezeichnung „Ghetto", nach dem Namen des Judenviertels in Venedig. Vor allem auf dem Land lebten die Juden in den Dörfern weiterhin direkt neben den Christen.

In Polen hatte der König Juden schon 1264 großzügige Freiheiten gewährt: Sie konnten Handwerksberufe ausüben, bekamen besonderen Schutz und durften sich in eigenen Gemeinden selbst verwalten. Der polnische König warb damit gezielt tüchtige Leute an, die in seinem Land die Wirtschaft voranbrachten. Aufgrund der zunehmenden Vertreibung der Juden aus dem Westen wanderten viele nach Polen aus.

1. ***Fasse zusammen****, wie sich das Verhältnis von Christen, Juden und Muslimen im Mittelalter entwickelte (VT).*
2. ***Beschreibe*** *die Ausbreitung der jüdischen Gemeinden (M2).*
3. ***Arbeite*** *die Gründe für die Verfolgung der Juden* ***heraus*** *(VT).*
4. ***Informiere dich*** *über Friedhofsregeln im Judentum und* ***beurteile*** *die Bedeutung der Auflösung des Friedhofs aus jüdischer Sicht (M3).*

M 3 Grabstein der Chana (Hanna) in der Liebfrauenkirche Koblenz
Foto von 1984
Nach Vertreibung der Juden aus dem Erzstift Trier 1418 eignete sich der Kurfürst den alten jüdischen Friedhof in Koblenz an und vergab ihn als Viehweide zum Lehen. Die Grabsteine wurden beim Ausbau der Liebfrauenkirche verwendet. Man fand sie bei Arbeiten in den 1960er- und 70er-Jahren.

M4 La Mezquita in Córdoba
Säulenhalle aus dem 10. Jh., Foto von 2012
Mezquita bedeutet Moschee. Ursprünglich stand an dieser Stelle eine Kirche. Sie wurde den Christen vom arabischen Emir (arab.: Befehlshaber) abgekauft. Nach der christlichen Rückeroberung Córdobas 1234 wurde die Moschee wieder in eine Kathedrale umgewandelt.

M5 Muslime im Königreich Kastilien

Über die Folgen der „Reconquista" schreibt der Historiker Kay Peter Jankrift:

Ferdinand I. von León-Kastilien [behandelte] die Muslime von Viseu im Jahre 1055 als Kriegsbeute, sprich Sklaven. [...] Ein anderes Bild zeigt sich nach der Rückeroberung Toledos durch Alfons VI. [...] So gestattete Alfons den Muslimen, frei in der Stadt zu bleiben sowie ihre Häuser und ihren Besitz zu behalten [...]. Tatsächlich aber scheinen nur wenige Muslime das Angebot zum Bleiben angenommen zu haben. Ein Großteil [...] wanderte in benachbarte, noch muslimisch dominierte Gebiete [...] aus. [...]

Für die ersten Jahrzehnte nach der christlichen Rückeroberung Toledos ergibt sich [...] noch ein anderes Bild christlich-muslimischer Begegnungen. So tauchen unter den Zeugen der Rechtsgeschäfte während des 12. Jh. häufig Muslime neben Christen auf. [...] Im 13. Jh. aber hatten sich die Verhältnisse entscheidend geändert. Anpassung oder Auswanderung waren nunmehr die Alternativen. So lässt sich insgesamt festhalten, dass [...] Kontakte zwischen Muslimen und Christen soweit eingeschränkt waren, dass von einem Zusammenleben kaum mehr die Rede sein kann. [...] Vor diesem Hintergrund liegt der Schluss nahe, dass die Mudejaren[1] im Königreich Kastilien eine Parallelgesellschaft bildeten, die über kurz oder lang zum Untergang verurteilt war.

Kay Peter Jankrift, Muslime im Königreich Kastilien. Von der herrschenden Mehrheit zur beherrschten Minderheit, in: Klaus Herbers und Nikolas Jaspert (Hrsg.), Integration – Segregation – Vertreibung. Religiöse Minderheiten und Randgruppen auf der Iberischen Halbinsel, Münster 2011, S. 173f. und 177f.

M6 Das Judenprivileg von Speyer

Bischof Rüdiger von Speyer gesteht den Juden im Jahr 1084 die folgenden Rechte zu:

Als ich den Weiler Speyer zu einer Stadt gemacht habe, habe ich geglaubt, die Ehre unseres Ortes um ein Vielfaches zu vergrößern, wenn ich hier auch Juden ansammelte. Ich siedelte also die Versammelten außerhalb der Gemeinschaft und des Wohnbezirks der übrigen Bürger an. Jenen Ort also habe ich ihnen unter der Bedingung übergeben, dass sie jährlich dreieinhalb Pfund Speyerer Geldes zahlen. In der gesamten Stadt habe ich ihnen das Recht zugestanden, Gold und Silber frei zu tauschen und alles zu kaufen und zu verkaufen, was sie wünschen. Auch dies habe ich hinzugefügt, dass ein fremder Jude, der bei ihnen zu Gast ist, dort keinen Zoll zahlen muss. Schließlich [habe ich verfügt], dass wie der Stadtrichter unter den Bürgern so auch ihr Synagogenvorsteher über alle Klagen, die sie untereinander erheben oder die gegen sie erhoben werden, entscheiden soll.

Zit. nach: Julius H. Schoeps und Hiltrud Wallenborn (Hrsg.), Juden in Europa. Ihre Geschichte in Quellen, Bd.1, Darmstadt 2001, S. 120f.

M7 Judenverfolgungen in Mainz

Der jüdische Geschichtsschreiber Solomon bar Simson aus Mainz beschreibt um 1140 die Judenverfolgungen von 1096, bei denen etwa 5 000 Menschen ums Leben gekommen sind:

Es war am Neumondstag des Monats Siwan [25. Mai 1096], da kam der Graf Emicho, der Feind aller Juden – seine Gebeine mögen in einer eisernen Mühle zermalmt werden – mit einem großen

[1] Mudejaren: Muslime unter christlicher Herrschaft in Spanien

Heere und lagerte nebst den Irrenden und dem Pöbel außerhalb der Stadt in Zelten, denn die Tore der Stadt waren vor ihm verschlossen. Auch er hatte sich vorgenommen, als Kreuzfahrer zu ziehen […]. Damals, als der Wüterich nach Mainz kam, um nach Jerusalem zu ziehen, waren die Ältesten des Volkes zu ihrem Bischof Ruthart gegangen und hatten ihn mit 300 Mark Silber bestochen […], dass er in Mainz bei ihnen blieb. Er brachte die ganze Gemeinde in sein innerstes Gemach und sagte: „Ich willige ein, euch beizustehen." Auch der Graf[1] sprach: „Auch ich will bei ihm hier bleiben euch zum Beistand" […] und beide, der Bischof und der Graf, willigten ein und sprachen: „Wir werden mit euch sterben oder euch am Leben erhalten." […]

Es war am dritten Tage im Siwan [27. Mai 1096] […], da kam Emicho, der Bösewicht und Judenfeind, mit seinem ganzen Heere vor das Tor, und die Städter öffneten ihm das Tor. […] Israels Männer umgürteten sich ein jeder mit seinen Waffen im inneren Hofe des Bischofs und näherten sich alle dem Tor, um mit den Irrenden und den Städtern zu kämpfen, und sie kämpften gegeneinander bis in die Mitte des Tores. Aber unsere Sünden verursachten, dass die Feinde siegten und die Tore einnahmen. […] Auch die Leute des Bischofs, welche sie doch ihres Beistands versichert hatten, flohen zuerst und lieferten sie so der Hand der Feinde aus; denn wie ein zerknicktes Rohr waren sie ihnen. Auch der Bischof selbst floh aus seiner Kirche, denn auch ihn wollten sie töten, weil er Gutes für Israel gesprochen hatte.

[…]. Die Feinde trafen gleich bei ihrem Eindringen in den Hof dort einige der vollkommen Frommen an mit unserem Rabbi Isaak bar Mosche, einem scharfsinnigen Gelehrten. Dieser streckte zuerst seinen Hals hin und sie hieben ihm den Kopf ab. […]; sie wollten nicht in die Gemächer flüchten, um eine Stunde länger leben zu können, denn in Liebe nahmen sie das himmlische Strafgericht an. […]

Da schlugen die Feinde alle, die sie dort fanden, mit Schlägen des Schwertes, des Würgens und der Vernichtung. Als die in den Gemächern Versammelten solche Tat der Gerechten sahen und wie die Feinde über sie herfielen, da schrien sie alle: „Es ist das Beste, unser Leben zum Opfer zu bringen!" Und die Frauen dort gürteten mit Kraft ihre Lenden und schlachteten ihre Söhne und Töchter und dann sich selbst; viele Männer stärkten sich und schlachteten ihre Frauen, ihre Kinder und ihr Gesinde […].

Zit. nach: Julius H. Schoeps und Hiltrud Wallenborn (Hrsg.), Juden in Europa. Ihre Geschichte in Quellen, Bd. 1: Von den Anfängen bis zum späten Mittelalter, Darmstadt 2001, S. 183-187

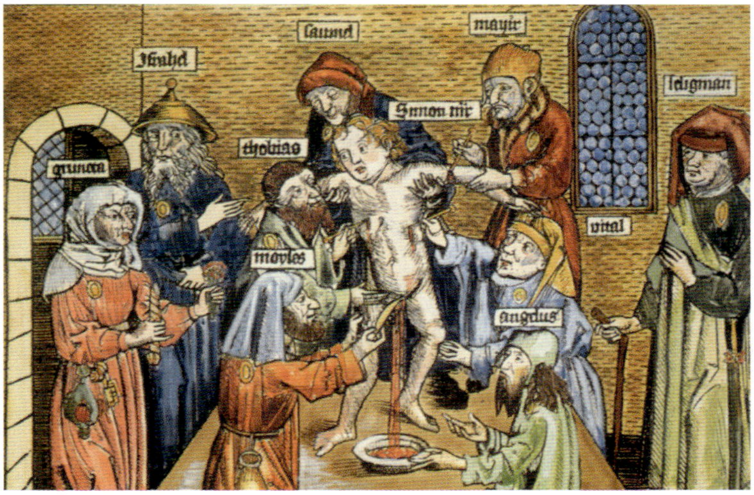

M 8 Abbildung aus der Schedel'schen Weltchronik von 1493

Seit dem Ende des 12. Jh. kursierte in Europa das Gerücht, die Juden ermordeten Kinder, um das Blut für Zaubertränke zu verwenden. In Wahrheit war gerade den Juden der Umgang mit Blut durch ihre religiösen Gesetze streng verboten. Zu den erfundenen Vorwürfen gegen Juden gehörte neben „Ritualmord" auch „Hostienschändung" und „Brunnenvergiftung".

Hörtipp:
Einen Bericht über die Pogrome gegen Juden kannst du dir unter dem Mediencode 31101-60 anhören.

[1] Burggraf Gerhard, oberster weltlicher Richter in Mainz

1. ***Recherchiere*** *zu der Geschichte des Ortes, an dem die Mezquita von Córdoba steht, und* ***beurteile*** *ihre Bedeutung für den Ort (M4).*
2. ***Beurteile*** *die Lebensbedingungen der iberischen Muslime (M5).*
3. *a)* ***Gib*** *die Rechte, die der Bischof von Speyer den Juden einräumt, in deinen eigenen Worten* ***wieder*** *(M6). b)* ***Arbeite*** *seine Gründe für die Aufnahme von Juden in Speyer* ***heraus****. c)* ***Beurteile*** *die Aussagekraft dieser Quelle bezüglich der Situation von Juden anderorts.*
4. ***Stelle*** *die Haltungen der unterschiedlichen Personen und Gruppen gegenüber den Juden grafisch in einer kleinen Beziehungsskizze* ***dar*** *(M6).*
5. ***Erläutere*** *die Reaktionen der Juden bei der Eroberung des Bischofspalastes (M7).*
6. ***Stelle Vermutungen an****, warum sich die haltlosen Anschuldigungen gegen Juden hartnäckig hielten (M8). Gibt es aktuelle Parallelen?* G

Die Kreuzzüge

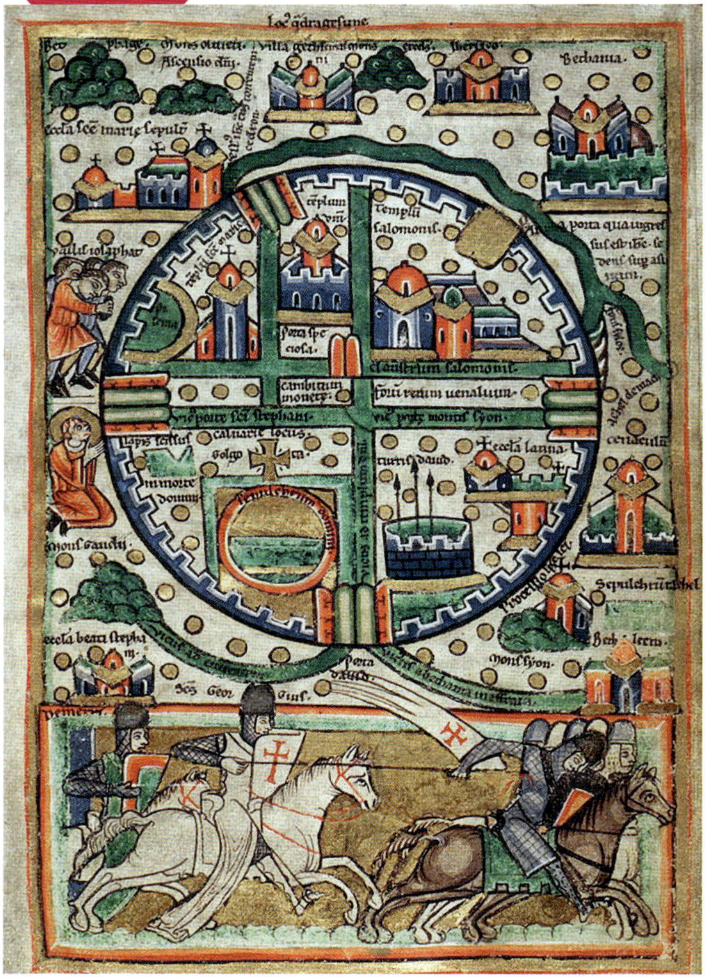

M 1 Jerusalemkarte
Französische Buchmalerei, um 1170/80
Ziel der Kreuzfahrer war Jerusalem, der Ort der Kreuzigung und Auferstehung Christi. Innerhalb des Kreises, der die Stadtmauer Jerusalems darstellt: oben mittig der Felsendom auf dem Tempelberg, das islamische Hauptheiligtum der Stadt, darüber die Klagemauer (templum salomonis) der Juden, unten links Golgatha, die Hinrichtungsstätte Christi, und die Grabeskirche. Auf der Karte ist Osten oben.

Internettipp:
Eine Karte der Kreuzzüge findet sich unter Mediencode 31101-61.

INFO 1 Kriege um das „Heilige Land"

Pilgern war im Mittelalter nichts Ungewöhnliches. Aber 1096/97 machten sich Hunderttausende Menschen aus allen Bevölkerungsgruppen Europas auf den Weg nach Jerusalem – aber nicht, um dort die heiligen Stätten zu besuchen, sondern um dort gegen „Ungläubige" zu kämpfen. Der Papst hatte dazu aufgerufen, das „Heilige Land" und die dort lebenden Christen von der Herrschaft der Muslime zu befreien. Fürsten, Ritter und einfache Leute „nahmen das Kreuz", wie man damals sagte, und versuchten bis ins 13. Jh. in mehreren Kreuzzügen, Jerusalem und weitere Gebiete zu erobern.

Pro- und Kontra-Debatte T-Methode

Führt eine Pro-Kontra-Debatte zu der Leitfrage: „Heiliger Kampf" zwischen Christen und Muslimen? Eure Debatte folgt dabei dem Vorbild einer Talkshow.

1 Teilt eure Klasse in zwei Gruppen auf. Gruppe A übernimmt die Seite der christlichen Kreuzfahrer, Gruppe B die Seite der Muslime.

2 Sichtet die Infotexte und Materialien auf den Seiten 196 - 199 und notiert je nach Gruppe Stichpunkte zu
- Motiven der Kreuzfahrer (H)
- Begründung des „Heiligen Krieges" auf beiden Seiten (Wem gehört Jerusalem?)
- eigene Darstellung in den Quellen und die des jeweils anderen

3 Formuliert aus den Notizen schlagfertige Argumente. (H) Überlegt euch, welche Gegenargumente die andere Gruppe vorbringen könnte und wie ihr darauf reagieren könnt.

4 Wählt einen Moderator/eine Moderatorin und aus jeder Gruppe zwei Redner/Rednerinnen aus. Diese tragen nacheinander ihre „Plädoyers" (Stellungnahmen) vor. Alle Diskutierenden können Fragen an die Redner stellen. Die Debatte endet mit einer Abstimmung über die Problemfrage. (H)

INFO 2 Kein Weg mehr nach Jerusalem

Bis in das 11. Jh. hinein dehnten muslimische Herrscher und Völker in immer neuen „Heiligen Kriegen" den Islam und ihre Herrschaft aus. Muslimische Fürsten gründeten Reiche im Nahen Osten, in Nordafrika und bis hin nach Spanien.

1071 besiegten sie die Byzantiner und eroberten auch Jerusalem – die von Juden, Christen und Muslimen gleichermaßen als heilig verehrte Stadt.[1] Alte Pilgerwege nach Jerusalem wurden unterbrochen und unbewaffnete Wallfahrende überfallen. In seiner Not bat der byzantinische Kaiser in Konstantinopel Papst Urban II. in Rom und die christlichen Fürsten Europas um militärische Hilfe. Das war bemerkenswert, weil sich die orthodoxe Kirche von Byzanz 1054 von der römisch-katholischen Kirche im Streit getrennt hatte.

INFO 3 Der Papst greift ein

Der Papst rief 1095 auf einer großen Kirchenversammlung im französischen Clermont vor Bischöfen, Äbten und Fürsten zu einer bewaffneten Wallfahrt auf. Er forderte dazu auf, Jerusalem von den „Feinden des christlichen Glaubens" – den „Ungläubigen" und „Heiden" – zurückzuerobern. „Deus lo vult" (Gott will es) lautete seine Begründung. Dies wurde der Schlachtruf der Kreuzfahrer. So nannte man später die bewaffneten Wallfahrer, die nach Jerusalem zogen, da sie Kreuze aus Stoff auf ihre Kleidung nähten.

M2 Beweggründe

Ein Chronist schreibt zum Jahr 1146 über die Beweggründe der Kreuzfahrer:

Leute mit unruhigem Charakter lockte es, fremde Länder zu sehen; andere, denen die Armut im Nacken saß, [...] zogen nicht bloß gegen die Feinde Christi, sondern auch gegen jeden Freund des Christentums, wenn sie sich nur mit ihrem Schwerte die Armut vom Leibe schaffen konnten; wieder andere, die von der Last ihrer Schulden bedrückt wurden oder sich ihrem pflichtmäßigen Dienst entziehen wollten oder auch Strafen für Verbrechen befürchteten, heuchelten auf einmal Eifer für die Ehre Gottes.

Zit. nach: Eberhard Orthbandt und Dietrich Hans Teuffen, Ein Kreuz und tausend Wege, Konstanz 1962, S. 325 (gekürzt)

M3 „Gott will es!"

Die Rede, die Papst Urban II. in Clermont am 27. November 1095 zur Befreiung Jerusalems gehalten haben soll, wird zwölf Jahre später von einem Augenzeugen, dem Mönch Robert von Reims, aufgeschrieben:

Ihr Volk der Franken, ihr Volk nördlich der Alpen, ihr seid, wie eure vielen Taten zeigen, Gottes geliebtes und auserwähltes Volk. [...] Aus dem Land Jerusalem und der Stadt Konstantinopel kam schlimme Nachricht an unser Ohr: Das Volk im Perserreich, ein fremdes, ganz gottfernes Volk, eine Brut ohne Vertrauen auf Gott, hat die Länder der dortigen Christen besetzt, durch Mord, Raub und Brand entvölkert und die Gefangenen teils in sein Land abgeführt, teils elend umgebracht; es hat die Kirchen Gottes gründlich zerstört oder für seinen Kult beschlagnahmt [...]. Wem anders obliegt nun die Aufgabe, diese Schmach zu rächen, dieses Land zu befreien, als euch? [...].

Kein Besitz, keine Haussorgen sollen euch fesseln. Denn dieses Land, in dem ihr wohnt, fließt nicht vor Fülle und Wohlstand über und liefert seinen Bauern kaum die bloße Nahrung. [...] Tretet den Weg zum Heiligen Grab an, nehmt das Land dort dem gottlosen Volk, macht es euch untertan! Gott gab dieses Land in den Besitz der Söhne Israels; die Bibel sagt, dass dort Milch und Honig fließen. Die Stadt Jerusalem ist der Mittelpunkt der Erde, das fruchtbarste aller Länder [...].[2] Sie erbittet und ersehnt Befreiung, sie erfleht unablässig eure Hilfe. [...] Schlagt also diesen Weg ein zur Vergebung eurer Sünden; nie verwelkender Ruhm ist euch im Himmelreich gewiss.

Zit. nach: Arno Borst, Lebensformen im Mittelalter, Berlin [4]2004, S. 330f. (vereinfacht und gekürzt)

M4 Papst Urban II. ruft 1095 zum Kreuzzug auf
Holzschnitt von 1482

Hörtipp:
Unter dem Mediencode 31101-62 kann die Rede Papst Urbans II. in einer modernen Einspielung angehört werden.

[1] Siehe zur Bedeutung Jerusalems S. 188.

[2] Ganz im Gegenteil verfügt Jerusalem über keine Naturschätze oder fruchtbaren Ebenen, sondern liegt an der Grenze zur Wüste abseits der großen mittelalterlichen Handelsstraßen.

M 5 Nicaea wird belagert
Französische Buchmalerei, 13. Jh.
Bei der Belagerung von Nicaea im Mai und Juni 1097 schleuderten Kreuzfahrer abgetrennte Köpfe von gefallenen muslimischen Kriegern in die Stadt, um die Verteidiger zu entmutigen.

Info Dschihad:
(arab. Bemühung, Anstrengung): ursprünglich nur die Bemühung um den Glauben. Bei der Ausbreitung des Islam bekam der Kampf für den Glauben auch eine kriegerische Bedeutung. Die gängige Übersetzung „Heiliger Krieg" trifft den Sinn nicht richtig.

INFO 4 Pilger und Kreuzritter

Die Botschaft des Papstes verbreitete sich durch Wanderprediger und Bischöfe in ganz Europa. Schon im folgenden Jahr zogen etwa 90 000 Menschen aus ganz Westeuropa in den Orient: wenige Adlige und Ritter, aber viele einfache, größtenteils unbewaffnete Menschen, darunter auch viele Frauen und sogar Kinder. Für sie gab es verschiedene Beweggründe, in die Fremde aufzubrechen. Unterwegs überfielen einige Kreuzfahrer-Gruppen im Rheinland (u. a. in Mainz, Speyer und Worms), in Frankreich und Böhmen jüdische Gemeinden. Sie verschrien Juden als Feinde Christi, raubten sie aus, zwangen sie zur Taufe oder ermordeten sie. Einige Judengemeinden wurden vollständig vernichtet.

INFO 5 Eroberung Jerusalems

Der Zug gelangte über Konstantinopel im Juni 1099 nach Jerusalem. Nur etwa 20 000 Kreuzzugsteilnehmer erreichten ihr Ziel. Die übrigen waren der gefährlichen Reise, dem Klima und den muslimischen Kämpfern zum Opfer gefallen.
Die Kreuzfahrer belagerten Jerusalem fünf Wochen lang. Dann eroberten sie die Stadt mit einem Blutbad, Plünderungen und Raub. Durch den raschen Erfolg sahen sie ihren Schlachtruf „Gott will es" bestätigt.

INFO 6 Weitere Kreuzzüge

Die meisten Kreuzfahrer kehrten in die Heimat zurück. Einige Fürsten aber eroberten weitere Gebiete und errichteten kleine Kreuzfahrerstaaten. Ein zweiter Kreuzzug (1147-1149) scheiterte. Die Muslime vereinigten sich unter Sultan Saladin, um die Christen zurückzuschlagen. Sie verstanden den Kampf als „Heiligen Krieg": So wird der Begriff „Dschihad" aus dem Koran oft übersetzt. Die Muslime eroberten Jerusalem zurück. Bis zum Jahr 1270 kam es deshalb zu weiteren Kreuzzügen. Mit der Rückeroberung der Stadt Akkon durch die Muslime 1291 war die Herrschaft der Kreuzfahrer nach rund 200 Jahren vorbei. Nicht vorbei war der Kreuzzugsgedanke. Mit dem Segen der Päpste gingen die christlichen Herrscher noch in den folgenden Jahrhunderten mit Gewalt gegen Muslime, Juden und andere Glaubensgruppen vor.

M 6 Aufruf zum Kampf

Im Jahr 969 besetzen byzantinische Soldaten islamische Gebiete im Norden Syriens und Mesopotamiens. Der arabische Dichter und Prediger Ibn Nubata ruft seine Landsleute auf:

Eure Feinde verüben in euren Siedlungen Untaten und erreichen ihrer Hoffnung Ziel, weil ihr euch des heiligen Kampfes enthaltet. [...]
Wo ist der Eifer im Glauben? Wo ist die Scharfsicht der Überzeugung? Wo ist die Furcht vor den Flammen der Hölle? Wo ist das Vertrauen auf Gottes Garantie? Hat Er der Allmächtige doch in der Offenbarung gesagt: „Ja, wenn ihr standhaft und gottesfürchtig seid und sie über euch kommen in wilder Hast, wird euer Herr euch helfen mit 5 000 gezeichneten Engeln. [...] Der Sieg kommt allein von Gott [...]."
Auf zum Dschihad, auf, ihr, die ihr gewiss seid! [...] Der Dschihad ist die feste Grundlage des Glaubens, das weiteste Tor der göttlichen Gunst und der höchste Grad des Paradieses. Wer es darin treu mit Gott meint, kann zwischen zwei Wegen suchen und wählen: zwischen Glück und dem Sieg in Bälde und dem Triumph durch die Märtyrerschaft in Zukunft.

Zit. nach: Franz-Josef Brüggemeier und Gerhard Hoffmann (Hrsg.), Menschen im Jahr 1000, Freiburg / Basel / Wien 1999, S. 119 -121 (leicht verändert)

M 7 Ein Kreuzzugsteilnehmer

In den kurz nach der Eroberung Jerusalems verfassten „Taten der Franken“ heißt es:

Am Freitag aber griffen wir in aller Frühe die Stadt von allen Seiten an, aber wir konnten ihr keinen Schaden zufügen, und wir waren alle darüber erstaunt und in großer Furcht. Als aber die Stunde kam, da unser Herr Jesus Christus es nicht verschmähte, für uns am Holz des Kreuzes zu leiden, kämpften unsere Ritter [...] mit vermehrter Kraft auf dem Belagerungsturm. [...]

Alsbald flohen alle Verteidiger der Stadt über die Mauern und durch die Stadt, und die Unseren setzten ihnen sofort nach, sie tötend und verstümmelnd, bis zum Tempel Salomos; dort fand ein so großes Morden statt, dass die Unseren mit ihren Füßen bis zu den Knöcheln in Blut wateten. [...] Alsbald liefen sie [die Kreuzzugsteilnehmer] durch die ganze Stadt und brachten Gold und Silber, Pferde und Maultiere und ganze Häuser mit allen Gütern an sich. Danach aber kamen alle Unsrigen jubelnd und vor übergroßer Freude weinend zum Grab unseres Erlösers Jesus, um zu beten, und kamen so ihm gegenüber ihrer eigentlichen [Pilger-]Pflicht nach.

Zit. nach: Peter Thorau, Die Kreuzzüge, München [4]2012, S. 9 f.

M 9 Ein Christ wird von Muslimen geköpft
Illustration in einer Kreuzzugschronik, Frankreich, 14. Jh.
Auf der Säule sitzend schaut ein „heidnisches Symbol“ zu.

M 8 Ein arabischer Geschichtsschreiber

Der arabische Geschichtsschreiber Ibn al-Atir schreibt etwa 100 Jahre nach dem Fall Jerusalems:

Die Franken[1] nahmen Jerusalem am Freitag, den 15. Juli 1099. Die Einwohner wurden ans Schwert geliefert, und die Franken blieben eine Woche in der Stadt, während der sie die Einwohner mordeten. Eine Gruppe von diesen suchte Schutz in Davids Bethaus[2], verschanzte sich dort und leistete einige Tage Widerstand. Nachdem die Franken ihnen das Leben zugesichert hatten, ergaben sie sich; die Franken hielten den Vertrag, und sie zogen des Nachts in Richtung Askalon und setzten sich dort fest. In der al-Aqsa Moschee[3] dagegen töteten sie siebzigtausend Muslime[4], unter ihnen viele Imame[5], Religionsgelehrte, Fromme und Asketen, die ihr Land verlassen hatten, um in frommer Zurückgezogenheit an diesem heiligen Ort zu leben. Aus dem Felsendom[6] raubten die Franken mehr als vierzig Silberleuchter [...] und andere unermessliche Beute. [...] Die Flüchtlinge erreichten Bagdad [...]. Am Freitag kamen sie in die Hauptmoschee und flehten um Hilfe; sie waren in Tränen und rührten zu Tränen bei der Erzählung, was die Muslime in dieser erhabenen heiligen Stadt erlitten hatten: die Männer getötet, Frauen und Kinder gefangen, alle Habe geplündert. Wegen der Schwere des Unglücks, das sie erduldet hatten, brachen sie sogar das Fasten. [...] Die verschiedenen muslimischen Fürsten lagen untereinander im Streit [...], so konnten die Franken das Land besetzen.

Zit. nach: Francesco Gabrieli, Die Kreuzzüge aus arabischer Sicht, übersetzt von Barbara von Kaltenborn-Stachau Palombini und Lutz Richter-Bernburg, München [2]1976, S. 49 f. (vereinfacht)

[1] Franken: Gemeint sind die Westeuropäer.
[2] Festung im Westen der Stadt
[3] Moschee auf dem Tempelberg
[4] Die tatsächliche Zahl der Opfer war viel geringer.
[5] Imam: Vorbeter
[6] Der Felsendom auf dem Tempelberg zählt zu den Hauptheiligtümern der Muslime. Von dem Felsen aus ist nach muslimischem Glauben Mohammed zum Himmel aufgestiegen; vgl. S. 143 und S. 188.

Mittelalterbilder in Computerspielen entdecken

M 1 Ein mittelalterliches Reich
Trailer zum Computerspiel „Die Sims Mittelalter"

Geschichte im Computerspiel

Auf dem Computerspiel-Markt wimmelt es nur so von Spielen mit geschichtlichen Hintergründen. Vielleicht bist du ja schon selbst einmal auf diese Weise in eine ganz andere Zeit eingetaucht? Vor allem das Mittelalter ist eine beliebte Epoche für Videospiele, in denen Städte gebaut und Kämpfe zwischen Königen, Rittern und Burgherren ausgetragen werden.

Auch wenn die Spieleentwickler vorher viel recherchiert und besonderen Wert darauf gelegt haben, Hintergrund und Handlung so historisch genau wie möglich darzustellen – „geschichtlich wahr" sind die Computerspiele deshalb trotzdem nicht. Du solltest die Spiele immer genau hinterfragen und untersuchen, bevor du dir ein Urteil bildest.

In drei Schritten zum Ziel

1. Ein Computerspiel untersuchen

- Schau dir Screenshots oder den Trailer eines Computerspiels an.
  Hinweis: Unter dem Mediencode 31101-63 findest du viele offizielle Trailer, in denen Computerspiele kurz vorgestellt werden.
- Nenne Bild- oder Videoelemente (Darstellung von Personen, z. B. ihrer Kleidung, und von Gegenständen, Handlungen, Gebäuden etc.), an denen du erkennen kannst, in welcher Zeit das Computerspiel spielt.

2. Den historischen Wert des Computerspiels hinterfragen

- Vergleiche anhand der Bild- oder Videoelemente die Darstellung von Geschichte im Computerspiel mit den Bildern und Informationen aus deinem Geschichtsbuch oder anderen verlässlichen Darstellungen (z. B. historische Lexika, Sachbücher, verlässliche Online-Portale).

Das Spiel	historische Darstellungen
• Es gibt einen König. • Er trägt eine Krone, sitzt auf einem Thron, trägt ein herrschaftliches Gewand. • Jemand kniet vor ihm. • Der Kniende trägt ein mittelalterliches Gewand und darunter ein Kettenhemd. • Das Gebäude ist aus Stein: Es könnte eine Burg sein. • Kerzen brennen: Es gibt noch kein elektrisches Licht.	• Im Mittelalter gab es Könige, die über die Reiche herrschten. Durch Symbole wie Kronen oder die Kleidung hoben sie sich vom normalen Volk ab. • Der kniende Mann könnte ein Vasall des Königs sein, der Land vom König bekommt und Abgaben und Kriegsdienste leisten muss. • Im Mittelalter lebten die Adligen und auch der König in Burgen und Pfalzen. • Es gab keine Elektrizität.

M 2 Geschichte im Spiel – Geschichte im Geschichtsbuch zu M3

3. Das Computerspiel in Hinblick auf historisches Lernen beurteilen

- Beurteile, wie realistisch das Computerspiel gemacht ist. Inwiefern kannst du mithilfe des Spiels etwas über Geschichte lernen?
  Hinweis: Beziehe dich auch hier auf dein Geschichtsbuch und andere Darstellungen und berücksichtige deine Ergebnisse aus Schritt 2.

M 3 Eine Begegnung zwischen König und Vasall
Trailer zum Computerspiel „Die Sims Mittelalter“

M 4 Einen mittelalterlichen Charakter erstellen
Screenshot aus dem Computerspiel „Die Sims Mittelalter“
Charaktere selbst erstellen: Ritter, Monarch, Barde, Prätorianische Priesterin, Schmied, Magierin, Händler, Arzt, Spion und Jakobinischer Priester

M 5 Auch die Magier haben Macht
Trailer zum Computerspiel „Die Sims Mittelalter“

1. *Schau dir die Screenshots und den Trailer des Computerspiels „Die Sims Mittelalter“ an, den du unter dem Mediencode 31101-63 findest. **Benenne** Gegenstände oder Handlungen, an denen du erkennst, dass das Computerspiel im Mittelalter spielt. Hinweis: Notiere deine Ergebnisse in einer Tabelle wie M2, in welcher du erst einmal nur die linke Spalte befüllst (M1-M5).*
2. ***Vergleiche** die geschichtlichen Elemente der Bilder und des Trailers mit dem, was du auf den vorherigen Seiten über das Mittelalter gelernt hast. Hinweis: Nutze deine bereits angelegte Tabelle und notiere deine Ergebnisse in der rechten Spalte.* (H)
3. ***Beurteile**, ob du anhand der Bilder oder des Trailers etwas über die Herrschaft oder Gesellschaft im Mittelalter lernen konntest.*
4. ***Verfasse** eine E-Mail an deine Lehrerin oder deinen Lehrer, in der du über Vor- und Nachteile des Computerspiels für den Geschichtsunterricht schreibst. **Wähle aus**: **A** Überzeuge die Lehrkraft, dass ihr Computerspiele verwenden solltet. **B** Erkläre ihr, warum ihr Computerspiele nicht unbedingt braucht.*
5. ***Arbeite weiter**: Unter dem Mediencode 31101-64 kannst du dir den Trailer des Computerspiels „Mount and Blade 1“ ansehen. **Zeige auf**, welche Vorstellungen des Mittelalters das Spiel transportiert.*

Wiederholen und Kompetenzen überprüfen

Orientierung

Auf dem Gebiet des ehemaligen Imperium Romanum entstanden in Europa Königreiche. Unter dem □□□□□ □□□□□ Chlodwig begann im Westen um 500 die Reichsbildung der Franken. Mit der Krönung des □□□□□□□□□□□ □□□□, später „□□□ □□□□□“ genannt, zum Kaiser im Jahr 800 entwickelte sich die sogenannte □□□□□□□□□□. Nach seinem Tod entstanden durch Reichsteilungen später ..... Ergänze den Text mithilfe des Wortspeichers.

Wortspeicher

byzantinisches und abendländisches (westliches) Kaisertum, Heiliges Römisches Reich, Kaiser, Karl der Große, Karolinger*, Merowinger*, Otto I.*, Reichsidee, Reichsteilungen*

Herrschaft

Macht war im □□□□□□□□□□□ an Grundbesitz geknüpft. Dazu gehörten auch die darauf lebenden Menschen und Tiere (□□□□□□□□□□□□□□□□). Den meisten Grundbesitz besaß der □□□□□. Er beriet sich auf Hof- und □□□□□□□□□□□ mit den Fürsten...... Ergänze den Text mithilfe des Wortspeichers.

Wortspeicher

Feudalismus, Goldene Bulle*, Grundherrschaft, König*, Kurfürsten*, Leibeigene / Hörige, Landesherren, Lehnswesen, Mittelalter, Reichstage*, Reisekönigtum*, Vasallen**

Gesellschaft

Die Gesellschaft des Mittelalters war in drei Stände gegliedert. Diese □□□□□□□□□□□□□ galt als gottgewollt und unveränderlich...... Ergänze den Text mithilfe des Wortspeichers.

Wortspeicher

Adlige, Bauern, Bürger, Ritter, Abt, Benedikt von Nursia, Kloster, Reichsstadt*, Ständeordnung*

Weltdeutung

Glaube und Religion spielten im Mittelalter eine große Rolle und prägten den Alltag der Menschen. Alle Könige Europas waren christliche Herrscher. Sie beanspruchten, im Namen Gottes zu herrschen. Der Kaiser wurde sogar vom Papst in Rom gekrönt. Kaiser und Papst stritten im 11./12. Jh. darum, wer Bischöfe ins Amt einsetzen durfte (□□□□□□□□□□). Es ging im □□□□□□□□□□□□□□□□□ also darum, wer die höhere Macht hatte. Der Streit endete mit ..... Ergänze den Text mithilfe des Wortspeichers.

Wortspeicher

Gregor VII., Heinrich IV.*, Investitur*, Investiturstreit*, Islam, Judentum, Kreuzzug/Kreuzzüge, Mohammed*, Pogrome*

Wirtschaft

Seit dem hohen Mittelalter wurden überall in Europa Wälder gerodet, Sümpfe trockengelegt. Der Landesausbau sowie eine Verbesserung von Geräten und Anbaumethoden (□□□□□□□□□□□□□□□□□□□□) sorgten dafür, dass genug Nahrung für die wachsende Bevölkerung angebaut werden konnte...... Ergänze den Text mithilfe des Wortspeichers.

Wortspeicher

Dreifelderwirtschaft, Städte, Marktplätze, Zünfte, Hanse

1. *Übertrage die Texte der Lernkarten in dein Heft.* ***Ergänze*** *jeweils die fehlenden Begriffe sowie die Texte zu den Kategorien mithilfe des dazugehörigen Wortspeichers.*
2. ***Erkläre*** *mithilfe der Lernkarten die Grundlagen des Mittelalters für unser heutiges Europa. Ordne dabei nach Herrschaft, Gesellschaft, Wirtschaft und Weltdeutung.* (H)
3. *a)* ***Erstelle*** *eine Tabelle, in der du die Lebens- und Wirtschaftsweise der Land- und der Stadtbevölkerung einander gegenüberstellst. b)* ***Fasse*** *anschließend die aus deiner Sicht wichtigsten Unterschiede kurz* ***zusammen****.*
   c) ***Diskutiert*** *eure Vergleiche in der Klasse.*

M1 Was fasziniert uns am Mittelalter?

Thomas Martin Buck, Professor für Geschichte und ihre Vermittlung, gibt 2009 diese Antwort:

Das Mittelalter bedient [...] den modernen Traum einer zwar fremden, aber doch einfachen, klaren, ursprünglichen, überschaubaren und verständlichen Welt in der Hightech-Gesellschaft.

Thomas Martin Buck, Das Mittelalter zwischen Vorstellung und Wirklichkeit, in: Ders. / Nicolai Brauch (Hrsg.), Das Mittelalter zwischen Vorstellung und Wirklichkeit, Münster 2011, S. 53

M2 Programm eines Mittelaltermarktes

M3 Das christliche Weltbild
Vereinfachte Nachzeichnung einer Weltkarte aus dem 13. Jh. (Ausschnitt)

1. *Untersuche* das Weltbild des „christlichen Mittelalters" anhand der Karte M3. Die Methodenseite „Historische Karten lesen" auf Seite 186/187 unterstützt dich dabei.
2. *Vergleiche* deine Vorstellung vom Mittelalter zu Beginn der Unterrichtsreihe mit deinem Bild von der Epoche am Ende.
3. *Wähle aus*: *Nimm* zu einer der folgenden Aussagen *Stellung*:
   A „Ich besuche einen Mittelaltermarkt oder ein Ritterturnier, da ich einmal erleben möchte, wie das Leben im Mittelalter war." (M1, M2)
   B „Die Begeisterung für das Mittelalter ist nicht gleichbedeutend mit dem Wunsch, in dieser Vergangenheit zu leben." (M1, M2)

5 Welt im Wandel: die Frühe Neuzeit

M 1 **Luther (Joseph Fiennes) schlägt die 95 Thesen am Tor der Schlosskirche in Wittenberg an**
Szenenbild aus dem Film „Luther", 2003
Luthers Anschlag der 95 Thesen im Jahr 1517, mit denen er sich gegen Missstände in der Kirche auflehnte, hat sehr wahrscheinlich nie so stattgefunden.

Leitfragen zum Kapitel

Welche grundlegenden **Veränderungen um 1500** tragen dazu bei, dass man vom **Beginn** einer **neuen Zeit** sprechen kann?

Welche **Zusammenhänge** bestehen zwischen dem veränderten **Weltbild** der Menschen, neuen **Glaubens-, Gesellschafts-** und **Herrschafts**vorstellungen?

Was **wirkt** von den **Entdeckungen** und **Veränderungen** bis heute fort?

Um 1500 begann in Europa eine neue Epoche. Der Übergang vom Mittelalter zur Neuzeit geschah nicht auf den Tag genau, sondern setzte schon über ein Jahrhundert zuvor allmählich ein. An welchen Ereignissen genau man diesen Epochenwechsel festmacht, dazu haben Historikerinnen und Historiker unterschiedliche Meinungen. In einem sind sie sich jedoch einig: Um 1500 wurden in kurzer Zeit zahlreiche bahnbrechende Erfindungen und Entdeckungen gemacht, die alte Gewissheiten auf den Kopf stellten und das Denken und Handeln der Menschen veränderten. Sie sahen sich selbst und ihre Beziehung zu Gott in einem neuen Licht.

Die Bilder zeigen drei historische Persönlichkeiten, die wie kaum jemand sonst für den Wandel dieser Zeit stehen und deren Leben spannenden Stoff für Kinofilme und Serien hergibt: Der Seefahrer Christoph Kolumbus machte sich 1492 auf den Seeweg nach Westen, wo er Indien vermutete. Stattdessen landete er in Amerika und gilt seither als „Entdecker" der „neuen Welt". Wenige Jahre später geriet in Europa der katholische Glaube ins Wanken. Der Mönch und Professor Martin Luther protestierte in Wittenberg gegen die katholische Kirche und brachte damit eine neue Glaubensbewegung in Gang: die Reformation. Neues entwickelte sich etwa 150 Jahre später im Bereich der Herrschaft: In Frankreich erhob Ludwig XIV. – der „Sonnenkönig" – den Anspruch, alleine zu herrschen. Damit wurde er zum Vorbild, nicht nur für die mächtigen Könige, sondern auch für die kleinen Fürsten.

M2 Christoph Kolumbus (Gérard Depardieu) begegnet Einheimischen
Szenenbild aus dem Film „1492 – Die Eroberung des Paradieses" von 1992
Der Film kam zum 500. Jahrestag der Entdeckung Amerikas durch Kolumbus in die Kinos.
In der Filmszene sorgt Kolumbus mit harter Disziplin für gutes Benehmen seiner Seeleute, sodass die Begegnung mit den Einheimischen überwiegend friedlich verläuft.

M3 Der junge König Ludwig XIV. (George Blagden) im Hof seines prunkvollen Versailler Schlosses
Szenenbild aus der Serie „Versailles", 1. Staffel, 2015
Die Serie schildert das Leben des berühmtesten französischen Königs, des „Sonnenkönigs" Ludwig XIV., am Hof von Versailles.

1. *Habt Ihr schon von Christoph Kolumbus, Martin Luther und dem „Sonnenkönig" Ludwig XIV. gehört? **Zählt** gemeinsam **auf**, was ihr über die Personen wisst, und **stellt** die Informationen auf einem Plakat **zusammen**.*
2. ***Untersucht** die Wirkung der Fotos und die Informationen, die sie über die Personen und die Zeit verraten (M1).* (H)
3. *a) **Entwickelt Fragestellungen**, die ihr zu diesen Personen und den damit verbundenen Ereignissen habt.*
   *b) **Überprüft** und vervollständigt die Informationssammlung dann am Ende des Kapitels auf der Grundlage eures gewonnenen Wissens.*
4. ***Arbeitet weiter**: **Recherchiert** im Internet zu einer der drei Personen. Die Informationen auf S. 220 zu Online-Lexika werden euch dabei helfen.*

Neues Denken – neue Welten

Seit dem 14. Jh. waren immer mehr gebildete und weitgereiste Zeitgenossen überzeugt, in einer Zeit zu leben, in der Neues gedacht und gewagt werde. Die Zeit zwischen dem 14. und 17. Jh. wird als Renaissance bezeichnet – das bedeutet „Wiedergeburt". Gemeint war damit die Wiedergeburt der Antike, denn viele Gelehrte waren fasziniert von den antiken Schriften und Bauwerken. Heute weiß man, dass nicht alle Menschen an diesen Neuerungen teilhaben konnten und die Veränderungen nicht plötzlich geschahen. Aber in dieser Zeit entdeckten Künstler und Gelehrte die Einzigartigkeit des Menschen und strebten nach immer mehr Wissen.
Damals wurde dies jedoch nicht von allen begrüßt, denn der Kampf um Ideen war auch ein Kampf um die Macht. Als der Gelehrte Nikolaus Kopernikus behauptete, dass die Erde keine Scheibe, sondern eine Kugel sei, stellte er sich damit gegen die Überzeugung der Kirche.

Durch den Buchdruck erhielten immer mehr Menschen Zugang zu Wissen. Allmählich begannen sie, an der mittelalterlichen Vorstellung einer festen göttlichen Ordnung zu zweifeln und selbstbewusst Fragen zu stellen.
Erfindungen im Bereich der Seefahrt ermöglichten Entdeckungs- und Eroberungsfahrten. Mit dem Vordringen des Osmanischen Reiches suchten die Europäer im 15. Jh. über das Meer neue günstige Handelswege nach Asien. Sie entdeckten Amerika und fanden damit einen Zugang zu fremden überseeischen Kulturen und neuen Märkten. Doch es ging ihnen nicht um Austausch, sondern um Macht. Globale Prozesse wie Handelswege und Sklaventransporte weiteten sich aus. Beziehungen zwischen Ländern auf verschiedenen Kontinenten nahmen zu – das war der Beginn einer sich globalisierenden Welt.

Leitfragen zu den Kategorien

- Warum kam es gerade in dieser Zeit zu einem grundlegenden Wandel?
- Welche Erfindungen und Entdeckungen veränderten das Denken und Handeln der Menschen?

- Wie dehnten die Europäer ihre Herrschaft auf die überseeischen Gebiete aus?
- Welche Folgen hatte dies für Europa und die Bevölkerung in den beherrschten Gebieten?

- Wie veränderte sich der Zugang zu Bildung und Wissen?
- Wie wirkte sich dies auf die Gesellschaft und das Zusammenleben der Menschen aus?

- Wie veränderte sich mit den neuen überseeischen Herrschaftsgebieten und Handelsniederlassungen die Wirtschaft und wer profitierte davon?
- Welche langfristigen Folgen hatte der weltweite wirtschaftliche Wandel?

- Wie wirkte sich der Wandel auf die Vorstellungen der Menschen von Gott und der Welt, in der sie lebten, aus?
- Welche Rolle spielte der Glaube im Umgang mit fremden Kulturen?

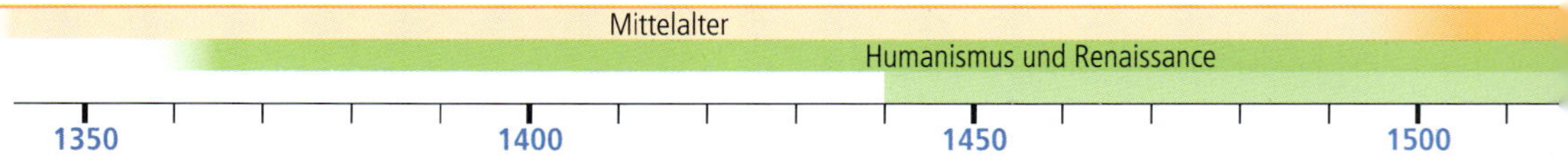

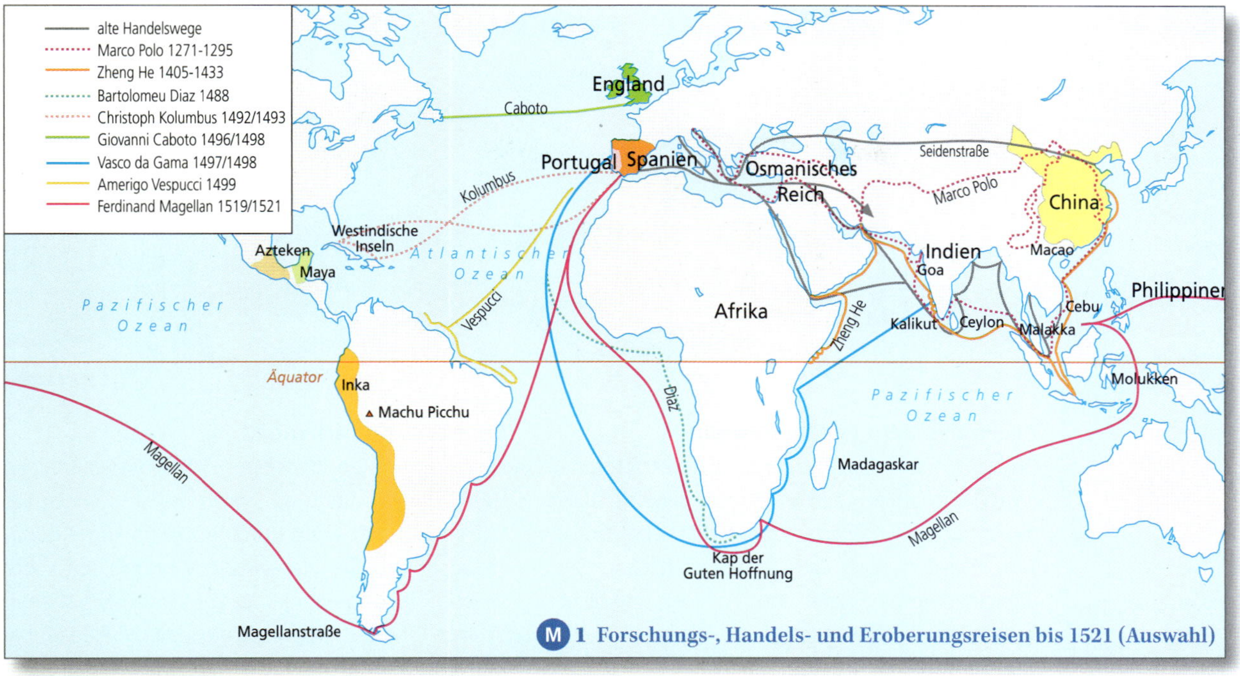

M 1 Forschungs-, Handels- und Eroberungsreisen bis 1521 (Auswahl)

M 2 Mitteleuropa um 1560

1. ***Arbeite** die Routen der Seereisen **heraus** (M1).*
2. ***Stelle fest**, inwieweit die Seereisen alle der Frühen Neuzeit zuzuordnen sind (M1).* (H)
3. ***Untersuche**, welche Zusammenhänge sich zwischen den heute in Amerika gesprochenen Sprachen und den Seereisen herstellen lassen (M1).* (G)
4. ***Stelle Vermutungen an**, wie sich der Handel durch die neuen Routen veränderte.*
5. *a) **Beschreibe** die Karte M2.*
   *b) **Untersuche** die Herrschaftsverhältnisse in Europa.*

Internettipp:
Eine animierte Karte zu den ersten Entdeckungsfahrten findest du unter dem Mediencode 31101-65.

Neuzeit
Zeitalter der europäischen Expansion
1550 1600 1650 1700

Zurück zur Antike – vorwärts durch die Antike?

M 1 Der ideale Stadtplatz der Renaissance
Gemälde eines unbekannten Künstlers aus Florenz, Ende des 15. Jh.
Das Bild zeigt einen Platz mit umliegenden Gebäuden, der so nie verwirklicht wurde.

Die Antike wird wiederentdeckt

Die Kirche sah die antike Kunst und Literatur als anstößig und heidnisch an. Kirchengelehrte hatten die antiken Werke zwar gesammelt, aber nur die Teile abgeschrieben, die mit der kirchlichen Lehre übereinstimmten. Viele Schriften lagen unbeachtet in Klosterbibliotheken.

Seit dem 13. Jh. interessierten sich immer mehr Dichter und Gelehrte für die antike Kultur. Sie lernten nun Latein und Griechisch, um die Werke verstehen und übersetzen zu können. In den Schriften des römischen Schriftstellers und Politikers Cicero aus dem 1. Jh. v. Chr. fanden sie den Begriff „studia humanitatis". Er bedeutete so viel wie „Fähigkeiten, die jeder braucht, um sich zum wirklichen Menschen auszubilden". Dazu zählten Grammatik, Redelehre (Rhetorik), Geschichte, Dichtkunst und Philosophie. Wer sich damit beschäftigte, wurde „Humanist" genannt. Später bezeichnete man deshalb die geistige Bewegung als **Humanismus** oder **Renaissance**, also als „Wiedergeburt" der Antike. Die Kunst der Renaissance breitete sich über ganz Europa aus. In den deutschen Gebieten setzte sie sich am Ende des 15. Jh. durch. Für einige Historikerinnen und Historiker beginnt hier eine andere Epoche[1]: die **Neuzeit**.

[1] Siehe dazu S. 20.

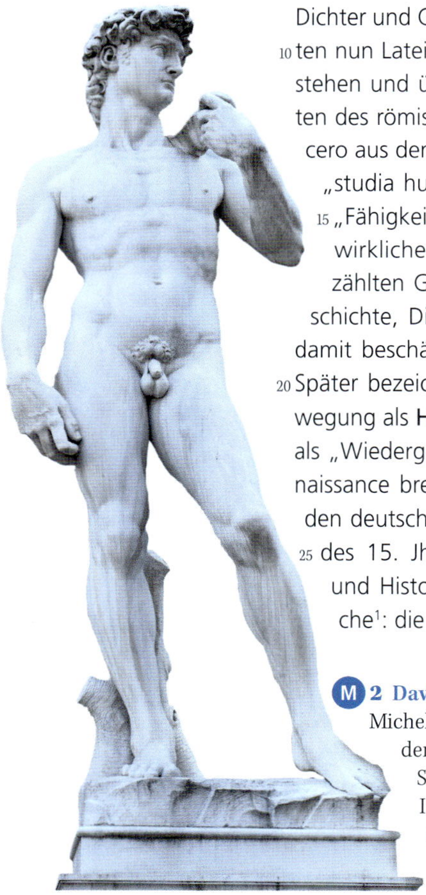

M 2 David-Statue von Michelangelo, 1501-1504
Michelangelos Darstellung des biblischen Helden David, der den Riesen Goliath mit einer Steinschleuder besiegt, stellte das neue Idealbild des Menschen vieler Künstler und Gelehrten der Renaissance dar. Viele Zeitgenossen hielten die Skulptur jedoch für überheblich und schamlos.

Ein neues Menschenbild

Die Humanisten begannen, die mittelalterliche Weltordnung infrage zu stellen. Für sie war das Leben nicht mehr allein durch göttliche Fügung vorherbestimmt. Sie waren der Meinung, dass der Mensch der Mittelpunkt der von Gott geschaffenen Welt sei und aus eigener Kraft seinen Erfolg im Leben erkämpfen könne. Der „ideale" Mensch sollte klug, höflich und weltoffen sein, sich als Krieger oder Staatsmann, Gelehrter und Künstler betätigen. Geburt und Standesgrenzen sollten keine Rolle mehr spielen, dafür umso mehr die Bildung.

Künstler und Universalgelehrte

Als herausragendes Beispiel für einen Gelehrten und Künstler der Renaissance gilt Leonardo da Vinci. Er war nicht nur ein Maler, sondern zudem der größte Erfinder in der Renaissance und entwickelte Ideen u. a. für Fluggeräte oder Tauchboote.

Er und andere Künstler, wie der Maler und Bildhauer Michelangelo, wollten die Teile des menschlichen Körpers möglichst naturgetreu abbilden. Deshalb zerlegten sie heimlich Leichen, was von der Kirche verboten war. In ihren Kunstwerken sollte jeder Mensch etwas ganz Besonderes, ein „Individuum", sein. Menschen waren auf Bildern oder auf Denkmälern nun nicht mehr nur „Beiwerk" oder Nebensache gegenüber Christus, Heiligen oder Engeln.

1. ***Schreibe*** *einen kurzen Lexikonartikel für die Begriffe „Humanismus" und „Renaissance" (VT).* (H)
2. ***Arbeite*** *die Merkmale der Renaissance-Architektur* ***heraus*** *(M1).*

M 3 Fliegender Mensch
Nachbau eines Fluggerätes, das Leonardo da Vinci entwickelt hat
Es befindet sich mit vielen anderen Modellen im Schloss Clos Lucé in Frankreich, wo da Vinci 1519 starb. Die meisten seiner technischen Entwürfe überstiegen die Möglichkeiten seiner Zeit und konnten erst im 19. Jh. gebaut werden.

M 4 Leonardo – mehr als ein Künstler

Leonardo stellt etwa um 1482 dem Herzog von Mailand in einem Schreiben seine Fähigkeiten vor:

1. Ich habe Pläne für sehr leichte, aber dabei starke Brücken, die sich ganz leicht befördern lassen und mit denen man den Feind verfolgen und manchmal auch fliehen kann, und solche für andere, feste Brücken, die weder durch Feuer noch im Kampf zerstört und leicht und bequem abgebrochen und errichtet werden können […].

2. Ich kann bei der Belagerung eines Platzes das Wasser aus den Gräben ableiten und zahlreiche Brücken, Rammböcke, Sturmleitern und andere zu einem solchen Unternehmen gehörende Geräte machen […].

4. Ferner habe ich Pläne für Bombarden, mit denen man kleine Steine schleudern kann, fast so, als ob es hagle, und deren Rauch dem Feind gewaltigen Schrecken einjagt […].

6. Ferner werde ich sichere und unangreifbare gedeckte Wagen bauen, die mit ihren Geschützen durch die Reihen des Feindes fahren und jeden noch so großen Haufen von Bewaffneten zersprengen werden […].

10. In Friedenszeiten kann ich mich wohl mit jedem anderen in der Baukunst messen, sei es bei der Errichtung öffentlicher und privater Gebäude oder bei der Leitung des Wassers von einem Ort zum anderen.

Ferner werde ich bei der Bearbeitung von Marmor, Erz und Ton sowie in der Malerei wohl etwas leisten, was sich vor jedem anderen, wer immer es sei, sehen lassen kann.

Leonardo da Vinci, Tagebücher und Aufzeichnungen, hrsg. von Theodor Lücke, München [2]1952, S. 889 f.

M 5 „Ein einzigartiges Geschöpf

Der italienische Gelehrte Giovanni Pico della Mirandola verfasst 1486 eine Rede, in der er Gott zu Adam sagen lässt:

Den übrigen Wesen ist ihre Natur durch die von uns vorgeschriebenen Gesetze bestimmt und wird dadurch in Schranken gehalten. Du bist durch keinerlei unüberwindliche Schranken gehemmt, sondern du sollst nach deinem eigenen freien Willen, in dessen Hand ich dein Geschick gelegt habe, sogar jene Natur dir selbst vorherbestimmen. Ich habe dich in die Mitte der Welt gesetzt, damit du von dort bequem um dich schaust, was es alles in dieser Welt gibt. Wir haben dich weder als einen Himmlischen noch als einen Irdischen, weder als einen Sterblichen noch einen Unsterblichen geschaffen, damit du als dein eigener, vollkommen frei und ehrenhalber schaltender Bildhauer und Dichter dir selbst die Form bestimmst, in der du zu leben wünschst. Es steht dir frei, in die Unterwelt des Viehes zu entarten. Es steht dir ebenso frei, in die höhere Welt des Göttlichen dich durch den Entschluss deines eigenen Geistes zu erheben.

Giovanni Pico della Mirandola, Über die Würde des Menschen, übers. von Herbert Werner Rüssel, Leipzig 1940, S. 48 f.

Internettipp:
Mehr über die Renaissance und ihre Künstler erfährst du unter Mediencode 31101-66.

1. *a) **Zähle** die Arbeiten **auf**, für die sich Leonardo in dem Brief anbietet (M4). b) **Erläutere**, was Leonardo für die Durchführung der Arbeiten wissen und können muss.*
2. *a) **Charakterisiere** Pico della Mirandolas Menschenbild (M5). b) **Stelle** das mittelalterliche Menschenbild **gegenüber**.* (H)
3. ***Begründe**, warum Leonardo da Vinci als typischer „Renaissance-Mensch" gilt (VT, M3, M4).*
4. ***Bewertet** in der Klasse, welche Merkmale eines Renaissance-Menschen ihr heute noch für wichtig haltet (VT, M2 - M5).* (G)

Albrecht Dürer – mehr als ein Künstler

Der bedeutendste Künstler der Renaissance nördlich der Alpen war Albrecht Dürer. Seine Zeitgenossen schätzten ihn als Maler so hoch wie die Künstler Italiens. Seine Holzschnitte und Kupferstiche machten ihn berühmt. Sie waren weit verbreitet.

Dürer war mehr als ein hervorragender Künstler. In mehreren Büchern fasste er seine Studien zur Malkunst, zur Geometrie und über den menschlichen Körperbau zusammen. In einigen seiner Abhandlungen zur Geometrie stieß er bis an die Grenzen der damaligen Mathematik vor. Nach seinem Buch über die Befestigungskunst wurden in Nürnberg und in Straßburg Stadtmauern konstruiert.

M1 „Das große Rasenstück"
Zeichnung mit Wasser- und Deckfarben, um 1503

M2 Albrecht Dürer – Lebensdaten

1471	geboren als drittes Kind eines Nürnberger Goldschmiedes
1484	Beginn einer Goldschmiedelehre bei seinem Vater
1486	Ausbildung in einer Malerwerkstatt in Nürnberg
1490	Wanderschaft in die Zentren der Malkunst am Oberrhein (Basel, Straßburg, Colmar)
1494	Rückkehr nach Nürnberg; er heiratet die Tochter eines angesehenen Patriziers in Nürnberg und richtet sich eine Werkstatt ein; Reise nach Venedig
nach 1495	es entstehen zahlreiche Gemälde, Zeichnungen, Kupferstiche und Holzschnitte im Auftrag verschiedenster Personen und Institutionen
1505/06	Reise nach Italien (Venedig, Bologna, Rom)
1509	Mitglied im Großen Rat der Stadt Nürnberg; Erwerb eines großen Hauses (heute Albrecht-Dürer-Haus)
1512	Kaiser Maximilian I. beauftragt ihn mit vielfältigen Aufgaben und zahlte ihm dafür jährlich einen Betrag
1520/21	Reise in die Niederlande zu Kaiser Karl V.
1521	Rückkehr nach Nürnberg; verstärkte Studien zu Malerei, Perspektive, Befestigungslehre und Geometrie
ab 1524	Veröffentlichung der Studien in mehreren Büchern
1528	gestorben in Nürnberg

M 5 „Selbstbildnis im Pelzrock"
Ölgemälde von Albrecht Dürer, 1500
Die lateinische Inschrift auf der rechten Seite des Bildes – hier kaum lesbar – lautet übertragen: „So malte ich, Albrecht Dürer aus Nürnberg, mich selbst mit meinen eigenen Farben im Alter von 28 Jahren."

M 6 „Eine Anmaßung sondergleichen"

Der Journalist und Kunsthistoriker Hanno Rauterberg schreibt 2012 über Dürers „Selbstbildnis im Pelzrock":

Ein solcher Blick war nicht vorgesehen, nicht für Könige, nicht für Kardinäle, erst recht nicht für einen Künstler, der 1500, als das Bild entstand, noch nicht mal eine größere Werkstatt besaß. Für alle galt ausnahmslos die Regel: Auf Porträts wird der Kopf von der Seite gezeigt, im Profil oder Halbprofil. Der frontale Blick war exklusiv der vera icon vorbehalten, dem wahren Bild des Jesus Christus. Dürer brach diese Regel – und gleich noch eine weitere. Denn er posiert nicht nur als Messias, er verkleidet sich auch als mächtiger, reicher, vornehmer Bürger. Eigentlich war damals die Gesellschafts- so streng wie die Kleiderordnung: keine Pelze für Bauern, nur Fuchs, Lamm und Iltis für „gemeyne Burger und Handtwercker", und einzig die Obersten der Oberen durften sich mit dem samtigen Rückenfell des Marders schmücken, mit dem sich Dürer auf seinem Bild so stolz präsentiert. Auch das also eine Anmaßung sondergleichen: In der Welt ist er ein rechtes Nichts, in seiner Kunst aber gewinnt er alle Macht.

Die Zeit vom 16. Mai 2012, S. 47

M 3 Bedeutung der Proportionslehre

Dürer schreibt dazu um 1520:

Außerhalb der Messung oder ahn einen Verstand einer guten Maß kann kein gut Bild gemacht werden, und ein gut Bild muß mit großer Mühe und Arbeit gemacht werden. Dann es geht nit unbesunnen zu. Dann die Linien, dormit man ein Bild umzeucht, kann weder mit Zirkelen noch Richtscheitlinien[1] umzogen werden. Dorum ist not, daß man findt, wie ein Bild auf das gnäuest der Natur gmäß soll abgemessen werden. Dann durch recht Gemessens würd Künstlichs gemacht.

Albrecht Dürer, Schriften und Briefe, hrsg. von Ernst Ullmann, Leipzig 1978, S. 179

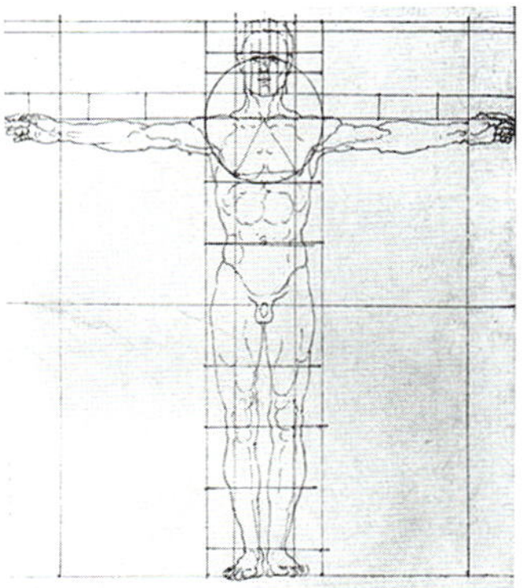

M 4 Männliche Proportionsfigur im Netz
Federzeichnung von Albrecht Dürer aus einem Skizzenbuch von 1508

[1] Richtscheit: schmales Brett mit parallelen Flächen und geraden Kanten

1. *Lies M3 zum besseren Verständnis laut und* ***arbeite*** *die Kernaussage* ***heraus****.*
2. *Das Selbstbildnis gilt als Ausdruck eines „Renaissance-Menschen" (M5).* ***Erkläre****! Berücksichtige dabei auch M6.* Ⓗ
3. ***Erstellt*** *in der Klasse eine Ausstellung mit Bildern von Leonardo da Vinci und Albrecht Dürer. Berücksichtigt ihre Arbeitsgebiete.*

Die Macht des gedruckten Buches

Bücher verlassen das Kloster

Im Mittelalter war es mühsam, ein Buch zu vervielfältigen. An einer Bibel arbeiteten ausgebildete Schreiber und Maler mehrere Jahre. Zudem waren Bücher teuer: Sie bestanden aus Pergament, enthaarten und geglätteten Tierhäuten. Für ein Buch brauchte man das Leder Dutzender Kälber. Die wenigen Bücher, die es gab, waren deshalb sehr wertvoll. Sie kosteten so viel wie ein kleines Landgut.

Lange wurden Bücher vor allem in Klöstern hergestellt. Sie waren in Latein geschrieben, das meist nur die Kirchengelehrten verstehen konnten. Dadurch hatte die Kirche großen Einfluss darauf, was in den Büchern stand. Neues Wissen, das ihrer Lehre widersprach, wollte sie nicht verbreiten.

Eine Erfindung aus China, die um 1100 nach Europa kam, änderte alles: Papier, das aus zermahlenem Leinenstoff und Wasser hergestellt wird und nach dem Trocknen beschrieben werden kann. Nun konnten Bücher schneller und billiger hergestellt werden und waren für immer mehr Menschen erschwinglich. Und der Bedarf an Büchern stieg, vor allem in den Volkssprachen. Seit dem späten Mittelalter lernten nämlich immer mehr Menschen auch außerhalb der Klöster lesen und schreiben.

M 1 Druckerwerkstatt
Nachträglich kolorierter Kupferstich von Matthäus Merian d. Ä., 1632

Gutenbergs Erfindung

Um Bücher schneller herstellen zu können, begannen erste Drucker, Buchseiten „druckverkehrt“ auf Holzplatten zu schnitzen und damit einzelne Blätter mit Nachrichten zu bedrucken.

Der Goldschmied **Johannes Gutenberg** hatte um 1450 eine noch bessere Idee: Anstatt mit unveränderlichen Platten druckte er mit beweglichen Buchstaben (Lettern), die er immer wieder verwenden und neu kombinieren konnte. Dazu setzte er spiegelverkehrte Buchstabenstempel aus Blei in einem Rahmen zu ganzen Buchseiten zusammen, den Druckplatten. Diese bestrich er mit Farbe und drückte sie in einer Druckerpresse, die Gutenberg aus einer Weinpresse entwickelt hatte, auf feuchte Papierbögen. Mit seinen Handwerkern stellte er in zwei Jahren 180 Bibeln her. Ein Schreiber hätte dafür genauso lange gebraucht – für eine einzige Bibel, die zehnmal so teuer gewesen wäre.

Der Buchdruck verändert das Leben

Gutenbergs bahnbrechende Erfindung veränderte das Leben der Menschen auf der ganzen Welt. Die Produktion von Büchern entwickelte sich so rasant, dass schon im 15. Jh. in Frankfurt am Main ein bedeutender Buchmarkt entstand – der Vorläufer der heutigen Frankfurter Buchmesse. Zeitungen konnten gedruckt und damit Nachrichten schnell verbreitet werden. Menschen, die mit etwas unzufrieden waren, verfassten Schriften gegen diese Zustände.

Ohne den Buchdruck hätten sich viele andere Entwicklungen der Renaissance langsamer verbreitet. Wer nun eine wichtige Entdeckung machte, schrieb darüber und regte andere zum Weiterforschen an. Das Wissen über die Welt nahm zu – gedruckte Lexika und Atlanten machten es für alle erreichbar.

1. ***Erkläre*** *die Rolle der katholischen Kirche in der europäischen Bildung und Wissenschaft vor der Erfindung des Buchdrucks (VT).*
2. ***Nenne*** *die Veränderungen durch die Erfindung des Buchdrucks mit beweglichen Lettern (VT).*

M 2 „... dass gewisse Leute diese Kunst missbrauchen“

Erzbischof Berthold von Mainz erlässt am 22. März 1485 folgendes Gesetz:

Obwohl die Druckerkunst es leicht macht, die Werkzeuge der Bildung zu beschaffen, so haben wir doch erfahren, dass gewisse Leute diese Kunst missbrauchen. Sie haben nämlich Bücher, die von göttlichen Dingen handeln, aus der lateinischen in die deutsche Sprache übersetzt. Laien[1] und ungelehrte Menschen und das weibliche Geschlecht, in deren Hände die Bücher fallen, können nicht das wahre Verständnis herauslesen. Da der wahre Anfang der Buchdruckkunst in diesem unserem goldenen Mainz mit Gottes Willen hervorgetreten ist, soll auch von uns diese Kunst geschützt werden. Daher befehlen wir, keine Werke aus der lateinischen oder sonst einer Sprache ins volkstümliche Deutsch zu übersetzen, wenn nicht die Werke vor der Drucklegung durch Doktoren der Universität Mainz durchgesehen und zum Druck freigegeben wurden.

Zit. nach: Joachim Leuschner, Die Kirche des Mittelalters, Stuttgart 1962, S. 46 f.

M 3 Ausschnitt aus einer Seite der Gutenberg-Bibel von 1456

Die verzierten Anfangsbuchstaben wurden nach dem Druck mit der Hand eingefügt.

Internettipp:
Besuche das Gutenberg-Museum in Mainz oder schaue dir die Göttinger Ausgabe der Gutenberg-Bibel an. Beides findest du unter dem Mediencode 31101-67.

[1] Laien: Menschen ohne Priesterweihe

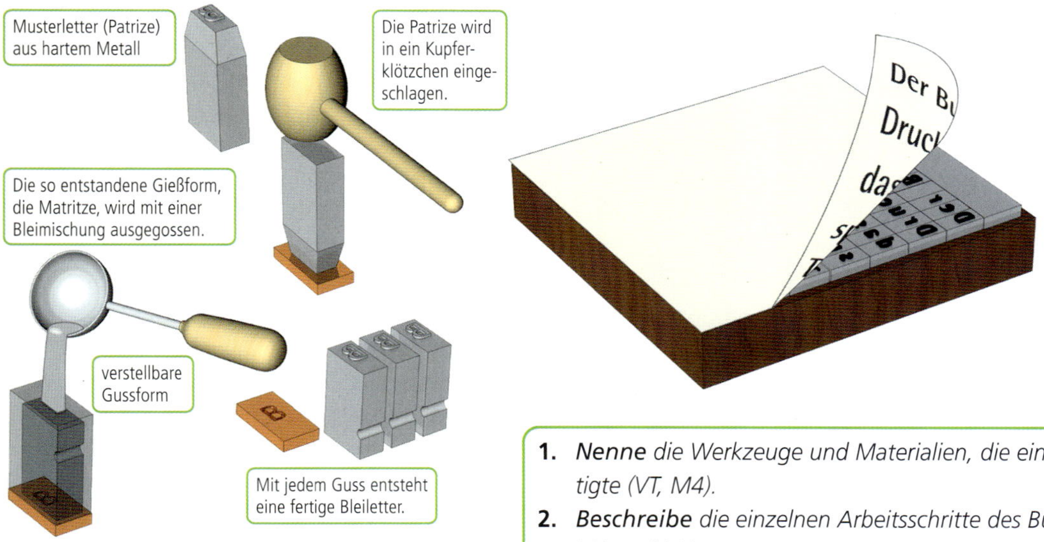

M 4 Herstellung der beweglichen Lettern

Jede Schriftart hatte eine oder mehrere Einkerbungen. So konnten die Drucker schnell erkennen, ob versehentlich ein Buchstabe einer anderen Schriftart genommen wurde.

1. ***Nenne*** *die Werkzeuge und Materialien, die eine Buchdruckerei benötigte (VT, M4).*
2. ***Beschreibe*** *die einzelnen Arbeitsschritte des Buchdrucks mithilfe von M1 und M4.*
3. ***Prüfe****, auf welche Kunden Drucker wie Gutenberg hoffen durften (VT, M1–M4).* (H)
4. ***Diskutiert*** *in der Klasse, ob es eurer Meinung nach Gründe geben kann, die gegen die Veröffentlichung eines Buches sprechen.*

Ein neues Weltbild entsteht

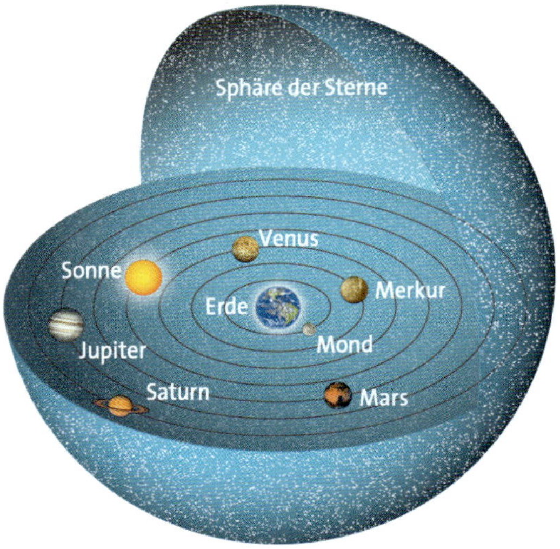

M1 Das geozentrische Weltbild

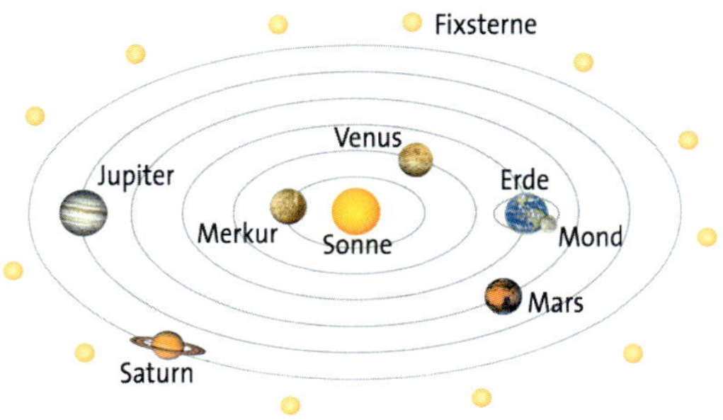

M2 Das heliozentrische Weltbild nach Galilei

Das antike und das mittelalterliche Weltbild

Geografische Karten sind heute unentbehrlich. Sie sollen exakt sein und helfen, sich zurechtzufinden. Während des Mittelalters sollten Karten und Darstellungen des Weltalls auch das religiöse Weltbild wiedergeben. Da laut Bibel die Erde mit den Menschen die wichtigste Schöpfung Gottes war, musste sie auch im Zentrum des christlichen Weltbildes stehen.

Es stimmte mit den Vorstellungen antiker Gelehrter überein, vor allem mit denen des Griechen Claudius Ptolemäus, der im 2. Jh. n. Chr. im ägyptischen Alexandria gelebt hatte. Ptolemäus glaubte, die Erde stehe unbeweglich im Mittelpunkt des Weltalls. Dieses **geozentrische Weltbild** (griech. geo: Erde) ging davon aus, dass sich die Sonne und die Planeten um die Erde drehen.

Die Erde steht nicht mehr im Mittelpunkt

Der Geistliche und Astronom **Nikolaus Kopernikus** führte eigene Himmelsbeobachtungen und Berechnungen durch. Er bemerkte, dass Ptolemäus sich geirrt haben musste. Nicht die Sonne und die Planeten drehten sich um die Erde, sondern die Planeten um die Sonne. Für Kopernikus galt deshalb das „**heliozentrische Weltbild**" (griech. helios: Sonne). Er rückte die Erde aus dem Zentrum des mittelalterlichen Weltbildes und erklärte sie zu einem „gewöhnlichen Himmelskörper".

Kopernikus zögerte jedoch, seine Erkenntnis allgemein bekannt zu machen, denn er war sich unsicher. Einige Erscheinungen konnte er noch nicht erklären. Damit hatte er zum Weltbild des Ptolemäus noch kein schlüssiges Gegenmodell.

Konflikte mit der alten Ordnung

Als Nebenprodukt von Experimenten für Brillengläser entstand um 1600 das Teleskop. Mit dieser Erfindung ließen sich viel genauere Himmelsbeobachtungen anstellen. So beobachtete **Galileo Galilei**, ein Wissenschaftler aus Pisa, mit einem selbst hergestellten Teleskop, dass um den Planeten Jupiter Monde kreisen. Galilei veröffentlichte die Entdeckungen. Er begründete auch, dass die Sonne im Mittelpunkt des Universums steht und die Erde um die Sonne kreist. Erstmals nahm ein Astronom keine Rücksicht mehr darauf, dass seine Erkenntnisse dem christlich-mittelalterlichen Weltbild widersprachen.

Die Kirche fühlte sich herausgefordert. Kardinal Bellarmino brachte Galileo vor die Inquisition[1], ein kirchliches Gericht. Es entschied: der Glaube an die göttliche Schöpfung dürfe nicht durch menschliches Wissen bezweifelt werden. Die Richter drohten ihm wegen seiner „Irrlehren" mit der Todesstrafe. Doch seine Erkenntnisse wurden von den Wissenschaftlern weiterentwickelt. Erst 1992 nahm der Papst Galileos Verurteilung zurück.

1. *Überlege, warum die Kirche das geozentrische Weltbild verteidigte.* (H)
2. ***Beschreibe** die neue Auffassung von Wissenschaft ab dem 17. Jh.*

[1] Inquisition (lat. inquisitio: gerichtliche Untersuchung): kirchliches Gericht, das „Irrlehren" verfolgen und bestrafen sollte, auch mit Folter und Todesstrafen

M3 Die Erde bewegt sich

Im Vorwort zu seinem Werk „Über die Kreisbewegungen der Himmelskörper" schreibt Kopernikus 1543:

Die Meinung von der Unbeweglichkeit der Erde [schien] durch das Urteil vieler Jahrhunderte bestätigt, ich dagegen behaupte, die Erde bewege sich. Als ich nun die Unsicherheit der mathematischen Überlieferung über die zu berechnenden Kreisbewegungen lange überlegt hatte, da fand ich bei Cicero[1], dass die Erde sich bewege. Nachher fand ich auch bei Plutarch[2], dass einige andere ebenfalls dieser Meinung gewesen seien. Ich war der Meinung, dass es auch mir wohl erlaubt wäre, zu versuchen, ob unter Voraussetzung irgendeiner Bewegung der Erde zuverlässigere Erklärungen für die Kreisbewegung der Weltkörper gefunden werden könnten als bisher. Und so habe ich denn durch viele und lange Beobachtungen endlich gefunden, dass die Erde und die Planeten sich um die Sonne drehen.

Nikolaus Kopernikus, Über die Kreisbewegungen der Weltkörper, hrsg. von G. Klaus, Berlin 1959, S. 4ff.

M4 Den heiligen Glauben beleidigt

Kardinal Roberto Bellarmino, der Berater des Gerichts gegen Galilei, schreibt am 12. April 1615:

Wenn man behaupten will, die Sonne stehe wirklich im Mittelpunkt der Welt und bewege sich nur um sich selbst, und die Erde bewege sich mit der größten Schnelligkeit um die Sonne, so läuft man damit große Gefahr, nicht nur alle Philosophen und Theologen zu reizen, sondern auch unseren heiligen Glauben zu beleidigen, indem man die Heilige Schrift eines Fehlers überführt.

Ich füge noch hinzu, dass derjenige, welcher geschrieben hat: die Sonne geht auf, und sie geht unter und kehrt zu ihrem Ort zurück, Salomo[3] ist, der der weiseste unter allen Menschen und sehr gelehrt in allen menschlichen Wissenschaften war.

Zit. nach: Jean-Pierre Verdet, Der Himmel, Ordnung und Chaos der Welt, übers. von Urs und Justus Schmitt-Ott, in: Abenteuer Geschichte, Bd. 16, Ravensburg 1991, S. 175ff.

M5 Fernrohre

Diese beiden Fernrohre fertigte Galileo Galilei selbst an. Erfunden hat er dieses Instrument zur Himmelsbeobachtung allerdings nicht. Die Entdeckung, dass mithilfe von zwei Linsen entfernte Dinge größer dargestellt werden können, wurde wohl um 1590 in Italien gemacht. Das erste Fernrohr baute wahrscheinlich 1608 ein Brillenmacher in Holland.

Hörtipp:
Was Kopernikus über die Bewegungen der Himmelskörper schreibt, kannst du dir unter dem Mediencode 31101-68 anhören.

[1] Marcus Tullius Cicero (106-43 v. Chr.): römischer Redner und Politiker

[2] Plutarch (46-ca. 120): griechischer Philosoph und Geschichtsschreiber

[3] Salomo: König des alten Israel (ca. 966-926 v. Chr.). Er galt als Verfasser von Teilen des Alten Testaments der Bibel.

1. *a) **Gib** in eigenen Worten **wieder**, wie Kopernikus seine neuen Thesen begründete (M3). b) **Erkläre** seine Gründe, die Thesen nicht zu veröffentlichen.*
2. ***Nenne** Kardinal Bellarminos Argumente gegen das heliozentrische Weltbild (M4).*
3. ***Vergleiche** die Methoden der Wissenschaftler (Galilei, Kopernikus) mit denen der Kirche (Bellarmino) (M1-M5, VT).*
4. *Du bist Berater/in des Papstes im Jahr 1615. Der Papst ist sich unschlüssig, wie er sich zu Galileis Thesen Verhalten soll. **Spielt** das Gespräch in einem **Rollenspiel**. Welchen Rat würdest du geben?* (H)

Erfindungen für Entdeckungen

M 1 Der erste Globus
Im Auftrag des portugiesischen Königs stellte der Nürnberger Kaufmann Martin Behaim 1492 mit dem Wissen der portugiesischen Seefahrer einen Erdglobus aus Pappe und Gips her.

M 2 Astrolabium
Astronomisches Messgerät, Foto von 2008
Das Astrolabium wurde in der Spätantike erfunden, von den Arabern in Byzanz entdeckt, weiterentwickelt und nach Europa gebracht, wo es in der Frühen Neuzeit von den Seefahrern genutzt wurde. Sie richteten das Instrument am Horizont aus, bis das Sonnenlicht durch die Löcher fiel, und lasen auf der Skala die Höhe der Sonne über dem Horizont ab. So konnten sie den Breitengrad berechnen.

Das Wissen über die Welt

Islamische Gelehrte haben das Wissen über die Welt gesammelt: aus den Schriften der Antike sowie aus China und Indien. Und sie haben es auch weiterentwickelt. Auf Sizilien und in Spanien wurden die arabischen Bücher ins Lateinische übersetzt. So profitierten auch christliche Gelehrte von den Leistungen der Muslime.[1] An der Pariser Universität Sorbonne wurde bereits im frühen 13. Jh. gelehrt, dass die Erde keine Scheibe ist.

Diese Erkenntnis war vor allem für die Seefahrt wichtig. Der älteste überlieferte Globus des Nürnberger Wissenschaftlers Martin Behaim zeigt uns die Welt, wie man sie sich 1492 vorstellte.[2]

Handel als Triebkraft

Der Wunsch nach exotischen Gewürzen und kostbaren Schätzen, vor allem Gold, lockte die Europäer in die Ferne. Das Buch des Kaufmanns Marco Polo aus Venedig, der bis nach China gereist war und am Hof des Kaisers Kublai Khan gelebt hatte, wurde ein „Bestseller" des Mittelalters. Doch es ist umstritten, ob Marco Polo alles wirklich selbst erlebt hat. China unterhielt eine ständige Verbindung mit dem Westen über die Seidenstraße durch Asien sowie über den Seeweg. Anfang des 15. Jh. unternahm China selbst große Expeditionen bis nach Ostafrika.

„High Tech" für die Seefahrt

Dafür fehlten den Europäern lange die nötigen Kenntnisse, geeigneten Schiffe und Instrumente. Die Kapitäne der Koggen, der Frachtschiffe der Hanse, segelten auf Nord- und Ostsee ohne Seekarte und bis etwa 1400 auch ohne Kompass. Tagsüber hielten sie sich in Sicht des Landes oder der Inseln, nachts orientierten sie sich am Polarstern. Fahrten über das weite Meer waren lebensgefährlich.

Seit Jahrhunderten wurden die begehrten Waren aus Asien über Land und arabische Zwischenhändler transportiert. Weil dies mühsam, gefährlich und teuer war, suchten Herrscher, Kaufleute und wagemutige Seefahrer nach einer Lösung: dem direkten Seeweg nach Asien.

Die Seefahrt konnte jetzt von den neuen Erkenntnissen profitieren. Mit verbesserten Schiffstypen wie der Karavelle, genaueren Karten und Messinstrumenten wie dem Stundenglas, dem Astrolab, dem Kompass und dem Jakobsstab zur Winkelmessung hatten die ersten Entdeckungsfahrer die „High Tech" ihrer Zeit an Bord. Trotzdem riskierten sie noch Kopf und Kragen, wenn das Land hinter dem Horizont verschwand. Denn wo ihr Schiff gerade schwamm, wussten sie trotzdem nicht genau.

1. ***Erkläre**, warum der Globus für die damalige Zeit eine große Leistung war (M1, VT).*
2. ***Zeige** den Zusammenhang von Wissenschaft und Entdeckungsfahrten **auf** (M1, M2, VT).*

[1] Siehe S. 184 f.
[2] Vgl. die Karte auf S. 187.

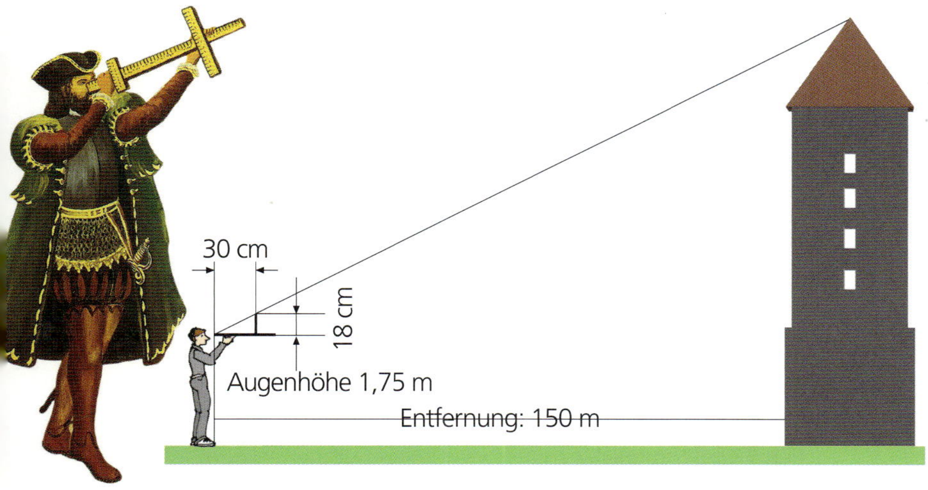

M3 Jakobsstab
Der Jakobsstab wurde von dem jüdischen Gelehrten Jakob Levi ben Gerson aus Avignon (Frankreich) im 14. Jh. erfunden. Damit lässt sich die Höhe oder die Entfernung von Gebäuden und Gegenständen messen. Seefahrer setzten den Jakobsstab mithilfe des Polarsterns und mathematischer Formeln zur Bestimmung des geografischen Breitengrades ein. Der Winkel des Querstabes zeigte die Höhe des Sterns über dem Horizont.

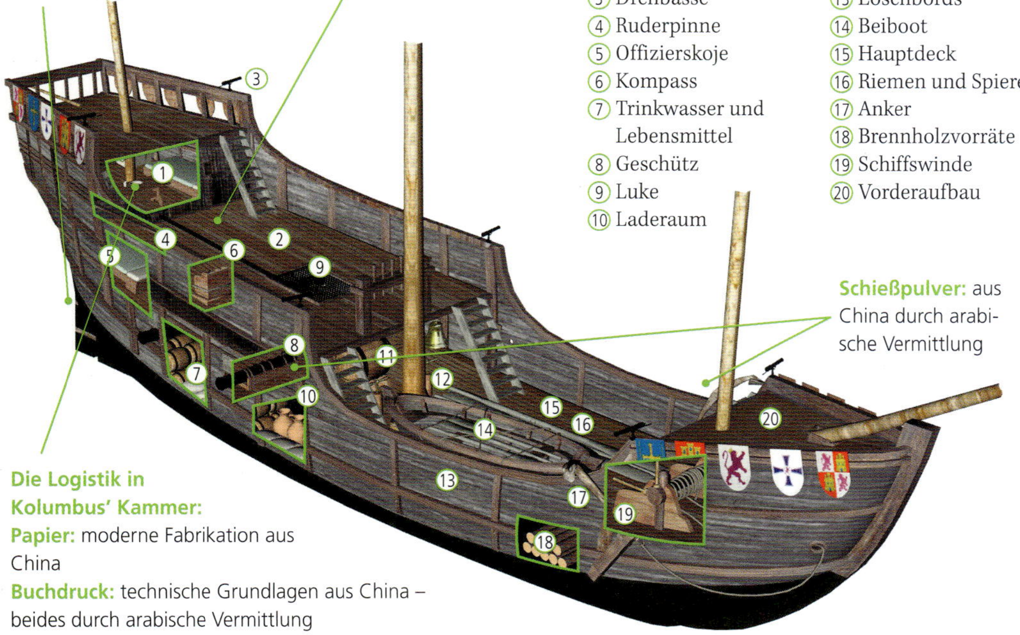

1. Kolumbus' Kammer
2. Achterdeck
3. Drehbasse
4. Ruderpinne
5. Offizierskoje
6. Kompass
7. Trinkwasser und Lebensmittel
8. Geschütz
9. Luke
10. Laderaum
11. Trinkwasserfass
12. Pumpen
13. Löschbords
14. Beiboot
15. Hauptdeck
16. Riemen und Spieren
17. Anker
18. Brennholzvorräte
19. Schiffswinde
20. Vorderaufbau

Die Logistik in Kolumbus' Kammer:
Papier: moderne Fabrikation aus China
Buchdruck: technische Grundlagen aus China – beides durch arabische Vermittlung
Fernrohr: Optik aus arabischer Wissenschaft
Navigationsinstrumente zur astronomischen Orientierung: jüdische und arabische Wissenschaft
Dezimales Zahlen- und Rechensystem: aus indischer und arabischer Wissenschaft

M4 Wissenschaft und Technik aus dem Nahen und Fernen Osten
Am Beispiel der Santa Maria, des Schiffes von Christoph Kolumbus (siehe die folgenden Seiten), wird deutlich, wie die christliche Seefahrt vom Wissen und Können der Muslime profitierte.

1. ***Arbeite weiter**: a) Fertige dir einen Jakobsstab aus Karton und bestimme selbst die Höhe von Gebäuden (M3). b) **Präsentiere** dein Ergebnis vor der Klasse und **erläutere**, wie du vorgegangen bist.*
2. *a) **Gib** in einer Tabelle die wissenschaftlichen und technischen Erfindungen aus M4 **wieder**. b) **Ordne** die Errungenschaften nach Bereichen (z. B. Navigation) und Regionen, aus denen sie kommen.*
3. *Die christliche Seefahrt profitierte vom Wissen anderer Kulturen. **Begründe** diese Aussage mit M4 und dem Verfassertext.*

Wettlauf nach Indien – Entdeckung Amerikas

Internettipp:
Schaue dir zu Kolumbus' Entdeckungsfahrt eine animierte Karte und interessante Links unter dem Mediencode 31101-69 an.

Im Westen den Osten suchen

Nach den Eroberungen der Osmanen war der Landweg nach China und Indien für den europäischen Handel gesperrt. Deshalb suchten die Portugiesen den Weg nach Indien um Afrika herum. 1487 umsegelte der Portugiese Bartolomeu Dias die Südspitze Afrikas. Sie wurde später „Kap der Guten Hoffnung" getauft.

Der Italiener **Christoph Kolumbus** schlug den Weg nach Westen über den Atlantik vor. Die Spanier erkannten eine Chance, den Rivalen Portugal beim Wettlauf nach Indien zu überholen. Der spanische König nahm Kolumbus in seine Dienste.

Ein genialer Irrtum

Kolumbus bekam drei Schiffe zur Verfügung. Von den Kanarischen Inseln aus stach er am 9. September 1492 in See. Am 12. Oktober erreichte er die Bahamas. Von dort aus entdeckte er die Antillen-Inseln Haiti und Kuba.

Im Frühjahr 1493 kehrte Kolumbus nach Spanien zurück. Das Königspaar bereitete ihm einen prunkvollen Empfang und machte ihn zum Generalgouverneur und Vizekönig der entdeckten Gebiete.

Kolumbus unternahm noch drei Fahrten über den Atlantik. Bis zuletzt glaubte er, den westlichen Seeweg nach Indien gefunden zu haben. Die Bewohner der entdeckten Gebiete nannte er deshalb Indios.

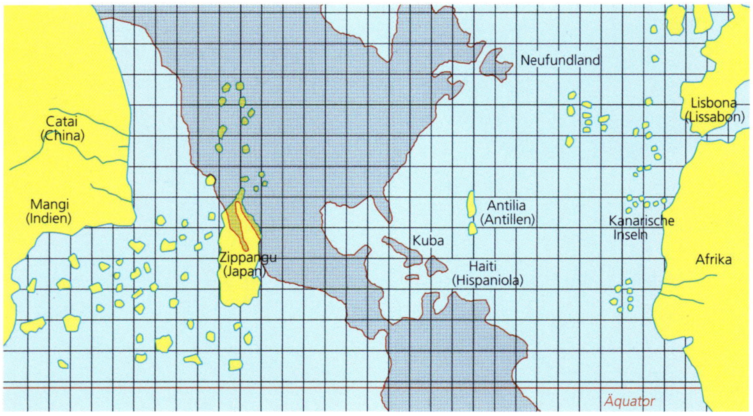

M 1 Rekonstruktion eines Ausschnitts der Karte Toscanellis von 1474
Zum Vergleich, grau eingezeichnet, die wirkliche Verteilung der Landmassen. Toscanelli schätzte die Entfernung zwischen den Kanarischen Inseln und Japan (Zippangu) auf 3 000 Seemeilen (1 Seemeile = 1 852 km).

America

Der Reisebericht von Kolumbus spornte andere Seefahrer an. Amerigo Vespucci aus Florenz erforschte 1499 bis 1501 die südamerikanische Küste. Er erkannte, dass er sich nicht in Asien, sondern auf einem neuen Kontinent befand. Aufgrund von Vespuccis Bericht gab der deutsche Kartograf Martin Waldseemüller 1507 auf einer Karte der „Neuen Welt" den Namen „America".

Immer weiter

1498 erreichte der Portugiese Vasco da Gama auf dem kürzesten Seeweg Indien. Sein Landsmann Ferdinand Magellan versuchte 1519 im Auftrag der spanischen Krone erneut, auf dem westlichen Seeweg nach Indien zu kommen. Er starb 1521 auf der Philippinen-Insel Mactan.

Der unter englischer Flagge segelnde Italiener Giovanni Caboto entdeckte 1497 die Küste Nordamerikas. Doch die Engländer zeigten kein Interesse, da sie dort weder Gold noch Silber fanden.[1]

Die Welt wird in zwei Hälften geteilt

Spanien und Portugal stritten sich um die entdeckten Gebiete. Der Papst entschied den Streit: Im Vertrag von Tordesillas teilte er die Welt entlang eines Längengrades durch den Atlantik: Westlich davon gehörte alles Spanien, östlich davon Portugal. Spanien durfte nun sein Kolonialreich in Amerika errichten, während Portugal das Monopol des Indienhandels bekam. Portugal begnügte sich mit Stützpunkten in Afrika und Asien, um seine Handelswege abzusichern. Die Vereinbarung hielt jedoch nur hundert Jahre. Andere europäische Mächte wie England, Frankreich und die Niederlande gründeten dann ebenfalls Kolonien in Übersee.

1. *__Nenne__ Gründe für einen „Wettlauf nach Indien" um 1500 (VT).* (H)
2. *a) __Berechne__ den Abstand zwischen Asien und Europa auf der Karte von Toscanelli in Kilometern (M1). b) __Beschreibe__ die Folgen für die Seefahrer, wenn sie die tatsächliche Entfernung ohne Zwischenstopp hätten zurücklegen müssen.*

[1] Blättere zurück zu S. 207.

M2 Begegnung mit den Ureinwohnern

Kolumbus schreibt Erlebnisse seiner ersten Entdeckungsreise 1492/93 in sein Bordbuch, das er für das spanische Herrscherpaar verfasste. Das Buch ist im Original nicht erhalten. Teile werden von seinem Sohn veröffentlicht. Der folgende Text ist eine Rekonstruktion. Über die erste Begegnung mit den amerikanischen Ureinwohnerinnen und Ureinwohnern heißt es darin:

12. Oktober. Ich kniete nieder, als ich festen Boden unter den Füßen hatte, und dankte Gott, indem ich die Erde küsste. Dann entfaltete ich das königliche Banner und rief die beiden Beamten der Krone zu Zeugen an, dass ich im Namen des Königs und der Königin von Spanien von der Insel Besitz ergriff.

Die Eingeborenen, glaube ich, sehen mich für einen Gott und die Schiffe für Ungeheuer an. Ich überwand ihre Scheu und Angst, indem ich Halsketten und rote Kappen an sie verteilen ließ. Bald wagten sie es, heranzukommen und uns vorsichtig zu berühren. Vor allem unsere Bärte versetzten sie in maßloses Erstaunen.

Ihr Anblick ist für uns überraschend, denn sie unterscheiden sich von allen Menschenrassen, die wir bisher gesehen haben. Sie gehen umher, wie Gott sie geschaffen hat, Männer sowohl als Frauen, und bemalen ihre schön geformten Körper mit grellen Farben. Ihre Haut ist von rötlich-gelber Farbe, ihr Haar tiefschwarz und glatt – nicht kraus wie das der afrikanischen Völker. Auffallend ist, dass sie alle jung sind.

Sie sind ohne Zweifel gutmütig und sanft. Ihre einzigen Waffen sind Lanzen mit einer Spitze aus Stein oder dem Knochen eines Fisches. Das Eisen kennen sie nicht. Auch mit unseren Schwertern wussten sie nichts anzufangen. Ich glaube, man könnte sie leicht zum Christentum bekehren, denn mir schien, dass sie keiner Sekte angehörten. Auf der Heimfahrt werde ich sechs dieser Männer mitnehmen, um sie dem König und der Königin zu zeigen. Außerdem sollen sie unsere Sprache erlernen.

13. Oktober. Die Angst der Indianer vor unseren Schiffen scheint geschwunden zu sein. Sie brachten uns als Geschenke Papageien, aus Baumwolle verfertigtes Garn und eine Art Brot mit, das sie aus einer Wurzel zubereiten, die den Namen Yuka trägt. An unseren Geschenken hatten sie viel Freude. Sie scheinen zu glauben, dass alles, was aus unseren Händen kommt, überirdische Kraft besitzt. Ich bemerkte, dass sich manche Indianer die Nase durchlöchern und in die so entstandene Öffnung ein Stück Gold gesteckt haben. Sie tauschen das Gold, das sie offenbar für wertlos ansehen, gern gegen Glasperlen ein, doch verbot ich diesen Tauschhandel sofort. Das Gold gehört der Krone[1] allein! Ich fragte die Eingeborenen, woher das Gold stamme, und erfuhr, dass es auf ihrer Insel gefunden werde, in geringen Mengen nur. Aber im Süden gebe es ein Reich, wo ein König aus Gefäßen von purem Gold esse und trinke. Ich fragte weiter, ob dieses Reich Cipango[2] heiße, doch verstanden sie mich nicht. Dennoch gibt es für mich keinen Zweifel mehr: Der König ist derselbe, dessen prächtige Stadt Marco Polo beschrieben hat.

Zit. nach: Robert Grün (Hrsg.), Das Bordbuch des Christoph Columbus, Stuttgart 1983, S. 96 - 98

M3 „Kolumbus, als er in India erstlich angekommen …“
Kolorierter Kupferstich von 1594 (Ausschnitt)
Die Illustration stammt aus einem von dem Frankfurter Verleger Theodor de Bry herausgegebenen Reisebericht. Sie ist ein Fantasiebild, das sich der Kupferstecher nach der Lektüre der Reiseberichte gemacht hat.

[1] Gemeint ist der König von Spanien.
[2] Cipango: Japan. Kolumbus dachte, er sei wie Marco Polo in Asien gelandet.

1. ***Erkläre***, *warum Kolumbus vermutete, in Japan gelandet zu sein (M1, M2, VT).*
2. *a)* ***Beurteile*** *die Glaubwürdigkeit der beiden Darstellungen zur Landung von Kolumbus in Amerika (M2, M3).*
   b) ***Arbeite*** *die Textstellen* ***heraus***, *die Kolumbus direkt für das spanische Herrscherpaar geschrieben, vielleicht sogar extra erfunden haben könnte (M2).*
   c) ***Stelle gegenüber***, *was laut dem Bericht den Ureinwohnern und was den Spaniern wertvoll bzw. wertlos scheint (M2, M3).*
   d) ***Diskutiert***, *wodurch der Wert einer Sache entsteht (M2, M3).*

Lernen und arbeiten mit Online-Lexika

Schnell Informationen nachschlagen

Ein Lexikon ist ein Nachschlagewerk oder Wörterbuch zu allen möglichen Begriffen aus den unterschiedlichsten Wissensgebieten. Es gibt sehr unterschiedliche Lexika: Einige gibt es nur gedruckt, andere nur online oder nur zu einem bestimmten Thema, einige sind für Expertinnen und Experten, andere für Kinder oder für Schülerinnen und Schüler geschrieben.

Was ist bei Online-Lexika zu beachten?

Online-Lexika haben gegenüber gedruckten Lexika einige Vorteile: Ihre Informationen können leichter aktuell gehalten werden und sie sind jederzeit überall verfügbar.
In den meisten Lexika haben Expertinnen und Experten einen Artikel zu ihrem Fachgebiet geschrieben. Das größte Online-Lexikon Wikipedia hingegen hat die Besonderheit, dass grundsätzlich jeder an allen Artikeln mitschreiben kann. Alle Nutzerinnen und Nutzer kontrollieren die Qualität der Artikel gegenseitig.
Während du bei gedruckten Lexika wissen musst, unter welchem Begriff die Informationen im Lexikon stehen, kannst du bei Online-Lexika über das Suchfeld einen Begriff eingeben (vgl. S. 25 zur Internetrecherche) und es werden dir alle Artikel angezeigt, in denen der Begriff vorkommt.

Wer war Christoph Kolumbus?

Den Namen Kolumbus kennt fast jeder. Aber wer war dieser Kolumbus? Ein Lexikon bietet schnell die wichtigsten Informationen zu einer Sache oder Person, z. B. wann oder wo sie geboren wurde oder verstorben ist. Für ein Referat zu seiner Person reicht ein Lexikoneintrag nicht aus, aber er bietet in der Regel einen guten Einstieg und weiterführende Hinweise, z. B. auf Bücher und Internetseiten zum Thema.

In drei Schritten zum Ziel

1. Frage klären und Nachschlagewerk auswählen

- Was genau will ich nachschlagen?
- Wo finde ich diese Information schnell, verständlich und zuverlässig?

2. Text überfliegen und gezielt Information suchen

- Lese-Scanning (to scan: untersuchen, abtasten):
  Wenn du eine Antwort auf eine ganz bestimmte Frage suchst, dann überfliege den Text nach dem gesuchten Aspekt, z. B. einer Jahreszahl, einem Namen oder einem bestimmten Wort. Taste den Text also beim Lesen ab, ohne ihn komplett zu verstehen.

  Tipp: STRG+F gleichzeitig drücken → In dem dann geöffneten Feld den gesuchten Begriff z. B. „geboren" eingeben. → Falls der Begriff im Text vorhanden ist, wird die Stelle auf der Internetseite direkt angezeigt.

3. Information mit Vorwissen prüfen

- Nur weil etwas gedruckt ist oder weil es im Internet steht, heißt es noch nicht, dass es richtig ist.
  Bei Widersprüchen oder anderen auffälligen Informationen solltest du andere Nachschlagewerke hinzunehmen und die Informationen miteinander vergleichen.

KLEXIKON

Startseite
Übers Klexikon
Alle Artikel
12 Wissensgebiete
Themen-Übersichten
Zufälliger Artikel
Für Lese-Anfänger
Jetzt spenden
Presse
Mitmachseiten
Mitmachen
Artikelwünsche
Artikelentwürfe
Hilfe
Forum
Letzte Änderungen
Werkzeuge

Seite | Diskussion | Lesen | Quelltext anzeigen | Versionen/Autoren | Suchen

Christoph Kolumbus

Christoph Kolumbus war ein Abenteurer aus Italien. Man nennt ihn den Entdecker Amerikas, obwohl er nicht der erste Europäer in Amerika war. Viermal fuhr er mit seinen Schiffen von Europa nach Amerika und wieder zurück.

Seine erste Reise fand in den Jahren 1492 und 1493 statt. Bald wurde in ganz Europa bekannt, was er entdeckt hatte. Viele andere reisten ebenfalls nach Westen. Einige Jahrzehnte später, herrschten europäische Länder über einen großen Teil von Amerika. Kaum eine andere Entdeckung hat die Welt so sehr verändert.

Kolumbus wurde ungefähr im Jahr 1451 in Genua geboren, einer Hafenstadt in Italien. In seiner Muttersprache lautet sein Name Cristoforo Colombo. Wie er aussah, weiß man nicht: Die Bilder, die wir heute haben, wurden erst nach seinem Tod im Jahr 1506 gemalt.

Wie Kolumbus aussah, ist heute unbekannt. Dieses Gemälde stammt aus dem Jahr 1519,

Inhaltsverzeichnis [Verbergen]

M1 Klexikon-Artikel zu Christoph Kolumbus (Stand: 03.01.2021)
Die Links führen zu eigenen Wikipedia-Artikeln zu den jeweiligen Begriffen.

wissen.de | **Kolumbus**

VIDEO
Kolonialmacht Spanien

LEXIKON
Ei des Kolumbus
Columbus, Christoph(er)
Trinidad und Tobago
Bahamas
Jungferninseln (Auflistung)
Entdeckung Amerikas
Alle Ergebnisse (29)

Wahrig Herkunftswörterbuch
Indianer
Ureinwohner Amerikas ♦ zu *Indien;*
als Kolumbus den Seeweg nach

wissen.de Artikel
Und es wurde finster
Christoph Kolumbus: Ein Entdecker mit Geheimnissen
Leif Eriksson: Ein Wikinger als wahrer Entdecker Amerikas
Kürbis-Laternen: Wegweiser für verlorene Seelen
Als Magellan die Magellanstraße entdeckte
Warum ging Kolumbus auf Entdeckungsreise?
Alle Ergebnisse (26)

Daten der Weltgeschichte
Spanien (1486)
Nackt, feige und arbeitsam
Christoph Kolumbus landet auf San Salvador (12. 10. 1492)
Amerika/Spanien (9. 5. 1502)
Amerika/Spanien (25. 11. 1500)
Amerika/Spanien (25. 9. 1493)
Alle Ergebnisse (7)

Wahrig Synonymwörterbuch

Wahrig Fremdwörterlexikon

präkolumbisch

prä|ko|lum|bisch ⟨Adj.⟩ vor der Entdeckung durch Kolumbus; *das ~e Amerika; in ~er Zeit* [< *prä…* + Christoph *Kolumbus,* 1446 od. 1447–1506, Entdecker Amerikas]

Colón

Co|lón ⟨[kolɔn] m.; – od. –s, –s od. (bei Zahlenangaben) –⟩ Währungseinheit in Costa Rica u. El Salvador [nach der span. Form des Namens *Kolumbus*]

Alle Ergebnisse (2)

Quiz
Geschichte Nord- und Mittelamerikas
Quiz: Berühmte Forschungsexpeditionen
Alle Ergebnisse (2)

Großes Wörterbuch der deutschen Sprache

M2 Suchergebnis zu „Kolumbus" auf wissen.de (Stand 03.01.2021)

1. ***Vergleiche*** *die Lexikonartikel (M1, M2) zu Christoph Kolumbus, ein weiteres Online-Lexikon sowie ein weiteres gedrucktes Lexikon miteinander. Hinweis: Unter dem Mediencode 31101-70 findest du weitere Online-Lexika. Im Begriffs-Lexikon dieses Schulbuchs findest du einen Eintrag, du kannst aber auch ein anderes gedrucktes Lexikon aus eurer Schulbibliothek nutzen. Lege für deinen Vergleich eine Tabelle mit möglichen Unterscheidungskriterien an.* (H)
2. ***Begründe****, welches der verglichenen Lexika für dich zum Einstieg in ein ganz neues Thema am besten geeignet ist.*
3. ***Arbeite weiter****:* ***Informiere dich*** *mithilfe der Arbeitsschritte links sowie der kennengelernten Lexika über das Leben und die Reisen von Marco Polo (vgl. S. 184).*

Mit Bibel und Schwert

M 1 Die aztekische Hauptstadt Tenochtitlán
Holzschnitt von 1572
Das Bild entstand nach Skizzen des Konquistadors Hernán Cortés. Als die Spanier die Stadt 1521 eroberten, hatte sie etwa 250 000 Einwohnerinnen und Einwohner. Den Mittelpunkt bildet der Opfertempel. Um ihn herum lagen die Paläste der Herrscher. 1521 wurde Tenochtitlán dem Erdboden gleichgemacht und an seiner Stelle Mexiko-Stadt errichtet.

Internettipp:
Unter dem Mediencode 31101-71 findest du eine animierte Karte zum spanischen Kolonialreich und weitere Informationen.

Inka, Maya und Azteken

Kolumbus und seine Nachfolger waren in der Heimat mächtiger Hochkulturen gelandet: den Kleinstaaten des alten Volkes der Maya auf der Halbinsel Yucatan, dem aufstrebenden Reich der Azteken in Zentralmexiko und dem Riesenreich der Inka in Südamerika. An der Spitze der einheimischen (indigenen) Völker standen Herrscher, die wie Götter verehrt wurden. Die Städte hatten gepflasterte Straßen, prächtige Tempel und große Paläste. Ihre Kunstwerke aus Keramik, Textilien, Gold und Silber sind Teile einer großartigen Kultur. Die Maya besaßen damals schon seit über 1 000 Jahren eine eigene Schrift und ein großes Wissen. Die Völker Altamerikas kannten aber weder Pferde noch Wagen. Auch Eisen war ihnen fremd.

Die Ankunft der Konquistadoren

Die Spanier kamen als Eroberer (span. conquistador) in die „Neue Welt". Unter ihrem Anführer Hernán Cortés landeten sie 1519 in Mexiko, unter Francisco Pizarro begann 1531 die Eroberung des Inka-Reiches. Die Azteken hielten die Fremden vielleicht zunächst für Götter und die Pferde für übernatürliche Wesen. Sie erkannten aber bald ihren Irrtum.

Ein Kolonialreich entsteht

Die Konquistadoren suchten Gold, Silber und Perlen. Sie gingen mit brutaler Gewalt vor und unterwarfen die einheimische Bevölkerung. Die Spanier waren mit ihren Pferden und Schusswaffen den Azteken weit überlegen. Die Ureinwohner mussten als Sklaven für die spanischen Siedler arbeiten. Es entstanden große Plantagen für Zuckerrohr und Baumwolle; die Produkte wurden mit Schiffen in das Mutterland Spanien verfrachtet. Mit diesen Kolonien begann die Europäisierung der Welt. Grausame Strafen, die harte Zwangsarbeit und eingeschleppte Krankheiten aus Europa führten dazu, dass die Einheimischen zu Tausenden starben.

Zerstörung der Kulturen und die Folgen

Mit den Konquistadoren kamen christliche Missionare in die „Neue Welt". Sie wollten die Einheimischen zum katholischen Glauben bekehren. In ihren Augen war die einheimische Religion Götzenverehrung und schwere Sünde. Im Auftrag der Kolonialverwaltung wurden „Ungläubige" oft grausam bestraft und ihre Heiligtümer zerstört. Nur wenige Europäer setzten sich für die Einheimischen ein. Seit der Eroberung Kubas 1514 protestierte der Geistliche Bartolomé de Las Casas beim spanischen König gegen die brutale Versklavung. Las Casas soll aber auch empfohlen haben, Afrikaner in die „Neue Welt" zu holen, da sie kräftiger seien als die Ureinwohner. Diesen Rat soll er später bereut haben. 1542 wurde schließlich ein Gesetz zum Schutz der Indigenen erlassen, das Mord, Folter und Versklavung verbot. In den Kolonien wurde es aber praktisch nicht angewandt und später sogar teilweise wieder aufgehoben.

Die Folgen der spanischen Eroberung sind bis heute sichtbar: Die Länder Südamerikas sind spanisch geprägt. Die Nachfahren der „Indios" gehören meist zur ärmeren Bevölkerung. Noch heute arbeiten viele einfache Bauern für geringe Löhne auf Plantagen für große Unternehmen.

1. ***Beschreibe** das Stadtbild (M1).*
2. ***Erstelle** Plakate über die Inka, Maya und Azteken und **präsentiere** sie.*

M2 Empfang durch den Aztekenkönig

Der Franziskanermönch Bernardino de Sahagún beginnt 1540 als erster damit, Zeugenberichte der mexikanischen Bevölkerung aufzuzeichnen und in einem Buch zu veröffentlichen. Hier folgen Auszüge aus zwei Kapiteln daraus:

IM SIEBZEHNTEN KAPITEL wird erzählt, wie die Spanier den König Moctezuma[1] beim Eintritt in den Palast begleiteten und was dort geschah. Und nachdem man am Palast angelangt und hineingegangen war, ergriffen sie ihn, behielten ihn in Gewahrsam und unter Aufsicht. Aber die anderen entkamen. Und danach wurden alle Geschütze abgefeuert. Alles lief durcheinander, nach der einen und nach der anderen Seite, alles Volk geriet in Verwirrung.

Und nachdem sie an dem Schatzhause, das Teocalco genannt wird, angelangt waren, wurde alles Glänzende hervorgeholt. Danach wurde das Gold abgelöst, das an den Schilden befestigt war, und an allen den Abzeichen. Und nachdem alles Gold abgelöst war, zündeten sie alle die verschiedenen Kostbarkeiten an, steckten sie in Brand; alles verbrannte. Und das Gold schmolzen die Spanier in Barren, und die grünen Edelsteine, so viel ihnen gefielen, nahmen sie an sich. Sie nahmen alles, was sie fanden, was ihnen gefiel.

IM ZWANZIGSTEN KAPITEL wird erzählt, wie die Spanier die Mexikaner töteten und ermordeten, die dem Huitzilopochtli[2] ein Fest feierten, an dem Orte, der „Tanzplatz des Gottes" genannt wird. Und während man tanzte, im Reigentanz sang, kamen die Spanier heraus, zum Kriege gerüstet. Sie verschlossen überall die Ausgänge und Eingänge, die Adlerpforte, am kleinen Palast. Und danach treten die Mörder in den Tempelhof ein, darauf umringen sie die Tanzenden. Viele durchbohren sie mit der Eisenlanze und erschlagen sie mit dem Eisenschwert.

Zit. nach: Emir Rodriguez Monegal (Hrsg.), Die Neue Welt. Chroniken Lateinamerikas von Kolumbus bis zu den Unabhängigkeitskriegen, Frankfurt am Main 1982, S. 153 und 161 f. (gekürzt und sprachlich leicht überarbeitet; aztekische Namen sind an die gängige Schreibweise angepasst)

M3-5 Auf dem Weg nach Tenochtitlán

Die Bilder stammen aus dem Lienzo de Tlaxcala aus der zweiten Hälfte des 16. Jh. Auf dem ersten Bild übergeben die Bewohner der Stadt Xaltelolco Tribute an Cortés. Darunter wird die Stadt Michoacan erobert. Die Spanier kämpfen mit indigenen Verbündeten, Tlaxcalteken, gegen die Azteken.
Auf dem letzten Bild wird Cortés vom Aztekenkönig Moctezuma empfangen.
Auf M3 und M5 ist auch die tlaxkaltekische Sklavin von Cortés als Übersetzerin zu

[1] Moctezuma II. herrschte von 1502 bis zu seinem Tod 1520 über das Aztekenreich.

[2] Bei den Azteken galt die Sonne als Urspung für alles Leben. Deshalb wurde der Sonnengott Huitzilopochtli von ihnen besonders verehrt.

1. ***Fasse*** *die Beschreibung der Spanier* ***zusammen*** *(M2).*
2. ***Vergleiche*** *die Darstellung der Spanier und der Azteken (M3-M5).*
3. ***Erkläre****, wie die Spanier den Palast Moctezumas und das Aztekenreich erobern konnten, obwohl sie in der Minderheit waren.*
4. ***Stelle Vermutungen an****, warum es die Spanier als gerechtfertigt betrachteten, die Einheimischen zu berauben und gewaltsam zum christlichen Glauben zu bekehren.* (H)

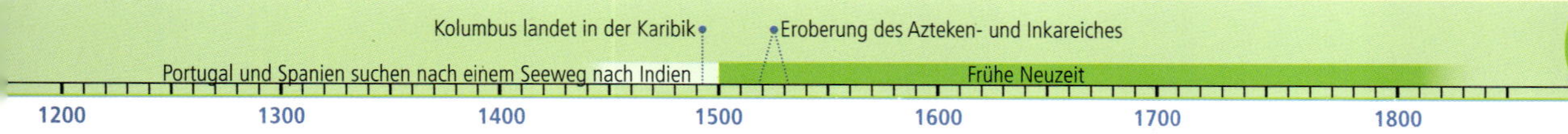

Perspektiven in Quellen erfassen

Wie beurteile ich widersprüchliche Quellen?

Wie kannst du mit schriftlichen Quellen umgehen, die voneinander abweichen oder sich sogar widersprechen?

Ein Geschehen wird stets aus einer bestimmten Perspektive (Sicht) beschrieben. Der Verfasser oder die Verfasserin des Textes nimmt also einen eigenen Standpunkt ein. Vergleiche deshalb die Quellen und prüfe, was der eine erwähnt und der andere weglässt.

Damit du weißt, wie glaubwürdig die Quelle ist, solltest du wissen, wer der Autor oder die Autorin ist und wann, wo und in wessen Auftrag er oder sie den Text verfasst hat. So kannst du die verschiedenen Perspektiven erkennen. Abschließend kannst du beurteilen, ob bzw. wessen Aussagen du eher traust.

Der Disput von Valladolid

Der spanische Pater Bartolomé de Las Casas war einer der wenigen Europäer, die sich für die Einheimischen einsetzten. Auch er sah die amerikanischen Kulturen zwar als unterlegen an, jedoch wandte er sich in Briefen und Denkschriften gegen die Unterdrückung, Ausbeutung und Ermordung der indigenen Bevölkerung. Damit löste er in der spanischen Öffentlichkeit große Debatten aus. Sogar der Papst schaltete sich ein. Als Herrscher über die Kolonien in der „Neuen Welt" setzte der spanische König Karl V. daraufhin eine Prüfungskommission ein. 1550/51 verhandelten Gelehrte in der spanischen Stadt Valladolid, ob die Behandlung der indigenen Bevölkerung rechtmäßig sei. Berühmt wurden dabei die Streitgespräche zwischen Bartolomé de Las Casas und Juan Ginés de Sepúlveda, der die Interessen der spanischen Siedler und Landbesitzer vertrat. Die Textauszüge rechts zeigen die unterschiedlichen Sichtweisen der Kontrahenten.

In drei Schritten zum Ziel

1. Beschreibe,
- um welche Art von Quellen es sich handelt,
- mit welchem gemeinsamen Thema sich die Quellen beschäftigen oder über welches Ereignis beide berichten,
- was in der einen Quelle erwähnt wird, in der anderen nicht,
- an welcher Stelle die Autorinnen und Autoren einen eigenen Standpunkt einnehmen,
- ob diese Standpunkte oder Meinungen offen geäußert werden oder nur indirekt,
- wie sich die Standpunkte voneinander unterscheiden.

2. Erkläre und ordne ein,
- wann, wo und warum, vielleicht in wessen Auftrag die Texte verfasst wurden,
- wer die Autorinnen und Autoren sind,
- ob sie eine persönliche Beziehung zum Thema haben, über das sie schreiben, bzw. das Ereignis selbst beobachtet oder nur von anderen gehört haben,
- ob sie sogar eigene Interessen vertreten.

3. Deute und bewerte,
- von welchem Standpunkt die Autorinnen und Autoren argumentieren und urteilen,
- an wen sie sich richten,
- was die Autorinnen und Autoren mit ihren Texten bewirken wollen,
- welche Argumentation dich überzeugt und warum.

M1 „Natürliche Ordnung“

Der spanische Theologe Juan Ginés de Sepúlveda fasst ein 1544/45 geführtes Streitgespräch zusammen und begründet darin das Vorgehen der Spanier gegen die Indigenen:

Da die Indianer ihrer Natur nach Sklaven, Barbaren, rohe und grausame Gestalten sind, lehnen sie die Herrschaft der Klugen, Mächtigen und Vortrefflichen ab, anstatt sie zu ihrem eigenen Besten zuzulassen, wie es einer natürlichen Gerechtigkeit entspricht. Denn der Körper muss der Seele, die Begierde der Vernunft, die rohen Tiere dem Menschen, das heißt also das Unvollkommene dem Vollkommenen, das Schlechte dem Besseren unterworfen sein. Denn das ist die natürliche Ordnung, die das göttliche und ewige Gesetz befiehlt […].

Als zweiten Grund [wird] die Ausrottung des entsetzlichen Verbrechens angeführt, Menschenfleisch zu verzehren, was ganz besonders der Natur zuwider ist, und weiter die Vermeidung, dass anstelle Gottes Dämonen angebetet werden, was insbesondere den göttlichen Zorn hervorruft, vor allem in Verbindung mit jenem ungeheuerlichen Ritus, Menschen als Opfer darzubringen […], was nach meiner Meinung sehr viel Überzeugungskraft und Gewicht hat, um die Gerechtigkeit dieses Krieges zu behaupten […]. An vierter Stelle [wird] auf den Umstand hingewiesen, dass die christliche Religion bestimmt ist, sich überallhin, wo sich Gelegenheit bietet, mittels Predigt des Evangeliums zu verbreiten, nachdem der Weg den Predigern und Lehrern der Moral und Religion eröffnet worden ist, und dass diese Missionare in einer Weise geschützt werden, um mit Sicherheit ihrer Personen die Heilslehren verkünden zu können.

Zit. nach: Richard Konetzke, Lateinamerika seit 1492, Stuttgart 1970, S. 8f. (gekürzt und vereinfacht)

M3 Kupferstich von Joos van Winghe in Bartolomé de las Casas „Bericht von der Verwüstung der Westindischen Länder“ von 1552

M2 Natürliche Ordnung?

Der spanische Mönch Bartolomé de Las Casas hat folgende Sicht auf das Vorgehen der Spanier:

Ich bestehe darauf, dass die Spanier sich der Ausübung solcher Exzesse gegen andere Völker, wenn diese auch barbarische Götzendiener oder von allen Lastern befallen sein mögen, enthalten und von jener Sanftmut Zeugnis geben sollen, mit der sie selbst vor diesen Völkern berufen wurden. Der Grund dafür ist ganz klar, denn es gibt keinen Unterschied mehr zwischen Mann und Frau, „Griechen und Juden, Sklaven und Freien, weil Christus in allem ist“ (Kol. 3,11). Da nun die Natur der Menschen in allen dieselbe ist und alle von Christus gerufen sind in derselben Weise und auch nicht auf verschiedene Art und Weise berufen werden wollen, darf man die Indios[1] nicht auf andere Weise zum Eintritt in die Kirche einladen als alle anderen Menschen auch.

Zit. nach: Mariano Delgado (Hrsg.), Gott in Lateinamerika. Texte aus fünf Jahrhunderten. Ein Lesebuch zur Geschichte, Düsseldorf 1991, S. 103ff.

[1] Der Begriff „Indios“ begegnet dir in der älteren Literatur häufiger. Er gilt aber als überholt und wird heute als abschätzig gegenüber den Ureinwohnerinnen und Ureinwohnern verstanden. Auch den Begriff „Indianer“ verwenden wir heute nicht mehr.

1. ***Untersuche*** *mithilfe der Arbeitsschritte auf der linken Seite die Quellen von Las Casas und Sepúlveda über die natürliche Ordnung. Verwende dazu auch die vorgeschlagenen Formulierungshilfen auf S. 375.* (H)
2. ***Verfasst*** *in Zweierteams ein Streitgespräch zwischen Sepúlveda und Las Casas.*
3. *a)* ***Stelle Vermutungen an****, warum die Mehrzahl der Europäer der Ansicht Sepúlvedas gefolgt sein könnte. b)* ***Beurteile*** *das Vorgehen aus heutiger Sicht.*

Kolonialismus und Sklavenhandel

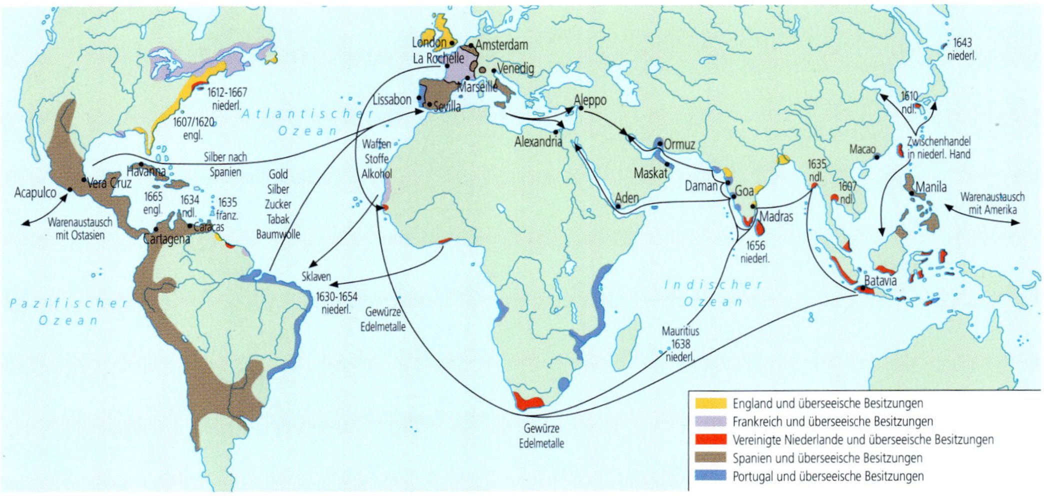

M 1 Europäische Kolonialreiche und Hauptwege des Kolonialhandels im 16./17. Jh.

Europäische Expansion

Die europäische Expansion nach Übersee, die im 15. Jh. mit den Entdeckungs- und Eroberungsfahrten der Spanier und Portugiesen ihren Anfang nahm, veränderte die Welt von Grund auf.

Die Spanier hatten nahezu ganz Süd- und Mittelamerika erobert und ein riesiges Kolonialreich aufgebaut. Anders gingen die Portugiesen, später auch die Engländer, Franzosen und Holländer vor: Sie brachten durch Gewalt und Verhandlungen einzelne Hafenstädte in ihren Besitz und gründeten **Handelskolonien**. Von einzelnen Stützpunkten an den afrikanischen, asiatischen oder südamerikanischen Küsten aus trieben sie Handel mit Gold, Edelmetallen und Sklaven oder gründeten Plantagen, auf denen in Europa gefragte Güter wie Tabak oder Zucker produziert wurden.

Sklavenhandel

Weil so viele amerikanische Indigene starben und nicht mehr versklavt werden durften, suchte man nach neuen billigen Arbeitskräften. Bald entstand ein Handel mit afrikanischen Sklavinnen und Sklaven, die nach Amerika verkauft wurden. Die Spanier erteilten dafür die Erlaubnis an Handelsgesellschaften aus anderen Ländern, wie auch die deutschen Handelsgesellschaften der Fugger und Welser[1]. Die Sklaven wurden in Silberbergwerken und später auf großen Plantagen in Nord- und Südamerika eingesetzt.

Neue Handelsrouten

Wie viele Afrikaner vom 16. bis zu Beginn des 19. Jh. Opfer des Sklavenhandels wurden, kann man nur schätzen. Millionen Menschen starben bereits bei der Sklavenjagd in Afrika selbst oder durch die unmenschlichen Bedingungen des Transports auf den Schiffen. Die europäischen Sklavenhändler gewannen Einheimische als Helfer bei der Jagd nach Sklaven. Zwischen Amerika und Europa transportierten Schiffe das, was durch Sklavenarbeit auf Plantagen und in Bergwerken produziert worden war. Europäische Schiffe brachten Gold, Elfenbein, Gewürze, Federn, arabisches Gummi und Lederwaren aus Westafrika nach Europa. Westafrikanische Textilproduzenten erwarben von den Europäern Leinenstoffe und Baumwolltextilien.

Ältere Forschungen sprechen oft vom sogenannten **Dreieckshandel**, dessen Schiffe Waren von Europa nach Afrika brachten, dort Sklaven aufnahmen, in der Neuen Welt verkauften und von dort neue Produkte nach Europa transportierten. Die Handelswege waren jedoch vielfältiger.

Der Sklavenhandel zerstörte auch die alten afrikanischen Kulturen. Die Europäer dagegen hatten von den billigen Arbeitskräften und Rohstoffen große wirtschaftliche Vorteile.

1. ***Erkläre*** *mithilfe der Karte M1 den Unterschied zwischen Herrschafts- und Handelskolonien.*
2. ***Erstelle*** *ein Schema zum „Dreieckshandel".*

[1] Vgl. zu den Fuggern S. 228 f.

Handelskolonie Dreieckshandel

M2 Kaiserliche Erlaubnis

Karl V., deutscher Kaiser und spanischer König, gibt im Jahr 1528 der Kaufmannsfamilie Welser aus Augsburg folgende Vollmacht:

Wir geben euch Erlaubnis, dass ihr oder wer eure Vollmacht hätte, 4000 Negersklaven[1], davon wenigstens ein Drittel weiblichen Geschlechts, nach den genannten Inseln und dem Festland bringen und dort verteilen könnt, gemäß der dafür euch ausgestellten Verordnung. Wir stellen die Bedingung, dass die angegebene Zahl von Sklaven innerhalb von vier Jahren ab Datum dieses Vertrages hinüberzubringen ist. Dafür habt ihr uns 20000 Golddukaten[2] zu zahlen. Wir erteilen euch die Lizenz, um die Neger von diesen unseren Reichen oder vom Königreich Portugal und dessen Inseln und Ländern auf Schiffen unserer Untertanen oder des Königs von Portugal zu transportieren. Ihr seid verpflichtet, auf den genannten Inseln oder dem Festland die Sklaven zum Preis von 55 Dukaten für jeden und nicht für mehr zu verkaufen.

Richard Konetzke, Lateinamerika seit 1492, Stuttgart 1971, S. 31

M3 Sklavenjagd

Der englische Kaufmann John Hawkins berichtet 1567/68:

[Wir] erreichten am 18. November [1567] Kap Verde[3]. Wir setzten an dieser Stelle 150 Mann an Land, in der Hoffnung, etliche Neger[1] einfangen zu können. Aber wir bekamen nur wenige zu fassen, und auch diese nur unter großen Verlusten und unter Inkaufnahme zahlreicher Verwundungen bei unseren Leuten; Schuld trugen daran vor allem vergiftete Pfeile [der Eingeborenen]. Obwohl die Verletzungen anfänglich kaum nennenswert schienen, kam von den Verwundeten kaum einer mit dem Leben davon.

Von da an brachten wir unsere Zeit vor der Guineaküste zu und suchten eifrigst die Flussgebiete vom Rio Grande bis nach Sierra Leone ab, bis zum zwölften Tag des Januar. Doch in all der Zeit hatten wir keine 150 Neger zusammenbekommen. Trotzdem zwangen uns die Krankheit unserer Männer und die fortgeschrittene Jahreszeit zur Abfahrt von der afrikanischen Küste. Aber gerade in diesem Augenblick erreichte uns ein Bote von einem König, der sich von benachbarten Königen bedrängt sah und der uns um unsere Hilfe bat. Er sagte uns zu, dass alle Neger, die bei diesen Kämpfen gefangen würden, gleich ob von seinem Stamm oder von uns, uns gehören sollten. Daraufhin entschlossen wir uns, ihm Hilfe zu leisten, und entsandten 120 von unseren Leuten.

Zit. nach: Eberhard Schmitt (Hrsg.), Dokumente zur Geschichte der europäischen Expansion, Bd. 4, München 1988, S. 71 f.

M4 Sklaven im Silberbergwerk
Farbiger Kupferstich, 1601
Die Illustration stammt aus dem 9. Buch der von Theodor de Bry herausgegebenen „Sammlung von Reisen in das westliche Indien (America)". Die Bücher waren für das europäische Publikum bestimmt und wurden zum Verkaufsschlager. Ein Großteil der Bilder war frei erfunden oder gab die Berichte verfälscht wieder, auf denen sie fußten.

[1] Das Wort gilt, weil von den Kolonialisten geprägt, heute als abwertendes, rassistisch diskriminierendes Schimpfwort. Stattdessen wird heute die Bezeichnung Schwarze Menschen bzw. People of Colour (POC) gebraucht.
[2] Der Dukat entsprach einem Gulden. Ein Nürnberger Handwerksgeselle verdiente ca. 27 Gulden im Jahr.
[3] Kap Verde: Inselgruppe vor Westafrika

1. ***Untersuche*** *den Kupferstich (M4). Überlege dir, warum ein europäisches Verlagshaus diese Szene zur Veranschaulichung der Sklavenarbeit ausgesucht haben könnte.*
2. ***Arbeite heraus****, wie viel Umsatz das Geschäft mit den Sklavinnen und Sklaven einbrachte (M2).*
3. ***Erläutere****, welches Menschenbild dem kaiserlichen Erlass zugrunde liegt (M2, VT).* H
4. ***Erkläre****, wer vom Sklavenhandel profitierte (M2 und M3).*
5. ***Erstelle*** *eine Anklageschrift gegen einen Sklavenhändler. Welche Gründe würdest du dabei vorbringen?*

Geld und Macht

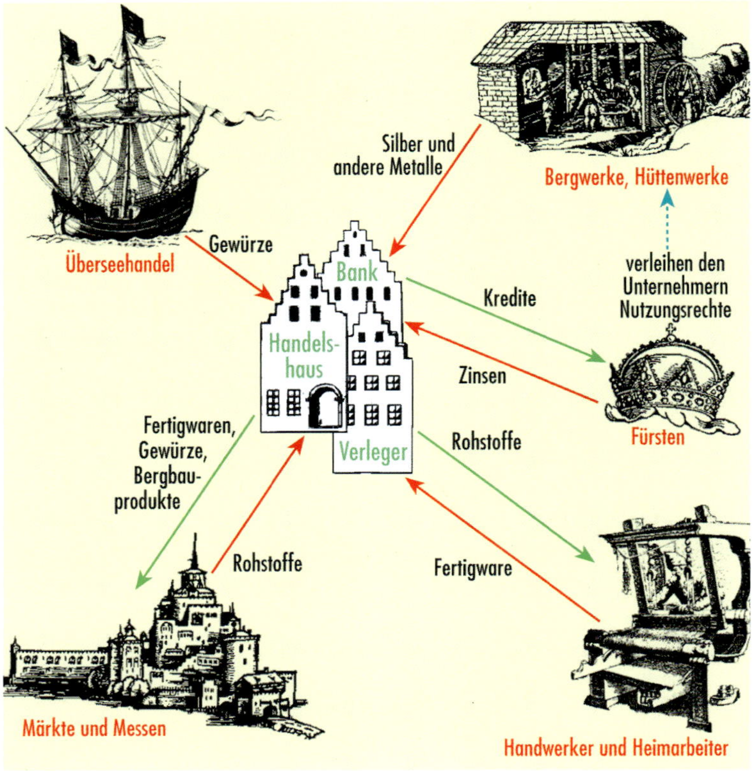

M 1 Arbeitsweise einer Handelsgesellschaft um 1500

Gewinn geht über alles

Während der Renaissance setzte sich eine neue Auffassung von Arbeit und Einkommen durch: Ziel der Unternehmer war nicht mehr ein zum Leben ausreichendes Auskommen, sondern ein möglichst hoher Gewinn. Clevere Unternehmer wurden zu Verlegern: Sie „legten" Handwerkern und Heimarbeitern ihre Rohmaterialien zur Bearbeitung „vor". Da zur Tuchherstellung beispielsweise mehr als 20 Arbeitsgänge notwendig waren, förderten die Verleger die Arbeitsteilung und verteilten ihre Aufträge auf mehrere Betriebe. Häufig verliehen sie die erforderlichen Arbeitsmittel, beispielsweise Webstühle. Die Verleger, die den meist auf dem Lande lebenden Heimarbeitern und Handwerkern nur einen geringen Lohn zahlten, konnten Waren billiger und schneller liefern als das „zünftige" Handwerk. Zugleich versuchten sie, einziger Anbieter eines Produktes oder Rohstoffes zu werden. Hatten die Unternehmer das erreicht, konnten sie die Preise erhöhen und die Löhne senken, um noch mehr zu verdienen.

Fernhändler, Bankiers und Unternehmer

Für die Fernhändler war es gefährlich, ihre Einnahmen als Münzen bei sich zu tragen. In den italienischen Handelsstädten wurden deshalb im 13. Jh. aus Geldwechslern Bankiers, die Zahlungen ohne Bargeld über Wechsel[1] und Schecks ermöglichten. Die Bankiers finanzierten auch riskante Entdeckungsreisen, aufwändige Hofhaltungen und teure Kriege. Päpste, Kaiser und Landesherren überließen ihnen dafür oft neben Steuern und Zöllen das Recht, Bodenschätze zu heben. Der Abbau von Silber, Kupfer und Blei versprach höchste Gewinne, erforderte aber viel Kapital. Deshalb gründeten mehrere Kaufleute eine Gesellschaft, in denen sie ihr Geld zusammenlegten. Die erfolgreichsten Unternehmer betrieben gleichzeitig Verlage, **Manufakturen**[2] – Betriebe, in denen in Arbeitsteilung Waren produziert wurden –, Fernhandel, Bankgeschäfte und Bergbau. Diese Wirtschaftsform heißt **Frühkapitalismus**.

Kaufleute werden mächtig

Beispiele für die erfolgreichsten Unternehmer des Frühkapitalismus sind die Familien Medici aus Florenz und Fugger aus Augsburg. Die Medici waren als Kaufleute im Tuchhandel reich geworden, besaßen große Handelsunternehmen und die größte Bank Europas. Durch ihren Reichtum erlangten sie Ansehen und großen Einfluss in der Politik.
Zur reichsten Familie ihrer Zeit wurden die Fugger. Auch ihre Vorfahren waren wie die Medici einfache Textilhändler gewesen. Die Fugger bauten einen Verlag auf, später investierten sie ihre Gewinne in Bergwerke. Bald kontrollierten sie die gesamte Blei-, Silber- und Kupferproduktion in Europa. Schließlich gründeten sie um 1500 ihre eigene Bank. Sie verliehen riesige Summen an Päpste, Fürsten und sogar den Kaiser. Diese wiederum verschafften der Familie Fugger Vorteile. 1514 erhob der Kaiser Jakob Fugger, der auch „der Reiche" genannt wurde, in den Adelsstand.

1. *Beschreibe das Schaubild (M1).*
2. *Erstelle einen Lexikonartikel zu dem Begriff „Frühkapitalismus" (VT).*

[1] Wechsel: schriftliche Verpflichtung zur Zahlung bis zu einem bestimmten Zeitpunkt
[2] Zu Manufakturen siehe auch S. 274 f.

M 2 Das Handelsnetz der Fugger zu Beginn des 16. Jhs. (Auswahl)
Von Lissabon aus waren die Fugger in Südamerika, von Venedig aus in Fernost aktiv.

Internettipp:
Zu Geschichte und Bedeutung der Fugger informiert Mediencode 31101-72.

M 3 Der Reichtum der Fugger

Der Historiker Heinz Schilling schreibt 1994 über das Kapital der Fugger-Familie 1527:

Bergwerke	270 000 Gulden
Sonstige Immobilien	150 000 Gulden
Waren (v. a. Kupfer)	380 000 Gulden
Bargeld	50 000 Gulden
Ausstände[1]	1 165 000 Gulden
Privatkonten der Familie	430 000 Gulden
Schwebende Geschäfte[2]	70 000 Gulden

Bedenkt man, dass ein mittlerer Bauernhof etwa 150 Gulden wert war, ein hoher Staatsbeamter mit 700 bis 800 Gulden Jahresgehalt zufrieden sein musste und in Augsburg die untere Oberschicht bereits bei einem Vermögen von 450 Gulden begann, während jeder Bürger mit weniger als 50 Gulden Gesamtbesitz als steuerbefreiter „Habenichts" galt, so wird der ungeheure Reichtum des Augsburger Großbürgertums deutlich.

Zit. nach: Heinz Schilling, Ruhe im Sturm – der historische Hintergrund der Augsburger Jahreszeiten-Bilder, in: „Kurzweil viel ohn' Maß und Ziel". Alltag und Festtag auf den Augsburger Monatsbildern der Renaissance, hrsg. vom Deutschen Historischen Museum Berlin, München 1994, S. 21-23

[1] Ausstände: das, was andere den Fuggern noch schulden

[2] Schwebende Geschäfte: zurzeit noch laufende Geschäfte

M 4 Fuggerkontor
Miniatur aus dem Trachtenbuch des Matthäus Schwarz, 1526
Der Ausschnitt zeigt Jakob II. Fugger (rechts) und seinen Chefbuchhalter Matthäus Schwarz. Das Buch auf dem Tisch zeigt die Seitenüberschriften „uns soll" (links) und „wir sollen" (rechts). Dahinter verbirgt sich die doppelte Buchführung, die festhielt, welche Waren gekauft und bezahlt oder welche verkauft und bezahlt worden waren.

1. ***Stelle*** *in einer Tabelle die wirtschaftlichen Entwicklungen des Mittelalters denen der Frühen Neuzeit* ***gegenüber****.*
2. ***Nimm Stellung*** *zu der Aussage: „Gewinn geht über alles."* (G)
3. ***Arbeite*** *mithilfe des Verfassertextes die Unternehmungen der Fugger* ***heraus****, die aus der Karte nicht hervorgehen (M2).*
4. *a) Im Hintergrund von M4 sind die Aktenfächer einzelner Kontore zu sehen.* ***Nenne*** *die Namen der Städte (Ofen = Budapest und Antorff = Antwerpen). b)* ***Stelle Vermutungen an****, worüber beide Händler gerade sprechen mögen. c)* ***Arbeite weiter****:* ***Schreibe*** *einen Dialog über ein Geschäft, das beide Händler eingehen wollen.*
5. ***Begründe*** *den „ungeheure[n] Reichtum" des Augsburger Großbürgertums mithilfe von M3.*

Alltag in der Frühen Neuzeit

Die Ständegesellschaft wandelt sich

Auch in der Frühen Neuzeit galt die Ständeordnung. Aber seit Ende des Mittelalters gab es innerhalb der Stände immer mehr Abstufungen.
Manchmal konnte es nun gelingen, durch Vermögen, Heirat oder Bildung in einen höheren Stand aufzusteigen. Das zeigte sich vor allem im **Bürgertum**, das durch Bildung und wirtschaftlichen Erfolg immer mehr an Einfluss gewann: Juristen, Ärzte, Theologen und Kaufleute gelangten in städtische Führungsschichten oder wurden zu Hof- und Staatsbeamten. Verdiente Bürger konnten in den Adelsrang erhoben werden.[1] Die Unterschiede zeigten sich nicht nur im Besitz, sondern auch in den Kleiderordnungen, die von den Stadt- oder Landesherren angeordnet wurden.

M 1 Wormser Juden
Zeichnungen aus dem 16. Jh.
Die Jüdinnen und Juden mussten zur Kennzeichnung gut sichtbar einen gelben Ring an der Kleidung tragen.

Am Rand der Gesellschaft

Häufige Missernten, durch Unwetter oder Kriege verursacht, konnten zu Wirtschaftskrisen führen und die einfache Landbevölkerung, kleine Handwerker und Krämer um ihr Auskommen bringen. Not wurde bis ins 19. Jh. hinein nicht durch soziale Maßnahmen der Herrscher oder „den Staat" gelindert, sondern durch kirchliche, städtische oder private Almosen.
Viele Frauen und Männer mussten sich als Bettler oder umherziehende Hausierer, Gaukler und Schausteller durchschlagen. Sie zählten zu den Randgruppen, zu denen auch Vertreter „unehrlicher" oder „schmutziger" Berufe (z. B. Totengräber, Henker, Dirnen) gehörten.
Auch für die Jüdinnen und Juden hatte sich seit dem Mittelalter wenig geändert. Sie galten weiterhin als Außenseiter und wurden in der Frühen Neuzeit aus vielen Städten aufs Land vertrieben.
Wo sie bleiben durften, regelten „Judenordnungen" das Zusammenleben. Sie legten etwa das Schutzgeld fest, das die Juden zahlen mussten, um sich frei bewegen zu dürfen. Auch schrieben sie genau vor, wo die Juden leben durften – wie in vielen anderen Orten war dies eine abgegrenzte „Judengasse" – oder welchen Geschäften sie wann und wo nachgehen durften.

Haus und Familie

Nicht nur Eltern mit ihren Kindern gehörten zum Haushalt, sondern auch die Großeltern, unverheiratete Brüder und Schwestern. Dazu kamen die Knechte, Mägde sowie Gesellen und Lehrlinge. Wer zu keinem Haushalt gehörte, war „unbehaust", was so viel bedeutete wie ungeschützt. Nur die Mitglieder eines Haushalts besaßen eine gewisse Sicherheit, denn der Hausherr beschützte sie und sorgte für das wirtschaftliche Auskommen.

Männerrollen – Frauenrollen

Innerhalb eines Haushaltes hatte jeder seinen festen Platz. Der Hausherr bestimmte über alle Mitbewohner. Auch außerhalb des Hauses waren in Handel und Politik, in der Rechtsprechung und im Militär allein die Männer zuständig. Mochte eine Frau noch so geistreich und tatkräftig sein – sie stand stets im Schatten der Männer.
Die Bäuerin kümmerte sich um Haus und Hof, in der Regel verkaufte sie auch Gemüse, Eier und Obst auf dem Markt. Die Frau des Handwerksmeisters musste neben ihren alltäglichen Aufgaben im Haus auch in der Werkstatt mitarbeiten. Einen eigenen Handwerksbetrieb durfte sie – anders als noch im späten Mittelalter – nicht selbst führen. Die Bürgersfrau hatte Ehefrau, Haushälterin und Gastgeberin zu sein. Diese bürgerliche Vorstellung von der Rolle der Frau entstand im 16. Jh. und wurde im 18. Jh. zum Vorbild für alle anderen Stände. Ganz gleich, welchem Stand eine Frau angehörte: Ihre wichtigste Aufgabe bestand darin, (männliche) Kinder zu bekommen. Wohlhabende konnten sich Ammen und Kindermädchen leisten. Dennoch war die Erziehung in erster Linie Sache der Mütter.

1. *a)* ***Erstelle*** *eine Tabelle, die du nach Kategorien ordnest, z. B. Ständeordnung und Gruppen, Lebensverhältnisse, Familienstrukturen etc. b)* ***Vergleiche*** *die Gesellschaft der Frühen Neuzeit mit der des Mittelalters.*
2. ***Erörtere*** *mithilfe deiner Ergebnisse aus Aufgabe 1: Zeichnet sich der Alltag in der Frühen Neuzeit durch Kontinuität oder Wandel aus?*

[1] Zur wachsenden Bedeutung des Bürgertums siehe S. 232 und 236 f.

M 2 Feste Rangordnung in Trier

Bei städtischen Prozessionen, die zu kirchlichen Festen wie Fronleichnam stattfinden, ist die Reihenfolge genau festgelegt. In Trier folgen nach Jugend, Geistlichkeit und Allerheiligstem, das von dem Kurfürsten und dem Erzbischof getragen wird, die Stände:

- Hinter dem Himmel auf beiden Seiten ging die Leibgarde, in deren Mittel ging der Adel,
- die Hofräte,
- die Stadtdiener mit ihren Spießen,
- die Ratsherren,
- die Domherrenbediensteten,
- die Zünfte […], nach deren Range als:
  Wollweber,
  Bäcker,
  Metzger,
  Schuhmacher und Lauer [Lohgerber]
  [usw.]
- Bauern, dahinter die Bauernweibsleut, die den Schluss machten.

Zit. nach: Klaus Gerteis, Sozialgeschichte der Stadt Trier 1580 - 1794, in: Kurt Düwell und Franz Irsigler (Hrsg.), 2000 Jahre Trier, Bd. 3: Trier in der Neuzeit, Trier [2]2000, S. 61 - 98, hier S. 69

M 4 Das Wohnzimmer
Kupferstich von Claudine Stella-Bouzonnet, Ende des 17. Jh.

M 3 Hausvater und Hausmutter
Nürnberger Kupferstich aus dem 16. Jh.

Unter dem Bild M3 steht folgender Text:

Ein jeder Hausvatter und Mann/
Also sein Haus soll richten an.
Gottfürchtig lieben Kind und Weib/
Auch sein Gewerb mit Ehren treib.
Und sich befleissen Nachts und Tag/
Was der Haushaltung nutzen mag.
Wo er thut dessen treulich pflegen/
So ist mit i[h]m der Göttlich Segen.
Und ist ein rechter Gottes Tempel/
Gibt seinen Kindern gut Exempel.

Eine Ehefrau welche Gott gehorcht/
Und liebt ihren Eheman mit furcht/
Zeucht ihre Kinder sich zu üben.
In Gottes Wortt/die Eltern lieben.
Auch gebürt einer frommen Frauen/
Auff das Gesind und Haus zuschauen/
Der Küchen wart mit Tranck und Speis/
Das bringt ihr nutz/lob/ehr und preis.
Und lernet ihre Kinder auch/
Gottfürchtig/und ehrlichen brauch.

Zit. nach: Richard van Dülmen, Kultur und Alltag in der frühen Neuzeit, Bd. 1: Das Haus und seine Menschen 16. - 18. Jahrhundert, München 1990, S. 40

1. ***Begründe****, warum die Reihenfolge für öffentliche Prozessionen genau festgelegt war (M2).*
2. ***Untersuche*** *die Geschlechterrollen im Text zu Bild M3.*
3. *a)* ***Beschreibe*** *die Abbildung M4 und überlege, wer die abgebildeten Personen sein könnten. b)* ***Erkläre****, inwiefern das Bild Auskunft über einen für die Frühe Neuzeit typischen Haushalt gibt.*

Beginn einer „Wissensgesellschaft“

M 1 Schulalltag
Holzschnitt, 1592

Bücher für alle – Bildung für alle

Im Mittelalter bestimmte allein die Kirche, was gelesen und gelehrt wurde. Zunächst gab es nur Kloster- und Domschulen für die Ausbildung der Geistlichen. Unterrichtet wurde deshalb neben Latein, Lesen und Schreiben vor allem Religion.

Ab dem 13. Jh. entstanden in den Städten immer mehr nichtkirchliche Schulen. Die Kinder der Handwerker und Kaufleute sollten lesen und rechnen sowie Geschäftsbriefe und Verträge schreiben lernen. Für viele Berufe, wie vor allem den des Fernkaufmanns, wurde auch das Erlernen von fremden Sprachen wichtig. Latein blieb aber wichtiges Unterrichtsfach, denn dies war die Sprache, die von den Gebildeten überall in Europa verstanden wurde.

Bald gab es gedruckte Bücher zu allen Themen, die für mehr Menschen erschwinglich wurden. Dadurch nahmen nicht mehr nur kirchliche Gelehrte, sondern immer mehr Menschen aus dem Bürgertum am geistigen Leben teil. Eine „bürgerliche“ Kultur entstand. Die Kirche hatte die Kontrolle über Wissen und Bildung verloren.

Die Universitäten

Vor allem im frühen Mittelalter waren die Fürsten auf die lese- und schreibkundigen Geistlichen angewiesen. Ohne diese hätten sie nicht einmal eine Urkunde verfassen können.

Im Spätmittelalter wollten die Herrscher von den Geistlichen unabhängig werden. Deshalb gründeten sie in ihren Ländern eigene **Universitäten**. Dort wurden vor allem ihre Beamten für die Verwaltung ausgebildet. Neben Philosophie, Geschichte, Rechtskunde und Medizin sollten die Studenten auch alles lernen können, was für einen „vollwertigen Menschen“ nötig war: Grammatik, Redekunst (Rhetorik), Musik bzw. Dichtkunst, Arithmetik, Astronomie, Geometrie und Dialektik[1] – die „sieben freien Künste“. Deshalb wurden die Universitäten Zentren des Humanismus.

Frauen und Bildung, Frauen und Macht

Ämter in der Kirche und Beamtenstellen im Staat gab es nur für Männer. In den Universitäten wurden keine Studentinnen aufgenommen. Trotzdem gab es gebildete und einflussreiche Frauen. Sie lebten in Nonnenklöstern und in den Adelsfamilien. **Karl V.**, der von 1519 bis 1556 Kaiser war und zuvor bereits König von Spanien, herrschte über große Reiche in Europa und Amerika. Dabei halfen ihm seine Ehefrau, seine Tanten und Schwestern. Sie verwalteten für ihn Königreiche und Provinzen. Manchmal führten sie in seinem Auftrag Kriege und handelten wichtige Verträge aus. Doch dies waren Ausnahmen. Die meisten Frauen besaßen deutlich weniger Rechte als die Männer. Sie hatten daher weniger Möglichkeiten, ihr Leben nach eigenen Vorstellungen zu gestalten.

1. ***Erkläre**, wie das Bildungsmonopol der Kirche durchbrochen wurde.*
2. ***Vergleiche** M1 mit deinem Schulalltag.* (G)
3. ***Arbeite weiter**: **Stelle** in einem Bild den heutigen Schulalltag **dar**.* (G)

[1] Dialektik: die von alten Philosophen entwickelte Lehre vom richtigen (wissenschaftlich korrekten) Diskutieren und Argumentieren

M2 Wissenschaft für Frauen?

In dem Bestseller „Colloquia familiaria" (1518, dt.: „Gespräche") des Humanisten Erasmus von Rotterdam gibt es folgenden Dialog zwischen dem Abt Antronius und der gebildeten Magdalia:

Antronius: Ich weiß nicht, wie es kommt, dass die Wissenschaft für eine Frau ebenso wenig passt wie der Packsattel für den Ochsen.

Magdalia: Aber du kannst doch nicht leugnen, dass der Packsattel für einen Ochsen immer noch besser passt als der Bischofshut für einen Esel oder ein Schwein! Welche Meinung hast du von der Jungfrau Maria?

Antronius: Die allerbeste.

Magdalia: Hat sie sich nicht mit Büchern beschäftigt?

Antronius: Das hat sie schon, aber nicht mit solchen.

Magdalia: Was las sie denn?

Antronius: Die Stundengebete. [...] Nach der Benediktinerregel.

Magdalia: Nun gut. Was denkst du von Paula und Eustochium[1]? Haben sie sich nicht mit der Heiligen Schrift beschäftigt?

Antronius: Aber heute ist das außergewöhnlich.

Magdalia: So außergewöhnlich war damals ein ungelehrter Abt, und heute ist das gang und gäbe; damals ragten die Fürsten und Kaiser nicht weniger durch ihre Bildung als durch ihre Machtstellung hervor. Aber es ist auch heute doch nicht so außergewöhnlich, wie du glaubst: Es gibt in Spanien und in Italien nicht wenige und besonders vornehme Frauen, die sich mit jedem beliebigen Manne messen könnten; in England die Frauen aus dem Hause des Morus, in Deutschland die Frauen aus der Familie Pirckheimer und Blarer.[2] Und wenn ihr nicht achtgebt, wird es noch dahin kommen, dass wir in den Theologenschulen den Vorsitz führen und in den Kirchen Gottesdienst halten, und wir werden eure Bischofssitze mit Beschlag belegen.

Antronius: Das wolle Gott verhüten!

Magdalia: Nein, an euch wird es liegen, das zu verhüten. [...] Ihr seht, dass sich die Bühne der Welt schon verändert: Entweder muss man seine Rolle niederlegen, oder es muss jeder seine Rolle spielen.

Zit. nach: Winfried Trillitzsch, Der deutsche Renaissance-Humanismus. Abriss und Auswahl, Leipzig 1981, S. 200 f.

M3 Die Sieben Freien Künste
Holzstich, Ende des 15. Jh.
In alphabetischer Reihenfolge: Arithmetik, Astronomie, Dialektik, Geometrie, Grammatik, Musik und Rhetorik.

[1] Paula und Julia Eustochium gründeten um 400 n. Chr. ein Frauenkloster in Bethlehem.
[2] Familien mit humanistischem Bildungsbewusstsein

M4 Margaret Roper (rechts) und ihre Schwester Cecily
Kopie eines Gemäldes nach Hans Holbein, 1592 (Ausschnitt)
Margaret, die älteste Tochter des englischen Humanisten Thomas More, war Übersetzerin und erste bürgerliche Autorin Englands. Sie führte einen regen Briefwechsel mit Erasmus von Rotterdam und gilt als eine der gebildetsten Frauen ihrer Zeit.

1. ***Untersuche***, *welche Gruppen Erasmus im Dialog scharf angreift (M2).* (H)
2. *a)* ***Arbeite*** *die positiven Werte und Leitbilder in diesem Gespräch* ***heraus*** *(M2). b)* ***Prüfe****, ob sie heute noch aktuell sind.* (G)
3. *Beginn einer „Wissensgesellschaft"?* ***Diskutiert*** *in der Klasse, ob die Überschrift zutreffend ist.*

Leben auf dem Land

M 1 Herbstarbeiten auf dem Land
Monatsbild (September oder Oktober) von Hans Wertinger nach einem Kupferstich von Johann M. Mettenleiter, Öl auf Holz, um 1525/30 (beschnitten)

Alles bleibt, wie es war?

Die meisten Bauern gehörten bis weit ins 19. Jh. hinein zu einer Grundherrschaft. Sie waren unfrei, durften ohne das Einverständnis ihres Grundherrn weder heiraten noch ihren Wohnort wechseln. Ihre Unfreiheit bedeutete zwar eine gewisse soziale Sicherheit, weil sich der Grundherr um sie zu kümmern hatte. Aber die Nachteile waren groß: Schutz und Sicherheit blieben stets abhängig von der Willkür des jeweiligen Herrn.

Die Jahreszeiten bestimmten nach wie vor das Leben und Arbeiten auf dem Land. Wie im Mittelalter waren die Felder nach dem System der Dreifelderwirtschaft eingeteilt. Oft konnten die Bauern ihre Äcker nicht bestellen, ohne über die der anderen Bauern zu gehen. Um zu vermeiden, dass die Ernte gefährdet wurde, gab die Dorfgemeinde vor, was auf den Feldern angebaut, wann gemeinsam gepflügt, gesät, gedüngt oder geerntet wurde. Dieser Zwang zu gemeinschaftlichen Regelungen, auch Flurzwang genannt, trug dazu bei, dass sich Traditionen und althergebrachte Arbeitsweisen auf dem Land verfestigten. Die Bauern achteten argwöhnisch darauf, dass keiner von ihnen etwa durch Neuerungen des Anbaus den Flurzwang durchbrach.

Neue Abhängigkeiten

Während die großen Gutshöfe für den Markt produzierten, arbeiteten die Menschen auf den kleinen Höfen meist nur für den eigenen Bedarf. Doch die Höfe wurden durch Erbteilungen immer kleiner. Oft konnten die Bauern kaum noch das Lebensnotwendigste erwirtschaften.

Deshalb übernahmen Landbewohnende zunehmend Heimarbeiten: Sie sponnen Garn, webten Tuche und flochten Weidenkörbe. Die Rohstoffe und Werkzeuge erhielten sie von Verlegern.[1] Weil auf dem Land die städtischen Zunftordnungen nicht galten, konnten die Verleger Preise und Löhne niedrig halten. Und außerdem gab es genügend Arbeitskräfte, denn die Bevölkerung wuchs seit dem 17. Jh. ständig.

Adliges Landleben

Auf dem Land lebten nicht nur die Bauern und die kleinen dörflichen Handwerker und Krämer. Hier hatte der Adel seine Herrschaftssitze, grundherrlichen Landgüter und Forsten, um deren Verwaltung und Bewirtschaftung er sich kümmern musste.

Die Gutswirtschaft spielte in der Frühen Neuzeit für das Auskommen des niederen oder Landadels aber eine immer kleinere Rolle. Die Adligen wechselten immer häufiger in den fürstlichen Hof- und Staatsdienst und übernahmen den höfischen Lebensstil. Die Landsitze dienten vor allem der Repräsentation: Prunkvolle Feste und Turniere, Jagd und Schlittenfahrt galten als standesgemäße Vergnügungen. Die reichen Städter, die Patrizier, ahmten diesen Lebensstil nach.

1. ***Beschreibe** das Bild M1. Wo finden sich heute noch vergleichbare Verhältnisse?* (G)
2. ***Arbeitet weiter**: Sammelt in Zweiergruppen Informationen und Bilder zu diesem Thema und **erstellt** eine Collage.*
3. *Alles bleibt wie es war? **Nimm Stellung** zur Frage des Epochenwechsels zwischen Mittelalter und Früher Neuzeit.* (H)

[1] Lies dazu auch noch einmal S. 228.

M 3 Kurfürst Max II. Emanuel von Bayern auf der Reiherjagd

Gemälde von Giovanni Battista Curlando, um 1690

Frauen und Männer der großen Hofgesellschaft sind Zeugen des adligen Jagdvergnügens, das allein dem Kurfürsten vorbehalten ist: die Reiherjagd mit dem Falken. Der Kurfürst sprengt mit seinem Schimmel heran. Links der Falkner, rechts von ihm ein Junge, der losläuft, um mit den Hunden die Beute sicherzustellen.

M 2 Wohnverhältnisse

Wie die bäuerliche Bevölkerung gewohnt hat, erfahren wir aus folgender Beschreibung aus dem 18. Jh.:

Die Stube ziert ein schlechter, aus dem Leim gegangener Tisch, darunter ein Fußschemel […], ferner eine elende Bettstatt von ungefärbtem Loden[1], die mit dicken Zaunnägeln von außen an die vier Füße genagelt sind, darinnen im Winter Stroh, im Sommer Streu von den Nadelbäumen, bedeckt mit einem Leintuch voll Löchern, Schmutz und Kot, ohne Decke und Polster. Des Nachts oder bei Krankheiten dienen Röcke der Männer oder Kittel der Weiber zur dürftigen Bedeckung. Das ist das ganze Lager, Federbetten sind gänzlich unbekannt. Ferner zieren das Wohnzimmer eine, zwei, drei […] Truhen für Mann und Weib zur Aufbewahrung ihrer Galakleider, dann an den Wänden hinlaufende Bänke und endlich im Eck beim Tisch oben ein Kruzifix mit mehreren Bildern auf Glas oder Papier.

Zit. nach: Paul Münch, Lebensformen in der frühen Neuzeit, Frankfurt am Main 1992, S. 341

M 4 Verteilung von Stadt- und Landbewohnern im Deutschen Reich

		1500	1800
Bürger	(Stadtbewohner)	20 %	24 %
Bauern	(Landbewohner	80 %	75 %
davon:	Hofbesitzer	(60 %	35 %)
	landarme und besitzlose Familien)	(20 %	40 %)

Nach: Paul Münch, a. a. O., S. 77

[1] Loden: grobes Wollzeug

1. ***Stelle Vermutungen an,*** *was die in M2 beschriebenen Lebensumstände für die Gesundheit der Menschen und ihre Lebenserwartung bedeuteten.*
2. *Das Bild M3 gibt nicht nur ein Jagdereignis wieder.* ***Erkläre,*** *inwiefern es auch ein Abbild der Ständegesellschaft ist.*
3. ***Skizziere*** *die Veränderungen in M4.* ***Nenne*** *mögliche Gründe dafür.*

Leben in der Stadt

M 1 Der reiche Bürger lebt wie der Adel
Augsburger Monatsbild, 16. Jh. (Ausschnitt)
Patriziergesellschaft in Augsburg beim festlichen Mahl. Die städtische Oberschicht speiste und kleidete sich prunkvoll wie der Adel. Augsburg war im späten Mittelalter eine der reichsten Fernhandelsstädte in Deutschland.

Frei, aber nicht gleich

Die Städte und Märkte standen der adlig- und kirchlich-bäuerlichen Welt auf dem Land gegenüber. „Stadt“ – das konnte in der Frühen Neuzeit eine kleine Landstadt, eine Residenz-, Universitäts- oder Bischofsstadt, eine Handelsstadt oder eine große Reichsstadt sein.

Unter den Bürgern herrschte Rechtsgleichheit. Zudem waren die Stadtbürger persönlich frei – im Gegensatz zu den Bauern, die einem Grundherrn untertan waren.

Der überwiegende Teil der Stadtbewohner besaß jedoch keine oder nicht die vollen Bürgerrechte, konnte also nicht mitbestimmen. Dazu gehörten vor allem die Unterschichten, Angehörige der Randgruppen und die Juden. Mancherorts zählten 80 Prozent aller Einwohnerinnen und Einwohner zur Unterschicht, wie etwa in Koblenz Ende des 17. Jh.

Demgegenüber gehörte nur ein kleiner Teil der Bürger zur Oberschicht, die wiederum den Großteil des gesamten bürgerlichen Vermögens besaß.

Im 16. und 17. Jh. entlud sich die Unzufriedenheit der Unter- und Mittelschichten in sozialen Unruhen: Immer wieder erhoben sich die Bürger gegen den Rat, protestierten gegen Steuererhöhungen, Sonderrechte für die Reichen und andere Ungerechtigkeiten.

Neue Stadttypen – neue Sozialstrukturen

Auch in der Frühen Neuzeit bildete das Patriziat noch allgemein die städtische Oberschicht. In den Verfassungskämpfen des Spätmittelalters hatten die Patrizier zwar vielfach ihren alleinigen politischen Führungsanspruch an die Zünfte verloren, nicht aber ihre führende soziale und gesellschaftliche Stellung. Ebenfalls zur Oberschicht gehörten reiche Kaufmannsfamilien, aber auch hohe städtische und kurfürstliche Beamte oder Gelehrte (Ärzte, Juristen). In den Residenzstädten wie Würzburg, Mainz oder Koblenz gaben im 17. und 18. Jh. der Hof, seine Beamten und das Militär den Ton an – auch wenn sie kein Bürgerrecht besaßen.

Zwischen Tradition und Wandel

Nach wie vor versuchten die Zünfte mit ihrer abgeschlossenen Wirtschaftsweise, den Lebensunterhalt der Zunftgenossen („gerechte Nahrung“) zu sichern. Doch sie konnten den wirtschaftlichen und sozialen Wandel nicht aufhalten: Die frühkapitalistische Wirtschaftsweise mit Verlagswesen und Manufakturen[1] machte dem zünftigen Handwerk das Überleben schwer. Die Zahl der unzünftigen Lohnarbeiterinnen und Lohnarbeiter wuchs; aus ihnen entstand allmählich der sogenannte vierte Stand.

Eine bürgerliche Kultur entsteht

In den Städten entwickelte sich eine nichtadlige, nichtgeistliche, nichtbäuerliche: eben städtische Kultur. Bildung, Kunst und Architektur, Theater und Oper blühten auf.

Zugleich änderte sich die Bedeutung des Bürger-Begriffes: Dieser war immer weniger an das Bürgerrecht gebunden. Wichtig wurden „bürgerliche“ Werte und Normen, die von der neuen selbstbewussten Schicht der Kaufleute, Beamten, Professoren, Ärzte, Verleger und Bankiers geprägt wurden: durch Bildung, Fleiß und Arbeit erworbenes Vermögen und dadurch erreichter Aufstieg.

1. *Unterscheide, was in der Frühen Neuzeit das Leben in der Stadt gegenüber dem auf dem Land ausmachte.* (H)
2. *Verfasse eine Definition des Begriffs „bürgerlich“.*

[1] Lies dazu auch noch einmal S. 228.

M 2 Wie reiche Stadtbürger wohnten
Puppenhaus einer Nürnberger Patrizierfamilie, 1639

M 4 Straßenleben in Hamburg
Gemälde von Elias Galli, 1663 (Ausschnitt)

M 3 Bürgerliche Tugenden

Der Theologe Carl Friedrich Bahrdt führt in seinem „Handbuch der Moral“ von 1789 die „bürgerlichen Tugenden“ auf:

Das erste ist Pünktlichkeit und Ordnung in euren häuslichen Geschäften. […]

Die zweite häusliche Tugend, die ich euch empfehle, ist Sparsamkeit und Wirthschaftlichkeit, welche die glückliche Mittelstraße trift, zwischen Geiz und Verschwendungssucht. […]

Nächst der innerlichen Oekonomie des Bürgers beruht ein großer Theil seines Wolstandes und seiner Glückseligkeit auf seinem Metier oder Berufsfach, welches er zum Besten des Staats übernommen hat. […]

Die erste ist Fleiß und Arbeitsamkeit überhaupt. Denn das seid ihr nicht blos euch schuldig, daß ihr eure besten Stunden, eure frischesten Kräfte auf Arbeiten verwendet, durch welche ihr euren Antheil zum gemeinen Besten liefert […], weil ihr dadurch Nahrung und Unterhalt für euch und eure Kinder und die Mittel gewinnet, die ihr zum frohen Genuß des Lebens vernöthen habet; sondern ihr seids auch eurer Ehre schuldig, weil ihr die erwerbende Volksklasse ausmacht und also gerade die schlechtesten Glieder der Nation sein würdet, wenn ihr nicht die fleissigsten sein wolltet: und endlich seid ihrs auch Gott schuldig, der euch dazu Leben, Gesundheit und Kräfte verlieh, daß ihr nuzbare Menschen werden, und für eure Mitmenschen leben und wirken solltet.

Zit. nach: Paul Münch (Hrsg.), Ordnung, Fleiß und Sparsamkeit. Texte und Dokumente zur Entstehung der „bürgerlichen Tugenden“, München 1984, S. 273-278

1. a) ***Stelle Vermutungen an**, wozu die Räume im Untergeschoss des Puppenhauses dienten und wer dort lebte und arbeitete (M2).*
   b) *Das Puppenhaus gibt Auskunft über das typische Arbeiten und Wohnen einer Patrizierfamilie (M2). **Vergleiche** mit dem Arbeiten und Wohnen heute.* (G)
2. a) ***Nenne** die bürgerlichen Tugenden und Werte, die in M3 beschrieben werden.*
   b) ***Beurteile** Zielsetzung und Zweck der bürgerlichen Tugenden (M3).*
3. a) ***Beschreibe** das Bild (M4)* b) ***Ordne** die abgebildeten Personen den verschiedenen Ständen und städtischen Gruppen **zu**.*

Wiederholen und Kompetenzen überprüfen

Orientierung

Bereits seit dem 14. Jh. meinten die Zeitgenossen in einer neuen Epoche, der □□□□□□□ zu leben. Große Künstler wie □□□□□□□□ □□ □□□□□ und □□□□□□□□ □□□□□ waren auf vielen Gebieten tätig. Wissenschaftler wie □□□□□□□□ □□□□□□□□□□ und □□□□□□□ □□□□□□□ nahmen dabei keine Rücksicht auf biblische Vorstellungen und entwickelten ein neues Weltbild, das □□□□□□□□□□□□□□□ □□□□□□□□. Es unterschied sich vom älteren □□□□□□□□□□□□□□ □□□□□□□□, indem ..... Schreibe den Text weiter. Die Erfindung des □□□□□□□□□□ □□□ □□□□□□□□□ □□ □□□□□□□ durch □□□□□□□□ □□□□□□□□□ sorgte bald für die schnelle Verbreitung der neuen Erkenntnisse und Ideen. Spanier und Portugiesen suchten verstärkt einen Seeweg nach Indien: ..... Schreibe den Text weiter.

Wirtschaft

Zwischen Europa, Afrika und Amerika entstand ein □□□□□□□□□□□□□□ im atlantischen Raum ..... Schreibe den Text weiter. Etwa zur gleichen Zeit entwickelte sich in Europa eine neue Wirtschaftsweise: der □□ □□□□□□□□□□□□□□. Die reichsten Unternehmer der Zeit, etwa die Fugger aus Augsburg, profitierten vom wachsenden Geschäft mit den überseeischen Handelskolonien ..... Schreibe den Text weiter.

Gesellschaft

Mit dem Aufblühen von Handel und Gewerbe wuchsen Reichtum und das Selbstbewusstsein der Bürger. Sie nahmen nicht nur in der Wirtschaft, sondern auch in Staat und Gesellschaft eine immer wichtigere Rolle ein. Ebenso boten Bildung und Wissen für das □□□□□ □□□□ Möglichkeiten des gesellschaftlichen Aufstiegs. Überall wurden nun vermehrt Schulen, Akademien und □□□□□□□□□□□□□ gegründet.

Weltdeutung

In Italien interessierten sich Gelehrte und Künstler ab dem 14. Jh. mehr als zuvor für die Antike. Sie sahen den Menschen als Mittelpunkt der von Gott geschaffenen Welt. □□□□□□□□□□ und □□□□□□□□□□□ beeinflussten Theologie, Literatur, Philosophie, Kunst und Architektur. Die Welt und das menschliche Zusammenleben wurden nun nicht mehr nur als etwas von Gott Gegebenes und Unveränderbares gesehen, sondern ebenso als etwas, was vom Menschen neu erforscht und gestaltet werden konnten. Die „entdeckten" und „eroberten" Völker durften jedoch meist nicht ihren Glauben leben, sondern wurden oftmals gezwungen, das Christentum anzunehmen.

Herrschaft

Die europäischen „Entdecker" wurden Eroberer ..... Schreibe den Text weiter.

Wortspeicher

Albrecht Dürer, Alkohol, Baumwolle, Buchdruck mit beweglichen Lettern, Bürgertum, Christoph Kolumbus*, Dreieckshandel, Frühkapitalismus*, Galileo Galilei*, geozentrisches Weltbild, Gold, Handelskolonie, Handelsniederlassungen, heliozentrisches Weltbild, Humanismus*, Johannes Gutenberg*, Karl V.*, Leonardo da Vinci, Manufakturen, Neuzeit, Nikolaus Kopernikus*, Renaissance, Tabak, Silber, Sklaven, Stoffe, Universitäten, Waffen, Zucker

1. ***Schreibe*** *die Texte der Lernkarten in dein Heft ab und setze die fehlenden Begriffe in die Lücken ein.* ***Achtung****: Für deine Textergänzung kannst du die übrigen im Wortspeicher genannten Begriffe verwenden.* Ⓗ
2. ***Verfasse*** *mithilfe der Lernkarten bzw. des Wortspeichers einen Kurzartikel für eure Schulhomepage zum Thema: Was war neu an Renaissance und Humanismus?* ***Beurteile*** *dabei, welche dieser Neuerungen bis heute nachwirken.* Ⓖ
3. ***Nenne*** *mithilfe der Lernkarten Beispiele, an denen du in der Frühen Neuzeit eine Verbindung von territorialen und wirtschaftlichen Entwicklungen erkennen kannst.*

M1 „Amerikas erster Terrorist"?

Spanien, zahlreiche Nationen Lateinamerikas und die USA gedenken im Oktober am Kolumbus-Tag der „Entdeckung der Neuen Welt". Doch an diesem Tag scheiden sich auch die Geister. In einem 2015 auf YouTube veröffentlichten Video beschreiben Angehörige der indigenen Völker, was ihnen zum Kolumbus-Tag und zum „Entdecker Amerikas" einfällt:

„Das Böse, das pure Böse", sagt eine Frau mit traurigen Augen, „seine Gräueltaten, die er beging, waren grotesk und die Narben davon, sind bis heute zu spüren." Eine andere Frau meint: „Eindringling - Er hat sich verirrt, als er zu uns kam und nannte uns Indianer, weil er dachte, er wäre in Indien. Er ist keine gute Figur für die einheimische Gemeinschaft."

„Mörder", „Rassist", „Vergewaltiger" – Kolumbus erscheint plötzlich in einem völlig anderen Licht. [...] Und: „Er war der erste Terrorist Amerikas, so viel ist sicher", meint ein Mann. „Kolumbus hat Amerika gestohlen", sagt ein anderer. Diskussionen um den „Columbus Day" gibt es seit jeher – viele fordern, den Tag umzubenennen, in „Tag der indigenen Völker" oder „Immigration Day".

Zit. nach: https://www.news.at/a/amerikas-terrorist-kolumbus (30.01.2021)

M2 Ein niederländischer Kaufmann und seine Frau vor den Schiffen der Ostindien-Kompanie vor Batavia (heute Jakarta in Indonesien)
Gemälde von Aelbert Cuyp, zwischen 1640 und 1660

M3 „1492: Die amerikanischen Ureinwohner entdecken die Neue Welt ..."
Karikatur aus Südamerika von 1992
Der Zeichner legt dem Indianer folgende Worte in den Mund: „Hey! Das wird ein großartiger Ort sein, sobald wir diese Leute beseitigt, ihnen ihr Land geraubt und ihre Kultur zerstört haben werden!"

1. ***Untersuche*** *die Abbildung M2 hinsichtlich möglicher Entwicklungen und Folgen der Frühen Neuzeit.*
2. *„Entdeckungsfahrten – Fluch oder Segen?"* ***Erstellt*** *zu diesem Thema ein Streitgespräch. Versetzt euch dazu in die Rolle eines heutigen Europäers und einer Nachfahrin der indigenen Bevölkerung (M1-M3).*
   Hinweis: Unter dem Mediencode 31101-73 könnt ihr euch das vollständige Video mit den Aussagen zu Kolumbus anschauen.
3. ***Erkläre*** *die Aussageabsicht des Zeichners (M3).*
4. ***Nimm Stellung*** *zu der Frage, ob du die Frühe Neuzeit als ein Zeitalter a) der Entdeckung, b) der Begegnung oder c) des Kampfes von Kulturen bezeichnen würdest.*
5. ***Arbeite weiter*****:** ***Entwickle*** *Leitlinien, wie du heute reflektiert mit Gedenktagen und Zeugnissen der Entdeckerzeit umgehen kannst.*
   Hinweis: Beziehe S. 230 f. und deine Ergebnisse aus den Aufgaben 2 bis 4 mit ein.

Internettipp:
Einen weiteren Perspektivwechsel ermöglicht der Mediencode 31101-74.

Neuer Glaube und neue Herrschaftsformen

Die Entdeckungen und Erfindungen in der Renaissance veränderten auch die Haltung der Menschen gegenüber der Kirche und den Fürsten. Sie stellten deren Weltbild, Vorschriften und Glaubenspraxis immer mehr infrage.

Mit seiner Kritik an der katholischen Kirche traf der Mönch Martin Luther den Nerv der Zeit. Er löste eine große Glaubensreform – die Reformation – aus. Viele Menschen wandten sich neuen Glaubensrichtungen wie der evangelischen Lehre zu. Das führte dazu, dass die Einheit der christlichen Kirche zerbrach. Die Reformation führte zu vielen Kämpfen, von denen der Dreißigjährige Krieg zu den grausamsten gehört.

Die Herausbildung der verschiedenen Konfessionen ging dabei Hand in Hand mit der Ausbildung einer neuen Form von Herrschaft. Viele Könige und Fürsten konnten nun die Kontrolle über ihre Untertanen verstärken, vertrieben religiöse Minderheiten und bauten ihre Verwaltung aus. Während im Heiligen Römischen Reich dadurch viele Fürsten sehr viel Macht gegenüber dem König gewannen, war es in Frankreich umgekehrt. Hier entstand mit Ludwig XIV. ein neues Herrschervorbild. Mit dem Anspruch, die absolute Macht im Staat zu haben, wurde auch die Organisation des Staates völlig neu gestaltet und die Wirtschaft auf die Bedürfnisse des Staates ausgerichtet.

Leitfragen zu den Kategorien

- Wie hängt die Entstehung eines neuen Weltbildes mit den Veränderungen in der „Neuen Zeit" zusammen?
- Wie sah die politische und territoriale Entwicklung von ca. 1500 bis 1780 aus?

- Inwiefern spielen religiöse und naturwissenschaftliche Weltdeutungen als Kennzeichen der neuen Epoche zusammen?
- Warum kam es zur Reformation und in deren Folge zu der Herausbildung neuer Konfessionen?
- In welchem Zusammenhang stehen die religiösen Überzeugungen und die Kriege dieser Zeit?

- Welche neuen Vorstellungen von Politik und Herrschaft setzten sich seit dem 16. Jh. immer stärker durch?
- Wie organisierten Könige und Fürsten ihre Herrschaft und welche Rolle spielte dabei die Ausbildung der verschiedenen Konfessionen?

- Welche Auswirkungen hatten die religiösen und politischen Auseinandersetzungen für die Menschen?
- Wie beeinflusste der Wandel die traditionellen Ordnungen, den Alltag der Menschen und ihr Zusammenleben?

- Wie nutzten die Herrscher die neuen wirtschaftlichen Möglichkeiten?
- Welche Auswirkungen hatten neue wirtschaftliche Systeme für Handwerk, Handel und die arbeitende Bevölkerung?

Zeitalter der Renaissance

1400 – Bibeldrucke Gutenbergs – 1500 – angeblicher Thesenanschlag Luthers; Beginn der Reformation – Bauernkriege

M 1 Staaten, Religionen und Konfessionen um 1570

M 2 Europa um 1648

M 3 Gebietsveränderungen nach dem Dreißigjährigen Krieg 1648

1. *Untersuche* die Karten in Bezug auf Veränderungen in der Zeit ab 1500 (M1-M3).
2. *Vergleiche* die europäische Staatenwelt der Frühen Neuzeit mit heute. Dein Geografie-Atlas kann dir dabei helfen. (G)
3. a) ***Beschreibe***, welche Gebiete und Länder mehrheitlich katholisch oder protestantisch sind. b) ***Recherchiere*** im Internet, welche Religionen dort heute vorherrschen (M1). (H) (G)
4. ***Beurteile***, welche grundlegenden Unterschiede zwischen dem Königreich Frankreich und dem Heiligen Römischen Reich erkennbar sind (M1, M2, M1 S, 287).

Frühe Neuzeit
Ausbreitung der Reformation in Europa: Glaubensspaltung
Absolutismus in Europa
1600 1700
Konzil von Trient | Dreißigjähriger Krieg | Ludwig XIV. ist Alleinherrscher in Frankreich

Frommer Glaube – Zweifel an der Kirche

M 1 Höllenqualen und Erlösung
Teil eines Altarbildes aus Niederbayern, um 1480

Krisenerscheinungen

Auch wenn mit der Renaissance, der europäischen Expansion und dem Buchdruck die Neuzeit anbrach: Die Zeit um 1500 war voller Probleme. Die Bevölkerung auf dem Gebiet des Heiligen Römischen Reiches Deutscher Nation – so wurden die von den habsburgischen Kaisern regierten Gebiete seit Ende des 15. Jh. genannt – war gewachsen. Jedoch blieben die Erträge der Landwirtschaft gering. Das Klima hatte sich verändert und die Sommer waren kalt und nass. Jede Missernte führte zu Teuerungen und Hungersnöten. Mit dem Humanismus kam zudem eine neue Weltsicht auf, die oft im Gegensatz zu überlieferten religiösen Vorstellungen stand und viele Menschen verunsicherte.

Glaube und Suche nach dem Seelenheil

Gerade deshalb hatte der Glaube für die Menschen weiterhin große Bedeutung. Viele suchten Antwort auf die Frage: Wie rechtfertige ich mein sündhaftes Leben vor Gott, um das ewige Leben zu erlangen? Das Bild von Gott als strengem Richter, vom Jüngsten Gericht, von den Qualen des Sünders im Fegefeuer, vom Teufel und der Hölle, wurde in den Kirchen gepredigt und war jedem Christen vertraut. Um Gott gnädig zu stimmen und in den Himmel zu kommen gingen sie in die Kirche, beteten oft, beichteten ihre Sünden, sammelten Reliquien, verehrten die Heiligen und nahmen an Wallfahrten teil. Wer es sich leisten konnte, stiftete einen Altar. Andere bezahlten einen Geistlichen, der für das Seelenheil der Familie die Messe las.

Ablasshandel

Seit dem 11. Jh. bot die Kirche den Gläubigen Bußbriefe an, die ihnen einen Ablass (Nachlass) auf ihre Sündenstrafen im Fegefeuer garantierten. Dafür forderte sie Leistungen wie Stiftungen, Wallfahrten, Kreuzzüge oder Spenden. Ab dem 15. Jh. wurde der Ablass gegen Geld immer häufiger, denn auch die weltlichen Landesherren verdienten daran. Sie erhielten bis zur Hälfte der Einnahmen, wenn sie Ablassverkäufe genehmigten. Als der Papst 1476 den Verkauf von Ablässen für die Seelen bereits Verstorbener zuließ, bemängelten dies aber sogar kirchentreue Gläubige.

Kritik an der Kirche

Reformer wie Jan Hus hatten schon Anfang des 15. Jh. kritisiert, dass Papst, Bischöfe, Priester, Mönche und Nonnen sich mehr um ihren Wohlstand kümmerten als um das Seelenheil der ihnen anvertrauten Menschen. Ihr wachsender Reichtum stand in scharfem Gegensatz zum Ideal der Armut, das Jesus Christus gepredigt hatte. Hus wurde 1415 als Häretiker (Irrlehrer) verbrannt. Doch die Kritik an der Kirche wuchs. Auf Gegenwehr stieß nicht allein das Geschäft mit dem Seelenheil der Gläubigen, mit dem die Kirche ihre Macht missbrauchte. Viele störte auch die geringe Bildung der meisten Priester. Einige konnten nicht einmal die lateinische Bibel lesen. Um 1500 forderten daher viele Menschen eine Reform der Kirche und die Wiederherstellung des christlichen Glaubens.

1. ***Arbeite** die in die Kritik geratenen Missstände der Kirche **heraus**.*
2. ***Erkläre** einige der dargestellten Szenen (M1).* (H)
3. ***Bewerte** den Verkauf von Ablass ab dem 11. Jh. Hinweis: Beziehe dabei dein Wissen über Sündenvergebung im Christentum ein (VT).*

M 2 Über die Frömmigkeit der Deutschen

Der Italiener Antonio de Beatis reist im April 1517 durch das Heilige Römische Reich. In seinem Reisetagebuch beschreibt er, was ihm am religiösen Leben der Deutschen auffällt:

Sowohl Frauen als Männer besuchen fleißig die Kirchen, in denen jede Familie ihren eigenen Kirchenstuhl hat. Da spricht man nicht von Geschäften und unterhält sich nicht wie in Italien; man richtet seine Aufmerksamkeit nur auf Messe und Gottesdienst, und beim Gebet knien alle nieder […].

Von Trient an pflegt man an allen Straßen in der Nähe der Dörfer und Städte unter freiem Himmel sehr hohe und große Kruzifixe aufzustellen, meist mit den Schächern[1] zur Seite, was zugleich Schrecken und Andacht erweckt. Und in geringen Entfernungen voneinander sind überall hölzerne oder steinerne Säulen aufgerichtet mit einem ausgehöhlten Fensterchen, in welchem sich ein Bild des Gekreuzigten mit den zwei Marien oder andere Geheimnisse der heiligsten Passion[2] des Herrn dargestellt befinden. Man findet auch selten auf deutschen Gemälden Heilige dargestellt, ohne dass etwas aus der Passion damit verbunden wäre […]. Die Kirchtürme sind hoch und spitz. Sie haben sehr schöne Glocken; und es gibt kein noch so kleines Dorf, das nicht wenigstens eine schöne Kirche hätte mit so großen, schönen und kunstreichen Glasfenstern, als man sich nur denken kann. Innerhalb der Kirchen werden nur große und reiche Persönlichkeiten bestattet, alle andern außerhalb der Kirche auf den unbedeckten, aber mit Mauern umschlossenen Friedhöfen; hier stehen viele Kreuze, auf manchen Gräbern auch steinerne Denkmäler mit Inschriften und Wappen aus Messing, auch Weihwasserkesselchen, an Holzpflöcken befestigt. Dem Gottesdienst und den Kirchen wenden sie viel Aufmerksamkeit zu, und so viele Kirchen werden neu gebaut, dass ich, wenn ich damit die Pflege des Gottesdienstes in Italien vergleiche und daran denke, wie viele arme Kirchen hier ganz in Verfall geraten, diese Länder nicht wenig beneide und im innersten Herzen Schmerz empfinde über das geringe Maß von Religion, das man bei uns Italienern findet.

Zit. nach: Karl Heinz Neubig (Hrsg.), Renaissance und Reformation 1350 - 1648, Ebenhausen bei München 1962, S. 37ff.

M 3 Vom Glauben begeistert

Ölgemälde eines unbekannten Meisters, um 1470

Das Bild zeigt den Prediger Johannes von Capestrano 1452 auf dem Domplatz in Bamberg. In der linken Hand hält er eine Strahlenscheibe mit dem Monogramm (Namenszeichen) Jesu. Der Franziskanermönch predigte auf öffentlichen Plätzen in ganz Europa. Seine Ermahnungen zum christlichen Leben berührte die Zuhörerinnen und Zuhörer so stark, dass sie Schmuck, Glücksspiele und andere „sündige" Dinge herbeibrachten und auf der Stelle verbrannten.

[1] Schächer: Verbrecher
[2] Passion: Leidensweg Christi

1. ***Erläutere**, wie Beatis die Frömmigkeit der Deutschen beschreibt und bewertet (M2).*
2. ***Arbeite** Argumente **heraus**, die für eine hohe Bedeutung des Glaubens in den von Beatis besuchten Gebieten sprechen (M2).*
3. ***Vergleiche** einen heutigen Friedhof mit der Beschreibung des Italieners (M2).* G
4. *Der Künstler hat den Prediger mit einem Heiligenschein („Nimbus") gemalt (M3). **Erkläre** dies.*

Die Reformation beginnt

M 1 Martin Luther als Lehrer mit Bibel
Kolorierter Holzschnitt von Hans Baldung Grien aus einer 1520 in Straßburg gedruckten Schrift Luthers, 1520
Martin Luther, 1483 in Eisleben in Thüringen geboren, studierte zunächst in Erfurt, wurde Mönch und 1507 zum Priester geweiht. Er beendete sein Theologiestudium in Wittenberg und lehrte dort an der Universität.

Internettipp:
Zu Martin Luther und der Reformation gibt es unzählige Informationen im Internet. Eine Auswahl hilfreicher Links findest du unter Mediencode 31101-75.

Gegen den Ablasshandel

Mithilfe des Buchdrucks verbreitete sich die Kritik an der Kirche seit der Mitte des 15. Jh. in der Öffentlichkeit. Vor allem der Ablasshandel stieß in den deutschen Ländern nach 1514 auf wachsende Ablehnung. Albrecht von Brandenburg war mit 23 Jahren Erzbischof von Magdeburg und Bischof von Halberstadt, ein Jahr später wurde er auch Erzbischof von Mainz. Seine Ämter hatte er vom Papst gekauft, das Geld dafür hatte er von der Augsburger Bankiersfamilie Fugger geliehen. Um seine Schulden zurückzahlen zu können, erlaubte der Papst Albrecht den Ablasshandel. Die Hälfte des Erlöses ging in die Tasche des Erzbischofs, die andere nach Rom zur Finanzierung des Baus des Petersdoms.

Luther übt Kritik

Zu den Kritikern dieses Ablasshandels zählte der 1483 geborene Mönch und Theologieprofessor **Martin Luther** in Wittenberg. Er wollte das Thema zunächst nur diskutieren. Am 31. Oktober 1517 schrieb er seinen Vorgesetzten, darunter auch Erzbischof Albrecht, einen Brief, in dem er den Ablass kritisierte. In 95 Thesen – das sind Behauptungen, die diskutiert werden sollen – forderte er ein Eingreifen der Kirche. Ob er seinen Aufruf demonstrativ mit lauten Hammerschlägen an die Schloss- und Universitätskirche zu Wittenberg genagelt hat, wie man lange annahm, bezweifeln manche Historikerinnen und Historiker. Obwohl seine Thesen nur für Kirchenobere und Professoren bestimmt waren, wurden sie in deutscher Übersetzung gedruckt und auf Flugblättern im ganzen Reich verteilt. Rückblickend weiß man: Damit begann die **Reformation**.

Luthers Glaubensverständnis

Luther kritisierte die Kirche bald grundsätzlich. Nach den Thesen veröffentlichte Luther eine für die breite Masse verständliche Schrift, in der er nochmals erklärte: Der sündige Mensch erreicht nicht durch gute Werke oder durch die Priester das Seelenheil, sondern allein durch Gottes Gnade, durch den Glauben und die Befolgung von Gottes Geboten in der Bibel. Die Gläubigen brauchten nicht die Kirche mit dem Papst an der Spitze als Mittlerin. Gottes Wille befinde sich vor allem im Evangelium, der frohen Botschaft von Jesu.
Luthers wichtigste Schriften wurden in 500 000 Exemplaren gedruckt und erreichten eine gewaltige Wirkung in der Bevölkerung. Besonders bedeutend war seine Übersetzung der Bibel aus den hebräischen und griechischen Originaltexten ins Deutsche. Sie war erfolgreicher als alle vorherigen Ausgaben. Luthers Übersetzungen, Schriften und Lieder veränderten die Sprache im ganzen deutschen Sprachraum und wirken bis heute fort.

1. ***Beurteile*** *die Bedeutung des Buchdrucks für die Reformation (VT).*
2. *Die evangelischen Christen feiern am 31. Oktober den Reformationstag. a)* ***Erstellt*** *in der Klasse ein Plakat mit allen euch dazu bekannten Informationen und den noch offenen Fragen. b)* ***Überprüft*** *am Ende des Kapitels, welche der Fragen ihr beantworten könnt und welche nicht.* (G)

M 2 Gegen das Papsttum

Martin Luther erklärt 1520, warum seiner Meinung nach der Papst nicht das rechtmäßige Oberhaupt der Kirche ist:

Die Romanisten [= Anhänger des Papstes] haben mit großer Behändigkeit drei Mauern um sich gezogen, womit sie sich bisher beschützt haben, sodass niemand sie hat reformieren können, wodurch die ganze Christenheit gräulich gefallen ist.

Zum ersten: Wenn man mit weltlicher Gewalt auf sie eingedrungen ist, haben sie festgesetzt und gesagt, weltliche Gewalt habe kein Recht über sie, sondern umgekehrt: die geistliche sei über der weltlichen.

Zum zweiten: Hat man sie mit der heiligen Schrift tadeln wollen, setzen sie dagegen, es gebühre niemand die Schrift auszulegen als dem Papst.

Zum dritten: Drohet man ihnen mit einem Konzil, so erdichten sie, es könne niemand ein Konzil berufen als der Papst.

Wie kämen wir denn dazu, dass wir stillhalten und schweigen sollten, wo der Papst oder die Seinen teuflische Worte oder Werke vornähmen? Die Taufe, Evangelium und Glauben, die machen allein geistlich und Christenvolk. Demnach werden wir allesamt durch die Taufe zu Priestern geweiht.

Nach: Martin Luther, An den christlichen Adel deutscher Nation von des christlichen Standes Besserung, 1520. Luther Gesammelte Werke, Bd. 2, S. 158-160, 164, Digitale Bibliothek Bd. 63, S. 1326 f., 1335

M 3 Gnädiger Gott gesucht

Martin Luther sucht eine neue Antwort auf die Frage: Wie finde ich einen gnädigen Gott? Er findet 1520 diese Lösung:

Also hilft es der Seele nichts, ob der Leib heilige Kleider anlegt, wie die Priester und Geistlichen tun, auch nicht, ob er in den Kirchen und heiligen Stätten sei. Auch nicht, ob er mit heiligen Dingen umgeben ist. Auch nicht, ob er bete, faste, wallfahre und viele gute Werke tue [...]. Es muss noch etwas anderes sein, das die Seele fromm und frei macht. Denn alle guten Werke und Verhaltensweisen kann auch ein an sich böser Mensch ausüben [...].

Sicher ist nur, dass die Seele auf das Wort Gottes nicht verzichten kann [...].

M 4 „Eyn Frag an eynen Müntzer ...“

Holzschnitt von Jörg Breu dem Älteren, um 1530

Der Holzschnitt ist Teil eines Flugblattes. Über und unter dem Holzschnitt befinden sich Textzeilen, die obere beginnt so:
„Eyn Frag an eynen Müntzer / wahin doch sovil Geltz kumme das man alltag müntzet ...“
Ein Kardinal betrachtet von seinem Pferd aus das Treiben. Am Kreuz hängt ein übergroßer Ablassbrief mit Siegeln.

Gott spricht: „[...] glaube an Christus, und ich gebe dir alle Gnade, Gerechtigkeit, Friede und Freiheit; glaubst du, so hast du; glaubst du nicht, so hast du nicht. Denn was dir unmöglich ist mit allen Werken, das wird dir leicht und kurz durch den Glauben [...].“

Hieraus ist leicht zu erkennen, warum der Glaube so viel vermag und dass keine guten Werke ihm gleich sein mögen. Denn kein gutes Werk hängt an dem göttlichen Wort wie der Glaube [...]. Gute, fromme Werke machen nimmermehr einen guten, frommen Mann, sondern ein guter Mann macht gute fromme Werke.

Martin Luther, Werke, Bd. 7, Weimar 1897, S. 21 f., 24 und 32 (stark vereinfacht)

1. ***Erkläre*** *Luthers Auffassung, dass in der Kirche keine Reform gelingen konnte (M2).*
2. ***Erläutere****, wodurch nach Luther der Mensch Gottes Gnade erreichen kann (M3).*
3. *a)* ***Gliedere*** *das Bild in mehrere Szenen (M4). b)* ***Erläutere*** *deren Inhalte.*
4. ***Argumentiere*** *in einer Rede aus der Sicht Albrechts von Brandenburg gegen Luther und rechtfertige die bestehende Situation (VT, M2, M3).*

Ein neuer Glaube setzt sich durch

M 1 Luther spricht 1521 vor dem Kaiser
Historiengemälde von Anton von Werner, um 1877 (Nachbildung)
Die Originalunterschrift des Bildes gibt eine Legende wieder. Sie erzählt, dass Luther am 18. April 1521 in Worms zu Karl V. gesagt habe: „Hier stehe ich, ich kann nicht anders, Gott helfe mir, Amen."

Luther droht der Bann

Kirche und Papst gingen gegen Luthers Thesen zum Ablasshandel vor: Der Papst forderte Luther auf, diese zurückzunehmen, und drohte ihm, ihn aus der Gemeinschaft der Christen auszuschließen. Trotz der Androhung des **Kirchenbanns** blieb Luther standhaft. Zugleich begann er, sich mit zahlreichen Schriften an die breite Öffentlichkeit zu wenden. Viele Fürsten unterstützen Luther. Anfang 1521 verhängte der Papst den Kirchenbann über Luther. Damit wurde er zu einem Fall für den 20-jährigen, erst seit zwei Jahren regierenden Kaiser Karl V. und die Vertreter des Reiches, denn auf den Kirchenbann hatte die Reichsacht zu folgen – und wer geächtet war, war rechtlos: Jeder durfte dem Verurteilten straflos Gewalt antun.

Bruch mit Kirche und Kaiser

Karl V. war als Kaiser des Heiligen Römischen Reiches vom Papst gekrönt worden und diesem verpflichtet. Doch er wollte eine Auseinandersetzung mit den Fürsten vermeiden und die Einheit der katholischen Kirche erhalten. Luthers Landesherr, der einflussreiche sächsische Kurfürst Friedrich der Weise, erreichte, dass 1521 auf dem Reichstag in Worms ein Schiedsgericht in Gegenwart Luthers und Karls V. über den Kirchenkritiker urteilen sollte.

Doch Luther weigerte sich weiterhin, zu widerrufen. Er verließ Worms im Streit. Nun erließ der Kaiser das Wormser Edikt: Er verhängte die Reichsacht über Luther und seine Anhänger. Kurfürst Friedrich der Weise ließ Luther zu dessen Schutz auf der Heimreise scheinbar überfallen – und brachte ihn auf die Wartburg bei Eisenach. Dort tauchte Luther unter und übersetzte die Bibel ins Deutsche.

Nicht alle Teilnehmer des Wormser Reichstages waren auf der Seite des Kaisers. Einige setzten sich für Luther ein. Der Kaiser musste den Zerfall des Reiches, der Kirche und des Glaubens fürchten. Aus der religiösen Auseinandersetzung war ein politischer Konflikt zwischen Fürsten und Kaiser geworden.

Reformation „von unten"

Die Reformation war nicht mehr aufzuhalten. Luthers Lehre verbreitete sich auch dank des Buchdrucks besonders schnell. 3000 Exemplare seiner Bibelübersetzung wurden im September 1521 gedruckt und waren in kürzester Zeit vergriffen.

Kirchenbann* Glaubensspaltung Landeskirchen Glaubenskrieg Konfessionen

Schon vor dem Wormser Reichstag, erst recht aber danach begannen Luthers Anhänger mit einer Reformation „von unten“: Einige Gemeinden wählten ihre Geistlichen, stellten die Predigt des Evangeliums ins Zentrum des Gottesdienstes und feierten nur noch Taufe und Abendmahl. Sie lösten Klöster auf und vertrieben katholische Geistliche. Einige radikale Anhänger der reformatorischen Vorstellungen, die sogenannten „Bilderstürmer“, zerstörten Heiligendarstellungen, in denen sie nur „Götzenbilder“[1] sahen.

Viele Priester, Mönche und Nonnen gründeten Familien. Auch der 41-jährige Luther heiratete 1525 die 26-jährige ehemalige Nonne Katharina von Bora, mit der er bereits seit zwei Jahren zusammengelebt hatte.

Die Glaubenseinheit zerbricht

Karl V. konnte die **Glaubensspaltung** nicht verhindern. Eine wachsende Zahl von Fürsten und Reichsstädten bekannte sich zu Luthers Lehre. Im sogenannten Augsburger Bekenntnis veröffentlichten sie 1530 die Grundaussagen ihres Glaubens: Sie verwarfen die Ehelosigkeit der Priester (Zölibat), das Klostergelübde sowie die Beichte und forderten einen anderen Gottesdienst. Nach 1530 begannen die „Protestanten“, wie sie jetzt auch genannt wurden, mit dem Aufbau eigener **Landeskirchen**.

Die katholische Kirche lehnte das Augsburger Bekenntnis ab. Schließlich war der Kaiser bereit, die Glaubenseinheit mit Gewalt zu erzwingen. Ein **Glaubenskrieg** begann. Erst Karls Bruder und Nachfolger Ferdinand I. konnte die Auseinandersetzungen 1555 im Augsburger Religionsfrieden beilegen. Im Augsburger Religionsfrieden einigten sich Kaiser und Fürsten auf die Formel „cuius regio, eius religio“. Das bedeutet: „Auf wessen Gebiet man lebt, dessen Religion muss man annehmen.“ Damit bestimmte nun der Fürst über die Religionszugehörigkeit in seinem Herrschaftsgebiet. Von nun an gab es in Deutschland zwei christliche **Konfessionen**.

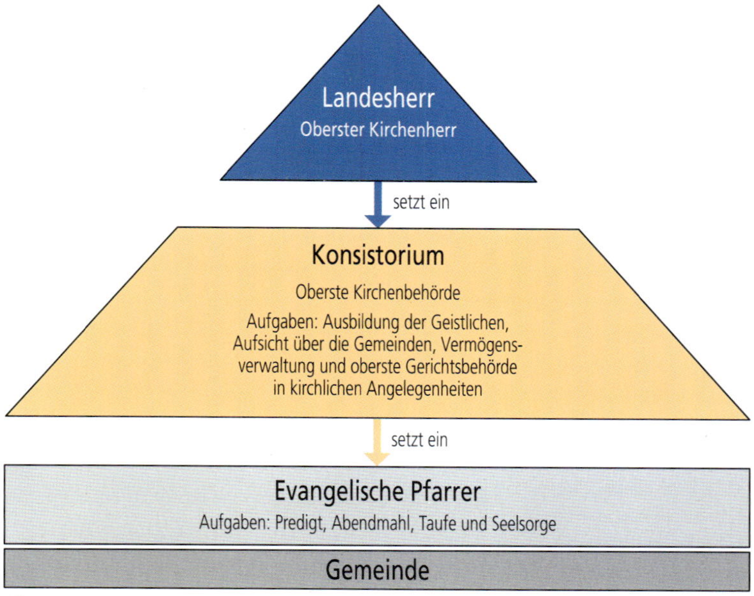

M 2 Aufbau einer evangelisch-lutherischen Landeskirche

1. ***Verfasst*** *in Partnerarbeit mithilfe des Verfassertextes Sprechblasen für das Bild M1.*
2. *Das Bild vermittelt eine bestimmte Deutung der Person und Lehre Luthers (M1).* ***Untersuche*** *sie.*
3. *a)* ***Erkläre****, auf wessen Seite der Maler steht (M1). b)* ***Beurteile****, inwiefern das Bild ein „Schlüsselereignis“ der Reformation darstellt.*
4. ***Prüfe****, inwiefern das Bild eine Quelle für die Geschehnisse auf dem Wormser Reichstag ist (M1).* (H)
5. *Die Einführung der Reformation durch die Fürsten hatte nicht immer nur religiöse Gründe.* ***Prüfe*** *weitere mögliche Gründe (VT, M2).*
6. ***Wählt aus****:* ***Informiert euch*** *über die Reformation in eurer Gegend:*
   A *Wenn ihr in einem überwiegend protestantischen Gebiet lebt: Wann und von wem wurde die Reformation eingeführt? Was geschah mit den Klöstern? Gab es Widerstände?*
   B *Wenn ihr in einer überwiegend katholischen Region lebt: Hat es in eurer Heimat im 16. Jh. reformatorische Bestrebungen gegeben? Warum haben sie sich nicht durchgesetzt?*

[1] Götze: Darstellung einer heidnischen Gottheit

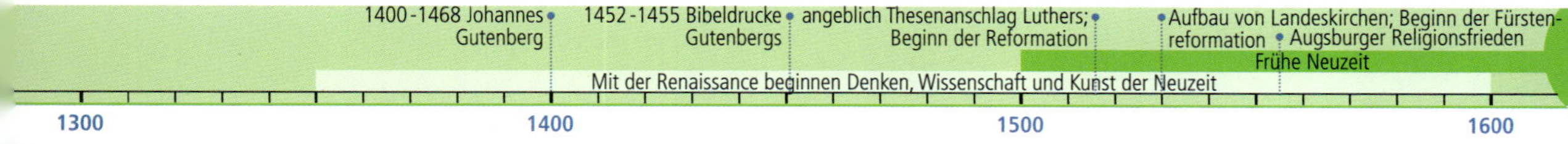

M3 Wormser Reichstag: Martin Luther vor Karl V.
Briefmarke der Deutschen Bundespost von 1971
Die Bildvorlage geht auf einen Holzschnitt von 1577 zurück.

Hörtipp:
Unter dem Mediencode 31101-76 kannst du dir Luthers Stellungnahme auf dem Reichstag noch einmal als Hörfassung anhören.

M4 Luther und Karl V. in Worms

Luther wird am 17. April 1521 auf dem Reichstag aufgefordert, seine Lehren zu widerrufen. Er bittet um einen Tag Bedenkzeit. Am folgenden Tag sagt er:

Wenn ich aber nicht mit Zeugnissen der Schrift oder mit offenbaren Vernunftgründen besiegt werde, so bleibe ich von den Schriftstellen besiegt, die ich angeführt habe, und mein Gewissen bleibt gefangen in Gottes Wort. Denn ich glaube weder dem Papst noch den Konzilien[1], allein, weil es offenkundig ist, dass sie öfters geirrt und sich selbst widersprochen haben. Widerrufen kann und will ich nicht, weil es weder sicher noch geraten ist, etwas gegen sein Gewissen zu tun. Gott helfe mir. Amen.

Der Kaiser lässt am nächsten Tag folgendes Bekenntnis verlesen:

Ihr wisst, dass ich von den allerchristlichsten Kaisern der edlen deutschen Nation, den katholischen Königen von Spanien, den Erzherzögen von Österreich und den Herzögen von Burgund abstamme, die alle bis zu ihrem Tod treue Söhne der katholischen Kirche gewesen sind [...]. Deshalb bin ich entschlossen, alles zu halten, was meine Vorgänger und ich bis zum gegenwärtigen Augenblick gehalten haben [...]. Denn es ist sicher, dass ein einzelner Bruder in seiner Meinung irrt, wenn diese gegen die der ganzen Christenheit, wie sie seit mehr als tausend Jahren und heute gelehrt wird, steht, denn sonst hätte ja die ganze Christenheit heute und immer geirrt.

Zit. nach: Martin Luther, Werke, Bd. 7, Weimar 1897, S. 837 f. (vereinfacht); Fritz Dickmann (Bearb.), Renaissance, Glaubenskämpfe, Absolutismus, München ²1976, S. 126

M5 Die Reformation „von unten"

In Wittenberg beginnen die Anhänger Luthers 1521, die neuen Vorstellungen umzusetzen. Ein Zeitgenosse berichtet:

Der Propst[2] zu Wittenberg hat Erich Saltes Tochter zu Ehe genommen. Ein Barfüßermönch[3] ist ein Schuster geworden und hat eines Bürgers Tochter genommen. Ein anderer Barfüßer ist ein Bäcker geworden und hat eine Frau genommen. [...] Der Rat zu Wittenberg hat den Barfüßern und Augustinern gesagt, sie sollen ihre Klöster räumen, und hat alle Wertsachen in den Klöstern aufgezeichnet. Der Rat hat 14 Männer eingesetzt und verordnet, dass alle armen Leute erfasst werden sollen. Sie seien von den eingezogenen geistlichen Gütern zu versorgen. Die Pfarrkirche steht alle Tage zu; nur am Sonntag hält man eine deutsche Messe darin und predigt, und das Volk geht eifrig zum hochwürdigen Sakrament und nimmt es selbst auf dem Altar. Allenthalben lassen die Mönche und Pfaffen ihre Kopfhaare wachsen und nehmen sich Eheweiber.

Zit. nach: Karl Kaulfuß-Diesch (Hrsg.), Das Buch der Reformation, Leipzig ²1917, S. 287 f. (vereinfacht)

M6 Die Reformation „von oben"

Der Landgraf Philipp von Hessen notiert sich im Januar 1527 auf einem „Merkzettel", worauf er bei der Einführung der Reformation achten will:

Ferner ist in Marburg eine Ordnung zu erstellen, die Messe und Zeremonien betreffend.
Ferner ist zu berücksichtigen, dass man der Armen gedenke und zu diesem Zweck die Bruderschaften, Spitäler und Stiftungen heranziehe.
Ferner ist es nötig, mit dem Rat der Richter Aufsichtsbeamte einzusetzen, die überall gute Prediger einsetzen und die schlechten absetzen. [...]
Ferner ist hier in Marburg eine Universität zu errichten.
Ferner haben die Aufsichtsbeamten überall Schulen einzurichten und sie mit frommen und gelehrten Lehrern auszustatten und für deren Versorgung zu sorgen.
Ferner soll man das Silbergeschirr aus den Klöstern holen, das ich noch nicht eingezogen habe.

Zit. nach: Margret Suchier, Das landesherrliche Kirchenregiment Philipps von Hessen, in: Praxis Geschichte H. 3/1990, S. 48

[1] Konzilien: Versammlungen hoher Vertreter der Kirche
[2] Propst: Vorsteher, Aufseher einer kirchlichen Einrichtung
[3] Barfüßermönch: Die Angehörigen des Franziskaner-Ordens gingen aus Demut und Enthaltsamkeit barfuß oder trugen Sandalen.

M7 Druckschriften prägen die Meinung

Der Kirchenhistoriker Thomas Kaufmann über den Druck von Flugschriften während der Reformation:

Seit dem Sommer 1519 [...] traten einzelne anonyme Verfasser von Flugschriften und Anhänger aus dem Laienstand auf, die Luther und seine Anliegen literarisch verteidigten. Im Laufe der kommenden Jahre wurde daraus eine immer breitere Bewegung. Die reformatorische Publizistik[1] erreichte um 1523/24 ihren quantitativen[2] Höhepunkt. In diesen beiden Jahren kamen jeweils etwa 2 000 verschiedene Druckschriften heraus, die sich zu der von dem Wittenberger „Ketzer" ausgehenden Lehre bekannten. Verteidiger der alten Kirche hingegen hatten es schwer; es gab kaum noch Druckereien, die ihre Schriften drucken, und kaum Abnehmer, die sie lesen wollten.

Thomas Kaufmann, Reformation. 100 Seiten, Stuttgart 2016, S. 49

[1] Publizistik: hier alle in Form von Druckschriften veröffentlichten Beiträge
[2] quantitativ: der Anzahl nach

M8 „CAPVT LVTERANORVM PRAEDICABILIVM" („Das rühmenswerte Haupt der Lutheraner")

Holzschnitt eines Flugblattes (Ausschnitt), um 1520/22

Der „Wendekopf" zeigt Luther gleich zweimal im Profil.

Internettipp:
Zur Bedeutung des Buchdrucks während der Reformation informiert der Mediencode 31101-77.

Die einführenden lateinischen Verse auf dem Flugblatt M8 lauten übersetzt:

Wenn Du, Leser, fragst,
was für ein ungeheuerliches Bild hier vorliegt/
Aus ihm kannst Du
die Lehre Luthers erfahren/
Denn wie Dir beim ersten Anblick der
verehrungswürdige Prediger erscheint/
Ist er umgewendet in Wahrheit
nichts anderes als ein Narr/
Dem ersten Anschein nach verkünden so
die Prediger glänzende Worte/
die doch nichts als Narrheiten enthalten.

1. ***Vergleiche*** *M3 mit dem Gemälde auf S. 246.* Ⓗ
2. ***Stelle*** *die gegensätzlichen Standpunkte Luthers und Karls V.* ***gegenüber*** *(M4).*
3. ***Unterscheide*** *die gesellschaftlichen Gruppen, die von der Reformation betroffen waren, und was sich für sie änderte (M5 und M6).*
4. ***Erläutere*** *die Auswirkungen der Reformation „von unten" und „von oben" (M5 und M6).*
5. ***Vergleicht*** *in Zweiergruppen Flugblätter und -schriften mit Blogs und Social Media (M7). Wie haben die Medien Meinungen und Wissen verändert – damals und heute? Beachtet Verbreitung, Gestaltung, Wirkung und Manipulationsmöglichkeiten.* Ⓗ Ⓖ
6. *a)* ***Beschreibe*** *den Holzschnitt (M8). b)* ***Untersuche*** *die Elemente und Symbole. c)* ***Erläutere*** *die Aussage des Bildes im Zusammenhang mit dem beigefügten Text. Vgl. die Methode zur Untersuchung von Spottbildern auf der nächsten Doppelseite.*
7. ***Arbeitet weiter:*** ***Diskutiert*** *die Zusammenarbeit von Kirche und Reich.* ***Vergleicht*** *sie mit den Verhältnissen in unserem Staat. Berücksichtigt dabei den Artikel 137 unseres Grundgesetzes. Ihr findet ihn z. B. im Internet.* Ⓖ

Spottbilder erklären

Was ist ein Spottbild?

Durch den Buchdruck war es möglich geworden, Bücher schneller und billiger zu verbreiten. Auch Bilder konnten gedruckt werden.

Vor und während der Reformation erschienen im Reich erstmals zahlreiche Spottbilder. In Büchern und auf Flugblättern wurden sie als Holzschnitte in großer Zahl unter die Leute gebracht. Man musste nicht lesen können, um ihre Aussage zu verstehen.

Auf den ersten Blick sind Spottbilder lustig. Aber wenn man sie genau betrachtet, entdeckt man bitteren Spott und Kritik. Meist kritisierten sie hohe Persönlichkeiten oder allgemein die Zustände der Gesellschaft.

Aus Bildern werden Waffen

In der Zeit der Reformation waren Spottbilder im Umlauf, die den Papst oder Martin Luther angriffen. Wie giftige Pfeile wurden die Bilder zwischen den Lagern der Reformwilligen und ihren Gegnern hin und her geschossen.

Auch namhafte Künstler stellten solche Bilder her, allen voran Lucas Cranach der Ältere. Nach Luthers Tod endete der erste „Bilderkampf" der deutschen Geschichte.

In drei Schritten zum Ziel

1. Beschreibe,
- um was es in dem Spottbild geht,
- welche Gestalten, Personen, Gebäude, Gegenstände und Landschaften (Bildelemente) abgebildet sind,
- wie sie dargestellt werden, welche Gegenstände oder Symbole ihnen zugeordnet werden,
- ob die Personen naturgetreu oder verzerrt wiedergegeben werden (Was wurde gegenüber der Wirklichkeit verändert?),
- ob es Beschriftungen, Überschriften oder begleitende Texte gibt und ob du sie lesen kannst.

2. Untersuche und ordne ein,
- wann das Spottbild hergestellt wurde,
- wer es in wessen Auftrag hergestellt hat,
- wo und in welcher Auflagenzahl es erschienen ist,
- auf welche historischen Ereignisse oder Entwicklungen in welcher Zeit es sich bezieht.

3. Beurteile,
- wie das Spottbild zu den dargestellten Personen und zu den historischen Ereignissen Stellung bezieht,
- worin der Spott liegt, den das Bild zum Ausdruck bringen will,
- welche Kernaussage an wen gerichtet wird,
- wie der Spott begründet wird,
- wie das Spottbild auf die Menschen der damaligen Zeit gewirkt haben mag.

M1 Der Papstesel zu Rom
Holzschnitt von Lucas Cranach d. Ä., Wittenberg 1523
Aus einer Flugschrift, die Luthers Wegbegleiter und Freund Philipp Melanchthon herausgegeben hatte. Das abgebildete Ungeheuer soll 1496 tot im Tiber gefunden worden sein.

1. *Untersuche das Spottbild mithilfe der Arbeitsschritte auf der linken Seite und der Bilderläuterungen oben. Hinweis: Verwende dazu auch die vorgeschlagenen Formulierungshilfen im Anhang auf S. 376.* (H)

2. ***Arbeite weiter**: Bis heute nutzen Zeichnerinnen und Zeichner die Möglichkeit, mit Bildern ihre Meinung zu aktuellen Themen auszudrücken. Du findest sie vor allem in Tageszeitungen. **Präsentiere** ein Beispiel im Unterricht.*

Die Bauern erheben sich

Internettipp:
Noch mehr über die Bauernkriege erfährst du unter dem Mediencode 31101-78.

Gegen die Obrigkeit

Immer wieder kam es seit dem 14. Jh. zu Unruhen, bei denen Bauern, Angehörige der ländlichen und städtischen Unterschichten ihren Obrigkeiten Abgaben verweigerten und sich zu bewaffneten „Haufen" zusammenrotteten. Geistlichen warfen sie vor, Kirchengelder zu verprassen und sich nicht um die Gläubigen zu kümmern.

Am meisten wehrten sich Bauern dagegen, dass von den Obrigkeiten ihre „alten" Rechte oft nicht anerkannt wurden. Sie wollten wie ihre Vorfahren ihre Angelegenheiten wieder selbst regeln und Wälder, Wiesen und Seen gemeinsam nutzen. Neue Steuern, von denen Adel, Geistliche und Beamte meist befreit waren, lehnten sie ab.

Durch Luthers Idee von der „Freiheit eines Christenmenschen" glaubten sie, dass sie zum Kampf berechtigt seien. Ihre Pfarrer wollten sie nun selbst wählen. Sie beriefen sich nicht mehr nur auf das „alte" Recht, sondern auf die göttliche Gerechtigkeit.

M 1 Aufstandsgebiete im Bauernkrieg

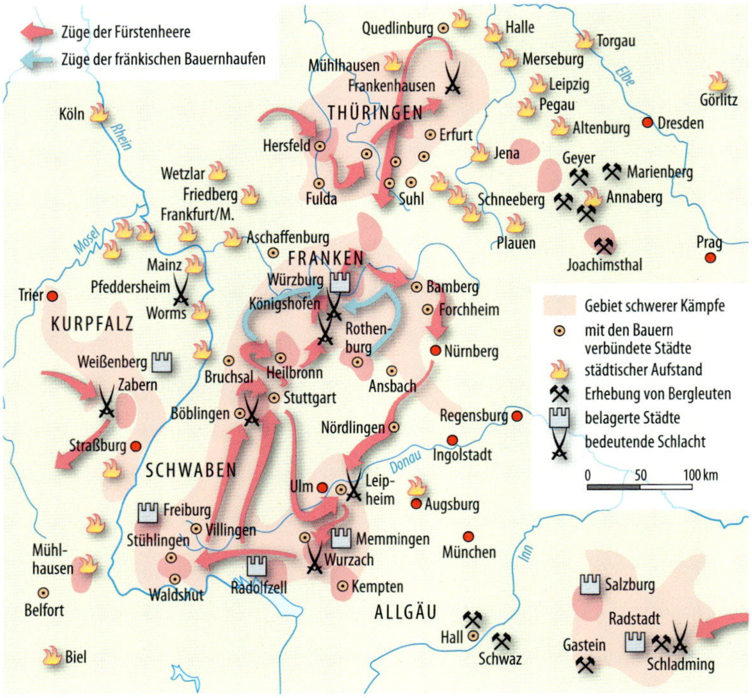

Bauernkrieg

1524 unternahmen Bauern am Bodensee einen Aufstand gegen ihre Grundherren. Damit begann der sogenannte **Bauernkrieg**, der sich immer mehr ausweitete. An den Auseinandersetzungen waren auch einfache Arbeiter und verarmte Ritter, manchmal sogar der Dorfpfarrer beteiligt.

Die Aufständischen stürmten Klöster, Schlösser und Burgen, plünderten sie und steckten sie in Brand. Der Bauernkrieg bestand aus einzelnen Aufständen ohne gemeinsame Leitung und ohne einheitliches Ziel. Die einen wollten nur ihre früheren Lebens- und Rechtsverhältnisse wiederherstellen. Andere forderten, die Leibeigenschaft aufzuheben und die Klöster zu enteignen. Wenige lehnten die Herrschaft von Adel und Kirche ganz ab und wollten in ihren Dörfern und Städten selbst entscheiden.

Blutiges Ende

Die Obrigkeit war angesichts der vielen Aufständischen kurze Zeit wie gelähmt. Doch schon bald ließen die Fürsten und Herren die Erhebungen mit großen Heeren niederschlagen. Der letzte Aufstand fand 1526 statt. Insgesamt blieben etwa 70 000 Opfer auf den Schlachtfeldern. Die Anführer wurden hingerichtet.

Die „Bilanz" des Bauernkrieges weist aber nicht nur Opfer auf. In etwa einem Drittel der Aufstandsgebiete kamen danach Reformen in Gang. Sie schränkten die Willkür der Fürsten und Herren ein.

Luthers Reaktion

Luther selbst verurteilte die Aufstände auf das Schärfste. Er hatte zahlreiche Fürsten als Verbündete und rechtfertigte deren weltliche Herrschaft. Nach seiner Vorstellung hatte niemand das Recht, die bestehende Ordnung in der Gesellschaft umzustürzen. Für ihn blieb die Reformation grundsätzlich eine kirchliche Angelegenheit.

1. *Arbeite* den Zusammenhang von Reformation und Bauernkrieg ***heraus*** *(VT).*
2. ***Arbeite weiter:*** ***Informiere dich****, inwiefern dein Wohn- oder Schulort vom Bauernkrieg betroffen war. Berichte der Klasse.*

M2 Die „Zwölf Artikel“ der Bauern

Unter dem Einfluss eines Stadtpfarrers fasst der Kürschner Sebastian Lotzer Ende Februar/Anfang März 1525 in Memmingen zwölf zentrale Forderungen der Bauern an die „weltlichen und geistlichen Obrigkeiten“ zusammen. Sie werden gedruckt und von Tirol bis Thüringen bekannt:

1. Es ist unsere demütige Bitte und unser Wunsch, dass jede Gemeinde den Pfarrer selbst wählen soll und diesen auch wieder absetzen kann. Er soll das heilige Evangelium rein und klar predigen.
2. Wir geben gern den rechten Kornzehnten, wie es die Bibel vorschreibt. Er soll aber für den Unterhalt des Pfarrers und als Almosen verwendet werden.
3. Man hat bisher behauptet, wir seien Eigenleute[1], was zum Erbarmen ist, da uns Christus alle mit seinem kostbaren Blutvergießen erlöst und losgekauft hat – den Hirten ebenso wie den Höchsten, keinen ausgenommen. Darum ergibt sich aus der Schrift, dass wir frei sind, und deshalb wollen wir’s sein. Nicht, dass wir völlig frei sein und keine Obrigkeit haben wollen: Das lehrt uns Gott nicht. […]
4. Bisher ist es Brauch gewesen, dass kein Untertan Wild, Geflügel oder Fische fangen durfte. Dies ist eigennützig und entspricht nicht dem Wort Gottes und der brüderlichen Liebe. […]

6. Unsere Dienste gegenüber den Grundherren werden von Tag zu Tag vermehrt. Wir begehren, nicht so hart belastet zu werden, und erkennen nur die Dienste an, die schon unsere Eltern geleistet haben. […]

9. Für Vergehen setzt man immer neue Strafen fest. Wir wünschen, dass man aufgrund alter geschriebener Strafsatzungen Recht spricht und nicht nach Lust und Laune des Grundherrn.
10. Wiesen und Äcker, die sich Herren zu Unrecht angeeignet haben, sollen wieder an die Gemeinde zurückgegeben werden.
11. Nach dem Tode eines Erbbauern soll der Besitz nicht an den Grundherrn zurückgehen, damit den Witwen und Waisen nichts genommen wird.
12. Wenn einer oder mehrere der aufgestellten Artikel nicht dem Worte Gottes entsprechen, so wollen wir ihn fallen lassen, wenn man uns dies anhand der Heiligen Schrift beweist.

Zit. nach: Günther Franz (Hrsg.), Quellen zur Geschichte des Bauernkrieges, München 1963, S. 174 ff. (stark vereinfacht)

M3 „Was ist das?“

Luther antwortet im Mai 1525 den Bauern. Zum dritten der „Zwölf Artikel“ bemerkt er:

Es soll kein Leibeigener sein, weil uns Christus hat alle befreiet. Was ist das? Das heißt christliche Freiheit ganz fleischlich machen. […] Denn ein Leibeigener kann wohl Christ sein und christliche Freiheit haben, gleichwie ein Gefangener oder Kranker Christ ist und doch nicht frei ist. Es will dieser Artikel alle Menschen gleich machen und aus dem geistlichen Reich Christi ein weltlich, äußerlich Reich machen, welchs unmöglich ist …

Zit. nach: Wolfgang Lautemann und Manfred Schlenke (Hrsg.), Geschichte in Quellen. Renaissance – Glaubenskämpfe – Absolutismus, München [2]1976, S. 153

M4 Über die Ursachen des Aufruhrs

Der Geistliche Thomas Müntzer schließt sich 1518 der Reformation an. Über die Ursachen des Bauernaufruhrs schreibt er im Spätherbst 1524:

Sieh zu, die Grundsuppe des Wuchers, der Dieberei und Räuberei sind unsere Herren und Fürsten; sie nehmen alle Kreaturen als Eigentum: Die Fische im Wasser, die Vögel in der Luft, das Gewächs auf Erden muss alles ihr sein. Darüber lassen sie dann Gottes Gebot ausgehen unter die Armen und sprechen: Gott hat geboten, du sollst nicht stehlen. Es hilft ihnen aber nicht. So sie nun alle Menschen nötigen, den armen Ackersmann, Handwerksmann und alles, was da lebt, schinden und schaben, und wenn einer sich dann am Allergeringsten vergreift, so muss er hängen. Da sagt dann der Doktor Lügner[2] auch noch: Amen. Dabei machen die Herren das selber, dass ihnen der arme Mann feind wird. Die Ursache des Aufruhrs wollen sie nicht wegtun, wie kann es auf die Dauer gut werden? Wenn ich das sage, muss ich aufrührerisch sein, wohlan!

Thomas Müntzer, Schriften und Briefe, hrsg. von Gerhard Wehr, Zürich 1989, S. 113 (leicht vereinfacht)

Hörtipp:
Die „Zwölf Artikel“ der Bauern kannst du dir unter dem Mediencode 31101-79 anhören.

[1] Eigenleute: Leibeigene
[2] Doktor Lügner: Gemeint ist Martin Luther.

1. a) ***Ordne*** *die Artikel der Bauern nach Themen (M2).*
   b) ***Arbeite*** *die Begründungen ihrer Forderungen* ***heraus****.*
2. *Nehmt in Zweiergruppen jeweils die Rollen von Luther und Müntzer ein und* ***diskutiert*** *zu der Frage „Dürfen sich die Bauern gegen die Obrigkeit wehren?“ (VT, M3, M4).*

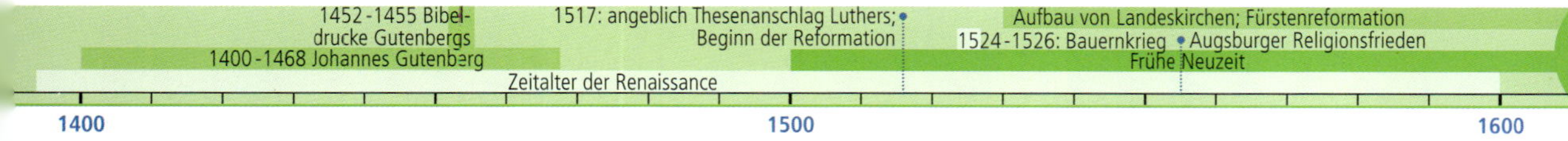

Der Glaube spaltet Europa

M 1 Konfessionen in Europa Ende des 16. Jh.

Gegenreformation

Weil immer mehr Menschen zur reformatorischen Lehre wechselten, berief der Papst 1545 eine große Kirchenversammlung ein. Auf dem Konzil von Trient, das 18 Jahre tagte, verwarf man erneut die evangelisch-lutherische Konfession, fasste das eigene Glaubensverständnis nochmals zusammen und bestätigte die Autorität des Papstes sowie die priesterliche Ehelosigkeit (Zölibat). Zugleich brachte das Konzil wichtige Reformen auf den Weg. Durch eine **Gegenreformation** sollten Menschen für den katholischen Glauben zurückzugewonnen werden: So wurden beispielsweise der Ämterkauf und die Ämterhäufung von Geistlichen untersagt, der Ablassmissbrauch verboten und eine bessere Ausbildung der Priester beschlossen. Der 1534 von Ignatius von Loyola gegründete Jesuitenorden verbreitete und sicherte die beschlossenen Kirchenreformen.

Reformation in Europa

Die Reformation strahlte auf ganz Europa aus. Dänen, Schweden, Norweger und Finnen sagten sich von der römisch-katholischen Kirche los. Dies galt auch für England, wo der König Heinrich VIII. eine Nationalkirche gründete: die Anglikanische Kirche. In Polen wurden Mitte des 16. Jh. protestantische Gemeinden zugelassen und in Ungarn waren 1570 etwa 80 Prozent der Bevölkerung protestantisch. Neben den Lutheranern entwickelte sich eine weitere Glaubensrichtung, die die katholische Kirche ablehnte: der Calvinismus, benannt nach dem schweizerischen Reformator Johannes Calvin. Er und sein Landsmann, der Reformator Huldrych Zwingli, führten die neue calvinistisch-reformierte Lehre in ihrer Heimat ein. Danach sei es jedem Menschen vorherbestimmt, ob Gott ihn zum ewigen Leben oder zur Verdammnis erwählt hat. Die Calvinisten glaubten, dass sich dies bereits am Erfolg im Leben ablesen ließe und lebten streng nach den göttlichen Geboten. Kirchendisziplin und das Verhalten der Bürgerinnen und Bürger wurden streng überwacht, der Kirchenbesuch notfalls gewaltsam durchgesetzt. Luther lehnte diese Vorstellungen ab. Lutheraner, Zwinglianer und Calvinisten gingen getrennte Wege.

Glaubenskriege

Der Calvinismus verbreitete sich über Europa, vor allem in Frankreich, in den Niederlanden, in England sowie in der Pfalz, in Hessen und Ostfriesland. Um 1567 lösten sich in England die Puritaner (lat. purus: rein), die Anhänger der „reinen" calvinistisch-reformierten Lehre, aus der anglikanischen Staatskirche. Sie gingen teilweise in die Niederlande oder wanderten nach Nordamerika aus.

In Frankreich wandten sich dem Calvinismus rund fünf Prozent der Bevölkerung zu, unter ihnen zahlreiche Familien des hohen Adels, die um Unabhängigkeit und Macht kämpften: die Hugenotten. Eine Serie von Kriegen der Hugenotten gegen den König und eine katholische Adelsgruppe erschütterte seit 1562 das Land. Erst 1598 konnten die Glaubenskriege in Frankreich mit dem Edikt von Nantes beendet werden. Das Gesetz erlaubte den Hugenotten eine begrenzte Religionsausübung in Frankreich. Auch in den Niederlanden, damals vom katholischen spanischen König regiert, wurden die Calvinisten lange bekämpft. 1581 sagten sich die Nordprovinzen von Spanien los und gründeten ein republikanisches Staatswesen, das Spanien nach langen Kämpfen 1648 anerkennen musste: die Vereinigten Niederlande.

Internettipp:
Mehr über die Reformation in Europa, das Konzil von Trient und die Hugenotten erfährst du unter dem Mediencode 31101-80.

1. *a)* ***Erläutere*** *den Begriff „Gegenreformation".*
   b) ***Zeige auf****, welche Gebiete sie betraf (VT, M1).*
2. *Die konfessionelle Vielfalt ist bis heute in vielen Regionen Europas erhalten geblieben. Inzwischen fordern aber viele Katholiken und Protestanten, die Einheit der Kirche wiederherzustellen.* ***Nimm dazu Stellung****.* (G)

M2 Zwinglis Regeln

In Zürich werden 1530 folgende Regeln Zwinglis erlassen:

Wir gebieten, dass jedermann ohne Ausnahme, der sich nicht durch Krankheit oder andere redliche Gründe bei der Gemeinde oder beim Pfarrer entschuldigen kann, alle Sonntage bei guter Zeit zur Kirche gehe und bis zu Ende verbleibe.
Kein Wirt darf Einheimischen an Sonn- und Feiertagen vor der Kirche Speise und Trank geben.
Kein Einheimischer soll sich nachts nach 9 Uhr mehr im Wirtshause finden lassen, auch dürfen nach dieser Zeit keine Schlaftrünke außer dem Hause verabreicht werden, Kranke vorbehalten [...]. Weil das Spiel, wie unsere biederen Landleute klagen, die meiste Ursache aller Winkelwirtschaften, Frevel und anderer Unfuge ist, so haben wir auf das Ansuchen unserer Landsleute alle Spiele verboten, es sei mit Karten, Würfeln, Brettspiel, Kegeln, Wetten usw.

Zit. nach: Hermann Schuster (Hrsg.), Quellenbuch zur Kirchengeschichte, Bd. I/II, Frankfurt am Main [9]1976, S. 120f.

M3 Calvinistische Vorschriften

In seinem Buch „Unterricht in der christlichen Religion" von 1536 schreibt Calvin:

Die erste Grundlage der Zucht besteht nun darin, dass persönliche Ermahnungen stattfinden. Das bedeutet, dass der, der aus eigenem Antrieb heraus nicht seine Pflicht tut, oder der sich frech aufführt, oder dessen Lebenswandel an Ehrbarkeit zu wünschen übrig lässt, oder der etwas Tadelnswertes begangen hat, sich ermahnen lässt, und dass ein jeder seinen Eifer daran wendet, seinem Bruder, wenn es die Sache erfordert, solche Ermahnung zukommen zu lassen. Vor allem aber sollen die Pastoren und Ältesten[1] hierüber wachen. Denn ihre Aufgabe ist es nicht allein, dem Volke zu predigen, sondern auch hin und her in den einzelnen Häusern Ermahnung und Ermunterung auszuteilen, wenn man irgendwo durch die allgemein geschehene Unterweisung nicht weit genug vorangekommen ist.

Zit. nach: Hermann Schuster (Hrsg.), Quellenbuch zur Kirchengeschichte, Bd. I/II, a. a. O., S. 120f. (vereinfacht)

M4 Taufgottesdienst in der zweiten Hugenottenkirche von Lyon (Frankreich)
Anonymes Gemälde, um 1565
In der Mitte steht die Kanzel: In der Reformation wurde die Predigt wichtig.

1. ***Erkläre*** *Zwinglis Absichten beim Erlass seiner Regeln (M2).*
2. *a)* ***Erläutere*** *Calvins „Vorschriften" (M3).*
   b) ***Stelle Vermutungen*** *über ihre Auswirkungen auf das Gemeindeleben* ***an****.*
3. ***Beschreibe*** *möglichst genau das Innere der hugenottischen Kirche des 16. Jh. und* ***vergleiche*** *dieses mit einer katholischen Kirche (M4).* (H)

[1] Älteste: zwölf ausgewählte Männer „von ehrbarem Lebenswandel"

Landesherrschaft und frühmoderner Staat

Fürsten werden mächtig

Die geistlichen und weltlichen Fürsten des Reiches – Bischöfe, Herzöge und Grafen – hatten Land und königliche Herrschaftsrechte (Regalien) im Mittelalter ursprünglich nur zu Lehen erhalten. Sie nutzten die Einnahmen und die übertragenen Rechte jedoch, um ihre eigene Macht als „Landesherren" zu festigen und auszubauen.[1] Nach und nach vergrößerten die Fürsten ihren Familienbesitz durch Heirat, Kauf, Tausch, Erbschaften, aber auch durch Kriege. Sie ließen Burgen bauen und Städte gründen und überzogen so das Land mit Stützpunkten. Ihr Ziel war es, ein möglichst zusammenhängendes Herrschaftsgebiet, ein **Territorium**, zu schaffen.

Nicht ohne die Stände

Häufig reichten die Einkünfte der Landesherren nicht aus, um Burgen und Schlösser, Kriege und Feste zu bezahlen. Dann mussten sie bei den drei Ständen – Geistlichen, Adel und Städten – um Geld bitten. Dazu waren die Stände nur bereit, wenn sie auf regelmäßigen „Landtagen" bei Entscheidungen mitreden durften. Wie schon auf Reichsebene die „Reichsstände" geschlossen dem König entgegentraten, taten dies seit dem 14. Jh. die „Landstände" gegenüber dem Landesherrn.

Durchsetzung der Landesherrschaft

In ihrem Territorium regierten die Landesherren als „Obrigkeit" (Souverän). Sie erließen Gesetze und sprachen Recht, zogen Steuern ein und sorgten für den Schutz der **Untertanen**.

Oft wählten die Fürsten einen Hauptort in ihrem Hoheitsbereich zum festen Herrschaftssitz (Residenz)[2], um von dort aus zentral zu regieren. Ihr „Hof" umfasste nicht nur die fürstliche Familie, sondern auch Bedienstete sowie Räte und Fachleute, die dem Fürsten beim Aufbau einer **Verwaltung** zur Seite standen. Zunächst waren dies vor allem adlige Lehnsleute. Mit der Zeit wurden gut ausgebildete Fachleute immer wichtiger. Sie kamen in der Regel aus dem Bürgertum. Die Beamten trugen dazu bei, dass die landesherrlichen Gebiete zu gut funktionierenden Territorialstaaten wurden.

Die Landesherren bestimmen

Einige Landesherren nutzten nach 1525 die Uneinigkeit im Reich, um ihre Herrschaft auszubauen.[3] Die Durchsetzung der einheitlichen Konfession begünstigte die Fürsten und ihre Verwaltung, „den **Staat**".

Um zu erreichen, dass alle Bewohner eines Staates der gleichen Glaubensgemeinschaft (Konfession) angehören, bestimmten die Landesherren die Kirchen- und Gemeindeordnung und ließen deren Einhaltung von staatlichen Amtsträgern kontrollieren. Die Kirchenordnungen ergänzten die sogenannten „Policey-Ordnungen", mit denen die Obrigkeit in alle Lebensbereiche der Untertanen hineinregierte.

Die Schulen wurden verpflichtet, streng nach der Konfession des Landes zu erziehen und zu unterrichten. Die Universitäten bildeten in wachsender Zahl treue Kirchen- und Staatsdiener aus. Als Beamte waren sie durch Eid dem Fürsten als Landes- und Kirchenherr verpflichtet. Außerdem beaufsichtigten die Landesherren Kirchen, Schulen, Universitäten, Kranken- und Armenhäuser und bezahlten diese aus dem Kirchenvermögen und aus Steuereinnahmen. Steuern waren auch für den Unterhalt der stehenden Heere nötig, die ab der Mitte des 17. Jh. in den meisten Staaten unterhalten wurden.

Moderner Staat?

Von einem Staat im modernen Sinn kann in der Frühen Neuzeit noch nicht gesprochen werden. Oft teilten sich verschiedene Herren Besitzungen und Rechte auf engstem Raum, sodass es keine klar definierbaren Grenzen gab. Aber: In der Zeit der Konfessionalisierung, in der die Landesherren in ihren Territorien eine Glaubensrichtung vorgaben, wurden die Fundamente des modernen Staates gelegt. Die Veränderungen bis 1650 waren daher die Entstehungsphase des frühmodernen Staates.

1. ***Erstelle*** *eine Liste von Merkmalen der fürstlichen Landesherrschaft.*
2. ***Prüfe****, inwiefern in der Zeit der Konfessionalisierung die Fundamente des modernen Staates gelegt wurden.* (H) (G)

[1] Vgl. zur Entstehung der Landesherrschaft S. 166 f.
[2] Vgl. dazu S. 272 f.
[3] Siehe S. 247.

M 1 Fürstliches Unrecht?

Aus einem Beschwerdekatalog der freien Ritterschaft zu Franken, Schwaben und am Rhein an den Kaiser von 1570:

Es ist im Reich und den Landen bekannt, dass die freie Reichsritterschaft nie einen Landesfürsten hatte und ihr auch von niemandem ein Kriegsdienst oder Steuer auferlegt worden ist außer von den regierenden Kaisern und Königen selbst. Sie hat keinen „Landesherrn" oder „Landesfürst". Dennoch versuchen die Kurfürsten, Fürsten, Grafen und höhere Herren nun schon seit vielen Jahren, den ihnen benachbarten freien Adligen ihre Rechte und den Besitz streitig zu machen, eine neue Obrigkeit über sie zu schaffen, ihnen ihren freien ritterlichen Stand zu nehmen, um sie so in ihre Dienstbarkeit zu nehmen und zu landsässigen Untertanen zu machen.

So erdreisten sich viele hohe Fürsten, uns Adlige bei der Besteuerung unserer Bauern und Leibeigenen zu hindern. Und mehr noch: Sie streben danach diese unsere Untertanen selbst zu besteuern.

Zit. nach: Hanns Hubert Hofmann (Hrsg.), Quellen zum Verfassungsorganismus des Heiligen Römischen Reiches Deutscher Nation, 1495-1815, Darmstadt 1976, S. 143ff. (vereinfacht)

Kurfürst zu Mainz

Politik	Kriegsstaat	Hofstaat	Landesadministration
Geheime Staatskonferenz	Hofkriegsrat	Haus- und Hofkonferenz	Hofrats- und Landes-Regierungskollegium
Geheime Hofkanzlei	Generalstab der Kurfürstlichen Truppen	Oberhofmeisterstab Hofprediger, Beichtvater, Hofkapläne	Regierungs-Justiz-Senat
Geheimarchiv	Kurfürstliche Leibgarde zu Pferde	Oberstkämmererstab	Revisionsgericht
Reichs- und Kriegsarchiv	Husarengarde	Oberhofmarschallamtsstab Hofküche, Kellerei	Hofgericht
Auswärtige Vertretungen	Kurfürstliches Landjäger-Korps	Hoflivree	Hofkammer
Gesandtschaften am Kurfürstlichen Hof		Oberhofmarschallamts-Gericht	Baukommission
		Oberhofmarschallamts-Ökonomieamt	Rechnungs-Revisions-Kammer
		Oberstallmeisterstab	Bergwerks- und Mineralbrunnenkommission
		Oberjägermeister-Amt	Chaussee-Deputation
		Oberforstmeistereien	Feuer-Assekuranz-Deputation
		Hof- und Kammermusik	Jagd- und Forstkommission
			Land-Notdurfts-Deputation
			Münz-Deputation
			General-Armendirektion
			Hospitalverwaltung in der Stadt Mainz
			Zuchthauskommission

M 2 Weltlicher Staat der „Hohen Kur Mainz"

Nach dem Hof- und Staatskalender von 1791

M 3 Landesherrschaften im Gebiet des heutigen Rheinland-Pfalz 1789

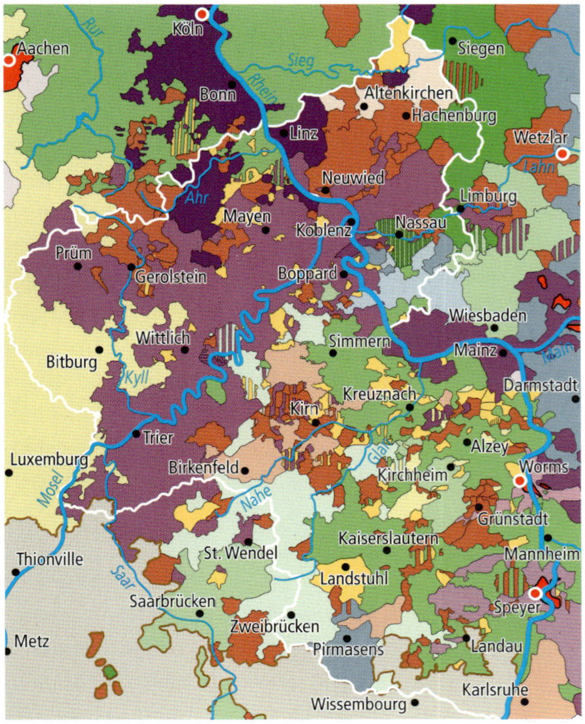

Die weiße Linie kennzeichnet die Grenze des heutigen Bundeslandes Rheinland-Pfalz

Geistliche Herrschaften
- Kurfürstentum Mainz
- Kurfürstentum Köln
- Kurfürstentum Trier
- Hochstift Speyer
- Hochstift Worms
- sonstige geistliche Herrschaften

Weltliche Herrschaften
- Haus Habsburg-Lothringen (samt Falkenstein)
- Kurfürstentum Pfalz-Bayern
- Herzogtum Pfalz-Zweibrücken
- Landgrafschaft Hessen-Kassel
- Landgrafschaft Hessen-Darmstadt
- Grafschaft Sayn-Altenkirchen, zu Brandenburg-Ansbach
- Markgrafschaft Baden-Durlach
- Fürstentum Nassau-Usingen, Fürstentum Nassau-Saarbrücken und Fürstentum Nassau-Weilburg
- Fürstentum Nassau-Diez (Oranien)
- sonstige Fürstentümer und Grafschaften
- Reichsstadt, Reichsdorf
- Reichsritterschaft und sonstige reichsunmittelbare Gebiete
- Frankreich
- Grenze zu Frankreich

1. *Die „freie Ritterschaft" sah in der Politik der Fürsten eine Gefahr für den eigenen Stand.* ***Arbeite*** *die Gründe dafür* ***heraus*** *(M1).*
2. ***Vergleiche*** *die Verwaltungsressorts des Mainzer Kurfürstentums mit den Ämtern und Dienststellen der Verwaltung deines Schulortes (M2).* Ⓖ
3. ***Untersuche*** *die Karte M3.* ***Stelle fest****, zu welchem Landesherrn dein Heimatort um 1648 gehörte.*

1524 - 1526 sogenannter Bauernkrieg
1517: angeblich Thesenanschlag Luthers; Beginn der Reformation
1545 - 1563 Konzil von Trient
Ausbreitung der Reformation in Europa: Glaubensspaltung
Frühe Neuzeit
Entstehung des frühmodernen Staates
1400 1500 1600 1700

Das Beispiel der Kurfürsten von der Pfalz

M 1 Kurfürst Friedrich I. von der Pfalz vergibt ein Lehen
Abbildung aus dem Lehenbuch des Pfalzgrafen von 1471
Der Lehnsempfänger leistet den Eid.

Vom Beamten zum Reichsfürsten

Die Pfalzgrafschaft war in der Hand der Familie der Wittelsbacher. Die Pfalzgrafen „bei Rhein" waren ursprünglich mit der Verwaltung und Rechtsprechung auf Gütern des Königs betraut. Sie erwarben seit dem Hochmittelalter besondere Titel und Ämter, die ihnen rasch zum Aufstieg in den gehobenen Kreis der Reichsfürsten verhalfen. Die „Goldene Bulle" von 1356 bestätigte ihre Zugehörigkeit zum vornehmen Kreis der Königswähler im Reich. Mit der kurfürstlichen Würde, die unteilbar vererbt wurde, verbanden sich weitere Privilegien.[1] Zu Beginn des 15. Jh. saß mit Ruprecht I. sogar ein pfälzischer Kurfürst auf dem Königsthron.

Fürstlicher Reichtum

Die Kurfürsten von der Pfalz regierten zu Beginn der Frühen Neuzeit nicht über ein geschlossenes Herrschaftsgebiet. Auch war ihr Territorium gemessen an denen anderer Landesherren nicht besonders groß.
Was sie hervorhob, war ihr großer Reichtum. Mit ihren Besitzungen und Herrschaftstiteln in günstiger Lage verbanden sich ertragreiche Einnahmen aus Geleit und Zoll auf Fernhandelswegen. Vor allem der Flusszoll auf dem Rhein war eine sprudelnde Geldquelle, die es den pfälzischen Kurfürsten ermöglichte, in den Ausbau des Landes und seine Verwaltung zu investieren.

Zum Nutzen und Ansehen des Landes

Um 1500 war die Kurpfalz in Verwaltungsdistrikte eingeteilt, in denen Amtleute aus dem Adel und der Oberschicht im Auftrag des Fürsten ihren Dienst taten. Die Residenzstadt Heidelberg bildete das Zentrum des Fürstentums. 1386 hatte der Kurfürst dort eine Universität gegründet, die sich zu einem europaweit angesehenen Ort von Wissenschaft und Lehre entwickelte.

Protestanten erwünscht

Mit Beginn der Reformation mussten sich die pfälzischen Kurfürsten der Frage stellen, wie sie zu den Lehren Luthers standen. Obwohl die Reformation in der kurpfälzischen Bevölkerung großen Anklang fand, wurde das neue Bekenntnis lange Zeit nicht offiziell eingeführt. Jedoch duldeten die Landesherren die neue Glaubenspraxis.
Schließlich ließ Kurfürst Ottheinrich bei seinem Regierungsantritt im Jahr 1556 die katholische Religionsausübung verbieten. Sein Nachfolger Friedrich III. ging noch einen Schritt weiter und trat zum Calvinismus über. Der Kurfürst ordnete die Einführung eines neuen Handbuchs für die Unterweisung in Glaubensfragen (Katechismus) an, um sicherzustellen, dass der Bekenntniswechsel im ganzen Fürstentum nach seinen Vorgaben erfolgte. Die Kurpfalz wurde Zufluchtsort für calvinistische Flüchtlinge aus Frankreich und den Niederlanden.
Wie andere Obrigkeiten in evangelischen Gebieten konnten die pfälzischen Kurfürsten gebildete Bürger und spezialisierte Handwerker in ihren Ländern gut gebrauchen. Vor allem nach den Zerstörungen des Dreißigjährigen Krieges[2] wurde mit Privilegien die Ansiedlung von Glaubensflüchtlingen gefördert. Hugenotten bevölkerten nach der Aufhebung des Edikts von Nantes ganze „Exulantenstädte", etwa Frankenthal, Otterberg oder Hornbach.

1. *Die Glaubensflüchtlinge brachten ihren Glauben, ihre Sprache, aber auch Handwerkstechniken und Bräuche mit. Forsche nach Spuren in deiner Region.* ***Stelle*** *deine Ergebnisse mit Texten und Bildern* ***auf einem Plakat vor.*** Ⓖ

Internettipp:
Unter Mediencode 31101-81 findet sich ein Kurzfilm zur pfälzischen Einwanderungspolitik.

[1] Vgl. dazu S. 166f.
[2] Vgl. dazu die folgenden Seiten.

M2 Mandat des Kurfürsten Ottheinrich an die Amtleute der kurpfälzischen Gebiete vom 16. April 1556

Demnach befehlen wir dir, bei den Pfarrern und Kirchendienern deines Amtes zu verfügen, dass sie in ihren Kirchen den heimlich und öffentlich abgehaltenen falschen Gottesdienst, die päpstliche Messe, abstellen, dazu alle abergläubigen Gegenstände wie Öle, Weihwasser, Lichter und auch Bilder entfernen lassen, um sich all dieser abgöttischen Dinge zu enthalten. Damit aber die Kirchen und Gemeinden Gottes nicht ohne christliche Lehre und Trost bleiben, sollst du den Pfarrern deines Amtsbezirkes auferlegen, dass sie in ihren Kirchen das heilige Evangelium und andere biblische Schriften getreulich predigen, dabei auch christliche Psalmen in deutscher Sprache singen und das Abendmahl in beiderlei Gestalt reichen.

Zit. nach: Bernd Roeck (Hrsg.), Deutsche Geschichte in Quellen und Darstellung, Bd. 4: Gegenreformation und Dreißigjähriger Krieg 1555-1648, Stuttgart 1996, S. 25f. (vereinfacht)

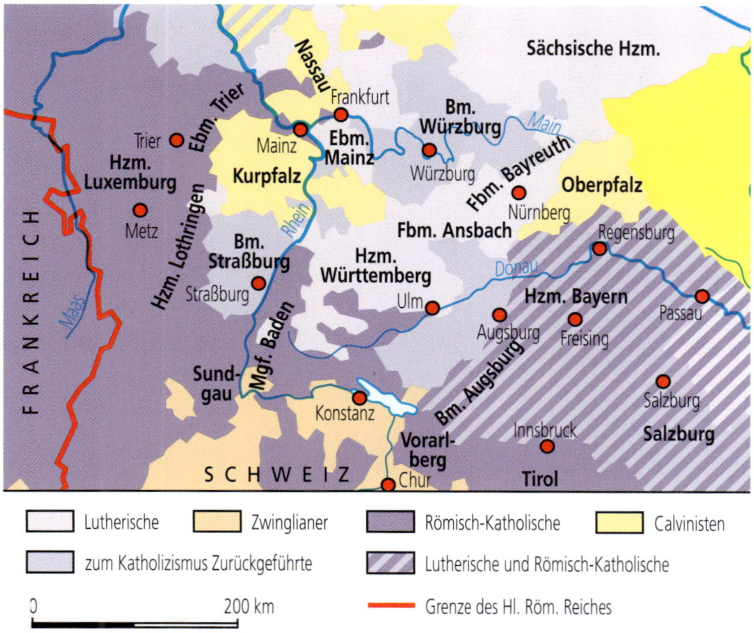

M4 Konfessionen in Südwestdeutschland um 1600

M3 An „alle ehrlichen Leute“

Ein Zeitungsartikel erklärt, wie Kurfürst Karl I. Ludwig 1652 mit Privilegien für das im Dreißigjährigen Krieg fast völlig zerstörte Mannheim gezielt um Einwanderer wirbt:

Wichtigstes Instrument der planmäßigen Einwanderungspolitik waren die Wahrhafftigen und gewissen Privilegien der Stadt Mannheim in der Chur-Pfaltz gelegen, die 1652 gedruckt wurden […]. Diese Privilegien fassten alle Anreize zusammen, Zusagen, ohne die neue Bürger für eine derart zerstörte Stadt wie Mannheim nicht zu gewinnen waren. Persönliche Freiheit gehörte dazu, auch winkte man mit steuerlicher Entlastung und mancherlei Vergünstigung; so sollte es unentgeltlich Bauplätze und billiges Baumaterial geben. […] Jahr- und Wochenmärkte und Marktschiffsverbindungen zu den traditionellen Handelszentren am Rhein sollte es geben und wertvolle Zollbefreiungen. […]

Außerdem galt […]: „Kein Handwerck oder Handwercksleut sollen zu Mannheim unter Zünfften stehen, sondern mag ein jeder alda arbeiten nach seinem belieben […].“

Grit Arnscheidt, Das Mannheimer Experiment, in: Die ZEIT, Ausgabe 6/2002, zit. nach: www.zeit.de/2002/06/Das_Mannheimer_Experiment [30.07.2015]

1. ***Arbeite*** *die Maßnahmen des Kurfürsten zur Beseitigung kirchlicher Missstände* ***heraus*** *(M2).*
2. *a)* ***Erläutere*** *die Privilegien, die Kurfürst Karl I. Ludwig für die Stadt Mannheim erließ (M3).*
   b) ***Beurteile*** *den Erlass der Privilegien, indem du den Zustand Mannheims und die möglichen Folgen der Privilegien einbeziehst.*
3. ***Informiere dich****, wo im Reich Anhänger des Calvinismus zu finden waren. Hinweise geben die Karte M4 und die Karte M1 auf S. 254.*

Der Dreißigjährige Krieg

M 1 **Plünderung eines Dorfes**
Ölgemälde von Sebastian Vrancx (Ausschnitt), um 1620

INFO 1 30 Jahre Krieg – um Glauben oder Macht?

Auch nach dem Augsburger Religionsfrieden von 1555 gab es regelmäßig Streit über Konfessionsfragen. 1608 schlossen sich daher einige protestantische Fürsten mit mehreren Städten zu einem militärischen Bündnis zusammen, der „Union". Im Gegenzug verbündeten sich danach auch die wichtigsten katholischen Fürsten in der „Liga". Somit waren zwei Fronten gebildet.

Ihre Auseinandersetzungen gipfelten 1618 in einem Krieg, der aus mehreren Feldzügen und Schlachten bestand. Es wurde einer der längsten und blutigsten Kriege, der den Menschen viel Elend und Leid brachte. Obwohl sehr viele europäische Länder beteiligt waren, wurde der Krieg hauptsächlich auf dem Boden des Heiligen Römischen Reiches ausgetragen. Mit dem Westfälischen Frieden endete der Krieg 1648 nach 30 Jahren.

Manche Historikerinnen und Historiker betonen, dieser Dreißigjährige Krieg sei ein „Religionskrieg" gewesen, da der sich verschärfende Konfessionsstreit der Hauptgrund für den Krieg gewesen sei. Andere wiederum sagen, dass es den Beteiligten vor allem um die Machtverteilung in Europa gegangen sei.

Think – Pair – Share

Sucht mithilfe der Methode „Think – Pair – Share" Antworten auf die Leitfrage: War der Dreißigjährige Krieg eine Auseinandersetzung um den richtigen Glauben oder war er ein Instrument, um politische Interessen und Machtansprüche durchzusetzen?

Think – alleine nachdenken

Glaubenskrieg oder Machtkampf? Bildet eine Zweiergruppe und arbeitet zunächst alleine aus den Infotexten und Materialien Argumente für beide Positionen heraus (z. B. in einer Tabelle).

- Partner/in A untersucht das Kriegsgeschehen.
- Partner/in B untersucht den Westfälischen Frieden.

Pair – sich mit dem/der Partner/in austauschen

Tauscht eure Arbeitsergebnisse aus und ergänzt die eigene Ausarbeitung. Überlegt gemeinsam, welche Argumente euch am meisten überzeugen, und beantwortet die Leitfrage.

Share – die Ergebnisse mit der Gruppe teilen

Präsentiert eure Überlegungen vor der ganzen Klasse und vergleicht diese mit den Lösungen der anderen Teams. Diskutiert abschließend folgende Fragen in der Gruppe:

- Kann man den Dreißigjährigen Krieg einen „Religionskrieg" nennen?
- Kann es überhaupt Kriege geben, bei denen es alleine und ausschließlich um religiöse Streitfragen geht?

INFO 2 Fenstersturz mit Folgen

Der Dreißigjährige Krieg begann im Königreich Böhmen, dem heutigen Tschechien. Auslöser war ein Streit zwischen den katholischen Königen aus dem Herrscherhaus Habsburg und den protestantischen Fürsten.

Die höchsten Adligen Böhmens hatten 1609 vom damaligen König das Recht bekommen, die Konfession für sich und ihre Herrschaftsgebiete frei zu wählen. Protestantische Fürsten durften evangelische Kirchen bauen und eine eigene Kirchenorganisation errichten. Die nachfolgenden böhmischen Könige erkannten dieses Recht nicht an und wollten allein den Katholizismus durchsetzen.

1618 kam es zur Revolte: Aufgebrachte protestantische böhmische Adlige stürmten die Prager Burg, den Königssitz in der böhmischen Hauptstadt, und warfen drei Vertreter des Königs aus dem Fenster. Daraufhin wählten sie den calvinistischen Kurfürsten Friedrich von der Pfalz, den Führer der protestantischen Union, zum neuen König. Aber der Habsburger Ferdinand II., der inzwischen römisch-deutscher Kaiser geworden war, und die katholische Liga konnten das Heer der Protestanten in einem Krieg vernichtend schlagen und die böhmische Krone zurückholen.

M 2 Kriegsleiden und -folgen

Ein Pfarrer aus Großbieberau (Hessen) berichtet:

1634: Bald fielen die Schweden über den Rhein herüber und jagten die Kaiserlichen aus ihrem Quartier, und bald jagten diese wieder jene hinaus. Die Folge war, dass das ganze Land zwischen Main und Rhein ausgepresst wurde. Kein Mensch durfte sich auf dem Land blicken lassen, sonst wurde ihm nachgejagt wie einem Wild. Ergriff man einen, dann wurde er [...] unbarmherzig geschlagen, bis er verriet, wo er sein Geld oder sein Vieh oder sein Pferd hatte. Gefangene wurden nackend an heiße Öfen angebunden oder aufgehängt und mit Rauch gedämpft.

1635: Inzwischen hat Gott uns neben dem Kriegsleid noch die Pest hinterhergeschickt. Die Leute sterben schnell und haufenweise dahin, sodass man sie gar nicht alle begraben konnte.

Zit. nach: Günther Franz (Hrsg.), Quellen zur Geschichte des deutschen Bauernstandes in der Neuzeit, Darmstadt 1963, S. 117ff. (stark vereinfacht)

M 3 Der „Prager Fenstersturz“
Flugblatt (Holzschnitt von 1618)
Die Männer überlebten den Sturz, doch der Anschlag wurde zum Anlass für den Dreißigjährigen Krieg erklärt.

INFO 3 Der Krieg weitet sich aus

Damit war der Krieg aber noch lange nicht vorbei. Mit seinem Heer versuchte der Kaiser auch im Norden des Reiches weitere protestantische Gebiete zu unterwerfen und die Fürsten zu schwächen. Auch andere europäische Mächte beteiligten sich. Die Motive und Interessen der Kriegsparteien waren vielfältig, die Bündnisse wechselten.

1625 griff das protestantische Dänemark ein. Der dänische König Christian IV. war als Herzog von Holstein zugleich deutscher Reichsfürst. Er schloss sich mit weiteren protestantischen Fürsten sowie den protestantischen Mächten England und den Niederlanden zu einem Bündnis zusammen. Sogar das katholische Frankreich sandte Truppen gegen den Kaiser, um zu verhindern, dass er zu mächtig wurde.

Vor allem der schwedische König Gustav II. Adolf wollte die Vormacht des Kaisers zurückdrängen. 1630 landete er mit seinen Soldaten auf der Ostseeinsel Usedom, marschierte bis an den Rhein und eroberte sogar Bayern. Erst 1634 siegten die kaiserlichen Truppen über Schweden.

Der letzte Konflikt sollte noch bis 1648 dauern. In dessen Verlauf brach das Bündnis zwischen protestantischen Reichsfürsten und Schweden auseinander und kämpfte das katholische Frankreich zusammen mit dem protestantischen Schweden gegen den katholischen Kaiser, um das Haus Habsburg zu schwächen.

Internettipp:
Du willst mehr zum Dreißigjährigen Krieg erfahren? Dann schau nach unter Mediencode 31101-82.

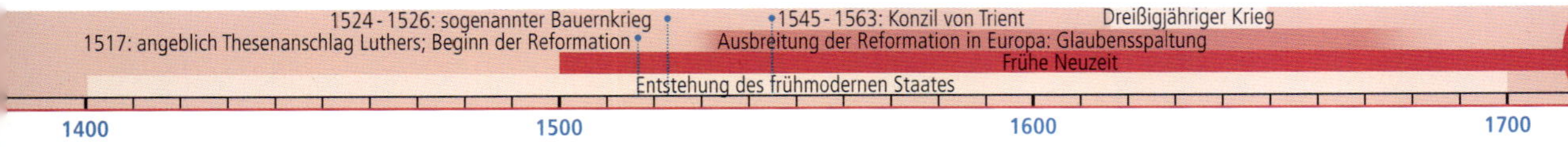

INFO 4 „Der Krieg ernährt den Krieg"

Die Heere bestanden aus angeworbenen Söldnern, also Soldaten, die gegen Bezahlung für einen bestimmten Herrn kämpften. Auf welcher Seite sie standen, war den Söldnern meist egal. Je nach Kriegsglück und Versorgungslage wechselten sie die Fronten. Für den Sold der Soldaten kamen nicht die Feldherren auf, sondern dafür mussten die besetzten Gebiete Kriegssteuern bezahlen. Wer nicht bezahlen konnte oder wollte, wurde gewaltsam geplündert. Am Krieg verdienten deshalb vor allem die Feldherren.

Mit den Soldaten zog immer auch ein riesiger Tross. Dazu gehörten alle, die zur Versorgung der Armeen zuständig waren, aber auch Frauen und Kinder. Die mussten sich selbst versorgen und schreckten vor keiner Gewalt zurück. Raubzüge, Plünderungen, Morde und Verwüstungen waren an der Tagesordnung.

Die Menschen starben nicht allein durch Waffen. Es fehlte ihnen an allem. Verwüstete Felder und Missernten vergrößerten den Hunger, hinzu kamen Seuchen. Etwa 40 Prozent der ländlichen und rund ein Drittel der städtischen Bevölkerung kamen ums Leben. Tausende Städte und Dörfer waren zerstört, viele Menschen flohen.

M 4 Aus dem Osnabrücker Friedensvertrag

In Artikel II des am 25. Oktober 1648 verkündeten Friedensvertrages zwischen dem Kaiser sowie der Königin von Schweden heißt es:

Beiderseits sei immerwährendes Vergessen und Amnestie[1] alles dessen, was seit Anbeginn dieser Unruhen an irgendeinem Ort und auf irgendeine Weise vom einen oder anderen Teil, hüben und drüben, feindlich begangen worden ist […]; vielmehr sollen alle und jede hin und her, sowohl vor dem Kriege als auch im Kriege, mit Worten, Schriften oder Taten zugefügten Beleidigungen, Gewalttaten, Feindseligkeiten, Schäden und Unkosten […] gänzlich abgetan sein, dass alles, was deshalb der eine vom anderen fordern könnte, in immerwährendem Vergessen begraben sein soll.

Zit. nach: Armin Reese, Pax sit Christiana. Die Westfälischen Friedensverhandlungen als europäisches Ereignis, Düsseldorf 1988, S. 131

INFO 5 Der Westfälische Frieden

Eine endgültige Entscheidung auf dem Schlachtfeld war nicht zu erreichen. Deshalb wurde erstmals in der Geschichte ein großer Friedenskongress mit Vertretern aller Kriegsparteien einberufen. Er tagte gleichzeitig in zwei westfälischen Städten: Im protestantischen Osnabrück verhandelten Vertreter des Kaisers mit Schweden und den Reichsfürsten, im katholischen Münster mit Frankreich. Nach sechs Jahren wurden am 24. Oktober 1648 die Friedensverträge unterzeichnet.

Zu den Gewinnern dieses Westfälischen Friedens gehörten Frankreich und Schweden. Sie erhielten Gebiete des Reiches und konnten so ihre Machstellung in Europa ausbauen.

Der Kaiser und das Reich wurden hingegen geschwächt. Der Kaiser musste den Reichsfürsten viele Zugeständnisse machen: Sie konnten fortan die Konfession in ihren Gebieten bestimmen und durften frei Bündnisse miteinander und mit fremden Staaten schließen – außer gegen den Kaiser und das Reich. Bei wichtigen Reichsangelegenheiten wie Kriegserklärungen und Friedensschlüssen musste der Kaiser nun die Zustimmung der Reichsstände einholen. Diese Bestimmungen sicherten die Staatenvielfalt im Heiligen Römischen Reich bis zu seinem Ende im Jahr 1806.[2]

Der Westfälische Frieden bekräftigte den Augsburger Religionsfrieden von 1555. Das werten Historikerinnen und Historiker heute als wichtigstes Ergebnis: Durch die weitgehende Gleichberechtigung der Konfessionen konnten die Religionskriege überwunden werden. Das Jahr 1648 bedeutete zwar keineswegs das Ende religiöser Gewalt in Europa, aber den Beginn einer neuen Friedensordnung.

M 5 Gedenkmünze von 1998
Die Bildseite der Münze zeigt unterschiedliche Symbole des Friedensschlusses: den Friedenskuss, eine Taube mit Ölzweig, einen Handschlag sowie ein Tintenfass.

[1] Amnestie: Erlass von Strafen, Vergebung

[2] 1806 endete das Heilige Römische Reich Deutscher Nation. Lies dazu S. 304.

M 6 Der Dreißigjährige Krieg – Konfessionen und Bündnisse

M 7 Taktische Überlegungen

Am Tag der Unterzeichnung des Westfälischen Friedens, dem 24. Oktober 1648, zieht der leitende Minister Frankreichs, Kardinal Jules Mazarin, die Bilanz der vorausgehenden Verhandlung:

Vielleicht wäre es zur Förderung des allgemeinen Friedens noch zweckmäßiger gewesen, wenn der Krieg in Deutschland etwas länger fortgeführt worden wäre, statt dass wir, so wie wir es taten, schleunigst einen Ausgleich herbeizuführen suchten. […] Meine Überlegung geht dahin, dass die Befürchtung eines vollkommenen Zusammenbruchs des Kaisers, die angesichts seiner jämmerlichen Lage unmittelbar bevorstand und unausbleiblich war, vielleicht imstande gewesen wäre, das Herz der Spanier zu rühren, und sie veranlasst hätte, ihre Härte zu mildern, um ihn vor solchem Schlage zu bewahren. […]

Übrigens erfahre ich aus zuverlässiger Quelle, der Kaiser habe […] dem König von Spanien mitteilen lassen: Dieser Frieden sei zwar in seinen Bedingungen zunächst schädlich, aber durch die Umstände, unter denen er zustande komme, sehr günstig, indem er eine große Anzahl fester Plätze und Gebiete in des Kaisers Hand zurückgebe, die er schon verloren hatte, und so biete sich ihm die Möglichkeit, das Übrige zu retten, das unter Umständen der größten Gefahr ausgesetzt gewesen wäre.

Zit. nach: Herbert Langer, 1648, der Westfälische Frieden. Pax Europaea und Neuordnung des Reiches, Berlin 1994, S. 163 f.

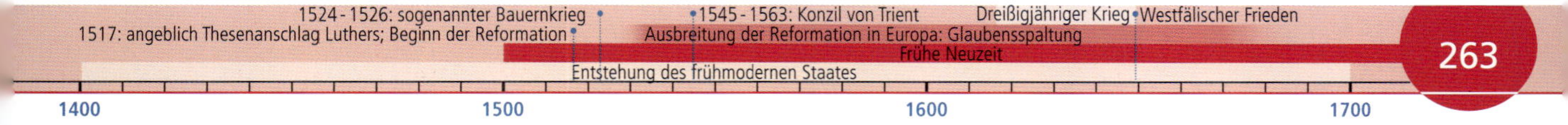

Territorialstaaten im Vergleich

Eine Landkarte wie ein Flickenteppich

Das Heilige Römische Reich Deutscher Nation war nach dem Westfälischen Frieden noch immer groß an Fläche und Einwohnerzahl und erschien schwerfällig und wenig handlungsfähig, wenn sich Kaiser und Reichsstände im Tauziehen um ihre Interessen nicht einig waren.

Das Reich war ein Wahlkönigtum.[1] Ohne Zustimmung der Kurfürsten konnte kein Fürst Kaiser werden, und ohne die Unterstützung der geistlichen und weltlichen Reichsfürsten war er ausschließlich auf seine Hausmacht angewiesen. Anders ausgedrückt: Im Reich herrschte ein Neben- und Miteinander von Kaiser und vielen kleinen und großen weitgehend unabhängigen Herrschern. Es kann als Vorstufe zum **Föderalismus** verstanden werden.

[1] Vgl. dazu noch einmal die Bestimmungen der „Goldenen Bulle" von 1356 auf S. 166.

[2] Siehe S. 292 ff.

Was hält das Reich zusammen?

Das Reich hatte keine zentrale Regierung mit Behörden und Ämtern, keine regelmäßigen zentralen Steuereinnahmen und kein stehendes Heer. Zusammengehalten wurden die deutschen Territorialstaaten durch wenige gemeinsame Einrichtungen:

- den Reichstag, auf dem Kaiser und Reichsstände zu allen wichtigen Angelegenheiten des Reiches Beschlüsse fassten und
- die beiden höchsten Gerichte, das Reichskammergericht und der Reichshofrat.
- Seit 1500 war das Reich in zehn Reichskreise eingeteilt, die zentrale Aufgaben der Reichsverwaltung und -verteidigung übernahmen.

M 1 Eröffnung des Regensburger Reichstages von 1653
Flugblatt aus Nürnberg von 1653 (Ausschnitt)

M 2 König Philipp IV. versammelt die Generalstände
Französische Briefmarke von 1968
Seit König Philipp IV. 1302 erstmals Vertreter der Stände nach Paris einberufen hatte, tagten die sogenannten Generalstände bis 1614 in unregelmäßigen Abständen.

In Frankreich setzt sich der König durch

Auch Frankreich war bis zur Revolution 1789[2] ein „Flickenteppich" mit zahlreichen kleineren Territorien innerhalb des Landes, die nicht dem französischen König unterstanden. Seit 1226 war Frankreich allerdings eine Erbmonarchie. Der unmittelbare Machtbereich der französischen Könige beschränkte sich im Mittelalter auf das Gebiet um Paris (Krondomäne). In den übrigen Landesteilen übte der Adel die Herrschaftsrechte aus. Gegen große Widerstände machten sich die Könige in den folgenden Jahrhunderten daran, ihre Macht zu erweitern, etwa durch geschickte Heiratspolitik. Sie ließen zentrale Behörden einrichten, die für Rechtsprechung, Finanzen und Verwaltung zuständig waren. Nach den Religionskriegen erreichte König Heinrich IV. Stabilität, indem er das katholische Bekenntnis als Staatsreligion sicherte.

Zu Beginn des 17. Jh. regierte der französische König direkt über ein größeres Reichsgebiet. Ihm galten alle Franzosen als unmittelbare Untertanen. Dem Adel war es verboten, eigenmächtig Soldaten zu werben oder mit fremden Fürsten Bündnisse zu schließen. Die im Land erhobenen Steuern gingen direkt an die Krone. Ein Netz von Amtssitzen und Gerichtshöfen im ganzen Land trug dazu bei, der königlichen Autorität auch fern der Hauptstadt Geltung zu verschaffen.

1. *Fasse zusammen: Was hielt das Heilige Römische Reich Deutscher Nation zusammen?*

M 3 Königliche „Grundgesetze“

Das Königreich Frankreich hat keine geschriebene Verfassung, doch lassen die Könige ihr herrschaftliches Selbstverständnis festschreiben:

In Reaktion auf ihre zeitweilige Schwäche hat die französische Monarchie vom 14. zum 16. Jahrhundert ihren Anspruch aufs Äußerste gesteigert, zunächst durch die sogenannten Grundgesetze des Königreiches: 1. den Ausschluss der Frauen von der Thronfolge […],
2. die Volljährigkeit des Königs mit 13 Jahren […], 3. seine sofortige Nachfolge beim Tod des Vorgängers […], 4. die Einschränkung der Gewalt eines Regenten, der […] auch für Minderjährige nur in dessen Namen tätig sein durfte, 5. die Unveräußerlichkeit der Krondomäne und Kronrechte, auf die der König bei der Krönung vereidigt wurde. Die einzigartige, religiös begründete Würde des Königs fand ihren Niederschlag im Titel „Rex christianissimus (Rois très chrétien)“ und der Anrede „Votre (Sacrée) Majesté“.

Wolfgang Reinhard, Geschichte der Staatsgewalt. Eine vergleichende Verfassungsgeschichte von den Anfängen Europas bis zur Gegenwart, München ³2002, S. 64

M 4 „Ein aus Staaten zusammengesetzter Staat“

Der Staatsrechtler Johann Stephan Pütter beschreibt im 18. Jh. die Verfassung Heiligen Römischen Reiches Deutscher Nation:

Jedes Kurfürstentum, jedes Fürstentum, jede Grafschaft, jede Reichsstadt, jedes noch so kleine Gebiet, das jetzt unter der Anzahl der besonderen deutschen Staaten begriffen ist, hat seine ganz eigene Regierung, […] in jedem Gebiete finden sich wieder ganz andere Gesetze, ganz andere Münzen, andere Posten, andere Soldaten […].
Ein jeder dieser Staaten, er mag noch so klein oder groß […] sein, ist in seiner inneren Einrichtung, aufs Vollkommenste seiner eignen Freiheit überlassen. […]
So kann die Verfassung des Deutschen Reichs […] sichern, dass vonseiten der kaiserlichen Regierung nicht leicht eine Ausübung despotischer Gewalt möglich ist; ebenso zweckmäßig ist nach dieser Verfassung auch für die Sicherheit und Wohlfahrt aller und jeder besonderen deutschen Staaten gesorgt, wenn anders nur irgend alles in dem Verhältnisse bleibt, wie es nach dem Zuschnitt jener gesetzmäßigen Verfassung sein sollte.

Johann Stephan Pütter, Historische Entwickelung der heutigen Staatsverfassung des Teutschen Reichs, Bd. 2: Von 1558 bis 1740, Göttingen 1786, S. 161f. und 167ff.; zit. nach: http://ds.ub.uni-bielefeld.de/viewer/image/619600/195/[27.07.2015] (stark gekürzt und vereinfacht)

M 5 Die zehn Reichskreise

Um die Verwaltung zu verbessern, wurde das Reich in zehn Kreise eingeteilt. Sie sollten den Frieden sichern, Münz- und Geldwesen sichern, ein Reichsheer aufstellen und die Urteile der Gerichte vollstrecken.

1. ***Arbeite heraus**, wie es den Königen in Frankreich gelang, ihre Ansprüche durchzusetzen (VT, M3).*
2. ***Stelle** das Heilige Römische Reich Deutscher Nation der französischen Monarchie in einer Tabelle **gegenüber** (VT, M1-M5).* (H)
3. ***Beurteile**: Das Heilige Römische Reich Deutscher Nation – eine Monarchie oder eher ein Bund von Einzelstaaten (VT, M4)?*
4. ***Arbeite weiter**: a) **Informiere dich**, wie die Staatenbezeichnung des heutigen Deutschland lautet und wie es politisch gegliedert ist.*
   *b) **Prüfe**, inwieweit der Verfassertext und die Karte M5 bereits Hinweise auf die heutige staatliche Ordnung liefern.* (G)
5. ***Diskutiert** die Vor- und Nachteile einer starken zentralen Staatsgewalt.* (G)

Erstmals im ostfränkischen Reich Königswahl durch die Fürsten
Frankreich ist Erbmonarchie
Erste Zusammenkunft der Generalstände
Das Heilige Römische Reich wird in zehn Reichskreise eingeteilt
Der französische König herrscht direkt über ein größeres Reichsgebiet
Vorläufig letzte Zusammenkunft der Generalstände in Frankreich
Westf. Frieden
900 1000 1100 1200 1300 1400 1500 1600 1700

Absolute Monarchie: der „Sonnenkönig"

Internettipp:
Mehr zum „Sonnenkönig" kannst du unter Mediencode 31101-83 erfahren.

„Der Staat bin ich"

Ludwig war erst vier Jahre alt, als sein Vater 1643 starb. Daher regierte an seiner Stelle seine Mutter. Sie ließ von Kardinal Jules Mazarin als „Erstem Minister" (Premierminister) die Staatsgeschäfte leiten. Als Mazarin 1661 starb, verkündete Ludwig dem „alten" Hofadel im Staatsrat, dass er im Auftrag Gottes und zum Wohle seiner Untertanen selbst regieren werde.

Der König regierte selbst, aber nicht allein. Hohe Beamte und Offiziere durften ihn nur beraten, ohne seine Zustimmung aber keine Anweisungen und Befehle erteilen. **Ludwig XIV.** wollte die Macht auch nicht mehr mit den Adligen und dem Klerus[1] teilen. Ihm wurde deshalb der Ausspruch „Der Staat bin ich" zugeschrieben. Seinen Herrschaftsanspruch leitete er direkt von Gott ab (Gottesgnadentum). Nur ihm sei er Rechenschaft schuldig. Diese Herrschaftsform wird als **Absolutismus** bezeichnet.

Nach dem Grundsatz „Ein König, ein Gesetz, ein Glaube" beherrschte Ludwig XIV. auch die katholische Kirche in Frankreich und lehnte sogar eine Einmischung des Papstes ab. 1685 widerrief Ludwig XIV. das Edikt von Nantes, das Protestanten religiöse Freiheit garantiert hatte. Reformierte galten als Ketzer. Ihre Kirchen wurden zerstört. Fast 200 000 Hugenotten wanderten aus.

[1] Klerus: Angehörige der katholischen Kirche (Bischöfe, Äbte, Äbtissinnen usw.)

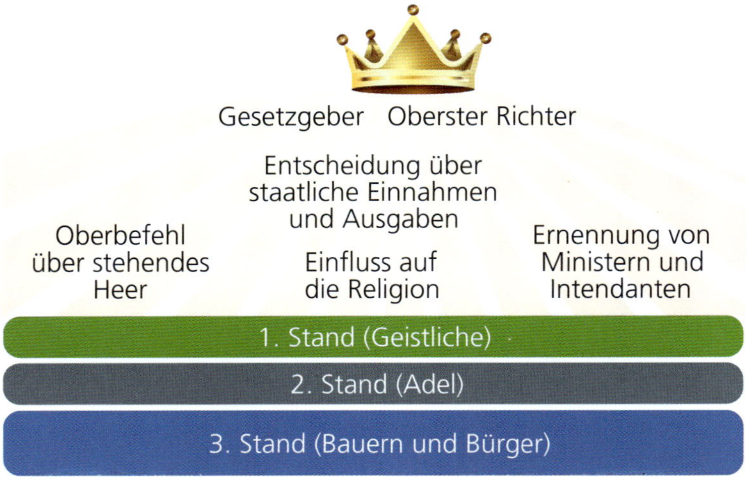

M 1 Der Absolutismus unter Ludwig XIV.
Die Grafik zeigt, wie sich Ludwig XIV. seine Herrschaft idealerweise vorstellte.

Königliche Helfer

Vom späten Mittelalter an hatten die Monarchen die Vertreter des Adels (Erster Stand), des Klerus (Zweiter Stand) und der Städte (Dritter Stand) immer dann versammelt, wenn sie Kriege führen wollten. Seit 1614 hatten sie darauf verzichtet. So konnten die Stände weder ihr Recht ausüben, Steuern zu bewilligen, noch Beschwerden oder Ratschläge vorbringen. Wie seine Vorgänger berief auch Ludwig XIV. die Generalstände nicht ein.

Der Adel behielt zwar viele Privilegien wie die Steuerfreiheit, das Jagdrecht und hohe Offiziersstellen. Seinen Anspruch auf die höchsten Staatsämter verlor er aber unter Ludwig XIV.

Der König stützte seine Regierung vor allem auf Fachleute, die aus dem Bürgertum stammten. Ein Kanzler war für die Gerichte verantwortlich, Beamte oder Minister leiteten das Heer, die Außenpolitik und die Marine. Ein Fachmann beaufsichtigte die Finanzen. Sie alle gehörten zum Staatsrat, der unter dem Vorsitz des Königs regelmäßig zusammentrat. Die Beamten waren gut ausgebildet und dem König treu ergeben, da sie ihm ihren Aufstieg verdankten und weitere Belohnungen, etwa einen Adelstitel, erhofften.

Ist der Absolutismus gut für alle?

Der englische Gelehrte Thomas Hobbes erklärte in seinem Werk „Leviathan", warum der Absolutismus vernünftig sei: Wenn es keinen starken Herrscher gäbe und alle Menschen gleichberechtigt wären, würden sie sich immerzu bekämpfen. Denn jeder sei auf seinen eigenen Vorteil bedacht. Deshalb solle der Herrscher zum Wohl aller die Gemeinschaft der Untertanen leiten; er sorgt für Sicherheit im Innern und für Frieden nach außen.

1. ***Erkläre****, warum der König selbst, aber nicht allein regiert (VT).*
2. ***Vergleiche*** *das Schaubild mit der Darstellung der Königsherrschaft Ludwigs XIV. (M1, VT).*
3. ***Beurteile*** *die Theorie von Thomas Hobbes (VT).*

M 2 Die königliche Macht

In seinem Werk über „Die Politik nach den Worten der Heiligen Schrift" von 1682 schreibt Bischof Bossuet, der ehemalige Hauslehrer des Kronprinzen:

Alle Macht kommt von Gott. Die Fürsten regieren also als seine Stellvertreter auf Erden. Gott also regiert alle Völker und gibt ihnen allen ihre Könige. Daraus folgt, dass die Person des Königs heilig ist. Die königliche Autorität ist absolut.

1. Der Fürst hat niemandem Rechenschaft abzulegen über das, was er befiehlt. Seine Macht muss so groß sein, dass niemand hoffen kann, sich ihr zu entziehen.
2. Wenn der Fürst geurteilt hat, gibt es kein anderes Urteil mehr. Die Urteile der Herrscher gehen auf Gott zurück.
3. Es gibt keinerlei Zwangsgewalt gegen den Fürsten.
4. Deshalb sind die Könige aber nicht von den Gesetzen befreit. Sie sind wie alle anderen der Rechtlichkeit des Gesetzes unterworfen, sowohl weil sie selbst gerecht sein sollen, als auch weil sie dem Volk Beispiel als Hüter des Gesetzes sein sollen, aber sie sind nicht den Strafen des Gesetzes unterworfen.

Zit. nach: Paul Hartig, Auf der Suche nach dem besten Staat, Stuttgart 1985, S. 27 f. (vereinfacht)

M 3 Kritik am Absolutismus

Der französische Erzbischof Fénelon, Erzieher der Enkel Ludwigs XIV., kritisiert um 1695/96 in einem Roman die absolutistische Regierungsweise. Das Buch wird verboten, und Fénelon muss den Hof verlassen.

Wenn sich die Könige daran gewöhnen, kein anderes Gesetz mehr anzuerkennen als ihren unumschränkten Willen [...], dann vermögen sie alles. Aber gerade da sie alles tun können, was sie wollen, untergraben sie selber die Grundpfeiler ihrer Macht; sie richten sich in ihrer Regierung nicht mehr nach bestimmten Regeln und Grundsätzen. Alle Leute schmeicheln ihnen um die Wette; sie haben keine Untertanen mehr; es bleiben ihnen nur noch Sklaven [...]. Wer wird ihnen die Wahrheit sagen? [...] Nur eine plötzliche, gewaltsame Revolution kann diese ausufernde Macht in ihre natürliche Bahn zurückführen.

Zit. nach: Paul Hartig, Auf der Suche nach dem besten Staat, a. a. O., S. 30

M 4 „Nec pluribus impar" („Keiner kommt ihm gleich")
Rückseite einer Schaumünze von Jean Warin mit dem Wahlspruch Ludwigs XIV. von 1672

Hörtipp:
Was Bossuet 1682 noch über die Rolle des Königs sagt, kannst du dir unter dem Mediencode 31101-84 anhören.

1. ***Nenne*** *die wichtigsten Argumente Bossuets für die absolute Königsherrschaft (M2).*
2. *a)* ***Erläutere*** *Bossuets Aussagen in Zeile 15 bis 21 (M2). b)* ***Nimm Stellung*** *zu seiner Argumentation.*
3. ***Beschreibe*** *die Probleme der absolutistischen Herrschaft, die Fénelon sieht.* ***Prüfe*** *seine Argumente auf ihre Stichhaltigkeit (M3).*
4. *Ludwig XIV. hat sich selbst als „Sonnenkönig" inszeniert.* ***Stelle*** *den Zusammenhang von der Sonne im heliozentrischen Weltbild und dem König im Absolutismus* ***dar*** *(M4).* Ⓗ

Frankreich ist Erbmonarchie
Erste Zusammenkunft der Generalstände
Vorläufig letzte Zusammenkunft der Generalstände in Frankreich
Ludwig XIV. wird (vierjährig) König
Ludwig XIV. verkündet, künftig selbst zu regieren: Absolutismus
1200 1300 1400 1500 1600 1700 1800

Herrscherbilder untersuchen

Nichts ist zufällig

Ähnlich wie Herrscherstatuen (siehe S. 127) werden Herrscherbilder von den abgebildeten Personen meist selbst in Auftrag gegeben. Sie bilden also nicht einfach die Wirklichkeit ab, sondern das Selbstverständnis einer herrschenden Person, das heißt, wie sich der Herrscher selbst sieht und gesehen werden wollte. Kein Bildelement ist zufällig, jedes soll eine bestimmte Wirkung erzielen.

Das Herrscherbild Ludwigs XIV. als Beispiel

Ludwig hatte seinen Hofmaler Hyacinthe Rigaud mit dem Gemälde beauftragt. Es sollte den König im Krönungsornat und mit allen Insignien (Zeichen) seiner Herrschaft zeigen und ein Geschenk für seinen Neffen, Philipp V. von Spanien, werden. Weil der König das Gemälde aber ganz besonders gelungen fand, ließ er eine Kopie anfertigen und behielt das Original für den Thronsaal von Versailles. Dort hing das Gemälde so hoch, dass die Füße des Königs in Augenhöhe der Betrachtenden waren. Es nahm den Platz des Königs ein, wenn dieser nicht da war. Zahlreiche absolutistische Monarchen nahmen es als Vorbild für ihre Herrscherbilder.

Übrigens: Ludwig maß etwa 1,60m. Er hatte schon 1659 aufgrund einer Krankheit die meisten seiner Haare verloren und trug eine Perücke.

In drei Schritten zum Ziel

1. Beschreibe,
- was du mithilfe der Bildunterschrift über das Bild erfahren kannst: Welchen Titel trägt das Gemälde? Wann, wo, von wem und für wen ist das Bild geschaffen worden? Welche Angaben zu Größe und Material werden gemacht?
- wie das Bild aufgebaut ist, welche Farben und Motive es hat,
- welche Bildteile zu erkennen sind,
- wie die herrschende Person dargestellt wird (Körperhaltung = Gestik, Gesichtsausdruck = Mimik),
- welche Kleidung die herrschende Person trägt und welche Gegenstände ihr zugeordnet sind,
- ob die Person höher oder tiefer als der Betrachtende steht und wohin sie schaut.

2. Untersuche,
- in welcher Zeit das Gemälde entstanden ist,
- was du über die herrschende Person und die Künstlerin oder den Künstler weißt (vgl. die Bildunterschrift) und ob es erforderlich ist, weitere Informationen zu recherchieren,
- ob das Gemälde sich auf ein besonderes historisches Ereignis bezieht (z. B. die Krönung, einen Sieg …),
- welche symbolische Bedeutung dargestellte Gegenstände haben.

3. Beurteile,
- warum das Herrscherbild entstand,
- wer es für wen in Auftrag gegeben hat,
- wie die herrschende Person von den Zeitgenossen gesehen werden wollte,
- wie das Herrscherbild auf dich wirkt.

M 1 König Ludwig XIV.
Ölgemälde von Hyacinthe Rigaud, 1701
Das Gemälde war 2,79 m hoch und 1,90 m breit.

1. ***Untersuche*** *das Herrscherbild mithilfe der Hinweise im Verfassertext und am Bild sowie den Arbeitsschritten auf der linken Seite.* (H)
2. ***Arbeite weiter****: Das Gemälde Ludwigs XIV. gilt als Vorbild für viele weitere Herrscherbilder. Unter Mediencode 31101-85 findet sich das Herrscherbild Karls III. Philipp von der Pfalz.* ***Arbeite*** *Gemeinsamkeiten und Unterschiede zwischen den beiden Bildern* ***heraus****.*

Herrschen mit Hof und Etikette

M 1 Versailles
Gemälde von Pierre Patel, 1668 (Ausschnitt)
Die Straße von Paris führt direkt auf das Schloss zu. Der Innenhof verengt sich immer weiter und unterteilt sich in den „Hof der Minister", den „Königshof" und schließlich den Ehrenhof. Das Schlafzimmer des Königs lag genau auf der Mittelachse im ersten Obergeschoss.

Das Zentrum der Macht

Um seine unumschränkte Macht über Mensch und Natur darzustellen, ließ Ludwig XIV. ein Jagdschloss seines Vaters zu einer Residenz erweitern, die alle bisherigen Anlagen in den Schatten stellte. Dazu mussten Sümpfe trockengelegt, Flüsse umgeleitet sowie Gräben und Kanäle ausgehoben werden. Der Wald wurde in einen Park mit Hecken, Blumenbeeten, unterirdischen Wasserleitungen und beeindruckenden Wasserspielen verwandelt. Bis zu 36 000 Menschen waren mit den Arbeiten beschäftigt.

Nachdem die Arbeiten an dem Bau begonnen worden waren, dauerte es noch etwa 20 Jahre, bis der König mit seinem Gefolge nach Versailles umzog.

Die etwa 2 000 Räume, großen Säle und langen Flure boten Platz für mehr als 20 000 Personen. Ein Teil dieses Hofstaates waren die etwa 1 000 Adligen, die der König auf diese Weise kontrollieren konnte. Sie hatten ihre Macht verloren, bekamen in Versailles jedoch ein prunkvolles Leben mit zahlreichen Unterhaltungsmöglichkeiten (Feste, Theater, Oper, Ballett) geboten, das sie sich selbst nicht leisten konnten.

Die Macht der Etikette

Versailles sollte das Gefühl vermitteln, nur „bei Hofe" könne man wie ein wirklicher Adliger leben. Dazu trugen die königlichen Vorschriften für den Umgang miteinander (Etikette) bei. Jeder am Hofe erhielt nach seinem Ansehen beim König einen bestimmten Rang im Hofzeremoniell. Das Recht, sich in der Nähe Ludwigs XIV. aufzuhalten oder ihn in seiner Kutsche zu begleiten, stand nur Adligen zu, die ihre Herkunft bis in das 14. Jh. nachweisen konnten. Damit band der Monarch den „alten" Adel an seinen Hof und „zähmte" ihn zugleich. Denn die Nähe des „alten" Adels zum Herrscher war ein Ausgleich für seinen verlorenen politischen Einfluss.

Der König von Frankreich war für andere Herrscher in Europa ein Vorbild. Sie eiferten ihm nach und ließen sich ebenfalls große Schlösser errichten, in denen sie ein Hofleben nach französischer Art führten.

1. ***Beschreibe** die Schlossanlage und ihre Wirkung (M1).*
2. ***Beurteile** die Bedeutung des Hofzeremoniells.*

Internettipp:
Du willst dich in Versailles umschauen und mehr über das Leben am Hof erfahren? Das geht unter Mediencode 31101-86.

M 2 Morgenempfang beim König

Der französische Historiker Hippolyte Taine (1828-1893) beschreibt das „Große Lever", den täglichen Morgenempfang (franz. lever: aufstehen):

Der König ist gehalten, eine ganze Aristokratie zu beschäftigen; daher muss er sich fortwährend zeigen und seine Person zur Schau tragen. Des Morgens weckt ihn der erste Kammerdiener zu der von ihm bestimmten Stunde, und der Reihe nach treten fünf Gruppen von Leuten ein, um ihre Aufwartung zu machen. Zuerst kommt die „vertrauliche Gruppe", bestehend aus den königlichen Kindern, den Prinzen und Prinzessinnen von Geblüt, dem ersten Arzt, dem ersten Chirurgen und anderen nützlichen Personen.

Dann folgt die „große Gruppe"; dabei befinden sich der Großkämmerer, der Großmeister der Garderobe, die Ehren- und Kammerdamen der Königin und Prinzessinnen sowie Barbiere, Schneider und verschiedene Diener. Man gießt dem König aus einer vergoldeten Schale Franzbranntwein auf die Hände und reicht ihm den Weihkessel; er bekreuzt sich und betet. Dann erhebt er sich vor der ganzen Gesellschaft aus dem Bette, zieht die Pantoffeln und den ihm vom Großkämmerer und vom ersten Kammer-Edelmann gereichten Schlafrock an und setzt sich auf den Ankleide-Sessel.

In diesem Augenblick wird die dritte Gruppe hereingelassen, die teils aus Günstlingen, teils aus einer Menge von Dienstleuten [...] zusammengesetzt ist.

Im Moment, da man den König anzukleiden beginnt, nähert sich diesem der von einem Ordner benachrichtigte erste Kammer-Edelmann und nennt ihm die Namen der vor der Türe wartenden Edlen. Diese treten als vierte Gruppe ein. Die umfasst die meisten hohen Beamten, den Kaplan, den Prediger, den Hauptmann und Major der Leibgarden und einen Teil der übrigen hervorragenden Adligen und Geistlichkeit.

In dem feierlichen Augenblick, wenn der König ein frisches Hemd anzieht, dem Gipfelpunkt der Handlung, wird die fünfte Gruppe eingelassen, die alles umfasst, was bisher fehlte.

Zit. nach: Wilhelm Weigand (Hrsg.), Der Hof Ludwigs XIV. Nach den Denkwürdigkeiten des Herzogs von Saint-Simon, Leipzig [3]1925, S. 466 ff. (stark vereinfacht)

M 3 Schlafzimmer Ludwigs XIV. im Schloss von Versailles
Foto von 1990

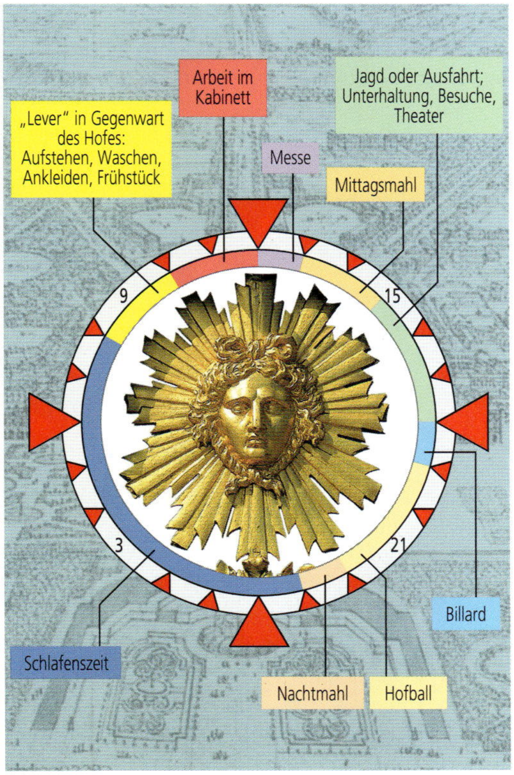

M 4 Der Tagesablauf des Königs
In der Mitte der Grafik ist das Sonnensymbol als Zeichen des Königs, ein Teil des Schlosstores von Versailles.

1. ***Liste*** *die Personen* ***auf****, die am Morgenempfang des Königs teilnahmen, und* ***ordne*** *sie den Ständen* ***zu****, denen sie angehörten (M2).*
2. ***Begründe****, weshalb Ludwig XIV. ein solches Leben führte (M2-M4).*

Residenzen als Ausdruck eines neuen Herrschaftsverständnisses

Barock: prunkvoller Kunststil in der Zeit des Absolutismus (17./18. Jh.). Barocke Bauwerke sind meist hell und farbenprächtig und haben bevorzugt runde, verspielte Formen.

Residenzen: Zentren der Macht

Herrscher wollen ihre Macht für jedermann sichtbar machen. Bis ins 17. Jh. waren die Fürsten meist noch zwischen ihren Burgen oder Schlössern hin- und hergezogen. Die absolutistischen Fürsten ließen nun prachtvolle Barockschlösser als ständige Wohn- und Regierungssitze errichten. Für den Ausbau dieser Residenzen wurden bestehende Burgen, Schlösser oder Klöster abgerissen oder umgebaut, Gärten, Städte und selbst die Landschaft nach ihrem Willen umgeformt. Alles sollte planmäßig angelegt und dem Herrscher untertan sein.

Schon durch ihre Größe fielen die Schlösser auf, aber auch dadurch, dass sie durch Mauern, Gitter und Tore umschlossen wurden. Der Eindruck des Besonderen wurde meistens noch verstärkt, da sie streng symmetrisch erbaut worden waren: Sie sollten ein Abbild der „geordneten Verhältnisse" des ganzen Landes sein.

Die Kunst der Selbstdarstellung

In den Schlössern, gleich ob es sich um kleine Jagd- und Sommerschlösser oder um große Residenzen handelte, gab es natürlich alle die Räume, die unbedingt notwendig waren: die Wohn- und Aufenthaltsräume des Schlossherrn samt den Amtszimmern, Küchen, Kellern, Dienerkammern und anderen Räumen zur Versorgung des Herrn und seines Hofstaates.

Doch der besondere Stolz des Herrn waren besondere Schauräume, die nur dazu dienten, sie hochgestellten Gästen vorzuführen: große Prunktreppenhäuser, prächtige Säle, Spiegel- und Gemäldegalerien. Sie entfalteten ihren Glanz bei aufwändigen Empfängen und rauschenden Festen. Man kam um zu sehen und um gesehen zu werden. Und im Mittelpunkt all dessen stand – wie eine Sonne – der Gastgeber und Schlossherr.

Versailles als Vorbild

Vorbild für ganz Europa war König Ludwig XIV. von Frankreich mit Schloss und Park von Versailles. Nach deren Muster entstanden viele prächtige Anlagen.

Zu den Fürsten, die den „Sonnenkönig" bewunderten, gehörte auch Landgraf Ernst Ludwig von Hessen-Darmstadt (1678-1739). Nachdem das alte Darmstädter Schloss bei einem Brand teilweise zerstört worden war, ließ der Landgraf 1715 Pläne für einen prachtvollen Neubau anfertigen. Die Menschen in der kleinen Landgrafschaft mit nur 100 000 Einwohnern (so groß wie eine mittelgroße Stadt heute) sollten das teure Vorhaben finanzieren. Die dafür vorgesehenen Sondersteuern gingen aber nur teilweise ein, sodass der Bau 1722 eingestellt werden musste. Die bis dahin errichteten barocken Schlossflügel blieben bis ins 19. Jh. unbewohnt, der Landgraf residierte in einem kleinen Palais am Marktplatz.

M1 Das Residenzschloss in Darmstadt heute

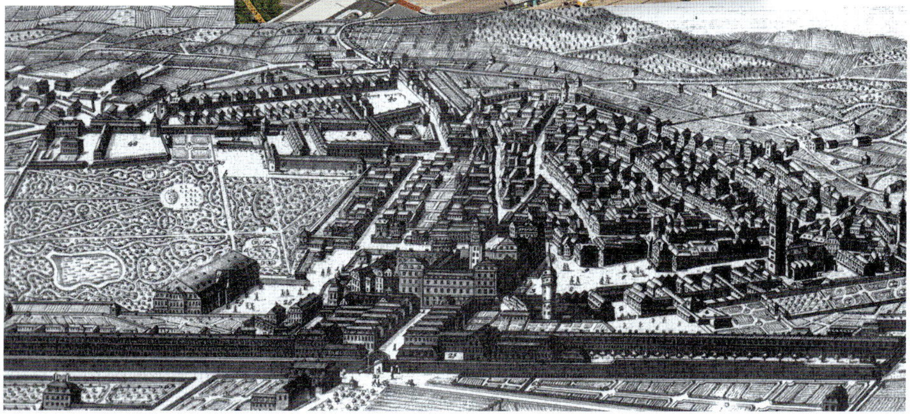

M2 Schloss und Stadt Darmstadt
Kupferstich von Johann Jacob Hill, 1776
Darmstadt hatte um 1715, als das neue Schloss geplant war, etwa 2 000 Einwohner, die meist in Fachwerkhäusern wohnten. Nur in zwei Straßen gab es Häuser aus Stein. Als das Bild entstand, war die Stadt mittlerweile auf etwa 10 000 Einwohner angestiegen.

M3 Schloss Oranienstein
Foto von 2008
Der Name des Schlosses Oranienstein im rheinland-pfälzischen Diez geht auf Wilhelm von Oranien, „Stammvater“ des niederländischen Königshauses zurück. Der Hauptflügel des Schlosses wurde von 1672 bis 1681 für die Gräfin Albertine Agnes von Oranien-Nassau auf den Ruinen eines Klosters erbaut. 1704 bis 1709 ließ es ihre Schwiegertochter zum Barockschloss mit 318 Räumen umbauen. Die Pläne dazu erstellte der französische Architekt Daniel Marot, Sohn des Erbauers der Versailler Schlossanlage.

M4 Dianasaal im Schloss Engers in Neuwied
Foto von 2015
Das Schloss wurde im Auftrag des Trierer Erzbischofs und Kurfürsten zwischen 1759 und 1762 als Jagd-, Lust- und Sommerschloss erbaut. Der prächtige Barocksaal wird heute als Standesamt und Konzertsaal der Landesstiftung Villa Musica genutzt.

M5 Der Orangeriegarten in Darmstadt
Foto von 2008
Das Orangerie-Gebäude befindet sich am unteren Bildrand rechts.

Die Orangerie

Zu beinahe jedem barocken Schloss gehörte auch eine Orangerie. Meist war sie Teil der Gartenanlagen – wie zum Beispiel in Versailles. Teuer eingekaufte Zitrus- und Orangenbäume aus Südeuropa waren ein besonderer Ausdruck von Wohlstand. In den kalten Monaten mussten sie in einem speziellen, mit großen Fenstern versehenen Gebäude untergebracht werden: der Orangerie. Diese wurden oft zu kleinen Schlössern mit kunstvoller Ausstattung ausgebaut.

Exkursionstipps:
Kurfürstliches Palais in Trier, Kurfürstliches Schloss in Mainz, Schloss Bollendorf, Schloss Engers, Schloss Montabaur

1. ***Beschreibe*** *den Unterschied zwischen dem geplanten und dem tatsächlich fertig gestellten Darmstädter Residenzschloss (M1, M2).*
2. ***Wähle aus:*** ***A*** ***Vergleiche*** *das Darmstädter Residenzschloss mit Schloss Versailles (S. 270).*
   B ***Vergleiche*** *Schloss Oranienstein mit Schloss Versailles (S. 270).*
   Hinweis: ***Recherchiere*** *dazu weitere Ansichten der Schlösser.*
3. ***Prüfe****, inwiefern sich das absolutistische Herrschaftsverständnis der Fürsten in den Anlagen wiederfindet (VT, M1-M5).*
4. ***Arbeite weiter****: a)* ***Vergleiche*** *ein Barockschloss deiner Wahl in Rheinland-Pfalz mit dem Schloss von Versailles. b)* ***Präsentiere*** *deine Ergebnisse in Form eines Referates.*

Die Außen- und Wirtschaftspolitik Ludwigs XIV.

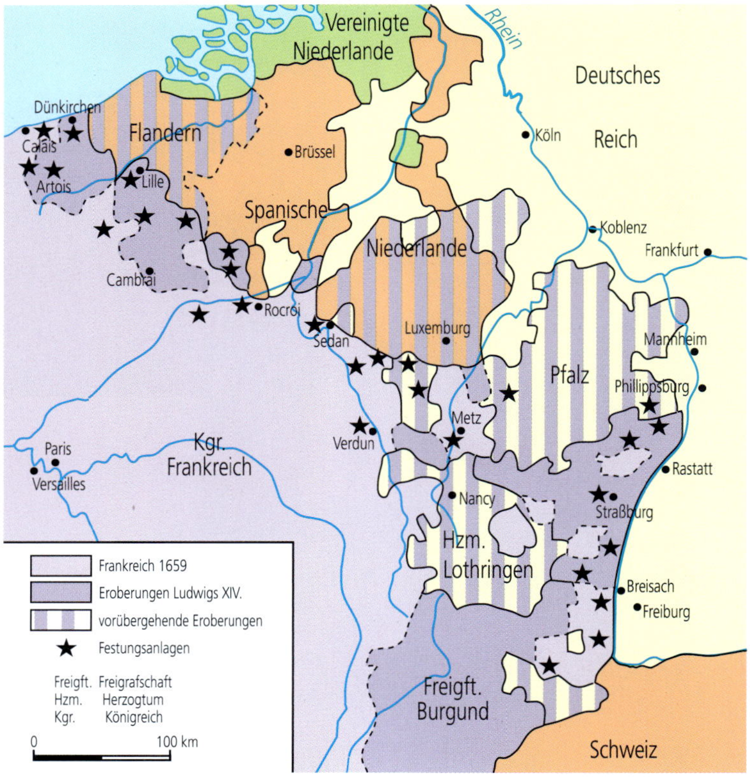

M 1 Veränderung der Nordostgrenze Frankreichs

Ziel: Vormachtstellung

Ludwig XIV. strebte eine Vormachtstellung (Hegemonie) Frankreichs an. Seine Außenpolitik sollte das Herrscherhaus Habsburg in Spanien und Österreich schwächen, Frankreichs Grenzen nach Norden und Osten verschieben und wirtschaftliche Konkurrenten ausschalten. Und sie sollte seinen Ruhm vermehren.

Um diese Ziele zu erreichen, vergrößerte der König sein Heer und die Kriegsflotte um ein Vielfaches und führte viele Kriege, in die andere europäische Staaten hineingezogen wurden. Ständig bemühte er sich um neue Bündnisse. Frankreich wurde durch Kriege und Verhandlungen mit auswärtigen Mächten in den 1680er-Jahren zur größten Macht Europas. Vor allem England widersetzte sich, forderte ein Gleichgewicht und schloss Bündnisse mit Frankreichs Nachbarn. So musste Ludwig XIV. nach 1688 seinen Führungsanspruch aufgeben und Englands Grundsatz vom Gleichgewicht der Mächte (engl. balance of powers) in Europa hinnehmen.

Der Staat braucht Geld

Der absolutistische Staat brauchte viel Geld für das stehende Heer und seine Kriege, für die Gehälter der Beamten, die teuren Bauten sowie für die aufwändige Hofhaltung. Um die Staatseinnahmen zu erhöhen, verbesserte der König die Verwaltung. Er beauftragte Jean Baptiste Colbert 1661 bis zu seiner Absetzung 1683 mit der Finanz- und Wirtschaftspolitik. Der aus einer Tuchhändlerfamilie stammende Colbert führte eine staatlich gelenkte Wirtschaft ein, die später **Merkantilismus** (von lat. mercari: Handel treiben) genannt wurde. Zu seinen Maßnahmen gehörten:

- bessere und mehr Land- und Wasserstraßen
- weniger Binnenzölle
- geringe Einfuhrzölle für Rohstoffe und hohe Aufschläge für Luxusgüter wie Zucker und Tabak sowie Fertigwaren
- mehr Gebiete in Übersee (Kolonien), um von dort Rohstoffe zu beziehen

Manufakturen werden gefördert

Dazu ließ Colbert viele staatliche Gewerbebetriebe (Manufakturen) errichten, die Wandbildteppiche (Gobelins), Uhren und Parfüm für die Ausfuhr ins Ausland herstellten. Und schließlich warb er ausländische Fachkräfte an und verbot französischen Spezialisten die Auswanderung.

Bürger wurden durch Handel und Gewerbe reich. Der Adel durfte sich aufgrund der Standesbestimmungen nicht direkt daran beteiligen. Die Landwirtschaft aber, von der die meisten Franzosen lebten, vernachlässigte Colbert. Am ärmlichen Leben der Bauern änderte sich nichts. Der Staat nahm zwar mehr Steuern ein, aber weniger als er ausgab. Am Ende war das Land bankrott.

1. ***Beschreibe*** *mit der Karte M1 die Ziele und Maßnahmen der Außenpolitik Ludwigs XIV.*
2. *Im Verfassertext wird betont, dass Colbert aus einer Tuchhändlerfamilie stammte.* ***Stelle Vermutungen an****, warum den Verfassern dieser Hinweis wichtig war.* (H)
3. ***Erkläre*** *die Gründe für die Einführung des Merkantilismus (VT).*

M 2 Spielkartenmanufaktur in Paris
Ölgemälde, um 1680 (Ausschnitt)
In den großen Werkstätten arbeiteten viele Menschen an unterschiedlichen Plätzen vorwiegend mit der Hand, daher der Name Manufaktur (von lat. manu facere: mit der Hand machen). Die Fertigung wurde in einzelne Schritte zerlegt. Durch diese Arbeitsteilung ließen sich mehr Waren günstiger herstellen, weil ungelernte Arbeiter, Frauen und Kinder mit geringen Löhnen eingestellt wurden und die Zwischentransporte der Halbfertigwaren von einer kleinen Werkstatt zur nächsten entfielen.

M 3 Was will Colbert?

Ein Botschafter der Republik Venedig berichtet in den 60er-Jahren des 17. Jh. über die neue französische Wirtschaftspolitik:

Herr Colbert [...] versäumt nichts, um Gewerbe anderer Länder in Frankreich heimisch zu machen. Was an Besonderem in England hergestellt wird, was die Natur dort an Seltenem liefert, bemüht er sich, ins Königreich einzuführen [...]. Aus Holland hat man Techniken der Tuchproduktion übernommen, ebenso auch die Herstellung von Käse, Butter und anderen Spezialitäten. Aus deutschen Ländern hat man die Produktion von Gütern, Weißblech und vieler anderer Gewerbeerzeugnisse geholt, von unserem Land die Spitzenklöppelei und die Spiegelherstellung. Was es an besten Waren in aller Welt gibt, das wird zurzeit in Frankreich hergestellt, und so groß ist das Ansehen dieser Waren, dass von überall Bestellungen kommen.

Zit. nach: L'histoire de France, Bd. 4, hrsg. von E. Larisse, Paris 1906, S. 229 f. Übersetzung: Geschichtsbuch 2, Frankfurt am Main 1987, S. 159 f.

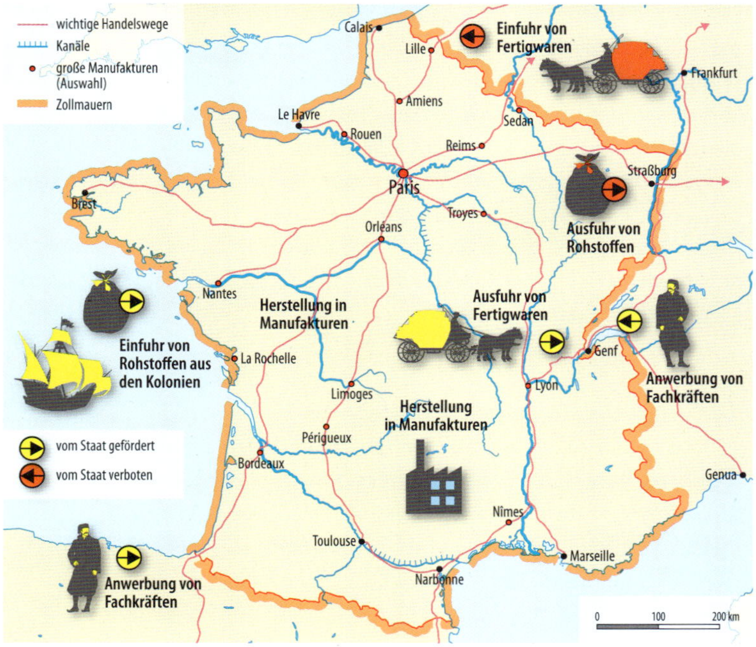

M 4 Wie die merkantilistische Wirtschaft funktionieren sollte
Die Karte stellt einen einheitlichen Wirtschaftsraum dar, den sich Colbert gewünscht hätte.

1. *Auf dem Bild sind folgende Arbeitsgänge zu sehen: Färben, Drucken, Trocknen, Schneiden, Glätten und Sortieren.* ***Ordne*** *die einzelnen Arbeitsschritte den Bildteilen* ***zu*** *(M2).*
2. ***Nenne*** *die Vor- und Nachteile der Manufaktur gegenüber der Werkstatt eines Handwerkers (VT, M2).*
3. *„Der Merkantilismus kann nicht funktionieren, wenn alle Staaten ihn anwenden."* ***Nimm*** *mithilfe von M3 und M4* ***Stellung*** *zu dieser Behauptung.*
4. *„Der Merkantilismus förderte die Luxusgüter, verbesserte aber nicht die Versorgung der Bevölkerung."* ***Prüfe*** *die Aussage (VT, M4).*
5. ***Arbeitet weiter:*** ***Verfasst*** *in kleinen Arbeitsgruppen eine „Regierungserklärung", in der der französische König die Grundlagen seiner Macht herausstellt und die Probleme verschleiert.*

Wiederholen und Kompetenzen überprüfen

Die geistlichen und weltlichen Fürsten des Heiligen Römischen Reiches waren seit dem Spätmittelalter zu □□□□□□□□□□□ über ihre Herrschaftsgebiete (□□□□□□□□□□) geworden. Diese bauten sie zu □□□ □□□□ mit eigener □□□□□□□□□ aus. Seit der Reformation bestimmten sie ..... Schreibe den Text weiter. Nicht nur die Gegensätze der Glaubensrichtungen (Konfessionen), sondern auch politisches Machtstreben führten zu □□□□□□□□□□□□□□ in Europa. Der längste und blutigste Konflikt war der □□□□□□□□□□□□□ □□□□□, der zu einem Krieg um die Vormacht in Europa wurde. Fast überall in Europa setzte sich die Herrschaftsform des □□□□□□□ □□□□□ durch, der ..... Schreibe den Text weiter.

Die von der Reformation angestoßenen Reformen führten auch zu gesellschaftlichen Spannungen. Die Bauern fühlten sich durch Luthers Schriften ermutigt, sich aufgrund ihrer wirtschaftlichen Not gegen die □□□□□□□□□ aufzulehnen und Forderungen zu stellen. Ab 1524 kam es vielerorts zu □□□□□□□□□□□□□. Die Fürsten ..... Schreibe den Text weiter.

Die absolutistische Wirtschaftspolitik – der □□□□□□-□□□□□□□□ – förderte Handel und Gewerbe, was den Export steigerte und kurzfristige Erfolge brachte. Mit staatlichen Geldern wurden viele □□□□□□□□□□□□ errichtet. Diese ..... Schreibe den Text weiter.

Im 15. Jh. häuften sich die Vorwürfe gegen die Kirche. Einige versuchten die Missstände in der Kirche zu beseitigen. Die Kritik □□□□□□ □□□□□□□ richtete sich 1517 vor allem gegen den □□□□□□□□□□□, der ..... Gegen Luther wurde der □□□□□□□□□□□ verhängt, das bedeutet ..... Schreibe den Text weiter. Damit begann die □□□□□□□□□□□. Mithilfe des Buchdrucks löste die Reformation eine „□□□□□□□□□□□□□□□□" aus. Die katholische Kirche reagierte mit einer □□□□ □□□□□□□□□□□□, indem sie ..... Schreibe den Text weiter. Daraufhin zerbrach die Einheit der Kirche, der christliche Glaube spaltete sich in unterschiedliche Glaubensrichtungen auf, die □□□□□□□□□□□□. Fortan gab es die katholische, protestantische und calvinistische Kirche. Die Auseinandersetzungen zwischen Protestanten und Katholiken konnten 1555 im □□□□□□□□□□ □□□□□□□□□□□□□□□□ beigelegt werden. Er erlaubte es den Landesherren, ... Schreibe den Text weiter.

Wortspeicher:
Ablasshandel, Absolutismus*, Augsburger Religionsfrieden, Bauernkrieg*, Dreißigjähriger Krieg, Förderalismus*, Gegenreformation, Glaubenskriege, Glaubensspaltung, Kirchenbann*, Konfessionen, Landeskirchen, Landesherren, Ludwig XIV.*, Martin Luther*, Medienrevolution, Merkantilismus, Missstände in der Kirche, Obrigkeit, Reformation, Staat, stehendes Heer, Sünden, Territorium, Untertan, Verwaltung

1. ***Schreibe*** *die Texte der Lernkarten in dein Heft ab und setze die fehlenden Begriffe in die Lücken ein. Achtung: Verwende für deine Textergänzungen auch die übrigen im Wortspeicher genannten Begriffe.*
2. ***Notiere*** *für jede Karteikarte eine passende Überschrift.*
3. *a) Die Frühe Neuzeit hat unterschiedliche Beinamen bekommen, wie diese:*

   „Zeitalter der Kriege"
   „Die Abkehr vom Alten"
   „Zeitalter der Entdeckungen"
   „Die Wiedergeburt der Antike"

   Weise nach*, auf welchen historischen Gegebenheiten die jeweiligen Beinamen gründen, und notiere diese. Fehlt deiner Meinung nach ein wichtiger Aspekt? Wenn ja, welcher? Berücksichtige deine Ergebnisse der Seiten 244/245.*
   b) ***Erstelle*** *einen Zeitstrahl zur Frühen Neuzeit. Wähle dafür die wichtigsten Ereignisse aus und überlege vorab, wie du sie anordnen willst.*

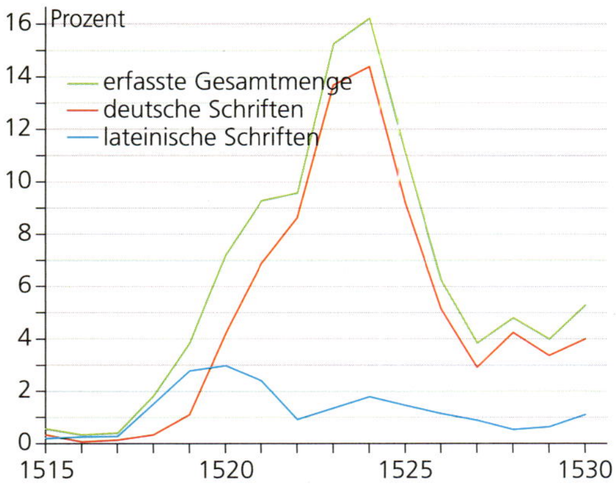

M 1 Flugschriftenproduktion 1515 bis 1530
Für die Grafik wurden 3016 Flugschriften (= 100 Prozent) ausgewertet.

Nach: Hans-Joachim Köhler, Erste Schritte zu einem Meinungsprofil der frühen Reformationszeit, in: Volker Press / Dieter Stievermann (Hrsg.), Martin Luther. Probleme seiner Zeit, Stuttgart 1986, S. 244 - 281, hier S. 266

M 2 Eine Revolution wie der Buchdruck

Zehn Bildungsforscher stellen 2017 ein Gutachten vor, in dem sie fordern, dass die Bildung in Deutschland digitaler werden muss:

„Kein Bereich des beruflichen und privaten Lebens wird von der Digitalisierung ausgeschlossen bleiben", schreiben die Wissenschaftler […]. Die Auswirkungen der digitalen Revolution seien mit denen des Buchdrucks vergleichbar – mit dem Unterschied, dass die Menge an Informationen ungleich stärker wachse. […]

https://www.sueddeutsche.de/politik/digitalisierung-eine-revolution-wie-der-buchdruck-nur-schneller-1.3499521 (Autor: Paul Munzinger) (04. 02. 2021)

M 3 Colbert präsentiert Ludwig XIV. 1667 die neu gegründete Königliche Akademie der Wissenschaften
Gemälde von Henri Testelin, um 1775

M 4 Protestaktion auf dem Kirchentag 2017
Die Aktionisten der Gruppe „11. Gebot" erhielten eine Anzeige wegen Volksverhetzung. Im Umfeld des Reformationsjubiläums 2017 wurden verschiedene kritische Stimmen laut. Sie benannten Luthers Aussagen über Juden und bezeichneten ihn als frauenfeindlich. Die Darstellung seiner Person beim Reformationsjubiläum sei beschönigend und unkritisch.

1. ***Erläutere** die Grafik M1.*
2. *a) **Erkläre** mit deinen eigenen Worten den Begriff „digitale Revolution". b) **Begründe**, weshalb der Verfasser die Digitalisierung mit der Entwicklung des Buchdrucks vergleicht.* (H)
3. *a) Wissen ist Macht! **Begründe**, in welchen Bereichen in der Frühen Neuzeit sich dieser Ausspruch bestätigt. Berücksichtige auch M3. b) **Nimm Stellung**, ob und inwiefern der Ausspruch „Wissen ist Macht" auch heute gilt.* (G)
4. ***Wählt aus**: 500 Jahre Reformation – ein Grund zum Feiern? Teilt die Klasse in zwei Gruppen auf. Die eine Hälfte bearbeitet Aufgabe **A**, die andere Aufgabe **B**. Bezieht M1, M2 und M4 mit ein. Tragt abschließend eure Ergebnisse zusammen und diskutiert über die Eingangsfrage.*
   ***A Gestaltet** ein Schaubild, auf dem ihr Gründe dafür zusammentragt, warum wir die Reformation heute feiern. Beurteilt, was die Reformation für uns heute bedeutet und was wir Luther zu verdanken haben.* (G)
   ***B Verfasst** einen Blogbeitrag, in dem ihr euch mit Luthers Handeln auseinandersetzt und beurteilt, welche Ziele Luther verfolgt hat und welche Folgen er damit ausgelöst hat. **Unterscheidet** dabei zwischen Folgen, die er absichtlich in Kauf nahm, und solchen, für die er weniger verantwortlich ist.* (H)

6 Von den Revolutionen zu den Nationalstaaten

M 1 **Märzrevolution 1848**
Barrikadenkämpfe vor dem Berliner Schloss in der Nacht vom 18. zum 19. März 1848, Lithografie von 1848

Leitfragen zum Kapitel

Welche **Ideen** und **Ereignisse** trugen zur Entstehung von **Nationalstaaten** bei?

Wie veränderten **Revolutionen** die Gesellschaft und die Verteilung von **Herrschaft** und **Macht**?

Welche **Auswirkungen** hatte die **Industrialisierung** auf Wirtschaft, Gesellschaft und Politik?

„Aus einem kleinen Funken, der in Amerika angezündet wurde, ist eine Flamme emporgestiegen, die sich nicht mehr austilgen lässt. Ohne zu verzehren […] windet sie ihren Fortschritt von Nation zu Nation […]."
Mit diesen Zeilen beschrieb der amerikanische Publizist Thomas Paine um 1790, welche Wirkung von den neu gegründeten Vereinigten Staaten von Amerika (USA) auf andere Länder ausging. Die englischen Kolonien in Nordamerika hatten sich durch eine Revolution von der britischen Monarchie losgesagt und sich als USA eine eigene Verfassung gegeben. Diese verwirklichte neue Vorstellungen von Staat und Gesellschaft, die mit der Ständegesellschaft und absolutistischer Herrschaft nicht vereinbar waren: die Ideen der sogenannten Aufklärung. Von Amerika aus sprang der revolutionäre Funke auf andere Länder über – das Zeitalter der bürgerlichen Revolutionen brach an. Freiheit, Recht und Nation wurden zu zentralen Schlagwörtern. Auf deutschem Boden scheiterte 1848 ein erster Versuch, einen Nationalstaat mit demokratischer Verfassung zu gründen. Dieser entstand erst 1871 mit der Gründung des Deutschen Kaiserreichs unter ganz anderen Vorzeichen. Zu diesem Zeitpunkt war bereits eine Revolution auf ganz anderem Gebiet im Gange: die Industrielle Revolution, die erst Wirtschaft und Gesellschaft und schließlich auch die politischen Verhältnisse verändern sollte.

M 2 „Erwachen des Dritten Standes"
Ausschnitt aus einem kolorierten Holzschnitt, der vier „Denkwürdige Szenen" aus den Jahre 1789 bis 1791 enthält
Unter dem Bild steht der Hinweis: „Ich habe zu lange unter der Unterdrückung meiner Feinde gelebt, ich will endlich meine Fesseln sprengen."

M 3 Das Eisenwalzwerk
Ölgemälde von Adolph Menzel, 1872/75
Das Werk zeigt die Walzhalle für Eisenbahnschienen der Königshütte in Oberschlesien. Es ist das erste realistische Gemälde in Deutschland, das die harten Arbeitsbedingungen während der Industrialisierung ins Zentrum rückt.

1. *Das Kapitel heißt „Von den Revolutionen zu den Nationalstaaten".*
   a) ***Tragt zusammen****, was ihr über Revolutionen wisst.*
   b) ***Sammelt Ideen****: Was bedeuten für euch die Begriffe „Freiheit" bzw. „frei sein", Recht und Nation?*
2. *a)* ***Untersucht*** *den Holzschnitt.*
   b) Erklärt den Bildtitel (M2). (H)
3. *a)* ***Beschreibt*** *die Stimmung auf dem Ausschnitt der Lithografie (M1).*
   b) ***Erklärt*** *die Bedeutung der Fahne.*
   c) ***Stellt Vermutungen an****, warum die schwarz-rot-goldene Fahne 1850 verboten wurde.*
4. ***Erläutert****, was euch das Gemälde bereits über die Arbeitsbedingungen und über den Alltag der Menschen in der Zeit der Industrialisierung verrät (M3).*

Aufklärung und Französische Revolution

Dass wir unsere Meinung frei äußern können, vor dem Gesetz gleich sind und politisch mitreden dürfen, verdanken wir einer Entwicklung, die vor rund 250 Jahren begann. Zu dieser Zeit forderten die Denker der Aufklärung die Menschen auf, ihre Rechte zu erkennen und mündig zu werden. Sie sollten über sich selbst und ihre Regierung bestimmen. Bald begannen immer mehr Menschen die absolutistischen Herrschaftsansprüche der Könige infrage zu stellen – zumal diese nicht mehr in der Lage waren, die Probleme der Zeit zu lösen. Die englischen Kolonien in Nordamerika erkämpften sich in einem revolutionären Krieg die Unabhängigkeit von der englischen Krone. In Frankreich folgte die unzufriedene Bevölkerung dem amerikanischen Beispiel und erklärte das Land zur Republik. Der Amerikanische Unabhängigkeitskrieg und die Französische Revolution veränderten in kurzer Zeit nicht nur Herrschaft und Gesellschaft, sondern verschoben in der Folge auch die territorialen Grenzen und Machtverhältnisse in Mitteleuropa.
Viele Menschen verbinden noch heute mit dem Begriff der Revolution positive Gedanken: die Befreiung der Menschen von einer ungerechten Herrschaft und den Kampf für die Rechte des Einzelnen. Doch für alle Menschen galt dies damals nicht: Frauen, Sklaven und die Einwohner der Kolonien blieben davon ausgeschlossen. Während der Revolution in Frankreich erlebten die Menschen zudem eine Gewaltherrschaft durch die Revolutionäre selbst sowie den Aufstieg und Fall Napoleon Bonapartes. Dennoch bleiben die Ideen der Revolution – nämlich, dass alle Menschen frei seien und von Natur aus die gleichen Rechte besitzen – die Grundlage für alle modernen Verfassungen in Europa und der Welt.

Leitfragen zu den Kategorien

- Welche Bedeutung hatten Aufklärung und Revolution für die Entwicklungen in Europa?
- Wann und wodurch kam es zu politischen und territorialen Veränderungen in Europa?
- Inwiefern schufen Aufklärung, Amerikanische und Französische Revolution wichtige Grundlagen für moderne Staaten?

- Welche geistigen Strömungen entstanden im Zeitalter der Aufklärung?
- Wie wirkten sich die Ideen der Aufklärung von Freiheit und Gleichheit auf das Menschen- und Gesellschaftsbild aus?
- Wie veränderte sich durch die neuen Vorstellungen die Bedeutung von Kirche und Religion?

- Wie veränderten die Revolutionen die Herrschaftsverhältnisse und die Machtverteilung?
- Hielten die Revolutionen, was sie anfangs versprachen?

- Wie wirkten sich die Vorstellungen der Aufklärung von Freiheit und Gleichheit auf die Gesellschaftsordnung aus?
- Verbesserten sich dadurch auch die Lebensverhältnisse der einfachen Bevölkerung?

1600 1610 1620 1630 1640 1650 1660 1670 1680 1690 17

Absolutismus

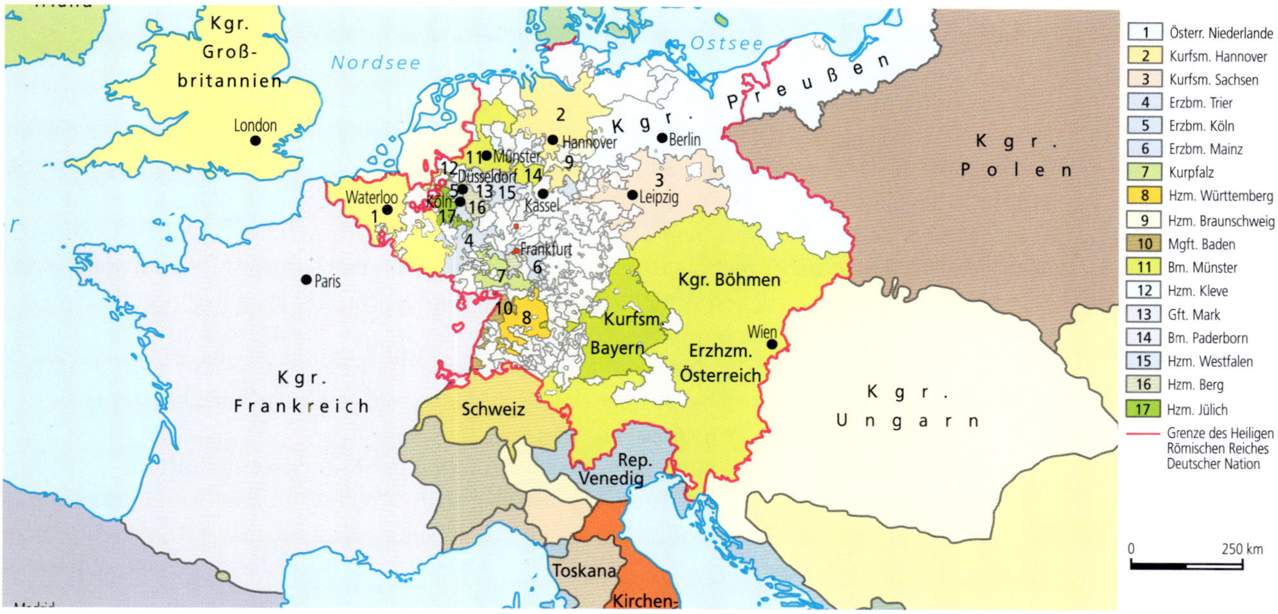

M 1 Europa um 1789

M 2 Europa 1812

1. ***Vergleiche*** *die Karten M1 und M2.* ***Wähle aus:*** ***A*** *hinsichtlich der Ausdehnung des französischen Herrschaftsgebietes* ***B*** *hinsichtlich der Veränderung auf dem Gebiet des Heiligen Römischen Reiches Deutscher Nation.*
2. ***Untersuche****, welche Machtverhältnisse aus der Karte abgeleitet werden können (M2).*
3. ***Begründe*** *aufgrund deines Vorwissens zu „Herrschaft", „Religion" und „Gesellschaft" der Frühen Neuzeit, warum die Mehrheit der Menschen in Europa von den Aufklärern als „unmündig" betrachtet werden konnte.* (H)
4. ***Stelle Vermutungen an****, inwiefern „Aufklärung" und „Revolution" zusammenhängen.*

Gründung der USA | Französische Revolution | „Zeitalter Napoleons"

0 | 1720 | 1730 | 1740 | 1750 | 1760 | 1770 | 1780 | 1790 | 1800 | 1810

Aufklärung

Aufgeklärter Absolutismus

1806: Ende des Heiligen Römischen Reiches Deutscher Nation

Aufklärung: das „Zeitalter der Vernunft"

Internettipp:
Du willst mehr zum Zeitalter der Aufklärung und dem Experiment in M1 wissen? Dann schau unter dem Mediencode 31101-87 nach.

Ein neues Menschenbild?

Im 17. Jh. entwickelte sich eine neue Bewegung, die beinahe alle Lebensbereiche betraf: die **Aufklärung**. Sie ging von England aus, wo man sie „enlightment" – Erleuchtung – nannte. Freiheit und Vernunft waren dabei zentrale Begriffe. Die Menschen sollten sich nicht von Autoritäten wie der Kirche leiten lassen, sondern ihr Leben und Denken selbst bestimmen. Die Aufklärer waren überzeugt, dass jeder Mensch fähig sei, logisch zu denken und seine Vernunft zu gebrauchen, dass der Wert eines Menschen nicht auf Herkunft und Stand, sondern auf seiner angeborenen Würde und seiner Leistung beruhe, und dass der Mensch sich nur in Freiheit entfalten könne.

Freiheit und Toleranz

Die Aufklärer lehnten den kirchlichen Anspruch ab, dass die Bibel die alleinige Grundlage für das gesamte Wissen und das Christentum die einzig wahre Religion sei. Schriftsteller und Philosophen wie Gotthold Ephraim Lessing und Moses Mendelssohn riefen zur gegenseitigen Achtung und Toleranz von Christen, Juden und Muslimen auf.
Doch die Aufklärung änderte das Verhalten der Bevölkerung nur allmählich. Weiterhin glaubten noch viele Menschen an Wahrsager, fanden große Hexenprozesse statt, wurden Menschen aus Afrika millionenfach versklavt und Minderheiten verfolgt.

M1 „Das Experiment mit dem Vogel in der Luftpumpe"
Ölgemälde von Joseph Wright, 1768
In dem dargestellten Experiment sollte herausgefunden werden, ob ein Vogel im luftleeren Raum fliegen kann. Durch den Einsatz der Luftpumpe gelang es Robert Boyle 1660, die Grundlagen der Atmung zu entdecken.

Ablehnung des Absolutismus

Der Absolutismus beruhte darauf, dass sich die Untertanen dem Monarchen unterordneten. Eine solche Herrschaft, die sich als gottgegeben darstellte und alle Macht für sich beanspruchte, widersprach dem Denken der Aufklärer. Sie forderten die Teilung der Macht und feste Rechtsgrundsätze, die für alle Bürger gleichermaßen gelten sollten. Rechtmäßige Herrschaft beruhte nach ihren Vorstellungen auf der Zustimmung des Volkes.

Aufstieg der Naturwissenschaften

Seit dem 17. Jh. vertrauten die Forscher immer mehr darauf, dass nur mithilfe der Vernunft die Wissenschaft vorangebracht werden könne. Sie ließen nur gelten, was sie überprüfen oder in Regeln fassen konnten. Dies gab der Bewegung den Namen **Rationalismus** (lat. ratio: Vernunft).
Forscher entwickelten neue Instrumente wie Mikroskope oder immer bessere Teleskope, um noch genauer als in der Renaissance den Himmel und Lebewesen beobachten zu können. Neue Methoden wie Experimente und große Fortschritte in der Mathematik ermöglichten, Gesetze und Regeln in der Natur zu entdecken. Der deutsche Johannes Kepler ergänzte Galileis Beobachtungen und stellte die Gesetzmäßigkeit der Planetenbewegungen fest. Isaac Newton erkannte wichtige Gesetze der Physik, vor allem das Gesetz der Schwerkraft.
Die Landesherren förderten die Wissenschaften. Sie gründeten unabhängig von den bestehenden Universitäten Akademien. Forscher aus dem In- und Ausland konnten dort in den Laboratorien, Sternwarten und Bibliotheken arbeiten. Ihre Ergebnisse sollten dem Land wirtschaftliche und technische Vorteile bringen.

1. ***Schreibe*** *einen kurzen Lexikonartikel zum Thema Aufklärung.*
2. ***Diskutiert*** *in der Klasse, ob die Annahme der Aufklärung zutrifft: Jeder Mensch könne selbst herausfinden, wie die Welt funktioniert, wenn er nur seinen Verstand richtig gebraucht.*

M2 Über den richtigen Vernunftgebrauch

Von dem französischen Mathematiker und Philosophen René Descartes stammt der Satz: „Ich denke, also bin ich." In seiner „Abhandlung über die Methode des richtigen Vernunftgebrauchs" (1637) lautet seine erste Vorschrift:

Die erste Vorschrift besagt, niemals eine Sache als wahr anzuerkennen, von der ich nicht ganz sicher und einleuchtend erkenne, dass sie wahr ist: d. h. Übereilung und Vorurteile sorgfältig zu vermeiden und über nichts zu urteilen, was sich meinem Denken nicht so klar und deutlich darstellt, dass ich keinen Anlass hätte, daran zu zweifeln.

Zit. nach: Karl Vorländer, Philosophie der Neuzeit. Geschichte der Philosophie IV, Reinbek 1966, S. 126 (vereinfacht)

M3 „Was ist Aufklärung?"

Der Philosoph Immanuel Kant beantwortet 1784 diese Frage so:

Aufklärung ist der Ausgang des Menschen aus seiner selbstverschuldeten Unmündigkeit. Unmündigkeit ist das Unvermögen, sich seines Verstandes ohne Leitung eines anderen zu bedienen. Selbstverschuldet ist diese Unmündigkeit, wenn ihre Ursache nicht am Mangel des Verstandes, sondern der Entschlusskraft und des Mutes liegt, sich seiner ohne Leitung eines andern zu bedienen. Sapere aude! Habe Mut, dich deines eigenen Verstandes zu bedienen!, ist also der Wahlspruch der Aufklärung.

Faulheit und Feigheit sind die Ursachen, warum ein so großer Teil der Menschen, nachdem sie die Natur längst von fremder Leitung freigesprochen hat (naturaliter majorennes), dennoch gerne zeitlebens unmündig bleiben; und warum es anderen so leicht fällt, sich zu deren Vormündern aufzuwerfen. Es ist so bequem, unmündig zu sein. Habe ich ein Buch, das für mich Verstand hat, einen Seelsorger, der für mich Gewissen hat, einen Arzt, der für mich die Diät beurteilt, u.s.w., so brauche ich mich ja nicht selbst zu bemühen. Ich habe nicht nötig zu denken, wenn ich nur bezahlen kann; andere werden das verdrießliche Geschäft schon für mich übernehmen.

Zit. nach: Hagen Schulze und Ina Ulrike Paul (Hrsg.), Europäische Geschichte. Quellen und Materialien, München 1994, S. 856 (vereinfacht)

M4 Heißluftballon der Montgolfiers
Nachträglich kolorierte Radierung, 18. Jh.
Die Brüder Etienne und Michel de Montgolfier stellten in der väterlichen Papierfabrik Versuche mit leichten, rauchgefüllten Papiersäcken an, die sie aufsteigen ließen. Als am 21. November 1783 der erste bemannte Heißluftballon startete, galt dies als Zeichen eines neuen Zeitalters.

Beobachtungs- und Messinstrumente		
1590	Mikroskop	Janssen
1657	Pendeluhr	Huygens
1669	Spiegelteleskop	Newton
1718	Quecksilberthermometer	Fahrenheit
Technische Verfahren, Werkzeuge und Geräte		
1623	Rechenmaschine	Schickard
1649	Luftpumpe	Guericke
1673	Multipliziermaschine	Leibniz
1693	Porzellan (in Europa)	Tschirnhaus
1752	Blitzableiter	Franklin
1769	Dampfmaschine	Watt
1783	Heißluftballon	Montgolfier

M5 Auswahl von Erfindungen vom 16. bis 18 Jh.

Internettipp:
Wenn du mehr über die Brüder Montgolfier und ihre Experimente mit Heißluftballons erfahren möchtest, schau dir die Links unter dem Mediencode 31101-88 an.

1. ***Prüfe**, welche Verbindung zwischen Rationalismus und Aufklärung besteht (VT, M2).*
2. ***Erläutere**, wie Kant die Unmündigkeit beschreibt (M3).*
3. *Kant formulierte den sogenannten kategorischen Imperativ: „Handle immer so, dass deine Grundsätze als Gesetz für alle gelten könnten." Sucht in der Klasse dafür gemeinsam Beispiele aus eurem Alltag und **erläutert** mit ihnen, was das mit der Aufklärung zu tun hat.* (H) (G)
4. *Auf ihre Weise folgten Boyle (M1) und die Montgolfier-Brüder (M4) den Grundsätzen der Aufklärung. **Stelle Vermutungen an**: Welche Widerstände hatten sie wohl zu überwinden?*
5. *a) **Informiere dich** über einige der Erfindungen in M5.*
   *b) **Beurteile**, welche Bedeutung sie hatten.*

Aufklärung durch Bildung

M 1 Der Salon von Madame Geoffrin
Historiengemälde von Gabriel Lemonnier, nach 1804
In dem Gesellschaftszimmer (Salon) der Madame Geoffrin versammelten sich immer wieder Männer und Frauen der adligen und bürgerlichen Gesellschaft, um sich aus neuen Schriften vorlesen zu lassen und darüber zu diskutieren. Sie trafen sich unter der Büste des Philosophen, Geschichtsschreibers und Dichters Voltaire (1694 - 1778), der als der bedeutendste französische Aufklärer gilt.

Volksaufklärung?

Ihre Ideen verbreiteten die Aufklärer nicht nur durch Bücher, Zeitungen und Theaterstücke. In privaten Zusammenkünften wie den neu gegründeten Lesegesellschaften trafen sich Männer und Frauen, um sich aus aufklärerischen Schriften zu informieren und darüber zu diskutieren.

Zum Wahrzeichen der Aufklärung wurde die „Enzyklopädie". Dieses französische Lexikon mit 35 Bänden vereinigte fast das gesamte Wissen der damaligen Zeit und die Erfindungen der Menschheit, um sie der Öffentlichkeit bekannt zu machen.

Nach den Vorstellungen der Aufklärer hatten alle Menschen ein Recht auf Bildung. Sie sollten sich dadurch zu Menschen entwickeln, die freiwillig der Vernunft folgen.

Die Aufklärung war die Sache einer Minderheit: der Gelehrten, Schriftsteller, hohen Beamten und Kaufleute. Sie entwickelte aber etwas grundsätzlich Neues: eine öffentliche Meinung und ein Umdenken in Erziehung und Bildung.

Kindgerechte Erziehung

Die meisten Kinder hatten damals gar keine oder nur eine schlechte Schulbildung. Die allgemeine Schulpflicht gab es nicht. Nur Kinder von Adligen und Gebildeten erhielten einen besseren Unterricht. Die Aufklärer waren davon überzeugt, dass eine vernünftige Erziehung die Gesellschaft verbessert. Für den englischen Philosophen John Locke war der menschliche Geist eine „leere Tafel" (lat. tabula rasa), auf die erst die Inhalte geschrieben werden müssen.

Um die richtigen Unterrichtsmethoden herauszufinden, beobachteten die Pädagogen die kindlichen Bedürfnisse und Fähigkeiten. Vorher wurden Kinder meist wie kleine Erwachsene angesehen.

Neue Schulformen

Lernende sollten nicht nur Wissen aus Büchern auswendig erwerben, sondern sich für das wirkliche Leben rüsten. An vielen Orten entstanden Bildungseinrichtungen, in denen Kinder auch aus armen Familien Nützliches für ihr Leben lernten sollten.

Johann Bernhard Basedow gründete 1774 eine sogenannte „Pflanzschule" (Philanthropinum), in der Jungen unterschiedlicher Herkunft miteinander lernten. Latein und Griechisch wurde durch neue Fächer wie Französisch und Naturwissenschaften abgelöst. Die handwerkliche und landwirtschaftliche Ausbildung sollte für das spätere Berufsleben nützen. Spielerische Elemente, anschaulicher Unterricht und Sport vermittelten den Schülern Spaß am Lernen. Alle geistigen und körperlichen Bereiche sollten gefördert werden.

Trotz der Anstrengungen der Aufklärer dauerte es noch bis ins 19. Jh., bis sich die allgemeine Schulpflicht durchsetzte. Gerade in armen Familien mussten Kinder oft früh zum Lebensunterhalt beitragen. Da Mädchen sich nur auf ihre Rolle als Hausfrau und Mutter vorbereiten sollten, waren sie zusätzlich benachteiligt.

1. *Aufklärung durch Bildung:* ***Erkläre*** *diesen Zusammenhang (VT, M1).*
2. *Wissen für alle?* ***Nimm Stellung****, ob dieser Anspruch heute erfüllt ist.* (G)
3. ***Arbeite weiter****: Stelle dir vor, Johann Bernhard Basedow besucht deine Schule.* ***Verfasse*** *einen Tagebucheintrag aus Basedows Sicht über seine Eindrücke (VT).*

M 2 Dieses glückliche Alter!

Jean-Jacques Rousseau aus Genf veröffentlicht 1762 sein Hauptwerk „Emile oder Über die Erziehung". Darin wird die Bildung eines erfundenen Knaben, Emile, nach den Grundsätzen des Verfassers beschrieben. Das Buch hat sehr großen Einfluss auf die Entwicklung der Erziehung von Kindern und Jugendlichen:

Nichts ist ungewisser als die Lebensdauer jedes einzelnen Menschen. Von allen Kindern, die geboren werden, erreicht höchstens die Hälfte das Jünglingsalter.

Was soll man also von der jetzigen barbarischen Erziehung denken, die die Gegenwart einer ungewissen Zukunft opfert, einem Kind allerlei Fesseln anlegt und es vom ersten Augenblick an unglücklich macht, um ihm in weiter Ferne ein vermeintliches Glück zu bereiten, das es vermutlich nie genießen wird? Die Jahre des Frohsinns vergehen diesen armen unglücklichen Wesen unter Tränen, Züchtigungen, Drohungen – kurzum in voller Sklaverei. Menschen, seid menschlich, das ist eure erste Pflicht; seid es gegen alle Stände, gegen alle Lebensalter, gegen alles, was der menschlichen Natur eigen ist. Liebet die Kindheit, begünstigt ihre Spiele, ihre Vergnügungen, ihren liebenswürdigen Instinkt!

Nach: Jean-Jacques Rousseau, Emil oder Über die Erziehung, übersetzt von H. Denhard, Bd. 1, Zweites Buch, S. 100 - 102

M 3 Ein Lehrer erklärt den Zusammenhang von Natur, Sitten und Religion

Kupferstich nach einer Zeichnung von Daniel Nikolaus Chodowiecki aus einem Lehrbuch von 1774

M 4 Vorschläge zur Bildung der Frau

Der Hamburger Ratsherr und Dichter Barthold Heinrich Brockes schreibt 1724 in einem Beitrag für die Wochenschrift „Der Patriot":

Wir geben uns durchgängig viel weniger Mühe, unsere Töchter wohl aufzubringen, als unsere Söhne, und glauben noch dazu, dass wir Recht darin haben. Wir meinen, die Wissenschaften seien dem Frauenzimmer nichts nütze; es werde dieselben, nach seiner natürlichen Schwachheit, missbrauchen, und lassen deswegen mit Fleiß unsere Töchter in der dicksten Unwissenheit aufwachsen. Dieses Betragen halte ich für unverantwortlich.

Der Patriot, Nr. 3 vom 20. Januar 1724, S. 23f.

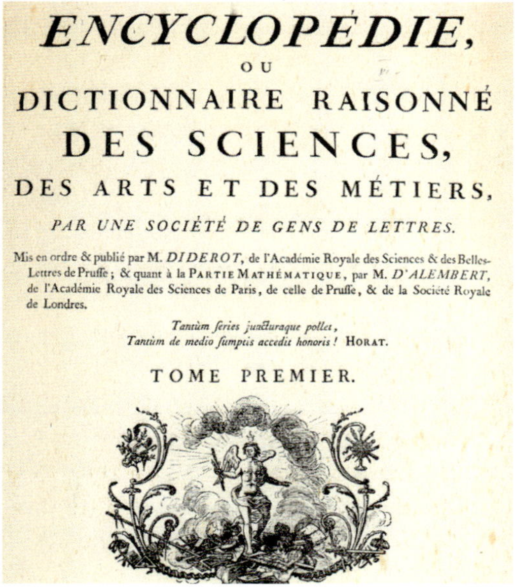

ENCYCLOPÉDIE,
OU
DICTIONNAIRE RAISONNÉ
DES SCIENCES,
DES ARTS ET DES MÉTIERS,
PAR UNE SOCIÉTÉ DE GENS DE LETTRES.

Mis en ordre & publié par M. DIDEROT, de l'Académie Royale des Sciences & des Belles-Lettres de Pruſſe; & quant à la PARTIE MATHÉMATIQUE, par M. D'ALEMBERT, de l'Académie Royale des Sciences de Paris, de celle de Pruſſe, & de la Société Royale de Londres.

Tantùm series juncturaque pollet,
Tantùm de medio sumptis accedit honoris! HORAT.

TOME PREMIER.

M 5 Die „Encyclopédie"

Titelblatt der Erstauflage von 1751 (Ausschnitt)

Zwischen 1751 und 1780 erschienen 35 Bände dieses Nachschlagewerkes. Es behandelte alle möglichen Themen und Probleme der Zeit im Sinne der Aufklärung. Hauptherausgeber waren Denis Diderot und Jean-Baptiste le Rond d'Alembert. Zu den Autoren gehörten die großen Philosophen und Schriftsteller der Aufklärung.

1. ***Stelle*** *in einer Tabelle* ***gegenüber****, wogegen Rousseau sich wendet und was er stattdessen möchte (M2).*
2. ***Beurteile****, ob es sich bei Rousseaus Ideen um eine „kindgerechte Erziehung" handelt (M2).*
3. *Das Bild M3 zeigt, wie sich Erzieher der Aufklärung den Unterricht vorstellen.* ***Weise nach****, was bei dieser Art von Schule neuartig war.*
4. *a)* ***Arbeite*** *aus Brockes Text Forderungen zur Bildung* ***heraus*** *(M4).*
   b) ***Begründe****, inwiefern sie aufklärerisch sind.*
5. *a)* ***Informiere dich*** *über die „Encyclopédie" (M5). b)* ***Vergleiche*** *mit Wikipedia. Welche Ähnlichkeiten und Unterschiede gibt es?* Ⓖ Ⓗ

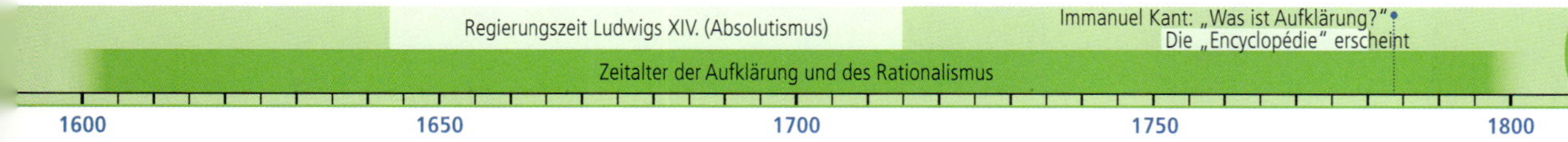

Auf der Suche nach dem besten Staat

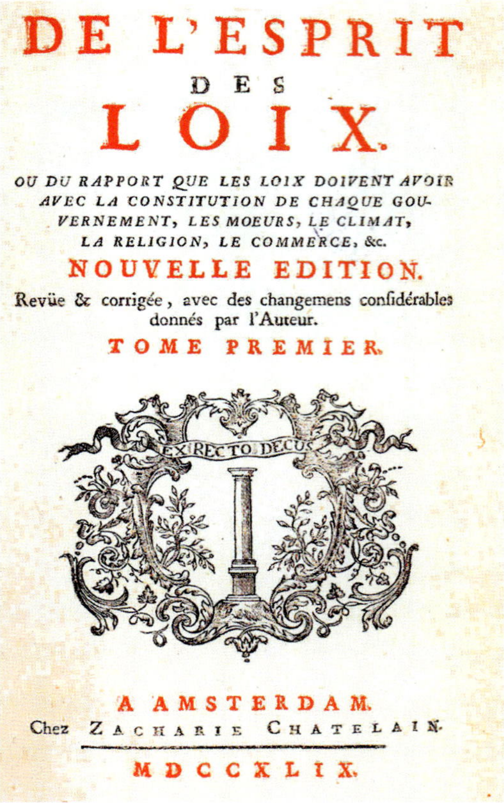
DE L'ESPRIT
DES
LOIX.
OU DU RAPPORT QUE LES LOIX DOIVENT AVOIR AVEC LA CONSTITUTION DE CHAQUE GOUVERNEMENT, LES MOEURS, LE CLIMAT, LA RELIGION, LE COMMERCE, &c.
NOUVELLE EDITION.
Revüe & corrigée, avec des changemens considérables donnés par l'Auteur.
TOME PREMIER.

A AMSTERDAM.
Chez ZACHARIE CHATELAIN.
MDCCXLIX.

M 1 „De l'esprit des loix …"
Titelbild von Montesquieus Hauptwerk, Ausgabe von 1749
Übersetzt lautet der Titel: „Vom Geist der Gesetze oder Über den Bezug, den die Gesetze zum Aufbau jeder Regierung, zu den Sitten, dem Klima, der Religion, dem Handel etc. haben müssen."

M 2 Charles de Montesquieu
Ölgemälde nach einem Porträt von Jacques-Antoine Dassier, 18. Jh.
Montesquieu (1689-1755) war Rechtsgelehrter und Schriftsteller. Er übernahm öffentliche Ämter und reiste durch Europa, um sich über Politik und Justiz zu informieren.

M 3 Jean-Jacques Rousseau
Pastell von Maurice Quentin de La Tour, 1753
Der in Genf geborene Schriftsteller, Philosoph und Pädagoge Rousseau (1712-1778) kam 1742 nach Paris und lernte dort führende Aufklärer kennen.

Wie sollen Menschen miteinander leben?

Nach den Religions- und Bürgerkriegen des 16. und 17. Jh. suchten kluge Köpfe mehr denn je Antworten auf die Frage nach dem besten Staat. Anders als die Vertreter der absolutistischen Herrschaft führten sie die Herrschaft über ein Volk und die Ordnung der Gesellschaft nicht mehr auf Gott zurück. Sie gingen davon aus, dass alle Menschen von Natur aus, also von Geburt an, ein Recht auf Leben, Freiheit und Eigentum besäßen. Diese natürlichen **Menschenrechte**[1] gelte es zu sichern. Die Frage war, wer die Gesetze zum Schutz von Leben und Eigentum erlassen und wer über ihre Einhaltung wachen sollte.

Aufklärung gegen Absolutismus

Der Engländer John Locke entwickelte eine neue Staatslehre: Die oberste Gewalt im Staat solle kein einzelner Herrscher, sondern ein vom Volk einberufenes **Parlament** besitzen. Dieses Parlament solle die gesetzgebende Gewalt (Legislative) ausüben. Die Fürsten seien daran gebunden und müssten als vollziehende Gewalt (Exekutive) diese Gesetze durchsetzen. Weigerten sie sich, dann dürfe das Volk sie absetzen. Der Franzose Charles de Montesquieu entwickelte diese Lehre von der **Gewaltenteilung**[2] weiter. Um Willkür und Machtmissbrauch zu verhindern, sollte es zusätzlich eine unabhängige richterliche Gewalt (Judikative) geben. Diese drei Gewalten sollten jeweils eigenständig handeln könnten, sich aber gegenseitig kontrollieren.
Noch weiter ging Jean-Jacques Rousseau. Er nahm die antike demokratische Polis zum Vorbild. Alle staatliche Gewalt müsse allein beim Volk liegen. Nach seinem Grundsatz der **Volkssouveränität** sei Herrschaft nur rechtmäßig, wenn das Volk den Gesetzen und der Herrschaft zustimmte.
Die Lehren beeinflussten die politische Entwicklung in Europa und Nordamerika.

1. ***Erkläre***, *wie die moderne Staatslehre Herrschaft begründet.*
2. ***Arbeite heraus***, *welche Verbesserungen die Gewaltenteilung aus Sicht der Aufklärer für den Staat bringen soll.*

[1] Zu den Menschenrechten siehe auch S. 300 f.
[2] Wie die Gewaltenteilung funktioniert, zeigt die Methode auf S. 298.

M 4 Die Grenzen der Macht

John Locke beruft sich auf den „gesunden Menschenverstand" und schreibt in seinem Werk „Über die Regierung" (geschrieben 1679 - 1681, gedruckt erst 1689):

Das große Ziel, mit welchem die Menschen in eine Gesellschaft eintreten, ist der Genuss ihres Eigentums in Frieden und Sicherheit, und das große Werkzeug und Mittel dazu sind die Gesetze […].

Zum Ersten muss die gesetzgebende Gewalt nach öffentlich bekanntgemachten festen Gesetzen regieren, die nicht für besondere Fälle geändert werden dürfen, sondern nur ein Maß anlegen für Reich und Arm, für den Günstling bei Hof wie für den Landmann am Pflug.

Zum Zweiten sollten diese Gesetze auf kein anderes letztes Ziel als das Wohl des Volkes ausgerichtet sein.

Zum Dritten darf die gesetzgebende Gewalt keine Steuern auf das Eigentum des Volkes erheben ohne Zustimmung des Volkes […].

Zum Vierten darf und kann die Legislative die Gewalt, Gesetze zu geben, nicht auf irgendjemand anderes übertragen, und sie kann sie nirgendwo anders hinlegen als dort, wohin sie das Volk gelegt hat […].

Bei der Schwäche der menschlichen Natur, die stets bereit ist, nach der Macht zu greifen, dürfte es jedoch eine zu große Versuchung darstellen, wenn dieselben Personen, die die Macht haben, Gesetze zu geben, auch die Macht in der Hand hätten, sie zu vollstrecken […].

In wohlgeordneten Staatswesen wird deshalb die legislative Gewalt in die Hände mehrerer Personen gelegt, welche nach ordnungsgemäßer Versammlung selbst oder mit anderen gemeinsam die Macht haben, Gesetze zu geben, sobald dies aber geschehen ist, wieder auseinandergehen und selbst jenen Gesetzen unterworfen sind, die sie geschaffen haben.

John Locke, Über die Regierung, hrsg. von Peter Cornelius Mayer-Tasch, übers. von Dorothee Tidow, Stuttgart 1974, S. 101 und 110ff. (vereinfacht und stark gekürzt)

M 5 Die Gewaltenteilung

Charles de Montesquieu schreibt in seinem Buch „Vom Geist der Gesetze" von 1748:

Es gibt in jedem Staat drei Arten von Vollmacht: die gesetzgebende Gewalt, die vollziehende Gewalt in Sachen, die vom Völkerrecht abhängen, und die vollziehende Gewalt in Sachen, die vom bürgerlichen Recht (Zivilrecht) abhängen.

Aufgrund der ersteren schafft der Herrscher oder Magistrat Gesetze auf Zeit oder für die Dauer, ändert geltende Gesetze oder schafft sie ab. Aufgrund der zweiten stiftet er Frieden oder Krieg, sendet oder empfängt Botschaften, stellt die Sicherheit her, sorgt gegen Einfälle vor. Aufgrund der dritten bestraft er Verbrechen oder sitzt zu Gericht über die Streitfälle der Einzelpersonen […].

Sobald in ein und derselben Person oder derselben Beamtenschaft die legislative Befugnis mit der exekutiven verbunden ist, gibt es keine Freiheit. Es wäre nämlich zu befürchten, dass derselbe Monarch oder derselbe Senat[1] tyrannische Gesetze erließe und dann tyrannisch durchführte. Freiheit gibt es auch nicht, wenn die richterliche Befugnis nicht von der legislativen und von der exekutiven Befugnis geschieden wird […]. Alles wäre verloren, wenn ein und derselbe Mann beziehungsweise die gleiche Körperschaft entweder der Mächtigsten oder der Adligen oder des Volkes folgende drei Machtvollkommenheiten ausübte: Gesetze erlassen, öffentliche Beschlüsse in die Tat umsetzen, Verbrechen und private Streitfälle aburteilen.

Montesquieu, Vom Geist der Gesetze, eingel., ausgew. und übers. von Kurt Weigand, Stuttgart 1994, S. 216f. (vereinfacht)

M 6 John Locke
Ölgemälde von Michael Dahl, um 1700
Locke (1632 - 1704) war ein englischer Arzt, Philosoph und Politiker. Er gilt als der Vater des Liberalismus, einer Bewegung, die eine freiheitliche Ordnung ohne staatliche Eingriffe anstrebt.

[1] Senat: Staatsrat

1. *Bildet zwei Gruppen und **arbeitet** jeweils aus den Materialien M4 und M5 **heraus**,*
   a) wer in welchem Maße im Staat entscheidet,
   b) wie die Macht beschränkt werden soll und
   c) worin die Rechte der Bürger bestehen.
   ***Stellt** eure Ergebnisse **vor** und **vergleicht**.*

Friedrich II. von Preußen – ein aufgeklärter König?

M 1 Die Legende von König Friedrich und dem Müller
Bildpostkarte, um 1900
Angeblich hat sich der König in seinem Schloss Sanssouci von einer benachbarten Mühle gestört gefühlt. Das Gespräch zwischen Friedrich und dem Müller hat so nie stattgefunden. Die Szene zeigt aber ein Problem des „aufgeklärten Absolutismus“.

Friedrich der Große

Die Ideen der Aufklärer beeinflussten nicht nur Gelehrte und Schriftsteller, sondern auch Herrscher. König **Friedrich II.** von Preußen (1712-1786), der von seinen Zeitgenossen „der Große“ genannt wurde, gilt als ein typischer Vertreter des „**aufgeklärten Absolutismus**“. Schon als Kronprinz beschäftigte er sich mit den Ideen der Aufklärer und tauschte sich mit bedeutenden Philosophen wie Voltaire aus. Sein Vater ärgerte sich über Friedrichs Interesse an Philosophie und versuchte, ihm die „Flausen“ mit Strenge auszutreiben.

Bewahrer …

Als Friedrich 1740 König von Preußen wurde, konnte er auf Vielem aufbauen, was seine Vorgänger geschaffen hatten. Er stützte sich weiter auf eine schlagkräftige Armee und achtete darauf, dass die Disziplin seiner Soldaten auch zum Teil mit unmenschlichen Methoden wie dem Spießrutenlaufen erhalten blieb.
Die merkantilistische Wirtschaftspolitik behielt er bei, um die Kosten für die Kriege und die verbesserte Verwaltung zu bezahlen.
Besonders teuer war der Siebenjährige Krieg. Durch ihn wurde Preußen zur Großmacht in Europa.

Siebenjähriger Krieg
(1756-1763): Preußen überfiel 1756 seinen Nachbarn Sachsen. Dies führte zum Krieg auch mit Österreich, Frankreich, Russland, Spanien und Schweden. Dennoch konnte Preußen den Krieg letztendlich gewinnen.

… und Reformer

Gleichzeitig versuchte Friedrich II. Preußen im Sinne der Aufklärung in einen „vernünftigen“ Staat zu verwandeln.
Um die Not der Bevölkerung nach den Kriegen zu lindern, förderte er den Anbau von Kartoffeln und anderen Nutzpflanzen. Neben der Landwirtschaft ließ er auch die Viehzucht verbessern, Sümpfe trockenlegen sowie Straßen und Kanäle bauen.
Besonders die Reformen im Justizbereich zeigen, wie sehr Friedrich II. von der Aufklärung beeinflusst war: Er ließ die Folter abschaffen und ein einheitliches Gesetzbuch ausarbeiten, das für alle gelten sollte – das Allgemeine Preußische Landrecht. Es wurde erst nach Friedrichs Tod 1794 eingeführt und galt bis 1900. Das Gesetzeswerk fasste die Rechte des Staates und der Bürger zusammen und nannte Strafen für das Übertreten der Vorschriften. Auch der König selbst sollte sich den Gesetzen unterordnen und nicht mehr in Prozesse eingreifen. Allerdings hielt sich Friedrich nicht immer daran.
Als aufgeklärter Fürst wollte er auch die Bildung verbessern. Wenn er auch nicht das nötige Geld bezahlen wollte, so bemühte er sich doch um bessere Schulen. Die Konfession seiner Untertanen war ihm gleichgültig. Jeder konnte seinen Glauben frei ausüben, wenn er nur seine Pflichten als Untertan erfüllte.

Ein aufgeklärter Herrscher?

Seine Herrschaft rechtfertigte Friedrich II. nicht mehr mit dem Gottesgnadentum. Er verstand sich als „erster Diener“ seines Staates.
Aber auch ihm ging es nicht darum, die aufklärerische Forderung nach der Gleichberechtigung aller Menschen durchzusetzen. Die alte ständische Gesellschaftsordnung behielt er bei und bevorzugte weiterhin den Adel.

1. *Stelle gegenüber, was Friedrich II. als Bewahrer und was als Reformer kennzeichnete.* ***Wähle aus:*** ***A*** *Erstelle eine Tabelle.* ***B*** *Verfasse einen Fließtext.*
2. *Erkläre das grundsätzliche Problem, welches die Legende vom Müller offenlegt (M1).*

Friedrich II.* Aufgeklärter Absolutismus*

M 2 Grundsätze des Königs

Für seinen Nachfolger schreibt Friedrich II. 1752 ein „Politisches Testament“. Dieses Werk, das zu seinen Lebzeiten unveröffentlicht bleibt, enthält unter anderem folgende Regierungsgrundsätze und Überlegungen:

Ich habe mich entschlossen, niemals in den Lauf des gerichtlichen Verfahrens einzugreifen: In den Gerichtshöfen sollen die Gesetze sprechen und der Herrscher schweigen. Aber dieses Stillschweigen hat mich zugleich nicht daran gehindert, die Augen offen zu halten, um das Verhalten der Richter zu überwachen [...].

Ein Gegenstand der Politik des Königs dieses Staates ist die Erhaltung seines Adels. Denn welcher Wandel auch eintreten mag, er wird vielleicht einen reicheren, aber niemals einen tapfereren noch treueren Adel bekommen. Damit der Adel sich in seinem Besitz behauptet, muss verhindert werden, dass die Bürgerlichen adlige Güter erwerben, und veranlasst werden, dass sie ihre Kapitalien im Handel anlegen, sodass, wenn ein Adliger seine Güter verkaufen muss, nur Adlige sie kaufen [...].

Geht man allen Religionen auf den Grund, so beruhen sie auf einem mehr oder minder widersinnigen System von Fabeln. Es ist unmöglich, dass ein Mensch von gesundem Verstand, der diese Dinge kritisch untersucht, nicht ihre Verkehrtheit erkennt. Aber diese Vorurteile, diese Irrtümer und diese Wundergeschichten sind für die Menschen gemacht, und man muss auf die große Masse so weit Rücksicht nehmen, dass man ihre religiösen Gefühle nicht verletzt, gleich, welchem Glauben sie angehören [...].

Der Herrscher ist nicht zu seinem hohen Rang erhoben, man hat ihm nicht die höchste Macht anvertraut, damit er in Verweichlichung dahinlebe, sich vom Mark des Volkes mäste und glücklich sei, während alles darbt. Der Herrscher ist der erste Diener des Staates. Er wird gut besoldet, damit er die Würde seiner Stellung aufrechterhalte. Man fordert aber von ihm, dass er werktätig für das Wohl des Staates arbeite und wenigstens die Hauptgeschäfte mit Sorgfalt leite.

Friedrich der Große, Die politischen Testamente, übers. von Friedrich von Oppeln-Bronikowski, Berlin 1922, S. 4 f., 35 und 42

M 3 Strafen in der Armee
Kupferstich von Daniel Chodowiecki, 1769 - 1774
Soldaten haben von der „Aufklärung“ ihres Königs wenig gespürt. In der Armee waren noch immer grausame Körperstrafen üblich. Beim „Spießrutenlaufen“ musste der Soldat durch eine Gasse gehen, die von seinen Kameraden gebildet wurde. Alle mussten mit Ruten auf den Verurteilten einschlagen. Wer nicht fest genug zuschlug, wurde selbst bestraft. Beim „Stäupen“ wurde der Verurteilte mit einem Reisigbündel geprügelt.

M 4 Gleichheit vor dem Gesetz

1777 weist Friedrich II. seinen Justizminister an:

Es missfällt Mir sehr, da Ich vernehme, dass mit denen armen Leuten, die in Prozess-Sachen in Berlin zu tun haben, so hart umgegangen wird [...]. So muss Ich Euch [...] hierdurch zu erkennen geben, dass in Meinen Augen ein armer Bauer ebenso viel gilt wie der vornehmste Graf und der reichste Edelmann, und ist das Recht sowohl für vornehme als geringe Leute.

Zit. nach: Rudolf Stadelmann, Preußens Könige in ihrer Thätigkeit für die Landescultur, Bd. 2, Leipzig 1882, S. 487

1. ***Vergleiche*** *die Regierungsweise Friedrichs II. mit der Ludwigs XIV.* (H)
2. *a)* ***Arbeite heraus****, was dafür spricht, dass die Ideen der Aufklärung Friedrichs Regierungsweise beeinflusst haben (M2, M4). b)* ***Prüfe****, welches Denken und Handeln nicht zur Aufklärung passt (M1-M4, VT).*
3. ***Beurteile****, ob die Begriffe „Aufklärung“ und „Absolutismus“ überhaupt zusammenpassen.*

Die USA – eine unabhängige Nation

M1 Unterzeichnung der Unabhängigkeitserklärung am 4. Juli 1776 (Independence Day)
Ölgemälde des amerikanischen Malers John Trumbull, 1820
Der spätere Präsident Thomas Jefferson überreicht dem Präsidenten des Zweiten Kontinentalkongresses die hauptsächlich von ihm verfasste Unabhängigkeitserklärung.

Die Kolonisierung Nordamerikas

Nachdem im Jahr 1492 Christoph Kolumbus nach Amerika gelangt war, drangen Europäer immer weiter in den „neuen" Kontinent vor. Seit dem 16. Jh. gründeten vor allem Spanier, Franzosen und Engländer Kolonien in Nordamerika.

Die britischen Kolonien

In den britischen Kolonien durften die Siedler ihre Angelegenheiten in eigenen Parlamenten weitgehend selbst regeln. Es gab dabei keine Ständeordnung. Diese Freiheit lockte viele an. Menschen, die aus wirtschaftlicher Not aus Europa flohen, suchten ein besseres Leben mit neuer Arbeit. Religionsgruppen, die in Europa verfolgt wurden, konnten in Amerika ihren Glauben frei entfalten.

Vorbild für Verwaltung, Rechtsprechung, Wirtschaft und Kultur war England. Für die Engländer waren die Kolonien ein wichtiger Bestandteil ihres Herrschaftsgebietes. Sie schickten daher auch Soldaten zum Schutz der Siedlerinnen und Siedler.

„No taxation without representation"

Über die Frage, ob das englische Parlament berechtigt sei, in den Kolonien neue Steuern und Zölle zu erheben, kam es zum Streit. Mit der Parole „No taxation without representation" protestierten viele Siedler dagegen. Sie waren nicht im Londoner Parlament vertreten, also sollte dort auch nicht über Steuern in den Kolonien entschieden werden.

Kampf um die Unabhängigkeit

Als England den Kolonien neue Zölle aufzwang, kam es 1775 zum Krieg. Die Kolonisten stellten Streitkräfte auf und ernannten den Tabakplantagenbesitzer George Washington zum Oberbefehlshaber. Während des Konfliktes gaben sich die ersten Kolonien eine **Verfassung**. Die Virginia Bill of Rights von 1776 wurde zum Vorbild für andere Staaten. Sie legte die Gewaltenteilung und Grundrechte wie Presse- und Religionsfreiheit fest. Dabei griffen die Verfassungsväter auf die Staatslehre der Aufklärung zurück. Diese ist neben antiken Vorbildern schon Grundlage für die demokratische Verfassung Korsikas von 1755 während des Korsischen Unabhängigkeitskrieges (1729-1769) gewesen.[1] Die korsischen Revolutionäre scheiterten, doch ihre Verfassung wurde Vorbild für die Amerikanische und später auch für die Französische Revolution[2].

Schon 1775 hatten die Vertreter der Kolonien die Trennung vom Mutterland beschlossen. Am 4. Juli 1776 erklärten sie die Unabhängigkeit der „Vereinigten Staaten von Amerika" (Declaration of Independence). Der Tag wurde zur Geburtsstunde der Vereinigten Staaten von Amerika. Nach einem langen Krieg musste England kapitulieren. 1783 erkannte es die Unabhängigkeit der Kolonien an.

Eine Nation entsteht

Nach dem Unabhängigkeitskrieg schufen Vertreter von 13 amerikanischen Einzelstaaten 1787 eine gemeinsame Bundesverfassung. Zwei Jahre später wurden darin die Menschen- und Bürgerrechte aufgenommen.

Menschen unterschiedlicher Herkunft hatten erfolgreich gegen fremde Herrschaftsansprüche gekämpft und sich eine Verfassung gegeben. Eine **Nation** war entstanden, in der alle Macht vom Volke ausgehen sollte: eine demokratische Republik.

1. ***Arbeite** die Gründe **heraus**, weshalb viele Europäer in die Kolonien auswanderten (VT).*
2. ***Schreibe** aus der Sicht eines königstreuen englischen Berichterstatters einen Artikel über die Unabhängigkeitserklärung (M1, VT).*

Internettipp:
Die Entstehung der USA zeigt eine animierte Karte unter dem Mediencode 31101-89.

[1] Der Revolutionär Pasquale Paoli hatte die Verfassung in der Korsischen Revolution gegen die Herrschaft der Republik Genua entworfen.
[2] Vgl. S. 292 ff.

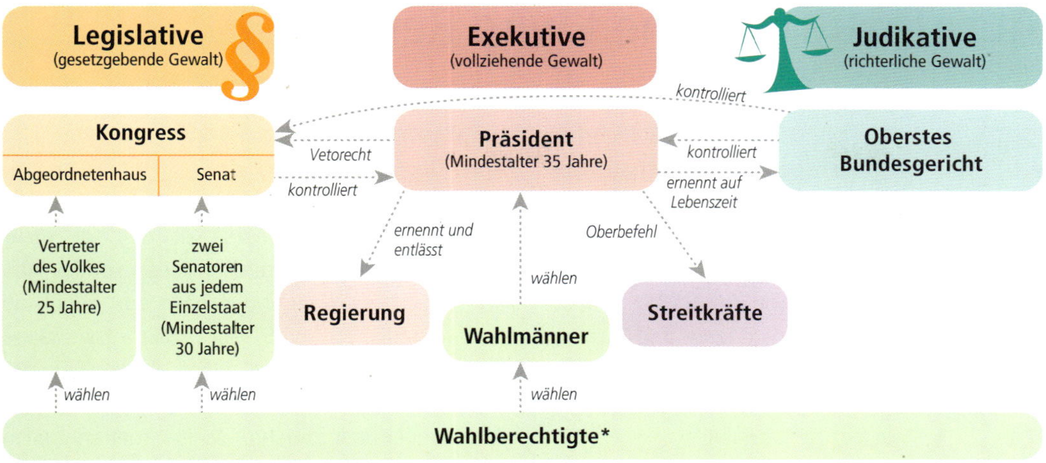

M 2 Die amerikanische Bundesverfassung von 1787

Verfassungsschema

Die republikanische Verfassung führte die einzelnen Bundesstaaten unter einem Dach zusammen und wurde 1791 angenommen. In vielen wesentlichen Punkten besteht sie bis heute fort.

* Weiße männliche Bürger ab 25 Jahren mit Mindesteinkommen (ca. 10% der Gesamtbevölkerung, Zensuswahlrecht). Frauen, Indigene und Sklaven waren nicht wahlberechtigt.

M 3 Die „Virginia Bill of Rights" (1776)

Die „Grundrechte" werden Teil der Verfassung:

Abschnitt 1. Alle Menschen sind von Natur aus in gleicher Weise frei und unabhängig und besitzen bestimmte angeborene Rechte, welche sie ihrer Nachkommenschaft durch keinen Vertrag rauben oder entziehen können, wenn sie eine staatliche Verbindung eingehen, und zwar den Genuss des Lebens und der Freiheit, die Mittel zum Erwerb und Besitz von Eigentum und das Erstreben und Erlangen von Glück und Sicherheit.

Abschnitt 2. Alle Macht ruht im Volke und leitet sich folglich von ihm her […].

Abschnitt 5. Die gesetzgebende und die vollziehende Gewalt des Staates sollen von der richterlichen getrennt und unterschieden sein […].

Abschnitt 6. Die Wahlen der Abgeordneten, die als Volksvertreter in der Versammlung dienen, sollen frei sein […].

Abschnitt 12. Die Freiheit der Presse ist eines der starken Bollwerke der Freiheit […].

Abschnitt 16. […] alle Menschen sind gleicherweise zur freien Religionsausübung berechtigt, entsprechend der Stimme ihres Gewissens.

Zit. nach: Günther Franz (Hrsg.), Staatsverfassungen, München ³1975, S. 7ff.

M 4 Die „Declaration of Independence"

Am 4. Juli 1776 erklären die Abgeordneten des Zweiten Kontinentalkongresses einstimmig:

Folgende Wahrheiten halten wir für selbstverständlich: dass alle Menschen gleich geschaffen sind; dass sie von ihrem Schöpfer mit gewissen unveräußerlichen Rechten ausgestattet sind; dass dazu Leben, Freiheit und das Streben nach Glück gehören; dass zur Sicherung dieser Rechte Regierungen unter den Menschen eingesetzt werden, die ihre rechtmäßige Macht aus der Zustimmung der Regierten herleiten; dass, wann immer irgendeine Regierungsform sich als diesen Zielen abträglich erweist, es Recht des Volkes ist, sie zu ändern oder abzuschaffen und eine neue Regierung einzusetzen […].

Daher tun wir, die […] Vertreter der Vereinigten Staaten von Amerika […] kund […], dass diese Vereinigten Kolonien freie und unabhängige Staaten sind und es von Rechts wegen bleiben sollen; dass sie von jeglicher Treuepflicht gegen die englische Krone entbunden sind; und dass jegliche politische Verbindung zwischen ihnen und dem Staate Großbritannien vollständig gelöst ist und bleiben soll.

Zit. nach: Willi Paul Adams und Angela Meurer Adams (Hrsg.), Die Amerikanische Revolution in Augenzeugenberichten, München 1976, S. 262f. und 266

1. ***Skizziere*** *den Aufbau der Bundesverfassung von 1787 (M2). Siehe dazu S. 298f.* Ⓗ
2. ***Prüfe****, welche Ideen der Aufklärung sich in M3 und M4 wiederfinden.*
3. ***Untersuche****, an wen und gegen wen sich die Unabhängigkeitserklärung richtet (M4).*
4. ***Verfasst*** *in Partnerarbeit einen Dialog zwischen zwei preußischen Adligen, die sich über die aufsehenerregenden Ereignisse in Amerika unterhalten.*

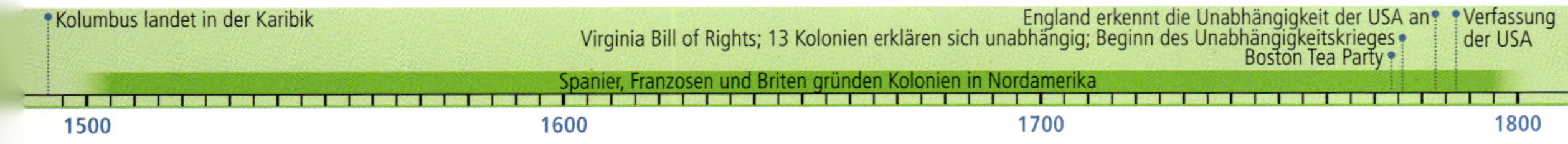

Aus Unzufriedenheit wird Revolution

M 1 „Man muss hoffen, dass dieses Spiel bald vorbei ist"
Radierung eines unbekannten Künstlers von 1789 (Ausschnitt)
Das Bild fand als Flugblatt weite Verbreitung. Auf dem Taschentuch der unteren Figur steht: „Salz- und Tabaksteuern, Grundsteuer, Zehnt, Frondienst, Militärdienst", auf dem Säbel „gerötet von Blut" und auf dem Stock „mit Tränen getränkt".

Internettipp:
Lernhilfen zur Französischen Revolution findest du unter Mediencode 31101-90.

Die alte Ständeordnung

Zu den beiden ersten Ständen der französischen Gesellschaft, dem Klerus (Geistliche) und dem Adel, gehörten nicht einmal zwei Prozent der Bevölkerung. Sie besaßen aber rund 30 Prozent des Grund und Bodens, das alleinige Jagd- und Fischereirecht und besetzen die wichtigsten Ämter im Staat. Von Steuern waren sie fast ganz befreit.

Die wachsenden Ausgaben des Staates bezahlte nahezu allein der Dritte Stand: Bauern und Stadtbürger – 98 Prozent der Bevölkerung. Die meisten Bauern konnten von ihren kleinen Höfen kaum leben und mussten noch Abgaben an ihre Grundherren leisten. Die Mehrheit des städtischen Bürgertums waren Arbeiter, Kleinhändler und Handwerker. Letztere litten unter der Konkurrenz der Manufakturen. Zum gehobenen Bürgertum zählten Richter, Rechtsanwälte und Ärzte. Die kleine, reiche Spitze des Dritten Standes stellten die Manufaktur- und Bergwerksbesitzer, Großkaufleute und Bankiers. Sie alle bezahlten zwar viele Steuern, hatten aber kein politisches Mitspracherecht. Daher forderten sie, die Steuerprivilegien der beiden ersten Stände abzuschaffen. Vor allem aber wollten sie mitbestimmen – wie die Bürger der USA.

Hinzu kam, dass immer mehr Menschen ums Überleben kämpften. Infolge von Missernten und Viehseuchen stiegen die Lebensmittelpreise. Löhne sanken und die Zahl der Bettlerinnen und Bettler stieg: Bauern, einfache Handwerker und Arbeiter, aber auch verarmte Adlige und Geistliche. Im Frühjahr 1789 plünderten hungernde Menschen in mehreren Städten Bäckereien und Lebensmittelgeschäfte.

Der Aufstand der Privilegierten

Ludwig XVI. forderte Steuern auch von Klerus und Adel. Doch diese weigerten sich. Sie stellten sich auf den Standpunkt, dass Steuern nur die Generalstände festsetzen dürften, die seit 1614 nicht mehr zusammengetreten waren. In seiner Notlage gab der König den Forderungen nach und berief die Generalstände für den 5. Mai 1789 nach Versailles ein. Dies bedeutet nichts anderes als das Ende des Absolutismus in Frankreich.

Alle Männer über 25 Jahre wählten, getrennt nach Ständen, Abgeordnete. Der Dritte Stand durfte 600 Abgeordnete stellen und damit genauso viele wie Adel und Klerus zusammen. Aber da jeder Stand nur mit einer Stimme sprechen und abstimmen durfte, hatten die beiden ersten Stände eine sichere Mehrheit.

Die Revolution des Großbürgertums

Die Vertreter des Dritten Standes, die ganz überwiegend dem gehobenen und besitzenden Bürgertum angehörten, befürchteten, von den ersten beiden Ständen überstimmt zu werden. Daher verlangten sie eine gemeinsame Beratung der drei Stände und eine Abstimmung „nach Köpfen". Einige reformwillige Adlige und Geistliche schlossen sich ihnen an.

Als der König den Tagungsraum des Dritten Standes schließen ließ, trafen sich die Abgeordneten im Ballhaus des Schlosses. Dort erklärten sie sich am 17. Juni 1789 zur Nationalversammlung. Sie verstanden sich nicht mehr als Abgeordnete einzelner Stände, sondern als Vertreter der ganzen Nation. Ihr wollten sie eine Verfassung geben, die die Freiheit der Bürger, die Rechte des Königs, der Regierung und des Parlaments festlegte.

Damit begann die eigentliche **Revolution**, ein rascher, von vielen Menschen geforderter und herbeigeführter Umsturz der bestehenden Verhältnisse. Anfangs wehrte sich der König gegen jede Änderung der Herrschaftsordnung, gab aber schließlich nach. Am 9. Juli 1789 erklärten sich die Abgeordneten der Nationalversammlung zur Verfassunggebenden Nationalversammlung.

M 2 Die Erstürmung der Bastille am 14. Juli 1789
Kupferstich nach einem Gemälde von Charles Thévenin, um 1793
Die Bastille diente als Gefängnis und Munitionslager. Bei der Einnahme der Bastille starben etwa 100 Menschen. Die im Bild gezeigte blau-weiß-rote Trikolore (lat. tricolor: dreifarbig) ist eine Kombination aus den Farben der Stadt Paris (blau und rot) und dem weißen Lilienbanner der Monarchie. Offiziell wurde die Trikolore erst 1794 zur Nationalflagge erklärt.

Die städtischen Unterschichten revoltieren

Auch in der Hauptstadt Paris hatte die Bevölkerung gehofft, dass die Nationalversammlung für eine Verfassung und für bessere Lebensumstände sorgen würde. Aber die Versorgung verbesserte sich nicht. Und als der König auch noch Soldaten um Paris zusammenziehen ließ, befürchtete die Bevölkerung die Auflösung der Verfassunggebenden Nationalversammlung. Handwerker, Händler, Gastwirte und Tagelöhner bewaffneten sich und stürmten am 14. Juli 1789 das königliche Gefängnis: die Bastille. Dort waren nur noch sieben Gefangene inhaftiert. Dennoch feierte die Menge die Erstürmung der Bastille als Sieg über Willkür und Gewaltherrschaft.

Das wohlhabende Bürgertum übernahm in Paris die Stadtverwaltung. Eine Bürgerwehr, die Nationalgarde, wurde aufgestellt, um für Ruhe und Ordnung zu sorgen. Dem Beispiel folgten weitere Städte.

Die Revolution der Bauern

Auch auf dem Land erhoben sich die Menschen. Viele Bauern verweigerten von nun an die Abgaben an ihre Grundherren. An vielen Orten des Landes erstürmten Frauen und Männer Schlösser, Herrensitze, Klöster und Rathäuser.

M 3 Sansculotten tragen ein Modell der Bastille
Zeichnung von 1790/91
Solche Bastille-Modelle wurden bei Umzügen durch die Städte getragen. Die Sansculotten (franz. sans culottes: ohne Kniehosen) – dazu zählten Handwerker, Händler, Tagelöhner und Marktfrauen – trugen im Gegensatz zu den Kniehosen und Seidenstrümpfen des Adels und der reichen Großbürger demonstrativ lange Hosen. Sie waren zum größten Teil Anhänger der Revolution.

1. ***Analysiere*** *die in der Karikatur dargestellten Missstände (M1). Hinweis: Vögel und Kaninchen deuten an, welche Folgen das alleinige Jagdrecht des Adels hat.*
2. ***Fasse*** *die Entwicklung von den Generalständen zur Nationalversammlung knapp mit eigenen Worten* ***zusammen*** *(VT).*
3. ***Erkläre****, warum sich die Erstürmung der Bastille gut als Symbol für die Französische Revolution eignet (VT, M2, M3).*
4. *Von dem Bild M2 gibt es auch eine Fassung, die statt der blau-weiß-roten Trikolore eine weiße Fahne zeigt.* ***Begründe****, inwiefern sich damit die Bildaussage verändert.*
5. *Der Dritte Stand – eine einheitliche Bevölkerungsgruppe?* ***Nimm Stellung.***
6. ***Arbeite weiter****: 1880 wurde der 14. Juli zum Nationalfeiertag Frankreichs erklärt.* ***Recherchiere****, wie dieser Tag in Frankreich begangen wird.* (G)

M 4 Der Ballhausschwur

Zeichnung von Jacques-Louis David, 1791

Die Zeichnung gibt nicht den tatsächlichen Hergang wieder. Im Vordergrund verbrüdern sich ein Mönch, ein katholischer Priester und ein protestantischer Pfarrer. Im Zentrum des Bildes hebt der Präsident der Nationalversammlung die Hand zum Schwur.

M 5 Was ist der Dritte Stand?

Die wirkungsvollste „Kampfschrift" für die Interessen des Dritten Standes stammt von dem Geistlichen Emmanuel Joseph Sieyès. Sie wird 1788 verfasst:

Wir haben uns drei Fragen vorzulegen:

1. Was ist der Dritte Stand? ALLES.
2. Was ist er bis jetzt in der politischen Ordnung gewesen? NICHTS.
3. Was verlangt er? ETWAS ZU SEIN. […]

Also, was ist der Dritte Stand[1]? Alles, aber ein gefesseltes und unterdrücktes Alles. Was wäre er ohne den privilegierten Stand? Alles, aber ein freies und blühendes Alles. Nichts kann ohne ihn gehen; alles ginge unendlich besser ohne die anderen. […]

Was ist eine Nation? Eine Körperschaft von Gesellschaftern, die unter einem gemeinschaftlichen Gesetz leben und durch dieselbe gesetzgebende Versammlung repräsentiert werden usw. […]

Der Dritte Stand umfasst also alles, was zur Nation gehört; und alles, was nicht der Dritte Stand ist, kann sich nicht als Bestandteil der Nation ansehen […].

Man kann die wirklichen Forderungen des Dritten Standes nur nach den Beschwerden beurteilen, welche die großen Stadtgemeinden des Königreichs an die Regierung gerichtet haben.

Zit. nach: Eberhard Schmitt und Rolf Reichardt (Hrsg.): E. J. Sieyes. Politische Schriften 1788-1790, München ²1981, S. 119, 122, 124 und 131

[1] Die beiden anderen Stände: Klerus und Adel

M 6 Was Frauen fordern

Frauen des Dritten Standes fordern in Beschwerdeschriften von 1789 vom König:

Wir bitten um Ausbildung und Beruf, nicht, um uns die Befugnisse der Männer anzueignen, sondern um höher von ihnen geachtet zu werden, und damit wir imstande sind, vor dem Elend geschützt zu leben. […]

Wir bitten Sie inständig […], kostenlose Schulen einzurichten, wo wir unsere Sprache von Grund auf erlernen können, die Religion und die geistigen und sittlichen Werte; eins wie das andere soll uns in seinem ganzen Umfang dargeboten werden. […]

Wir glauben, dass es den Frauen, den Witwen und Töchtern, die Ländereien oder anderes Vermögen besitzen, billigerweise gestattet sein muss, dem Thron ihre Beschwerden zu Füßen zu legen, und dass es ebenso nur gerecht ist, ihre Stimmen zu zählen, da sie doch, wie die Männer, dazu verpflichtet sind, die königlichen Abgaben zu zahlen […].

Zit. nach: Geschichte auch für Mädchen, hrsg. von der Parlamentarischen Staatssekretärin für die Gleichstellung von Frau und Mann beim Ministerpräsidenten des Landes Nordrhein-Westfalen, Düsseldorf 1989, S. 20f.

1. *a)* ***Fasse*** *die politischen Ziele von Sieyès* ***zusammen*** *(M5). b)* ***Erkläre****, was Sieyès unter einer Nation versteht.*
2. *a)* ***Stellt*** *gemeinsam in der Klasse* ***zusammen****, was wir heute unter Nation verstehen. b)* ***Vergleicht*** *die Ergebnisse mit der Vorstellung von Sièyes (M5).* (G)
3. ***Ordne*** *mithilfe einer Tabelle* ***zu****, welche Forderungen der Frauen auf eine Änderung der Staatsordnung zielen und welche auf eine Änderung der Gesellschaft (M6).*
4. *Der Maler wollte mit seinem Gemälde des Ballhausschwures die besondere Bedeutung des Ereignisses herausstellen.* ***Begründe****, mit welchen Mitteln ihm dies gelungen ist (M4).* (H)

Königreich – Republik – Kaiserreich

„Freiheit, Gleichheit, Brüderlichkeit"

König und Nationalversammlung reagierten auf die Aufstände und schafften einige Privilegien von Klerus und Adel ab. Alle Stände sollten politisch gleichberechtigt sein und auch steuerlich gleich behandelt werden. Darüber hinaus garantierte eine „Erklärung der Menschen- und Bürgerrechte" vom 26. August 1789 die Freiheit aller Franzosen. Sie sollte auch Grundlage für die neue Verfassung werden.

Die katholische Kirche wurde nun vom Staat abhängig. Sie verlor ihren Grundbesitz und den Kirchenzehnten. Fortan bezahlte der Staat die Priester und ließ die Bischöfe vom Volk wählen.

Noch ehe aber die Arbeit an der Verfassung abgeschlossen war, ließ der König 1791 in der Nähe von Versailles wieder Truppen aufmarschieren. Daher zogen rund 6000 aufgebrachte Frauen, gefolgt von der Pariser Bürgerwehr, nach Versailles. Wie in einem Triumphzug brachten sie die königliche Familie nach Paris, damit sie von nun an unter der Aufsicht der Revolutionäre blieben.

Im September 1791 wurde die neue Verfassung verabschiedet. Sie schränkte die Macht des Königs und seiner Regierung gegenüber der Volksvertretung ein. Frankreich war nun keine absolute Monarchie mehr, sondern eine **konstitutionelle Monarchie**. Wahlrecht hatten allerdings nur Bürger mit Besitz.

Frankreich wird Republik

Die übrigen europäischen Fürsten lehnten diese Entwicklung empört ab und unterstützten Ludwig XVI. Frankreich erklärte ihnen 1792 den Krieg. Als die Fürsten die gewaltsame Befreiung Ludwigs ankündigten, meldeten sich viele Freiwillige zum Kriegsdienst.

Im August 1792 erstürmten wütende Volksmassen das königliche Schloss. Ludwig XVI. wurde abgesetzt und gefangen genommen. Frankreich war nun Republik. In einem Prozess wurde Ludwig vom Parlament wegen „Verschwörung gegen die Freiheit der Nation" angeklagt, für schuldig befunden und im Januar 1793 öffentlich hingerichtet.

Bürgerkrieg und Schreckensherrschaft

Im Winter 1792/93 kam es in mehreren Städten erneut zu Aufständen wegen der schlechten Versorgungslage. In einigen Regionen erhoben sich vor allem Bauern gegen die „Republik der Königsmörder" und gegen die im Sommer für junge Männer eingeführte allgemeine Wehrpflicht. Erst nach einem Jahr wurde diese Erhebung blutig beendet.

Die Sansculotten[1] forderten gleiches Wahlrecht für alle, Mindestlöhne, Höchstpreise für Brot und eine Reichensteuer. Gemäßigte Revolutionäre wurden verhaftet und hingerichtet. Die radikalen „Jakobiner"[2] verfolgten alle, die Kritik äußerten. Vor allem

M1 Beschlüsse der Nationalversammlung am 4./5. August 1789

Alle Franzosen zahlen gleiche Steuern.
Die Leibeigenschaft wird aufgehoben.
Die Grundherren dürfen nicht mehr über die Bauern richten.
Auf ihrem Grund und Boden haben die Bauern Jagdrecht.
Der Kirchenzehnt wird als Geldsteuer bezahlt.
Von den Abgaben an ihren Grundherrn können sich die Bauern freikaufen.

[1] Zu den Sansculotten siehe M3 auf S. 293.

[2] Jakobiner: politischer Klub. Seine Mitglieder trafen sich im ehemaligen Kloster St. Jakob in Paris. Sie waren die radikale Gruppe im Nationalkonvent, der 1972 gewählten Nationalversammlung, und übten unter der Führung von Robespierre eine Schreckensherrschaft aus.

M2 Hinrichtung von Ludwig XVI. am 21. Januar 1793
Zeitgenössischer kolorierter Kupferstich
Mit der Guillotine, einer mechanischen Vorrichtung (vgl. S. 297), wurden in der Französischen Revolution zunächst viele Adlige – allen voran die Königsfamilie –, später auch zahlreiche Kritiker der Revolution geköpft.

der Vorsitzende des „Wohlfahrtsausschusses"[1], **Maximilien de Robespierre**, ging gnadenlos vor. Die Schreckensherrschaft endete erst, als Robespierre selbst hingerichtet wurde.

Das „Ende der Revolution"

Nach Robespierres Tod erhielt Frankreich eine Regierung von fünf „Direktoren". Doch auch sie konnten die Probleme des Landes nicht lösen. Da sie Aufstände fürchteten, riefen sie General **Napoleon Bonaparte** zu Hilfe. Er hatte im Dienst des Direktoriums als erfolgreicher Feldherr im Krieg gegen die Koalition europäischer Monarchen Karriere gemacht.

1799 entmachtete er mithilfe seiner Truppen das Direktorium, erklärte die Revolution für „beendet" und ließ sich zum Ersten Konsul wählen. Volksabstimmungen bestätigten 1802 seinen Aufstieg zum Konsul auf Lebenszeit mit diktatorischer Macht und 1804 zum „Kaiser der Franzosen".

[1] Wohlfahrtsausschuss: Er war für Kriegsführung, Polizei, Verwaltung und Wirtschaft zuständig.

Eine bürgerliche Gesellschaftsordnung?

1804 erließ Napoleon ein neues bürgerliches Gesetzbuch, den Code civil, auch Code Napoléon genannt (von lat. codex: Sammlung von Gesetzen). Die Gesetze garantierten einige Errungenschaften der Revolution wie Gleichheit vor dem Gesetz, Freiheit des Einzelnen und des Eigentums, Trennung von Staat und Kirche sowie die politische und rechtliche Gleichstellung der Juden.

Um seine Macht zu sichern, ließ er über 3000 Bürger in den Adelsstand aufsteigen und schuf damit eine neue, ihm ergebene Führungsschicht. Gleichzeitig nahm Napoleon viele Bestimmungen gegen den bisherigen Adel zurück und setzte die politischen Freiheitsrechte praktisch außer Kraft. Ein wertloses Wahlrecht, Presselenkung, eingeschränkte Versammlungsfreiheit, Bespitzelung und politische Morde kennzeichneten seine Herrschaft.

M 3 „Napoleon überschreitet den großen St.-Bernhard-Pass"
Ölgemälde (2,6 x 2,2 m) von Jacques-Louis David, 1799
Am linken unteren Bildrand stehen die Namen „Hannibal", „Karolus Magnus" (Karl der Große) und Bonaparte. Übrigens: Napoleon wird den Pass in Wirklichkeit zu Fuß oder auf einem Maultier überschritten haben.

1. ***Skizziere*** *die wesentlichen Schritte, in denen der König seine Macht verlor. Blättere dazu noch einmal zurück bis S. 292.*
2. *Die Ereignisse vom August 1792 werden auch als „Zweite Revolution" bezeichnet.* ***Erkläre****, warum.*
3. *„Die Revolution frisst ihre Kinder" – Diese Formulierung wird oft zur Charakterisierung der Schreckensherrschaft der Französischen Revolution verwendet.* ***Erkläre*** *sie.*
4. ***Begründe****, warum die Hinrichtung Ludwigs XVI. zur damaligen Zeit als ungeheuerlich galt, nicht nur wegen der Tötung an sich.* (H)
5. ***Untersuche*** *das Gemälde M3.* (H)
6. ***Erkläre****, warum der Aufstieg Napoleons das Ende der Revolution bedeutete.*

M4 Aus der Verfassung von 1791

Von den öffentlichen Gewalten

Artikel 1

Die Souveränität[1] ist einzig, unteilbar, unveräußerlich und unverjährbar. Sie steht der Nation zu. Kein Teil des Volkes und keine einzelne Person kann sich ihre Ausübung aneignen [...].

Artikel 3

Die gesetzgebende Gewalt ist einer Nationalversammlung übertragen, die aus den vom Volk frei und auf Zeit gewählten Abgeordneten besteht, und welche diese Gewalt mit Billigung des Königs so ausübt, wie nachstehend bestimmt wird.

Artikel 4

Die Regierung ist monarchisch. Die ausführende Gewalt ist dem König übertragen, um [...] durch die Minister und andere verantwortliche Beamte [...] ausgeübt zu werden [...].

Artikel 5

Die richterliche Gewalt ist den durch das Volk auf Zeit gewählten Richtern zu übertragen. [...]

Vom Königtum und dem König

Artikel 1

Das Königtum ist unteilbar und dem regierenden Hause im Mannesstamm nach dem Rechte der Erstgeburt erblich übertragen [...].

Artikel 2

Die Person des Königs ist unverletzlich und heilig. Sein einziger Titel ist König der Franzosen.

Artikel 3

Es gibt in Frankreich keine höhere Autorität als die des Gesetzes. Der König regiert nur durch dieses. Und nur im Namen des Gesetzes kann er Gehorsam verlangen.

Zit. nach: Dietmar Willoweit und Ulrike Seif (Hrsg.), Europäische Verfassungsgeschichte, München 2003, S. 299 f. und 310

Internettipp:
Den vollständigen Text der Verfassung findest du unter Mediencode 31101-91.

M5 Krieg der Freiheit

Am 25. Dezember 1793 sagt Robespierre in einer Rede Folgendes:

Die Revolution ist der Krieg der Freiheit gegen ihre Feinde; die Verfassung ist die Herrschaft der siegreichen und friedlichen Freiheit.

Die revolutionäre Regierung muss daher außerordentlich aktiv sein, denn sie führt einen Krieg. Sie ist nicht einheitlichen und starren Regeln unterworfen, denn die Umstände, in denen sie sich befindet, sind stürmisch und bewegt, und sie ist ständig genötigt, neue und wirksame Kräfte gegen neue und dringende Gefahren zu entfalten.

Zit. nach: Walter Grab (Hrsg.), Die Französische Revolution. Eine Dokumentation, München 1973, S. 215 f. (Übersetzer: Peter Mortzfeld)

M6 Politisch motivierte Todesurteile

Grundlage der folgenden Statistik sind Angaben von 14 080 bzw. 16 594 Hinrichtungen, die zwischen März 1793 und August 1794 stattgefunden haben.

Von den Verurteilten waren		
Adlige	1 158	(8,25 %)
Geistliche	920	(6,50 %)
gehobenes Bürgertum[2]	1 964	(14,00 %)
Kleinbürgertum[3]	1 488	(10,50 %)
Lohnempfänger[4]	4 389	(31,25 %)
Bauern	3 961	(28,50 %)
Sonstige	200	(1,50 %)

Verurteilungen wegen	
bewaffneten Aufruhrs	78 %
eidverweigernder Agitation	19 %
Wirtschaftsverbrechen	1 %

Nach: Donald Greer, The Incidence of the Terror during the French Revolution. A Statistical Interpretation, Cambridge, Mass. 1935 (ND Gloucester, Mass. 1966), S. 143 und 165 (vereinfacht)

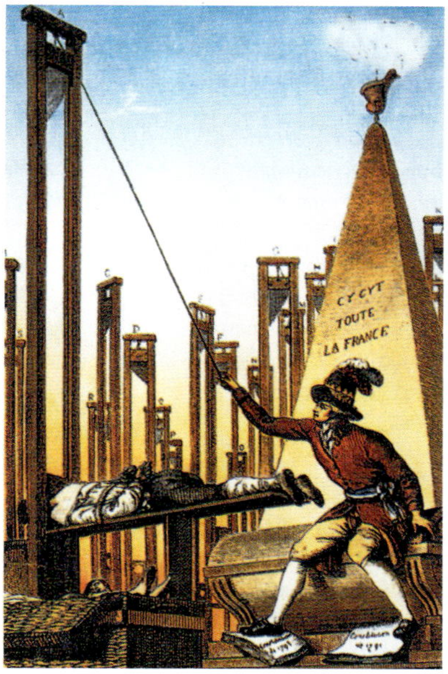

M7 Robespierre als Henker des Henkers
Radierung, Ende 1794
Die Guillotine ist nach dem Arzt Joseph Ignace Guillotin benannt. Auf der Grabpyramide steht: „Hier ruht ganz Frankreich."

1. *Freiheit, Gleichheit, Brüderlichkeit gelten als Grundsätze der Französischen Revolution.* ***Prüfe*** *mithilfe des Verfassertextes und M4, ob die Verfassungsbestimmungen diesen Grundsätzen entsprechen. Berücksichtige auch das Verfassungsschema auf der folgenden Seite.*
2. ***Arbeite heraus****, wie Robespierre jede Maßnahme gegen politische Gegner rechtfertigt (M5).*
3. ***Untersuche*** *die Statistik (M6). Welche Angaben kannst du erklären, welche nicht?* (H)

[1] Souveränität: oberste Gewalt im Staat
[2] Kaufleute, Bankiers, hohe Staatsdiener etc.
[3] Handwerker, Kleinhändler etc.
[4] Sansculotten

Ein Verfassungsschema auswerten

M1 Die Verfassung von 1791
Die Nationalversammlung verabschiedete am 3. September 1791 die Verfassung. Diese hatte aber nur ca. ein Jahr Bestand. Das Frauenwahlrecht wurde in Frankreich 1946 eingeführt. Vgl. auch M4 auf S. 297.

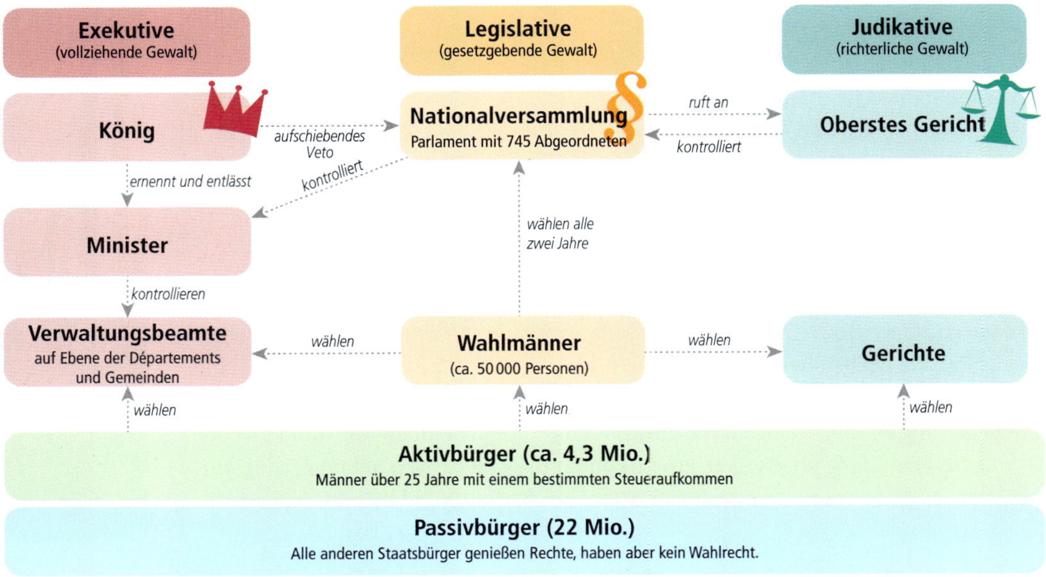

Internettipp:
Wenn du genauer nachlesen möchtest, wie sich die Verfassung in Frankreich in den nächsten Jahren weiterentwickelte, klick den Link unter dem Mediencode 31101-92 an.

Ein Bauplan für den Staat

Ein Sonderfall eines Schaubildes ist das Verfassungsschema. Es stellt die Arbeitsweise eines Staates sowie die Rechte der Bürger grafisch dar. Wichtig für die Deutung sind vor allem zwei Dinge: die Form des Schaubildes und die Beziehungen zwischen den Bestandteilen: Wie ist der Staat aufgebaut, wie sieht die Machtverteilung aus? Die folgenden Schritte zeigen, wie du ein Verfassungsschema auswerten kannst.

In drei Schritten zum Ziel

1. Beschreibe,
- welche Teile der Bevölkerung im Schema eingezeichnet sind,
- welche Ämter das Schema mit welchen Farben aufführt,
- wer welche Aufgaben, Rechte und Pflichten hat,
- wer mit wem in welchen Bereichen zusammenarbeitet,
- was Symbole (z. B. Krone, „§" usw.) bedeuten,
- welche Informationen die Legende enthält.

2. Erkläre und ordne ein,
- für welchen Staat und warum (zu welcher Zeit bzw. in welcher historischen Situation) die Verfassung erarbeitet wurde und von wem,
- welche Verfassungsform ihr vorausging und wie sie sich von dieser unterscheidet.

3. Deute und bewerte,
- wer wählen darf und gewählt werden kann,
- wie viel Einfluss das Volk im Staat auf politische Entscheidungen hat,
- wie die Macht zwischen den Verfassungsorganen und den drei Gewalten (Legislative, Exekutive, Judikative) verteilt ist,
- ob und ggf. wie verhindert wird, dass jemand zu viel Macht bekommt und sie missbrauchen kann,
- ob im Schema wichtige Informationen fehlen,
- ob dir die Gestaltung des Schemas (z. B. Farben, Anordnung der einzelnen Elemente) sinnvoll erscheint.

1. ***Untersuche*** *das Schaubild mithilfe der oben genannten Schritte. Hinweis: Verwende dazu auch die vorgeschlagenen Formulierungshilfen im Anhang auf S. 377.* (H)
2. ***Vergleiche*** *deine Ergebnisse mit der Verfassung der USA auf S. 291. Worin liegen die wichtigsten Unterschiede?*
3. ***Arbeite weiter:*** ***Verfasse*** *eine Stellenbeschreibung für a) den französischen König und b) einen Abgeordneten der Nationalversammlung.*

Die gesungene Revolution

Französische Hymnen

Am 14. Juli 1790 sollte in Paris mit einem großen Volksfest an den Sturm auf die Bastille ein Jahr zuvor erinnert werden. Die Stadtverwaltung zögerte jedoch die Vorbereitungen hinaus. Also nahmen die Bürger die Sache selbst in die Hand. Dabei entstand das Lied Ça ira (Es wird gehen), die erste Hymne der Franzosen. Zwischen 1789 und 1794 entstanden in Frankreich rund 3 000 Lieder, darunter die „Marseillaise", die heutige Nationalhymne. Die Lieder bezogen sich auf aktuelle Ereignisse. Sie verbreiteten revolutionäre und gegenrevolutionäre Ideen. Die Menschen sangen sie in den Klubs, auf der Straße und auf Festen. Ihre Melodien waren eingängig und ihre Texte merkten sich auch Menschen, die weder lesen noch schreiben konnten – das waren damals mindestens zwei Drittel der Bevölkerung. Und was noch wichtiger war: Die gemeinsam gesungenen Lieder förderten die Solidarität (Brüderlichkeit) und machten Mut.

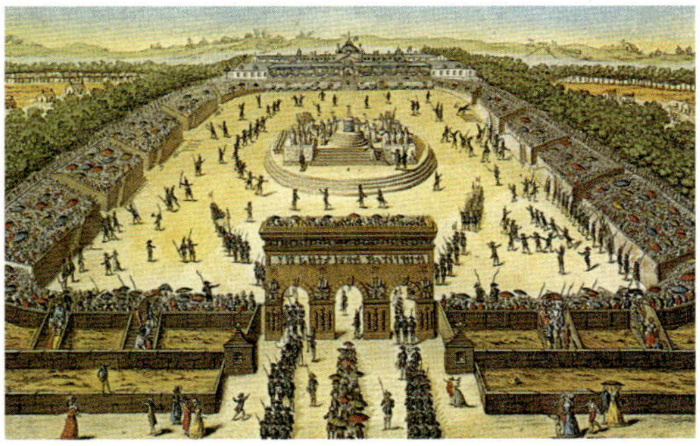

M 1 Das Verbrüderungsfest auf dem Marsfeld in Paris vom 14. Juli 1790
Zeitgenössischer Kupferstich

Das Marsfeld, ein Truppenübungsplatz, befand sich dort, wo heute der Eiffelturm steht. 300 000 Menschen fanden hier Platz, um dem Aufmarsch der Nationalgarden und der königlichen Truppen aus allen Teilen Frankreichs beizuwohnen. Zum Zeichen der „Verbrüderung" legten sie gemeinsam einen Eid auf „die Nation, das Gesetz und den König" ab.

M 2 Ça ira
Noten (Ausschnitt)

M 3 Ça ira

Der Text stammt von einem Pariser Straßensänger, die Melodie ist 1790 von einem bekannten „Schlager" übernommen worden.

Ah! ça ira, ça ira, ça ira!
Le peuple en ce jour sans cesse répète:
Ah! ça ira, ça ira, ça ira,
Malgré les mutins tout réussira.
(Ah, es wird gehen, es wird gehen, es wird gehen! / Wiederholt das Volk an diesem Tag ununterbrochen: / Ah, es wird gehen, es wird gehen, es wird gehen, / Trotz der Meuterer wird alles gelingen.)

Zu besonderen Anlässen entstehen immer wieder neue Textfassungen. Eine andere Fassung lautet:

Ah, das geht ran, das geht ran, das geht ran, /
Die Aristokraten an die Laterne; /
Ah, das geht ran, das geht ran, das geht ran, /
Die Aristokraten, hängt sie dran! /
Und wenn sie alle hängen, marsch, /
Haut man ihn'n die Schippe vorn Arsch. /
Ah! das geht ran, das geht ran, das geht ran ...

Zit. nach: Gerd Semmer (Hrsg.), Ça ira. 50 Chansons, Chants, Couplets und Vaudevilles aus der Französischen Revolution 1789-1795, Berlin [2]1962, S. 60 und 57

Hörtipp:
Unter dem Mediencode 31101-93 kannst du dir die Marseillaise anhören.

1. ***Vergleiche*** *die beiden Textfassungen. Wann und warum könnte die zweite Fassung entstanden sein (M3)?*
2. *Wie stellst du dir das Lied gesungen vor: getragen – schnell – melodiös – rhythmisch? Hör dir das Lied an und* ***vergleiche*** *die Tonaufnahmen mit deiner Vermutung.*
3. *Das Lied wurde zum Abschluss des Festes von allen gesungen.* ***Beschreibe****, wie es gewirkt haben mag (M1).*
4. ***Informiere dich*** *über die „Marseillaise" (Entstehung, Text, Melodie und Verbreitung).* (H)

Die Entwicklung der Menschenrechte

Gleiche Rechte für alle Menschen

Der Schutz der Menschenwürde ist der höchste Rechtsgrundsatz in der Bundesrepublik Deutschland. In Artikel 1 unseres Grundgesetzes heißt es: „Die Würde des Menschen ist unantastbar. Sie zu achten und zu schützen ist Verpflichtung aller staatlichen Gewalt." Das bedeutet, dass jede/r angeborene Rechte hat, die alle respektieren müssen. Damit sind generell alle Menschen gleich. Beispiele für **Menschenrechte** sind Meinungsfreiheit, Recht auf körperliche Unversehrtheit und Glaubensfreiheit. Bürgerrechte gelten nur für alle Bürgerinnen und Bürger eines Staates, z. B. Versammlungsfreiheit, Berufsfreiheit und freie Wahl des Wohnortes.

Info: Grundrechte
Sie bestehen aus den Menschenrechten, die für alle Menschen gelten, und den Rechten für die Bürgerinnen und Bürger eines Staates (Bürgerrechte).

Eine Idee verbreitet sich

Die Vorstellung, dass alle Menschen gleich sind, wurde schon von antiken Philosophen und vom Christentum vertreten. Aber erst mit der Aufklärung begann sich die Idee durchzusetzen, dass die Grundrechte für alle vom Staat eingehalten und geschützt werden müssen. Deshalb sollte es auch keine Stände mehr geben, die unterschiedliche Rechte haben.

Als Erste hatten die Vereinigten Staaten von Amerika diese Gedanken in ihrer Staatsordnung berücksichtigt. Am 26. August 1789 verkündete die französische Nationalversammlung die „Erklärung der Menschen- und Bürgerrechte". Sie sollte später für die neue Verfassung von 1791 gelten. Die Erklärung ist bis heute wirksam. Sie enthält aber kein Wort zu den Rechten der Frauen und der Sklaven in den Kolonien. Am 28. September 1791 erließ die Nationalversammlung noch ein Gesetz, das den Juden die Gleichstellung mit den übrigen Bürgern eröffnete.

Geltung auf der ganzen Welt?

In sehr vielen europäischen Staaten, auch in Deutschland, dauerte es noch bis ins 20. Jh., bis die Grundrechte staatlich geschützt wurden. Außerdem wurden sie lange Zeit zum Beispiel Frauen und Nichtweißen vorenthalten.

1948 verabschiedete die Generalversammlung der Vereinten Nationen (UNO) die „Allgemeine Erklärung der Menschenrechte". Da fast alle Länder der Erde Mitglieder der UNO sind, haben sie auch diese Erklärung anerkannt. Trotzdem werden noch in vielen Ländern Menschenrechte verletzt. Zum Beispiel werden Menschen gefoltert, sitzen wegen ihrer politischen Meinung im Gefängnis oder werden sogar hingerichtet.

M 1 Erklärung der Menschen- und Bürgerrechte
Ölgemälde von 1789/90
Die beiden Frauengestalten symbolisieren „Frankreich" (links) und die „Weltgeltung" mit dem „Zepter der Vernunft" (rechts). Dazwischen steht das „Auge der Vorsehung". Die beiden Schrifttafeln sollen an die biblischen Gesetzestafeln mit den Zehn Geboten erinnern. Die rote Mütze ist eine Anspielung auf die Kopfbedeckung der freigelassenen römischen Sklaven.

M2 Menschen- und Bürgerrechte

Am 26. August 1789 wird die Erklärung der Menschen- und Bürgerrechte veröffentlicht. Sie wird der Verfassung von 1791 (siehe M4, S. 297) vorangestellt. In der Erklärung heißt es:

[...] die Vertreter des französischen Volkes, als Nationalversammlung eingesetzt, [...] haben [...] beschlossen, die natürlichen und unveräußerlichen und heiligen Rechte der Menschen in einer feierlichen Erklärung darzulegen [...].

Artikel 1

Die Menschen sind und bleiben von Geburt frei und gleich an Rechten [...].

Artikel 2

Das Ziel jeder politischen Vereinigung ist die Erhaltung der natürlichen und unveräußerlichen Menschenrechte. Diese Rechte sind Freiheit, Eigentum, Sicherheit und Widerstand gegen Unterdrückung [...].

Artikel 6

Das Gesetz ist der Ausdruck des allgemeinen Willens. Alle Bürger haben das Recht, persönlich oder durch ihre Vertreter an seiner Formung mitzuwirken. Es soll für alle gleich sein [...].

Artikel 11

Die freie Mitteilung der Gedanken und Meinung ist eines der kostbarsten Menschenrechte. Jeder Bürger kann also frei schreiben, reden, drucken unter Vorbehalt der Verantwortlichkeit für den Missbrauch dieser Freiheit in den durch Gesetze bestimmten Fällen.

Zit. nach: Ute Gerhard, Menschenrechte – Frauenrechte 1789, in: Viktoria Schmidt-Linsenhoff (Hrsg.), Sklavin oder Bürgerin? Französische Revolution und Neue Weiblichkeit, Frankfurt a. M. 1989, S. 68 ff.

M3 Bürgerrechte auch für Frauen

In Anlehnung an die Erklärung vom August 1789 verfasst die Schriftstellerin Olympe de Gouges 1791 die „Erklärung der Rechte der Frau und Bürgerin".

Wir, die Mütter, Töchter, Schwestern, Vertreterinnen der Nation, verlangen, in die Nationalversammlung aufgenommen zu werden [...].

Artikel 1

Die Frau ist frei geboren und bleibt dem Manne gleich in allen Rechten [...].

Artikel 2

Ziel und Zweck jedes politischen Zusammenschlusses ist der Schutz der natürlichen und unveräußerlichen Rechte sowohl der Frau als auch des Mannes. Diese Rechte sind: Freiheit, Sicherheit, das Recht auf Eigentum und besonders das Recht auf Widerstand gegen Unterdrückung [...].

Artikel 6

Das Gesetz sollte Ausdruck des allgemeinen Willens sein. Alle Bürgerinnen und Bürger sollen persönlich oder durch ihre Vertreter an seiner Gestaltung mitwirken. Es muss für alle das Gleiche sein [...].

Artikel 11

Die freie Gedanken- und Meinungsäußerung ist eines der kostbarsten Rechte der Frau, denn diese Freiheit garantiert die Vaterschaft der Väter an den Kindern. Jede Bürgerin kann folglich in aller Freiheit sagen: „Ich bin die Mutter eines Kindes, das du gezeugt hast", ohne dass ein barbarisches Vorurteil sie zwingt, die Wahrheit zu verschleiern.

Zit. nach: Ute Gerhard, Menschenrechte – Frauenrechte 1789, a. a. O., S. 68 ff.

Internettipp:
Vergleiche den Text der Grundrechte unseres Grundgesetzes und die 10 Kinderrechte unter dem Mediencode 31101-94.

1. *a)* ***Stelle*** *die Erklärung der Menschen- und Bürgerrechte der Erklärung von Olympe de Gouges* ***gegenüber*** *(M2, M3). b)* ***Überlege****, weshalb Olympe de Gouges ihre Erklärung verfasst hat (M3). c)* ***Beurteile*** *ihre Forderungen.*
2. ***Diskutiert****, inwiefern die von de Gouges 1791 geforderte Gleichberechtigung von Frauen und Männern in unserer heutigen Gesellschaft verwirklicht ist.* Ⓖ
3. *Unsere Grundrechte gehen auf die Ideen der Französischen Revolution zurück (siehe Mediencode).* ***Begründe*** *dies an Beispielen.* Ⓖ
4. *Im Jahr 1990 trat die UN-Kinderrechtskonvention in Kraft. Das Kinderhilfswerk UNICEF fasst den 20 Seiten langen Text in 10 Kinderrechte zusammen (siehe Mediencode). a)* ***Begründe****, welche Kinderrechte du am wichtigsten findest. b) Aktuell wird darüber nachgedacht, die Kinderrechte im Grundgesetz zu mitaufzunehmen.* ***Schreibe*** *einen Brief an die Regierung, in dem du dazu Stellung nimmst.* Ⓖ
5. ***Arbeite weiter****: „Amnesty international" ist eine Organisation, die auf Verletzungen der Menschenrechte weltweit aufmerksam macht und sich für die Einhaltung der Grundrechte einsetzt. Auch die Bundesrepublik Deutschland wurde kritisiert.* ***Recherchiere*** *die Gründe für die Kritik.* Ⓖ

Verfassung der USA
Erklärung der Menschen- und Bürgerrechte
Virginia Bill of Rights
Philosophen Locke, Montesquieu und Rousseau wenden sich gegen den Absolutismus
Allgemeine Erklärung der Menschenrechte der UNO
1750 | 1800 | 1850 | 1900 | 1950

Die Revolution kommt auch ins Reich

M1 Tanz um den Freiheitsbaum
Ölgemälde eines unbekannten Künstlers, um 1793
Seit etwa 1790 wurden in Frankreich zehntausende solcher Freiheitsbäume gesetzt. Man knüpfte damit an die Tradition des Maibaumes an. Mit den Revolutionsheeren kam der Brauch in die deutschen Gebiete, vor allem auch ins Rheinland und in die Pfalz. Die abgebildete Tanzszene fand vermutlich in Aachen statt. Die Franzosen hatten die Stadt 1792/93 besetzt.

Revolutionäre Stimmung im Reich

Der Ausbruch der Französischen Revolution fand 1789 Bewunderer in ganz Europa. Die Nachrichten aus Paris lösten sowohl in Baden, der Pfalz, im Rheinland, in Kursachsen sowie in Hessen-Kassel und Schlesien als auch in vielen Städten Bauern-, Handwerker- und Studentenunruhen oder Volksaufläufe aus. Vor allem das aufstrebende Bürgertum sowie Schüler und Studenten verfolgten den Versuch, die Gedanken der Aufklärung in Politik umzusetzen, zunächst mit großer Sympathie.

In einigen Städten wurden Jakobinerklubs nach französischem Vorbild gegründet. Außerdem entstand ein regelrechter Revolutionstourismus. Journalisten, Dichter und Gelehrte reisten nach dem Sturm auf die Bastille nach Paris und berichteten begeistert von den Vorgängen.

Je mehr man jedoch von den Schicksalen der geflohenen Französinnen und Franzosen (allein in Baden lebten zeitweise fast 10 000 Flüchtlinge), der Hinrichtung Ludwigs XVI., der Schreckensherrschaft und dem Vormarsch der Revolutionstruppen erfuhr, desto stärker schrumpfte die Zahl der Revolutionsanhänger nach 1793.

Die Mainzer Republik

Nirgendwo sonst im Reich fanden die Ideen der Französischen Revolution so große Zustimmung wie in Mainz. Nach fast kampfloser Belagerung hatten die Franzosen mit Rheinhessen und der Pfalz am 21. Oktober 1792 auch Mainz besetzt.

Die Fürsten waren vor den Franzosen geflohen. Schon zwei Tage später gründeten bürgerliche Intellektuelle und Beamte den Mainzer Jakobinerklub, die „Gesellschaft der Freunde der Freiheit und Gleichheit". Unterstützt von der französischen Besatzungsmacht und gefördert von den Jakobinerklubs in Mainz, Worms und Speyer wurde in den von den Fürsten befreiten Gebieten Anfang 1793 ein Rheinisch-Deutscher Nationalkonvent gewählt. Am 18. März wurde in Mainz der Rheinisch-Deutsche Freistaat für das Gebiet zwischen Landau und Bingen ausgerufen.

Doch der erste deutsche Versuch, eine auf bürgerlich-demokratischen Grundsätzen aufgebaute Republik zu gründen, scheiterte wenige Monate später. Weil sich die „Befreiten" nicht so revolutionär zeigten wie erwartet, begannen die Franzosen das Land auszubeuten und Zwang auszuüben. Der Rückhalt in der deutschen Bevölkerung schwand. Schließlich wurden Rheinhessen und die Pfalz von Preußen zurückerobert.

Weitere Versuche, im Rheinland eine Republik zu errichten (1797/98), misslangen ebenso wie Aufstands- und Verfassungsbestrebungen in Bayern, Württemberg und am Oberrhein. Sie wurden von den Franzosen kaum unterstützt. Eine deutsche Republik lag nicht mehr in ihrem Interesse. Die erreichte Politisierung der breiten Bevölkerung ließ sich aber nicht mehr rückgängig machen.

1. ***Erkläre***, *wie es zur Mainzer Republik kam und woran sie scheiterte.*
2. *Auf dem Bild M1 fallen drei Teilnehmer des Reigens (Rundtanz) auf.* ***Begründe***, *welche das sind.*
3. *In der Mainzer Republik spielte der Forscher und Weltreisende Georg Forster eine führende Rolle.* ***Informiere dich*** *über ihn.*

M 2 Sitzung des Mainzer Jakobinerklubs im Akademiesaal des Kurfürstlichen Schlosses, November 1792
Federzeichnung von Johann Jakob Hoch
Der Klub hatte zeitweise 500 Mitglieder.

M 3 Das Bürgerlied der Mainzer

Ende 1792/Anfang 1793 dichtet ein uns unbekannter Autor:

Auf Brüder! auf! Die Freiheit lacht,
Die Ketten sind entzwei.
Uns hat sie Custine[1] losgemacht,
O Bürger, wir sind frei!
Nun drückt uns kein Despote[2] mehr
Und raubt uns unsre Taschen leer.
Nun drückt uns kein Despote mehr!
Der Mainzer ist nun frei!
Der Mainzer ist nun frei!
[...]

Ihr Mainzerinnen freuet euch!
Ihr Schönen jubiliert!
Nun seid ihr Edeldamen gleich,
Die stolz euch sonst regiert.
Nun hat bei Ball, bei Spiel und Sang
Die Bürgerin den ersten Rang:
Der Mainzer ist nun frei!
Der Mainzer in nun frei!

O Bürger! welche Seligkeit,
Ein freier Mann zu sein,
Dem kein Despote mehr gebeut,
Nur das Gesetz allein.
Nun ist es aus, das Adelreich,
Nun sind wir Brüder, alle gleich;
Nun ist es aus, das Adelreich.
Der Mainzer ist nun frei!
Der Mainzer ist nun frei!

Zit. nach: Hans-Werner Engels, Gedichte und Lieder deutscher Jakobiner, Stuttgart 1971, S. 53 f.

M 4 Über die „Mainzer Republik"

Der Historiker Franz Dumont schreibt:

Wenn auch widersprüchlich und letztlich ohne ausreichende Akzeptanz[3], so war die Mainzer Republik doch ein Vorgang von historischem Rang: zunächst, weil sie am Anfang des schwierigen deutschen Weges zur Demokratie steht und weil die Mainzer Jakobiner als die erste demokratische Bewegung in Deutschland anzusehen sind. Für das Reich ebenso außerordentlich war die breite Politisierung der Bürgerschaft, die hier erstmals zur Ausbildung ideologischer[4] Fronten im modernen Sinne führte. In beidem hatte Mainz 1792/93 eine Vorreiterrolle.

Franz Dumont u. a. (Hrsg.), Mainz. Die Geschichte der Stadt, Mainz 1998, S. 344

[1] Custine: Befehlshaber der Rheinarmee; er eroberte mit seinen Truppen 1792 Speyer, Worms und Mainz.
[2] Despot: Gewaltherrscher, Tyrann
[3] Akzeptanz: Bereitschaft, etwas anzuerkennen
[4] ideologisch: weltanschaulich

1. ***Erläutere** die politischen Vorstellungen des Dichters (M3).*
2. ***Untersuche** die Aufgabe, die das Lied übernimmt (M3). Siehe dazu nochmals S. 299.*
3. *Der erste Demokratieversuch in Mainz scheiterte, aber er hatte eine wichtige Vorreiterrolle (M4). **Erkläre!***

Frankreich beherrscht den Kontinent

M 1 Gründung des Rheinbundes
Lithografie von Charles Motte, 1806 (Ausschnitt)
Die 16 Fürsten des Rheinbundes huldigen Napoleon während der feierlichen Vereidigung am 19. Juli 1806 im Schloss Saint-Cloud bei Paris.

Neuordnung Deutschlands

Napoleons Ziel war es, die Vorherrschaft (Hegemonie) Europas durchzusetzen. Dazu musste er die alten Großmächte besiegen. Dies gelang ihm 1801. Österreich musste die französischen Eroberungen anerkennen. Damit verloren alle deutschen Fürsten ihre linksrheinischen Gebiete an Frankreich. Sie wurden aber entschädigt. Denn sie erhielten dafür Kirchengebiete. Diese **Säkularisation** (lat. saecularis: weltlich) regelte der „Reichsdeputationshauptschluss" von 1803. Vier Erzbistümer, 18 Bistümer und etwa 300 Abteien und Klöster wurden aufgelöst und ihr Besitz weltlichen Fürsten übergeben. Im heutigen Rheinland-Pfalz betraf dies die Erzbistümer Mainz und Trier sowie die Bistümer Worms und Speyer mit ihren Klöstern, Abteien und Stiften.
Darüber hinaus verloren durch die **Mediatisierung** (lat. im-mediatus: un-mittelbar) die meisten Reichsstädte und viele kleine weltliche Herrscher wie die Reichsritter ihre Reichsunmittelbarkeit. Sie mussten sich größeren Fürstentümern unterwerfen.
Tausende Mönche, Nonnen und Geistliche verloren ihr Auskommen. Die ehemaligen Kirchengüter wurden teils zu Krankenhäusern oder Gefängnissen umfunktioniert, teils als Nationalgüter versteigert. Weiten Bevölkerungskreisen war es nun möglich, Grundbesitz zu erwerben. Der Staat musste nun die Aufgaben der Orden übernehmen, die z. B. in Schulen, Kranken- und Armenhäusern geleistet worden waren.

Das Ende des Alten Reiches

Durch Säkularisation und Mediatisierung verlor die Kirche ihre Herrschaftsrechte. Der Kaiser verlor mit den geistlichen Fürsten und Reichsstädten seine Hauptstützen. Die Zahl der Territorien reduzierte sich von einigen hundert auf etwa dreißig.
Die süddeutschen Mittelstaaten (z. B. Baden, Württemberg, Bayern) erhielten das Vielfache ihrer linksrheinischen Gebietsverluste. Napoleon wollte sie so stark machen, dass sie mächtig genug gegenüber dem Kaiser in Österreich, aber gegen Frankreich zu schwach waren.
1806 sagten sich die mit Napoleon verbündeten Staaten mit weiteren Fürstentümern vom Reich los und gründeten unter französischer Schutzherrschaft den „Rheinbund". Kaiser Franz II. dankte daraufhin ab und war fortan nur noch Kaiser von Österreich. Das war das Ende des Heiligen Römischen Reiches Deutscher Nation.

„Revolution von oben"

Napoleon ließ auch neue Staaten entstehen. Die bedeutendste Neugründung war das Königreich Westfalen. Napoleon setzte seinen jüngsten Bruder Jérôme als Herrscher ein. Er sollte dort die Errungenschaften der Revolution umsetzen.
In den Rheinbundstaaten führten die Monarchen freiheitlichere Rechts- und Gesellschaftsordnungen nach französischem Vorbild ein. Sie wollten damit einen Patriotismus wecken und ihre Herrschaft sichern.
Auch in Preußen wurden in Landwirtschaft, Gewerbe, Verwaltung, Bildung und Militär staatliche Reformen durchgeführt. Sie sollten das Land für den Kampf gegen Frankreich stärken. Am weitreichendsten wirkten die „Bauernbefreiung" und die Gewerbefreiheit: Die Bauern wurden aus ihrer Erbuntertänigkeit, einer Art Leibeigenschaft, entlassen. Die Zünfte wurden abgeschafft und mit ihnen die Beschränkungen für Handel und Gewerbe. Das Emanzipationsedikt von 1812 brachte zudem den Juden die bürgerlichen Rechte.

Projekt:
*Der größte Teil des heutigen Rheinland-Pfalz gehörte von 1794 bis 1813 zur französischen Republik. Bildet Arbeitsgruppen und begebt euch auf Spurensuche: **Recherchiert** im Rathaus, im Stadtarchiv, in Museen oder bei Geschichtsvereinen die Geschichte eures Heimat- oder Schulortes während der französischen Zeit. Was änderte sich? Wo finden sich noch Überreste? Tragt eure Ergebnisse zusammen und **gestaltet** ein Portfolio.*

M 2 Wohltaten?

Napoleon schreibt am 15. November 1807 seinem Bruder Jérôme, dem König von Westfalen:

Was die deutschen Völker am sehnlichsten wünschen, ist, dass auch diejenigen, die nicht von Adel sind, aber über Talent verfügen, das gleiche Recht haben, von Ihnen berücksichtigt und beschäftigt zu werden; dass jede Form von Leibeigenschaft und mittelbarer Obrigkeit zwischen dem Souverän und der untersten Klasse des Volkes vollständig beseitigt wird. Die Errungenschaften des Code Napoléon, die Öffentlichkeit des Gerichtsverfahrens, die Einrichtung von Geschworenengerichten, werden auch Ihr Königtum auszeichnen.

Und wenn ich ganz offen sein soll, muss ich sagen, dass ich mir von diesen Errungenschaften eine größere Wirkung für die Ausweitung und Festigung Ihrer Monarchie erwarte, als von den größten Siegen. […] Welches Volk wollte denn unter die preußische Willkürherrschaft zurückkehren, wenn es einmal die Wohltaten einer weisen und liberalen Regierung gekostet hat?

Zit. nach: König Lustik!? Jérôme Bonaparte und der Modellstaat Königreich Westfalen, München 2008, S. 532

M 3 „Also eine Revolution im guten Sinn …“

Im Auftrag des preußischen Königs verfasst Karl August von Hardenberg im September 1807 in Riga eine Denkschrift; darin heißt es:

Die Französische Revolution, wovon die gegenwärtigen Kriege die Fortsetzung sind, gab den Franzosen unter Blutvergießen und Stürmen einen ganz neuen Schwung. Alle schlafenden Kräfte wurden geweckt, das Elende und Schwache, veraltete Vorurteile und Gebrechen wurden – freilich zugleich mit manchem Guten – zerstört […]. Der Wahn, dass man der Revolution am sichersten durch Festhalten am Alten und durch strenge Verfolgung der durch sie geltend gemachten Grundsätze entgegenstreben könne, hat besonders dazu beigetragen, die Revolution zu befördern […].

Also eine Revolution im guten Sinn, gerade hinführend zu dem großen Zwecke der Veredelung der Menschheit, durch Weisheit der Regierung und nicht durch gewaltsame Anregung von innen oder außen, – das ist unser Ziel, unser leitendes Prinzip. Demokratische Grundsätze in einer monarchischen Regierung, dieses scheint mir die angemessene Form für den gegenwärtigen Zeitgeist. Die reine Demokratie müssen wir noch dem Jahre 2440 überlassen, wenn sie überhaupt für den Menschen gemacht ist.

Zit. nach: Georg Winter (Hrsg.), Die Reorganisation des Preußischen Staates unter Stein und Hardenberg, Bd. 1.1, Leipzig 1931, S. 305 f. (vereinfacht)

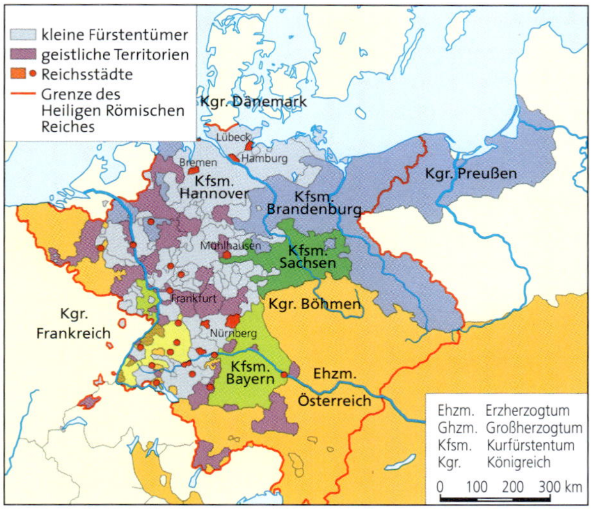

M 4 Die deutschen Territorien um 1789

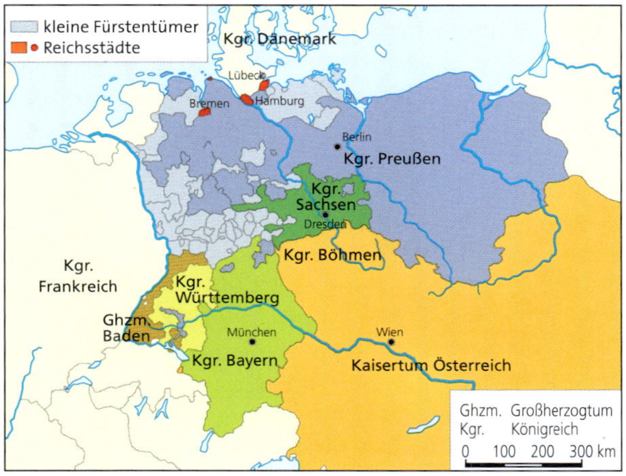

M 5 Die deutschen Territorien um 1806

1. *Vergleiche die Rechtfertigung von Jérômes Herrschaft (M2) mit der von absolutistischen Herrschern (S. 266).*
2. *Fasse Hardenbergs Einstellung zur Revolution **zusammen** (M3).* (H)
3. *Die Reformen in den deutschen Staaten wurden von Historikerinnen und Historikern auch als „Revolution von oben“ bezeichnet. **Nimm Stellung** zu diesem Begriff.*
4. *Vergleiche die deutschen Territorien um 1789 und 1806 (M4, M5).*

1792: Frankreich erklärt den europäischen Monarchen den Krieg: Beginn der Revolutionskriege
1799: Staatsstreich Napoleons, „Ende der Revolution“
Säkularisation/Mediatisierung
1804: Napoleon wird Kaiser der Franzosen
1806: Bildung des Rheinbundes / Ende des Hl. Römischen Reiches
Reformen in den Rheinbundstaaten und in Preußen
1790 1800 1810 1820

Das Ende der napoleonischen Herrschaft

M 1 „Stufenleiter der Größe und des Sturzes Napoleons“
Radierung (19,5 x 33,4 cm) eines unbekannten deutschen Künstlers, 1814
Auf den Schildern steht:
Corsischer Knabe – Militär-Schüler – Glücksritter zu Paris – General – Erster Consul – Kaiser der Franzosen – Abzug aus Spanien – Rückreise von Moskau – Abschied von Deutschland – Ende

Internettipp:
Zu Napoleon und den Befreiungskriegen siehe Mediencode 31101-95.

Die Besatzer stoßen auf Widerstand

Unter dem Druck der Besatzer besannen sich die Völker auf ihre Nation – ihre Geschichte, Sprache und Kultur. Überall wuchs der Wunsch, die fremde Herrschaft abzuschütteln.

Der nationale Freiheitsdrang flammte zunächst in Spanien auf. 1808 erhob sich dort das Volk. Ein jahrelanger „Kleinkrieg“ (Guerillakrieg) folgte. 1809 scheiterte der österreichische Versuch, die Fremdherrschaft abzuschütteln. Auch der Tiroler Volksaufstand unter dem Freiheitskämpfer Andreas Hofer im selben Jahr misslang.

Gegen Russland

Napoleon wollte auch den russischen Zaren unter seine Herrschaft zwingen. Im Juli 1812 marschierte der Kaiser der Franzosen mit rund 500 000 Soldaten seiner „Grande Armée“ in Russland ein und hoffte auf einen schnellen Sieg. Noch im selben Jahr erreichte er Moskau. Die Einwohnerinnen und Einwohner flohen und setzten die Stadt in Brand.

Ständige Angriffe, Fahnenflucht und Krankheiten verursachten hohe Verluste. Die russische Kälte von bis zu minus 50 °C brachte den erschöpften, halb verhungerten und frierenden Soldaten zu Hunderttausenden den Tod. Napoleon hatte seinen Ruf verloren, unbesiegbar zu sein.

Die Befreiungskriege

Der russische Zar wollte nun die Befreiung Europas von der napoleonischen Herrschaft erreichen. Preußen schloss sich der Befreiungsbewegung an. Getrieben von nationaler Begeisterung meldeten sich viele Freiwillige zum Militärdienst. Auch Österreich, Großbritannien und Schweden traten dem Bündnis bei. Nach und nach wechselten auch die Rheinbundstaaten die Seite. In der bis dahin größten Schlacht der Weltgeschichte, der Völkerschlacht bei Leipzig, kämpften 500 000 Soldaten. Napoleons Truppen mussten sich zurückziehen.

Am 31. März 1814 besetzten die verbündeten Armeen Paris. Napoleon musste abdanken und wurde auf die Insel Elba verbannt.

Ein Jahr später riss Napoleon nochmals die Herrschaft an sich. Endgültig besiegt wurde er daraufhin in der Schlacht von Waterloo in Belgien. Die Briten verbannten Napoleon auf die Atlantikinsel St. Helena, wo er 1821 starb.

1. ***Fasse** die Gründe **zusammen**, die zum Ende der napoleonischen Herrschaft führten.*
2. ***Erstelle** eine Zeitleiste zur Karriere Napoleons.*
3. *a) **Beschreibe** die Karikatur (M1). b) **Erläutere** die Aussageabsicht des Zeichners.* (H)
4. ***Vergleiche** deine Zeitleiste mit M1. Ist das Bild einer Stufenleiter passend?*

M2 Aus einem Kriegstagebuch

Der aus Söhlde bei Hildesheim (Niedersachsen) stammende Johann Heinrich Wesemann dient seit 1808 als Soldat in der westfälischen Armee. Über seine Erlebnisse im Russlandfeldzug berichtet er in seinem Kriegstagebuch:

Viele von uns [...] kannten das Leben im Kriege aus eigener Erfahrung und so zogen wir mit ziemlich heiterem Sinn, vertrauend auf Napoleons bisheriges Glück. [...]

Wir näherten uns Dombrowna. Dort hofften wir Brot zu finden. Ich und noch ein anderer namens Casper versuchten, uns mit unseren Pferden durch das Gewühl der Flüchtlinge zu arbeiten. [...] Von Uniformen war nicht mehr viel zu erkennen. [...] Viele hatten einfach nur Säcke, Decken, selbst Kuh- und Pferdehäute umgehängt.

Einige Zeit später tritt Wesemann in ein russisches Regiment ein:

Als wir am folgenden Tag aus Berlin marschierten, wollten einige meiner Gefährten ihren Patriotismus zeigen und sangen Spottlieder auf Napoleon und seine große Armee. Mir war dies zuwider – war es ja doch Spott auf uns selbst, und ich sagte, dass es besser wäre, wenn sie schweigen. [...]

Aus meinem Geburtsort waren 19 Mann mit der Armee fortgegangen, von denen nur ich und noch einer zurückgekehrt sind.

Kanonier des Kaisers. Kriegstagebuch des Heinrich Wesemann 1808-1814, Köln 1971; zit. nach: Geschichte lernen (März 2012), S. 25

M3 „Des Deutschen Vaterland"

Das bekannteste politische Gedicht dieser Zeit schreibt der Historiker, Schriftsteller und spätere Hochschullehrer Ernst Moritz Arndt im März 1813 in Königsberg, damals Privatsekretär des Freiherrn vom und zum Stein. Hier die erste und die letzten vier Strophen:

Was ist des Deutschen Vaterland?
Ist's Preußenland, ist's Schwabenland?
Ist's, wo am Rhein die Rebe blüht?
Ist's, wo am Belt die Möwe zieht?
O nein! nein! nein!
Sein Vaterland muss größer sein.
[...]

Was ist des Deutschen Vaterland?
So nenne mir das große Land!
So weit die deutsche Zunge klingt,
Und Gott im Himmel Lieder singt,
Das soll es sein!
Das, wackrer Deutscher, nenne dein!

Das ist des Deutschen Vaterland,
Wo Eide schwört der Druck der Hand,
Wo Treue hell vom Auge blitzt
Und Liebe warm im Herzen sitzt –
Das soll es sein!
Das, wackrer Deutscher, nenne dein!

Das ist des Deutschen Vaterland,
Wo Zorn vertilgt den welschen[1] Tand,
Wo jeder Franzmann heißet Feind,
Wo jeder Deutsche heißet Freund –
Das soll es sein!
Das ganze Deutschland soll es sein!

Das ganze Deutschland soll es sein!
O Gott vom Himmel sieh darein
Und gib uns rechten deutschen Mut,
Dass wir es lieben treu und gut.
Das soll es sein!
Das ganze Deutschland soll es sein!

Zit. nach: Hans-Bernd Spies (Hrsg.), Die Erhebung gegen Napoleon 1806-1814/15, Darmstadt 1981, S. 256 f.

M4 „Auf Vorposten"

Ölgemälde von Georg Friedrich Kersting, 1815

Der preußische Offizier Adolf Freiherr von Lützow stellte 1813 außerhalb Preußens eine Truppe aus Freiwilligen für den Kampf gegen die französische Armee auf. Unsere Nationalfarben gehen auf die Farben der Lützower Jäger zurück: Rot war die Borte am Kragen, schwarz die Uniform und golden die Messingknöpfe und Schulterstücke. Das Banner aus schwarzer und roter Seide trug die golden eingestickte Inschrift „Mit Gott fürs Vaterland!" Der Maler des Bildes kämpfte selbst im Lützow'schen Korps. An den Baum gelehnt hockt der Dichter Theodor Körner, der im Kampf fiel.

[1] welsch: französisch

1. ***Beurteile*** *die Einstellung von Wesemann (M2).*
2. ***Begründe****, was dir an Arndts Gedicht überzeugend und was dir übertrieben oder abwegig erscheint (M3).*

1812/13: Russlandfeldzug Napoleons
1813: Völkerschlacht bei Leipzig; Abdankung Napoleons
1815: Rückkehr Napoleons; Verbannung nach St. Helena
Reformen in den Rheinbundstaaten und in Preußen
1805 1810 1815 1820

Sketchnotes und Lernbilder erstellen

Sketchnotes und Lernbilder

Um schwierige Themen oder lange Texte im Geschichtsunterricht besser zu verstehen, kann es hilfreich sein zu lernen, wie du Inhalte strukturieren und veranschaulichen kannst.

Eine Möglichkeit ist, Text in Symbole zu übertragen, z. B. einen Konflikt als Blitz oder ein Bündnis als Herz oder zwei ineinandergeschlungene Ringe darzustellen. Mithilfe der Bilder kannst du Zusammenfassungen übersichtlich halten, Ereignisse, Daten oder Zusammenhänge miteinander vernetzen und sie so auch besser im Kopf behalten.

Zwei Methoden für eine solche bildhafte, also visualisierte Darstellung sind Sketchnotes und Lernbilder. Sketchnotes (von engl. sketch: Skizze und notes: Notiz) und Lernbilder sind kurze Textnotizen, die aus Bildern, Symbolen und Text bestehen. Was wichtig ist, wird größer oder auffälliger dargestellt. Der Unterschied: Sketchnotes werden selbst gezeichnet. Lernbilder sind oft einfacher gestaltet und enthalten meist etwas mehr Text. Es können auch nicht selbst gezeichnete Bilder eingebaut werden, z. B. aus dem Internet.

Die Französische Revolution mit Sketchnotes und Lernbildern leichter lernen

Die Französische Revolution und die Herrschaft Napoleons gehören zu den zentralen Themen des Geschichtsunterrichts. Aber die vielen Jahreszahlen, Ereignisse und beteiligten Personen, der mehrfache Wechsel von Verfassung und Staatsform machen das Thema schwierig und unübersichtlich. Hier können Sketchnotes helfen, um die wichtigsten Informationen zu sammeln, zu ordnen, zu verstehen und damit zu lernen.

In drei Schritten zum Ziel

1. Informationen sammeln und zusammenfassen

- Schreibe Notizen direkt während des Vortrags oder Films mit oder fasse nachträglich das Wichtigste knapp zusammen, z. B. am Ende einer Unterrichtseinheit.

2. Informationen auswählen und in eine Ordnung bringen

- Entscheide, welche Begriffe, Namen, Daten oder Zusammenhänge so wichtig sind, dass sie gelernt werden sollen.
- Ordne die Inhalte, z. B. in chronologischer Reihenfolge, nach thematischen Blöcken, nach verschiedenen Orten oder als Beziehungsgeflecht von Personen.

3. Informationen als Lernbild gestalten

- Überlege vorab, welche Orte, Ereignisse, Begriffe usw. sich in Symbole oder Bilder übertragen lassen.
- Wähle dazu am besten einfache Grafiken, die man aus dem Alltag kennt und leicht zeichnen kann wie z. B. unklar/unbekannt ?, sprechen/reden 🗨, folgt/dann/danach ↗ oder fröhlich/zufrieden ☺

Tipps & Trick

Lernbilder lassen sich auch digital gestalten, z. B. mit einer Online-Anwendung für ein digitales Whiteboard oder mit Apps für Sketchnotes. Vorteil: Es können auch digitale Bilder leicht eingebunden werden, z. B. Porträts historischer Personen. Digital lässt sich ein Lernbild auch leichter gemeinsam in der Klasse erstellen.

1. Schreibe deine Notizen in Blöcke
- 2 - 4 Worte pro Zeile
- 1 Gedanke
- Nutze Weißraum

2. Wähle ein WORT und schreibe es GROSS.
Falls kein Schlüsselwort vorhanden ist, vergib einen TITEL.

3. Gib deinen Notizen eine visuelle ORDNUNG
- U B K = Style
- Size, Kontrast
- Rahmen, Farbe

4. Gib deinen Blöcken eine STRUKTUR
- VERBINDER • Pfeile • Linien
- TRENNER
- CONTAINER = Gruppierung

5. Bilder funktionieren als visuelle ANKER
- EINFACHE Symbole
- EIN Symbol pro Block
- FÜHRE das Auge

M 1 **Tipps zum Anlegen von Sketchnotes**

Drei Bausteine als Ursache der Französischen Revolution

Finanzkrise / drohender Staatsbankrott
- Erhöhung der **Steuerlast des Dritten Standes**
- Einführung **Steuerpflicht für Adel und Klerus** – Weigerung / Blockade

→ Einberufung der Generalstände am 5. Mai 1789

Ideen der Aufklärung
- Volkssouveränität
- Gewaltenteilung
- Grundrechte

Ziele -> Abschaffung der Ständegesellschaft, politische Mitsprache

→ Forderung nach Verfassung auf Basis von Freiheit und Gleichheit

Wachsende Unzufriedenheit des Dritten Standes

- steigende **Steuerlast** des Dritten Standes
- Privilegien des Ersten/ Zweiten Standes
- ungerechte Besitzverteilung
- fehlende politische Mitsprache
- Missernten -> Hungersnöte

→ Plünderungen, Aufstände, Revolten in Stadt und Land

→ Französische Revolution

M 2 **Beispiel für ein Lernbild zur Französischen Revolution**

1. ***Erstelle*** *mithilfe der methodischen Arbeitsschritte links und den Tipps und Beispielen zu Sketchnotes und Lernbildern auf dieser Seite selbst ein Lernbild oder Sketchnote zur Französischen Revolution. Wähle dazu ein Thema aus einem der vorigen Kapitel im Schulbuch aus.* (H)

Wiederholen und Kompetenzen überprüfen

Orientierung

Nach dem □□□□□□□□□□□□□□ □□□□□□□□□□□□□□ □□□□□□ und dem Sieg über die britische Monarchie wurden die USA zum Vorbild im Kampf um Freiheit und Rechtsgleichheit in Europa. Mit der Französischen Revolution änderten sich auch die Machtverhältnisse in Frankreich. Die europäischen Monarchen lehnten die Entwicklung ab. Österreich und Preußen drohten, die absolutistische Herrschaft in Frankreich wiederherzustellen. Frankreich führte daraufhin gegen sie Krieg, um die Errungenschaften der Revolution zu schützen und sie zu verbreiten. Unter dem General und späteren Kaiser □□□□□□□□ □□□□□□□□□ wurde der Macht- und Einflussbereich Frankreichs über große Teile Europas ausgeweitet. In diesen Gebieten führte er mit dem □□□□ □□□□□ ein Gesetzbuch ein, das grundlegende Bürgerrechte verbreitete.

Herrschaft

Im 17. und 18. Jh. herrschten in Europa Könige und Fürsten absolutistisch. Einige Monarchen wie der preußische König Friedrich II. setzten Forderungen der Aufklärer um. Diese Herrschaftsform wird □□□□□□□□ □□□□ □□□□□□□□□□□□ genannt. In Nordamerika aber und in Frankreich wurden die Herrschaftsverhältnisse jeweils durch eine □□□□□□□□□□ „von unten" beseitigt. Sie stützten sich auf die Lehren der □□□□□□□□□□, die eine Verfassung, Kontrolle und Teilung der Staatsgewalt (□□□□□□□□□□□□□□□) forderte. Von nun an sollte die Herrschaft vom Volk und durch ein vom Volk gewähltes □□□□□□□□□ ausgehen (□□□□□□□□□□□□□□□ □□). Zu Beginn der Revolution erklärten sich die Abgeordneten der Generalstände als die Vertreter der □□□□□□. Zunächst wurde Frankreich zu einer □□□□□□ □□□□□□□□□□□ □□□□□□□□□; nach Sturz und Hinrichtung des Königs eine □□□□□□□□. Unter dem Einfluss der städtischen Volksbewegung der Sansculotten und dem Wortführer der Jakobiner □□□□□□□□□□ □□ □□□□□□□□□□□ radikalisierte sich die Revolution. Unter dem □□□□□□ verkehrten sich die Errungenschaften der Revolution in ihr Gegenteil.

Weltdeutung

Die absolutistischen Herrscher bezeichneten sich als von Gott eingesetzt. Für die Rechtfertigung (□□□□□ □□□□□□□□□) ihrer Herrschaft hatten also Glaube und Religion eine große Bedeutung. Durch den □□□□□□□ □□□□□□ büßte die Kirche in vielen Bereichen ihre beherrschende Stellung ein. Mit der Revolution verlor der Klerus in Frankreich Macht und Privilegien. Unter dem Einfluss der Herrschaft Napoleon Bonapartes verlor die Kirche auch in den deutschen Staaten durch die □□□□□□□□□□□□□□ und □□□□□□□□□□□□□□ ihre Herrschaftsgebiete und Einkünfte und damit ihre Macht. Mit den bürgerlichen Revolutionen begann die bis heute bei uns gültige Trennung von Staat und Kirche.

Wortspeicher

Amerikanischer Unabhängigkeitskrieg, Aufklärung, Aufgeklärter Absolutismus*, Bildung, Bürgertum, Brüderlichkeit, Code Civil, Freiheit, Friedrich II.*, Gleichheit, Judikative, konstitutionelle Monarchie*, Gewaltenteilung*, Legislative, Legitimation, Maximilien de Robespierre*, Mediatisierung*, Menschenrechte, Napoleon Bonaparte*, Nation, Parlament*, Rationalismus*, Religionsfreiheit, Republik, Revolution, Säkularisation*, Sturm auf die Bastille (14. Juli 1789), Terror, Unabhängigkeitserklärung (1776), Verfassung, Volkssouveränität*

1. ***Schreibe*** *die Texte der Lernkarten in dein Heft ab und setze die fehlenden Begriffe in die Lücken ein. Nutze dazu den Wortspeicher.*
2. ***Verfasse*** *die Lernkarten zu den Kategorien „Gesellschaft" und „Wirtschaft" selbst.* (H)
3. *Lege eine Tabelle mit den Oberbegriffen „Aufklärung", „Gründung der USA" und „Französische Revolution" an.* ***Ordne*** *dann die Begriffe des Wortspeichers in die passende Kategorie ein.* (H)
4. ***Fasse*** *Gemeinsamkeiten und Unterschiede der Loslösung der amerikanischen Kolonien sowie der Französischen Revolution* ***zusammen****.*

M 1 „Toleranz“
Radierung von Daniel Nikolaus Chodowiecki von 1791
Das Bild zeigt Minerva. Sie war in der Antike die Göttin der Weisheit.

M 2 „Ich denke ganz anders...“
Der Journalist und Abgeordnete Camille Desmoulins fordert im Dezember 1793 in einem Artikel seiner Zeitung:

Ihr wollt alle eure Feinde mit der Guillotine austilgen. Hat man je einen größeren Aberwitz gesehen? [...] Glaubt ihr wirklich, diese Frauen, diese Greise, diese Jammergestalten, diese Egoisten, diese Marodeure der Revolution seien eine Gefahr? [...]

Ich denke ganz anders als die, welche euch sagen, der Schrecken müsse auf der Tagesordnung bleiben. Ich bin im Gegenteil überzeugt, dass die Freiheit gefestigt und Europa besiegt würde, wenn ihr einen Vergebungsausschuss hättet. Ein solcher Ausschuss würde die Revolution vollenden, denn auch das Vergeben ist eine revolutionäre Maßnahme, die wirksamste überhaupt, wenn sie klug eingesetzt wird. [...]

Ulrich Friedrich Müller (Hrsg.), Die Französische Revolution 1789-1799. Ein Lesebuch, München 1988, S. 257-261

M 3 Freiheit, Gleichheit, Brüderlichkeit
Briefmarken aus Frankreich anlässlich des 200. Jahrestages der Französischen Revolution 1989
Sie zeigen die Parole der Revolutionäre (frz. Liberté, Égalité, Fraternité).

M 4 Napoleon-Radweg 1806
Foto von 2015
Der Weg befindet sich dort, wo 1806 die Schlacht von Jena und Auerstedt stattfand.

1. ***Erkläre***, *warum das Bild den Titel „Toleranz“ trägt (M1).* (H)
2. *a)* ***Arbeite*** *den Standpunkt von Desmoulins* ***heraus*** *(M2).*
   b) ***Verfasse*** *eine Antwort Robespierres an Desmoulins (M2).*
3. ***Überprüfe***, *ob sich die Parolen der Revolution am Ende erfüllt haben (M3).*
4. ***Erörtert*** *in der Klasse, wie an Napoleon und die napoleonischen Kriege angemessen erinnert werden könnte (M4).* (G)
5. *Der 10. Dezember ist der internationale Tag der Menschenrechte.* ***Nimm Stellung***, *ob so ein Tag auch mehr als 200 Jahren nach der Erklärung der Menschen- und Bürgerrechte noch sinnvoll ist.* (G)
6. ***Diskutiert*** *anhand aktueller Beispiele, ob Revolutionen zur Durchsetzung von Menschen- und Bürgerrechten notwendig sind.* (H) (G)

Der deutsche Nationalstaat entsteht

Kurz nach 1800 hätten sich nur wenige Menschen als „deutsch" und damit einer Nation zugehörig bezeichnet. Sie waren Untertanen ihrer Fürsten in mehreren hundert Einzelstaaten im „Heiligen Römischen Reich Deutscher Nation" und verstanden sich als Bayern, Württemberger, Hannoveraner, Sachsen oder Preußen. Einen einheitlichen Nationalstaat, also ein Gebiet mit festen Staatsgrenzen und einer Verfassung, die bestimmte Grundrechte garantierte, gab es nicht.

Seit der Amerikanischen und Französischen Revolution hatte sich in den Ländern Europas mehr und mehr die Idee von der „Nation" (lat. natio: Volk) verbreitet, in der die Bürger mehr Freiheits- und Mitbestimmungsrechte besitzen sollten. Doch nach dem Sieg über Napoleon stellten die europäischen Mächte die Monarchien in den veränderten Territorien wieder her. Anstelle des Heiligen Römischen Reiches gab es nun das lose Staatengebilde des Deutschen Bundes mit Österreich und Preußen als mächtigsten Staaten. Dies enttäuschte weite Teile der deutschen Bevölkerung, die sich für einen deutschen Nationalstaat eingesetzt hatten. Die deutschen „Vaterländer" traten trotz harter Strafen und Verbote der Landesfürsten weiterhin lautstark für Einheit und Freiheit ein. 1848/49 kam es schließlich zur Revolution. In Frankfurt versammelte sich sogar eine vom Volk gewählte Nationalversammlung, die eine gesamtdeutsche Verfassung entwerfen sollte. Erst 1871 wurde mit dem Deutschen Kaiserreich ein deutscher Nationalstaat gegründet – nach blutigen Kriegen gegen Dänemark, Österreich und Frankreich und nicht durch das Volk, sondern durch Fürsten und Militär.

Leitfragen zu den Kategorien

- Welche politische Entwicklung ging der Gründung des Deutschen Reiches als Nationalstaat voraus?
- Welche territorialen Veränderungen lassen sich für den deutschsprachigen Raum bis zur Reichsgründung feststellen?

- Wie entstand der Wunsch nach einem Nationalstaat?
- Welche Ideen prägten die Nationalstaatsbildung?
- Wie versuchten die Anhänger eines Nationalstaates, ihre Vorstellungen durchzusetzen, und auf welche Widerstände stießen sie?

- Welche Interessen standen hinter der Nationalstaatsbildung?
- Welche Rolle spielte das internationale Mächteverhältnis?

- Wie wurden aus Untertanen Staatsbürger?
- Welche gesellschaftlichen Gruppen gehörten zu den Hauptakteuren der Nationalbewegung, der Revolution und der Nationalversammlung in Frankfurt?

Französische Revolution | „Zeitalter Napoleons" | Restauration

1790 | 1800 | 1810 | 1820 | 1830 | 1840 | 1850

1806: Ende des Heiligen Römischen Reiches Deutscher Nation | Deutscher Bund

M 1 Vom Deutschen Bund zum Deutschen Kaiserreich

1. ***Untersuche*** *die Karte und beschreibe die einzelnen Etappen bis zur Reichsgründung 1871 (M1).*
2. ***Vergleiche*** *die Ausdehnung des Deutschen Kaiserreiches mit dem Gebiet der heutigen Bundesrepublik.*

Europa wird neu geordnet

M1 „Der Treueschwur“
Malerei von Heinrich Olivier, 1815
Der Kaiser von Österreich, der König von Preußen und der russische Zar verpflichteten sich gegenseitig, überall da einzugreifen, wo die monarchische Staatsordnung in Gefahr ist. Fast alle europäischen Fürstenhäuser traten dieser „Heiligen Allianz“ bei.

Zurück zu alten Zuständen?

Nach ihrem Sieg über Napoleon versammelten sich die europäischen Fürsten 1814/15 auf dem **Wiener Kongress**. Sie wollten den Kontinent neu ordnen und für lange Zeit Frieden schaffen. Dafür war es wichtig, dass zwischen den fünf Großmächten möglichst ein Gleichgewicht bestand und kein Staat übermächtig wurde. Gleichzeitig wollten die Fürsten aber möglichst viel beim Alten belassen. Eine rechtmäßige Staatsgewalt sollte in Europa nicht wie in den USA vom Volk ausgehen, sondern allein von den alten Herrscherhäusern (Dynastien).

Ergebnisse des Wiener Kongresses

Die mächtigsten Kongressteilnehmer waren die Herrscher Österreichs, Russlands, Englands, Preußens und Frankreichs. Unter der Führung des in Koblenz geborenen Fürsten Klemens von Metternich legten sie drei wichtige Grundsätze fest:

- Die alten Fürstenhäuser fühlten sich im Recht, allein und ohne Beteiligung des Volkes zu regieren. Daher wurden die alten Fürstenhäuser aus der Zeit vor Napoleon wieder eingesetzt und erhielten damit die Ermächtigung (**Legitimation**), die sie für ihre Herrschaft brauchten.
- Die Fürsten machten viele Veränderungen, die es nach der Französischen Revolution ab 1789 gab, rückgängig. Diese rückwärtsgewandte Politik wird **Restauration** genannt.
- Die Ergebnisse der Säkularisation und der Mediatisierung blieben allerdings bestehen. Die 1803 untergegangenen geistlichen Fürstentümer und Reichsstädte erhielten ihre alten Rechte nicht zurück.
- Zusätzlich versprachen sich die Fürsten gegenseitige Unterstützung, um revolutionäre Ausschreitungen zu vermeiden oder zu unterdrücken.

Ohne Volk

Viele Menschen in Europa waren vom Ausgang des Wiener Kongresses sehr enttäuscht und auch wütend. Zum großen Teil hatten sie nämlich maßgeblich dazu beigetragen, Napoleon zu besiegen. Die Menschen hatten vergeblich gehofft, dass sie nun auch mitbestimmen und mitregieren durften.

Deutschlands neue Ordnung

Anstelle des 1806 aufgelösten Heiligen Römischen Reiches schufen die Fürsten auf dem Kongress den **Deutschen Bund**. Dies enttäuschte diejenigen, die auf die Schaffung eines einheitlichen deutschen Nationalstaates gehofft hatten.
Anders als die USA war der Deutsche Bund nämlich ein lockerer Staatenbund mit weiterhin souveränen Fürsten und Städten. Insgesamt 35 Fürstentümer und die vier freien Städte Bremen, Frankfurt am Main, Hamburg und Lübeck schlossen sich zusammen. Die Mitgliedstaaten blieben selbstständig, es gab keine zentrale Regierung. Einzige gesamtdeutsche Einrichtung war der Bundestag: ein ständiger Gesandtenkongress der Mitglieder in Frankfurt am Main.
Die beiden größten Staaten im Deutschen Bund waren Österreich und Preußen. Sie stritten in der Folgezeit darüber, wer innerhalb des Deutschen Bundes die Führung übernehmen sollte.

1. ***Verfasse** einen Lexikonartikel zu den Zielen und Ergebnissen des Wiener Kongresses.*
2. ***Begründe**, warum die deutschen Fürsten und Städte die Gründung eines Nationalstaates ablehnten und einen Staatenbund bevorzugten.*
3. *Der Maler des Bildes M1 greift auf eine Epoche in der Vergangenheit zurück. **Nenne** sie und **erläutere** die Gründe für seine Entscheidung.*

M 2 Kritik an der „Bundesverfassung“

Am 7. Mai 1815 steht in dem von Joseph Görres in Koblenz herausgegebenen „Rheinischen Merkur“:

Es ist endlich bekannt geworden, welche Verfassung man dem Bunde geben will [...]. Man hat die Völker bei seiner Errichtung nicht um Rath gefragt; man scheint auf sie und ihre Stimme nicht hören zu wollen. [...] Dennoch ist es unsere Pflicht, uns zu erheben gegen das Verderbliche, damit wir ohne Schuld seyen an des Vaterlandes Unglück. [...]

Man wird zur Vermuthung gezwungen, daß man Teutschland nicht als organisches Ganzes, als einen Staat betrachte, sondern nur als einen Staatenbund [...]. Aber man höre doch nur den Ruf aller deutschen Volksstämme. Einmüthig erklären sie: „Wir wollen nicht länger blos Preußen, Hannoveraner, Hessen bleiben, wir wollen Deutsche werden!“ Der künstliche Bund aber, der nicht gestützt ist auf die Liebe und den Gemeingeist des deutschen Volkes, wird bald durch seine eigene Schwäche zusammenfallen! [...]

Anmerkung: Es könnte gut seyn, wenn die teutschen Vereine und Städte Unterschriften sammelten zur einer Bittschrift um Einführung teutscher Reichsstände. Die Stimme des Volkes dringt so schwer durch zu den Ohren der Fürsten [...].

Rheinischer Merkur, Nr. 234 vom 7. Mai 1815, [S. 1f.]

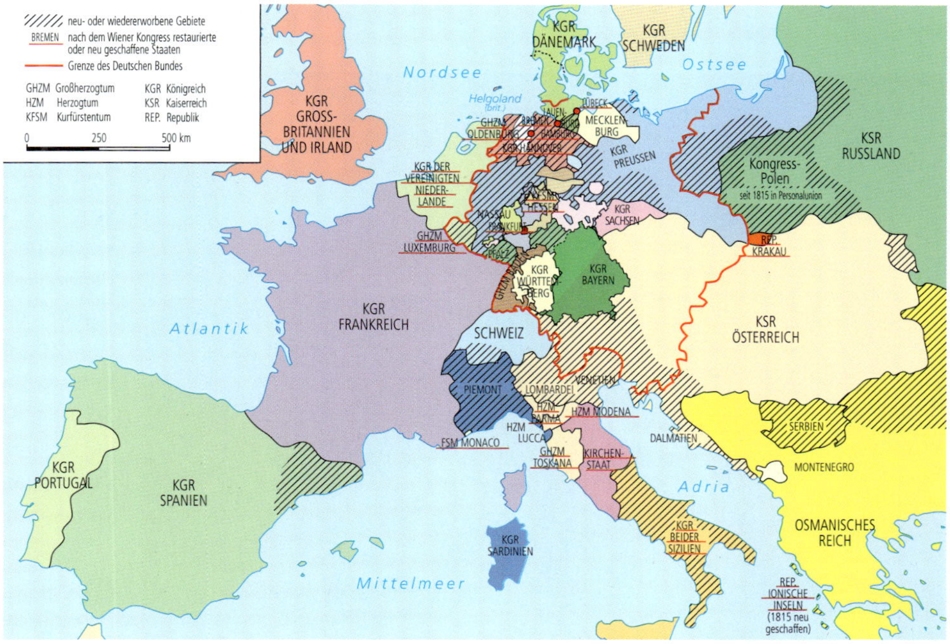

M 4 Europa um 1815

M 3 Rezepte für Europas Staatenwelt

Ein Historiker beurteilt die Leistungen des Wiener Kongresses:

In einer unglaublichen Kraftanstrengung stiftete der Kongress nach mehr als zwanzig Kriegsjahren [...] eine dauerhafte Friedensordnung. Die zertrümmerte alteuropäische Staatenwelt verlangte nach Rezepten, welchen das übliche Etikett „Restauration“ nicht gerecht wird. Metternich [...] hielt Wandel, auch Anpassung und Reform staatlicher Strukturen, für unvermeidlich, aber er war geprägt durch die traumatische Erfahrung der Französischen Revolution, die er als Urkatastrophe wahrnahm, als Angriff auf die gesellschaftliche Ordnung und deren elementare Rechtsprinzipien überhaupt. Europa brauchte aus seiner Sicht ein Verteidigungssystem zur Bewahrung des traditionellen monarchisch-ständischen Völkerrechts. Dieses Bollwerk musste zwei Bedingungen erfüllen: die Sicherung der monarchischen Herrschaft und der Dynastien sowie eine ausbalancierende Ordnung, die nicht nur kurzzeitig, sondern dauerhaft Frieden und eine Universalmonarchie zu verhindern vermochte.

Wolfram Siemann, Metternich. Staatsmann zwischen Restauration und Moderne, München 2010, S. 52f.

Internettipp:
Unter dem Mediencode 31101-96 zeigt dir eine animierte Karte die Neuordnung Europas durch den Wiener Kongress.

1. ***Vergleiche*** *die Karte Europas um 1815 (M4) mit der zur Zeit Napoleons um 1812 auf S. 281.*
2. ***Arbeite*** *die nationalen Vorstellungen des Verfassers* ***heraus*** *(M2). Hinweis: Beachte dabei auch deren Begründung und wie diese durchgesetzt werden sollen.*
3. ***Untersuche****, wie der Historiker den Wiener Kongress beurteilt (M3).*
4. ***Stelle Vermutungen*** *darüber* ***an****, was notwendig ist, damit die Restaurationspolitik Metternichs Erfolg hat (VT, M2-M4).* (H)

1812/13: Russlandfeldzug Napoleons
1813: Völkerschlacht bei Leipzig; Abdankung Napoleons
1815: Rückkehr Napoleons; Verbannung nach St. Helena
Reformen in den Rheinbundstaaten und in Preußen
1815: Wiener Kongress: Gründung des Deutschen Bundes
Restauration
1800 1810 1820 1830

Bürger fordern Einheit und Freiheit

INFO 1 Nationale Vorstellungen

Junge Männer aus den verschiedenen Staaten des ehemaligen Heiligen Römischen Reiches hatten gemeinsam gegen die französische Fremdherrschaft gekämpft. Dadurch wuchs bei ihnen das Gefühl der Zusammengehörigkeit und der Wunsch nach einem „einigen deutschen Vaterland". Sie waren überzeugt davon, dass alle Deutschen aufgrund ihrer gemeinsamen Herkunft (lat. natio), Sprache, Kunst und Literatur eine Nation bildeten, und forderten für diese einen gemeinsamen **Nationalstaat** mit einer freiheitlichen Verfassung und einer Volksvertretung.

M 1 Das Hambacher Fest am 27. Mai 1832
Gemälde von Hans Mocznay nach einem zeitgenössischen Holzstich, vermutlich 1948

Geschichte erzählen mit Textura

Erarbeitet euch mithilfe des Textura-Spiels ein Wissens-Netzwerk zur Entstehung der deutschen Nationalbewegung. Nutzt dazu die Verknüpfungskarten und das Kartenset zum „Hambacher Fest", das unter Mediencode 31101-97 zum Download bereit steht.

1 Setzt euch in Vierergruppen zusammen.

2a Wertet einen Teil der Infotexte und Materialien aus. Notiert Jahreszahlen, Namen und Ereignisse:
Schüler:in 1: INFO 1, M3, M4
Schüler:in 2: INFO 2, INFO 3, M2
Schüler:in 3: INFO 4, INFO 5, INFO 6, M6
Schüler:in 4: M1, INFO 7, INFO 8, M5

2b Verteilt die Textura-Verknüpfungskarten so auf dem Tisch, dass ihr alle Karten sehen könnt.

2c Nehmt aus dem Kartenset „Hambacher Fest" die Inhaltskarten D1, D2, D3, D4, D5, D6, D7 und D15. Legt diese offen auf den Tisch und die übrigen Karten zunächst beiseite.

2d Alle Gruppen starten gleichzeitig: Aufgabe ist es, alle Inhaltskarten miteinander zu verbinden. Zwischen zwei Inhaltskarten müssen mindestens eine oder mehrere Verknüpfungskarten gelegt und damit ein Satz gebildet werden. Die Gruppe, die zuerst alle Inhaltskarten miteinander verbunden hat, ruft „Stopp!" Die übrigen Gruppen haben nun noch zwei Minuten Zeit, um weitere Karten anzulegen.

3 Alle Gruppen zählen nun alle verwendeten Karten. Die Gruppe mit den meisten Karten stellt ihr Netzwerk der gesamten Klasse vor. Die anderen Gruppen prüfen, ob die Erzählung plausibel ist. Falsch gelegte Verbindungen werden entfernt. Die Gruppe, die ihre Erzählung vorstellt, gewinnt, wenn bei ihr weiterhin die meisten Karten korrekt ausliegen. Hat die Gruppe weniger Karten als die zweite Gruppe, wird deren Erzählung vorgestellt und geprüft.

M 2 „Der Denker-Club. Auch eine deutsche Gesellschaft“

Lithografie (Ausschnitt) um 1820

An der Wand stehen folgende Gesetze des Klubs: „Schweigen ist das erste Gesetz dieser gelehrten Gesellschaft.“ „Auf dass kein Mitglied in Versuchung geraten möge, seiner Zunge freien Lauf zu lassen, so werden beim Eintritt Maulkörbe ausgeteilt.“

INFO 2 Studenten rebellieren

Es entstand eine „vaterländisch-freiheitliche“ Bewegung. National gesinnte Studenten schlossen sich in Burschenschaften zusammen. Im Jahr 1817 wurde das Wartburgfest bei Eisenach der erste Höhepunkt dieser neuen Bewegung. Hier trafen sich Studenten und Professoren. Sie feierten den 300. Jahrestag der Reformation und die Völkerschlacht bei Leipzig 1813, durch die sich Europa von der Fremdherrschaft Napoleons befreien konnte. Unter schwarz-rot-goldenen Fahnen forderten sie ein einheitliches, freies Deutschland. Aus Protest verbrannten sie als „undeutsch“ angesehene Schriften sowie Symbole der alten Adelsherrschaft.

INFO 3 Staatsbürger statt Untertanen

Neben den **Nationalismus** trat der **Liberalismus** (lat. liber: frei). Seine Wurzeln lagen in der Aufklärung und der Französischen Revolution. Die Liberalen forderten von den Fürsten Verfassungen. Diese sollten

- die Macht der Herrscher begrenzen,
- Grundrechte wie Presse- und Versammlungsfreiheit und Rechtsgleichheit garantieren,
- eine Mitwirkung an der Gesetzgebung sowie
- die Kontrolle der Regierung ermöglichen.

INFO 4 Fürsten reagieren mit Zensur

Am 23. März 1819 erstach der Student Carl Ludwig Sand den Schriftsteller August von Kotzebue, weil dieser sich über die Burschenschaftler lustig gemacht hatte. Die deutschen Fürsten reagierten mit harten Maßnahmen (Karlsbader Beschlüsse): Burschenschaften wurden verboten, festgenommene Studenten hart bestraft und die Universitäten überwacht. Bücher und Flugblätter durften von nun an nicht mehr ohne vorherige Zensur gedruckt werden.

M 3 „Ein Deutschland soll sein …“

Nach dem Wartburgfest legen einige Burschenschaften ihre politische Position fest. Zu den „Grundsätzen und Beschlüssen“ gehören:

Ein Deutschland ist, und ein Deutschland soll sein und bleiben. Je mehr die Deutschen durch verschiedene Staaten getrennt sind, desto heiliger ist die Pflicht für jeden frommen und edlen deutschen Mann und Jüngling, dahin zu streben, dass die Einheit nicht verloren gehe und das Vaterland nicht verschwinde […].

Die Lehre von der Spaltung Deutschlands in das katholische und in das protestantische Deutschland ist irrig, falsch, unglückselig […]. Alle Deutschen sind Brüder und sollen Freunde sein […]. Wenn ein deutscher Staat von einer fremden Macht angegriffen wird, so wird Deutschland angegriffen, denn jeder Staat ist ein Teil Deutschlands. […] Von dem Lande oder Ländchen, in welchem wir geboren sind, wollen wir niemals das Wort Vaterland gebrauchen. Deutschland ist unser Vaterland; das Land, wo wir geboren sind, ist unsere Heimat. Auch wollen wir […] alles Fremde in Sprache, Kleidung, Sitten und Bräuchen vermeiden.

Zit. nach: Hermann Haupt (Hrsg.), Quellen und Darstellungen zur Geschichte der Burschenschaft und der deutschen Einheitsbewegung, Bd. IV, Heidelberg 1913, S. 117ff.

Internettipp:
Die Texte der „Karlsbader Beschlüsse“ findest du unter Mediencode 31101-98.

Internettipp:
Zur Presse- und Meinungsfreiheit siehe den Mediencode 31101-99.

1815: Wiener Kongress: Gründung des Deutschen Bundes
1817: Wartburgfest
1832: Hambacher Fest
Restauration
1810 1820 1830 1840

M 4 Den Flammen übergeben
Einige Teilnehmer des Wartburgfestes verbrannten am 18. Oktober 1817 auf dem Wartenberg (nicht auf der Wartburg) etwa 30 auf Pappdeckel geschriebene Titel missliebiger Werke.

INFO 5 Zur Not auch mit Gewalt

Überall blieben die politischen Rechte der Bürger begrenzt. Darauf wies die zunächst kleine Gruppe der Republikaner hin, die auch Demokraten genannt wurden. Sie forderten ein Ende der Fürstenmacht und dass die Regierungsgewalt nur durch Wahl und auf bestimmte Zeit übertragen werden sollte. Liberale und Republikaner setzten auf Reformen. Doch wegen der unerfüllten politischen Forderungen sowie neuer sozialer Probleme durch das Bevölkerungswachstum, aufgrund von Missernten und Arbeitslosigkeit in vielen Regionen waren einige Republikaner bereit, die politischen Verhältnisse auch gewaltsam zu verändern.

INFO 6 Die Julirevolution

Auch Frankreich erlebte nach 1815 eine Zeit des politischen Rückschritts, der Reaktion. Schlechte Ernten vergrößerten die Not der Unterschichten. Als 1830 der französische König die Pressefreiheit aufhob und das Wahlrecht zur Nationalversammlung einschränkte, kam es im Juli zu einer neuen Revolution. Die Liberalen setzen sich mit einer konstitutionellen Monarchie durch, bei der die Macht des Monarchen durch eine Konstitution (= Verfassung) gesetzlich begrenzt ist.

OnLine
Demokratietag
Unter dem Mediencode 31101-100 ist ein Modul zum Hambacher Fest mit verschiedenen ausgearbeiteten Projektvorschlägen abrufbar.

M 5 „Vaterland – Freiheit – ja!"

Der Jurist und Journalist Philipp Jacob Siebenpfeiffer, ein entlassener bayerischer Beamter, eröffnet am 27. Mai 1832 das Hambacher Fest und sagt:

Vaterland – Freiheit – ja! Ein freies deutsches Vaterland – dies der Sinn des heutigen Festes, dies die Worte, deren Donnerschall durch alle deutschen Gemarken drang, den Verrätern der deutschen Nationalsache die Knochen erschütternd, die Patrioten aber anfeuernd und stählend zur Ausdauer im heiligen Kampfe, „im Kampf zur Abschüttelung innerer und äußerer Gewalt." [...] Und es wird kommen der Tag, [...] wo der Deutsche vom Alpengebirg und der Nordsee, vom Rhein, der Donau und der Elbe den Bruder im Bruder umarmt, wo die Zollstöcke und die Schlagbäume, wo alle Hoheitszeichen der Trennung und Hemmung und Bedrückung verschwinden [...]. [...]

Es wird kommen der Tag [...], wo das deutsche Weib, nicht mehr die dienstpflichtige Magd des herrschenden Mannes, sondern die freie Genossin des freien Bürgers [ist]. [...]

Wir selbst wollen, wir selbst müssen vollenden das Werk, und, ich ahne, bald, bald muss es geschehen, soll die deutsche, soll die europäische Freiheit nicht erdrosselt werden von den Mörderhänden der Aristokraten [...].

Es lebe das freie, das einige Deutschland!
Hoch leben die Polen, der Deutschen Verbündete!
Hoch leben die Franken[1], der Deutschen Brüder, die unsere Nationalität und Selbstständigkeit achten!
Hoch lebe jedes Volk, das seine Ketten bricht und mit uns den Bund der Freiheit schwört!
Vaterland – Volkshoheit – Völkerbund hoch!

Johann Georg August Wirth, Das Nationalfest der Deutschen zu Hambach, Neustadt an der Haard 1832, Nachdruck der Original-Ausgabe, Neustadt a. d. W. 1981, S. 33, 37f. und 40f.

[1] Franken: Gemeint sind hier die Franzosen.

M 6 „Die Freiheit führt das Volk“
Ölgemälde von Eugène Delacroix, 1830 (Ausschnitt)

INFO 7 Noch mehr Revolutionen?

In Kongresspolen, das auf dem Wiener Kongress gegründet worden war und unter Herrschaft des russischen Zaren stand, erhoben sich 1830 die Polen mit dem Ziel eines unabhängigen, polnischen Nationalstaates. Dieser sogenannte Novemberaufstand endete 1831 mit einer Niederlage, nach der viele Polen ins Exil gingen.

Die Engländer reformierten ihr Parlament und die Belgier gründeten einen Staat mit einer liberalen Verfassung.

Auch in den deutschen Staaten erhoben sich die Bürger. In Braunschweig, Hannover, Kurhessen und Sachsen wurden verbesserte Verfassungen erlassen. Nur Preußen und Österreich unterdrückten die inneren Unruhen militärisch.

INFO 8 Das Hambacher Fest

Ein weiterer Höhepunkt der deutschen Oppositionsbewegung war das Hambacher Fest im Mai 1832 in der zu Bayern gehörenden Pfalz. Eine größere politische Veranstaltung hatte es in Deutschland zuvor nie gegeben. Mit schwarz-rot-goldenen Fahnen, unter Glockengeläut und patriotischen Gesängen zogen Kaufleute, Handwerker, Ärzte, Juristen, Studenten, Bauern und – das war neu – auch Frauen vom Marktplatz in Neustadt zur Hambacher Schlossruine. Mit Gästen aus Frankreich und Polen demonstrierten sie für Pressefreiheit, Volkssouveränität, einen deutschen Nationalstaat und gegen soziale Missstände. In den Staaten des Deutschen Bundes fanden 1832 rund 30 ähnliche, aber viel kleinere Veranstaltungen statt.

Internettipp:
Eine animierte Karte mit den Aufständen in Europa zwischen 1815 und 1848 findest du unter Mediencode 31101-101.

Revolutionen im Frühjahr 1848

M1 Aufstände in Europa im Jahr 1848
Die Revolutionswelle ging von Paris aus. Siehe dazu S. 318.

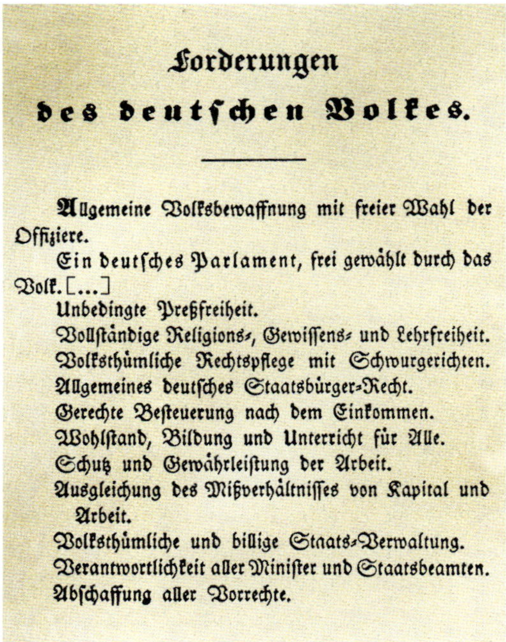

Forderungen des deutschen Volkes.

Allgemeine Volksbewaffnung mit freier Wahl der Offiziere.
Ein deutsches Parlament, frei gewählt durch das Volk. [...]
Unbedingte Preßfreiheit.
Vollständige Religions-, Gewissens- und Lehrfreiheit.
Volksthümliche Rechtspflege mit Schwurgerichten.
Allgemeines deutsches Staatsbürger-Recht.
Gerechte Besteuerung nach dem Einkommen.
Wohlstand, Bildung und Unterricht für Alle.
Schutz und Gewährleistung der Arbeit.
Ausgleichung des Mißverhältnisses von Kapital und Arbeit.
Volksthümliche und billige Staats-Verwaltung.
Verantwortlichkeit aller Minister und Staatsbeamten.
Abschaffung aller Vorrechte.

M2 „Märzforderungen"
Mannheimer Flugblatt von Ende Februar/Anfang März 1848 (bearbeitet)

Es geht los!

Viele Menschen forderten Nationalstaaten mit einheitlicher Sprache und einer Verfassung. Darüber hinaus protestierten Handwerker, Arbeiter und Dienstboten in den Städten und die Kleinbauern und Heimarbeiter auf dem Lande immer häufiger gegen Arbeitslosigkeit und Hungersnöte. Nach den Missernten der Jahre 1845/46 kam es im Frühsommer 1847 in allen deutschen Staaten zu Aufständen, an denen sich Frauen und Männer beteiligten.

Als im Februar 1848 in Frankreich die Republik ausgerufen wurde, erfasste eine Revolutionswelle fast ganz Europa. Überall fanden Demonstrationen und Versammlungen statt. Politische Vereine wurden gegründet. Flugblätter und Zeitungsartikel heizten die Stimmung an. Männer und Frauen trafen sich und verfassten Bittschriften, um die Regierenden unter Druck zu setzen.

Die Fürsten lenken ein

Von der Heftigkeit der Unruhen und dem Ausmaß der „Märzforderungen" überrascht, machten die Herrscher rasch Zugeständnisse. Sie gewährten Freiheitsrechte, beriefen neue Minister und versprachen Wahlen. In Preußen und Österreich wurden zudem Verfassungen angekündigt und damit der Übergang zu einer konstitutionellen Monarchie in Aussicht gestellt.

Mit ihrem Entgegenkommen nahmen die Fürsten den demonstrierenden Männern und Frauen den Wind aus den Segeln. Liberale Bürger fürchteten Gewalt und weitergehende Forderungen der Unterschichten. Sie erinnerten sich an die Schreckensherrschaft der Französischen Revolution und wollten mit den alten Mächten zusammenarbeiten. Sie machten „vor den Thronen" halt und beließen den Regenten das Heer, die Verwaltung und die Polizei.

1. ***Gliedere*** *die Märzforderungen nach sozialen und politischen Zielen in einer Tabelle.* ***Erkläre*** *dabei möglichst viele Forderungen in eigenen Worten (VT, M2).* (H)
2. ***Begründe****, welche Staatsform in den „Märzforderungen" angestrebt wird (M2).*

M3 Ein Augenzeuge aus Berlin

Nachdem der preußische König in Berlin das Ende der Zensur und die Einberufung des Vereinigten Landtages verkündet hat, versammelt sich am 18. März eine große Menschenmenge auf dem Schlossplatz, um ihm dafür zu danken. Was danach passiert, schildert der Arzt und Universitätsdozent Rudolf Virchow in einem Brief:

Alles sammelte sich vor dem Schloss, jubelte und rief, der König erschien und man schrie ihm Hurras zu. Die Bürger hatten nur noch einen Wunsch, dass das Militär zurückgezogen würde. Das war dem König zu viel. Er sagte dem General Möllendorf, er möchte ihm Ruhe verschaffen; der Prinz von Preußen gab den Befehl zum Angriff, und plötzlich wurde das nichtsahnende Volk von den Dragonern[1] mit Säbelhieben auseinandergetrieben […].

Von diesem Moment an begann die Revolution. Alles schrie Verrat und Rache. In wenigen Stunden war ganz Berlin unter Barrikaden, und wer Waffen bekommen konnte, rüstete sich […]. Gegen 4 Uhr standen in Berlin etwa 25 000 Mann Militär unter den Waffen[2] […]. Die Zahl der kämpfenden Bürger lässt sich nicht angeben. Der Kampf begann, ich weiß gar nicht mehr genau wann, es mag gegen 5 Uhr gewesen sein. Zum ersten Mal seit der Französischen Revolution des vorherigen Jahrhunderts, zum ersten Mal seit dem Beginn der deutschen Geschichte ist es vorgekommen, dass ein Landesfürst auf seine Untertanen mit Kanonen hat schießen lassen; das Kleingewehrfeuer genügte nicht – nein, Kartätschen[3] und Granaten ließ er in das Volk schleudern […].

Die Zahl der Verwundeten und Getöteten lässt sich in diesem Augenblicke noch nicht übersehen […]. Privateigentum ist nirgends auch nur im Geringsten beschädigt worden […]. Grausamkeiten vonseiten des Volkes sind nicht bekannt, während von den Soldaten die brutalsten Dinge gemacht worden sind.

Zit. nach: Rolf Weber (Hrsg.), Revolutionsbriefe 1848/49, Leipzig 1973, S. 70 und 72 f. (vereinfacht)

M4 „Kampf zwischen Bürger und Soldaten in […] Berlin, am 18. und 19. März 1848"
Lithografie aus einer 1848 verlegten Bilderzeitung (Illustrierten) zum Thema „Das merkwürdige Jahr 1848"
Bei den Kämpfen fielen 277 Menschen. Fast 90 Prozent der Opfer stammten aus den Unterschichten (u. a. arme Handwerksmeister, Arbeiter).

Internettipp:
Zur Märzrevolution in Berlin siehe Mediencode 31101-102.

1. ***Arbeite*** *Virchows Einstellung zu den Aufständischen* ***heraus*** *(M3).*
2. *Bis heute ist nicht geklärt, ob die ersten Schüsse absichtlich abgefeuert wurden.* ***Stelle fest****, welche Möglichkeiten Virchow hatte, sich zu informieren (M3, M4).*
3. ***Begründe****, zu welchen Stellen des Berichtes Forschende weitere Quellen finden müssten, um die Aussagen zu überprüfen (M3).*
4. ***Untersuche*** *die Darstellung auf dem Bild M4.* (H)

[1] Dragoner: berittene Soldaten
[2] Andere Quellen nennen 12 500 Soldaten.
[3] Kartätsche: mit Bleikugeln gefülltes Geschoss

Eine Hymne für die Deutschen

M1 August Heinrich Hoffmann von Fallersleben
Stich von Christian Hoffmeister nach einer Zeichnung von Ernst Fröhlich, um 1850 (Ausschnitt)
Hoffmann von Fallersleben war Professor für Sprache und Literatur in Breslau. Seine Karriere endete, als er 1840 seine „Unpolitischen Lieder" veröffentlichte, in denen er die Zustände im Deutschen Bund kritisch darstellte. Die preußische Regierung verbot den Gedichtband, entzog ihm 1842 erst die Professur und ein Jahr später sogar die Staatsbürgerschaft. Erst nach 1848 verbesserte sich seine Lage wieder.

Rheinkrise und nationale Begeisterung

1840 forderten französische Zeitungen, die Grenze Frankreichs solle wie zur Zeit Napoleons der Rhein sein. Deutsche Zeitungen protestierten. Der aus Bonn stammende Dichter Nikolaus Becker beschwor den „freien deutschen Rhein". Selbst Fürsten, die bis dahin alle gesamtdeutschen Ziele abgelehnt hatten, unterstützten die nationale Bewegung. Immer mehr Menschen fühlten sich nicht mehr nur als Preußen, Hannoveraner, Sachsen oder Bayern, sondern als Deutsche.

Internettipp:
Informationen über die Nationalhymne findest du unter Mediencode 31101-103.

M2 „Das Lied der Deutschen"

August Heinrich Hoffmann von Fallersleben dichtet das Lied im August 1841 auf der damals noch britischen Nordseeinsel Helgoland. Er verkauft den Text am 27. August an den Hamburger Verleger Julius Campe. Wenige Tage später erscheint das Lied als Vierblattdruck, begleitet von den Noten der „Kaiser-Hymne" von Joseph Haydn. Öffentlich gesungen wird das Lied zum ersten Mal am 5. Oktober 1841 auf einem Turnfest in Hamburg.

Deutschland, Deutschland über alles,
Über alles in der Welt,
Wenn es stets zu Schutz und Trutze
Brüderlich zusammenhält.
Von der Maas bis an die Memel,
Von der Etsch bis an den Belt[1] –
Deutschland, Deutschland über alles,
Über alles in der Welt!

Deutsche Frauen, deutsche Treue,
Deutscher Wein und deutscher Sang
Sollen in der Welt behalten
Ihren alten schönen Klang,
Uns zu edler Tat begeistern
Unser ganzes Leben lang.
Deutsche Frauen, deutsche Treue,
Deutscher Wein und deutscher Sang!

Einigkeit und Recht und Freiheit
Für das deutsche Vaterland!
Danach lasst uns alle streben
Brüderlich mit Herz und Hand!
Einigkeit und Recht und Freiheit
Sind des Glückes Unterpfand[2] –
Blüh im Glanze dieses Glückes,
Blühe deutsches Vaterland!

Zitiert nach: https://als.wikipedia.org/wiki/Text:Deutschlandlied (Zugriff: 08.03.2021)

[1] Belt: Meerengen um Dänemark
[2] Unterpfand: Garantie für etwas

1. ***Verfasse** eine Kurzbiografie über August Heinrich Hoffmann von Fallersleben mithilfe des Internets oder verschiedener Lexika.*
2. ***Prüfe** den Vorwurf, der Text des „Liedes der Deutschen" sei teilweise aggressiv und nationalistisch (M2).* (H)
3. *In der Bundesrepublik Deutschland wird seit 1952 die dritte Strophe des „Liedes der Deutschen" als Nationalhymne gesungen. Seit dem 3. Oktober 1990 gilt sie auch für das wiedervereinigte Deutschland. **Nimm Stellung** zur Beschränkung auf die dritte Strophe.*
4. ***Arbeite weiter**: a) **Informiere dich** über die Texte der französischen (vgl. S. 299) und der britischen Nationalhymne sowie ihrer Entstehung. b) **Arbeite** Gemeinsamkeiten und Unterschiede der Texte heraus.*

Das erste deutsche Parlament

M 1 Die Nationalversammlung in der Frankfurter Paulskirche
Farblithografie von C. A. Lill, 1848
Die Kirche wurde aus Platzgründen gewählt. Über dem Sitz des Präsidenten befindet sich ein großes Transparent mit der Germania (Sinnbild Deutschlands).
Der Eichenlaubkranz ist ein Symbol für Treue, der Ölzweig für Friedfertigkeit und das Reichsschwert für Wehrhaftigkeit.
Übrigens: Schon im März 1848 hatte die Bundesversammlung schwarz-rot-gold zu den Farben des Deutschen Bundes erklärt.

Das Volk soll mehr zu sagen haben

Die Kämpfe hatten gezeigt, dass die deutsche Nationalbewegung auf Dauer nicht mehr unterdrückt werden konnte.

Die meisten Anführer der Unruhen wollten die Monarchie aber nicht abschaffen. Wer aus dem gehobenen Bürgertum kam, wollte der ärmeren Bevölkerung nicht zu viele Rechte einräumen. Im Gegensatz zu den radikalen Demokraten waren sie damit zufrieden, dass die deutschen Fürsten eine Nationalversammlung erlaubten. Diese trat im Mai 1848 in der Paulskirche in Frankfurt am Main zusammen. Sie war das erste vom Volk gewählte gesamtdeutsche Parlament.

Das Volk bestimmt mit

Von den Wahlen zur Nationalversammlung waren Frauen ausgeschlossen. In den meisten deutschen Staaten durften ärmere Bevölkerungsgruppen nicht mitwählen. So blieben viele von denen ausgeschlossen, die zuvor bei den Demonstrationen und Aufständen aktiv gewesen waren. Andere, z. B. radikale Demokraten, wollten nicht mitwählen.

Im Parlament saßen überwiegend Männer aus dem gehobenen Bürgertum: Beamte, Rechtsanwälte, Richter und Staatsanwälte sowie Professoren und Lehrer, auch Kaufleute und Unternehmer, aber kaum Bauern und keine Arbeiter.

Parteien entstehen

Abgeordnete mit ähnlichen politischen Zielen trafen sich in Frankfurter Gasthöfen, um ihre Arbeit im Parlament und in den Ausschüssen vorzubereiten. Daraus entstanden Fraktionen (lat. fractio: Bruch), deren Mitglieder in der Nationalversammlung geschlossen abstimmten. Diese Gruppen des Parlaments suchten Unterstützung in politischen Vereinen. Sie schrieben Programme, gründeten Zeitungen und bildeten nationale Vereine mit Niederlassungen in vielen Städten. Die politischen Vereine von 1848 waren die Vorläufer der späteren **Parteien**.

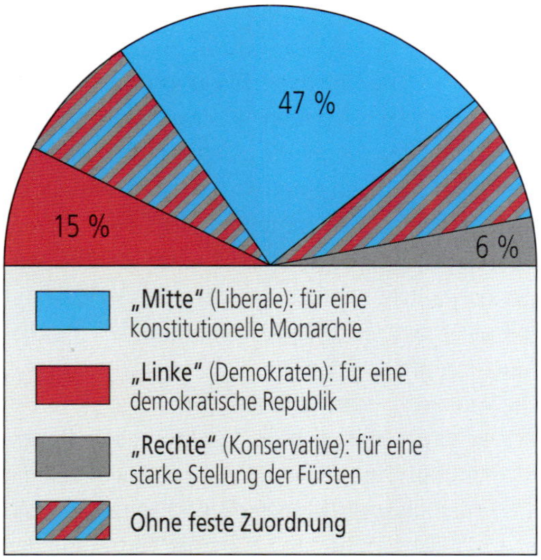

M 2 Politische Richtungen (Fraktionen) in der Deutschen Nationalversammlung
Stand: Oktober 1848
An den Abstimmungen beteiligten sich in der Regel zwischen 400 und 540 Volksvertreter.

M 3 Welche Gebiete soll die Nation umfassen?
1848/49 wurden in der Frankfurter Nationalversammlung folgende Vorstellungen diskutiert: „kleindeutsche Lösung“ (oben), „großdeutsche Lösung“ (Mitte) und „großösterreichische Lösung“ (unten).

Probleme mit den Grenzen

Uneinig waren sich die Abgeordneten darüber, welche Grenzen der neue Nationalstaat haben sollte. Die Mehrheit der Nationalversammlung war anfangs für eine großdeutsche Lösung: Österreich sollte mit allen zum Deutschen Bund gehörenden Gebieten ins Reich aufgenommen werden, nicht aber den anderen Teilen des Vielvölkerstaates.

Die Regierung in Wien forderte dagegen eine großösterreichische Lösung und den Zusammenschluss mit dem gesamten Vielvölkerstaat. Damit hätte man aber die Idee eines Nationalstaates aufgegeben. Daher stimmte eine Mehrheit letztlich für die kleindeutsche Lösung.

Verkündung der Grundrechte

Im Dezember 1848 verkündete die Nationalversammlung die Grundrechte. Ähnlich wie die 1789 in Frankreich erklärten Menschen- und Bürgerrechte schrieben sie die Gleichheit aller vor dem Gesetz, die Glaubens- und Gewissens- sowie die Presse- und Versammlungsfreiheit fest.

Diese Gesetze zählen zu den wichtigsten Zeugnissen demokratischer Tradition in Deutschland.

Die Reichsverfassung von 1849

Die Debatten und Verhandlungen in der Nationalversammlung dauerten fast ein Jahr. Die Vorstellung von einem Einheitsstaat mit nur einer Machtzentrale konnte sich nicht durchsetzen. Das neue Deutsche Reich sollte aber auch kein lockerer Staatenbund sein, sondern ein Bundesstaat mit einer zentralen Regierung und einer „Reichsbürgerschaft".

Die Verfassung sah Folgendes vor:

- Der Kaiser sollte sich die Macht mit dem Parlament (Reichstag) und den Einzelstaaten teilen (konstitutionelle Monarchie und Föderalismus).
- Der Reichstag bestand aus einer Vertretung der Einzelstaaten (Staatenhaus) und einer gesamtdeutschen Volksvertretung (Volkshaus).
- Eine Liste von Grundrechten sollte für alle Bürger gelten.
- Der Adel als Stand wurde aufgehoben und die Bauern von grundherrlichen Abhängigkeiten befreit.
- Der Vielvölkerstaat Österreich sollte von dem neuen Reich ausgeschlossen sein (kleindeutsche Lösung).
- Die preußischen Könige sollten auch Kaiser der Deutschen sein.

Die Fürsten wieder fest im Sattel

Inzwischen hatten die Fürsten ihre Macht aber wieder gestärkt und revolutionäre Umtriebe erfolgreich bekämpft.

Als 1849 die Vertreter der Nationalversammlung dem preußischen König Friedrich Wilhelm IV. die Krone anboten, lehnte dieser ab. Denn für ihn war es undenkbar, dass ihm Bürger „von unten" dieses Amt übertragen. Enttäuscht legten die Abgeordneten ihr Amt nieder, die Arbeit der Paulskirche war gescheitert.

Die Anhänger der Revolution wurden verhaftet, hingerichtet oder flohen aus Deutschland. Der Deutsche Bund bestand weiter. Immerhin gab es nach 1848 außer Österreich keinen deutschen Staat mehr ohne geschriebene Verfassung. Überall grenzten Parlamente oder Ständevertretungen die Macht der Fürsten ein. Einige soziale Reformen wie die Ablösung grundherrlicher Rechte blieben bestehen.

1. ***Verfasse*** *einen Zeitungsbericht zur Nationalversammlung in der Frankfurter Paulskirche 1848 (VT, M1, M2).*
2. ***Stelle Vermutungen an****, welche Argumente gegen die Beteiligung Österreichs sprachen (VT, M3).*
3. ***Bewerte*** *die Darstellung der Germania: Ist sie ein passendes Sinnbild für Deutschland (M1)?*
4. ***Diskutiert*** *Vor- und Nachteile, sich in der Politik zu Gruppierungen (Parteien) zusammenzuschließen (VT, M2).*

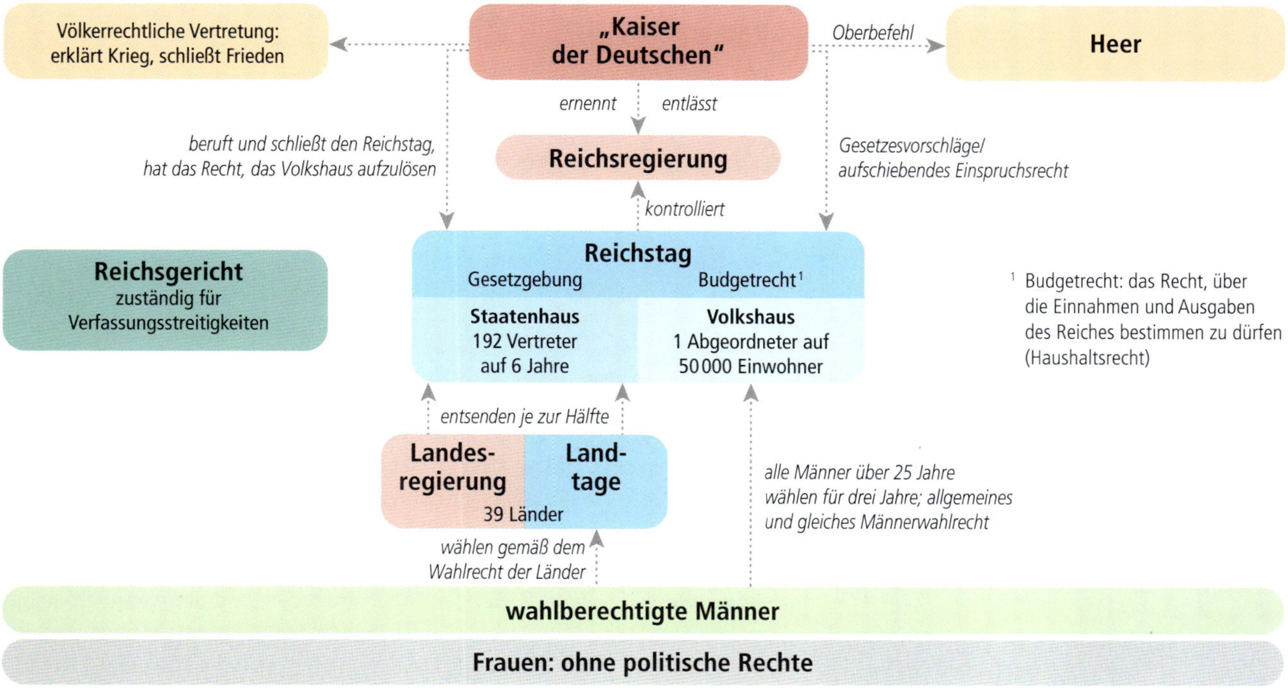

[1] Budgetrecht: das Recht, über die Einnahmen und Ausgaben des Reiches bestimmen zu dürfen (Haushaltsrecht)

M 4 Die Reichsverfassung der Paulskirche von 1849

M 5 Aus den Grundrechten von 1848

Am 27. Dezember 1848 setzt die Frankfurter Nationalversammlung die Grundrechte in Kraft. Sie werden Teil der am 28. März 1849 verabschiedeten Reichsverfassung. Die Verfassung wird durch Bundesbeschluss 1851 wieder aufgehoben.

§ 130 Dem deutschen Volke sollen die nachstehenden Grundrechte gewährleistet sein. Sie sollen den Verfassungen der deutschen Einzelstaaten zur Norm dienen, und keine Verfassung oder Gesetzgebung eines deutschen Einzelstaates soll dieselben je aufheben oder beschränken können. [...]

§ 137 Vor dem Gesetze gilt kein Unterschied der Stände. Der Adel als Stand ist aufgehoben. Alle Standesvorrechte sind abgeschafft. Die Deutschen sind vor dem Gesetze gleich. [...] Die öffentlichen Ämter sind für alle Befähigten gleich zugänglich. [...]

§ 138 Die Freiheit der Person ist unverletzlich. [...]

§ 139 Die Todesstrafe [...] sowie die Strafen des Prangers, der Brandmarkung und der körperlichen Züchtigung sind abgeschafft.

§ 140 Die Wohnung ist unverletzlich. [...]

§ 142 Das Briefgeheimnis ist gewährleistet. [...]

§ 143 Jeder Deutsche hat das Recht, durch Wort, Schrift, Druck und bildliche Darstellung seine Meinung frei zu äußern. Die Pressefreiheit darf unter keinen Umständen und in keiner Weise durch vorbeugende Maßregeln, namentlich Zensur [...] aufgehoben werden.

§ 144 Jeder Deutsche hat volle Glaubens- und Gewissensfreiheit. [...]

§ 146 Durch das religiöse Bekenntnis wird der Genuss der bürgerlichen und staatsbürgerlichen Rechte weder bedingt noch beschränkt. [...]

§ 152 Wissenschaft und Lehre sind frei. [...]

§ 161 Die Deutschen haben das Recht, sich friedlich und ohne Waffen zu versammeln; einer Erlaubnis dazu bedarf es nicht. [...]

§ 164 Das Eigentum ist unverletzlich.

Udo Sautter, Deutsche Geschichte seit 1815: Daten, Fakten, Dokumente, Bd. II: Verfassungen, Tübingen/Basel 2004, S. 68 - 72

Internettipp:
Den vollständigen Verfassungstext und Informationen zur Paulskirche findest du unter dem Mediencode 31101-104.

1. ***Erkläre*** *die Aufgaben von Kaiser, Reichstag und Volk (M4).*
2. ***Vergleiche*** *die Stellung des Monarchen in der Verfassung von 1848 mit der in der französischen Verfassung von 1791 (M5 und S. 298).*
3. ***Stelle*** *die in M5 aufgeführten Artikel den Artikeln 2, 3, 4, 5, 8, 11, 13 und 14 unseres Grundgesetzes von 1949* ***gegenüber*** *(siehe Mediencode 31101-105). Was fällt auf?* (G)

M 6 „Wat heulst'n kleener Hampelmann?"

Lithografie von Ferdinand Schröder, April 1849 (beschnitten)

Die Borussia, Sinnbild der Preußen, fragt Heinrich von Gagern, der zum Reichsministerpräsidenten bestimmt worden war: „Wat heulst'n kleener Hampelmann?" – „Ick habe Ihr'n Kleenen 'ne Krone jeschnitzt, nu will er se nich!" Rechts spielt der „Kleene" mit dem Berliner Bären.

M 7 „Ich sage es Ihnen rund heraus ..."

Dem preußischen Gesandten in London, Freiherr von Bunsen, erklärt Friedrich Wilhelm IV. im Dezember 1848:

Ich will weder der Fürsten Zustimmung zu der Wahl noch die Krone. [...] Die Krone, die ein Hohenzoller nehmen dürfte, wenn die Umstände es möglich machen könnten, ist keine, die eine, wenn auch mit fürstlicher Zustimmung eingesetzte, aber in die revolutionäre Saat geschossene Versammlung macht, [...] sondern eine, die den Stempel Gottes trägt [...]. Die Krone, die die Ottonen, die Hohenstaufen, die Habsburger getragen, kann natürlich ein Hohenzoller tragen; sie ehrt ihn überschwänglich mit tausendjährigem Glanze. Die aber, die Sie – leider – meinen, verunehrt überschwänglich mit ihrem Ludergeruch[1] der Revolution von 1848, der albernsten, dümmsten, schlechtesten, wenn auch gottlob nicht der bösesten dieses Jahrhunderts. Einen solchen [...] Reif, aus Dreck und Letten[2] gebacken, soll ein legitimer König von Gottes Gnaden und nun gar der König von Preußen sich geben lassen [...]? Ich sage es Ihnen rund heraus: Soll die tausendjährige Krone deutscher Nation, die 42 Jahre geruht hat, wieder einmal vergeben werden, so bin ich es und meinesgleichen, die sie vergeben werden; und wehe dem, der sich anmaßt, was ihm nicht zukommt.

Walter Grab (Hrsg.), Die Revolution von 1848/49. Eine Dokumentation, Stuttgart 1998, S. 175

M 8 Alte Verdienste zählen nicht

Der Westfale Hermann Kriege, einer der führenden Köpfe der demokratischen Bewegung, emigriert 1848 in die USA. In einem Brief vom 30. Juli 1849 informiert er den Schriftsteller und ehemaligen Abgeordneten der Nationalversammlung Arnold Ruge über die Lebensbedingungen in den USA:

Dass Du Europa satt hast [...] finde ich sehr begreiflich [...]. Dass Du die Zeit der Niederlage benützen willst, eine neue Wirksamkeit in der neuen Welt zu begründen, ist jedenfalls das Beste, was Du tun kannst. Auch verstehe ich Dich vollkommen, wenn Du jetzt vor allen Dingen danach strebst, Deine Familie in Sicherheit zu bringen [...]. Aber [...] die Sprache zum Beispiel ist gleich eine sehr bedeutende Klippe [...]. So muss auch der große Mann von Europa hier in Amerika wieder ganz klein anfangen, und nur wenn wirklich noch etwas in ihm steckt, kommt er wieder in die Höhe. Das amerikanische Volk [...] gibt nichts für alte Namen und Scharteken[3], nur die volle frische Kraft gilt ihm etwas.[4]

Rolf Weber (Hrsg.), Land ohne Nachtigall. Deutsche Emigranten in Amerika 1777-1886, Berlin 1981, S. 141f.

M 9 Deutsche Auswanderung

Zwischen 1830 und 1913 verließen mehr als sechs Millionen Menschen Deutschland.

Nach: Hagen Schulze, Kleine deutsche Geschichte, München 1996, S. 112

1820-1829	50000
1830-1839	210000
1840-1849	480000
1850-1859	1161000
1860-1870	782000

1. ***Arbeite*** *die Begründung Friedrich Wilhelms IV. für die Ablehnung der Kaiserkrone* ***heraus*** *(M7).*
2. ***Erläutere*** *die Entwicklung der Auswanderung, indem du die Zahlen mit historischen Fakten belegst (M9).*
3. *Bildet Zweiergruppen und* ***erstellt*** *ein Interview, in dem Arnold Ruge dem ausgewanderten Hermann Kriege Fragen stellt. Was könnte Kriege in dem Interview noch berichtet und geraten haben (M8)?*
4. ***Beurteile*** *die Haltung des Zeichners (M6). Beachte dabei, wen die Zeichnung „karikiert". Wende die Arbeitsschritte rechts an.*

[1] Ludergeruch: Aasgeruch
[2] Letten: ein anderes Wort für Lehm
[3] Scharteken: wertlose Bücher
[4] Ruge ging nicht in die Vereinigten Staaten, sondern lebte ab 1850 in Großbritannien; Kriege starb 1850 verarmt in New York.

Karikaturen entschlüsseln

M 1 „Rundgemälde von Europa im August MDCCCXLIX“
Federlithografie von Ferdinand Schröder aus den „Düsseldorfer Monatsheften“ von 1849

Karikaturen als Kommentare ihrer Zeit

Karikaturen kommentieren und bewerten Ereignisse in Politik und Gesellschaft oder auch Alltägliches. Sie zeigen Schwächen von Personen, bemängeln Zustände und Entwicklungen mit Witz und Spott (vgl. die Methode Spottbilder auf S. 250). Manchmal setzt die Karikaturistin oder der Karikaturist eine erläuternde Zeile unter die Zeichnung oder legt einer Figur eine Äußerung in den Mund. Die Personen werden verzerrt dargestellt. Einzelne Personen stehen oft für eine ganze Gruppe oder ein Volk.

In drei Schritten zum Ziel

1. Beschreibe,
- welche Szene(n) dargestellt ist (sind),
- welche Personen, Gegenstände etc. du erkennst, welche unklar sind
- und ob es eine Über- oder Unterschrift, einen Begleittext usw. gibt.

2. Erkläre und ordne ein,
- wann die Karikatur entstanden ist und auf welches Ereignis oder auf welche Situation sie sich bezieht,
- ob die Personen für eine Gruppe oder ein Volk stehen,
- was die Symbole bedeuten,
- was übertrieben dargestellt wird und warum.

3. Deute,
- warum diese Szene(n) gewählt wurde(n),
- wen die Karikatur ansprechen soll,
- welche Meinung auf welche Weise ausgedrückt werden soll.

M 2 Was die Symbole bedeuten

Zum Verständnis der Karikatur muss man die Ereignisse von 1848/49 in Europa kennen. Einige Länder werden durch ihre Staatsoberhäupter personifiziert: Der preußische König Friedrich Wilhelm IV. zum Beispiel ist an der Pickelhaube, der kleine König Ernst August von Hannover an dem Ross auf der Brust und der französische „Bürgerkönig“ Louis Napoleon an dem Napoleonhut zu erkennen.

Die Symbole kennzeichnen auch Staaten, Ereignisse und Inhalte: Der dänische König Friedrich VII. tanzt, weil Preußen sich aus Schleswig-Holstein zurückziehen musste. Österreich, durch eine Pickelhaube mit Doppeladler gekennzeichnet, schlägt gemeinsam mit einem Kosaken (Russland) den Aufstand der Ungarn nieder. Die Jakobinermütze symbolisiert die neue Verfassung der Schweizer.

Weitere Sinnbilder: Die Kerze (= Flamme der Freiheit) nahe Warschau ist erloschen und deutet die Unterdrückung des polnischen Volkes durch Russland an.

Die durchgestrichene Fahne neben Venedig weist auf die Rückeroberung der Stadt durch Österreich hin, die sich in der 1848er-Revolution zur „Demokratischen Republik Venetien“ erklärt hatte.

Verfassertext

1. ***Analysiere*** *die Karikatur M1. Nimm M2 zu Hilfe.*
2. ***Untersuche*** *mithilfe der Karikatur, inwiefern sich die Lage des Deutschen Bundes 1849 von der des Vorjahres unterscheidet (M1 und M2).*
3. ***Begründe****, welche Position der Zeichner vertritt und wie er die Zukunft Europas sieht (M1 und M2).*

Alles Gute kommt „von oben“?

M 1 Otto von Bismarck
Gemälde von Jacob Becker, 1855

Otto von Bismarck, 1815 in Schönhausen (Elbe) geboren, stammte aus einem alten Adelsgeschlecht. Er studierte in Göttingen Jura. Seine politische Laufbahn begann er 1847 als Mitglied des preußischen Landtages. Von 1862 bis 1871 war er preußischer Ministerpräsident und Außenminister, ab 1871 bis 1890 auch Kanzler des Deutschen Reiches. Er starb 1898 in Friedrichsruh bei Hamburg.

Bismarck wird preußischer Ministerpräsident

Die Gründung eines geeinten Deutschland „von unten“, durch das Volk, war gescheitert. Die Hoffnung auf einen Nationalstaat blieb jedoch bestehen.

1862 ernannte der preußische König Wilhelm I. einen Mann zum preußischen Ministerpräsidenten, dem er vertraute und der in den nächsten Jahren die Geschichte Deutschlands entscheidend bestimmte: **Otto von Bismarck**.

Bismarck wollte die Macht des preußischen Königs und Preußens insgesamt vergrößern, auch mit Kriegen.

Preußen wird Vormacht in Deutschland

1864 fand der erste Krieg statt. Anlass waren Streitigkeiten des Deutschen Bundes mit Dänemark. Zusammen mit Österreich besiegten die Preußen Dänemark, zur Freude der Nationalisten. Doch bald kam es unter den Siegern zu Unstimmigkeiten bei der gemeinsamen Verwaltung der Gebiete Schleswig und Holstein. Bismarck fand einen Anlass für eine militärische Auseinandersetzung mit Österreich. Preußen entschied den Krieg 1866 durch seine starke und moderne Armee zu seinen Gunsten und gewann Gebiete wie das Königreich Hannover, das Kurfürstentum Hessen und das Herzogtum Nassau.

Auflösung des Deutschen Bundes

Österreich zog sich aus Deutschland zurück. Der Deutsche Bund wurde aufgelöst. Stattdessen gründete Preußen den **Norddeutschen Bund**, in dem Preußen die Leitung innehatte. Mit den süddeutschen Staaten schloss es Bündnisse. Preußen war nun die mit Abstand stärkste Macht in Deutschland.

Krieg gegen Frankreich

Um Deutschland endgültig zu einer Einheit zu formen, musste Bismarck die noch selbstständigen süddeutschen Staaten mit dem Norddeutschen Bund vereinen.

Frankreich beobachtete die Vorgänge im Nachbarland misstrauisch. Denn es befürchtete, dass Preußen eine zu starke Militärmacht werden würde. Als ein Verwandter des preußischen Königs den spanischen Thron angeboten bekam, erhob Frankreich dagegen Einspruch. Preußen lehnte die spanische Krone zwar ab. Doch Bismarck gelang es, Frankreich so zu provozieren, dass es Preußen 1870 den Krieg erklärte. Die süddeutschen Staaten kämpften gemeinsam mit Preußen, denn sie waren durch Bündnisse mit dem Norddeutschen Bund dazu verpflichtet. 1871 konnten die deutschen Truppen Frankreich besiegen.

Internettipp:
Den Weg zur Gründung des Deutschen Kaiserreiches zeigen eine animierte Karte und ein Video unter Mediencode 31101-106.

M 2 Das Deutsche Reich nach der Reichsgründung (1871)

1. *Vergleiche die Karte von 1871 (M2) mit der Karte von 1815 (M1 auf S. 315).*

Otto von Bismarck* Norddeutscher Bund*

M3 Vorstellungen zur Machtpolitik

Bismarck gibt in seiner Autobiografie die Grundgedanken seiner Politik ab 1862 wieder:

Nicht auf Preußens Liberalismus sieht Deutschland, sondern auf seine Macht; Bayern, Württemberg, Baden mögen gegenüber dem Liberalismus Nachsicht üben, darum wird ihnen doch keiner Preußens Rolle anweisen; Preußen muss seine Kraft zusammenfassen und zusammenhalten auf den günstigen Augenblick, der schon einige Male verpasst ist; Preußens Grenzen nach den Wiener Verträgen sind zu einem gesunden Staatsleben nicht günstig; nicht durch Reden und Mehrheitsbeschlüsse werden die großen Fragen der Zeit entschieden – das ist der große Fehler von 1848 und 1849 gewesen – sondern durch Eisen und Blut.

Otto von Bismarck, Die gesammelten Werke, Bd. 10, Berlin 1928, S. 138f.

M4 Begeisterung in Berlin

Die Schlacht von Sedan am 2. September 1870 entscheidet den Deutsch-Französischen Krieg. Der französische Kaiser Napoleon III. wird zusammen mit 80 000 seiner Soldaten gefangen genommen. Ganz Berlin ist begeistert:

An den Litfaßsäulen[1] drängten sich Dutzende, Hunderte von Menschen, den Inhalt der noch feuchten Siegesdepesche[2] laut vorlesend, in der der König die Gefangennahme der in Sedan eingeschlossenen Armee und Napoleons mitteilte. Einer rief dem anderen die Freudenbotschaft zu, Unbekannte umarmten sich auf der Straße – gewiss, nun musste bald der Krieg zu Ende sein, nun musste wieder Friede werden. Überall sogleich Fahnen und Banner, in den Schaufenstern, von dichtem Grün umrahmt, die Büsten und Bilder des Königs und Kronprinzen, Bismarcks und Moltkes[3]. Musik und Jubel überall.

Ernst Deuerlein (Hrsg.), Die Gründung des Deutschen Reiches 1870/71 in Augenzeugenberichten, München 1977, S. 103

M5 „Le Chevalier de la Mort"
Karikatur von Faustin Betbeder, Paris 1870
Die französische Sicht: König Wilhelm von Preußen als „Ritter des Todes".

1. *a)* ***Arbeite*** *Bismarcks Position zur Paulskirche* ***heraus*** *(M3).*
   b) ***Erkläre****, was mit der „deutschen Frage" gemeint ist und wie Bismarck sie lösen will (M3).*
2. *a)* ***Beschreibe*** *die Stimmung der Menschen nach dem Sieg über Frankreich (M4).*
   b) Nach der Schlacht von Sedan setzte sich für fast 50 Jahre der Sedantag als ein wichtiger Feiertag im Deutschen Reich durch. ***Stelle Vermutungen*** *zu Sinn und Zweck des Sedantages* ***an****.*
3. ***Untersuche*** *die Karikatur M5.*
4. *Die deutsche Reichsgründung wurde von den europäischen Ländern kritisch verfolgt.* ***Begründe****.*
5. *a) Auch heute werden Kriege geführt, an denen deutsche Soldaten beteiligt sind.* ***Recherchiere****, wie diese Kriege begründet werden.* (G)
   b) ***Vergleiche*** *die Begründungen mit denen des Deutsch-Französischen Krieges von 1870/71.*

[1] Litfaßsäule: Säule für Plakate
[2] Depesche: Nachricht
[3] Helmuth von Moltke: Generalstabschef = Chef der Armee

Die Reichsgründung – Revolution „von oben"?

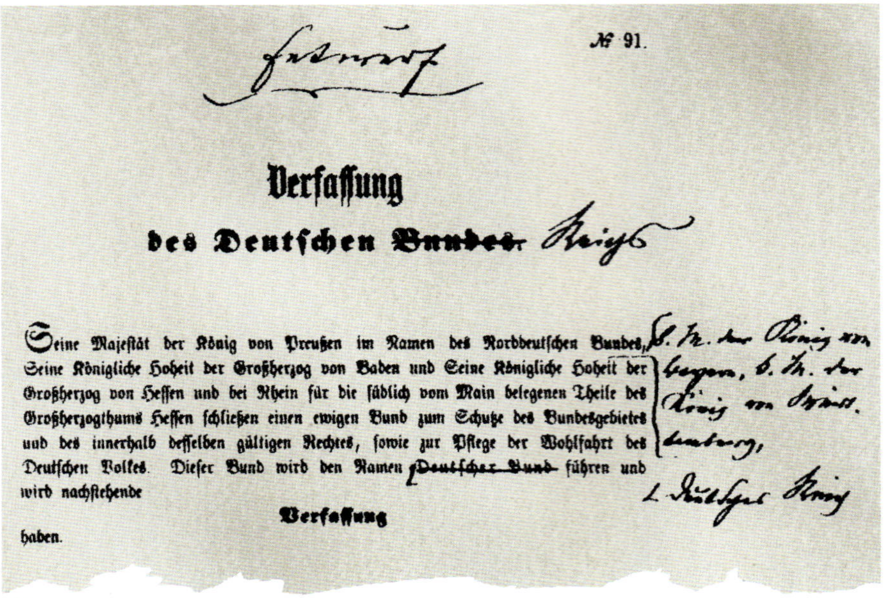
Entwurf №91.

Verfassung
des Deutschen ~~Bundes.~~ Reichs

Seine Majestät der König von Preußen im Namen des Norddeutschen Bundes, S. M. der König von Bayern, S. M. der König von Württemberg, Seine Königliche Hoheit der Großherzog von Baden und Seine Königliche Hoheit der Großherzog von Hessen und bei Rhein für die südlich vom Main belegenen Theile des Großherzogthums Hessen schließen einen ewigen Bund zum Schutze des Bundesgebietes und des innerhalb desselben gültigen Rechtes, sowie zur Pflege der Wohlfahrt des Deutschen Volkes. Dieser Bund wird den Namen ~~Deutscher Bund~~ deutsches Reich führen und wird nachstehende Verfassung haben.

M1 Erste Seite der Reichsverfassung von 1871
Auf dieses Blatt hat Bismarck handschriftlich eingefügt: „Entwurf" (oben); „Reichs" (zweite Zeile); „S[eine] M[ajestät] der König von Bayern, S[eine] M[ajestät] der König von Württemberg" (rechts am Rand); „deutsches Reich" (darunter)

Die Gründung des Deutschen Reiches

Der Krieg gegen Frankreich ließ die deutsche Nationalbewegung weiter wachsen. Bismarck förderte und nutzte diese Stimmung. Im November 1870 stimmten die süddeutschen Staaten zum Teil der Gründung eines deutschen Nationalstaates zu, nachdem sie große Zugeständnisse und Geldzahlungen erhalten hatten. Die Einheit Deutschlands war besiegelt.

Die Verfassung des Deutschen Kaiserreiches trat am 1. Januar 1871 in Kraft. Damit war die deutsche Frage beantwortet. Viel mehr Aufmerksamkeit erhielt die Kaiserproklamation: Am 18. Januar 1871 wurde der preußische König Wilhelm I. zum Deutschen Kaiser ausgerufen, im Schloss von Versailles bei Paris. Frankreich fühlte sich dadurch ebenso gedemütigt wie durch den Verlust von Elsass-Lothringen an Deutschland.

Ein Nationalstaat?

Im neu gegründeten **Deutschen Kaiserreich** gab es neben „Preußen", „Bayern" oder „Pfälzern" nun erstmals „Deutsche" im staatsrechtlichen Sinne. Doch das Kaiserreich war streng genommen kein Nationalstaat: Im Osten lebten Bürger polnischer Herkunft, im Westen gab es französischsprachige Elsässer und Lothringer und im Norden Einwohner dänischer Abstammung. Gleichzeitig lebten deutschsprachige Menschen außerhalb des Kaiserreiches.

Die Reichsverfassung

Den Vorsitz des Reiches, das Präsidium, hatte der König von Preußen. Er trug den erblichen Titel „Deutscher Kaiser". Der Bundesrat war das stärkste Reichsorgan. Er bestand aus Vertretern der 25 Einzelstaaten. In ihm konnten die Fürsten über ihre Landesvertreter die Gesetzgebung mit beeinflussen. Preußen konnte zwar rein theoretisch überstimmt werden, hatte aber immer genügend Einfluss auf die anderen Staaten. Den Vorsitz im Bundesrat hatte der Reichskanzler, der wiederum nur dem Kaiser verantwortlich war. Dieses Amt übte bis 1890 Otto von Bismarck aus.

Der Reichstag wurde vom Volk direkt gewählt. Er beschloss gemeinsam mit dem Bundesrat die Gesetze. Geschwächt war er dadurch, dass er vom Reichskanzler aufgelöst werden konnte, sofern der Kaiser zustimmte.

Das allgemeine, direkte, gleiche und geheime Wahlrecht – eine große demokratische Errungenschaft – war ein Zugeständnis an die Liberalen im Reich. Da der Reichstag nur eine schwache Rolle in der Verfassung einnahm, war dies kein demokratischer Erfolg. Im größten Land Preußen blieb für den Landtag auch das Dreiklassenwahlrecht bis 1918 erhalten. Und auch im Reich durften nicht alle wählen: Frauen blieben weiterhin von den Wahlen ausgeschlossen, ebenso Soldaten und Männer, die von Armenunterstützung lebten.

1. *Historikerinnen und Historiker haben die Reichsgründung 1871 als „Revolution von oben" bezeichnet.* ***Nimm Stellung*** *zu dieser Aussage (M1, VT).*

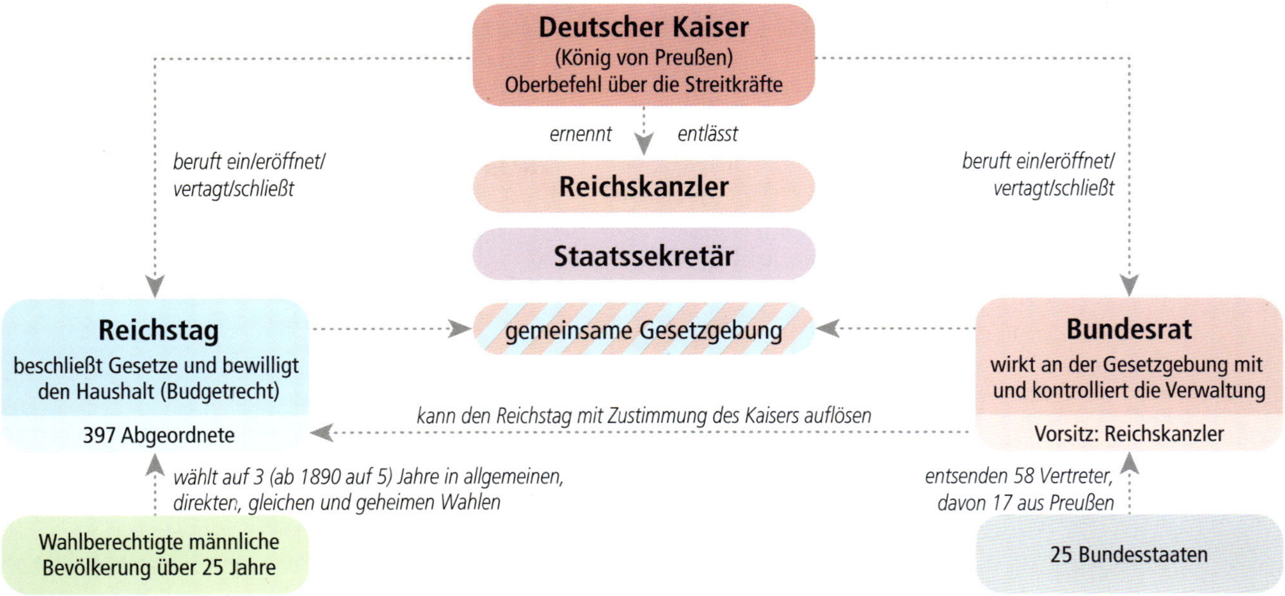

M 2 Die Verfassung des Deutschen Reiches 1871

M 3 Das Deutsche Reich – ein Kriegsstaat?

1872 schreibt der liberale Professor Georg Gottfried Gervinus:

Durch die Sprengung des Deutschen Bundes im Jahre 1866 ist das deutsche Gebiet zu zwei Dritteln in einen allzeit angriffsfähigen Kriegsstaat umgebildet worden, in dem man eine stete Bedrohung für die Ruhe des Weltteils, für die Sicherheit der Nachbarstaaten argwöhnen konnte, ohne ein Feind von Deutschland und Preußen zu sein. Nachdem man seit einem halben Jahrhundert gewünscht, gestrebt, gehofft hatte, den soldatischen Ordnungen der früheren Zeiten mehr und mehr zu entwachsen, die aussaugende Last der stehenden Heere vermindert, wenn nicht weggenommen zu sehen, ist hier eine permanente[1] Kriegsmacht von so furchtbarer Überlegenheit entstanden, wie sie die Zeiten der Militärstaaten der letzten Jahrhunderte, deren Ziel Eroberung und Vergrößerung waren, niemals, nicht entfernt gekannt haben.

Georg Gottfried Gervinus, Hinterlassene Schriften, Wien 1872, S. 22f.

1. ***Prüfe*** *die Aussage im Verfassertext: „Der Bundesrat war das stärkste Reichsorgan" (M2).*
2. *Die Reichstagsabgeordneten erhielten im Gegensatz zu heutigen Parlamentariern keine Diäten (Entschädigungszahlungen für Parlamentarier).* ***Begründe****, warum dies undemokratisch ist.* (H)
3. ***Erläutere*** *das Übergewicht Preußens im Kaiserreich anhand der Reichsverfassung (M2).*
4. ***Wähle aus:***
   - **A** *Ein Revolutionsteilnehmer von 1848, der für nationale Einheit und Freiheit auf die Barrikaden gegangen ist, schreibt nach der Reichsgründung von 1871 einen Brief an seinen Cousin, der nach der gescheiterten Revolution in die USA geflohen ist.* ***Verfasse*** *seinen Brief.*
   - **B** *Ein 1848 aus Deutschland in die USA geflohener Revolutionär, der für Einheit und Freiheit auf die Barrikaden gegangen ist, erfährt von den Ereignissen der Reichsgründung 1871. Er schreibt an seinen Cousin, der in Deutschland geblieben ist, einen Brief.* ***Verfasse*** *seinen Brief.*

Internettipp:
Den Text der Verfassung kannst du unter Mediencode 31101-107 nachlesen.

[1] permanent: dauernd, dauerhaft bestehend

Historiengemälde untersuchen

Was ist Historienmalerei?

Historienbilder sind eine Gattung der Malerei, bei der Personen oder Ereignisse der Geschichte festgehalten werden, die für historisch bedeutend gehalten werden. Die Bilder kamen in der Renaissance nach antiken Vorbildern auf und ergänzten die verbreitete Porträt- und Landschaftsmalerei. Auftraggeber dieser meist großformatigen Gemälde waren früher hauptsächlich der Adel und die Kirche. Aber auch heute noch geben Staaten und Regierungen, Gemeinden oder öffentliche Einrichtungen ab und zu noch Historienbilder in Auftrag.

Geschichte für die Nachwelt

Mit der Darstellung vergangener Ereignisse sollten die Zeitgenossen nicht nur etwas über die Vergangenheit erfahren. Oft dienten sie der Verherrlichung der Auftraggeber, ihrer Familie, der Institution, der sie angehörten, oder ihres Volkes. In vielen Gemälden stellte man weit zurückliegende Ereignisse aber auch dar, um damit eigene Handlungen oder Interessen zu rechtfertigen.
Dementsprechend nahmen die Auftraggeber Einfluss darauf, was und wie etwas dargestellt wurde. Historienbilder sind also keine wirklichkeitsnahen Darstellungen der Vergangenheit. Oft verraten sie mehr über die Auftraggeber und ihre Zeit als über das Ereignis oder die Personen, die sie zeigen.

Das Gemälde der Kaiserproklamation

- Der Maler Anton von Werner war bei der Kaiserproklamation 1871 anwesend und machte Skizzen von einzelnen Personen(gruppen); er stand jedoch weit entfernt von Wilhelm I. und den deutschen Fürsten.
- In der Spiegelgalerie drängten sich rund 600 bis 800 Offiziere, Unteroffiziere und Soldaten.
- Bismarck trug bei der Zeremonie eine blaue Uniform.
- Wilhelm I. stand, umringt von den Fürsten, bei der Proklamation auf einem niedrigen, einstufigen Podest.
- Das Gemälde ist eine von drei Fassungen: Anton von Werner malte die erste 1871-1877 (im Auftrag des preußischen Kronprinzen) und noch eine 1882 (im Auftrag Kaiser Wilhelms I.). Die vorliegende gab Wilhelm I. 1885 zum 70. Geburtstag Bismarcks in Auftrag.
- Bei allen Gemälden nahmen die Auftraggeber Einfluss auf die Gestaltung.

In drei Schritten zum Ziel

1. Beschreibe,
- welche Personen, Ereignisse und Gegenstände sich erkennen lassen,
- aus welcher Perspektive der Maler die Szene darstellt,
- wie er die Personen anordnet.

2. Erkläre und ordne ein,
- wer der Künstler und die Auftraggeber des Gemäldes waren,
- wann und zu welchem Anlass das Bild entstanden ist,
- wo es ursprünglich ausgestellt wurde,
- in welcher Beziehung der oder die Auftraggeber zu dem dargestellten historischen Ereignis standen.

3. Deute,
- ob die Darstellung den historischen Tatsachen entspricht oder wo der Künstler seiner Fantasie freien Lauf gelassen hat,
- welche Absicht Künstler bzw. Auftraggeber verfolgten.

M 1 Kaiserproklamation in Versailles
Ölgemälde von Anton von Werner, 1885

M 2 Augenzeugenbericht der Proklamation

Anton von Werner beschreibt, wie er die Kaiserproklamation erlebt hat:

[Ein kurzer Gottesdienst im Spiegelsaal von Versailles wird mit dem Choral „Nun danket alle Gott!" beendet] und König Wilhelm wandte sich mit seinem Gefolge [dem Podest zu, das] am anderen Ende [des Saales] errichtet worden war. Und nun ging in prunklosester Weise und außerordentlicher Kürze das große historische Ereignis vor sich, das die Errungenschaft des Krieges bedeutete: die Proklamation des Deutschen Kaiserreiches!

Der Vorgang war, trotz des gewaltigen Eindrucks, den seine politische Bedeutung auf die Gemüter machen musste [...], in seiner äußeren Erscheinung keinesfalls seinem inneren Werte entsprechend, erschien vielmehr etwas vorschriftsmäßig. Die Offiziere standen im Saale dicht gedrängt und bei dem Hoch auf den Kaiser stramm militärisch den Helm emporstreckend, d. h. wer Platz dazu hatte. [...] Nichts von den fantastisch lebhaften Gebärden, die der Maler gewöhnlich gebraucht, um in solchen Fällen Enthusiasmus auszudrücken.

Zit. nach: Thomas W. Gaethgens, Die Proklamation des Deutschen Kaiserreiches, Frankfurt a. M. 1990, S. 16f. und 34f.

1. ***Finde heraus**, wo es in diesem Geschichtsbuch noch weitere Beispiele für Historiengemälde gibt.*
2. ***Schildere** den ersten Eindruck, den das Historiengemälde Anton von Werners bei dir hinterlässt (M1).*
3. ***Stelle** in einer Tabelle **gegenüber**, worin sich der tatsächliche Ablauf der Kaiserproklamation und deren bildliche Darstellung durch Anton von Werner unterscheiden (M1 und M2).*
4. ***Erläutere**, wie die Hintergrundinformationen aus M2 dein Verständnis des Gemäldes M1 verändern.*
5. ***Nimm Stellung** zu der Behauptung, dass Anton von Werners Gemälde eine „Staatsgründung von oben" darstellen soll.*

Wiederholen und Kompetenzen überprüfen

Herrschaft

Im 18. Jh. waren nach Revolutionen in Nordamerika und Frankreich Staaten entstanden, in denen die Herrschaft vom Volk bzw. gewählten Parlamenten (□□□□□-□□□□□□□□□□□□□□□□□) ausgehen sollten. Sie waren Vorbild für □□□□□□□□□□□□□□□□□□ in ganz Europa. Nach dem Wiener Kongress unterdrückten die Regierungen in Europa diese jedoch. Höhepunkt der gesamtdeutschen Oppositionsbewegung war das □□□□□□□□□ □□□□. Infolge der Revolutionen von 1848 erarbeitete die Nationalversammlung eine □□□□□□□□□□, nach der ….. Schreibe den Text weiter.

1871 wurde das □□□□□□□□ □□□□□□□□□□□ gegründet. Der deutsche Nationalstaat wurde jedoch nicht durch das Volk „von unten", sondern auf Bestreben von ….. Schreibe den Text weiter. Das Deutsche Reich beantwortete die nationale Frage mit der □□□□□□□□□ □□□□□ □□□□□□. In der Verfassung des Kaiserreiches ….. Schreibe den Text weiter.

Wortspeicher

Deutscher Bund, Deutsches Kaiserreich*, großdeutsche Lösung, Hambacher Fest, Heilige Allianz, kleindeutsche Lösung, Legitimation, Liberalismus (liberal), Nationalbewegungen, Nationalismus, Nationalstaat, Nationalversammlung, Norddeutscher Bund*, Otto von Bismarck*, Partei*, Restauration*, Staatsbürger, Verfassung, Wiener Kongress*

Orientierung

Auf dem □□□□□□ □□□□□□□□ entstand ….. Schreibe den Text weiter. Mit der □□□□□□□□ □□□□□□□ entstand dabei ein Herrschaftssystem, das ….. Schreibe den Text weiter.

Gesellschaft

Die bürgerlichen Revolutionen hatten die Ständeordnung beseitigt. Aus Untertanen waren □□□□□□□□□ □□□ geworden. Bürger im Deutschen Bund forderten ….. Schreibe den Text weiter.

In unterschiedlichen □□□□□□□□ versuchten sie ihre politischen Interessen zu bündeln, um damit die Politik in der □□□□□□□□□□□□□□□□□□□ zu gestalten.

Die Nationalversammlung in Frankfurt beschloss wichtige Grundrechte, so z. B. ….. Schreibe den Text weiter.

Weltdeutung

Der nach dem Wiener Kongress gegründete □□□□□ □□□ □□□□ enttäuschte die Forderung nach einem □□□□□□□□□□□□□. Die Haltung vieler Bürger des Deutschen Bundes, insbesondere aber der Studierenden in Bezug auf Politik und Wirtschaft, war ….. Schreibe den Text weiter. Demgegenüber wollten die meisten Fürsten ….. Schreibe den Text weiter. Sie hielten die □□□□□□□□□□□□ eines gewählten Herrschers für unzureichend.

1. *Arbeitet zu zweit und* ***erklärt*** *euch abwechselnd die folgenden Ereignisse. Nutzt dazu den Wortspeicher. Notiert eure Erklärungen stichpunktartig in eurer Heft.*
a) Auf dem Wiener Kongress entstand eine neue europäische Friedensordnung.
b) Das Ziel der Heiligen Allianz war die Restauration.
c) Der Deutsche Bund enttäuschte die Forderung nach einem Nationalstaat.
d) Die Nationalversammlung in Frankfurt beschloss wichtige Grundrechte.
e) Das Deutsche Kaiserreich wurde „von oben" gegründet.

2. ***Schreibe*** *die Texte der Lernkarten in dein Heft ab und setze die fehlenden Begriffe in die Lücken ein.* ***Ergänze*** *den Text an den mit Punkten markierten Stellen durch eigene Formulierungen, für die du die übrigen im Wortspeicher genannten Begriffe und deine Notizen aus Aufgabe 1 verwendest. Beachte, dass die Begriffe des Wortspeichers auch mehrmals in den Karten vorkommen können.*

M1 Ende der „deutschen Revolution“

Der Historiker Hans-Ulrich Wehler beurteilt die Reichsgründung folgendermaßen:

Mit der Reichsgründung ist die „deutsche Revolution“ an ihr Ende gekommen. Vergleicht man ihr Ergebnis mit den Zielen der Liberalen und Demokraten von 1848/49, war es in der Tat nicht weniger revolutionär als der gescheiterte Anlauf zwanzig Jahre zuvor.

Hans-Ulrich Wehler, Deutsche Gesellschaftsgeschichte, Bd. 3, München ²2006, S. 355 (gekürzt)

M2 Wem nützt die Reichsgründung?

Der Sozialdemokrat August Bebel kommentiert die Reichsgründung im Jahr 1874 so:

Das durch „Blut und Eisen“ mühsam zusammengeschweißte „Reich“ ist kein Boden für die bürgerliche Freiheit, geschweige für die soziale Gleichheit. Staaten werden mit den Mitteln erhalten, durch die sie gegründet wurden. Der Säbel stand als Geburtshelfer dem „Reich“ zur Seite, der Säbel wird es ins Grab begleiten. Toren[1] sind, die von Schöpfungen der monarchischen Gewalt die „Freiheit“ erwarten, noch größere Toren sind die, welche von der auf der Klassenherrschaft und dem Säbelregiment beruhenden Staatsgewalt die Pflege wirklicher Volkswohlfahrt erwarten. Es gibt in Deutschland nur eine Klasse, der die neue Reichsschöpfung zusagte und die sie auch mit berechtigtem Jubel begrüßte – die deutsche Bourgeoisie.[2]

Siegfried Ziegler, Das Deutsche Kaiserreich, München 1989, S. 35

[1] Tor: Narr

[2] Bourgeoisie: Bürgertum; siehe dazu S. 358

M3 Neuauflage des zuerst 1948 erschienenen Buches von Theodor Heuss, dem späteren deutschen Bundespräsidenten, Stuttgart 1998

M4 Katalog zur Ausstellung des Deutschen Historischen Museums und der Schirn Kunsthalle Frankfurt zum 150-jährigen Jubiläum der Revolution von 1848/49, Berlin 1998

M5 Public Viewing in Berlin während der Fußball-Weltmeisterschaft
Foto vom 23. Juni 2018

1. ***Begründe**, welchen der beiden Buchtitel du passender findest (M3, M4).*
2. ***Erörtere** die Aussagen von Hans-Ulrich Wehler zum Verhältnis von Reichsgründung und 1848er-Revolution (M1).*
3. *a) **Erkläre** August Bebels Einstellung zur Gründung des Deutschen Reiches (M2).*
   *b) **Schreibe** aus der Sicht eines von der Reichseinigung begeisterten Bürgers eine Antwort zu August Bebels Aussagen.*
   *c) **Vergleiche** mit dem Urteil von Hans-Ulrich Wehler (M1, M2).*
4. ***Diskutiert** in der Klasse, ob sich Nationalismus heute von dem im 19. Jh. unterscheidet (M5).*
5. *Im Jahr 1871: **Verfasse** ein Interview mit einem ehemaligen Barrikadenkämpfer über die politische Entwicklung Deutschlands.*

Die Industrialisierung verändert Wirtschaft und Gesellschaft

Die Lebens- und Arbeitsverhältnisse hatten sich über Jahrhunderte hinweg kaum verändert. Auch zu Beginn des 19. Jh. bestimmte nach wie vor die Geburt über den gesellschaftlichen Rang eines Menschen. Der Großteil der Bevölkerung arbeitete auf dem Land und war vom Grundherrn abhängig. Die Bauern bestellten ihre Felder mit Pflug und Zugtier, viele Waren wurden in Handarbeit hergestellt. Erste Maschinen wurden mit Wasser- oder Windkraft, manche noch mit Tieren betrieben.

Und dann änderten sich die Lebens- und Arbeitsbedingungen innerhalb weniger Jahrzehnte grundlegend. Von England ausgehend waren technische Erfindungen zum Motor für eine Entwicklung geworden, die weite Teile Europas und die USA in das „Industriezeitalter" beförderte. Handarbeit wurde durch maschinelle Produktion, Manufakturen wurden durch große Fabriken ersetzt.

Aber nicht nur die Produktions- und Arbeitsbedingungen änderten sich, sondern auch die Gesellschaft: Das Bürgertum stieg zu einer bedeutenden wirtschaftlichen und gesellschaftlichen Kraft auf. Gleichzeitig entstand eine neue soziale Schicht: die Industriearbeiterschaft. Nur allmählich sah es der Staat als seine Aufgabe an, Maßnahmen gegen Not und Elend der wachsenden neuen Unterschicht zu ergreifen.

Der technische, wirtschaftliche und soziale Wandel verlief so schnell, dass bereits Zeitgenossen von einer Industriellen Revolution sprachen. Einige Historikerinnen und Historiker halten diese Veränderungen für ähnlich bedeutend wie die Neolithische Revolution von der Alt- zur Jungsteinzeit. Manche Wissenschaftler sagen, dass wir heute mit der Digitalisierung vergleichbar tief greifende Veränderungen in Gesellschaft, Wirtschaft und Politik erleben.

Leitfragen zu den Kategorien

- Welche Erfindungen und technischen Entwicklungen waren für die rasanten Veränderungen bedeutsam?
- Warum wird die industrielle Entwicklung als „Industrielle Revolution" bezeichnet?
- Welche Länder und Regionen wurden besonders von der Industrialisierung geprägt?

- Welchen Einfluss hatte die Industrialisierung auf das Zusammenleben der Menschen?
- Welche Folgen hatte die Entstehung neuer gesellschaftlicher Schichten?

- Wie reagierten Kirche, Staat, Unternehmer und Arbeiter auf soziale Probleme?
- Inwiefern sorgte die Industrialisierung für das Entstehen neuer Ideen und Ideologien?

- Brachten die neuen Produktionsweisen Erleichterung oder neue Formen der Ausbeutung und Unterdrückung?

- In welchen Bereichen veränderte sich die Wirtschaft besonders stark?
- Welchen Einfluss hatte die beschleunigte wirtschaftliche Entwicklung auf die Arbeitswelt, die Umwelt, Handel und Verkehr?

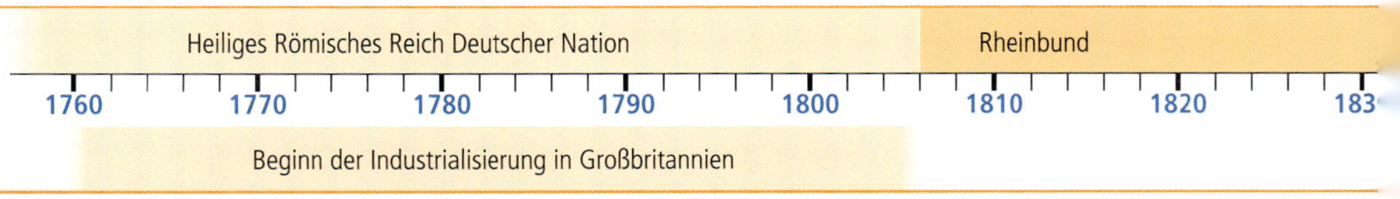

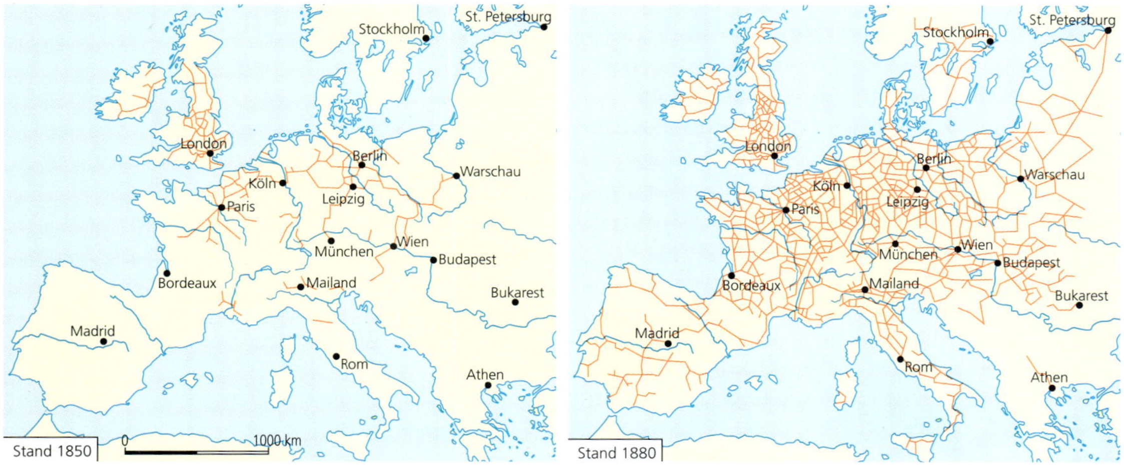

M 1 Das europäische Eisenbahnnetz zwischen 1850 und 1880

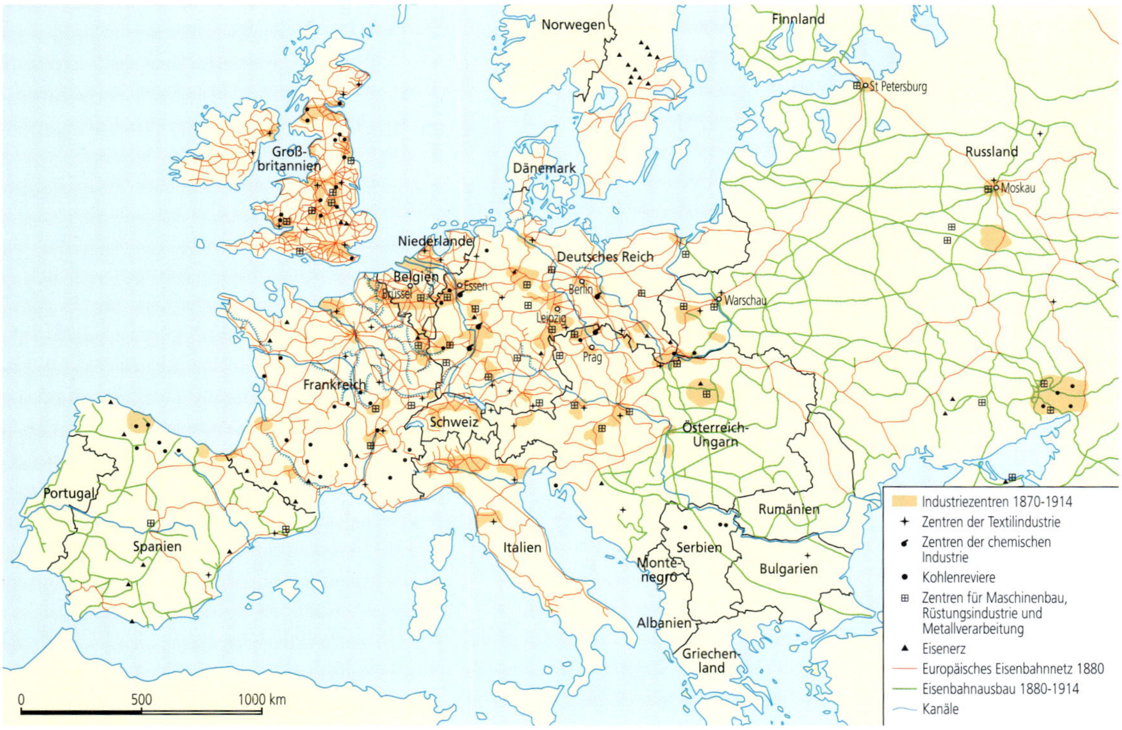

M 2 Industrialisierung Europas im 19. Jh.

1. ***Fasse** in eigenen Worten **zusammen**, warum viele Forscherinnen und Forscher die Veränderungen im 19. Jh. für so bedeutsam halten (VT).*
2. ***Beschreibe** die Entwicklung des Eisenbahnnetzes in Europa (M1, M2).*
3. *Findet euch in Zweierteams zusammen.*
   *a) **Arbeitet heraus**, wo am Ende des 19. Jh. die industriellen Zentren in Europa lagen (M2).*
   *b) **Stellt Hypothesen auf**, warum gerade an diesen Orten Industriezentren entstanden (M2).*
4. ***Diskutiert** in der Klasse, ob man heute von einer digitalen Revolution sprechen kann.* (H)
5. ***Arbeite weiter**: Wähle eine Region von Aufgabe 3 aus und **informiere dich**, ob es dort noch Überreste der Industrialisierung gibt und wie sich die Region und die Arbeitssituation in den letzten 50 Jahren entwickelt hat.* (H)

Deutscher Bund | Norddeutscher Bund | Deutsches Kaiserreich

1840 | 1850 | 1860 | 1870 | 1880 | 1890 | 1900 | 1910

Durchbruch der Industrialisierung auf dem Kontinent | **Deutschland steigt zur Industrienation auf**

In Großbritannien beginnt eine neue Zeit

M 1 Lokomotive „Rocket" 1829
Diese von George und Robert Stephenson zwischen 1814 und 1829 entwickelte Dampfeisenbahn war der „Urahn" aller Lokomotiven.

Maschinen verändern die Wirtschaft

Bis ins 18. Jh. standen den Menschen bei der Arbeit nur die Kraft ihrer Muskeln oder die von Tieren sowie Wind- und Wasserkraft zur Verfügung. Dies änderte sich, als in Großbritannien[1] mechanische Spinnmaschinen und Webstühle erfunden wurden, vor allem aber, als der Erfinder und Maschinenbauer James Watt eine leistungsfähige Dampfmaschine entwickelte. Auch Webstühle wurden bald mit Dampfkraft betrieben. Die Produktion von Textilwaren stieg sprunghaft an.

Für den Bau von Maschinen brauchte man Metall. Um dieses zu erzeugen und die Dampfmaschinen zu betreiben, war viel Kohle nötig. Deshalb musste auch der Bergbau ausgeweitet werden. Durch die Arbeit an vielen Maschinen (**Mechanisierung**) und durch **Arbeitsteilung** wurde in **Fabriken** die Massenproduktion möglich. Die hohen Stückzahlen ließen die Preise sinken. Traditionelle Handwerksbetriebe und Manufakturen konnten dieser harten Konkurrenz auf Dauer meist nicht standhalten.

Warum Großbritannien?

Adlige und Bürger hatten durch die Gewinne aus dem Kolonialhandel und der Sklaverei viel Kapital angesammelt, das sie investieren wollten. Da es in Großbritannien nur wenige staatliche Vorschriften für die Wirtschaft gab, durften auch diejenigen investieren, die nicht einer Zunft angehörten oder adlig waren. Zudem gab es in Großbritannien keine Zollschranken, weil es – anders als Mitteleuropa – nicht in einzelne Staaten zersplittert, sondern ein einheitlicher Staat war.

Durch Fortschritte in der Medizin lebten die Menschen länger, weniger Kinder starben. Mehr Menschen heirateten und gründeten Familien. Verbesserungen in der Landwirtschaft machten es möglich, die wachsende Bevölkerung zu ernähren. Die Bevölkerung wuchs wie nie zuvor und es gab genügend Arbeitskräfte.

Mit Volldampf um die ganze Welt

Bald wurde die Dampfmaschine auch als Zugmaschine, als Dampflokomotive und Dampfschiff, eingesetzt. Rohstoffe und Fertigwaren konnten in großen Mengen zügig und billig transportiert werden. 1825 fuhr die erste Eisenbahn in England. Nur fünf Jahre später wurden schon fast eine halbe Million Menschen und über 50 000 Tonnen Güter auf Schienen transportiert. Die Herstellung von Schienen, Waggons, Lokomotiven und Dampfschiffen sorgte wiederum bei der Eisenverarbeitung und bei der Kohleförderung für mehr Aufträge.

Dampfmaschine und Eisenbahn wurden dabei nicht nur zum Motor der **Industrialisierung**, sondern auch der Globalisierung. Distanzen konnten nun wesentlich schneller zurückgelegt werden. Der Export von Massengütern wie Textilien, Steinkohle, Eisenerz und Getreide warf hohe Gewinne ab. Deshalb trieb die Seeweltmacht Großbritannien die Entwicklung eines freien Welthandels ohne Zölle und andere Handelshindernisse voran. Viele Staaten einigten sich auf einheitliche Maße und Gewichte für ihre Waren. Große Kanalbauten (z. B. Suezkanal) verkürzten zudem wichtige Handelswege. Durch den Handel vernetzte sich die Welt immer mehr. Gleichzeitig kam noch die Vernetzung durch neue Formen der Kommunikation wie Telegrafie und Telefon hinzu.

1. ***Nenne*** *Gründe für die britische Vorreiterrolle bei der Industrialisierung.*
2. ***Erstelle*** *ein Schaubild auf dem unter anderem die folgenden Begriffe vorkommen: Maschinen, Kohleförderung, Kohleverbrauch, Textilien, Eisenbahn, Dampfschiff, freier Welthandel, Vernetzung der Welt.*
3. *Großbritannien setzte sich immer für einen freien Handel zwischen den Ländern ein.* ***Erläutere*** *die Vorteile, die das Land während der Industrialisierung hatte.*

Internettipp:
Mehr über die Dampfmaschine und wie sie funktioniert erfährst du unter dem Mediencode 31101-108.

[1] Seit 1707 sind England, Irland, Wales und Schottland zur politischen Einheit Großbritannien zusammengeschlossen.

M 2 Kohle und Eisen in Großbritannien

Kohleförderung (Angaben in Mio. t)		Eisenproduktion (Angaben in Mio. t)	
1770	6,2	1806	0,25
1836	30,0	1835	1,0
1850	50,0	1847	2,0
1870	112,2	1870	5,9

Nach: Michael Epkenhans und Andreas von Seggern, Leben im Kaiserreich. Deutschland um 1900, Stuttgart 2007, S. 30

M 3 Einfuhr von Baumwolle und Ausfuhr von Textilprodukten

Jahr	Einfuhr von Baumwolle (Angaben in t)
1780	8 000
1801	25 000
1815	50 000
1825-1830	100 000
1849	346 000
Zeitraum	**Ausfuhr von Baumwolltextilien (Angaben in 1 000 £)**
1780-1789	756
1790-1799	2 631
1800-1809	9 995
1810-1819	18 712
1820-1829	28 000

Nach: Bernd Januschke und Karl-Friedrich Warner, Industrielle Revolution, Stuttgart / Heidelberg 1992/93, S. 68 (Einfuhr) und Hermann de Buhr und Michael Regenbrecht, Industrielle Revolution und Industriegeschichte, Frankfurt am Main, S. 22 (Ausfuhr)

M 4 Bevölkerungsentwicklung

Jahr	Großbritannien	Europa
1750	5,8 Mio.	140 Mio.
1800	8,7 Mio.	187 Mio.
1850	17,7 Mio.	266 Mio.

Nach: Toni Pierenkemper: Umstrittene Revolutionen. Die Industrialisierung im 19. Jahrhundert, Frankfurt am Main 1996, S. 15 und Praxis Geschichte, Heft 1/1988, S. 8

M 5 Beschäftigte nach Wirtschaftsbereichen

Angaben in %	um 1800	um 1850
Landwirtschaft	40	22
Industrie/Handwerk	30	48
Dienstleistungen	30	30

Nach: Christoph Buchheim, Industrielle Revolutionen, München 1994, S. 33

M 6 Die Industrie in England, Wales und Schottland 1770-1830

1. ***Erkläre***, *warum die Kohle- und Eisenproduktion ab 1830 besonders wuchs (VT, M2).* (H)
2. ***Zeige auf***, *was die Angaben in M3 bis M5 miteinander zu tun haben.*
3. ***Untersuche*** *die Karte und erkläre den Zusammenhang zwischen Rohstoffvorkommen, wachsenden Städten und industriellen Standorten (M6).*
4. ***Arbeite weiter***: ***Begründe*** *mithilfe von M2 bis M6 einige Auswirkungen der Industrialisierung auf Wirtschaft und Gesellschaft.*

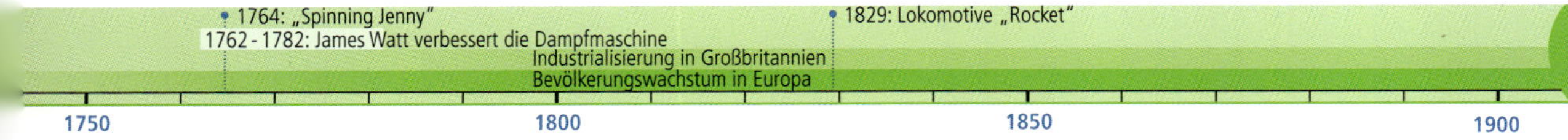

Nachzügler Deutschland

Agrarreformen

Die Niederlagen gegen Napoleon und die Entwicklung in England hatten den Fürsten im Deutschen Bund gezeigt, dass sie den westeuropäischen Staaten unterlegen waren. Sie führten nun auch Maßnahmen durch, um die wirtschaftliche Leistung zu steigern. Da auch in Deutschland die Bevölkerung wuchs und damit die Nachfrage nach landwirtschaftlichen Produkten, wurde die Landbearbeitung verändert. Es wurden ertragreichere Pflanzen verwendet, die Tierzucht verbessert, mehr Flächen genutzt oder der neu erfundene Dünger verwendet. Die Getreide- und Kartoffelerträge stiegen bis Anfang des 19. Jh. um fast das Doppelte.

Die Leibeigenschaft und die Grundherrschaft wurden abgeschafft. Die Bauern durften nun zwar für hohe Entschädigungssummen den ehemaligen Grundherren den Grund und Boden abkaufen. Aber nur wenige konnten sich das leisten. Die anderen arbeiteten oft als Knechte und Tagelöhner auf fremden Höfen. Viele zogen auf der Suche nach Arbeit in die Städte oder wanderten nach Amerika aus.

M 1 Die Getreideernte ändert sich
Firmenplakat, um 1910
1860 wurde die Dampfdreschmaschine erfunden. 1882 gab es im Deutschen Reich 344 000 Dampfdreschmaschinen, 1907 waren es 1,44 Millionen.
Der Junge im Vordergrund rechts hält einen Dreschflegel. Mit diesem Werkzeug wurde früher das Getreide gedroschen.

Hindernisse für die Wirtschaft

Wer im Deutschen Bund als Händler unterwegs war, musste an den Grenzen zwischen den vielen deutschen Staaten Zoll bezahlen. Dadurch wurden die Waren immer teurer. Auf dem Gebiet des heutigen Rheinland-Pfalz behinderten die vielen Zölle den Handel auf den Schifffahrtswegen, vor allem auf dem Rhein. Einige Staaten im Deutschen Bund hatten eigene Währungen und Maßeinheiten, sodass die Händler großen Aufwand mit Geldwechsel und Umrechnungen hatten.

Ohne Zölle durch die Kleinstaaten

Unter Preußens Führung gründete sich 1834 der Deutsche Zollverein. Ihm traten in den folgenden Jahrzehnten fast alle Staaten des Deutschen Bundes bei, sodass man bei Überschreiten der Grenzen keinen Zoll mehr zu zahlen brauchte.

Mit dem Dampfross unterwegs

Mit der Eisenbahn gelang es, die deutschen Handelszentren gut miteinander zu verbinden. Die erste deutsche Dampflokomotive fuhr 1835 zwischen Nürnberg und Fürth. Das Eisenbahnnetz wuchs schnell und der Bedarf an Lokomotiven und Schienen damit auch. Dadurch wurde in Deutschland der Eisenbahnbau zum Schrittmacher der Industrialisierung. In Regionen mit Kohle und Eisenerzvorkommen (im Ruhrgebiet, im Saarland, in Oberschlesien, in der Oberpfalz) entstanden Zentren der Industrialisierung mit Zechen, Walzwerken und Gießereien.

Im landwirtschaftlich geprägten Gebiet des heutigen Rheinland-Pfalz nahm die Industrialisierung ab 1849 mit der Fertigstellung der Bahnstrecke Ludwigshafen-Bexbach Fahrt auf.

1. ***Informiere dich**, wann dein Heimat- oder Schulort den Anschluss an das Eisenbahnnetz erhielt.*
2. ***Stelle Vermutungen** über die Absicht des Plakats **an** (M1).*
3. ***Begründe**, warum die Verbesserungen in der Landwirtschaft Voraussetzung für die Industrialisierung waren (VT).*

M2 Industrielles Wachstum in Deutschland

Jahr	Eisenbahnnetz (km)	Roheisenproduktion (Tonnen)	Steinkohleproduktion (Tonnen)
1840	469	173 000	3 200 000
1850	856	212 000	5 200 000
1860	11 088	545 000	12 300 000
1870	19 000	1 400 000	26 400 000

Nach: Richard Tilly, Kapital, Staat und sozialer Protest in der deutschen Industrialisierung, Gesammelte Aufsätze, Göttingen 1980, S. 30 (gekürzt; die Angaben wurden gerundet und beziehen sich in der Regel auf Deutschland in den Grenzen von 1871)

M3 Vor- und Nachteile der Eisenbahn

Der württembergische Staatsrechtler und Politiker Robert von Mohl meint in den 1840er-Jahren:

Es entstehen neue Verhältnisse aller Art, deren allseitige Entwicklung noch völlig unabsehbar ist [...]. Die arbeitende Klasse vermag ihre Dienste in weit größeren Kreisen anzubieten [...]. Die Versetzung großer Truppenmassen an bedrohte Punkte ist in wenigen Stunden möglich [...]. Die Märkte der großen Städte können aus großer Entfernung mit allen Lebensmitteln, namentlich auch mit Vieh, im besten Zustande versehen, leicht verderbliche Erzeugnisse an früher ganz unzugängliche Absatzorte befördert, mangelnde Waren in kürzester Zeit erlangt, somit die Zinsen großer Vorräte erspart werden. Es werden Kulturen und Gewerbe [...] auch an entfernten Plätzen bei billigen Arbeitslöhnen, Rohstoffen und bewegenden Kräften ausführbar.

In einem Gutachten von 1838 steht:

Die schnelle Bewegung muss bei den Reisenden unfehlbar eine Gehirnkrankheit erzeugen. Wollen aber dennoch Reisende dieser grässlichen Gefahr trotzen, so muss der Staat wenigstens die Zuschauer schützen, denn sonst verfallen sie bei dem Anblick des schnell dahinfahrenden Dampfwagens genau derselben Gehirnkrankheit. Es ist daher notwendig die Bahnstelle auf beiden Seiten mit einem hohen Bretterzaun zu versehen.

Zit. nach: Wilhelm Treue und Karl-Heinz Manegold, Quellen zur Geschichte der industriellen Revolution, Göttingen [2]1979, S. 84 und 86ff. (zum Teil vereinfacht)

M4 „Lebensgeschichte einer Lokomotive“
Gemälde von Paul Meyerheim, 1873/76 (Ausschnitt)
Das Bild zeigt die in den Borsig-Werken hergestellte Lokomotive und Eisenbahnbrücke über den Rhein bei Koblenz. Im Hintergrund ist die Festung Ehrenbreitstein zu sehen.

M5 Fahrtzeiten

km	Strecke	Reisedauer in Stunden	
		Schnellpost (1841)	Eisenbahn (1851)
290	Berlin-Hamburg	31 ½	8
320	Berlin-Hannover	32	6
174	Berlin-Dresden	17	5 ½
215	Berlin-Leipzig	17 ¼	7
85	Halle-Magdeburg	6	2 ½
35	Halle-Leipzig	2 ½	1
175	Frankfurt-Kassel	20 (1845)	7 (1845)
75	Augsburg-München	6 ½ (1845)	2 ½ (1845)
26	Düsseldorf-Elberfeld	3 ½ (1845)	1 ⅛ (1845)

Nach: Klaus Hermann, Die Personenbeförderung bei Post und Eisenbahn ..., in: Scripta Mercatura, 2/1977, S. 10 (ergänzt)

1. *a)* ***Vergleiche*** *die Entwicklung der Kohle- und Eisenproduktion in Deutschland (M2) mit den Zahlen aus Großbritannien (M2, S. 339).*
   b) ***Beurteile****, was das für den Stand der industriellen Entwicklung bedeutete.*
2. *In M3 nennt Robert von Mohl Argumente für den Eisenbahnbau.* ***Liste*** *sie in einer Tabelle* ***auf****. Unterscheide dabei zwischen wirtschaftlichen und politischen Vorteilen.*
3. ***Beurteile*** *Mohls Meinung und Gutachten (M3). Hinweis: Berücksichtige auch M4.* (H)
4. *a)* ***Diskutiert****, warum Neuerungen zuerst oft auf Skepsis oder Ablehnung stoßen (M3, Teil 2).*
   b) Findet aktuelle Beispiele und ***vergleicht****. Geht dabei auf mögliche Gründe ein.* (G)

Neue Industrien

M 1 Industriegebiete um 1900

Kraft ohne Dampf

In der zweiten Hälfte des 19. Jh. wurde es technisch möglich, Elektrizität in großen Mengen zu nutzen. Werner von Siemens entwickelte unter anderem Stromkabel und konstruierte 1866 die Dynamomaschine (auch Generator genannt). Mit ihr konnte mechanische in elektrische Energie, also Strom, umgewandelt werden.

Die Elektrotechnik

Elektrizität war eine saubere und leistungsfähige Energie, die in immer mehr Bereiche vordrang:

- Strom fand zunächst Anwendung bei der Beleuchtung. Die 1878 erfundene alltagstaugliche Glühlampe bot eine Alternative zu den bisherigen Gaslampen, die mit ihren offenen Flammen oft Großbrände verursachten.
- Elektromotoren lösten Dampfmaschinen als Antrieb ab, vor allem in kleineren Betrieben.
- Telegrafen konnten Nachrichten und Botschaften über große Entfernungen senden.
- Mit dem Telefon sprachen Gesprächspartner direkt miteinander, für private Zwecke war es allerdings noch zu teuer.
- Die ersten technischen Geräte erleichterten das Leben auch in privaten Haushalten: Kochapparate, Bügeleisen.

Die Städte begannen, Stromwerke zu bauen und Leitungen zu verlegen. Zunächst wurden Betriebe, öffentliche Straßen und Plätze angeschlossen, später auch private Haushalte. In der neuen Elektroindustrie waren deutsche Unternehmen wie Siemens führend.

Aufschwung der Chemie

Ab den 1890er-Jahren entwickelte sich die chemische Industrie rasant. Dünger für die Landwirtschaft, Arzneien und künstliche Farbstoffe brachten den Firmen riesige Gewinne.

Farben wurden in vielen Bereichen gebraucht, vor allem aber in der Textilindustrie. Nicht nur Stoffe färbte man ein, auch Waren aus ganz anderen Bereichen, wie Tapeten oder Tinte. Die ersten künstlich hergestellten Teerstoff-Farben verblassten noch beim Waschen und durchs Sonnenlicht. Erst die intensive chemische Forschung konnte das Problem lösen. Aus einem Abfallprodukt der Steinkohle entwickelte sie die künstlichen Farbstoffe (z. B. „Mauvein", „Fuchsin").

Wie bei der Elektroindustrie war das Deutsche Reich auch bei der chemischen Industrie die führende Wirtschaftsnation. Wie in keinem anderen Land arbeiteten hier Ingenieure auch als Unternehmer. Dadurch konnten Erfindungen und Entdeckungen für die industrielle Produktion effektiv genutzt werden.

1. *a)* ***Nenne*** *zentrale Entwicklungen im Bereich der chemischen Industrie. b)* ***Erläutere*** *die Veränderungen, die die Elektrizität für die industrielle Produktion hervorrief (VT).*
2. ***Untersuche*** *die Standorte der Industriegebiete in der Karte (M1).*

Internettipp:
Regionale Exkursionstipps findest du unter Mediencode 31101-109.

M 2 Erste elektrische Straßenbeleuchtung am Potsdamer Platz in Berlin
Ölgemälde von Carl Saltzmann, 1884

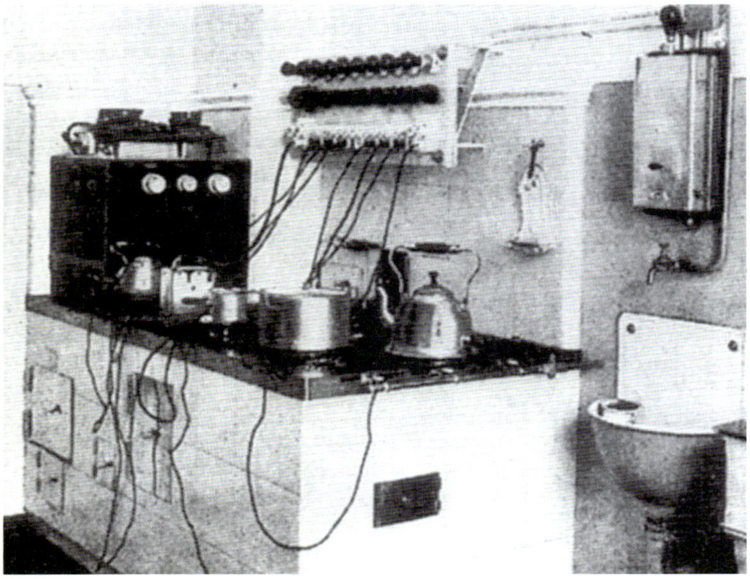

M 4 Die elektrische Küche
Um die Kochtöpfe, Pfannen und Wasserkessel zu beheizen, wurden sie einzeln an das Stromnetz angeschlossen.

M 3 Die „elektrische Revolution“

1849	Die erste elektrische Beleuchtung mit Bogenlampen: die Pariser Oper
1854	Der nach New York ausgewanderte Uhrmacher Heinrich Goebel aus Springe bei Hannover baut die erste brauchbare Glühlampe. Sie gerät in Vergessenheit, da die Stromversorgung noch unzureichend entwickelt ist.
1860	Der Belgier Zénobe-Theophile entwickelt eine Maschine zur Stromgewinnung.
1867	Werner Siemens erfindet den Dynamo.
1878/79	Unabhängig voneinander bauen der Amerikaner Thomas A. Edison und der Brite Joseph W. Swan elektrische Glühbirnen. Edisons Erfindung setzt sich durch, da er für den Verkauf seiner Glühlampen sorgt. 1882 nimmt er das erste öffentliche Elektrizitätswerk in New York in Betrieb.
1879	Auf der Berliner Gewerbeausstellung fährt die erste Elektrolokomotive.
1881	Siemens & Halske erreichen in Berlin mit einer elektrischen Versuchsbahn eine Geschwindigkeit von 30 km/h.
1882	Die erste Glühlampenfabrik in Berlin
1883	Das erste elektrische Haushaltsgerät: das Bügeleisen
1883	Der Transformator ermöglicht es, Strom über weite Strecken zu transportieren.
1884	In Berlin wird das erste deutsche Kraftwerk gebaut.
1888	Galileo Ferraris entwickelt den Drehstrommotor.

M 5 Edinsonsche Glühlampe
Holzstich, um 1900
Die ersten Glühlampen bestanden aus einem luftleer gepumpten Glaskolben, in dem ein Glühfaden aus verkohlten Bambusfasern durch Strom zum Glühen gebracht wurde. Anfang des 20. Jh. kamen Glühlampen mit Metallfäden auf den Markt. Bis heute haben Glühlampen einen Schraubsockel mit dem sogenannten Edison-Gewinde.

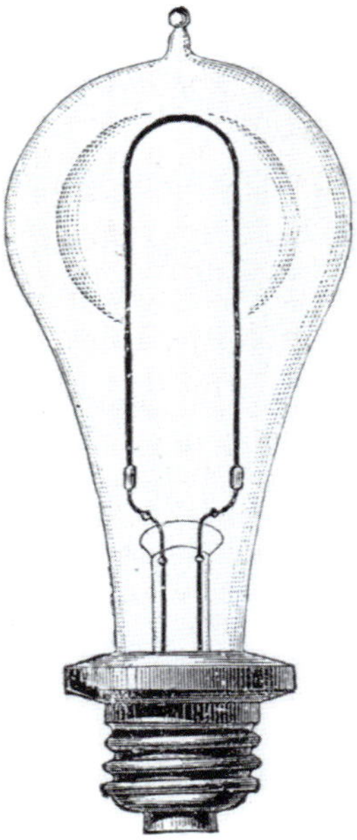

1. ***Erläutere*** *den Einfluss der Elektrifizierung auf das Leben und Arbeiten der Menschen (M2-M5).*
2. ***Erläutere****, welche Erfindungen Voraussetzungen für weitere Erfindungen waren.*

Entdeckungen und Erfindungen

M 1 **Marie und Pierre Curie**
Foto, um 1900
1903 erhielt das französische Forscherpaar zusammen mit Henri A. Becquerel den Physik-Nobelpreis für die Erforschung der Radioaktivität.

M 2 **„Gewinnung von Tuberkulose-Präparaten und Heilserum im Behringwerk zu Marburg"**
Zeichnung von Fritz Gehrke, 1906 (Ausschnitt)
Die Abbildung zeigt einen Mitarbeiter an einer Zentrifuge, die zum Ausschleudern von Serumspuren eingesetzt wurde.

M 3 Fortschritte in Physik und Medizin

1886	Entdeckung elektrischer Funk- und Radiowellen (Heinrich Hertz, Deutsches Reich)
1890	Erstmals maschinelle Datenverarbeitung mit Lochkartenmaschine (Herman Hollerith, USA)
1895	Psychoanalyse: neues Konzept zur Aufdeckung und Heilung unbewusster psychischer Vorgänge/Konflikte (Sigmund Freud, Österreich)
1895	Röntgenstrahlen (Wilhelm C. Röntgen, Deutsches Reich)
1896	Entdeckung der natürlichen Radioaktivität des Urans (Henri Becquerel, Frankreich)
1896	Erfindung der drahtlosen Telegrafie (Guglielmo Marconi, Italien); 1901 erste Signale über den Atlantik
1898	Entdeckung der Elemente Polonium und Radium und deren radioaktiver Strahlung (Marie und Pierre Curie, Frankreich)
1900	Erkenntnis, dass Atome ihre strahlende Energie nur stoßweise in bestimmten Portionen (Quanten) abgeben; Quantentheorie (Max Planck, Deutsches Reich)
1901	Entdeckung der Blutgruppen (Karl Landsteiner, Österreich)
1902	Elektrische Aufzeichnung der Herztöne (Willem Einthoven, Niederlande); das Elektrokardiogramm (Abk. EKG) zeigt die Aktionsströme des arbeitenden Herzens
1903	Operation im Brustkorb und am freiliegenden Herzen (Ferdinand Sauerbruch, Deutsches Reich)
1904	Chromosomen als Träger von Erbanlagen erkannt; Hormone entdeckt
1905/15	Bisherige Annahmen über Zeit und Raum, Masse und Energie werden „relativiert"; Relativitätstheorien (Albert Einstein, Deutsches Reich)
1906	Vitamine entdeckt (Begriff 1912 geprägt); Behandlung von Mangelkrankheiten wird möglich
1907	Anfänge der Chemotherapie zur Krebsbekämpfung
1910	Entwurf eines Atommodells, das von einem positiven Bereich (Protonen) im Atomkern ausgeht (Ernest Rutherford, Großbritannien)
1910	Erstes Medikament gegen eine Geschlechtskrankheit (Paul Ehrlich, Deutsches Reich)
1913	Reihenimpfung gegen Diphtherie auf der Grundlage der Entdeckung von Impfstoffen (Emil von Behring, Deutsches Reich)

M 4 Wandel des Verkehrs

1890	Erste elektrische Untergrundbahn in London
1892	Die ersten von Benzinmotoren betriebenen Automobile fahren (Carl Friedrich Benz, Gottlieb Daimler und Wilhelm Maybach, Deutsches Reich).
1897	Erfindung des Diesel-Motors (Rudolf Diesel, Deutsches Reich)
1898	Erstes Unterseeboot (USA)
1900	Erste Flüge mit einem Starrluftschiff über den Bodensee (Ferdinand von Zeppelin, Deutsches Reich)
1901	Dem Amerikaner Gustav Whitehead gelingt der erste Motorflug noch vor seinen Landsleuten Orville und Wilbur Wright (1903).
1906	Motorbetriebene Omnibusse in Großstädten (z.B. Berlin, Paris)
1907	10 000 Automobile (Deutsches Reich)
1909	Flugzeuge starten in Europa.

M 5 Wandel von Raum- und Zeitgefühl

Der Historiker Karl Lamprecht schreibt 1912:

Was also den modernen Zeitbegriff zunächst kennzeichnet, das ist die genaue praktische Beachtung des kleinen Zeitabschnittes: Fünfminutenaudienzen, Minutengespräche am Telefon, Sekundenproduktion der Rotationsdruckmaschine, Fünftelsekundenmessung beim Fahrrad: moralisch ausgedrückt Pünktlichkeit. [...]

Stärker aber noch als der Sinn für Zeit ist die Raumanschauung im Verlaufe der jüngsten Entwicklung umgebildet worden [...]. Das, was hier durch den neuen Verkehr zunächst geweckt wurde, war das Gefühl gleichsam der Allgegenwart auf der Erde. Dampfschiff, Eisenbahn, Telegraf [...] sind allen Klimaten und sonstigen geografischen Bedingungen zugänglich. Darum machen sie auch heimatlos, lösen vom Boden, geben innerhalb der Erdverhältnisse unendlichen Horizont.

Jens Flemming u.a. (Hrsg.), Quellen zur Alltagsgeschichte der Deutschen vom Mittelalter bis heute, Bd. 7: 1871 - 1914, Darmstadt 1997, S. 42f.

M 6 Der „Motorwagen System Lutzmann“ von 1899
Dieses erste Auto aus Rüsselsheim erreichte eine Höchstgeschwindigkeit von 20 km/h.

M 7 Louis Blériot
Sammelbild, um 1910
Am 25. Juli 1909 überquerte der französische Flugpionier Louis Blériot erstmals den Ärmelkanal mit einem Eindecker.

1. ***Erkläre*** *die medizinischen und physikalischen Fachbegriffe in M3 mithilfe eines (Online-)Lexikons.*
2. ***Fasse zusammen****, welche Vorteile und Verbesserungen sich aus diesen Fortschritten ergaben (M3).*
3. ***Informiere dich*** *im Internet über die weitere Entwicklung der Verkehrsmittel seit 1910 bis zur Gegenwart (M4).*
4. ***Vergleiche*** *M5 mit den Raum- und Zeiterfahrungen um 1830 (siehe M3, S. 341) und mit heute.* G

Vom Telegrafen zum Web 2.0

M 1 Fernsprecher
Berlin, um 1895
Durch das Drehen der Kurbel wurde im Postamt eine Meldeklappe betätigt. Gleich darauf meldete sich eine Telefonistin und stellte die Verbindung mit dem gewünschten Gesprächspartner her.

Telegraf und Telefon

Im 19. und 20. Jh. entstanden neue Medien, die die Kommunikation veränderten: 1833 nutzten Carl Friedrich Gauß und Wilhelm Weber in Göttingen die Elektrizität, um Signale durch Drähte zu schicken. Samuel Morse erfand 1840 ein System zur Umsetzung von Text in Stromstöße. So wurde die Telegrafie möglich. In vielen Ländern entstanden Telegrafennetze. 1866 wurden Europa und Amerika mit Seekabeln verbunden.

Philipp Reis gelang es, Töne in Strom umzuwandeln, ihn durch Drähte zu leiten und wieder hörbar zu machen. Am Telefon konnten Teilnehmerinnen und Teilnehmer miteinander sprechen. Ein neues Netz wurde gebaut, zuerst in Großstädten. Anfangs diente es nur Behörden und Banken. Seit Anfang des 20. Jh. zog es in Privathaushalte ein.

Stehende und laufende Bilder

Auch die Chemie schuf neue Medien: Die Franzosen Joseph Niépce und Louis Daguerre erfanden seit 1826 Verfahren, Bilder auf beschichteten Platten festzuhalten. Viele Forschende entwickelten die Fotografie weiter. Ende des 19. Jh. waren Fotoapparate so klein und billig, dass viele Menschen Bilder aufnehmen und vervielfältigen konnten.

Seit 1870 versuchten Techniker, auch Bewegungen abzulichten. 1895 wurden erste kurze Filme öffentlich vorgeführt – das Kino war geboren.

In „Wochenschauen" erfuhren Kinobesucherinnen und -besucher Aktuelles aus aller Welt. Durch die Erfindung der Tonaufzeichnung (u. a. durch Thomas Edison) wurde der Stummfilm seit 1926 vom Tonfilm abgelöst, später setzte sich der Farbfilm durch.

Es geht auch ohne Drähte!

Die Entdeckung der elektromagnetischen Wellen durch Heinrich Hertz 1888 wurde sofort zur Nachrichtentechnik genutzt. Die Reichweite konnte stetig gesteigert werden. 1901 funkte der Italiener Guglielmo Marconi ein Telegramm über den Atlantik. Nach dem Ersten Weltkrieg (1914-1918) begannen in vielen Ländern regelmäßige Sendungen von Musik und Sprache. Das Radio wurde ein Medium für viele, da die Geräte bald billiger wurden. Nach dem Zweiten Weltkrieg (1939-1945) war das Fernsehen ausgereift. Ab 1953 wurde in Deutschland regelmäßig gesendet. Die Geräte waren anfangs so teuer, dass die Zahl der Zuschauerinnen und Zuschauer nur langsam stieg. Vor allem die Übertragung interessanter Ereignisse förderte die Anschaffung von Fernsehern. Radio und Fernsehen waren die ersten elektronischen Massenmedien.

Computer – weltweit vernetzt

Inzwischen hatten Techniker den Computer entwickelt. Anfangs war er nur ein Rechengerät. In den 1960er-Jahren verband man beim Militär und an Universitäten mehrere Rechner zu „Netzwerken". Um 1980 wurden Computer so klein und billig, dass Privatleute sie sich angeschafften („PC", personal computer). Auch sie wollten ihre Geräte verbinden. In den 1990er-Jahren entstand so das Internet. Anfangs war es wie eine große Bibliothek: Menschen stellten Informationen hinein, andere Leute nutzten sie. Ab etwa 2000 wurde das Internet auch ein „Mitmach-Medium": Nutzerinnen und Nutzer veröffentlichen Netz-Tagebücher, die andere kommentieren können (Blogs). Menschen arbeiten gemeinsam an Wissensseiten (Wikis) oder teilen ihr Privatleben in „sozialen Netzwerken" mit (z. B. Facebook). Leben und Arbeit werden digital (**Digitalisierung**).

Das Internet enthält heute verschiedene Medien: Texte, Fotos, Karten, Diagramme, Sprache und Musik, Filme. Es vereinigt Dienste, für die es ältere Medien gibt: Brief und Telefon, Buch und Zeitung, Kino, Radio und Fernsehen. Das Internet ist ein Vielfach-Medium, es ist multimedial.

Internettipp:
Unter dem Mediencode 31101-110 kannst du viel über die Geschichte verschiedener Medien erfahren.

M2 Das lebendige Kabel

1866 berichtet eine Zeitung über das neue Unterseekabel zwischen England und den USA:

Es bringt die Welt zusammen. Es verbindet die getrennten Erdhalbkugeln. Es vereinigt entfernte Völker, lässt sie spüren, dass sie Glieder einer großen Familie sind. Ein Seekabel ist keine eiserne Kette, die kalt und tot in den eisigen Tiefen des Atlantiks liegt. Es ist ein lebendiges, fleischliches Band zwischen getrennten Teilen der Menschenfamilie. Auf ihm werden ewig Signale der Liebe und Zärtlichkeit hin- und herlaufen. Durch so starke Bindungen trägt es dazu bei, die menschliche Rasse in Einheit, Frieden und Eintracht zu verknüpfen.

Tom Standage, The Victorian Internet. The remarkable Story of the Telegraph and the nineteenth century's On-line pioneer, New York 1998, S. 104 (übersetzt von Markus Sanke)

M3 Digitalisierung im Alltag

M4 Fernsehen als Gemeinschaftserlebnis

Foto von Josef Heinrich Darchinger, Fritzlar 1956

Anfangs kosteten Fernsehgeräte zwei bis vier durchschnittliche Monatsgehälter eines Angestellten. Die ersten Bildschirme standen oft in Gaststätten, wo man sich zum Fernsehen traf.

M5 Tägliche Mediennutzung in Deutschland*

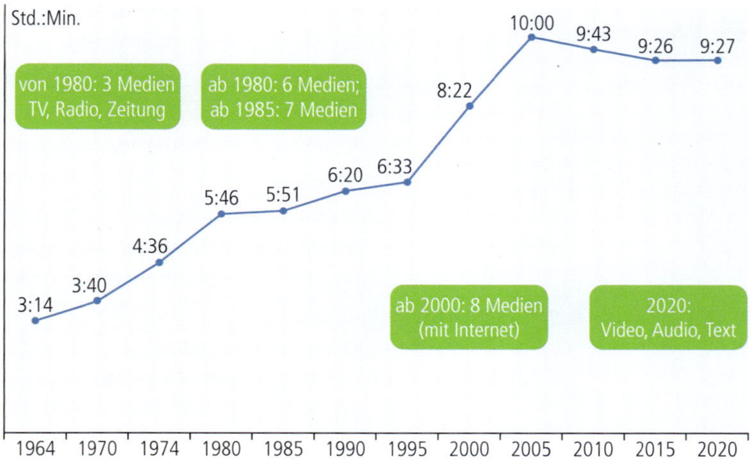

Quelle: ARD/ZDF-Massenkommunikation Langzeitstudie

**ab 14 Jahren, bis 1990 nur alte Bundesländer, Mo-So (vor 1990 Mo-Sa), 5:00-24:00 Uhr*

Ab 1980: zusätzlich Tonträger (Schallplatten, Tonbänder, Kassetten, CDs), Bücher, Zeitschriften; ab 1985: zusätzlich Video; ab 2000: zusätzlich Internet; ab 2020: zahlreiche Medienangebote aus den Gattungen Bewegtbild (Video), Audio und Text einschl. Onlineangeboten und klassischen Medien (TV, Radio, Zeitungen/Zeitschriften) sowie nicht-mediales Internet (Onlineshopping, Kommunikation, Onlinespiele etc.)

1. *Zeichne die Zeitleiste für ein Medium in dein Heft.* ***Stelle fest****, welche Fortschritte darin gemacht wurden, und trage wichtige Neuerungen ein (VT, M1-M5).*
2. *Der Autor von M2 beendet seinen Zeitungsartikel mit einer Einschätzung des Telegrafenkabels.* ***Nimm Stellung*** *zu seiner Hoffnung.*
3. *a)* ***Erläutere*** *das Schaubild M3. b)* ***Erstelle*** *einen „digitalen Steckbrief" deiner Familie. Wie digital ist euer Alltag?* (H)
4. *a)* ***Untersuche*** *M5. b)* ***Stelle Vermutungen*** *über die Zukunft der Medien* ***an****.*
5. ***Bewerte*** *den Wandel von Kommunikation und Medien von 1800 bis heute.*

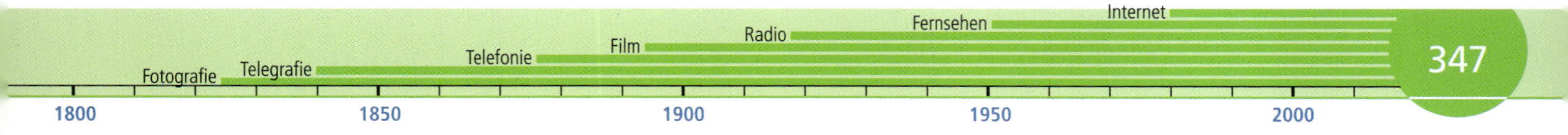

Die Städte wachsen schnell

M 1 **Ansicht des BASF-Werks**
Stich, um 1900

Rund um Fabriken entstehen Großstädte

Das Angebot an Arbeitsplätzen bewirkte, dass sich viele Menschen bei Fabriken und Bergwerken ansiedelten. Einige schon bestehende Städte wuchsen auf diese Weise enorm und sogar aus manchen Bauerndörfern entwickelten sich Industriestädte mit großen Arbeitersiedlungen. Die Industrialisierung und die Verstädterung (**Urbanisierung**) gehören deshalb eng zusammen.

Der größte industrielle Ballungsraum Europas entstand bis 1900 im Ruhrgebiet. Große Kohle- und Eisenerzvorkommen boten hier ideale Bedingungen für die Schwerindustrie und ließen zahlreiche Bergwerke und Fabriken mit Hochöfen entstehen.

Probleme des Wachstums

Die Städte waren auf einen so raschen Zuzug von vielen Menschen nicht eingestellt. Es gab nicht genügend Wohnungen, die Wasserversorgung war überlastet und auch Lebensmittel waren knapp.

Viele mussten zunächst in notdürftigen Baracken hausen. Neue, mehrstöckige Wohnhäuser wurden gebaut. Die privaten Investoren interessierten sich aber vor allem für ihren Profit und vermieteten auch kleine und heruntergekommene Wohnungen teuer. Seit Beginn des 20. Jh. wurden zunehmend sogenannte „Gartenstädte" gebaut. In diesen grünen Siedlungen am Stadtrand sollte auch die einfache Bevölkerung gesund wohnen können.

Beispiel Ludwigshafen

Bis zur Mitte des 19. Jh. war Ludwigshafen eine kleine bäuerlich-handwerklich geprägte Gemeinde mit einem privaten Handels- und Hafenplatz am Rhein. Die pfälzische Regierung förderte die rasche Vergrößerung der Gemeinde und erhob sie 1859 zur Stadt. Ludwigshafen sollte industrieller Gegenpol zum badischen Mannheim werden.

Entscheidend dafür war die Ansiedlung der Badischen Anilin- und Sodafabrik, kurz BASF. Die Firma produzierte synthetische Farbstoffe und entwickelte sich zum größten Chemiekonzern der Welt. Das Werk zog immer mehr Arbeitssuchende in die Stadt. Allein zwischen 1888 und 1899 verdoppelte sich die Einwohnerzahl auf 50 000.

Die Wohnungsnot wurde zum sozialen Problem. Die BASF begann daher mit dem Bau von günstigen Werkswohnungen für die Arbeiterschaft.

Heute ist Ludwigshafen mit ca. 160 000 Einwohnerinnen und Einwohnern nach Mainz die zweitgrößte Stadt in Rheinland-Pfalz.

M 2 **Häuser der BASF-Arbeitersiedlung Hemshof**
Postkarte, um 1920
Jedes der rund 100 Häuser hatte vier Wohnungen und einen eigenen Garten.

1. *Bildet kleine Arbeitsgruppen und **stellt** in einem Schaubild **dar**, welche Probleme ein schneller Anstieg der Einwohnerzahl in einer Stadt mit sich bringt (VT).* (H)
2. *Um 1900 war die BASF in Ludwigshafen die weltweit größte chemische Fabrik. **Stellt** in einem kurzen Referat die Geschichte des Unternehmens **vor**. Beachtet auch heutige Produkte und die Entwicklung zu einer internationalen Marke.* (G)

M3 Inmitten einer „stinkenden Kloake"

Charles Alexis Henri Clérel de Tocqueville, ein französischer Politiker und Schriftsteller, beschreibt 1835 seine Eindrücke von der Textilindustrie in England:

Auf dem Gipfel der Hügel [in Manchester] erheben sich dreißig oder vierzig Fabriken. Mit ihren sechs Stockwerken ragen sie hoch in die Luft. Ihr unabsehbarer Bereich kündet weithin von der Zentralisation der Industrie. Die Straßen, welche die einzelnen, noch schlecht verbundenen Teile der großen Stadt miteinander verbinden, bieten wie alles andere das Bild eines hastigen und noch nicht vollendeten Werkes: die schnelle Aufbauleistung einer gewinnsüchtigen Bevölkerung [...]. Ein dichter schwarzer Qualm liegt über der Stadt. Durch ihn hindurch scheint die Sonne als Scheibe ohne Strahlen. In diesem verschleierten Lichte bewegen sich unablässig dreihunderttausend menschliche Wesen. Inmitten dieser stinkenden Kloake hat der große Strom der menschlichen Industrie seine Quelle, von hier aus wird er die Welt befruchten. Aus diesem Dreckloch fließt das pure Gold.

Zit. nach: Matthias Beimel u. a., Industrialisierung, Frankfurt am Main 1987, S. 9

M4 Städte wachsen

Einwohnerzahl in Tausend	1800	1875	1910
Berlin	172	967	2071
Breslau	60	239	512
Dortmund	4	58	214
Dresden	60	197	548
Duisburg	4	37	229
Erfurt	17	48	124
Frankfurt am Main	48	103	415
Hamburg	130	324	931
Hannover	18	107	302
Kiel	7	37	211
Leipzig	30	127	590
München	40	193	596
Nürnberg	30	91	333
Stuttgart	18	107	286

Nach: Wilhelm Treue und Karl-Heinz Manegold, Quellen zur Geschichte der industriellen Revolution, Göttingen [2]1979, S. 142 f. und Hubert Kiesewetter, Industrielle Revolution in Deutschland 1815-1914, Frankfurt am Main 1989, S. 135

M5 Andernach um 1840
Druck nach einem Aquarell aus dem 19. Jh.

M6 Andernach um 1900 (nachkoloriertes Foto)

1. a) ***Untersuche*** *die Darstellung Manchesters von Alexis de Tocqueville (M3).*
   b) ***Erörtere*** *die Aussage „Aus diesem Dreckloch fließt das pure Gold".* (H)
   c) ***Verfasse*** *einen Brief an Alexis de Tocqueville aus Sicht eines Fabrikbesitzers aus Manchester.*
2. ***Vergleiche*** *die beiden Ansichten von Andernach (M5, M6).*
3. a) ***Stelle*** *die Bevölkerungsentwicklung zweier Städte in Deutschland in einem Liniendiagramm (siehe S. 357)* ***dar*** *(M4).*
   b) ***Vervollständige*** *dein Liniendiagramm mit den aktuellen Einwohnerzahlen deiner ausgewählten Städte.* (G)

Das Arbeitsleben ändert sich

M 1 **Kontrolluhr für Arbeiter**
Foto um 1900

Arbeit in Fabriken und an Maschinen

Für die Menschen, die in die Industriegebiete zogen, veränderten sich Arbeit und Alltag grundlegend. Die meisten von ihnen fanden Arbeit in den Fabriken. Die Industriearbeiterschaft entstand. Bis zum Beginn des 19. Jh. wurde sie zur größten sozialen Gruppe.

Vor der Industrialisierung hatte sich die Arbeit flexibel an den Jahres- und Tageszeiten, dem Wetter und den privaten Bedürfnissen im Haus oder auf dem Hof orientiert. In der Fabrik musste diese nun Uhr und Maschine untergeordnet werden. Morgens ertönte zu einer genau festgesetzten Zeit eine Glocke oder ein Pfeifen, was weit zu hören war. Es signalisierte, dass nun die Dampfmaschine lief, die die Arbeitsmaschinen antrieb. Die Arbeiter und Arbeiterinnen mussten pünktlich an ihrem Arbeitsplatz sein.

M 2 **Telefonzentrale eines Industriebetriebes**
Foto von 1920
Mithilfe sogenannter „Stöpselverbindungen" vermittelten Telefonistinnen die Anrufer weiter. Das männliche Aufsichtspersonal achtete darauf, dass die Frauen zügig und ausdauernd arbeiteten und freundlich blieben.

Unternehmer und Maschine fordern Disziplin

Der unerbittliche Rhythmus der Maschine machte es unmöglich, eigene Pausen einzulegen. Er gab auch die Arbeitsgeschwindigkeit vor. In möglichst kurzer Zeit sollte möglichst viel produziert werden. Deshalb ordneten die Unternehmer Nachtschichten an. Die tägliche Arbeitszeit in der Fabrik betrug zehn bis zwölf Stunden. Die Menschen an den Maschinen mussten sich dieser Fabrikdisziplin unterordnen. Lärm, giftige Abgase, schlechte Belüftung, besonders im Bergbau, mussten sie ertragen.

Viele Arbeiter und Arbeiterinnen waren zunächst schockiert und verließen oft nach wenigen Wochen die Fabrik, sodass die Belegschaft schnell wechselte. Erst allmählich gewöhnten sich die Menschen an diese Arbeitsbedingungen. Aufseher und Vorarbeiter konnten Entlassungen verfügen, Geldstrafen verhängen, aber auch Prämien bei Pünktlichkeit zahlen.

Arbeitsteilung wird wichtiger

Neben der industriellen Produktion fielen in einem Industrieunternehmen auch andere Arbeiten an: Kauf von Rohstoffen, Werbung, Verkauf der Fertigware, Gütertransport und zahlreiche Organisationsaufgaben.

Diese Aufgaben übernahmen Angestellte. Betrug die Zahl der Angestellten 1882 im Deutschen Reich etwa 300 000 Personen, so waren es im Jahr 1907 mehr als viermal so viel. Für die vielfältigen Büroarbeiten setzten die Unternehmer auch gern Frauen ein:

- Die Stenotypistin spezialisierte sich auf Stenografie (Kurzschrift, mit der Diktiertes schnell aufgeschrieben werden konnte) und Maschinenschreiben.
- Die Buchhaltung verbuchte Einnahmen und Ausgaben.
- Kontoristen und Kontoristinnen führten Karteien und Ablagen.

1. ***Erkläre**, warum Unternehmer in ihren Fabriken ab 1900 immer häufiger Kontrolluhren und Aufsichtspersonal einsetzten (M1, M2).*

M 3 Arbeiter in der Berliner Kleinmotorenfabrik der „Allgemeinen Elektricitäts-Gesellschaft" (AEG)
Foto, um 1900 (Ausschnitt)

M 4 Fabrikordnung

Die Arbeitsordnung der Firma Friedrich Krupp in Essen von 1841:

In letzter Zeit immer mehr eingerissene Unordnungen, besonders häufiges Zuspätkommen, erfordern die strenge Handhabung des hier Folgenden:

1. Fünf Minuten nach 6 Uhr oder nach dem Glockenschlage, womit die Arbeit beginnt, wird aufgeschrieben, wer fehlt, wer später kommt, muss sich melden, weil sonst von ihm keine Notiz genommen wird.
2. Wer mehr als 5 Minuten zu spät kommt, steht sich nicht besser, als wer eine ganze Stunde zu spät kommt, und wird um ¼ Taglohn bestraft, kommt dies aber binnen 14 Tagen zweimal vor, so kostet es das zweite Mal ½ Taglohn.
3. Ein Zuspätkommen von mehr als einer Stunde, z. B. 1 ½ oder 2 Stunden wird angesehen, als ob es ¼ Tag wäre, und erhält ½ Taglohn Abzug, und wenn dies binnen 14 Tagen zweimal geschieht, ein ganzer Taglohn.
4. Für ½ Tag Ausbleiben wird ein ganzer Tag abgezogen und für 1 Tag: 2 Tage […]
7. Eine begründete Entschuldigung entbindet von jeder der vorn erwähnten Strafen, jedoch muss diese Entschuldigung am ersten halben Tag, nachdem mit der Arbeit wieder angefangen ist, in geziemender Weise vorgebracht werden.

Zit. nach: Jürgen Kuczynski, Die Geschichte der Lage der Arbeiter unter dem Kapitalismus, Teil I, Bd. 2, Berlin 1962, S. 196ff.

M 5 Die Schreibmaschine setzt sich durch

Ein Geschichtswissenschaftler schreibt 2005:

Um die Jahrhundertwende wurden die Schreibarbeiten in den Kontoren der großen Unternehmen immer noch von jungen Handelsgehilfen von Hand ausgeführt.

Wettbewerbe und Meisterschaften in Schreibmaschineschreiben belegen, dass Männer und Frauen gegeneinander angetreten sind. Nachdem in den 1880er-Jahren noch die Hersteller selbst Kurse im Schreibmaschineschreiben anboten, war das neue Fach seit den 1890er-Jahren bereits in den Handelsschulen vertreten. Da die Lehrgänge mit dem Erlernen von Stenografieren verbunden waren, belegten immer mehr Frauen die Kurse, um ihre Qualifikation zu verbessern. Auf diese Weise verdrängten sie die männlichen Kräfte aus den Schreibpositionen; Schreibmaschineschreiben galt seit den 1920er-Jahren als reiner Frauenberuf.

Nach: Flurin Condrau, Die Industrialisierung in Deutschland, Darmstadt 2005, S. 89f.

Internettipp:
Vergleiche das heutige Arbeitszeitgesetz unter Mediencode 31101-111.

1. ***Erläutere*** *den Zweck der Fabrikordnung. Gehe dabei auf einzelne Punkte genauer ein.*
2. ***Beurteile****, welche Rolle weibliche Angestellte spielen konnten (M5).*
3. ***Beurteile*** *das Verhältnis zwischen Fabrikleitung und Arbeiterinnen und Arbeitern bzw. Angestellten (M1-M5, VT).* (H)
4. *Bildet Zweiergruppen und* ***startet ein Rollenspiel****: Ein junger Handwerker vom Dorf ist seit drei Wochen Fabrikarbeiter und bereits drei Mal unpünktlich gewesen, was zu Geldstrafen geführt hat. Nun ist er wieder zu spät. Der Aufseher stellt ihn zur Rede (M4, VT).*
5. *Die Verfassung der Bundesrepublik schützt den Sonntag als Tag der Arbeitsruhe ausdrücklich (GG Art. 140). Immer wieder gibt es Forderungen nach verkaufsoffenen Sonntagen.* ***Nimm*** *dazu* ***Stellung****.* (G)

Die Lebensverhältnisse der Arbeiter

M 1 Einzimmerwohnung in Berlin um 1900
Oft lebten ganze Familien in engen, feuchten Ein- bis Zweizimmerwohnungen.

INFO 1 Die Industriearbeiterschaft

Im 19. Jh. entstand eine Industriearbeiterschaft, die schon bald die größte Gesellschaftsschicht bildete. Für diese Menschen veränderten sich die Lebens- und Arbeitsverhältnisse tief greifend. Ein Arbeiter verdiente meist nur so viel, dass er gerade so die Lebenshaltungskosten wie z.B. Miete, Lebensmittel, Heizkosten, Kleidung für sich selbst zahlen konnte. Der Lohn reichte in der Regel nicht für die Versorgung einer Familie. Arbeiter hatten durchschnittlich nur eine geringe Lebenserwartung. Dafür waren auch vor allem die schlechten Wohnverhältnisse, harte Arbeit und Not verantwortlich.

Fiktives Interview

Arbeitet die Lebens- und Arbeitsbedingungen der Arbeiterschaft heraus und führt ein fiktives – also ausgedachtes – Interview mit Mitgliedern aus einer Arbeiterfamilie durch.

1 Teilt die Klasse in drei Gruppen auf (Gruppe A, B und C).

2A Wie lebten und arbeiteten die Fabrikarbeiter? Fasst die Informationen aus M1 bis M4 und INFO 1 bis 3 zusammen.*

2B Wie lebten und arbeiteten Frauen aus einer Arbeiterfamilie? Fasst dafür zunächst die Informationen aus M1, INFO 1 bis 4, M2, M5, M6 zusammen.*

2C Wie lebten und arbeiteten Kinder aus einer Arbeiterfamilie? Fasst dafür zunächst die Informationen aus M1, INFO 1 und 2, M2, INFO 5, M7, M8 zusammen.*

3A Führt ein fiktives Interview mit zwei Fabrikarbeitern, die von ein oder zwei Reportern interviewt werden.

3B Führt ein fiktives Interview mit zwei Arbeiterfrauen, die von ein oder zwei Reportern interviewt werden.

3C Führt ein fiktives Interview mit zwei Arbeiterkindern, die von ein oder zwei Reportern interviewt werden.

4 Stellt den anderen Gruppen eure Ergebnisse vor.

5 Diskutiert, ob sich die Lebens- und Arbeitsbedingungen der Arbeiterfamilie im Vergleich zu einer Bauernfamilie aus dem Mittelalter (vgl. S. 170 f.) verbessert haben.

6 Nehmt Stellung, wie man die Lebenssituation einer Arbeiterfamilie verbessern könnte. Denkt dabei z. B. an Schulbildung oder die Möglichkeit einer sozialen Absicherung.

[1] Berücksichtigt auch die Fotos. Wie man Fotos als Quellen auswertet, wird auf S. 356 erklärt.

INFO 2 Die Arbeiterwohnungen

An den Industriestandorten mangelte es an Wohnraum. Um der Wohnungsnot entgegenzuwirken, wurden dicht aneinandergereihte, kostengünstige mehrstöckige Mietskasernen gebaut. Die Bebauung war oft minderwertig und die Wohnverhältnisse waren katastrophal: wenig Licht, schlechte Luft, unzureichende Beheizung und Wasserversorgung führten dazu, dass Räume häufig feucht und schimmlig waren und die Menschen krank wurden. Toiletten, die die Mietparteien gemeinschaftlich benutzten, lagen im Treppenhaus oder im Hof. Aufgrund der hohen Mieten teilten sich viele Familien ein einziges Zimmer. Viele nahmen zusätzlich noch sogenannte Schlafgänger auf: Dies waren mittellose Menschen ohne eigene Wohnung, die die Betten der eigentlichen Bewohnerinnen und Bewohner zum Schlafen mieteten, während diese arbeiteten. Viele Schlafgänger mussten sich das Bett mit den Kindern der Familie teilen.
Diese Wohnverhältnisse zerstörten häufig das Familienleben. Die Männer zogen das Wirtshaus den engen Wohnungen vor. Übermäßiger Alkoholkonsum und Ausweglosigkeit ließ nicht selten Gewalt gegen Frauen und Kinder entstehen.

M 2 Wohnverhältnisse

Ein Bericht von 1908 schildert, wie rheinisch-westfälische Industriearbeiter leben:

In einem Schlafraume, mit zwei Bettstellen ausgestattet, der nie gelüftet, noch seltener gereinigt wird und dessen Bettzeug daher einem Haufen stinkender Lumpen ähnlich ist, kampieren oft bis zu 10 Personen, vier Kinder in einem Bette, zwei am Kopf und zwei am Fußende, ohne Rücksicht auf Alter und Geschlecht. Wie viele Schlafräume gibt es außerdem, wo es sogar an diesem notwendigsten Hausrat völlig mangelt. Man schläft dann auf Dielen, auf ausgebreiteten Strohsäcken, die größtenteils durch allzu reichliche Benutzung und seltene Erneuerung, durch Ungeziefer weit eher einem Misthaufen ähneln denn einer Lagerstätte für Menschen.

Nikolaus Joniak, Das Arbeiterwohnungselend im rheinisch-westfälischen Industriebezirk, Frankfurt a. M. 1908, S. 4 f. (gekürzt)

M 3 Arbeiter an einem sogenannten Dampfhammer, mit dem Stahl bearbeitet wurde
Foto aus der Gussstahlfabrik in Essen, um 1900
In den Öfen wurde das Erz bei über 1 200 Grad geschmolzen; in der Halle herrschte daher große Hitze.

INFO 3 Situation am Arbeitsplatz

Die Menschen schufteten in den Fabriken unter härtesten Bedingungen. Sie riskierten dabei nicht selten ihr Leben, weil Sicherheitsvorkehrungen fehlten und es deshalb häufig zu Arbeitsunfällen kam. Die schlechten Arbeitsbedingungen – Lärm, Hitze, giftige Abgase, schlechte Luft und lange Arbeitszeiten – machten sie zudem krank.
Eine ständige Existenzangst prägte den Alltag der Arbeiter. Sie fühlten sich den Vorgesetzten ausgeliefert und fürchteten sich vor Entlassungen: Es gab weder Kündigungsschutz noch Versicherungen, die sie bei Krankheit, Unfällen oder Arbeitslosigkeit absicherten. Wer krank wurde, rutschte ins Elend ab und riss dabei unweigerlich die Familie mit.
Weil es ein Überangebot an Arbeitskräften gab und jeder Arbeiter schnell ersetzt werden konnte, hielten die Fabrikanten die Löhne niedrig – trotz überlanger Arbeitszeiten von oftmals sogar 15 bis 17 Stunden an mindestens sechs Tagen der Woche. So reichte das Einkommen nicht zum Lebensunterhalt einer Familie aus. Es drohte schnell ein Leben am Rande des Existenzminimums.

M4 Bedingungen in deutschen Fabriken

1894 berichtet ein Arzt nach dem Fabrikbesuch:

Es ist kein schöner, kein erheiternder Anblick, die Arbeitermassen so zu betrachten, wenn sie von ihrer Tätigkeit kommen, die Männer mit den rußigen Gesichtern und abgetragenen, schmierigen Kitteln, [...] man sieht ihnen das Ungesunde, die harte, drückende Ausnutzung der Kräfte und das geistig Abstumpfende ihres Berufes an. Die Arbeitszeit ist lang und mit ganz unzureichenden, zu klein bemessenen Unterbrechungen, und dazu kommt, dass die Arbeit zum größten Teil äußerst einförmig und gleichmäßig ist, häufig den Körper in eine bestimmte, andauernde Haltung zwingt, die leicht zur Ermüdung führt und gesundheitsschädlich wirkt. Die Arbeit in den Fabrikräumen ist aus dem Grund schon der Gesundheit nicht zuträglich, weil sie in geschlossenen, überfüllten, ungenügend gelüfteten Werkstätten stattfindet, und eine ausreichende und ausgleichende Bewegung in frischer Luft mangelt. So arbeiten sie einen Tag wie den anderen von früh bis abends, jahrein jahraus, immer wieder dasselbe in denselben Räumen auf demselben Fleck. Eine Hoffnung, dass sie mit der Zeit durch Ausdauer und Anstrengung vorwärtsstreben können, gibt es nicht.

Die Not des vierten Standes (von einem Arzte), Leipzig 1894, S. 2f., zit. nach: Dieter Ziegler, Die Industrielle Revolution, Darmstadt ²2009, S. 47 (gekürzt)

M5 Heimarbeit
Wohn- und Schlafraum in Berlin (16 m² groß), 1910
Häufig arbeiteten Frauen zu Hause für sogenannte Verleger: Diese brachten den Frauen das Arbeitsmaterial und ließen sie für einen geringen Lohn die fertige Ware herstellen. Hier fertigt eine Heimarbeiterin zusammen mit ihren Kindern Knallbonbons.

INFO 4 Das Leben der Arbeiterfrauen

Frauen aus den Unterschichten hatten es besonders schwer. Sie erhielten durchschnittlich nur zwischen einem und zwei Drittel der Männerlöhne. In der Frühzeit der Industrialisierung gab es zudem keine Schutzbestimmungen für schwangere Frauen oder Mütter, die Neugeborene stillten. Daher gaben viele Arbeiterinnen mit Kleinkindern die Fabrikarbeit auf und versuchten als Putz-, Wasch- oder Nähhilfen etwas hinzuzuverdienen oder übernahmen schlecht bezahlte Heimarbeiten, um bei ihren Kindern bleiben zu können.

Zusätzlich mussten sich die Frauen um Haushalt und Kinder kümmern und das Essen zubereiten: Kartoffeln, Brot, Suppen aus Getreide, zum Frühstück mit Wasser verdünnte Milchsuppe waren die wichtigsten Speisen in der Arbeiterfamilie. Erst gegen Ende des 19. Jh. verbesserten sich die Lebensverhältnisse, sodass selten auch Fleisch, Milch und Eier auf dem Tisch landeten. Aufgrund der Doppelbelastung – Haushalt, Kindererziehung sowie harter Arbeit bei häufiger Mangelernährung– alterten die Arbeiterfrauen rascher und starben früher.

M6 Arbeitstag einer Spulerin

In der Zeitung „Der Textil-Arbeiter" erscheint 1909 der Bericht einer Arbeiterin, die in einer Textilfabrik an der Garnspulmaschine arbeitet:

Wenn der Morgen grau heraufdämmert, so eilen wir Spulerinnen mit unseren kleinen Kindern in Scharen durch die Gassen, um die Kleinen tagsüber unterzubringen. [...] Sind die Kinder versorgt, so laufen die Mütter hastig zur Fabrik, um an surrenden Maschinen ein Stück Brot zu verdienen. Kaum haben wir den Fabriksaal betreten, so heißt es: schuften! Vom Meister oder der Meisterin werden wir zum Morgengruße angeschnauzt. Dann schleppen wir, mit Kisten und Körben beladen, wie Packesel, das Material herbei, das oft 30 - 40 Kilogramm schwer ist. [...] Um halb zwölf Uhr mittags geht es im Laufschritt, marsch, marsch nach Hause, um das berühmte Proletarieressen, Kartoffeln und Hering, zu richten. [...] Um halb ein Uhr geht es dann wieder im Trab in die Fabrik, wo wir müde und gehetzt bis halb sechs oder halb sieben schanzen.[1] [...] Nach Arbeitsschluss eilen wir aufs Neue durch die Gas-

[1] schanzen: schaffen, alles fertig stellen

sen, um unsere Kinder zusammen zu holen. Sind alle daheim, so wird für die ganze Familie eine Brühe zurechtgemacht, die mit Kaffee nur den Namen gemein hat; vielleicht ist für den Mann ein Stück Hering oder ein Teller Suppe vom Mittagessen übriggeblieben. Sobald wir gegessen haben und die Kinder zu Bett gebracht sind, beginnt für uns Frauen die Quälerei von Neuem. Mit einem Eimer auf dem Kopf, einem anderen in der Hand, hasten wir eine viertel oder eine halbe Stunde zum Bach, um zu waschen. Gar manchmal wird es zwölf Uhr und noch später, bis wir damit fertig sind.

Der Textilarbeiter, Nr. 6. vom 5. Februar 1909, S. 44; zit. nach: http://library.fes.de/gewerkzs/textilarbeiter/1909/pdf/1909-006.pdf

INFO 5 Kinderarbeit

Weil das Einkommen der Arbeiterfamilien so gering war, mussten auch die Kinder mitarbeiten. Kinderarbeit war in der Arbeiterschaft weit verbreitet und wurde von der Mehrheit der Bevölkerung befürwortet. Massenhaft wurden Kinder für die Fabrikarbeit und Arbeit in Bergwerken herangezogen und ihre Gesundheit ruiniert. Sie waren billige Arbeitskräfte, denn sie arbeiteten für weit niedrigere Löhne als Männer und Frauen. Die Unternehmer begründeten die Beschäftigung von Kindern damit, dass diese wegen ihrer kleineren Statur Arbeiten verrichten konnten, die für Erwachsene schwieriger oder unmöglich waren, etwa durch sehr enge Stollen im Bergwerk schlüpfen.

Viele Kinder verwahrlosten und erhielten nur eine minimale Schulbildung. Ihre Zukunftschancen waren schlecht, denn ohne Bildung war ein sozialer Aufstieg kaum möglich. Es gab zwar eine allgemeine Schulpflicht, doch diese wurde nicht konsequent umgesetzt. Auch Kinder arbeiteten bis zu 14 Stunden täglich – ein regelmäßiger Schulbesuch war so nicht möglich.

Nur schrittweise schränkte der Staat die Kinderarbeit ein. 1839 verfügte Preußen, dass in Fabriken und Bergwerken nur noch Kinder ab 10 Jahren arbeiten durften. Die Arbeitszeit der übrigen Kinder wurde auf zehn Stunden am Tag begrenzt. Nach dem Kinderschutzgesetz von 1903 mussten Kinder in Industriebetrieben mindestens 14 Jahre alt sein.

M 8 Kinder bei der Arbeit in einer Spinnerei
Foto von 1907
Aufgrund ihrer Körpergröße konnten Kinder besser als Erwachsene in die Maschinen klettern.

M 7 Kindheitserinnerungen

Adelheid Popp berichtet über ihre Kindheit in den 1870er-Jahren. Sie war das jüngste von 15 Kindern einer Weberfamilie, von denen nur vier überlebten. Sie ging nur drei Jahre zur Schule und musste bereits als zehnjähriges Mädchen in einer Fabrik arbeiten. Sie wuchs ohne Vater auf.

Wir zogen in die Stadt zu einem Ehepaar in eine kleine Kammer, wo in einem Bett das Ehepaar, im andern meine Mutter und ich schliefen. Ich wurde in einer Werkstätte aufgenommen, wo ich Tücher häkeln lernte; bei zwölfstündiger fleißiger Arbeit verdiente ich 20 - 25 Kreuzer[1] am Tag. Wenn ich noch Arbeit für Nacht nach Hause mitnahm, so wurden es einige Kreuzer mehr. Wenn ich frühmorgens um 6 Uhr in die Arbeit laufen musste, dann schliefen andere Kinder meines Alters noch. Wenn ich um 8 Uhr abends nach Hause eilte, dann gingen die anderen gut genährt und gepflegt zu Bette. Wenn ich gebückt bei meiner Arbeit saß und Masche an Masche reihte, spielten sie [= die Kinder der bürgerlichen Schicht] oder saßen in der Schule. [...] Wie oft an kalten Wintertagen, wenn ich abends die Finger so erstarrt hatte, dass ich die Nadel nicht mehr führen konnte, ging ich zu Bett mit dem Bewusstsein, dass ich morgens umso früher aufstehen müsste.

Zit. nach: Aus den Lebensberichten deutscher Fabrikarbeiter, zusammengestellt v. Georg Eckert, Braunschweig 1953, S. 40

[1] Kreuzer: Münzen, die bis zur Einführung der Mark in Deutschland Zahlungsmittel waren. Ein Liter Milch kostete etwa 6 Kreuzer.

Fotografien untersuchen

Fotos als Quellen

Fotos halten nur Augenblicke fest. Sie prägen aber unsere Vorstellungen von der Vergangenheit, weil sie anschaulich sind. Sie zeigen, wie Menschen einmal aussahen, wie sie sich kleideten, wie sie wohnten und arbeiteten. Fotos zeigen uns alte Ansichten von Städten und Landschaften, von Gebäuden, Fahrzeugen und anderen Gegenständen. Sie informieren uns auch über geschichtliche Ereignisse.

Wenn wir Fotos als historische Quellen benutzen wollen, müssen wir ihren Quellenwert prüfen. Denn ein Foto gibt die Wirklichkeit nur auf eine bestimmte Art wieder. Darum müssen wir bei der Analyse beachten, dass ein Foto

- uns nicht erzählt, was vor oder nach dem eingefangenen Augenblick geschehen ist,
- nur einen Ausschnitt eines Raums oder eines Geschehens zeigt,
- von einem bestimmten Standort aus und mit einer bestimmten Perspektive gemacht wurde.

M 1 Einraumwohnung im Berliner Südwesten
Foto vom 27. Juli 1910 der Firma Heinrich-Lichte & Co.
Um 1900 wurden in Berlin rund 2 000 Haushalte gezählt, die aus einem einzigen Raum bestanden. Das Foto wurde für eine große Bilddokumentation im Auftrag einer Berliner Ortskrankenkasse gemacht. Die Originalunterschrift lautet: „B.-SW, Kreuzbergstraße 49. Küche und gleichzeitig Arbeitsraum zur Anfertigung von Cigarren. Auch die Kinder arbeiten mit, die Ehefrau ist augenblicklich krank. Raummaße: 3,70 m lang, 2,60 m breit, 3,00 m hoch."

In drei Schritten zum Ziel

1. Nenne und beschreibe,
- wer das Foto wann gemacht hat,
- von welchem Standpunkt und aus welcher Perspektive es entstand,
- wer oder was abgebildet ist.

Achte dabei auf Bildtitel, Bildlegende, Farben, Raum, Personen und Gegenstände.

2. Erkläre und ordne ein,
- was über die Zeit, Personen und Orte bekannt ist, die auf dem Bild zu sehen sind,
- was sich über den Fotografierenden und die Verwendung des Fotos mithilfe einer Recherche herausfinden lässt.

3. Weise nach und beurteile,
- welche Wirkung das Foto beim Betrachtenden erzielt,
- mit welcher Absicht es aufgenommen wurde,
- welchen Quellenwert das Foto für uns heute hat.

1. ***Untersuche*** *M1 oder die Fotos auf S. 352 und 354 anhand der obigen drei Schritte.*
2. *a)* ***Notiere Fragen****, die sich dir beim Betrachten des Fotos stellen, sich jedoch nicht ohne Weiteres beantworten lassen. b)* ***Stelle Vermutungen an****, welche Quellen du heranziehen müsstest, um sie zu beantworten.* (H)

Statistiken und Diagramme auswerten

Geschichte in Zahlen

Wenn es um Bevölkerungs- und Wirtschaftsdaten oder Wahlen geht, brauchen wir Zahlen, um Verhältnisse verstehen und Veränderungen erkennen zu können. Werden sie systematisch gesammelt, sprechen wir von einer Statistik. Um statistische Daten anschaulich zu machen, fassen wir sie in Tabellen oder Diagrammen zusammen.

In drei Schritten zum Ziel

1. Beschreibe,
- welches Thema die Statistik hat,
- auf welche Zeit und auf welchen Raum sie sich bezieht,
- ob sie einen Zustand oder eine Entwicklung zeigt,
- welche Messgrößen verwendet werden.

2. Erkläre und ordne ein,
- in welche politischen, wirtschaftlichen, gesellschaftlichen Zusammenhänge die Daten gehören.

3. Deute,
- ob du die Daten erklären kannst,
- welche Haupterkenntnis du ihnen entnehmen kannst,
- woher die Daten kommen und wie zuverlässig sie sind,
- ob es Lücken in Datenreihen gibt und worauf sie zurückzuführen sind, welche weiteren Informationen du ggf. benötigst.

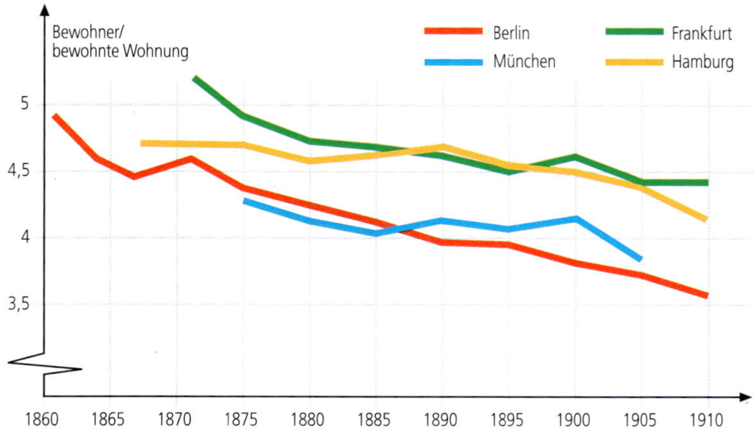

M1 Wie viele Personen pro Wohnung?

Nach: Hans J. Teuteberg und Clemens Wischermann, Wohnalltag in Deutschland 1850 -1914, Münster 1985, S. 132

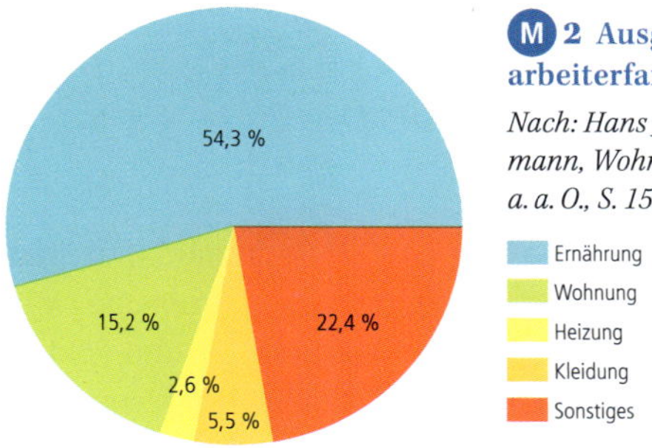

M2 Ausgaben einer Berliner Facharbeiterfamilie um 1889[1]

Nach: Hans J. Teuteberg und Clemens Wischermann, Wohnalltag in Deutschland 1850-1914, a. a. O., S. 150

Jahr	Zahl der Wohngebäude	Zahl der Bewohner pro Gebäude	Einwohner/ha
1852	3 187	12,3	17,71
1867	3 100	16,2	21,5
1871	3 799	13,5	23,1
1885	4 342	15,2	29,9
1900	4 884	18,3	40,4

Zum Vergleich:	
Bevölkerungsdichte in Berlin 1870:	112,4 Einwohner/ha
Bevölkerungsdichte in Bayern 1870 (Durchschnitt):	0,64 Einwohner/ha

M3 Entwicklung der Bevölkerungsdichte in Augsburg

Nach: Ilse Fischer, Industrialisierung, sozialer Konflikt und politische Willensbildung in der Stadtgemeinde. Ein Beitrag zur Sozialgeschichte Augsburgs 1840-1914, Augsburg 1977, S. 104f.

[1] Das Einkommen der Facharbeiterfamilie (Ehepaar und zwei Kinder) betrug 1 700 Mark im Jahr. Sie wohnte zur Miete in einem Zimmer mit Küche.

1. ***Arbeite*** *mithilfe der Arbeitsschritte oben die Aussagen von M1 bis M3* ***heraus****.*
2. *a)* ***Erstelle*** *aus der Tabelle M3 ein Diagramm.*
   b) ***Erkläre*** *mithilfe der Zahlen und im historischen Kontext diese Entwicklung.*
3. *a)* ***Stelle*** *das Diagramm M1 der Tabelle M3* ***gegenüber****.*
   b) ***Beurteile*** *Probleme, die sich beim statistischen Vergleich ergeben.*

Karl Marx fordert die Revolution

M 1 Karl Marx und Friedrich Engels
Überlebensgroßes Bronzedenkmal (Höhe Engels: 3,85 m) von Ludwig Engelhardt von 1986 in Berlin, Foto von 2014

Klassenkampf

Bevölkerungsexplosion, Massenarmut und Massenarbeitslosigkeit waren große Probleme während der Industrialisierung. Gelehrte und Politiker hatten unterschiedliche Ideen, um die elende Lage der Arbeiterinnen und Arbeiter – die **Soziale Frage** – zu verbessern.

Den Versuch einer wissenschaftlich fundierten Antwort gab in der Mitte des 19. Jh. **Karl Marx**. Er nannte die Wirtschaftsordnung seiner Zeit **Kapitalismus**, weil die Besitzer von Kapital (Geld), die **Kapitalisten**, nach seiner Ansicht die größte Macht hatten. Insbesondere besaßen die Kapitalisten, die Marx auch Bourgeoisie nannte, alle wichtigen Produktionsmittel (z. B. Fabriken).

Nach Marx beutet die Bourgeoisie das **Proletariat**[1], also die besitzlose Masse der Arbeiter, aus. Die von den Arbeiterinnen und Arbeitern produzierten Waren seien nämlich viel mehr wert als der Lohn, den diese von den Fabrikbesitzern bekämen.

Nach Marx waren die Reichen und Mächtigen aber noch nie bereit, Macht und Besitz zu teilen. Deshalb sei ein Kampf zwischen den Klassen[2] der Bourgeoisie und der Arbeiterschaft unvermeidbar. Die Proletarier sollten sich zusammenschließen und der Bourgeoisie in einer Revolution alle Produktionsmittel mit Gewalt wegnehmen. Vom Staat konnten die Arbeiterinnen und Arbeiter angeblich keine Hilfe erwarten, da er nach Marx von den Kapitalisten kontrolliert werde.

Auf dem Weg zur klassenlosen Gesellschaft

Nach der Revolution sollte es kein Privateigentum von Produktionsmitteln mehr geben. Alle Fabriken waren nach den Vorstellungen von Marx nun gemeinsamer Besitz der Menschen. Zunächst sollte der Staat die Produktionsmittel verwalten. Diese Besitzverhältnisse nennt Marx **Sozialismus**.

Wenn sich die Menschen an die neuen Eigentumsverhältnisse gewöhnt haben, brauchen sie nach Marx den Staat nicht mehr, weil alle friedlich und frei zusammenleben. Diesen Zustand nennt Marx **Kommunismus** (lat. communis: gemeinsam).

Sozialismus in der Praxis

Friedrich Engels, ein Freund von Marx, teilte dessen Weltanschauung (**Ideologie**). Gemeinsam entwickelten sie den **Marxismus** weiter und veröffentlichten die Ideen 1848 im „Manifest der Kommunistischen Partei". Sie hofften, mit der Revolution von 1848/49 ihre Ziele erreichen zu können. Nach deren Scheitern flohen Marx und Engels ins Ausland.

Nach dem Tode von Marx wurde Engels Herausgeber und Interpret der Marx'schen Schriften.

Später haben andere Philosophen und Politiker die Ideen von Marx und Engels vielfach umgeschrieben. Es sind sogar sozialistische Staaten errichtet worden. China hat noch heute eine sozialistische Verfassung. Ob die Nachfolger allerdings immer die Zustimmung von Marx und Engels bekommen hätten, ist sehr umstritten.

1. *Erkläre, warum die Idee des Kommunismus gerade zu dieser Zeit entstand.*
2. *Gib mit eigenen Worten **wieder**, warum Marx einen „Klassenkampf" als unvermeidbar ansah und welches Ziel dieser haben sollte. Hinweis: Verwende dazu die im Text hervorgehobenen Begriffe.*

Internettipp:
Unter dem Mediencode 31101-112 kannst du mehr über Karl Marx, Friedrich Engels und ihre Theorien erfahren.

[1] Vgl. dazu S. 128.
[2] Klasse: Gruppe von Menschen, die eine ähnliche Stellung im Wirtschaftsleben haben, z. B. Arbeiter

Soziale Frage* Karl Marx* Kapitalismus/Kapitalisten Proletariat Sozialismus Kommunismus* Friedrich Engels* Ideologie Marxismus

M2 Was wohin?

Begriffe	Theorie von Marx
Sozialismus	Soll besser leben.
Kommunismus	Marx nennt sie Bourgeoisie.
Produktionsmittel	Es gibt keinen Staat mehr.
Arbeiterklasse	Handtücher gehören nicht dazu.
Unternehmer	Fabriken in der Hand des Staates.
	Arbeiter, die in der Schule sind.
	Alle haben das gleiche Einkommen.

M3 „Ein Gespenst geht um …“

Aus dem „Manifest der Kommunistischen Partei“ von 1848. Es wird erst in den 1870er-Jahren einer größeren Leserschaft bekannt:

Ein Gespenst geht um in Europa – das Gespenst des Kommunismus […].

Unsere Epoche, die Epoche der Bourgeoisie, zeichnet sich […] dadurch aus, dass sie die Klassengegensätze vereinfacht hat. Die ganze Gesellschaft spaltet sich mehr und mehr in zwei große feindliche Lager […]: Bourgeoisie und Proletariat […].

Die Arbeiter beginnen damit, Koalitionen[1] gegen die Bourgeoisie zu bilden; sie treten zusammen zur Behauptung ihres Arbeitslohns. […]

[Der] erste Schritt in der Arbeiterrevolution [ist] die Erhebung des Proletariats zur herrschenden Klasse, die Erkämpfung der Demokratie […]. Das Proletariat wird seine politische Herrschaft dazu benutzen, der Bourgeoisie nach und nach alles Kapital zu entreißen […]. Es kann dies natürlich zunächst nur geschehen vermittels despotischer[2] Eingriffe in das Eigentumsrecht und in die bürgerlichen Produktionsverhältnisse […].

Mögen die herrschenden Klassen vor einer kommunistischen Revolution zittern. Die Proletarier haben nichts in ihr zu verlieren als ihre Ketten. Sie haben eine Welt zu gewinnen. Proletarier aller Länder, vereinigt euch!

Zit. nach: Theo Stammen und Alexander Classen (Hrsg.), Karl Marx: Das Manifest der kommunistischen Partei, Paderborn 2009, S. 66 f., 74, 84 und 96

M4 Freiheit und Recht
Stickbild aus Berlin 1910

[1] Koalition: Vereinigung, Bündnis
[2] despotisch: rücksichtslos

1. ***Ordne*** *jedem Begriff aus Spalte 1 einen Satz aus „Theorie von Marx“ in Spalte 2* ***zu*** *(M2). Hinweis: Zwei Sätze sind falsch und bleiben übrig.*
2. ***Nimm Stellung****: „Proletarier verlieren nur ihre Ketten, können aber eine Welt gewinnen“ (M3).*
3. *Das Stickbild wurde erst nach dem Tod von Karl Marx (1883) angefertigt (M4).* ***Begründe****, ob es ihm gefallen haben könnte.* (H)
4. *Nehmt in Zweiergruppen die Rolle einer kommunistischen Arbeiterführerin oder eines Arbeiterführers und eines Fabrikbesitzers ein und* ***diskutiert*** *über die Arbeits- und Lebensverhältnisse der Arbeiterinnen und Arbeiter Mitte des 19. Jh.*

Sozialdemokratie und Gewerkschaften

M 1 Fahne der Sozialdemokratie
Sie entstand um 1870.

M 2 „Mann der Arbeit, aufgewacht!"
Bildpostkarte der Gewerkschaften, 1908
Der Text lautet: „Mann der Arbeit, aufgewacht! Und erkenne deine Macht! Alle Räder stehen still, Wenn dein starker Arm es will."

Beginn der Arbeiterbewegung

Um sich an ihrem Wohnort oder in der Fabrik gegenseitig zu unterstützen, schloss sich die Arbeiterschaft in Vereinen zusammen. Mithilfe der Vereine strebten einige Arbeiter auch eine Verbesserung ihrer Bildung an. Revolutionäre Ziele, wie sie Karl Marx für sinnvoll hielt, hatten die ersten Arbeitervereine aber nicht.

Mitte des 19. Jh. bildete sich die sozialistische **Arbeiterbewegung**. Nun wurden auch überregionale Zusammenschlüsse ins Leben gerufen, die sich an den Ideen von Marx orientierten. Der 1863 gegründete Allgemeine Deutsche Arbeiterverein war ein wichtiger Schritt zur Gründung von Arbeiterparteien. Die 1875 gegründete Sozialistische Arbeiterpartei Deutschlands entwickelte sich zur größten Arbeiterpartei und nennt sich seit 1890 Sozialdemokratische Partei Deutschlands (SPD). Bis Ende des 19. Jh. waren die meisten Arbeiterinnen und Arbeiter im Deutschen Kaiserreich Anhänger der SPD.

Revolution oder Reform?

Innerhalb der Sozialdemokratie gab es zwei Strömungen. Die eine wollte im Sinne des Marxismus durch eine Revolution den Staat und die Gesellschaft grundlegend ändern. Für die andere war zunächst wichtiger, dass im bestehenden Staat die Arbeiterschaft mehr Rechte und bessere Lebens- und Arbeitsbedingungen erhält.

Für die Radikalen waren derartige Vorstellungen zu wenig kämpferisch. Weil der Staat und andere Parteien die sozialistische Arbeiterbewegung massiv bekämpften, gewannen die Radikalen viele Anhängerinnen und Anhänger.

Die Gewerkschaften

Nach britischem Vorbild entstanden im Deutschen Reich einzelne Berufsverbände der Drucker, Zigarrenarbeiter oder Metall-, Holz- und Bergarbeiter. Sie verfolgten dieselben politischen Ziele wie die Arbeiterpartei und versuchten vor allem, bessere Arbeitsbedingungen zu erreichen. Dazu gehörten gerechte Löhne, kürzere Arbeitszeiten und ein Verbot von Sonntags- und Kinderarbeit. Daraus entstanden die **Gewerkschaften**. Die sozialistischen Gewerkschaften hatten die weitaus meisten Mitglieder.

Im Gegensatz zu den christlichen und liberalen Gewerkschaften, die harte Konflikte mit den Arbeitgebern vermeiden wollten, gingen die sozialistischen Gewerkschaften auch auf Konfrontationskurs mit den Unternehmern und dem Staat. Dabei waren Streiks (Arbeitsniederlegungen) ein wichtiges Mittel.

Da Streikende keinen Lohn von den Unternehmern erhielten, wurden sie von den Gewerkschaften bezahlt. Dafür mussten die Gewerkschaftsmitglieder regelmäßige Beiträge zahlen. Das meiste Geld gaben die Gewerkschaften allerdings aus, um kranke, arbeitslose und andere hilfsbedürftige Arbeiterinnen und Arbeiter zu unterstützen.

Erfolge

Gegen Ende des 19. Jh. wuchs die Zahl der Streiks und immer mehr Arbeiter beteiligten sich an den Arbeitsniederlegungen. Die Arbeiter konnten ihre Forderungen zwar meist nicht direkt durchsetzen. Insgesamt verbesserten sich jedoch die Lebensbedingungen der Arbeiterschaft, da die Arbeitgeber Streiks möglichst vermeiden wollten.

1. ***Weise nach**, worauf der Spruch auf der Fahne anspielt, und **begründe**, weshalb er das tut (M1).*
2. *Der Text auf der Bildpostkarte stammt aus dem „Bundeslied" (1864) des Allgemeinen Deutschen Arbeitervereins. **Erläutere** die soziale und politische Bedeutung der Zeilen (M2).*

M 3 „Der Streik“
Ölgemälde von Robert Koehler, vor 1886
Im Streik, also der gemeinsamen Arbeitsniederlegung, sahen viele Arbeiterinnen und Arbeiter eine Möglichkeit, ihre Forderungen gegenüber den Unternehmern durchzusetzen.

M 4 Aus einem Wahlprogramm

Die Sozialistische Arbeiterpartei, die spätere SPD, fordert in ihrem Wahlprogramm von 1875 unter anderem Folgendes:

1. Allgemeines, gleiches, direktes Wahlrecht, mit geheimer und obligatorischer Stimmabgabe aller Staatsangehörigen vom zwanzigsten Lebensjahr an. Der Wahltag muss ein Sonntag oder Feiertag sein.
2. Direkte Gesetzgebung durch das Volk. Entscheidung über Krieg und Frieden durch das Volk.
3. Volkswehr anstelle der stehenden Heere.
4. Abschaffung aller Ausnahmegesetze; überhaupt aller Gesetze, welche die freie Meinungsäußerung, das freie Forschen und Denken beschränken.
5. Rechtsprechung durch das Volk.
6. Allgemeine Schulpflicht. Unentgeltlicher Unterricht in allen Bildungsanstalten. Erklärung der Religion zur Privatsache.
7. Unbeschränktes Koalitionsrecht[1].
8. Einen den gesellschaftlichen Bedürfnissen entsprechenden Normalarbeitstag. Verbot der Sonntagsarbeit.
9. Verbot der Kinderarbeit.
10. Schutzgesetze für Leben und Gesundheit der Arbeiter.

Nach: Günter Schönbrunn (Bearb.), Das bürgerliche Zeitalter 1815-1914. Geschichte in Quellen, München 1980, S. 878 f.

M 5 Revolution?

Auf einem Parteitag der Sozialdemokratischen Partei sagt August Bebel 1891:

Was aber im Zeitalter der Repetiergewehre und der Maximgeschütze in einer Revolution, die höchstens ein paar Hunderttausend Köpfe machten, geschehen würde, das ich schon neulich in Dresden ausgesprochen: Wir würden wie die Spatzen jämmerlich zusammengeschossen. Wir sind in der Erringung des letzten Ziels auf ganz neue Wege und neue Mittel angewiesen.
Die bürgerliche Gesellschaft arbeitet so kräftig auf ihren eigenen Untergang los, dass wir nur den Moment abzuwarten brauchen, in dem wir die ihren Händen entfallende Gewalt aufzunehmen haben.

Zit. nach: Ilse Fischer und Werner Krause, August Bebel 1840-1913. Ein Großer der deutschen Arbeiterbewegung (Ausstellungskatalog), Köln 1988, S. 213 f.

Internettipp:
Zum Thema Streik mit weiteren Informationen zum Bild M3 siehe Mediencode 31101-113.

[1] Koalitionsrecht: Recht zur Gründung von Gewerkschaften und Berufsvereinen

1. ***Ordne*** *die Forderungen der sozialistischen Partei den Bereichen Politik, Arbeit, Bildung* ***zu*** *(M4).*
2. *Einige Punkte des sozialistischen Programms hätten Konservative aus der preußischen Elite abgelehnt.* ***Begründe*** *(M4).* (H)
3. ***Verfasse*** *einen Brief, in dem ein radikaler Anhänger August Bebel widerspricht (M5). Hinweis: Nutze dafür auch S. 358 f.*
4. *Bildet Gruppen mit etwa vier Schülerinnen und Schülern. Sucht euch aus dem Bild M3 entsprechend viele Personen aus.*
   a) ***Schreibt*** *Sprech- bzw. Gedankenblasen zu jeder der von euch ausgewählten Personen.*
   b) ***Diskutiert*** *eure Ergebnisse zunächst untereinander und dann in der Klasse.*
5. ***Informiere dich****, welche Punkte des Wahlprogramms M4 heute verwirklicht sind bzw. welche nicht.* (H) (G)

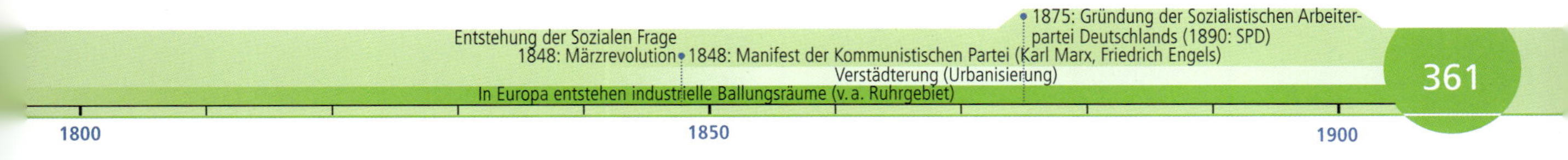

Der Staat greift ein

M 1 **Unfall in einer Maschinenfabrik**
Holzstich von Johann Bahr, 1889
Das Bild wurde auf einer Unfallverhütungsausstellung in Berlin gezeigt.

Die Bundesrepublik – ein Sozialstaat

In der Verfassung der Bundesrepublik ist das Sozialstaatsgebot festgeschrieben. Deshalb muss der Staat dafür sorgen, dass jede Bürgerin und jeder Bürger das Notwendige zum Leben bekommt. Außerdem soll es einen gerechten Ausgleich zwischen Reichen und Armen geben.

Der Gedanke, dass der Staat diese Aufgaben übernehmen sollte, hat sich erst im 19. Jh. und besonders im Kaiserreich entwickelt.

Wachsender Druck

Der Staat überließ es zunächst vor allem den Kirchen und den Städten und Gemeinden, sich um Arme zu kümmern. Außerdem wollte er auch nicht die Unternehmen einschränken. Die meisten Politiker und Beamten hatten dieselbe Einstellung wie die Unternehmer. So sollten beispielsweise Arbeiter kein Recht zu streiken haben. Außerdem profitierte der Staat von den Steuern der Betriebe.

Schließlich war aber auch der Staat zu Sozialmaßnahmen gezwungen: Denn die Zahl der Arbeiter wuchs schnell an, ihr Elend war unübersehbar. Außerdem bekam die sozialistische Arbeiterbewegung immer stärkeren Zulauf und stellte für die Eliten im Kaiserreich eine ernste Bedrohung dar.

Sozialistengesetz

Reichskanzler Bismarck ging gegen die Sozialisten, die für ihn „Reichsfeinde" waren, gesetzlich vor. Das Sozialistengesetz (1878-1890) verbot sozialistische Parteien, Vereine, Gewerkschaften, Schriften und Zeitungen. Sozialistische Reichstagsabgeordnete durften aber ihr Amt behalten und weiterhin gewählt werden. Obwohl hunderte Sozialdemokraten verhaftet wurden, konnte die Arbeiterbewegung aber nicht zerschlagen werden.

Sozialversicherung

Daneben wollte Bismarck die Arbeiterschaft durch eine Sozialgesetzgebung für den Staat gewinnen und dadurch den Sozialisten Anhänger entziehen. Nicht nur die Arbeiter, sondern auch die Unternehmer waren dabei verpflichtet, regelmäßig Beiträge in die Sozialkassen zu zahlen. Von 1883 bis 1889 wurden nacheinander eine Krankenversicherung, eine Unfallversicherung und schließlich eine Alters- und Invaliditätsversicherung eingeführt.

Die Auszahlungen an die Arbeiterinnen und Arbeiter waren gering und konnten die Not nur lindern. Deshalb lehnten SPD und Gewerkschaften die Sozialversicherungen als unzureichend ab.

Dennoch wurde das Sozialsystem vorbildlich für andere Länder. Es wurde weiterentwickelt und besteht auch heute noch in der Bundesrepublik.

1. ***Fasse zusammen**: Warum griff der Staat schließlich ein?*
2. *a) **Beschreibe** das Bild M1. b) **Stelle Vermutungen an**, welche Folgen ein solcher Arbeitsunfall für Arbeiterinnen und Arbeiter ohne Versicherungsschutz haben konnte.*
3. *Die Bismarck'schen Sozialgesetze wurden Ausgangspunkt für unsere Kranken-, und Rentenversicherung. **Informiere dich**, welche gesetzlichen Versicherungen für Arbeitnehmer bis heute dazugekommen sind.* G

M2 Wer sorgt für die Invaliden?

Über die Unfallgefahren und den fehlenden Versicherungsschutz berichtet folgender Artikel des „Boten vom Niederrhein" vom 12. Januar 1866:

Gestern wurde uns ein Schreiben eines Arbeiters überbracht, in welchem mehrere Fälle zusammengestellt sind, die beweisen, wie schlecht bis jetzt für die Invaliden der Arbeit gesorgt wird.

1. Ein Arbeiter, welcher in einer Fabrik eine Reihe von Jahren gearbeitet hat, ist jetzt über ein halbes Jahr krank. Dieser Mann erhält aus der städtischen Lade[1] kein Geld mehr, Doktor und Apotheker sind ihm von der Fabrik verweigert und seine Kameraden legen wöchentlich einen Betrag zusammen, damit er nicht vor Hunger und Elend umkommt.

2. In einer Fabrik befinden sich Kessel mit einer Lauge von 80 Grad Hitze, über welche ein Gangbrett geht. Ein Arbeiter, der über dieses Brett muss, gleitet aus und fällt mit einem Bein in die heiße Lauge. Er kommt ins Krankenhaus, und die Kosten, welche dadurch erwachsen, werden ihm später mit monatlich 5 Silbergroschen von seinem verdienten Lohne abgehalten.

Es ist in neuerer Zeit mehrfach ausgesprochen worden, dass die Fabrikanten durch ein Gesetz gezwungen werden müssten, für ihre Invaliden ausreichend zu sorgen. Andere haben gemeint, der Staat müsste dies tun.

Zit. nach: Hartmut Pietsch, Industrialisierung und soziale Frage in Duisburg. Quellen und Materialien zur Geschichte und Entwicklung der Stadt Duisburg, Bd. 1, Duisburg 1982, S. 63

M3 Das Reich als wohltätige Institution

In der Reichstagsrede vom 18. Mai 1889 äußert sich Bismarck folgendermaßen:

Wenn wir 700 000 kleine Rentner, die vom Reich ihre Renten beziehen, haben, gerade in diesen Klassen, die sonst nicht viel zu verlieren haben und bei einer Veränderung irrtümlich glauben, dass sie viel gewinnen können, so halte ich das für einen außerordentlichen Vorteil; wenn sie auch nur 115 - 200 Mark zu verlieren haben, so erhält sie doch das Metall in ihrer Schwimmkraft; es mag noch so gering sein, es hält sie aufrecht. Sie werden das nicht leugnen, und ich glaube, dass, wenn Sie uns diese Wohltat von mehr als einer halben Million kleinen Rentnern im Reich schaffen können, Sie sowohl der Regierung aber auch dem gemeinen Mann zeigen würden, dass das Reich eine wohltätige Institution ist.

Zit. nach: Hans Rothfels (Hrsg.), Bismarck und der Staat. Ausgewählte Dokumente, Darmstadt 1958, S. 382f.

M4 Die Sozialversicherung im Kaiserreich

Versicherungsart	Beiträge	Leistungen
Krankenversicherung für gewerbliche Arbeiter:innen und (freiwillig ab 1892) Angehörige	2-3 % des Lohns, davon 2/3 vom Versicherten, 1/3 vom Arbeitgeber	ärztliche Behandlung und Medizin, Krankenhauskosten; nach zweitägiger Wartezeit Krankengeld (50 % des Durchschnittslohns, max. 2 Mark/Tag)
Unfallversicherung für gewerbliche Arbeiter:innen	vom Arbeitgeber zu zahlen	Heilungskosten; bei Erwerbsunfähigkeit 2/3 des Einkommens, 20 % für Witwen
Invaliden- und Altersversicherung für gewerbliche Arbeiter:innen und Landarbeiter:innen (ab 1911 auch für Familienangehörige)	1 % (ab 1900 1,5 - 3 %) des Lohns; je zur Hälfte von Arbeitnehmer und Arbeitgeber	Invalidenrente bei Erwerbsunfähigkeit; Altersrente ab dem 70. Lebensjahr und nach 30 (ab 1900: 24) Beitragsjahren

Nach: Rainer Bölling und Johann Henseler (Hrsg.), Das deutsche Kaiserreich 1871 - 1918, Freiburg 1986, S. 47f.

1. *a)* ***Erläutere****, wie der Zeitungsartikel auf die Situation der Arbeiterinnen und Arbeiter aufmerksam macht und welche Forderung deutlich wird (M2).*
   b) ***Arbeite weiter****:* ***Vergleiche*** *mit M1.*
2. ***Nenne*** *Einwände, die Politiker der Arbeiterpartei Bismarck hätten entgegen bringen können (M3).*
3. ***Erkläre****, was die Formulierung Bismarcks bedeutet: „das Metall [erhält die kleinen Rentner] in ihrer Schwimmkraft" (M3).* (H)
4. ***Begründe****, warum für Krankheit, Unfall und Rente der Arbeiterschaft keine freiwillige, sondern eine gesetzliche Lösung gesucht wurde (M3, M4).*

[1] Lade: Unterstützungskasse

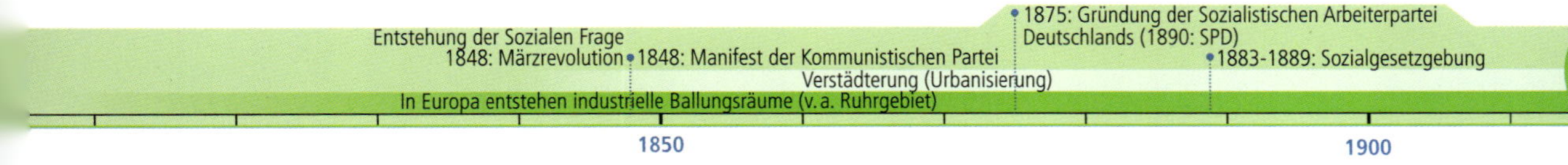

Unternehmer, Kirchen und die Soziale Frage

Unternehmer

Die meisten Unternehmer hielten es nicht für nötig, die Lage der Arbeiterinnen und Arbeiter zu verbessern. Höhere Löhne, niedrigere Arbeitszeiten und Ausgaben für bessere Lebensbedingungen hätten kleinere Gewinne bedeutet. Dass sich trotzdem einige wenige Unternehmer für ihre Arbeiterschaft einsetzten, hatte vor allem folgende Gründe:

- Schlechte Arbeitsbedingungen führten zu Arbeitsniederlegungen und zu teilweise gewalttätigen Auseinandersetzungen.
- Die Unternehmer wollten verhindern, dass gut ausgebildete Arbeiterinnen und Arbeiter zu anderen Betrieben wechselten.
- Viele Unternehmer hielten sich für Patriarchen (lat. pater: Vater), die sich „väterlich" um ihre Arbeiterschaft kümmerten und besser als diese selbst wussten, was für sie gut und verträglich war.
- christliche Nächstenliebe

Maßnahmen von Unternehmern

Alfred Krupp schuf in Essen (heute Nordrhein-Westfalen) ein großes Stahlwerk, das ihm große Gewinne einbrachte. Auch er sah sich als Patriarch, unterstützte seine Arbeiterschaft aber gleichzeitig:

- Betriebliche Altersvorsorge: Dabei zahlen die Beschäftigten und der Unternehmer regelmäßig Beträge ein. Dafür erhalten Arbeiterinnen und Arbeiter im Ruhestand eine Rente.
- In Werkswohnungen konnten Arbeiterinnen und Arbeiter günstiger wohnen.
- Unterstützungskassen helfen bei Krankheit, Invalidität und im Todesfall den Hinterbliebenen.

Weitere Maßnahmen von Unternehmern waren:

- Der Unternehmer Ernst Abbe beteiligte Arbeiterschaft und Angestellte sogar am Gewinn und gewährte bezahlten Urlaub.
- In sogenannten Genossenschaften konnten Arbeiterinnen und Arbeiter günstig Lebensmittel und andere Alltagsgegenstände kaufen.

Kirchen

Die Kirchen kümmerten sich nicht nur aus christlicher Nächstenliebe. Sie befürchteten, dass sich immer mehr Arbeiterinnen und Arbeiter vom christlichen Glauben abwenden. Beispiele dafür sind:

- Der evangelische Pastor Johann Hinrich Wichern gründete 1833 das „Rauhe Haus". Dort wurden Waisenkinder erzogen und ausgebildet.
- Der katholische Priester Adolph Kolping gründete Gesellenvereine, die sich um wandernde Gesellen kümmerten und Freizeit- und Weiterbildungsangebote machten.
- Wilhelm Emmanuel Freiherr von Ketteler, der Bischof von Mainz, förderte nicht nur die katholischen Arbeitervereine. Er war der Meinung, dass einzelne Maßnahmen nicht ausreichten. Er verurteilte das Gewinnstreben der Arbeitgeber und hielt Streiks für ein erlaubtes Mittel.
- 1891 forderte auch der Papst Staat und Unternehmer auf, die soziale Lage der Arbeiterschaft zu verbessern.

Internettipp:
Wer waren Johann Hinrich von Wichern und Adolph Kolping? Schau dir die Links unter Mediencode 31101-114 an.

M 1 Arbeiterfamilie vor ihrem Wohnhaus in der Krupp-Siedlung Alfredshof in Essen
Foto, um 1890

1. ***Arbeite heraus**, welche Notlagen die staatlichen und kirchlichen Maßnahmen lindern wollten. Welche Bereiche werden nicht erfasst?*
2. ***Vergleiche** die Maßnahmen mit den Vorstellungen der sozialistischen Arbeiterbewegung. Hinweis: Siehe dazu M4 auf S. 361.*

M2 „An die Angehörigen meiner gewerblichen Anlagen“

In einer Wirtschaftskrise sinken die Löhne der Arbeiterschaft. Es kommt zu einer großen Streikwelle. Der Unternehmer Alfred Krupp richtet 1877 folgenden Aufruf an seine Belegschaft:

Trotz wiederholter Warnung scheint sich unter einem Teile von Euch der Geist der Sozialdemokratie einschleichen zu wollen. Dieser Geist aber ist verderblich.

Um die Lage meiner Arbeiter zu verbessern, wollte ich ihnen ein möglichst sorgenfreies Dasein für die Zeiten verschaffen, in denen sie selbst nicht mehr arbeiten könnten. [...] Ich habe dadurch hohe Schulden aufgehäuft, die abgetragen werden müssen. Damit dies geschehen kann, muss jeder seine Schuldigkeit tun in Frieden und Eintracht und in Übereinstimmung mit unseren Vorschriften.

Unter den schwierigsten Umständen habe ich den Mut gehabt, für meine Leute einzutreten, und behalte ihn auch in der jetzigen schweren Zeit.

Ich gebe Euch nun diesen Rat: Lasst Euch nicht blenden durch schöne Worte und erwartet das Heil nicht von solchen, die einen neuen mühelosen Weg zur Volksbeglückung gefunden haben wollen. Das Schwatzen über politische Angelegenheiten, das ist nur den Aufwieglern willkommen und stört die Pflichterfüllung. Eine ernste Beschäftigung mit der Landespolitik erfordert mehr Zeit und tiefere Einsicht in schwierige Verhältnisse, als Euch zu Gebote steht.

Zit. nach: Gerhard Adelmann u. a. (Hrsg.), Quellensammlung zur Geschichte der sozialen Betriebsverfassung, Bd. 2, Bonn 1965, S. 295

M3 Forderungen des Papstes

In seiner Schrift (Enzyklika genannt) von 1891 schreibt Papst Leo XIII.:

Zunächst kann die religiöse Lebensauffassung Besitzende und Nichtbesitzende miteinander versöhnen, indem sie beide Teile zu ihren Pflichten zurückruft.

[Pflichten der Lohnarbeiter]

Er soll zu dem, was in seinem Arbeitsvertrage mit Freiheit und Gerechtigkeit abgemacht ist, voll und ganz stehen; er soll sich jeder Sachbeschädigung und auch persönlichen Verletzung des Arbeitgebers enthalten; [...] er soll nicht gemeinsame Sache machen mit verbrecherischen Menschen, die in wohlgesetzten Reden das Blaue vom Himmel versprechen.

[Pflichten für Besitzende und Arbeitgeber:]

Man soll den Arbeiter nicht wie einen Hörigen ansehen; man soll in ihm jene persönliche Würde achten, die er als Christ hat. Es ist eine Ehre für den Menschen, durch einen Beruf den Lebensunterhalt zu sichern. Es ist aber schändlich, wenn man den Menschen im Erwerbsbetrieb verbraucht.

Zu den wichtigsten Verpflichtungen des Arbeitgebers gehört es aber, jedem ein gerechtes Entgelt zu geben. Jemand um den geschuldeten Lohn zu bringen, ist eine schwere Sünde, die laut zum Himmel um Rache ruft.

Zit. nach: Gustav Gundlach (Hrsg.), Die sozialen Rundschreiben Leos XIII. und Pius XI., Paderborn 1931, S. 19f.

M4 Das „Rauhe Haus“
Holzstich, 1855

Das „Rauhe Haus“ hieß wegen seiner roten Backsteinziegel ursprünglich „Ruges Hus“ und müsste damit eigentlich als „Rotes Haus“ übersetzt werden. In dieser Fürsorge- und Erziehungseinrichtung wohnten Jugendliche mit ihrem Betreuer zusammen und erhielten eine Ausbildung. Das Haus stand im Armenviertel der Hamburger Vorstadt St. Georg, wo besonders die Kinder unter schlimmsten Bedingungen lebten.

1. *Die Unternehmer verstanden sich oft als „Patriarchen“.* ***Weise*** *diese Haltung im Aufruf Alfred Krupps* ***nach*** *(M2).*
2. *Bereitet ein* ***Rollenspiel*** *vor: Notiert in Zweiergruppen jeweils die Standpunkte Krupps (M2) und eines Sozialdemokraten, der dessen Standpunkt kritisiert. Führt dann vor der Klasse ein Streitgespräch.*
3. ***Vergleiche*** *die Vorstellung Krupps mit der des Papstes (M2, M3).* (H)
4. ***Begründe****, wo Forderungen des Papstes schwer zu erfüllen sind (M3).*
5. ***Diskutiert*** *die Wirksamkeit der Maßnahmen von Unternehmern und Kirchen.*

Wiederholen und Kompetenzen überprüfen

Orientierung

Vorreiter der Industrialisierung war □□□□□□□, wo die Entwicklung der □□□□□□□□□□□□□□ die Produktion der Betriebe erhöhte und die ersten Fabriken entstanden. In den meisten deutschen Staaten setzte die Industrialisierung erst später ein. Das lag an den teilweise rückständigen politischen, wirtschaftlichen und sozialen Verhältnisse. Doch in der Mitte des 19. Jh. sorgte nach dem Wegfall der Binnengrenzen (□□□□□□□□□□) auch dort die Eisenbahn für den industriellen Durchbruch. Industriestandorte entstanden zunächst in der Nähe von Rohstoffvorkommen, wie im □□□□□□□□□□, und bei größeren Städten, die zuerst an das Eisenbahnnetz angebunden waren. Weil sich die Industrialisierung so rasch entwickelte und einen solch gewaltigen Umbruch bedeutete, wird sie auch als □□□□□□□□□□□ □□□□□□□□□□ bezeichnet.

Wortspeicher

Arbeiterbewegung, Arbeitsteilung, Dampfmaschine, England, Fabrik, Friedrich Engels*, Gewerkschaften*, Ideologie, Industrialisierung, Industriearbeiterschaft, Industrielle Revolution, Marxismus, Mechanisierung, Kapitalismus/Kapitalisten, Karl Marx*, Kinderarbeit, Klassengesellschaft, Kommunismus*, Proletariat, Ruhrgebiet, Soziale Frage*, Sozialdemokratische Partei Deutschlands (SPD), Sozialgesetzgebung*, Sozialismus, Urbanisierung, Zollverein

Gesellschaft

Fortschritte in der Hygiene und Medizin ließen die Lebenserwartung steigen und die Bevölkerung stark anwachsen. Die meisten der reich gewordenen Unternehmer stammten aus dem Bürgertum, das im 19. Jh. immer mehr an Einfluss gewann. Gleichzeitig entstand eine neue soziale Schicht: die □□□□□□□□□□□□□□□□□□□□□□□. Aus der Ständegesellschaft wurde eine □□□□□□□□□□□□□□□□□□□.
Die Menschen wanderten auf der Suche nach Arbeit vom Land in die neu entstehenden Industriegebiete und wachsenden Städte ab (□□□□□□□□□□□□□). Dort lebten und arbeiteten sie unter harten und schlechten Bedingungen. Proteste und Aufstände gegen das Elend der Unterschichten machten auf die □□□□□□□ □□□□□ aufmerksam. Der Staat half lange nicht. Die Arbeiter schlossen sich zu □□□□□□□□□□□□□□ und Arbeiterparteien zusammen, um für bessere Lebensbedingungen und einen gerechteren Staat zu kämpfen. Die □□□□□□□□□□□□□□□□ auf der einen Seite und Unternehmer und Regierungen auf der anderen Seite standen sich lange feindlich gegenüber. Die staatliche □□□□□□□□□□□□□□□□□□ unter Bismarck diente nicht nur der Fürsorge der Arbeiterinnen und Arbeiter, sondern sollte die immer stärker werdende Arbeiterpartei, die □□□□□□□□□□□□□□□□□□□ □□□□□□ □□□□□□□□□□□□ (□□□), schwächen.

1. **Schreibe** die Texte der beiden Lernkarten in dein Heft ab und ergänze die fehlenden Begriffe. Nutze dazu den Wortspeicher.
2. **Verfasse** die Lernkarten zu den Kategorien „Herrschaft", „Wirtschaft" und „Weltdeutung" selbst. Verwende dazu die Begriffe aus dem Wortspeicher. Beachte, dass die Begriffe auch mehrfach genutzt werden können. Überprüfe die Lernkarten daraufhin, ob sie die Leitfragen auf S. 342 beantworten können.
3. Soziale und politische Folgen der Industrialisierung **erklären** – eine Gruppenarbeit:

Fabrik, Streik, Kolpingverein, Sozialismus, Kinderarbeit, Soziale Frage, Arbeiterbewegung, Verstädterung, Gewerkschaft, Werkswohnung, Bourgeoisie und Proletariat

Bildet Vierer- oder Fünfergruppen. a) Jede Gruppe notiert die Begriffe auf Karteikarten. Erklärt euch die Begriff untereinander an Beispielen aus dem Kapitel. b) Sucht euch eine zweite Gruppe. Jedes Mitglied zieht abwechselnd einen Begriff und erhält für die richtige Erklärung einen Punkt. Die Gruppe, die am meisten Punkte hat, gewinnt.

M1 „Sattelzeit“ als neue Epoche

Ein Historiker charakterisiert den Zeitraum zwischen 1750 und 1870:

Der moderne Nationalstaat setzt seine Ordnung auf dem gesamten Territorium durch und bringt eine unmittelbare Herrschaft, die universell und alltäglich wird – vom Dorfpolizisten bis hin zur Volkszählung – und damit im Gegensatz zu vormodernen Herrschaftsformen steht. Gleichfalls im Sinne dieses neuen durchdringenden Anspruchs stehen die Einführungen und Durchsetzung von Schul- und Wehrpflicht, einer Verkehrs- bzw. Nationalsprache und (das Versprechen einer) Demokratisierung. Die Umsetzung der Nationsidee ging also einher mit einem enormen Modernisierungsschub. Der Begriff des „Nationalstaates“ wird erst nach 1848 gebräuchlich; für den Begriff der Nation ist der Wandel zur modernen Bedeutung aber schon früher anzusetzen. Nach den neuesten Forschungen bildet sich der Begriff der Nation grob zwischen 1740 und dem zweiten Viertel des 19. Jh. Insofern kann das Aufkommen des Begriffes „Nationalstaat“ als Endpunkt und Abschluss dieser Entwicklung betrachtet werden.

Daniel Bernsen, Eigenbeitrag

M2 Kinderarbeit in Indien heute

Eine Menschenrechtsorganisation berichtet:

Ein kleines Haus am Wegesrand, es ist gerade dunkel geworden, durch die Tür fällt Licht nach draußen. Maschinenlärm dröhnt. Innen hängen überall Elektrokabel von der niedrigen Decke, es ist heiß und staubig, keine Fenster. Links am Tisch stehen zwei Mädchen und falten Unterhosen, rechts sitzen Kinder und einige sehr junge Frauen an Industrienähmaschinen. Alle sind einmal zur Schule gegangen, ja und dann war Hochsaison und der Chef hat Leute gesucht. Jetzt verdienen sie zwischen 40 und 60 Rupien[1] am Tag. Sie arbeiten hier jeden Tag von halb neun morgens bis neun Uhr abends. [...]. Das ist der Traum [...]: es endlich schaffen. Ein großer Fabrikant werden oder als Arbeiter genug verdienen für die Familie. Ein Fahrrad, ein Radio, Medizin, wenn jemand krank ist.

Barbara Küppers, Terre des hommes, Kein Kinderspiel. Kinderarbeit, Osnabrück 2003, S. 8

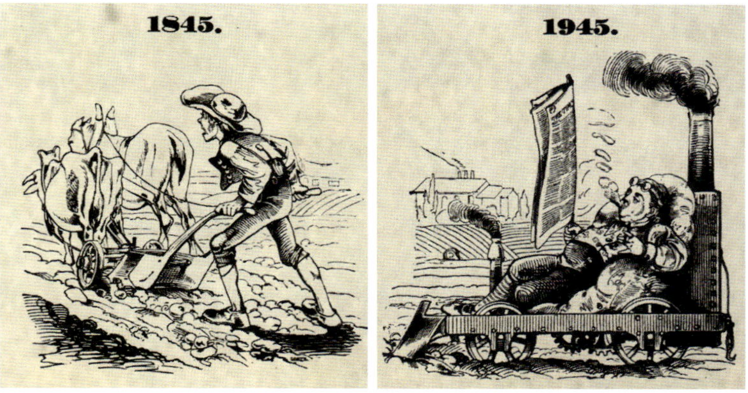

M3 Zukunftsvorstellungen
Karikatur aus dem Satiremagazin „Fliegende Blätter“, 1845

M4 Kinder in einer Textilfabrik in Bangladesch
Foto vom 4. Juni 2017
Hier stellen Kinder Kleidungsstücke her, die v.a. in Deutschland und anderen europäischen Ländern verkauft werden.

[1] 60 Rupien sind 0,7 Euro

1. a) ***Erkläre*** *den Begriff der „Sattelzeit“ (M1).*
   b) ***Erläutere****, welche weiteren Veränderungen in diesem Zeitraum stattgefunden haben und inwiefern gesellschaftliche, politische und wirtschaftliche Entwicklung zusammenhängen (M1).*
2. ***Vergleiche*** *die Zeichnungen und* ***erläutere****, wie die Folgen der „Industriellen Revolution“ dargestellt werden (M3).*
3. *Revolutionen verändern die Lebenswelt der Menschen.* ***Wähle aus****:*
   A Beurteile*, in welcher Zeit die Veränderungen für die Menschen am stärksten waren – in der „Neolithischen Revolution“, in der „Industriellen Revolution“ oder in der „digitalen Revolution“?*
   B Nimm Stellung *zur Frage: „Vorteile für wenige, Nachteile für viele?“*
4. ***Arbeite weiter****: Es wird geschätzt, dass derzeit etwa 152 Millionen Mädchen und Jungen weltweit Kinderarbeit verrichten, etwa die Hälfte unter gefährlichen und ausbeuterischen Bedingungen.* ***Gestalte*** *eine Informationsbroschüre, in der du die Situation der Kinderarbeit zur Zeit der Industrialisierung der heutigen gegenüberstellst und mögliche Lösungsoptionen entwickelst. Wie kann jeder Einzelne von uns konkret Kinderarbeit bekämpfen?* ***Recherchiere*** *hierzu über Kinderarbeit heute im Internet (M2, M4).* (H) (G)

1 Wir begegnen der Vergangenheit

S. 13, Aufgabe 1
Tipp: Ein Bild kann auch zwei Bereichen zugeordnet werden.

S. 16, Aufgabe 3
Wann und wie ist euer Wohnort entstanden? Auf wen oder was geht die Gründung zurück? Erste Informationen kann du vielleicht über deine Eltern erhalten, bevor du im Internet, dem Rathaus oder Heimatmuseum weiterforschst.

S. 18, Aufgabe 3
Anregungen können dir die Bilder im Buch geben. Mache dir Notizen, welche Bilder du welchem der Bereiche zuordnen würdest.

S. 20, Aufgabe 1
Der Schatten des Zeigers wandert mit der Sonne und gibt die Zeit des Lichttages auf den zwölf Linien der Uhr an.

S. 20, Aufgabe 2
Überlege, welche Religionen in Jerusalem/Israel zusammenleben und was das mit unterschiedlichen Zeitrechnungen zu tun hat.

S. 21, Aufgabe 1
Stelle Vermutungen an, warum beide Zeichner unterschiedlich vorgegangen sind.

S. 22, Aufgabe 1c
Fotos sind Quellen für die Zeit, in der sie entstanden sind. Beachte daher die Entstehungszeit, Personen, Kleidung, Körperhaltung und Bildunterschriften genau.

S. 22, Aufgabe 2a
Bei einer Internetrecherche hilft dir die Methodenseite 25f.

S. 25, Aufgabe 1
Woran erinnert das Denkmal? Wo und wann wurde es errichtet? Wann hat das Museum geöffnet? Was kostet der Eintritt? Zu welchem Themen gibt es Ausstellungen?

S. 25, Aufgabe 2
Recherchiert ein Museum und sucht auf der Homepage nach Informationen (Ausstellungen, Führungen, Preise etc.). Legt den Termin fest und organisiert die Anfahrt. Bereitet kurze Referate oder Fragenkataloge zu Themen des Museums vor. Verteilt vorab bestimmte Aufgaben wie Skizzen anfertigen, Interviews führen, Fotos machen etc.

S. 26, Aufgabe 2
Mögliche Fragen: Seit wann, warum, wie und von wem werden die Bräuche gepflegt und die Volksfeste gefeiert?

S. 26, Aufgabe 3b
Hierbei kann dir die Hilfestellung zu Aufgabe 2 auf S. 25 Hinweise geben.

S. 29, Aufgabe 4
Vergleiche in einer Tabelle neben Gegenständen auch Verhaltensweisen, Lerninhalte o. Ä. Übertrage deine Tabelle dann in Textform.

2 Die Entwicklung des Menschen

S. 31, Aufgabe 4
Beachtet bei eurem Vergleich auch Vor- und Nachteile der verschiedenen Möglichkeiten.

S. 33, Aufgabe 3
Überlege zunächst, wie die Menschen zuvor gelebt haben. Vergleiche die Abbildungen M1 und M2 auf S. 30f. Sammle dann Hinweise zur bäuerlichen Lebensweise und welche Vorteile sie möglicherweise bot.

S. 34, VT
Unter dem Mediencode 31101-115 findest du ein Arbeitsblatt, das den Text „Auf dem Weg zum heutigen Menschen" in unterschiedlichen Schwierigkeitsstufen anbietet.

S. 34, Aufgabe 2
Sammelt Meinungen – etwa auch über eine Recherche im Internet – und begründet diese in Stichpunkten (Argumente und Beispiele). Fragt euch zum Beispiel, was den Menschen von anderen Lebewesen unterscheidet.

S. 35, Aufgabe 3
Zeichne dafür eine Tabelle in dein Heft und trage deine Ergebnisse ein:

	Schimpanse	„Lucy"	heutiger Mensch
Kopfform			
Arme und Hände			
Körperhaltung			

S. 37, Aufgabe 1
Verwende folgende Formulierungshilfen:

1. Einen Überblick gewinnen
   Der Text erklärt, warum ☐ und berichtet über ☐.
2. Den Text genau untersuchen
   Der Verfassertext unterscheidet sich von dem Text auf S. 34 insofern, dass ☐. Der Text ist in ☐ unterteilt.

Teil ___ Teil ___ hingegen.
Tipp: Es bietet sich eine Grobgliederung des Textes in zwei Teile an. Teil 1 ist in drei Sinnabschnitte, Teil 2 in zwei Sinnabschnitte zu untergliedern.
In Z. ___ wird aus der Perspektive eines ___ über ___ erzählt. In Z. ___ wird deutlich, dass aus ___ folgende Erkenntnisse hervorgehen: ___. Das Ergebnis der Forschungen wird in Z. ___ verkündet. Es lautet, dass ___. Der ___ Teil des Textes fasst ___ zusammen: In Z. ___ werden ___ genannt. Z. ___ berichten über ___ und benennen, warum ___ für uns besonders aufschlussreich sind.

S. 39, Aufgabe 4b
So könnte deine Tabelle aussehen:

Forschung	Vermutung	Erfindung
Feuersteinmesser (Funde)	wie Feuersteinmesser genau hergestellt wurden	Namen
Beeren und Pilze sammeln (versteinerte Funde)	Zubereitung von Mahlzeiten aus Beeren und Pilzen	Gespräche
Zelt aus Tierhäuten		
Feuer am Lagerplatz		

S. 40, Aufgabe 2a
Du kannst dafür die **Tipps** und Mediencodes auf den folgenden Methodenseiten S. 42 f. nutzen.

S. 40, Aufgabe 3
Wenn du nicht weißt, was Weltkulturerbe bedeutet, dann informiere dich mithilfe der Links unter dem Mediencode 31101-116.

S. 41, Aufgabe 3
Denke daran, dass wir aus den Steinzeiten nur gegenständliche Quellen haben.

S. 43, Aufgabe 3
Was gefällt dir besser, was schlechter als bei einem normalen Museumsbesuch?

S. 47, M10
Unter dem Mediencode 31101-117 findest du ein Arbeitsblatt, das den Text M10 in unterschiedlichen Schwierigkeitsstufen anbietet.

S. 53, Aufgabe 5
Ihr könnt die Entwicklungsschritte als Lernplakat oder PowerPoint präsentieren. **Tipps**: Legt vorher gemeinsam Themen und einen Zeitplan fest. Tragt nach der Recherche zunächst die Informationen zusammen. Präsentiert eure Ergebnisse dann anschaulich mit Texten, Abbildungen und Grafiken.

3 Alte Kulturen im Mittelmeerraum

S. 55, Aufgabe 2
Tipp: Die Bauten können mehreren Bereichen zugeordnet werden.

Leben in der frühen Hochkultur Ägypten

S. 57, Aufgabe 1
Methodische Hinweise und Hilfestellungen zur Untersuchung von Geschichtskarten findest du auf S. 83.

S. 57, Aufgabe 3b
Mögliche Fragen: Warum siedelten sich die Menschen direkt am Fluss an? Was hat es mit dem Tal der Könige auf sich?

S. 59, M4
Unter dem Mediencode 31101-118 findest du ein Arbeitsblatt, das den Text M4 in unterschiedlichen Schwierigkeitsstufen anbietet.

S. 59, Aufgabe 3
Nutze folgende Tabellenvorlage:

Jahreszeit	Tätigkeiten
achet	
peret	
schemu	

S. 59, Aufgabe 5
Unter dem Mediencode 31101-119 findest du hilfreiche Informationen zum Nil im modernen Ägypten.

S. 60, Aufgabe 4b
Beginne mit einer Ideensammlung in Stichpunkten. Strukturiere dann deinen Kurzvortrag:
a) Einleitung: Thema, Einstieg (z. B. ein Bild, ein Zitat etc.), Nennung der Themen (Gliederung). Wichtig: Nenne auch die Bücher, Texte oder Internetseiten, die du für deine Recherche benutzt hast.
b) Hauptteil: Fasse die Informationen und Fakten zum Thema knapp und anschaulich an Beispielen zusammen. Erkläre benutzte Fachbegriffe.

c) Schluss: Fasse die wichtigsten Ergebnisse noch einmal knapp zusammen und nimm dazu Stellung. Beantworte Fragen der Zuhörerinnen und Zuhörer.

S. 60, Aufgabe 5

Informieren kannst du dich über Lexika, Handbücher in der (Schul)Bibliothek oder das Internet. Der Mediencode 31101-120 erleichtert dir die Recherche.

S. 61, Aufgabe 4a

Lege dazu eine Tabelle an:

Der Pharao hatte das Recht, …	Der Pharao hatte die Pflicht, …
Gesetze zu erlassen	das Reich zu verwalten

S. 63, Aufgabe 1

Verwende folgende Formulierungshilfen:

1. **Beschreiben**
   Das Thema des Schaubildes ist [ ]. Die Überschrift des Schaubildes könnte lauten [ ]. Das Schaubild stellt [ ] zu der Zeit [ ] in [ ] dar. Der Aufbau ähnelt [ ].
2. **Untersuchen**
   Das obere/untere/rechte/linke Element des Schaubildes stellt [ ] dar. Das [ ] Element ist größer/kleiner dargestellt, da [ ]. Die Pfeile verbinden [ ]. Der Pfeil bedeutet [ ]. Das Element [ ] ist in der Farbe [ ] dargestellt. Die Form des Schaubildes wurde gewählt, weil [ ].
3. **Deuten**
   Die Pfeile sagen aus [ ]. Das Verhältnis der Größe der Elemente zueinander bedeutet [ ]. Die Farbgebung verdeutlicht [ ].

S. 65, M4

Unter dem Mediencode 31101-121 findest du ein Arbeitsblatt, das den Text M4 in unterschiedlichen Schwierigkeitsstufen anbietet.

S. 66, Aufgabe 1

Beispiele für eine Überschrift: a) Eine Viehzählung b) Beamte und Bauern c) Bauern treiben eine Viehherde. Wofür entscheidest du dich und warum? Oder hast du einen noch besseren Vorschlag?

S. 66, Aufgabe 5

Blättere noch einmal zurück auf S. 58. Erkläre zunächst, wozu die Menschen in Ägypten im Alltag geometrische Erkenntnisse einsetzten, wofür sie den Kalender brauchten, was er ihnen für Vorteile brachte und wie sich dies wiederum auf das Zusammenleben und die Herrschaft auswirkte.

S. 67, Aufgabe 3

Siehe dir z. B. in M2 die Szene an, in der Bauern geschlagen werden. Frage dich, warum dies geschehen sein könnte. Vergleiche mit den Schilderungen in M3 und bilde dir ein Urteil.

S. 68, Aufgabe 3a

Siehe zum Begriff Hochkultur noch einmal S. 66 und nutze auch das Begriffslexikon hinten im Buch.

S. 73, Aufgabe 3

Dabei hilft dir der Mediencode 31101-122.

S. 75, Aufgabe 1

Tipp: Lies die Zeichnung von links nach rechts wie einen Comic.

S. 77, Aufgabe 3

Überlege, was die Darstellung Hammurabis vor einem Gott über die Gesetze besagt, die darunter aufgeschrieben wurden.

Leben im antiken Griechenland

S. 81, Aufgabe 1b

Beachte die Höhenunterschiede der Landschaft, überlege, was dir die Heiligtümer über das Leben der Griechen verraten, und bedenke, was die vielen Häfen und Wettkampfstätten über die Beziehung der Stadtstaaten aussagen.

S. 82, Aufgabe 2

Bedenke, dass die Poleis sich selbst verwalteten und für alles selbst aufkommen mussten. Nimm das Schaubild M1 zu Hilfe.

S. 83, Aufgabe 1

Verwende folgende Formulierungshilfen:

1. **Beschreiben**
   Der Kartenausschnitt zeigt [ ]. Symbole bezeichnen [ ]. Farben geben an, [ ].
2. **Untersuchen**
   Die Karte zeigt, welche verschiedenen [ ] sich aus den landschaftlichen Bedingungen ergaben. Außerdem wird deutlich, an welchen Orten [ ] und [ ] lagen. Insgesamt sind [ ] eingetragen. Die Region [ ] ist [ ].
3. **Deuten**
   Die Karte gibt uns darüber Auskunft, [ ]. Daraus lässt sich schließen, dass [ ]. Die Landschaft führte dazu, dass [ ].

S. 84, Aufgabe 1
So könnte deine Tabelle aussehen:

Ursachen	Folgen	Ablauf
Bevölkerungs-wachstum	Armut	
Naturkatastro-phen		

S. 84, Aufgabe 2
Was weißt du über die heutige Migration? Ist sie heute anders als in der griechischen Antike? Zu den Ursachen und Gründen kannst du zum Beispiel auf der Homepage der UN-Flüchtlingshilfe unter dem Mediencode 31101-123 recherchieren.

S. 87, Aufgabe 3
Tipp: Damalige Unglücke sind heute unser Glück.

S. 89, M5
Unter dem Mediencode 31101-124 findest du ein Arbeitsblatt, das den Text M5 in unterschiedlichen Schwierigkeitsstufen anbietet.

S. 89, Aufgabe 4
Erscheinen dir die Maßnahmen der Athener angemessen? Welche Möglichkeiten hätte Athen noch gehabt, mit Melos umzugehen?

S. 91, Aufgabe 3a
Formulierungshilfen: Es ist richtig, dass man diejenigen lobt, die ☐, weil sie ☐ eingeführt haben, dass ☐. Dabei erinnern wir uns an ☐.
Übersetzungshilfen: Sitte: hier Gewohnheit/Ritual/Tradition/Brauch; schwebende Feindschaften: hier bestehende Feindschaften

S. 91, Aufgabe 4
Informiere dich mithilfe des Mediencodes 31101-125 über den Grundgedanken der antiken und der modernen Spiele.

S. 94, Aufgabe 5
Lies den Abschnitt „Herrscht die Mehrheit?" auf S. 93 genau und nutze deine Ergebnisse aus der Antwort auf die Arbeitsfrage 4.

S. 95, Aufgabe 1
Stelle Gemeinsamkeiten und Unterschiede in einer Tabelle gegenüberstellst. Mögliche Stichwörter: politische Rechte, Mitwirkung, Wahlrecht, Besetzung wichtiger Ämter, Amtszeit etc. Nutze zusätzlich den Mediencode 31101-126.

S. 97, M3
Unter dem Mediencode 31101-127 findest du ein Arbeitsblatt, das den Text M3 in unterschiedlichen Schwierigkeitsstufen anbietet.

S. 97, Aufgabe 2
Stelle Politik, Alltag und Erziehung in Sparta und Athen in einer Tabelle gegenüber. Arbeite Gemeinsamkeiten und Unterschiede heraus. Ziehe S. 92-95 hinzu:

	Gemeinsamkeiten	Unterschiede
Politik	Organisierte Form der Polis. Es gibt Räte und Oberbeamte.	Formal ist Sparta eine Monarchie, Athen eine Demokratie.
Alltagsleben	Die Frauen …	
Erziehung		

S. 98, Aufgabe 1
Starthilfe: „Wenn man das Haus durch eine stabile Holztür betritt, läuft man durch die Eingangshalle. Auf der rechten Seite befindet sich ein Lagerraum, in dem unter anderem Tongefäße lagern …" etc.

S. 102, Aufgabe 1
Vergleiche die Arten von Monumentalbauten, worauf die Erbauer dabei Wert legten, zu welchem Zweck sie sie bauten und wie die Menschen sie nutzten. Lies noch einmal auf den Seiten 70 und 73 nach.

S. 103, Aufgabe 4
Finde Gründe, die an die Religion der Athener anknüpfen, und solche, die sich auf Macht und Ansehen der Polis Athen beziehen.

S. 105, Aufgabe 1
Berücksichtige die Zahl der makedonisch-griechischen Soldaten, die feindliche Bevölkerung und die Größe des Raums (M1).

S. 105, Aufgabe 4
Erläutere, wie sich die griechische Kultur so weit ausbreiten konnte. Welche Rolle spielen dabei die von Alexander geschaffene Ordnung und die Wirtschaft?

Leben im Römischen Reich

S. 109, Aufgabe 2b
Beachtet auch die Lage Roms am Mittelmeer.

S. 111, Aufgabe 1
So könnte deine Tabelle aussehen:

Zeitraum	eroberte Gebiete
510-300 v. Chr.	Gebiet in Westitalien um die Stadt Rom herum
300-264 v. Chr.	

S. 111, Aufgabe 3
Hättest du ohne die Karte eine Vorstellung davon, wie die Ausdehnung des Römischen Reiches verlief? Wüsstest du ohne Karte, wo bestimmte Orte liegen?

S. 113, Aufgabe 3
Tipps für eure Podiumsdiskussion: a) Legt das Thema oder die Streitfrage fest, über die ihr diskutieren wollt. b) Benennt vorher einen Moderator oder eine Moderatorin, der oder die Wortmeldungen nacheinander aufruft und damit die Diskussion in der Klasse steuert. c) Sammelt für jede Meinung Begründungen (Argumente und Beispiele). d) Tragt Argumente und Beispiele vor und begründet damit eure Meinung.

S. 114, M3
Unter dem Mediencode 31101-128 findest du ein Arbeitsblatt, das den Text M3 in unterschiedlichen Schwierigkeitsstufen anbietet.

S. 117, Aufgabe 1
Tipp: Münzen gingen von Hand zu Hand. Sie waren eine Art „Werbemittel".

S. 117, Aufgabe 2
So könnte deine Tabelle aussehen:

Position der Plebejer	Position der Patrizier
als ungerecht wahrgenommene Verteilung der Macht zugunsten der Patrizier	Angst vor politischem und gesellschaftlichem Bedeutungsverlust
kein rechtlicher Schutz	

S. 118, M4
Unter dem Mediencode 31101-129 findest du ein Arbeitsblatt, das den Text M4 in unterschiedlichen Schwierigkeitsstufen anbietet.

S. 119, Aufgabe 3
Die folgenden Stichworte können weiterhelfen: Kontrolle, Machtfülle, Konstanz, Blockade.

S. 121, Aufgabe 3
Verwende folgende Formulierungshilfen:
1. Beschreiben: Die Quelle schildert ☐ und stellt dar, wie ☐.
2. Untersuchen: Der Geschichtsschreiber hebt hervor, dass ☐ und lobt ☐.
3. Deuten: Polybios bewertet ☐ und behauptet ☐. Deshalb ist die Quelle für uns ☐.

S. 125, Aufgabe 2
Prüfe etwa, wen Augustus kontrolliert, welche Positionen er gleichzeitig innehat und welche Bedeutung seine Befugnisse über die Provinzen hat.

S. 126, Aufgabe 3
Überlege, wofür der Kranz symbolisch stand und welche Bedeutung er durch Kaiser Augustus erhielt.

S. 129, Aufgabe 2
Vergleicht die gesellschaftliche Ordnung und rechtliche Stellung der Menschen in Rom und heute bei uns. Diskutiert dann, welche Rolle Kleidung dabei zukommt und ob dies gut und sinnvoll ist oder nicht.

S. 133, Aufgabe 1
Kläre zunächst den Begriff „Fremdbild": Was war den Römern fremd, sodass sie sich ein bestimmtes Bild machten? Wer oder was erscheint heute fremd und warum?

S. 134, M5
Unter dem Mediencode 31101-130 findest du ein Arbeitsblatt, das den Text M5 in unterschiedlichen Schwierigkeitsstufen anbietet.

S. 134, Aufgabe 2
Achte vor allem auf Verallgemeinerungen, abwertende Urteile und Gegensätze zu dem Bild M4 (vergleiche z. B., womit die Kelten dort handeln).

S. 136, Aufgabe 1
Erläutere Begriff und Bedeutung und nenne Beispiele.

S. 137, Aufgabe 1
Untersuche Namen, Kleidung, Frisuren, Bildsprache und Absicht der Grabsteine.

S. 139, Aufgabe 4
Bildet Arbeitsgruppen und teilt euch Themen zu, z. B. Straßenbau und Schifffahrt, Regionen etc.

S. 142, Aufgabe 3
Unser Grundgesetz kannst du im Internet einsehen, z. B. auf der Webseite des Deutschen Bundestages. Schaue dir besonders Artikel 4 an.

S. 142, Aufgabe 4
Die Links unter dem Mediencode 31101-131 können dir erste Anregungen liefern.

S. 143, Aufgabe 3
Vergleiche den **Tipp** zu S. 53, Aufgabe 5.

S. 144, Aufgabe 1
Möglichkeiten: a) Erstellt ein Flussdiagramm. b) Erstellt eine Mindmap mit den Ästen: „innere Ursachen", „äußere Ursachen" und „Folgen". c) Stellt eure Ergebnisse in Form eines „Teufelskreises" dar. Hinweis: Bei einem Teufelskreis ergibt sich aus einem Problem ein noch größeres usw.

S. 145, Aufgabe 2
Prüfe, ob die Karte Informationen zu Gründen, Umfang und Absicht der Wanderungsbewegungen oder zur Zusammensetzung der Bevölkerung in den neu entstandenen „Reichen" enthält. Welche Informationen zu den Folgen der Migration enthält die Karte nicht?

S. 145, Aufgabe 4
Ziehe die Hilfestellung und deine Ergebnisse zu Aufgabe 2 auf S. 84 hinzu. Der Mediencode 31101-132 hilft dir bei der Recherche.

S. 147, Aufgabe 4
Ein guter Reiseführer beschreibt nicht nur berühmte Orte. Er gibt auch Hinweise zum Alltagsleben.
Erläutert beim Vortrag, welche Informationen euch für die chinesischen Beamten besonders wichtig waren und warum.

S. 148, Aufgabe 1
Achte bei der Erstellung der Lernkarte auf folgende Hinweise:
• Formuliere Antworten zu den Leitfragen der Kategorie, die jeweils auf der Orientierungsseite gestellt werden.
• Verwende neben dem Wortspeicher (identisch mit den Lernbegriffen auf den Kapitelseiten) auch wichtige Begriffe aus Überschriften und Verfassertexten.
• Achte auf genaue, aber knappe Formulierungen, da der Platz sehr begrenzt ist. Vermeide es, Inhalte von anderen Lernkarten zu wiederholen.

S. 149, Aufgabe 2
Unter dem Mediencode 31101-133 findest du eine Übersicht über die Flaggen und Länder sowie Links zu Wörterbüchern.

4 Die Grundlegung Europas im Mittelalter

S. 153, Aufgabe 2
Nimm die aktuelle Europakarte aus dem hinteren Bucheinband hinzu und vergleiche zunächst mit der Karte M1 und dann mit der Karte M3.

S. 155, Aufgabe 3
Arbeite dazu heraus, welche Eigenschaften er hervorhebt und warum.

S. 159, Aufgabe 1
Erkläre das Reisekönigtum. Zeige dann auf, wo und warum der König sich mit seinen Fürsten traf.

S. 162, Aufgabe 3
Beschreibe, wer über und neben dem Kaiser abgebildet ist und wie die Figuren zum Kaiser stehen.

S. 165, M3
Unter dem Mediencode 31101-134 findest du ein Arbeitsblatt, das den Text M3 in unterschiedlichen Schwierigkeitsstufen anbietet.

S. 165, Aufgabe 6
Denke z. B. an das Unterrichtsfach Religion an staatlichen Schulen oder die Finanzierung der Kirche.

S. 167, Aufgabe 1
Das Gesetz erhält einige Verbote. Für welche Bereiche gelten sie, wen betrafen sie und was sagt dies über frühere Rechte aus?

S. 171, Aufgabe 1
Worterklärungen zu M2 und M4:
- Mitgift: Geld oder Gegenstände, die einer Frau zur Hochzeit von ihren Eltern mitgegeben werden
- hold sein: zu jemandem stehen, jemanden gernhaben
- spinnen: Fasern zu einem Faden verdrehen, meist an einem Spinnrad
- Einfalt: Einfachheit, geistige Beschränktheit, Naivität

S. 173, Aufgabe 3
Du kannst die Vorteile gegenüber anderen Bevölkerungsgruppen nennen, z. B. Burg als Wohnsitz, Dienste der Bauern, Schutz des Fürsten, erbliches Lehen etc.

S. 175, Aufgabe 4
Unter dem Mediencode 31101-135 kannst du zum Klosterleben früher und heute recherchieren. Mögliche Vergleichspunkte: Klosterregeln, Arbeit im Kloster, Bedeutung der Klöster damals und heute und Gründe für den Eintritt in ein Kloster.

S. 177, Aufgabe 4
Überlege, welche Bedeutung die Landwirtschaft für die Menschen damals besaß und von was diese abhängig war.

S. 178, Aufgabe 3
Du kannst die Mindmap entweder nach den wichtigsten Begriffen in der Aufgabenstellung (Lebensverhältnisse, Arbeitsverhältnisse) gliedern oder mithilfe von W-Fragen (Was? Wie? Wo? Welche Folgen?).

S. 180, Aufgabe 2
Mögliche Vergleichspunkte: Wohnbedingungen, Bebauung, Arbeitswelt, soziale Schichten, Freiheiten und Zwänge, Aufstiegsmöglichkeiten.

S. 181, M4
Unter dem Mediencode 31101-136 findest du ein Arbeitsblatt, das den Text M4 in unterschiedlichen Schwierigkeitsstufen anbietet.

S. 182, Aufgabe 2
Hinweise kannst du an Rathäusern, in Kirchen oder auf Straßenschildern finden.

S. 183, Aufgabe 4
Erstelle zunächst eine Tabelle:

Arbeiten und Wirtschaften auf dem Land	Arbeiten und Wirtschaften in der Stadt
Grundherrschaft	Freiheit von Grundherrschaft
Agrarwirtschaft als Dreifelderwirtschaft mit Flurzwang	überwiegend Handwerk und Handel

S. 185, Aufgabe 1
Lehnwörter sind Wörter, die aus einer fremden Sprache übernommen wurden und sich in Aussprache und Schreibweise angepasst haben.

S. 187, Aufgabe 3
Tipp: Schaue dir an, wo Europa im Vergleich zu Afrika liegt, und vergleiche dies mit heutigen Karten.

S. 189, Aufgabe 3
Beachte besonders die Gegenstände der beiden Figuren. Diese haben Bedeutungen. Auch die Haltung der Figuren und ihr Standort sind entscheidend.

S. 190, Aufgabe 3
Recherchiere die Anzahl der Pilgerinnen und Pilger, ihre Gründe, Kleidung, Regeln und Bräuche.

S. 191, Aufgabe 5
Überlege, was die Religion für die Menschen im Mittelalter erfüllte, das für uns heute nicht mehr notwendig ist oder anderweitig übernommen wird. Folgende Stichpunkte können dir helfen: Ständegesellschaft, hartes Leben, Krankheiten und früher Tod, unerklärliche Naturphänomene, Fehlen von staatlichen Gesetzen und Polizei etc.

S. 196, Aufgabe 2
Beachte, dass der „Tempel des Herrn" Felsendom und der „Tempel Salomons" al-Aqsa-Moschee heißen.

S. 197, M3
Unter dem Mediencode 31101-137 findest du ein Arbeitsblatt, das den Text M3 in unterschiedlichen Schwierigkeitsstufen anbietet.

S. 201, Aufgabe 2
Achte auf König, Krone, Gewand, Thron, kniender Mann, Kettenhemd, Burg, Kerzen.

S. 202, Aufgabe 2
Beachte die Hinweise zu S. 148, Aufgabe 1.

5 Welt im Wandel: die Frühe Neuzeit

S. 205, Aufgabe 2
Wie sind Blick und Körperhaltung der Personen? Steht die Person im Mittelpunkt oder am Rand? Wie verhält sich das Umfeld? Fragt euch auch, wie die Person wohl im gesamten Film dargestellt wird.

Neues Denken – neue Welten

S. 207, Aufgabe 2
Bedenke, dass Epochengrenzen nie genau auf einen Tag oder ein Jahr fallen, sondern fließende Übergänge sind. Betrachtet man den Bereich Handel und Seefahrt wird oft der Zeitraum um das Jahr 1492 mit der Entdeckung Amerikas durch Kolumbus als Epochengrenze zwischen Mittelalter und Früher Neuzeit gewählt.

S. 208, Aufgabe 1
Gehe darauf ein, in welchen Bereichen die Antike wiederentdeckt wurde, wann dies stattfand, welches Menschenbild die Zeit prägte und auch welche Künstler prägend für die Zeit waren und warum. Die Methode auf S. 220 kann dir dabei helfen.

S. 209, Aufgabe 2
Beachte, dass das Leben auf der Erde für die Menschen im Mittelalter nur eine Durchgangsstation für das ewige Leben im Jenseits war.

S. 211, Aufgabe 2
Lies noch einmal den Abschnitt „Ein neues Menschenbild" auf S. 208.

S. 213, Aufgabe 3
Bedenke, wer zu dieser Zeit lesen und sich Bücher leisten konnte.

S. 214, Aufgabe 1
Beachte, dass in der Bibel der Mensch und die Erde den Mittelpunkt der Schöpfung darstellen. Denke daran, wie die Ständeordnung im Mittelalter gerechtfertigt wurde (S. 168 f.)

S. 215, Aufgabe 4
Beziehe auch mögliche Folgen in deine Überlegungen ein.

S. 218, Aufgabe 1
Blättere noch einmal zurück auf S. 146 f., 184 f. und 207. Warum war Asien für die Europäer so wichtig und wie gelangten die Händler bislang dorthin?

S. 219, M2
Unter dem Mediencode 31101-138 findest du ein Arbeitsblatt, das den Text M2 in unterschiedlichen Schwierigkeitsstufen anbietet.

S. 221, Aufgabe 1
Mögliche Aspekte für den Vergleich: a) Informationsfülle, b) Verständlichkeit, c) Übersichtlichkeit: Wo findest du z. B. das Todesjahr von Kolumbus am schnellsten? Wertung: Gibt es Informationen über eine unterschiedliche Bewertung von Kolumbus?

S. 223, Aufgabe 4
Schließe aus M2 auf Seite 219 und M2 auf S. 223, wem das Land nach Ansicht der Europäer gehörte, wie die Spanier die Einheimischen sahen und wie sie zu ihrer Religion standen.

S. 225, Aufgabe 1
1. Beschreiben
   Die Quellen bewerten ☐ der ☐ gegenüber den ☐. Es handelt sich um einen Text von ☐ aus dem Jahr ☐ sowie um eine Antwort darauf von ☐ aus dem Jahr ☐. Während ☐ der Meinung ist, dass ☐, vertritt ☐ die Meinung, dass ☐.
2. Untersuchen
   ☐ schildert ☐ als ☐, hingegen begründet ☐.
3. Deuten
   Die beiden Quellen zeigen ☐. Dabei stellen sie ☐ Sichtweisen dar.

S. 227, Aufgabe 3
Benenne zunächst, als was die Sklaven betrachtet werden. Erläutere dann, welches Selbstbild der Europäer sich in dem Erlass spiegelt und auf welches Fremdbild sich daraus schließen lässt.

S. 231, M3
Unter dem Mediencode 31101-139 findest du ein Arbeitsblatt, das Bild und Text M3 in unterschiedlichen Schwierigkeitsstufen anbietet.

S. 233, Aufgabe 1
Kläre zunächst, welches Hintergrundwissen wichtig ist, etwa seit wann es die Benediktinerregel gibt.

S. 234, Aufgabe 3
Blättere noch einmal zurück auf S. 20 und 205 f.

S. 236, Aufgabe 1
Nutze deine Ergebnisse aus Aufgabe 2 auf S. 180.

S. 238, Aufgabe 1
Beachte die Hinweise zu S. 148, Aufgabe 1.

Neuer Glaube und neue Herrschaftsformen

S. 241, Aufgabe 3
Wenn du Schwierigkeiten hast, die Religionszugehörigkeiten der Menschen in Europa herauszufinden, nutze den Mediencode 31101-140.

S. 242, Aufgabe 2
Untersuche, wie sich der Glaube in den Szenen darstellt. Versuche Engel, Teufel, Marterpfahl und Galgen mit den mittelalterlichen Glaubensvorstellungen zu erklären.

S. 247, Aufgabe 4
Berücksichtige den Entstehungszeitraum des Bildes. Was kannst du über den Künstler herausfinden? Hinweise gibt dir die Methodenseite zu Historiengemälden auf S. 332.

S. 249, Aufgabe 1
Achte auf die Perspektive, auf Positionen, Gestik und Symbole. Welche Wirkung soll jeweils erzielt werden?

S. 249, Aufgabe 5
Stellt zunächst kurze Informationen über Funktion, Vorteile und Gefahren von Blogs und Social Media zusammen. Bedenkt z. B. Lesefähigkeit, technische Entwicklung und Verbreitung, wer veröffentlicht etc.

S. 251, Aufgabe 1
Verwende für deine Auswertung folgende Formulierungshilfen:

1. Beschreiben
   Das Spottbild wurde auf ein ☐ gedruckt. Es stellt ☐ dar und zeigt ☐, die ☐. Die Bildunterschrift verweist darauf, dass ☐.
2. Untersuchen
   Im Vordergrund des Spottbildes ☐. Im Hintergrund ☐. Das Bild ist ☐ entstanden. Damit gehört es in die Zeit ☐.
3. Deuten
   Das Spottbild wendet sich gegen ☐. Es drückt aus, dass ☐. Damit verunglimpft das Spottbild ☐. ☐ werden als ☐ dargestellt.

S. 253, M2
Unter dem Mediencode 31101-141 findest du ein Arbeitsblatt, das den Text M2 in unterschiedlichen Schwierigkeitsstufen anbietet.

S. 253, M3
Unter dem Mediencode 31101-142 findest du ein Arbeitsblatt, das den Text M3 in unterschiedlichen Schwierigkeitsstufen anbietet.

S. 255, Aufgabe 3
Vergleiche z. B. mit M1 auf S. 190.

S. 256, Aufgabe 2
Prüfe, wie Herrschaft im Mittelalter und wie sie in der Zeit der Konfessionalisierung ausgeübt wurde. Beachte den Aufbau einer Verwaltung mit Beamten, Rechtsprechung, Polizei etc.

S. 265, Aufgabe 2
Mögliche Vergleichspunkte sind: Herrscher, Regierung, Religion/Konfession, Hauptstadt, Verwaltung.

S. 267, Aufgabe 4
Blättere noch einmal zurück auf S. 214. Stelle die Abbildung in Bezug zum heliozentrischen Weltbild und zum Schaubild M1 auf S. 266.

S. 269, Aufgabe 1
Tipp, um die Wirkung des Bildes zu erahnen: Projiziert das Bild in der Originalgröße und der angegebenen Höhe im Klassenzimmer an die Wand.

S. 274, Aufgabe 2
Blättere noch einmal zurück auf S. 228 f.

S. 277, Aufgabe 2
Vergleiche die Erläuterung des Begriffs „Revolution" hinten im Begriffslexikon und den Link unter dem Mediencode 31101-143.

S. 277, Aufgabe 4
Unter dem Mediencode 31101-144 findet ihr ein Erklärvideo zu Blogs.

6 Von den Revolutionen zu den Nationalstaaten

S. 279, Aufgabe 2b
Wen stellen die Personen stellvertretend dar? Was bedeutet wohl „das Erwachen"? Blättere zurück auf S. 266.

Aufklärung und Französische Revolution

S. 281, Aufgabe 3
Überlege, was den Stand der Menschen in der Gesellschaft bestimmte und was ihnen fehlte, um ihre Situation zu erkennen und zu verändern.

S. 283, Aufgabe 3
Bedenkt dabei u. a. auch, warum für den kategorischen Imperativ Vernunft und das gute Zusammenleben in einer Gemeinschaft (bzw. Gesellschaft) eine große Rolle spielen.

S. 285, Aufgabe 5
Ziehe S. 220 f. heran. Mögliche Fragen für deinen Vergleich: Wie sind beide Werke aufgebaut, was wird auf welche Weise erklärt, welchen Anspruch verfolgen sie jeweils, wer hat die Artikel verfasst etc.

S. 289, M2
Unter dem Mediencode 31101-145 findest du ein Arbeitsblatt, das den Text M2 in unterschiedlichen Schwierigkeitsstufen anbietet.

S. 289, Aufgabe 1
Stelle zunächst in einer Tabelle folgende Punkte gegenüber: Stellung zum Gesetz, Staatsverständnis, Legitimation der Herrschaft.

S. 291, M4
Unter dem Mediencode 31101-146 findest du ein Arbeitsblatt, das den Text M4 in unterschiedlichen Schwierigkeitsstufen anbietet.

S. 291, Aufgabe 1
Vgl. auch deine Ergebnisse der Aufgaben auf S. 95 und S. 125.

S. 294, Aufgabe 4
Beschreibe die Farben, die Bildaufteilung und die Gesten. Achte auch auf Details. Wie wirkt das Bild auf dich? Vgl. auch die Methode auf S. 332 f.

S. 296, Aufgabe 4
Tipp: Wie wurde die Königsherrschaft bis dahin legitimiert?

S. 296, Aufgabe 5
Wende die auf S. 268 beschriebenen Arbeitsschritte an. **Tipp**: Schaue dir die Schriftzüge auf den Steinen am unteren Bildrand an.

S. 297, Aufgabe 3
Ordne die Verurteilten zunächst den Ständen zu. Wen trifft der „Terreur" am meisten?

S. 298, Aufgabe 1
1. Beschreiben
   Das Schema stellt ___ dar. Diese Verfassung wurde ___.
2. Untersuchen
   Es gibt ___ Machtbereiche, die ___. Sie werden im Verfassungsschema durch ___ symbolisiert. Wahlberechtigt sind ___. Vom aktiven Wahlrecht sind ___ ausgeschlossen. Die Wahlberechtigten wählen ___, die ___ wählen. Der ___ hat folgende Rechte: ___. Zugleich wird er durch ___ kontrolliert. ___ setzt sich zusammen aus ___.
3. Deuten
   ___ zeigt, dass ___. Die ___ können keinen Einfluss nehmen. Deshalb ___.

S. 299, Aufgabe 4
Hilfreiche Internettipps zur Marseillaise findest du unter dem Mediencode 31101-147.

S. 301, M3
Unter dem Mediencode 31101-148 findest du ein Arbeitsblatt, das den Text M3 in unterschiedlichen Schwierigkeitsstufen anbietet.

S. 305, Aufgabe 2
Welche negativen Dinge brachte die Französische Revolution seiner Ansicht nach? Welche positiven? Welches Ziel formuliert er? Wie will er es erreichen?

S. 306, Aufgabe 3
Bei der Analyse hilft dir die Methode auf S. 327.

S. 309, Aufgabe 1
Du kannst Sketchnotes kostenlos in speziellen Apps erstellen oder dir Vorlagen für die Bebilderung herunterladen.

S. 310, Aufgabe 2
Du kannst folgende Wörter verwenden: Ständeordnung, Adel, Geistliche, Privilegien, Großbürgertum, politisches Mitspracherecht, der Dritte Stand, Missernten, Lebensmittelpreise, Bauern, städtische Unterschichten, Frauen.

S. 310, Aufgabe 3
Tipp: Manche Stichworte passen zu mehreren Oberbegriffen.

S. 311, Aufgabe 1
Achte auf die Personen am unteren Bildrand.

S. 311, Aufgabe 6
Helfen kann dir z. B. eine Recherche zum „Arabischen Frühling".

Der deutsche Nationalstaat entsteht

S. 315, Aufgabe 4
Berücksichtige die Erwartungen und Beziehungen der Fürsten und Könige untereinander sowie die Hoffnungen der Bevölkerung.

S. 316, Aufgabe 1
Tipp: Achte auf die Flaggen.

S. 318, M5
Unter dem Mediencode 31101-149 findest du ein Arbeitsblatt, das den Text M5 in unterschiedlichen Schwierigkeitsstufen anbietet.

S. 320, Aufgabe 1
So könnte deine Tabelle aussehen:

Politische Ziele	Soziale Ziele
Volksbewaffnung und freie Offizierswahl	Wohlstand, Unterricht und Bildung für alle

S. 321, Aufgabe 4
Zu welcher Gruppe können die Menschen an den Fenstern und die Frau unten links gezählt werden?

S. 322, Aufgabe 2
Nimm besonders die Zeilen 1 und 2 bzw. 5 und 6 in den Blick. Maas, Memel und Etsch sind Flüsse, der Belt eine Meerenge, die den deutschen Sprachraum zur Entstehungszeit des Liedes begrenzten.

S. 329, M3
Unter dem Mediencode 31101-150 findest du ein Arbeitsblatt, das den Text M3 in unterschiedlichen Schwierigkeitsstufen anbietet.

S. 331, Aufgabe 2
Tipp: Denke an die Volksversammlungen im antiken Athen.

Die Industrialisierung verändert Wirtschaft und Gesellschaft

S. 337, Aufgabe 4
Prüft, inwiefern der Begriff „Revolution" auf die Veränderungen übertragbar ist. Bezieht euch in eurer Diskussion auf die Bereiche Gesellschaft, Wirtschaft und Politik.

S. 337, Aufgabe 5
Über den Mediencode 31101-151 kannst du Orte der Industrialisierung über eine interaktive Karte online entdecken.

S. 339, Aufgabe 1
Beachte, dass die Eisenproduktion nicht so stark wächst wie die Kohleförderung. Warum?

S. 341, Aufgabe 3
Tipp: Hat Mohl etwas übersehen oder falsch eingeschätzt?

S. 347, Aufgabe 3
Halte fest, welches Medium am Tag wie lange von wem benutzt wird. Passen die Ergebnisse zu jenen der Studie?

S. 348, Aufgabe 1
Denkt z. B. an Wohnraum, Versorgung, Verwaltung, Verkehr etc.

S. 349, Aufgabe 1b
Liste positiv und negativ klingende Adjektive und Nomen auf. Wofür stehen die Begriffe „Drecksloch" und „pures Gold"? Was bezweckt der Verfasser?

S. 351, Aufgabe 3
Tipp: Schlage im Lexikon den Begriff „Hierarchie" nach.

S. 354, M6
Unter dem Mediencode 31101-152 findest du ein Arbeitsblatt, das den Text M6 in unterschiedlichen Schwierigkeitsstufen anbietet.

S. 356, Aufgabe 2
Mögliche Fragestellungen: Wie groß ist die Küche? Gibt es weitere Räume in der Wohnung? Ist die Heimarbeit Haupterwerb oder Zusatzverdienst? Arbeiten die Kinder den ganzen Tag mit oder gehen sie auch zur Schule? Wo ist die Mutter der Kinder? Wer hat fotografiert? Mit welcher Absicht wurde das Foto gemacht?

S. 359, Aufgabe 3
Mit „niemand es an Brod gebricht" ist gemeint, dass es keinem Menschen an Brot bzw. Nahrung im Allgemeinen fehlen soll.

S. 361, M4
Unter dem Mediencode 31101-153 findest du ein Arbeitsblatt, das den Text M4 in unterschiedlichen Schwierigkeitsstufen anbietet.

S. 361, Aufgabe 2
Konservativ bedeutet, dass man am Althergebrachten festhält.

S. 361, Aufgabe 5
Die wichtigsten Punkte kannst du in unserem Grundgesetz unter dem Mediencode 31101-105 nachlesen. Für deine Recherche zur Kinderarbeit siehe Mediencode 31101-154.

S. 363, Aufgabe 3
Mit Metall ist eine kleine Rente in Metallgeld (Münzen) gemeint.

S. 365, Aufgabe 3
Mögliche Vergleichspunkte: Pflichten der Arbeitnehmer und Arbeitgeber; Haltung gegenüber Sozialdemokraten; Entlohnung von Arbeitnehmern

S. 367, Aufgabe 4
Der Mediencode 31101-155 hilft dir dabei.

Einzelarbeitsaufträge zu den „Gemeinsam aktiv"-Seiten

Die Hilfestellungen zu den mit (H) gekennzeichneten Aufgaben findest du in der Liste ab S. 368. Schaue dort unter der jeweils hier angegebenen Seitenzahl nach.

Von der Alt- zur Jungsteinzeit (S. 44)

1. ***Ordne*** *die Erfindungen der Jungsteinzeit Bereichen des täglichen Lebens* ***zu****.*
2. *„Die Menschen in der Jungsteinzeit teilten sich ihre Arbeit."* ***Überprüfe*** *dies mithilfe der Infotexte und Materialien.*
3. ***Begründe****, warum die Erfindungen M2 bis M9 den Menschen der Altsteinzeit wenig genutzt hätten.*
4. ***Beurteile****: War das Leben in der Jungsteinzeit ein Fortschritt oder ein Rückschritt (M10, M11)?*

Gesellschaft und Alltag in der Polis Athen (S. 98)

1. ***Beschreibe*** *das Haus eines reichen Kaufmanns möglichst genau (M1).* (H)
2. *a)* ***Arbeite*** *aus M2* ***heraus****, wie Xenophon die Rollen und Aufgaben von Männern und Frauen begründet. b)* ***Vergleiche*** *mit unseren heutigen Ansichten.* (G)
3. ***Wähle aus****:* ***A Verfasse*** *aus Sicht einer frisch verheirateten Athenerin einen Brief an eine Freundin, in welchem du deinen Alltag beschreibst (INFO 3, M5-7).*
   B Verfasse *aus der Sicht eines 10-jährigen Jungen einen Brief an einen Onkel, in welchem du deinen Alltag beschreibst (INFO 4-5, M9).*
4. *Arbeite weiter: a)* ***Erstelle*** *ein Lernplakat zur Situation der Sklaven im antiken Athen. b)* ***Stelle Vermutungen an****, warum die Haltung der Griechen über die Sklaverei heute schwer nachzuvollziehen ist.* (G)

Die Kreuzzüge (S. 196)

1. ***Fasse*** *die Gründe für die Kreuzzüge und ihre Folgen* ***zusammen****.*
2. *a)* ***Vergleiche*** *die Karte von Jerusalem (M1) mit dem Stadtplan M1 auf S. 188.*
   b) ***Stelle Vermutungen an****, warum die Gebäude auf der Kreuzfahrerkarte andere Namen tragen.* (H)
3. ***Arbeite*** *den Zusammenhang von Kreuzzügen und der Verfolgung von Juden* ***heraus*** *(INFO 1-3, M2-4).*
4. ***Beurteile****, wie die Eroberung Jerusalems gerechtfertigt wurde (M1-3, M6, M7, INFO 1-5).*

Der Dreißigjährige Krieg (S. 260)

1. ***Stelle*** *Auswirkungen und Folgen des Krieges stichpunktartig* ***zusammen*** *(M1, M2, INFO 4).*
2. ***Diskutiert*** *in der Klasse, ob man den Dreißigjährigen Krieg einen „Religionskrieg" nennen kann.*
3. *a)* ***Beurteile*** *die Bedeutung des Artikels II aus dem Osnabrücker Friedensvertrag (M4). b)* ***Nimm Stellung****, ob dieser Artikel noch heute als Grundlage eines Friedensvertrages dienen könnte.* (G)
4. ***Erkläre****, was die Symbole mit dem Westfälischen Frieden zu tun haben (M5).*
5. ***Arbeite weiter****:* ***Gestalte*** *einen Artikel zum „Westfälischen Frieden" für ein Online-Lexikon.*

Bürger fordern Einheit und Freiheit (S. 316)

1. ***Beschreibe*** *das Bild M1. War das „Hambacher Fest" ein deutsches Fest?* (H)
2. ***Schreibe*** *die „Grundsätze und Beschlüsse" der Burschenschaften in Anweisungen um („Jeder Deutsche muss …" „Niemand darf …") (M3).*
3. ***Fasse*** *Siebenpfeiffers politische Forderungen* ***zusammen*** *(M5).*
4. ***Diskutiert*** *in der Klasse: Was haltet ihr davon, Bücher mit unliebsamen Meinungen zu verbrennen (INFO 2, M4)?*
5. *a)* ***Untersuche*** *das Gemälde M6. b)* ***Weise nach****, warum es zum Sinnbild für Revolutionen allgemein werden konnte.*

Die Lebensverhältnisse der Arbeiter (S. 352)

1. ***Beschreibe*** *die Wohnsituation der Arbeiterfamilien (M1, M5).*
2. *Versetze dich in die Lage des Arztes in M4 und* ***verfasse*** *auf der Grundlage des Berichtes konkrete Verbesserungsvorschläge.*
3. ***Nimm Stellung****, wie die Lebenssituation einer Arbeiterfamilie verbessert werden könnte. Hinweis: Denkt dabei z. B. an Schulbildung oder die Möglichkeit einer sozialen Absicherung.*
4. ***Arbeite weiter****:* ***Informiere dich****, unter welchen Bedingungen Kinder in Deutschland heute arbeiten dürfen.* (G)

Zugriffsmöglichkeiten über die Kategorien

3 Alte Kulturen im Mittelmeerraum

Orientierung

Gesellschaft

Herrschaft

Wirtschaft

Weltdeutungen

4 Die Grundlegung Europas im Mittelalter

Orientierung

Gesellschaft

Herrschaft

Wirtschaft

Weltdeutungen

5 Welt im Wandel: Die frühe Neuzeit

Orientierung

Gesellschaft

Herrschaft

Wirtschaft

Weltdeutungen

6 Von den Revolutionen zu den Nationalstaaten

Orientierung

Gesellschaft

Herrschaft

Wirtschaft

Weltdeutungen

Lexikon zur Geschichte: Begriffe

In den Verfassertexten sind die Grundbegriffe des Lehrplans ***hervorgehoben*** *und auf der jeweiligen Seite unten wiederholt. Weitere wichtige Begriffe, die Geschichtsforscher brauchen, sind ebenfalls hervorgehoben und zusätzlich mit einem * gekennzeichnet. Erklärungen für diese Worte gibt dir unser „Lexikon zur Geschichte". Wenn wir bei der Erklärung eines Wortes einen anderen Eintrag in das Lexikon verwenden, machen wir dies mit dem ▸ Pfeilsymbol deutlich.*

Absolutismus* (lat. absolutus: uneingeschränkt) ▸**S. 266**: monarchische Herrschaftsform (▸Monarchie), in der Fürsten seit dem 17. Jh. ihre Stellung nicht nur von Gott ableiteten (▸Gottesgnadentum), sondern den Anspruch erhoben, „losgelöst" von den Gesetzen und den ▸Ständen regieren zu können.

Adel* ▸**S. 92**: In ▸Antike und ▸Mittelalter war der Adel (althochdeutsch adal: Geschlecht) eine Gruppe von Familien, die aufgrund von Geburt, Besitz oder Leistung eine besondere Stellung einnahm (▸Aristokratie; ▸Stände). Zum niederen Adel gehörten die ▸Ritter und die (ursprünglich unfreien) Dienstmannen (Ministerialen) der ▸Könige. Zum Hochadel zählten ▸Herzöge und ▸Grafen. Die Herrscher nahmen sich das Recht, verdiente Personen in den Adelsstand zu erheben.

Altsteinzeit ▸**S. 34**: erster Abschnitt der ▸Geschichte, der vor etwa 2,5 Millionen Jahren begann. In dieser Zeit lebten die Menschen als ▸Nomaden vom Jagen und Sammeln (▸Jäger und Sammler). Sie lernten, das Feuer zu gebrauchen; Werkzeuge und Waffen fertigten sie aus Stein, Knochen und Holz.

Antike (lat. antiquus: alt) ▸**S. 82**: in der europäischen Geschichte die Zeit von etwa 1000 v. Chr. bis ins 5. Jh. n. Chr., in der Griechen und Römer den Mittelmeerraum beherrschten und kulturell prägten.

Arbeiterbewegung ▸**S. 360**: Zusammenschluss von Arbeitern, um ihre soziale, wirtschaftliche und politische Benachteiligung zu beseitigen. Den Anfang der deutschen Arbeiterbewegung bildeten kleine Gesellen- und Handwerkervereine. Die Allgemeine Deutsche Arbeiterverbrüderung von 1848 forderte ein allgemeines, gleiches Wahlrecht und eine Lösung der ▸Sozialen Frage. Wichtige Aufgaben in der Arbeiterbewegung übernahmen die Gewerkschaften und der 1863 gegründete Allgemeine Deutsche Arbeiterverein, aus dem die Sozialdemokratische Partei Deutschlands hervorging, die sozialistische (▸Sozialismus) und kommunistische (▸Kommunismus) Forderungen stellte.

Arbeitsteilung ▸**S. 46, 338**: Wenn die Arbeit unter Menschen in verschiedene Aufgaben aufgeteilt wird und sich Einzelne in einer Gruppe oder Gesellschaft auf bestimmte Gebiete spezialisieren können, so dass z. B. Berufe entstehen

Aristokratie* (griech. aristos: Bester; kratéin: Herrschaft = „Regierung der Besten") ▸**S. 92**: Ordnung des Zusammenlebens, in der die Abstammung von einer vornehmen Familie (▸Adel) Voraussetzung für politische Macht war.

Aufgeklärter Absolutismus* ▸**S. 288**: Fürsten wie ▸Friedrich II., (der Große), von Preußen regierten nach Vorstellungen der Aufklärer, ohne dabei ihre „absolutistische" Macht aufzugeben.

Aufklärung ▸**S. 282**: Epoche der Wissenschafts- und Geistesgeschichte im 17. und 18. Jh. Die Aufklärer verließen sich bei ihrer Suche nach der Wahrheit auf Vernunft (lat. ratio), Experimente und Erfahrungen (griech. empeiria). Der bedeutendste deutsche Aufklärer war ▸Kant. Unter dem Einfluss der Aufklärung entstand auch der ▸aufgeklärte Absolutismus.

Bauernkrieg* ▸**S. 252**: Örtliche Aufstände von Bauern wuchsen 1524-26 zu einem Krieg gegen die Herrschaften. Hauptforderung: Aufhebung der Leibeigenschaft (▸Hörige), Minderung der Abgaben und Leistungen.

Bronzezeit* ▸**S. 48**: Abschnitt der ▸Geschichte, der um 2200 v. Chr. in Mitteleuropa die ▸Jungsteinzeit ablöste. In dieser Zeit stellten die Menschen Waffen, Geräte und Schmuck aus Bronze her.

Bürger ▸**S. 179**: alle freien Einwohner einer Stadt, die das Bürgerrecht besaßen und damit am politischen Leben der Stadt teilnehmen durften. Das Bürgerrecht beruhte im ▸Mittelalter auf städtischem Grundbesitz. Kein Bürgerrecht hatten Gesellen, Gesinde, Arme und Juden (seit dem 12./13. Jh.).

Bürgertum ▸**S. 230**: Vom ▸Mittelalter bis Ende des 18. Jh. zählten die ▸Bürger der Städte gemeinsam mit den freien Bauern zum „Dritten Stand". In den bürgerlichen ▸Revolutionen des 18. und 19. Jh. erkämpfte sich das wohlhabende und gebildete Bürgertum seine rechtliche und politische Gleichberechtigung mit dem Klerus (Erster Stand) und dem ▸Adel (Zweiter Stand).

Byzantinisches Reich* ▸**S. 144**: Bezeichnung für die östliche, griechisch-orientalisch geprägte Hälfte des Römischen Reiches mit der Hauptstadt Konstantinopel. Das Byzantinische Reich endete mit der Eroberung Konstantinopels durch die Osmanen 1453. Aus Konstantinopel wurde Istanbul.

Christentum ▸**S. 140**: auf ▸Jesus Christus zurückgehende monotheistische Religion (▸Monotheismus). Im römischen Weltreich wurde das Christentum nach 391 n. Chr. zur alleinigen Staatsreligion. Die von ▸Luther eingeleitete ▸Reformation führte in der ▸Neuzeit zur ▸Glaubensspaltung.

Chronologie ▸**S. 20**: die Lehre von der Zeitrechnung, also der Ordnung der ▸Zeit als Abfolge von Jahren und Ereignissen (Kalender, Zeitstrahl)

Darstellung ▸**S. 18**: Erzählung über die Vergangenheit, die sich auf ▸Quellen aus der Zeit stützt und den Methoden der Geschichtswissenschaft folgt.

Demokratie (griech. demos: Volk; kratéin: Herrschaft) ▸**S. 92**: Herrschaft des Volkes über sich selbst. In Athen konnten sich seit Mitte des 5. Jh. v. Chr. alle einheimischen und wehrfähigen Bürger an der Regierung und Rechtsprechung beteiligen; bei Wahlen und Abstimmungen entschied die Mehrheit. Seit der Amerikanischen Unabhängigkeitserklärung und der Französischen Revolution (▸Revolution) ist die Demokratie eine Staatsform, in der die Staatsgewalt vom Volk ausgeht und direkt oder indirekt vom Volk ausgeübt wird (▸Volkssouveränität). Weitere Kennzeichen der modernen Demokratie sind freie Wahlen, eine ▸Verfassung, ▸Parlamente und ▸Gewaltenteilung.

Deutscher Bund ▸**S. 314**: auf dem ▸Wiener Kongress 1815 gegründeter Zusammenschluss von anfangs 34 unabhängigen (souveränen) Fürsten und vier freien Städten (Lübeck, Hamburg, Bremen und Frankfurt am Main). Sitz der Bundesversammlung (Bundestag) war Frankfurt am Main. Der Deutsche Bund blieb bis zur Gründung des ▸Norddeutschen Bundes 1866 bestehen.

Deutsches Kaiserreich* ▸**S. 330**: deutscher Staat, der im Verlauf des Deutsch-Französischen Krieges 1871 auf Betreiben ▸Bismarcks gegründet wurde. Das Deutsche Kaiserreich war nach der ▸Verfassung von 1871 ein konstitutionell-monarchischer Bundesstaat (▸konstitutionelle Monarchie), an dessen Spitze der ▸König von Preußen als Deutscher ▸Kaiser stand und in dem gewählte Abgeordnete im ▸Reichstag Gesetzesanträge stellen konnten.

Digitalisierung* ▸**S. 346**: Oberbegriff für den digitalen Wandel in Gesellschaft und Wirtschaft. Schrift, Sprache/Ton oder Bild werden in maschinenlesbare Daten umgesetzt, übermittelt und gespeichert und damit für uns Menschen mithilfe von Computern, Software und dem Internet nahezu überall und unbegrenzt erfassbar.

Diktatur* ▸**S. 122**: Zur Überwindung von Notsituationen konnte in der römischen ▸Antike auf Empfehlung des ▸Senats und Anordnung eines ▸Konsuls ein Alleinherrscher (Diktator) für sechs Monate die Regierungsgewalt übernehmen. Den Anordnungen des Diktators mussten sich alle fügen.

Dreieckshandel ▸**S. 226**: Erklärungsmodell für den (atlantischen) Handel zwischen Europa, Afrika und Amerika in der Zeit vom 17. bis zu Beginn des 19. Jh. mit Erzeugnissen der europäischen ▸Manufakturen wie Textilien, Glasperlen oder Waffen, afrikanischen ▸Sklaven und Erzeugnissen der amerikanischen Sklavenplantagen wie Rohrzucker oder Baumwolle.

Dreifelderwirtschaft ▸**S. 176**: Anbaumethode, bei der auf einem Feld in einem Jahr Wintergetreide (z. B. Roggen und Weizen) und im nächsten Jahr Sommergetreide (z.B. Hafer) angebaut wird und im dritten Jahr das Feld zur Erholung brachliegt. Die Erträge sind dadurch höher, als wenn Anbau und Brache jährlich wechseln.

Eisenzeit* ▸**S. 48**: Abschnitt der ▸Geschichte, der um 1000 v. Chr. in Mitteleuropa die ▸Bronzezeit ablöste. Die Menschen begannen, Eisen für Werkzeuge und Waffen zu verwenden.

Fabrik (lat. fabricare: anfertigen) ▸**S. 338**: eine durch den technischen Fortschritt im Zeitalter der ▸Industrialisierung entstandene Produktionsstätte, in der viele kleine Arbeitsgänge (▸Arbeitsteilung) aufeinander abgestimmt und im Gegensatz zur ▸Manufaktur hauptsächlich von Maschinen übernommen werden. Die Fabriken ermöglichten eine enorme Erhöhung der Produktionsmengen. Sie veränderten im 19. Jh. die Arbeitswelt, brachten die soziale Schicht der Industriearbeiter und mit ihnen die ▸Soziale Frage hervor.

Feudalismus* (von lat. feodum, feudum: Lehngut) ▸**S. 160**: die Zeit, in der ▸Lehnswesen und ▸Grundherrschaft die Voraussetzung für wirtschaftliche und politische Macht in Europa waren. Sie dauerte bis ins 19. Jh. hinein.

Föderalismus* (von lat. foedus: „Bund", „Bündnis", „Vertrag") ▸**S. 264**: die Selbstständigkeit einzelner Glieder in einem größeren Verbund.

Frieden ▸**S. 60**: Gegenteil von ▸Krieg; Zustand ohne Gewalt zwischen größeren Gruppen von Menschen

Frühkapitalismus* ▸**Kapitalismus/Kapitalisten**

Gegenreformation ▸**S. 254**: Reaktion der katholischen Kirche auf die ▸Reformation und die ▸Glaubensspaltung, die sowohl im Bereich der Theologie und der Kirchen, als auch politisch und gewaltsam mithilfe des Kaisers ausgetragen wurde, um protestantische Territorien für den Katholizismus zurück zu erobern (Glaubenskriege).

Geozentrisches Weltbild (griech. geo: Erde) ▸**S. 214**: Es geht im Gegensatz zum ▸heliozentrischen Weltbild davon aus, dass sich die Sonne und die Planeten um die Erde drehen.

Geschichte (lat. historia) ▸**S. 16**: alles, was Menschen in der Vergangenheit gemacht haben und durch ▸Quellen überliefert wurde. Die Darstellung von Geschichte ist immer das Ergebnis einer bestimmten Sichtweise von ausgewählten Teilen der Vergangenheit.

Gewaltenteilung* ▸**S. 286**: eine im 18. Jh. entwickelte Lehre, die sich gegen die „absolutistische" Regierungsweise (▸Absolutismus) richtete. Demnach sind die Hauptaufgaben eines Staates von drei getrennten Einrichtungen zu erfüllen, die sich gegenseitig kontrollieren: Das ▸Parlament (Legislative) beschließt Gesetze, die Regierung (Exekutive) führt sie aus, und die Gerichte (Judikative) sprechen Recht. Die Virginia Bill of Rights von 1776, die amerikanische Bundesverfassung von 1787 und die französische ▸Verfassung von 1791 berücksichtigten die Gewaltenteilung erstmals.

Gewerkschaften* ▸**S. 360**: Zur Durchsetzung ihrer Interessen gegenüber den Unternehmern schlossen sich die Arbeiter seit dem 19. Jh. in Gewerkschaften zusammen. Diese gingen nach britischem Vorbild aus einzelnen Berufsverbänden, z.B. der Drucker, Metall-, Holz- und Bergarbeiter, hervor. Ihre Hauptaufgaben bestanden im Kampf um Lohnerhöhungen und Arbeitszeitverkürzungen, aber auch um die generelle Verbesserung der Arbeitsbedingungen. Ihr wirkungsvollstes Kampfmittel war der Streik. Die Gewerkschaften spielten eine wichtige Rolle in der ▸Arbeiterbewegung und konnten die Lebensbedingungen der Arbeiter durch Tarifordnungen nach und nach verbessern.

Glaubenskriege ▸**S. 246**: als Folge der ▸Glaubensspaltung und der ▸Gegenreformation im 16. und 17. Jh. in Europa entstandene Kriege. Ein Beispiel dafür ist der Dreißigjährige Krieg (1618-1648). Er beschloss das Zeitalter der Glaubenskriege, nicht aber die Kirchenspaltung.

Glaubensspaltung ▸**S. 246**: die Aufteilung der mittelalterlichen katholischen Einheitskultur nach der ▸Reformation und dem „Augsburger Religionsfrieden" von 1555 in eine Vielzahl von ▸Konfessionen und Kirchen (Katholiken, Lutheraner, Zwinglianer, Calvinisten, Anglikaner und Hugenotten). Zu den Folgen der Glaubensspaltung zählen die ▸Glaubenskriege.

Götterkulte (lat. cultus: Verehrung [der Götter]) ▸**S. 70**: Handlungen von Menschen, um mit Gott oder Göttern in Kontakt zu treten: Gebet, Opfer, Verehrung von Bildern, Aufführung von religiösen Spielen und Musik, Wettkämpfe zu Ehren der Götter. Die meisten Kulthandlungen fanden in ▸ Tempeln statt.

„Goldene Bulle"* ▸**S. 166**: Reichsgesetz von 1356, das das Verfahren für die Wahl des ▸Königs und ▸Kaisers des ▸Heiligen Römischen Reiches durch die Kurfürsten festlegte.

Grundherrschaft ▸**S. 160**: Herrschaft über Land und Leute. Die Grundherren übergaben Teile ihres Landbesitzes an Bauern zur Bewirtschaftung. Diese mussten ihnen dafür einen Teil der Erträge abliefern und Dienste leisten. Die Grundherren gewährten den Bauern Schutz und Hilfe und durften über sie bei einfachen Straftaten richten. Die größten Grundherren waren bis ins 18./19. Jh. die ▸Könige, der ▸Adel und die Kirche.

Handelskolonie ▸**S. 226**: von Kaufleuten erworbene oder besetzte Handels- und Versorgungsstützpunkte an den afrikanischen, asiatischen oder südamerikanischen Küsten im Zeitalter der europäischen Expansion in der ▸(Frühen) Neuzeit.

Hanse ▸**S. 182**: zunächst eine Gemeinschaft von Kaufleuten im Ost- und Nordseeraum. Unter Führung Lübecks entstand im 13. Jh. ein Bund von freien Hansestädten, der bis zum 15. Jh. im Ostseeraum den Handel beherrschte.

Heiliges Römisches Reich ▸**S. 162**: Bezeichnung für das im 10. Jh. entstandene deutsche Reich der abendländischen ▸Kaiser. Von den anderen Reichen wie Frankreich unterschied es sich dadurch, dass dessen Herrscher sich als Nachfolger der römischen Kaiser und als Schutzherren der römisch-katholischen Kirche verstanden. In den ▸Quellen finden wir erst seit dem 11./12. Jh. die Bezeichnung „Reich der Deutschen" (lat. regnum teutonic[or]um). Die Bezeichnung „Heiliges Reich" (lat. sacrum imperium) ist seit Mitte des 13. Jh. nachweisbar. Ende des 15. Jh. setzte sich für die deutschen Teile der von den habsburgischen Kaisern regierten Gebiete die Bezeichnung „Heiliges Römisches Reich Deutscher Nation" durch. Das „Heilige Römische Reich Deutscher Nation" wurde trotz ▸ Kaiser nie zentral regiert. Nach Gründung des Rheinbundes 1806 zerfiel es unter dem Druck ▸Napoleons.

Heliozentrisches Weltbild (griech. helios: Sonne) ▸**S. 214**: Es geht im Gegensatz zum ▸geozentrischen Weltbild davon aus, dass sich die Planeten um die Sonne drehen.

Hellenismus* ▸**S. 104**: Zeit zwischen dem 3. und 1. Jh. v. Chr., in der unter dem Einfluss ▸Alexanders des Großen die griechische Architektur, Kunst und Sprache über den ganzen Mittelmeerraum und Nordasien verbreitet wurden.

Hierarchie (griech. hieros: heilig; archè: Herrschaft) ▸**S. 62**: Stufen einer Gesellschaft. Menschen aus oberen Stufen dürfen denen aus unteren Stufen Befehle erteilen, sind angesehener und wohlhabender.

Hieroglyphen* (griech. hieros: heilig; glyphe: Eingeritztes) ▸**S. 68**: Schriftzeichen der alten Ägypter, die Laute, Buchstaben und Zeichen wiedergeben und um etwa 3000 v. Chr. entwickelt wurden.

Hochkultur* ▸**S. 66**: eine gegenüber dem einfachen bäuerlichen Leben weiterentwickelte Lebensform (▸Kulturen). Ihre Kennzeichen sind Städte, große Bauwerke (▸Pyramiden), Schrift (▸Hieroglyphen), Verwaltung, Religion, Rechtspflege, Handwerk, Handel und Arbeitsteilung. Die ersten Hochkulturen entstanden an den Flüssen Euphrat und Tigris in Mesopotamien (heute Anatolien, Irak und Syrien), am Nil (Ägypten) sowie am Indus in Indien und Hwangho im Norden Chinas.

Hominiden* ▸**S. 34**: Bezeichnung (biologische „Familie") der heutigen Menschenaffen (Schimpanse, Gorilla, Orang-Utan), des ▸Jetztmenschen (Homo sapiens) und ihrer ausgestorbenen Vorfahren (▸Vormenschen – Urmenschen – Jetztmenschen).

Homo sapiens ▸**S. 34**: lat. Bezeichnung für den verstehenden, vernünftigen Menschen, den ▸Jetztmenschen, der entwicklungsgeschichtlich als unser direkter Vorfahr gilt. Erste Angehörige der Art Homo sapiens lebten vor etwa 100 000 Jahren.

Humanismus* (lat. humanum: das Menschliche) ▸**S. 208**: Geisteshaltung, die ab dem 14. Jh. dazu beitrug, dass sich das Wissen über Grammatik, Rhetorik, Geschichte, Dichtkunst und Morallehre grundlegend änderte. Die Wissenschaft und Kunst der ▸Antike war für Humanisten Ausgangspunkt ihrer Vorstellungen und Lehren.

Ideologie ▸**S. 358**: Vorstellung, die die Welt aus einer bestimmten Sicht erklärt und dazu auffordert, nach ihren Ideen zu handeln. Beispiele: ▸Kommunismus und ▸Nationalismus.

Imperium ▸**S. 110**: Der Begriff „Imperium" (von lat. imperare: herrschen, befehlen) bezeichnete im antiken Römischen Reich zunächst die Befehlsgewalt der höchsten römischen Beamten, später das gesamte römische Herrschaftsgebiet (Imperium Romanum).

Industrialisierung ▸**S. 338**: die durch den Einsatz von Maschinen, neue Verkehrs- und Transportmittel und den Handel bewirkte tief greifende Veränderung der Lebens- und Arbeitswelt. Sie begann Mitte des 18. Jh. in England und erfasste die meisten europäischen Staaten sowie die Vereinigten Staaten von Amerika. Die Industrialisierung brachte die ▸Soziale Frage hervor.

Investitur, Investiturstreit* (lat. investire: bekleiden) ▸**S. 162/164**: Machtkampf zwischen ▸Kaiser und Päpsten im 11./12. Jh. darüber, wer die Bischöfe, Äbte und Äbtissinnen in ihre Besitzrechte und geistlichen Aufgaben einsetzen durfte. Er endete im Heiligen Römischen Reich mit einem Vertrag zwischen Kirche und Herrscher: dem „Wormser Konkordat" (1122). Darin verzichtete der Kaiser auf die Investitur der Bischöfe, Äbte und Äbtissinnen in ihr geistliches Amt. Er behielt sich aber vor, ihnen die weltlichen Vasallenpflichten (▸Vasallen) zu übertragen.

Islam ▸**S. 188**: von Mohammed Anfang des 7. Jh. gegründete monotheistische Religion (▸Monotheismus). Das arabische Wort „Islam" bedeutet die völlige Hingabe der Gläubigen an ihren Gott Allah.

Jäger und Sammler* ▸**S. 38**: Menschen, die in der Natur umherzogen (Nomaden), um sich von wilden Tieren und Pflanzen zu ernähren. Diese Lebens- und Wirtschaftsform dauerte von der ▸ Altsteinzeit bis zur ▸ Jungsteinzeit an (▸ „neolithische Revolution").

Jetztmensch ▸Homo Sapiens und ▸Vormensch* – Urmensch* – Jetztmensch

Judentum ▸**S. 188**: die Religion des „Volkes Israel" und aller Menschen, die der jüdischen Gemeinschaft durch Geburt oder Glauben angehören. Der jüdische Glaube ist die älteste monotheistische Religion (▸Monotheismus) und beeinflusste ▸Christentum und ▸Islam. Mit den ▸Kreuzzügen setze die Verfolgung der Juden ein.

Jungsteinzeit ▸**S. 45**: Abschnitt der ▸Geschichte, der vor etwa 12 000 Jahren beginnt und in dem sich Menschen von wandernden ▸Jägern und Sammlern (▸Nomaden) zu sesshaften Ackerbauern und Viehzüchtern entwickelten (▸Sesshaftigkeit).

Kaiser ▸**S. 156**: höchster weltlicher Herrschertitel. Der Begriff ist abgeleitet von dem Namen „Caesar", der Bestandteil des Titels der Herrscher des Römischen Reiches seit Augustus war. Das abendländische Kaisertum wurde von ▸Karl dem Großen in Konkurrenz zum byzantinischen Kaisertum geschaffen. Das Recht, einen Kaiser zu krönen, blieb bis ins Spätmittelalter den Päpsten vorbehalten. Mit der Kaiserkrönung Ottos I. 962 wurde das Kaisertum auf das Heilige Römische Reich übertragen. Dort wurde Kaiser, wer zum deutschen ▸König gewählt worden war (▸„Goldene Bulle"). Der letzte vom ▸Papst gekrönte Kaiser war Karl V. (1500-1558). Trotzdem bemühten sich Herrscher wie ▸Napoleon I. Bonaparte um den Kaisertitel.

Kapitalismus/Kapitalisten ▸**S. 228/358**: Im 15. Jh. entstand eine Wirtschaftsform, in der es für Unternehmer darum ging, möglichst hohe Gewinne zu erzielen. Beispiele sind die Medici in Florenz und die Fugger in Augsburg. Im Kapitalismus dominieren im Gegensatz zum ▸Kommunismus die Interessen der Unternehmer, die Eigentümer von Besitz und Kapital sind.

Karolinger* ▸S. 156: Herrscherfamilie, die seit dem Jahr 751 das ▸Frankenreich regierte. Sie wurde später nach ihrem bekanntesten Herrscher, ▸Karl der Große, benannt. Die Familie war im Dienst der ▸Merowinger mächtig geworden und entmachtete diese schließlich.

Kirchenbann* ▸S. 246: Kirchenstrafe, die den Verurteilten aus der Gemeinschaft der Gläubigen ausschloss. Der Bann konnte durch Buße aufgehoben werden.

Kloster* (lat. claustrum: Verschluss) ▸S.174: abgeschlossener Bereich, in dem Mönche oder Nonnen nach bestimmten Regeln unter der Aufsicht eines Abtes bzw. einer Äbtissin leben und arbeiten (▸Mönchtum).

König* ▸S. 154: Herrschertitel. Der König regiert und/oder repräsentiert eine ▸Monarchie. Im frühen ▸Mittelalter wurde er von einer adligen Führungsschicht (▸Adel) gewählt, auch wenn die Wahl oft nur die Weitergabe des Titels an einen Erben bestätigte. Seit dem 14. Jh. regelte die ▸„Goldene Bulle" das Wahlverfahren im Reich. Könige herrschten im frühen Mittelalter zunächst über eine bestimmte Gruppe von Menschen (Personenverband) und erst später über ein bestimmtes Gebiet (▸Territorialstaat).

Kolonien/Kolonisation (lat. colere: Land bebauen) ▸S. 84: Seit dem 8. Jh. v. Chr. wanderten Griechen aus. Sie gründeten rund ums Mittelmeer und an den Küsten des Schwarzen Meeres sogenannte Tochterstädte. Gründe für die Kolonisation waren: Bevölkerungswachstum, Landknappheit, Konflikte zwischen ▸Aristokratie und Volk, Kriege, Handel und Abenteurertum. Nach der Entdeckung Amerikas (1492) begann ein Kolonialzeitalter, in dem die wirtschaftlich und politisch führenden Mächte Europas Kolonien errichteten.

Kommunismus* (lat. communis: allgemein, allen gemeinsam) ▸S. 358: eine politische, soziale und wirtschaftliche Weltanschauung, die von einem gemeinsamen Eigentum an den Produktionsmitteln wie Boden, Kapital, Fabriken und Maschinen ausgeht, in der es keine Ausbeutung der Arbeiter mehr gibt und Frieden und Gerechtigkeit herrschen. Gegenteil des Kommunismus ist der ▸Kapitalismus. Nach ▸Marx und ▸Engels ist der Kommunismus das anzustrebende Endstadium der gesellschaftlichen Entwicklung (▸Marxismus). Ihm geht ein sozialistischer Staat (▸Sozialismus) voraus.

Konfession ▸S. 246: christliches Glaubensbekenntnis. Mit der ▸Reformation entstand neben dem katholischen das evangelisch-lutherische Glaubensbekenntnis, in dem die Bibel als einzige Quelle des Glaubens anerkannt wird. Im Gegensatz dazu sind für die katholischen Christen (▸Christentum) auch die Schriften der Kirchenväter und Konzilsentscheidungen Quellen des Glaubens. Die Anhänger des evangelisch-lutherischen Glaubensbekenntnisses spalteten sich später in weitere Konfessionen wie die Calvinisten und Zwinglianer (▸Glaubensspaltung).

Konstitutionelle Monarchie* ▸S. 295: Regierungsform, in der die absolute Macht der ▸Könige (▸Absolutismus) durch eine ▸Verfassung gesetzlich begrenzt wird. Ein Monarch steht zwar weiterhin an der Spitze des Staates, ihm ist aber ein ▸Parlament zur Seite gestellt, das an der Gesetzgebung mitwirkt.

Kreuzzüge ▸S. 192: bewaffnete Pilgerfahrten, die die Kirche im ▸Mittelalter zur Ausbreitung des Glaubens und zur Befreiung der heiligen Stätten forderte. Der erste Kreuzzug begann im Jahre 1096, um die Muslime (▸Islam) aus Jerusalem zu vertreiben, der siebte endete 1291. Der Name wird von dem Kreuz abgeleitet, mit dem sich die Teilnehmer kennzeichneten.

Krieg ▸S. 60: Gegenteil von ▸Frieden; mit Waffen und Gewalt ausgetragener, meist organisierter Konflikt von mindestens zwei sich bekämpfenden größeren Gruppen von Menschen (wie z.B. Völker oder Staaten).

Kulturen (lat. cultura: Bearbeitung, Pflege, Ackerbau) ▸S. 55: im weitesten Sinne alles, was der Mensch gestaltend hervorgebracht hat: die Veränderung der Natur etwa durch Ackerbau oder das Anfertigen von Werkzeugen, aber auch geistige Dinge wie Sprache, Schrift, Religion, Kunst und Wissenschaft sowie die sozialen Organisationsformen, in denen die Menschen zusammenleben, etwa als Gesellschaft (▸Hochkultur). Der Begriff Kultur kann auch für bestimmte Volksgruppen und deren Besonderheiten des Zusammenlebens verwandt werden, z.B. die antiken Kulturen (▸Antike) Griechenland und Rom.

Kurfürsten* ▸S. 166: die Fürsten, die nach der ▸„Goldenen Bulle" den ▸König und ▸Kaiser des Heiligen Römischen Reiches „küren" (wählen) durften. Im 13. Jh. gab es sieben Kurfürsten: die Erzbischöfe von Köln, Mainz und Trier, der Pfalzgraf bei Rhein, der Markgraf von Brandenburg, der Herzog von Sachsen und der König von Böhmen.

Landesherren ▸S. 166: Herrscher, die in ihren Gebieten die höchste Gewalt haben. Im Laufe des ▸Mittelalters entwickelten sich die im Reich vergebenen Königslehen zu eigenen Territorialstaaten (▸Territorien) mit einem Fürsten als Landesherr an der Spitze.

Landeskirchen ▸S. 247: Evangelische Kirchen, die auf ein Gebiet begrenzt waren und den jeweiligen ▸Landesherren als Kirchenoberhaupt hatten.

Legitimation (lat. lex, legis: Gesetz, Rechtfertigung) ▸S. 314: Jede Form politischer Herrschaft beruht auch auf der Bereitschaft der Beherrschten, diese Herrschaft anzuerkennen. Um Herrschaft formell rechtskräftig werden zu lassen, muss sie gerechtfertigt, also legitimiert werden. Im Mittelalter bis ins 19. Jh. beriefen sich die Herrscher dazu auf das Gottesgnadentum.

Lehnswesen ▸S. 160: Als Gegenleistung für die Unterstützung von Kriegszügen (▸Ritter) oder für die Übernahme von Diensten verliehen ▸Könige und andere Adlige (▸Adel) an Gefolgsleute Grundbesitz, einträgliche Ämter oder Vorrechte als Lehen. Wer sie vergab, hieß Lehnsherr, wer sie erhielt, ▸Vasall. Die Lehnsherren mussten ihre Vasallen beschützen, die Vasallen schuldeten ihnen dafür Dienste, Rat und Treue. Als Lehen erhaltenen Grundbesitz verwalteten und nutzten Vasallen überwiegend in Form der ▸Grundherrschaft.

Leibeigener/Höriger ▸S. 160: Im Gegensatz zum nur wirtschaftlich abhängigen Hörigen waren die Leibeigenen einschließlich ihrer Familien im ▸Mittelalter persönlich abhängig vom Grundherrn (▸Grundherrschaft). Sie unterstanden seiner Gerichtsbarkeit, durften nur mit dessen Einverständnis heiraten oder das Land verlassen. Wenn das Land verkauft oder vererbt wurde, gehörten sie dem neuen Besitzer. Erst im 18. Jh. begann die Abschaffung der Leibeigenschaft.

Liberalismus (lat. liberalis: freiheitlich, eines freien Menschen würdig) ▸S. 316: Staats-, Gesellschafts- und Wirtschaftslehre, die von der ▸Aufklärung geprägt war und sich von freier Entfaltung des Einzelnen einen Fortschritt in Kultur, Recht, Wirtschaft und Gesellschaft erhoffte. Liberale forderten die Gründung einer ▸Nation sowie ▸Verfassungen, Menschen- und Bürgerrechte (▸Menschenrechte) und eine freie Wirtschaft.

Limes* ▸S. 132: die durch Wälle und Wachtürme gesicherte Grenze des Römischen Reiches, hinter der militärische Befestigungsanlagen (Kastelle) lagen. Auf germanischem Gebiet wurde Ende des 1. Jh. mit dem Bau des insgesamt 550 Kilometer langen Limes begonnen.

Manufaktur (von lat. manu facere: mit der Hand machen) ▸S. 228: Werkstätte, in der viele Frauen und Männer gleichzeitig mit unterschiedlichen Arbeitsgängen (▸Arbeitsteilung) ein Produkt herstellen (z.B. Spielkarten, Porzellan und Uhren). Manufakturen prägten den ▸Merkantilismus.

Marxismus ▸S. 358: die von ▸Marx in Zusammenarbeit mit ▸Engels entwickelte Weltanschauung (▸Ideologie), nach der wirtschaftliche Veränderungen und nicht Ideen die Gesellschaft beeinflussen. Die Auseinandersetzungen zwischen den Klassen der Ausbeuter (Bourgeoisie, Unternehmer) und der Ausgebeuteten (▸Proletariat) führe in der ▸Industrialisierung zwangsläufig zum Sieg des Proletariats und zu einer kommunistischen Weltordnung (▸Kommunismus).

Mechanisierung ▸S. 338: Entwicklungsprozess, bei dem die menschliche Arbeitskraft mehr und mehr durch Maschinen unterstützt wird. Dabei wird der Arbeitsprozess zunehmend auch in kleinere Arbeitsschritte zerlegt, die mechanisch ausgeführt werden. Die ▸Arbeitsteilung setzte bereits in der ▸Manufakturen ein, die eigentliche Mechanisierung kam aber erst im Zuge der ▸Industrialisierung in den ▸Fabriken zum Durchbruch.

Mediatisierung* („Mittelbarmachung") ▸S. 304: bezeichnet die Aufhebung der Reichsunmittelbarkeit der meisten Reichsstädte und vieler weltlicher Reichsstände (z.B. Reichsritter), die nun nicht mehr direkt dem ▸Kaiser, sondern den jeweiligen ▸Landesherren unterstanden

Menschenrechte ▸S. 286: im engeren Sinne die unantastbaren und unveränderlichen Freiheiten und Rechte aller Menschen, die ihnen von Natur aus, d.h. mit ihrer Geburt zustehen – unabhängig von ihrer Stellung in Staat, Gesellschaft, Beruf und Religion (Naturrecht): Dazu zählen das Recht auf Leben, die Unverletzlichkeit der Person, Freiheit, Eigentum, aber auch die Gleichheit vor dem Gesetz, das Recht auf Meinungs- und Glaubensfreiheit sowie auf Widerstand gegen Unterdrückung. Die Virginia Bill of Rights, die amerikanische Unabhängigkeitserklärung von 1776 sowie die französische ▸Verfassung von 1791 und die Erklärung der Grundrechte der Frankfurter Nationalversammlung von 1848 sind Zeugnisse der Menschenrechtsentwicklung.

Merkantilismus (lat. mercari: Handel treiben) ▸S. 274: von den Fürsten gelenkte Wirtschaftsform zur Zeit des ▸Absolutismus. Sie stärkte die einheimischen Gewerbe und erhöhte die Steuereinnahmen.

Merowinger* ▸S. 154: Herrscherfamilie im Frankenreich. Nach Eindringen der Franken in das heutige Belgien und Nordfrankreich („Völkerwanderung") traten ihre Führer aus der Familie der Merowinger zunächst in römischen Dienst. Als das ▸Imperium Romanum zusammenbrach, errichteten sie eine eigene Herrschaft. Durch Expansion entstand im 5. und 6. Jh. das Fränkische Reich. Als sich Misserfolge schwacher Könige häuften, galt dies als Verlust des Königsheils. Dies ermöglichte es den ▸Karolingern im Jahr 751, die Merowinger zu stürzen.

Mittelalter ▸S. 154: in der europäischen Geschichte die Zeitspanne zwischen ▸Antike und ▸Neuzeit: ca. 500 bis 1500. Die mittelalterliche Kultur entwickelte sich auf den Grundlagen der Antike, germanischer Traditionen und des Christentums. ▸Stände, ▸Grundherrschaft und ▸Lehnswesen prägten die Gesellschaft, ▸Könige und ▸Kaiser herrschten mithilfe von ▸Grafen und anderen Adligen (▸Adel). Weitere Kennzeichen des Hochmittelalters sind die vielen ▸Klöster und Orden sowie die zahlreichen Stadtgründungen.

Mittelsteinzeit* ▸S. 45: Zeitabschnitt der Ur- und Frühgeschichte, der auf die ▸Altsteinzeit folgt und etwa von 10000 v. Chr. bis 5500 v. Chr. dauerte. Sie ist eine Epoche des Übergangs: Die letzte Eiszeit war beendet, die Menschen lebten aber noch als ▸Jäger und Sammler. Erst in der ▸Jungsteinzeit wurden sie sesshaft und betrieben Ackerbau und Viehhaltung.

Monarchie (griech. mon-archia: Allein-Herrschaft) ▸S. 60: Königsherrschaft, Regierung eines ▸Königs oder ▸Kaisers. Monarch wurde man in der Regel durch Erbfolge oder Wahl. Im Zeitalter des ▸Absolutismus erreichte die monarchische Regierungsform ihre größte Verbreitung in Europa. Mit der ▸Aufklärung setzte sich die Forderung nach einer ▸konstitutionellen Monarchie zunächst in England und dann in Frankreich 1791 durch.

Monotheismus* (griech. monos: allein; theos: Gott) ▸S. 140: Glaube an einen einzigen Gott. Beispiele: ▸Judentum, ▸Christentum und ▸Islam. Das Gegenteil des Monotheismus ist der ▸Polytheismus.

Nation (lat. natio: Herkunft, Abstammung) ▸S. 290: Als Nation wird seit dem 18. Jh. eine große Gruppe von Menschen mit gleicher Abstammung, Geschichte, Sprache und Kultur oder mit gemeinsamer Regierung und Staatsordnung (▸Verfassung) in einem Staat bezeichnet (▸Nationalstaat). Nationen sind keine natürlichen Gebilde. Sie sind einerseits Konstruktionen der Politik und leben andererseits davon, dass sich Menschen zu ihr bekennen.

Nationalismus ▸S. 316: weltanschauliches Bekenntnis zur eigenen ▸Nation und dem Staat, dem man angehört. Auf der einen Seite stand die Überzeugung, dass alle Völker einen Anspruch auf nationale Selbstbestimmung haben, auf der anderen die Hochschätzung des eigenen Volkes. Die Abwertung anderer Nationen trug seit der Mitte des 19. Jh. zu einem übersteigerten Nationalbewusstsein (Chauvinismus) bei.

Nationalstaat ▸S. 316: ein Staat, dessen Bürger ganz oder überwiegend einer ▸Nation angehören. Im Unterschied dazu spricht man von einem Vielvölker- oder Nationalitätenstaat, wenn die Bürger eines Staates mehreren großen Nationalitäten angehören.

Neandertaler* ▸S. 38: ausgestorbene Art des ▸Urmenschen. Neandertaler lebten vor etwa 100000 bis 30000 Jahren in Europa und Teilen Asiens. Ihr Körperbau war an kaltes Klima angepasst. Eine Zeit lang lebten sie gemeinsam mit ▸Jetztmenschen.

Neolithische Revolution* (Neolithikum, von griech. neos: neu, jung; lithos: Stein; ▸Revolution) ▸S. 45: der im Vergleich zur langen Dauer der Altsteinzeit, die etwa vor 2,5 Millionen Jahren begann, rasche Übergang in die Jungsteinzeit, die etwa vor 12000 Jahren begann. Damals gingen Jäger und Sammler dazu über, sesshafte Ackerbauern, Viehhalter und Handwerker zu werden. Historiker haben den Begriff „Neolithische Revolution" eingeführt, um darauf hinzuweisen, dass die damalige Entwicklung so tief greifend war wie die ▸Industrielle Revolution im 18./19. Jh.

Neuzeit ▸S. 208: in der europäischen Geschichte die Zeit, die das ▸Mittelalter ablöst. ▸Renaissance, ▸Humanismus, die Entdeckung Amerikas, der neue Buchdruck, die Entstehung von ▸Territorialstaaten sowie Veränderungen im Glauben (▸Reformation), in der Wirtschaft und in der Kunst an der Wende vom 15. zum 16. Jh. gelten als Merkmale für den Beginn der Neuzeit.

Nomaden ▸S. 38: Menschen, die ihrer Nahrung folgen, die an verschiedenen Orten leben, um zu jagen und zu sammeln (▸Jäger und Sammler). Diese Lebens- und Wirtschaftsform änderte sich in der ▸Jungsteinzeit allmählich.

Norddeutscher Bund* ▸S. 328: 1866 entstand unter Preußens Führung der Norddeutsche Bund. Er löste den auf dem ▸Wiener Kongress 1814/15 geschaffenen ▸Deutschen Bund ab und bestand aus Preußen, 17 Kleinstaaten nördlich der Mainlinie und vier Freien Städten. Der Norddeutsche Bund ging 1871 im ▸Deutschen Kaiserreich auf. Seine ▸Verfassung war die Grundlage der Reichsverfassung.

Olympische Spiele ▸S. 90: Seit etwa dem 11. Jh.v. Chr. fanden in Olympia Feiern zu Ehren der Götter statt, zu denen Sportwettkämpfe wehrfähiger Männer gehörten. 394 n.Chr. wurden die Spiele von den Christen als heidnisch verboten. 1896 fanden die ersten Olympischen Spiele der Neuzeit in Athen statt.

Papst* (lat. papa: Vater) ▸S. 140: Oberhaupt der römisch-katholischen Kirche; ursprünglich nur der Ehrentitel des ▸Bischofs von Rom. Die Päpste verstanden sich als Nachfolger des Apostels Petrus und leiteten daraus ihre Vorrangstellung ab. Mit der Krönung ▸Karls des Großen und ▸Ottos I. zu ▸Kaisern beanspruchten die Päpste, über das Kaisertum verfügen zu können.

Papyrus* ▸S. 58: Material, das man beschreiben kann. Ägypter stellten es aus dem Mark der Stängel der Papyrus-Staude her. Auch Griechen und Römer verwendeten es. Das Wort „Papier" kommt von „Papyrus".

Parlament* ▸S. 286: ursprünglich eine von einem Herrscher einberufene Versammlung angesehener Männer seines Reiches (▸Stände). Seit 1295 wurde in England der Große Rat des ▸Königs durch gewählte Vertreter des Landadels und der Städte ergänzt. Diese Versammlungen waren die Keimzelle des englischen Parlaments. Es teilte sich seit dem 14. Jh. in eine Vertretung des Hochadels (House of Lords) und eine Vertretung des niederen ▸Adels und der Städte (House of Commons) auf. 1689 entstand in England eine parlamentarische ▸Monarchie auf ständischer Grundlage.

Partei* ▸S. 323: Vereinigung von Personen, die sich zur Durchsetzung politischer Ziele dauerhaft zusammenschließen, um in gewählten Volksvertretungen wie Gemeinderäten oder ▸Parlamenten (z.B. im ▸Reichstag) die Verhältnisse im Staat mitzugestalten. Vorläufer der deutschen Parteien waren die Wahlvereinigungen und politischen Klubs von 1848/49.

Patrizier* (lat. patres: „Väter") ▸S. 116: in Anlehnung an die römischen Patrizier wurden die angesehenen und reichen Familien in den mittelalterlichen Städten (▸Mittelalter) Patrizier genannt. Sie stellten zunächst allein die Mitglieder des Rates und besaßen die politische Führung in den Städten (▸Stadtrecht).

Pharao* ▸S. 60: zunächst der Name des Königspalastes; seit dem 2. Jahrtausend v. Chr. einer der Titel des ägyptischen Herrschers. Pharaonen galten als göttlich.

Philosoph* (von Philosophie: dt. „Liebe zur Weisheit") ▸S. 102: Wissenschaftler, der sich um Erkenntnisse über die Natur, Religion und das Zusammenleben der Menschen bemüht. Die griechischen Philosophen versuchten durch systematisches Denken und methodisch strenges Vorgehen zu ergründen, was hinter den sichtbaren Dingen und dem scheinbar Feststehenden lag. Die einflussreichsten Philosophen der ▸Antike sind ▸Aristoteles, ▸Platon und ▸Sokrates.

Plebejer* (lat. plebs: „Menge, Volk") ▸**S. 116**: im alten Rom die römischen Bürger, die keine ▸Patrizier waren. In den ▸Ständekämpfen bemühten sie sich um die Gleichstellung mit den Patriziern.

Pogrome ▸**S. 192**: Der Begriff stammt aus dem Russischen und bedeutet Verwüstung und Zerstörung. Bei einem Pogrom wendet eine größere Gruppe Gewalt gegen Menschen und ihr Eigentum an, die z.B. eine andere Religion haben als die Mehrheit der Bevölkerung. Pogrome wurden vor allem gegen Juden verübt.

Poleis* (singular: Polis) ▸**S. 82**: zunächst die griechische Bezeichnung für eine Burg und die dazugehörige Siedlung, ab etwa 800 v. Chr. für einen Ort, der aus einem städtischen Zentrum und Umland bestand. Im Umland wurde die Nahrung für die Einwohner angebaut. Im 5. Jh. v. Chr. gab es rund 700 griechische Stadtstaaten (Poleis).

Polytheismus* (griech. poly: viel; theos: Gott) ▸**S. 70**: Glaube an viele Götter. Die alten Ägypter, Griechen und Römer verehrten zahlreiche Götter. Das Gegenteil ist der ▸Monotheismus.

Prinzipat* ▸**S. 124**: Bezeichnung für die 27 v. Chr. von ▸Augustus begründete Herrschaftsform, in der der ▸Kaiser den Titel „princeps" (dt. „der erste Mann im Staat") trug und weitestgehend unumschränkt regierte.

Proletarier* (lat. proles: Nachkommen) ▸**S. 128**: in der römischen ▸Gesellschaft freie Römer, die – anders als ▸Patrizier und ▸Plebejer – über keinerlei Besitz verfügten.

Proletariat ▸**S. 358**: die besitzlosen Massen in der industriellen Gesellschaft. Für ▸Marx ist das Proletariat der Teil der Gesellschaft, der nichts besitzt als seine Arbeitskraft. Seine Aufgabe sei es, die kapitalistische Eigentums-, Wirtschafts- und Gesellschaftsordnung (▸Kapitalismus) zu beseitigen, um den ▸Kommunismus herbeizuführen (▸Marxismus).

Provinz (lat. provincia: ursprüngl. „Aufgabengebiet") ▸**S. 112**: Gebietsteil eines ▸ Staates. Das Römische Reich war in Provinzen eingeteilt, die von einem Statthalter verwaltet wurden. Die Provinzen des Römischen Reiches wurden mehrfach neu festgelegt.

Quellen ▸**S. 18**: Texte, Bilder, Gegenstände (Überreste) und mündliche Überlieferungen, aus denen wir Kenntnisse über die ▸Geschichte gewinnen. Quellen sind die Grundlage für die Geschichtsschreibung.

Rationalismus* (von lat. ratio: Vernunft) ▸**S. 282**: Auffassung, nach der die Welt nach logischen Gesetzen aufgebaut ist und die Vernunft als Hauptquelle der Erkenntnis ansieht.

Raum ▸**S. 55**: das jeweilige Gebiet eines Landes oder einer Landschaft, das betrachtet oder untersucht wird, etwa auf einer Karte

Reformen* ▸**S. 92**: Ursprünglich die Wiederherstellung oder Rückkehr zu früheren (besseren) Zuständen; seit dem 18. Jh. wird darunter die gewaltlose Umgestaltung und Verbesserung von Verhältnissen im Rahmen der bestehenden politischen Ordnung verstanden. Reformprozesse sind das Gegenteil von revolutionärem Wandel (▸Revolution).

Reformation (lat. reformatio: Wiederherstellung, Zurückformung) ▸**S. 244**: von ▸Luther ausgehende Bewegung, die eine Glaubensreform zum Ziel hatte und in einer Spaltung der katholischen Kirche in verschiedene Glaubensbekenntnisse (▸Konfessionen) endete.

Reichsidee ▸**S. 156**: Vorstellung von der Wiederherstellung und Fortsetzung des Römischen Reiches ab ▸Karl dem Großen (lat. renovatio imperii)

Reichsstadt* ▸**S. 180**: Stadt, die vom ▸König auf königlichem Grund oder auf Reichsland gegründet wurde. Die Reichsstädte waren anders als die Landstädte nur dem König bzw. ▸Kaiser unterstellt, also reichsunmittelbar.

Reichstag* ▸**S. 158**: eine vom ▸König einberufene Versammlung der Großen des Reiches. Zu den Teilnehmern zählten ▸Herzöge, Grafen, ▸Bischöfe, Äbte und Äbtissinnen sowie die Vertreter der freien ▸Reichsstädte. Vorläufer der Reichstage waren die Hoftage, zu denen die Könige ihre ▸Vasallen einluden. Sie sollten den Herrscher beraten und unterstützen. Im ▸Deutschen Kaiserreich setzte sich der Reichstag aus den gewählten Vertretern der ▸Parteien zusammen. Der Reichstag konnte Gesetzesanträge stellen und musste den Staatshaushalt (Budget) genehmigen. Reichskanzler und Reichsregierung waren im Deutschen Kaiserreich dem Reichstag nicht verantwortlich.

Reisekönigtum* ▸**S. 158**: Im ▸Mittelalter gab es zunächst keine Hauptstädte. Die ▸Könige zogen umher und übten ihre Herrschaft jeweils vor Ort aus. Im Reich hatte der König eigener Pfalzen, wo er übernachten und Hoftage abhalten konnte. In Gebieten ohne Pfalz nutze er dazu meist größere ▸Klöster.

Renaissance ▸**S. 208**: moderner Begriff für die „Wiedergeburt" der Kunst und Kultur der ▸Antike, die seit 1350 von Italien ausging, bis etwa 1600 anhielt und die Kultur aller europäischen Staaten beeinflusste.

Republik (lat. res publica: öffentliche Angelegenheit) ▸**S. 116**: Staatsform mit jährlich wechselnder Regierung hoher Beamter, die in Rom um 500 v. Chr. entstand. Mit ▸Augustus verloren ▸Senat und Volksversammlung an Einfluss, die Kaiserzeit (▸Kaiser) begann. Kennzeichen einer republikanischen Herrschaft sind seit der Amerikanischen sowie der Französischen Revolution eine ▸Verfassung, ein ▸Parlament, die ▸Gewaltenteilung sowie die Vergabe von öffentlichen Ämtern durch Wahlen.

Restauration* (lat. restaurare: wiederherstellen) ▸**S. 314**: Wiederherstellung früherer, politischer und gesellschaftlicher Verhältnisse, die oft durch eine Revolution beseitigt worden waren. So wird auch die Epoche in der Zeit von 1815 bis 1848 genannt, in der die Fürsten durch eine restaurative Politik versuchten, alle nationalen und liberalen Bestrebungen zu unterdrücken.

Revolution (lat. revolutio: Umwälzung) ▸**S. 292**: grundlegende und tief greifende Veränderungen bestehender Verhältnisse. In der Politik wird von Revolutionen gesprochen, wenn der Zugang zur Macht (Herrschaft) in einem Staat in kurzer Zeit grundlegend verändert wird. Revolutionen sind in der Regel mit kulturellen, sozialen, wirtschaftlichen und rechtlichen Veränderungen einer Gesellschaft und der Anwendung von Gewalt verbunden.

Romanisierung ▸**S. 135**: Ausbreitung der Sprache und der Lebensweise der Römer im ▸Imperium Romanum. Sprache und Brauchtum der einheimischen Bevölkerung wurden verdrängt.

Säkularisation* (von lat. saecularis = weltlich) ▸**S. 304**: die Übernahme der Herrschaft in kirchlichen Gebieten durch weltliche Fürsten während der napoleonischen Herrschaft.

Senat* (lat. senatus: Rat erfahrener Politiker) ▸**S. 116**: Seine Mitglieder bestimmten die Politik. Senatoren stammten vor allem aus adligen Familien (▸Patrizier, ▸Adel) und waren vorher Regierungsbeamte.

Sesshaftigkeit ▸**S. 45**: In der ▸Jungsteinzeit wurden allmählich aus ▸Jägern und Sammlern (▸Nomaden) sesshafte Bauern, die Getreide anbauten, Haustiere hielten und Häuser errichteten.

Sklaverei ▸**S. 98**: Zustand, in dem Menschen über andere wie über Sachen verfügen, ihnen ihre Freiheit und ihre Rechte nehmen und damit zu Sklaven machen. Kriegsgefangene oder Menschen, die ihre Schulden nicht zahlen konnten (Schuldknechtschaft) wurden oft zu Sklaven gemacht. Die Eigentümer konnten Sklaven freilassen.

Soziale Frage* ▸**S. 358**: Bevölkerungsexplosion, Massenarbeitslosigkeit und -armut sowie Wohnungsnot kennzeichneten die Soziale Frage vor und während der ▸Industriellen Revolution. Staat, Kirche, Unternehmer und Arbeiter suchten nach Einführung der Gewerbefreiheit und dem Ende der ▸Zünfte Lösungen für diese sozialen und gesellschaftlichen Probleme. Die von ▸Marx und ▸Engels verkündete kommunistische Weltanschauung (▸Kommunismus) und die sozialistischen Forderungen (▸Sozialismus) der Sozialdemokratie waren Reaktionen auf die ungelöste Soziale Frage.

Sozialismus (lat. socius: Genosse) ▸**S. 358**: eine Wirtschafts- und Gesellschaftsordnung, die auf gesellschaftlichen oder staatlichen Besitz der Produktionsmittel (Fabriken usw.) zielt und eine gerechte Verteilung der Güter und Gewinne an alle Mitglieder der Gemeinschaft anstrebt.

Staat ▸**S. 256**: Menschen (das Volk), die in einem Gebiet nach einer bestimmten Herrschaftsordnung leben. Der ägyptische Staat gilt als einer der ersten, die wir kennen. Als „Staat" (von lat. status: „Stand, Zustand, Stellung") wird eine solche Herrschaftsordnung erst seit Beginn der ▸Neuzeit bezeichnet, als die feudalrechtlichen Herrschaftsverhältnisse des Mittelalters (▸Lehnswesen) abgelöst wurden durch räumlich gegeneinander abgegrenzte, souveräne ▸Territorien, die über eine ▸Verwaltung verfügten und damit zu geschlossenen

Staatsgebieten mit einem Staatsvolk einer ▸Nation und einer durchgreifenden Staatsgewalt im heutigen Sinne wurden.

Stadt ▸S. 179: Weltliche und geistliche Herren gründeten im ▸Mittelalter größere, abgegrenzte Siedlungen als Mittelpunkte für Handel und Landesausbau. In den Gründungsurkunden dieser Städte gewährten sie ihren ▸Bürgern besondere Rechte und Freiheiten (Privilegien), um Einwohner zu gewinnen. Diese zahlten im Gegenzug Steuern und Abgaben. Die Stadtrechte räumten den Bürgern dazu ein hohes Maß an Selbstverwaltung und Rechtsprechung ein.

Ständeordnung ▸S. 168: Herkunft und Abstammung (Geburt) gliederten die mittelalterliche Gesellschaft (▸Mittelalter) in die drei Stände ▸Adel, Klerus (Bischöfe und Vertreter der Klöster) sowie ▸Bürger und Bauern. Diese Stände unterschieden sich durch jeweils besondere Pflichten, Vorrechte (Privilegien) und gesellschaftliche Funktionen (Beruf) sowie durch ihre besondere Lebensführung. Gegenüber dem Landesherrn beanspruchten die Vertreter der Stände ein Mitspracherecht (▸Territorialstaat). Diese Ordnung galt bis zur ▸Aufklärung als von Gott gewollt und unveränderlich.

Territorium ▸S. 256: Bezeichnung für ein Herrschaftsgebiet (lat. territorium: Gebiet), über das ein Landesherr ohne Einmischung eines anderen Herrn regierte.

Tyrannis* ▸S. 92: Herrschaft eines Einzelnen (Tyrann), der mit Gewalt an die Macht gelangt ist und sie eigennützig und grausam ausnutzt. Viele ▸Stadtstaaten erließen Gesetze gegen den Versuch, eine Tyrannis zu errichten.

Universitäten (lat. universitas: Gesamtheit) ▸S. 232: im Mittelalter entstandene und von Europa aus verbreitete Bildungseinrichtungen, die sich als Gemeinschaften von Lehrenden und Lernenden verstehen und in denen zunächst wenige, im Laufe der Zeit immer mehr wissenschaftliche Disziplinen vermittelt wurden. Mit dem Aufkommen der Universitäten wurde das Wissens- und Bildungsmonopol der ▸Klöster durchbrochen.

Untertan ▸S. 256: Bezeichnung von Menschen, die vom ▸Mittelalter bis zum 19. Jh. einer Herrschaft unterworfen waren. Als sich in der ▸Neuzeit der ▸Staat im modernen Sinne herauszubilden begann, standen sie im Gegensatz zum freien ▸Bürger einer ▸Republik.

Urbanisierung (von lat. urbs: Stadt) ▸S. 348: Verstädterung, bei der neue ▸Städte entstehen und bestehende wachsen

Urmensch* ▸Vormensch* – Urmensch* – Jetztmensch (▸Homo Sapiens)

Vasallen* (keltisch gwas: Knecht) ▸S. 160: Personen oder Einrichtungen wie ▸Klöster, die für bestimmte Dienste oder Ämter Lehen erhielten (▸Lehnswesen).

Verfassung ▸S. 290: zunächst eine Satzung, die die Wahl sowie die politischen Rechte und Aufgaben der ▸Könige (▸„Goldene Bulle"), Regierungen, ▸Stände und ▸Bürger festlegte. Im Laufe der Geschichte änderte sich die Verteilung der Macht und wurde allmählich in Verfassungen (Konstitutionen) schriftlich festgelegt.

Verwaltung ▸S. 256: alle Vorgänge und Aufgaben, die für die Organisation des Zusammenlebens und -arbeitens nötig sind und von weisungsgebundenen Beamten oder Angestellten durchgeführt werden. Das Vorhandensein einer Verwaltung ist Kennzeichen früher ▸Hochkulturen (z.B. Ägypten, Mesopotamien) und moderner ▸Staaten mit Ämtern und Behörden (Bürokratie).

Volkssouveränität* (frz. souveraineté: oberste politische und militärische Macht im Staat) ▸S. 286: der während der ▸Aufklärung am Ende des 18. Jh. als Gegenentwurf zum ▸Absolutismus entwickelte Grundsatz, wonach das Volk Inhaber aller Staatsgewalt sei. Herrschaftsgrundlage sollten freie Wahlen sein. Sie sind Voraussetzung für die ▸Demokratie.

Vormensch* – Urmensch* – Jetztmensch (▸Homo Sapiens) ▸S. 34: Unterteilung der Entwicklungsstufen des Menschen: Die Vormenschen unterschieden sich von Menschenaffen durch den aufrechten Gang und ein größeres Gehirn. Urmenschen fertigten Steinwerkzeuge an und nutzten das Feuer. Zu ihnen gehörte der ▸Neandertaler, der als erster Tote bestattete. Der Jetztmensch trat etwa vor 100 000 Jahren auf.

Wiener Kongress* ▸S. 314: 1814/15 versammelten sich die europäischen Mächte in Wien, um in einer neuen Friedensordnung das Gleichgewicht der Mächte (▸Gleichgewichtspolitik) auf dem Kontinent wiederherzustellen und revolutionäre Bestrebungen (▸Revolution) zu verhindern.

Zeit ▸S. 20: Die nicht wiederholbare Abfolge des Geschehens, die als Vergangenheit, Gegenwart und Zukunft vom Menschen jeweils unterschiedlich erlebt, eingeteilt und gemessen (▸ Chronologie) wird.

Zeitrechnung ▸S. 20: Gliederung der ▸Zeit in gleichmäßige Abschnitte, z. B. Tage, Monate, Jahre; Zählung von Jahren ab einem bestimmten Jahr, das dann als das „Jahr: Null" gilt.

Zünfte ▸S. 182: Seit dem 11. Jh. schlossen sich städtische Handwerker zu christlichen Gemeinschaften zusammen. Diese Zünfte erließen Vorschriften über das Arbeitsleben, kontrollierten Menge und Qualität der Waren und sorgten bei Krankheit und Tod für ihre Mitglieder und deren Familien.

Lexikon zur Geschichte: Personen

Alexander „der Große"* (356-323 v. Chr.) ▸S. 104: König des nordgriechischen ▸Staates Makedonien. Er eroberte ein Weltreich und verbreitete die griechische Kultur (Hellenismus). Nach seinem Tod zerfiel das Reich in zahlreiche Nachfolgestaaten.

Aristoteles* (384-322 v. Chr.) ▸S. 102: griechischer Philosoph (▸Philosophie) und Wissenschaftler; er war Schüler ▸Platons und Lehrer ▸Alexanders des Großen.

Augustus* (63 v. Chr. - 14 n. Chr.) ▸S. 124: geboren als Octavian, Adoptivsohn ▸ Caesars. Nach Caesars Ermordung verbündete sich Octavian mit dessen Anhängern und verfolgte die Mörder. 31 v. Chr. war er in Rom der „erster Mann im Staat" (Princeps). Der ▸Senat verlieh ihm 27 v. Chr. den Ehrentitel „Augustus" („der Erhabene"). Er wird als erster römischer ▸Kaiser angesehen und vererbte die Macht in seiner Familie. Damit endete die ▸Republik und begann die römische Kaiserzeit.

Benedikt von Nursia* (um 480-547) ▸S. 174: Er stammte aus einer vornehmen Familie in Nursia (Mittelitalien), verzichtete aber auf allen Reichtum, um als Mönch nur für Gott zu leben. Er gründete eine Gemeinschaft von Mönchen (Orden), die Benediktiner, die Vorbild für alle Mönche wurden. Noch heute leben Benediktiner nach der Regel des heiligen Benedikt.

Bismarck, Otto Fürst von* (1815-1898) ▸S. 328: Jurist, Gutsherr und Diplomat; 1862 bis 1890 preußischer Ministerpräsident und Minister des Auswärtigen, 1871 bis 1890 auch Reichskanzler. Er gilt als eigentlicher Gründer des ▸Deutschen Kaiserreiches. Mit seiner ▸ Sozialgesetzgebung reagierte er auf die ▸ Soziale Frage und politische Probleme.

Caesar* (Gaius Iulius C., 100-44 v. Chr.) ▸S. 122: Feldherr, Staatsmann und Schriftsteller. Er begann 49 einen Bürgerkrieg und wurde nach dem Sieg über seine Gegner Diktator (▸Diktatur) auf Lebenszeit. Senatoren (▸Senat), die die ▸Republik wiederherstellen wollten, ermordeten Caesar. Der Name Caesar lebt in den Herrschertiteln „Kaiser" und „Zar" (in Russland) fort. Der Monat Juli wurde nach ihm benannt.

Engels, Friedrich* (1820-1895) ▸S. 358: Kaufmann, Philosoph und sozialistischer Politiker aus Barmen. Mit seinem Freund ▸Marx prägte er die Vorstellungen vom ▸Kommunismus, der ▸Arbeiterbewegung und der ▸Sozialdemokratie.

Friedrich II., der Große* (1712-1786) ▸S. 288: seit 1740 ▸ König von Preußen. Er sah sich als „erster Diener" des Staates, regierte absolutistisch (▸ Absolutismus) im Sinne der ▸ Aufklärung und verbesserte Verwaltung, Rechtswesen und Landwirtschaft.

Galilei, Galileo* (1564-1642) ▸**S. 214**: italienischer Mathematiker, Physiker und Philosoph. Er gilt als einer der Mitbegründer der exakten Naturwissenschaften. Als er das ▸ heliozentrische Weltbild durch Beobachtungen bestätigte, kam er in Konflikt mit der Kirche.

Gregor VII.* (um 1020-1085) ▸**S. 164**: Der Benediktinermönch wurde 1073 ▸ Papst. Er setzte sich für eine starke Kirche ein, die vom Papst allein geleitet werden sollte. Den Einfluss von Laien – auch der gesalbten Herrscher – auf die Kirche lehnte er ab. Deshalb geriet er in Streit mit ▸ Heinrich IV. (▸ Investiturstreit).

Gutenberg, Johannes* (um 1400-1468) ▸**S. 212**: Um 1450 erfand Johannes Gensfleisch, genannt Gutenberg, in Mainz das Drucken mit beweglichen Metallbuchstaben. Seine Erfindung machte es möglich, dass Bücher schnell und in großer Zahl verbreitet werden konnten.

Hannibal* (247-183 v. Chr.) ▸**S. 112**: Feldherr aus Karthago und erbitterter Gegner der Römer.

Heinrich IV.* (1050-1106) ▸**S. 164**: ▸König (seit 1056) und römischer ▸Kaiser (seit 1084). Mit ihm und ▸Papst ▸Gregor VII. erreichte der ▸Investiturstreit seinen Höhepunkt.

Homer* (8. Jh. v. Chr.) ▸**S. 90**: der älteste bekannte Dichter Europas. Unter seinem Namen sind die „Ilias" und die „Odyssee" überliefert. Die Römer verehrten Homer als den größten griechischen Dichter, und die bedeutendsten römischen Dichter nahmen sich Homer zu Vorbild.

Jesus Christus* (ca. 6 v. Chr. - ca. 30 n. Chr.) ▸**S. 140**: Jesus wurde in Israel geboren. Mit etwa 30 Jahren begann er, als jüdischer Wanderprediger vom Reich Gottes zu erzählen. In Jerusalem wurde Jesus von vielen als Erlöser (Messias) begrüßt. Wegen seiner Lehre wurde er von den Römern gekreuzigt. Die Bibel berichtet, dass Jesus am dritten Tag ins Leben zurückkehrte und später in den Himmel aufstieg. Seine Anhänger, die Christen (▸Christentum), sehen in Jesus den Sohn Gottes, der für alle Menschen starb.

Karl der Große* (lat. Carolus Magnus, frz. Charlemagne; 748-814) ▸**S. 156**: ▸ König der Franken (seit 768) und Langobarden (seit 774). Unter ihm hatte das Frankenreich die größte Ausdehnung. Er wurde um 800 vom ▸Papst zum ▸Kaiser gekrönt, erneuerte die ▸Reichsidee und war damit Vorbild aller Kaiser des ▸Mittelalters.

Karl V.* (1500-1558) ▸**S. 232**: ▸König von Spanien (seit 1516) und ▸Kaiser des ▸Heiligen Römischen Reiches Deutscher Nation (seit 1519) aus der Dynastie der Habsburger. Er herrschte über große Gebiete in Europa und Südamerika. Vergeblich versuchte er die ▸Glaubensspaltung durch die ▸ Reformation zu verhindern. 1556 dankte er als Kaiser ab.

Kolumbus, Christoph* (1451-1506) ▸**S. 218**: Seefahrer aus Genua, der versuchte, in westlicher Richtung nach Indien zu gelangen. Im Auftrag der spanischen Krone begann er seine Reise und entdeckte dabei 1492 zufällig Amerika.

Konstantin I., der Große* (um 285-337) ▸**S. 140**: Feldherr und römischer ▸Kaiser. Konstantin erkannte mit dem Toleranzedikt von Mailand 313 das ▸Christentum als gleichberechtigte Religion an. Er ließ sich aber erst auf dem Sterbebett taufen. Im Jahre 330 hatte er Konstantinopel (Byzanz) zur Hauptstadt des Römischen Reiches gemacht.

Kopernikus, Nikolaus (1473-1543) ▸**S. 214**: Kirchenmann und Astronom. Er fand durch Berechnungen heraus, dass die Sonne im Mittelpunkt der Welt steht. Er widerlegte damit das ▸geozentrische Weltbild und bestätigte das ▸heliozentrische Weltbild.

Ludwig XIV.* (1638-1715, „Sonnenkönig") ▸**S. 266**: seit 1643 ▸König von Frankreich. Er entmachtete den ▸Adel und die Kirche und regierte absolutistisch (▸ Absolutismus). Seine Macht zeigte sich in seinem prächtigen Schloss Versailles und in zahlreichen Eroberungskriegen. Die wirtschaftliche Stärke des Landes steigerte er durch den ▸Merkantilismus.

Luther, Martin* (1483-1546) ▸**S. 244**: Theologe und Reformator. Er veröffentlichte 1517 seine 95 Thesen, in denen er den ▸Ablasshandel der Kirche kritisierte. Später lehnte er den ▸Papst als Oberhaupt der Kirche ab. Über ihn wurde die Reichsacht verhängt. Doch der Kurfürst von Sachsen gewährte ihm Schutz. Luthers Lehre führte zur ▸Glaubensspaltung (▸Reformation). Seine Übersetzung der Bibel ins Deutsche wurde weit verbreitet.

Marx, Karl* (1818-1883) ▸**S. 358**: Journalist und Philosoph und Begründer des Marxismus. Gemeinsam mit ▸Engels prägte er die Vorstellungen vom ▸Kommunismus sowie ▸Arbeiterbewegung und Sozialdemokratie.

Mohammed* (um 570-632) ▸**S. 188**: Als junger Mann lernte er die Lehren der Juden (▸Judentum) und Christen (▸Christentum) kennen. Er fühlte sich zum Gesandten Gottes (Allahs) berufen und gründete den ▸Islam. Mohammed war nicht nur Religionsstifter, sondern mit der Ausbreitung des Islam auch Herrscher über weite Teile Arabiens.

Napoleon I. Bonaparte* (1769-1821) ▸**S. 296**: Er war in den Revolutionskriegen ein erfolgreicher General. Durch einen Staatsstreich kam er 1799 an die Macht. 1804 krönte er sich zum ▸Kaiser der Franzosen. Mit seinen Truppen eroberte er fast ganz Europa. Die Niederlage im Russlandfeldzug 1812 leitete das Ende seiner Herrschaft ein. 1815 wurde er bei Waterloo endgültig besiegt und auf die Insel St. Helena im Südatlantik verbannt.

Otto I., der Große* (912-973) ▸**S. 162**: deutscher ▸König und ▸Kaiser. Er sicherte das Reich gegen die Ungarn, gründete zahlreiche Bistümer, förderte die ▸Missionierung und machte die ▸Reichskirche zur Stütze seiner Herrschaft. Nach dem Vorbild ▸Karls des Großen ließ er sich 962 in Rom zum Kaiser krönen.

Perikles* (um 490-429 v. Chr.) ▸**S. 92**: athenischer Staatsmann. Er leitete seit 443 als jährlich wiedergewählter Politiker die Geschicke der athenischen ▸Demokratie. Seine Zeit gilt als Glanzzeit Athens, sowohl künstlerisch als auch politisch. 431 begann unter ihm der Peloponnesische Krieg um die Vorherrschaft Athens in Griechenland. Ein Jahr später wurde er abgesetzt.

Platon* (428/27-348/47 v. Chr.) ▸**S. 102**: griechischer Philosoph; er und ▸Aristoteles gelten als Begründer der europäischen ▸Philosophie.

Robespierre, Maximilien de* (1758-1794; hingerichtet) ▸**S. 296**: Rechtsanwalt und mitverantwortlicher Politiker für den Terror in der Französischen Revolution.

Sokrates* (470-399 v. Chr.; Selbstmord) ▸**S. 102**: griechischer Philosoph aus Athen. Er philosophierte im Gespräch (Dialog) und hinterließ keine Schriften. Wir verdanken vor allem seinem Schüler ▸Platon Informationen über seine Lehre. Sokrates wurde wegen seines radikalen Fragens von vielen Athenern abgelehnt und wegen schlechten Einflusses auf die Jugend von einem Volksgericht zum Tode verurteilt. Er nahm sich selbst das Leben. Sokrates gilt als der wirksamste Anreger der europäischen ▸Philosophie.

Solon* (um 640-561 v. Chr.) ▸**S. 92**: athenischer Gesetzgeber und Dichter aus adliger Familie. Er setzte politische Reformen durch und gilt als Begründer der athenischen Demokratie.

Sachregister

Die **hervorgehobenen** Seitenzahlen verweisen auf wichtige Begriffe, die in der Fußzeile des Verfassertextes genannt und im Glossar erläutert werden.

Personenregister

Die **hervorgehobenen** Seitenzahlen verweisen auf wichtige Personen, die in der Fußzeile des Verfassertextes genannt und im Glossar erläutert werden.

Bildnachweis

© 2008 Arena Verlag GmbH, Würzburg – S. 30; AdobeStock / Claudio Divizia – S. 24; - / ExQuisine – S. 45; - / ifeelstock – S. 135; - / LStockStudio – S. 36; - / travelpeter – S. 136; Ägyptisches Museum Kairo – S. 72; akg-images – S. 7, 124, 147, 161, 172, 184, 197, 210, 212, 223 (2), 227, 232, 246, 258, 275, 283,285, 293, 295, 302, 317, 322, 343, 353, 355, 356, 359; - / Nicolo Orsi Battaglini – S. 116; - / Balage Balogh, archaeologyillustrated.com – S. 70; - / Bildarchiv Steffens – S. 140; - / Bernard Bonnefon – S. 107; - / British Library – S. 143, 157, 176; - / Peter Connolly – S. 96, 103, 113; - / De Agostini Picture Library, A. Dagli Orti – S. 137; - / De Agostini Picture Library, G. Dagli Orti – S. 39, 61; - / De Agostini Picture Library, A. Jemolo – S. 66; - / Werner Forman – S. 59, 64, 72; - / Jaques Hiegel – S. 314; - / historic-maps – S. 17; - / jh-Lightbox Ltd, Johan Hios – S. 92; - / Erich Lessing – S. 74/75, 77, 97, 102, 129, 131, 192, 260, 279; - / Roland and Sabrina Michaud – S. 191; - / Pictures From History – S. 189; - / Rabatti & Dormingie – S. 147; - / Alfons Rath – S. 209; Alamy Stock Photo / AF ARCHIV, Film Company Canal+ – S. 205; - / Ian Dagnall – S. 211; - / GL Archive – S. 221; - / Granger Historical Picture Archive – S. 40, 233, 286; - / Heritage Image Partnership Ltd. – S. 41, 323 (2); - / Hirarchivum Press – S. 177; - / Lebrecht Music & Arts – S. 105, 286; - / Mithra, Heritage Image Partnership Ltd – S. 319; - / Pictorial Press Ltd – S. 286; - / Aleksandr Stennikov – S. 92; - / The History Collection – S. 245; - / The Print Collector – S. 199; - / TravelCollection – S. 51; - / World History Archive – Cover; - / ZUMA Press, Inc. – S. 367; Uwe Anhäuser – S. 50; © Antikenmuseum Basel und Sammlung Ludwig – S. 88; Archaeoflug / Roland Seidel – S. 50; Archäologisches Museum Frankfurt – S. 140; Archäologische Staatssammlung / Foto Manfred Eberlein – S. 127; Archäologisches Zentrum Hitzacker – S. 24; ARTOTHEK – S. 235; - / © Landesmuseum Hannover – S. 53; BAS. Corporate History, Ludwigshafen/Rhein – S. 348 (2); © Bayerisches Nationalmuseum München – S. 242; © Bildarchiv Foto Marburg – S. 171; Bischöfliches Dom- und Diözesanmuseum, Mainz – S. 164; bpk-Bildagentur – S. 289, 326, 343; - / Ägyptisches Museum und Papyrussammlung, SMB, Margarete Büsing – Cover, S. 79; - / Alinari Archives – S. 151; - / Antikensammlung, SMB, Johannes Laurentius – S. 84, 101; - / Bayerische Staatsbibliothek – S. 162; - / Hermann Buresch – S. 282, 333; - / Georg Buxenstein Co – S. 351; - / Alfredo Dagli Orti – S. 222; - / Deutsches Historisches Museum – S. 22, 362; - / Deutsches Historisches Museum, Sebastian Ahlers – S. 306, 329; - / Deutsches Historisches Museum, Arne Psille – S. 360; - / Dietmar Katz – S. 187; - / Münzkabinett, SMB, Lübke & Wiedemann – S. 156, 262; - / Münzkabinett, SMB, Reinhard Saczewski – S. 122; - / Münzkabinett, SMB, Dirk Sonnenwald – S. 116; - / Photo Scala – S. 61; - / Photo Scala, Courtesy of the Ministero Beni e Att. Culturiali e Turismo – S. 122; - / RMN-Grand Palais – S. 299; - / RMN-Grand Palais, Bulloz, Paris, Musée Carnavalet – S. 293; - / RMN-Grand Palais, Ayman Khoury – S. 60; - / Scala – S. 123; - / SMB, Nationalgalerie, Jörg P. Anders – S. 307; - / The Metropolitan Museum of Art, New York – S. 100 (2); - / The Trustees of the British Museum – S. 50, 65, 68, 71, 130, 267; Bridgeman Images – S. 271, 328; - / © Germanisches National Museum – S. 237; - / © Tallandier – S. 231; Bundesarchiv / Barch, R5201, 60 – S. 330; © David Cooke, St. Gallen – S. 132; Deutsches Historisches Museum / Gestaltung: Dorén + Köster – S. 335; dpa Picture-Alliance – S. 350; - / akg-images – S. 7, 16, 49, 53, 69, 164, 167, 170 (2), 215, 223, 234, 251, 278, 284, 297, 321, 335, 338, 344, 352, 365; - / akg-images, Bildarchiv Steffens – S. 107, 109; - / akg-images, Nimatallah – S. 163; - / arkivi – S. 288; - / Artcolor – S. 5, 216; - / ASSOCIATED PRES. – S. 344; - / BAS. – S. 12; - / Arne Dedert – S. 175; - / Federico Gambarini – S. 38; - / Rainer Hackenberg – S. 142; - / André Held – S. 99; - / Heritage Images, CM Dixon – S. 82; - / Heritage Images, Fine Art Images – S. 171; - / Heritage Images, Werner Forman Archive – S. 62; - / Michael Kappeler – S. 95; - / Lad Esslingen, Meuhleis Yam – S. 41; - / Erich Lessing – S. 72; - / MAXPPP, Sounalet Jean Christophe – S. 42; - / Kurt Scholz – S. 67; - / Wolfram Steinberg – S. 16; - / ullstein bild, Archiv Gerstenberg – S. 182, 316; - / United Archives, DEA – S. 277; - / Zentralbild, Berliner Verlag, Archiv – S. 354; - / Zentralbild, euroluftbild.de, Grahn – S. 272; - / Zentralbild, Britta Pedersen – S. 277; Fernsprechtechnik / © Roland Meier – S. 346; L. Fillion – S. 93; Christopher Forsey – S. 64; Fotolia / Bernard Girardin – S. 109; Freye-Rittersleut zu Randingen e.V. – S. 203; Friedrich-Ebert-Stiftung / J.H. Darchinger, Bildsignatur 6/FJHD000697 – S. 347; Studio Gaus GmbH – S. 27; GDKE / U, Pfeuffer – S. 24; © GDKE / Rheinisches Landesmuseum Trier, Foto: Th. Zühmer – S. 109, 137; © Generaldirektion Kulturelles Erbe Rheinland-Pfalz / Dir. Landesarchäologie – Speyer – S. 45; Foto Uwe Germar © Weimarer Land Tourismus e. V. – S. 311; Getty Images Plus / Hemera, Dmitry Margolin – S. 19; - / iStock Editorial, Rudolf Ernst – S. 13, 190; - / iStockphoto, bennymarty – S. 82; - / iStockphoto, daverhead – S. 109; - / iStockphoto, DrPAS – S. 35; - / iStockphoto, Grafner – S. 19; - / iStockphoto, mitakag – S. 208; - / iStockphoto, mtv2020 – S. 107; - / iStockphoto, David O'Brien – S. 84; - / iStockphoto, ONEREN – S. 109; - / iStockphoto, photooiasson – S. 194; - / iStockphoto, sborisov – S. 4, 54/55; - / iStockphoto, sculpies – S. 4, 54/55; - / iStockphoto, UmbertoPantalone – S. 19; - / iStockphoto, Andreas Zerndl – S. 119; Aquarelle de Jean-Claude Golvin / Musée départemental Arles Antique © Jean-Claude Golvin / Éditions Errance – S. 91; Foto: Nikolaus Heiss, Darmstadt – S. 273; Alexandra Hoffmann-Kuhnt – S. 21 (5); imago images / bonn-sequenz – S. 360; - / Thomas Frey – S. 3, 12; - / imagebroker – S. 13; - / IPON – S. 335; - / Rech – S. 177; INTERFOTO / Sammlung Rauch – S. 143, 261, 345; iStockphoto / ivanmateev – S. 4, 55; - / jodiecoston – S. 216; - / kharps – S. 58; - / only_fabrizio – S. 86; Jerusalem Post – S. 20; Archäologie & Münzkabinett / Universalmuseum Joanneum GmbH, Foto Sarah Kiszter – S. 46; Enno Kapitza, Gräfelfing – S. 22; Königliche Bibliothek Brüssel – S. 168; Königliche Dänische Bibliothek, Kopenhagen – S. 175; Historisches Archiv Krupp, Essen – S. 364; Julian Kümmerle, Ditzingen – S. 142; Landesbibliothek Coburg / Signatur Lu la 1520, 23 – S. 6, 244; Landeshauptarchiv Koblenz / Michael Jordan – S. 193; - / LHKKo, Bestand 710, Nr. 2195 – S. 349; Landesmuseum Natur und Mensch, Oldenburg – S. 46; © http://archaeologie.culture.fr/lascaux/de / Vache rouge ´1 tête noire, © N. Aujoulat, CNP, MC – S. 43; © http://archeologie.culture.fr/lascaux/de/besichtigung-der-hoehle/salle-taureaux / Capture d'écran de la visite virtuelle de la Grotte de Lascaux (Grands Sites Archéologiques, MAN), © Sources 3D: Cabinet Pérazio, 2012, DRAC Nouvelle Aquitaine-site de Bordeaux, realization Julie Lepelé, 2017, CNP, MC – S. 43; © http://archeologie.culture.fr/lascaux/de/besichtigung-der-hoehle/salle-taureaux / Fresque des Taureaux, paroi droite, © N. Aujoulat, CNP, MC – S. 43; Mary Pope Osborne, Das magische Baumhaus - Abenteuer mit dem magischen Baumhaus, Umschlagillustration: Jutta Knipping, © für die deutschsprachige Ausgabe: Loewe Verlag GmbH, Bindlach 2012 – S. 14; LVR-LandesMuseum Bonn – S. 45; - / Landesausstellung 2015, Foto: Jürgen Vogel – S. 46; Mauritius Images / Alamy Stock Photo, 360b – S. 107; - / Alamy Stock Photo, Bildarchiv Monheim GmbH – S. 164, 271; - / Alamy Stock Photo, Sabena Jane Blackbird – S. 35; - / Alamy Stock Photo, Sunny Celeste – S. 233; - / Alamy Stock Photo, Charles Walker Collection – S. 219; - / Alamy Stock Photo, Chronicle of World History – S. 166; - / Alamy Stock Photo, Classic Collection – S. 5, 150; - / Alamy Stock Photo, Thomas Cockrem – S. 107; - / Alamy Stock Photo, Keith Corrigan – S. 236; - / Alamy Stock Photo, Dipper Historic – S. 296; - / Alamy Stock Photo, FLHC 20 – S. 285, 303; - / Alamy Stock Photo, gameover – S. 311; - / Alamy Stock Photo, Historic Images – S. 146, 169, 304; - / Alamy Stock Photo, Historical image collection by Bildagentur-online – S. 294; - / Alamy Stock Photo, Ian Dagnall Computing – S. 287, 290, 300; - / Alamy Stock Photo, Peter Horree – S. 341, 361; - / Alamy Stock Photo, Constantinos Iliopoulos – S. 107; - / Alamy Stock Photo, Jimlop collection – S. 237; - / Alamy Stock Photo, Borislav Marinic – S. 248; - / Alamy Stock Photo, Andrew Michael – S. 107; - / Alamy Stock Photo, Moviestore Collection Ltd. – S. 204; - / Alamy Stock Photo, Neftali – S. 311 (3); - / Alamy Stock Photo, Niday Picture Library – S. 327; - / Alamy Stock Photo, NMUIM – S. 165; - / Alamy Stock Photo, PAINTING – S. 208; - / Alamy Stock Photo, Photo 12 – S. 6, 117, 205, 279, 292; - / Alamy Stock Photo, PRISMA ARCHIVO – S. 107; - / Alamy Stock Photo, Maurice Savage – S. 345; - / Alamy Stock Photo, Shotshop GmbH – S. 19; - / Alamy Stock Photo, Zuri Swimmer – S. 239, 272; - / Alamy Stock Photo, The History Collection – S. 243; - / Alamy Stock Photo, The Picture Art Collection – S. 150/151, 195, 229, 264, 269; - / Alamy Stock Photo, The Protected Art Archive – S. 196; - / Alamy Stock Photo, Ivan Vdovin – S. 264; - / Alamy Stock Photo, www.BibleLandPictures.com – S. 88; - / Hiroshi Higuchi – S. 173; - / imageBROKER, Karl F. Schöfmann – S. 132; - / Memento – S. 79; - / Hans-Peter Merten – S. 17; - / Science Source, New York Public Library – S. 198; - / SuperStock – S. 213; - / SuperStock, Fine Art Images – S. 270; - / Travel Collection, Maria Schiffer – S. 13; - / United Archives – S. 67, 186; - / United Archives, De Agostini, G. Nimatallah – S. 53; - / World Book Inc. – S. 86, 255; Alfred Meurer – S. 273; Bodo Müller, Bartensleben – S. 178; Collection du Musée du Pays Châtillonnais – Trésor de Vix, Châtillon-sur-Seine, France © Mathieu Rabeau – RMN Grand Palais – S. 96; Museum Goch 2021 / © Thitz – S. 19; Museum Zitadelle, Jülich – S. 53; Museumslandschaft Hessen Kassel / Sammlung für Vor- und Frühgeschichte – S. 49; Ostfriesische Landschaft / Christina Kohnen – S. 53; Fernando Vergara Pina, Santiago – S. 82; PSST+PENG Illustration, Bömeke&Sprenger GbR, www.psstundpeng.de – S. 15, 39; Randomhouse / Edgar Schill – S. 335; © Reiss-Engelhorn-Museen Mannheim / Foto: Maria Schumann – S. 154; Republik Österreich Parlamentsdirektion, Wien – S. 117; Ruhr-Universität Bochum / Münzsammlung, Foto: Robert Dylka – S. 126; Büro Jorge Schmidt, München – S. 123; Schulmuseum Bergisch Gladbach / Sammlung Cüppers – S. 29; Siemens AG, München/Berlin / Siemens Historical Institute – S. 350; SLUB Dresden / Mscr.Dresd.R.147.f – S. 211; Stadtarchiv Koblenz / StAK FA 2 Nr. 3559, Hersteller: Max Rupricht, Koblenz – S. 23; Stadtarchiv Mainz – S. 179; Stadtarchiv Worms / 04770 – S. 249; Stiftung Deutsches Technikmuseum / Hist. Archiv, Foto AEG-Bestand, I.2.060 FS 055-1-09-01, Berlin – S. 343; Südtiroler Archäologiemuseum / www.iceman.it – S. 48 (2); © SWR / Ralf Nowak – S. 31; TECHNOSEUM / Foto: Klaus Luginsland – S. 340; The Sims and screenshots of it are licensed property of Electronic Arts, Inc. – S. 200, 201 (3); Peter Thomann, Hamburg – S. 35; Ute Thönissen – S. 134; ullstein bild – S. 320; - / histopics – S. 318; - / Pictures From History – S. 40; - / Zentralbild, Wilfried Wirth – S. 358; Universität Tübingen / Foto: Hilde Jensen – S.41; Universitätsbibliothek Heidelberg / Fliegende Blätter, 1045, Jg.1, Nr.19, S. 149 - fb1_0153 – S. 367; © VG Bild-Kunst – S. 180; Villa Musica / Gros Fotografie – S. 273; Berthold Werner – S. 26, 189 (2); © Oliver Wetterauer Illustrationen, Stuttgart – S. 44; wissen.de – S. 221; Rob Wood / Wood Ronsaville Harlin, Inc. – S. 76; www.wikimedia.org – S. 23, 203, 225, 230 (2), 349; - / Karsten11 – S. 45; - / Sandstein – S. 47; ZDF – S. 3, 30/31,144; ZUM.de / Klexikon, CC BY-S. 4.0, https://klexikon.zum.de/index.php?title=Christoph_Kolumbus&oldid=133723 – S. 221.

NORWEGEN
Oslo
FINNLAND
Helsinki
GROSSBRITANNIEN UND NORDIRLAND
IRLAND
Dublin
Stockholm
SCHWEDEN
Tallinn
ESTLAND
DÄNEMARK
Kopenhagen
LETTLAND
Riga
RUS
London
NIEDERLANDE
Amsterdam
LITAUEN
Vilnius
Mos
Brüssel
BELGIEN
Berlin
DEUTSCHLAND
Minsk
WEISSRUSSLAND
Warschau
POLEN
Paris
LUXEMBG.
FRANKREICH
Prag
TSCHECH. REP.
Kiew
PORTUGAL
Bern
SCHWEIZ
Wien
ÖSTERREICH
SLOWAKEI
UKRAINE
Budapest
UNGARN
Kischinau
MOLDAU
SPANIEN
Madrid
Lissabon
KROATIEN
Belgrad
RUMÄNIEN
San Marino
BOSNIEN-HERZEG.
Sarajewo
SERBIEN
Bukarest
MONTENEGRO
KOSOWO
BULGARIEN
Sofia
Rom
ITALIEN
Tirana
NORDMAZEDONIEN
ALBANIEN
Rabat
MAROKKO
Algier
Ankara
GRIECHENLAND
TÜRKE
Tunis
Athen
TUNESIEN
MALTA
Valetta
ALGERIEN
Nikosia
ZYPERN
Bei
LIBANO
Tripolis
NORDMAZEDONIEN
ISRAE
Jerusale
LIBYEN
Kairo
ÄGYPTEN
MALI
NIGER
TSCHAD
SUDAN
0
500
1000
2000 km